KB050429

회사법판례강의

정응기

박영사

머 리 말

　　로스쿨의 '실무교수'로서 수년간 회사법실무과목들을 강의하면서 사용하였던 자료들을 모아 회사법판례 강의교재를 냅니다. 로스쿨 3년의 교육기간은 법학의 이론과 실무를 익히기에 결코 충분한 시간은 아닐 것입니다. 학생들에게 허락된 짧은 시간에 회사법의 기본 법리와 실무를 쉽고 간결하게 전달할 수 있는 방법을 늘 생각하면서 강의를 해왔습니다. 이 책은 그러한 고민의 결과입니다. 회사법의 주요 판례들을 가능하면 빠짐없이 소개하고, 각주에서 간략하게 사실관계와 문제 되는 맥락을 제시하고 해설함으로써, 대법원 판결들을 생생하게 설명하고자 노력 하였습니다. 다만, 판례교재의 특성상 기본이론을 차근차근 설명할 여유가 없었으 므로, 회사법 교과서를 보충하는 부교재로 사용하는 것이 적절할 것입니다.

　　이 책의 목차와 내용은 기존의 회사법 교과서의 일반적인 설명 순서를 따랐습니다. 다만, 제5장에 '회사의 법률행위'를, 제9장에 '회사의 상행위'를, 그리고 제10장에 '회사의 법정책임'을 둔 것은 이 책의 특색이라고 할 수 있습니다. 회사법을 회사조직법과 회사거래법으로 나눌 수 있다고 할 때, 제5장, 제9장, 제10장 등은 회사거래법에 관한 내용으로 볼 수 있겠습니다. 주로는 회사법 판례를 해설 하였지만, 상법총론과 어음·수표법의 주요 쟁점에 관한 판례를 포괄하였고, 보험 법과 해상법에서도 중요하다고 생각되는 선별된 쟁점에 관한 판결들을 정리하였습 니다. 구체적으로는, 제5장과 제9장에서 상행위법과 보험·해상법의 판례를, 제10장에서 상법총칙과 어음·수표법의 판례를 설명하였습니다.

　　이로써 부족하나마 회사법 문제의 해결을 위해 필요하다고 생각하는 판결들을 모두 정리하려고 노력한 셈입니다. 로스쿨에서 회사법을 공부하는 학생들이 이 책을 간편한 핸드북(hand book) 또는 가이드북(guide book)으로 활용함으로써 회사를 둘러싼 법률관계에서 문제되는 쟁점들을 보다 생생하게 익히고, 변호사시험을 준비하는 데에도 도움이 되기를 기대합니다. 책의 분량을 적게 유지하면서도 중요한 판결들을 가능하면 빠짐없이 소개하려고 하다 보니 해설이 상세하지 못한 부분도 있을 것입니다. 따라서 상법의 조문과 평소 공부하였던 교과서를 곁에 두고 같이 읽어 나갈 것을 권장합니다. 판례의 사안들이 문제되는 맥락을 보다 자세히 공부

하고 구체적인 사례문제해결을 연습하고자 하는 독자들은 작년에 출간된 졸저, 「회
사법사례강의」를 참고하면 좋을 것입니다. 그리고 의문점이 생기거나 중요하다고
생각되는 판결들의 전문을 찾아보며 스스로 사실관계와 쟁점을 재구성하면서 공부
한다면 더욱 효과적일 것입니다.

로스쿨에서의 강의와 로스쿨 학생들의 기초학습을 위한 판례교재를 목표로 하
다 보니 이론적인 분석과 개인적인 견해는 필요한 경우에만 짧게 밝히는 정도에 그
쳤습니다. 대법원 판시사항을 강의와 공부에 적합하도록 조금씩 편집한 부분도 없
지 않으나 그런 부분들을 엄밀하게 표시하지는 못하였습니다. 그리고 법률 명칭도
일반적으로 축약하여 사용하는 줄임 명칭을 사용하였습니다. 예를 들면, 민소법,
자본시장법, 공정거래법 등이 그것입니다. 법률의 명칭이 없이 조문만 표시된 것은
상법의 조문임을 밝혀둡니다. 이 책을 집필하는 데에는 충남대학교 재직교원 학술
연구비의 지원을 받았습니다. 늘 배려해주시는 충남대학교와 동료 교수님들과 학
생들에게 감사드립니다. 김건식 교수님 등 은사님들께 존경의 마음과 언젠가는 좋
은 논문으로 학은에 보답하고자 합니다. 그리고 박영사의 임재무 이사님과 이승현
대리님의 친절한 도움에 감사의 말씀을 전합니다.

2015년 2월
만연산 아래에서
어머님을 추모하며
정 응 기

차   례

제4장 주식회사의 기관

제5장 회사의 법률행위

제10장　회사의 법정책임

제 1 장

총　론

제1장 총 론

I. 법인격부인론

1. 의 의

대법원 2008. 9. 11. 선고 2007다90982 판결(매매대금)[1]

[1] 회사가 외형상으로는 법인의 형식을 갖추고 있으나 법인의 형태를 빌리고 있는 것에 지나지 아니하고 실질적으로는 완전히 그 법인격의 배후에 있는 사람의 개인기업에 불과하거나, 그것이 배후자에 대한 법률적용을 회피하기 위한 수단으로 함부로 이용되는 경우에는, 비록 외견상으로는 회사의 행위라 할지라도 회사와 그 배후자가 별개의 인격체임을 내세워 회사에게만 그로 인한 법적 효과가 귀속됨을 주장하면서 배후자의 책임을 부정하는 것은 신의성실의 원칙에 위배되는 법인격의 남용으로서 심히 정의와 형평에 반하여 허용될 수 없고, 따라서 회사는 물론 그 배후자인 타인에 대하여도 회사의 행위에 관한 책임을 물을 수 있다고 보아야 한다.

[2] 여기서 회사가 그 법인격의 배후에 있는 사람의 개인기업에 불과하다고 보려면, 원칙적으로 문제가 되고 있는 법률행위나 사실행위를 한 시점을 기준으로 하여, 회사와 배후자 사이에 재산과 업무가 구분이 어려울 정도로 혼용되었는지

---

1 피고는 A주식회사를 설립하여 사업을 하다가 폐업하고 거의 동시에 B주식회사를 설립하였다. B회사는 사업장 및 본점 소재지, 사업의 종류가 A회사와 동일하고, 경리직원도 그대로 근무하였다. 원고는 A회사에 원단을 납품하고 원단대금채무 4천만원을 가지고 있었는데 이를 B회사가 전부 인수하였고, 원고는 그 이후에도 몇 년 동안 B회사와 거래관계를 동일하게 유지하였다. 피고는 B주식회사의 거의 모든 주식을 실질적으로 보유한 지배주주로서 B회사의 이사로 선임되어 경영에 관한 전권을 행사하고 있었다. 그리고 원고의 B회사에 대한 원단반품대금이 피고의 개인계좌로 송금되는 등 B회사의 계좌와 피고 개인의 계좌가 혼용되어 사용되었다. 그 후 피고는 B회사를 폐업하면서 거래처의 물품대금을 20% 내지 30%만 지급하고 나머지를 면제받았고, 그 무렵 곧 다른 사람 명의로 C주식회사를 설립하여 같은 사업을 운영하고 있다. 원고는 B회사에 원단을 납품하고 받지 못한 물품대금채권을 피고에게 청구하려고 한다. 이와 관련하여 B회사의 법인격이 형해화되어 피고의 개인기업에 불과한지 여부, 그리고 그에 이르지 않더라도 법인격이 남용되어 피고가 책임을 져야 하는지 여부 등이 문제되었다.

여부, 주주총회나 이사회를 개최하지 않는 등 법률이나 정관에 규정된 의사결정절차를 밟지 않았는지 여부, 회사 자본의 부실 정도, 영업의 규모 및 직원의 수 등에 비추어 볼 때, 회사가 이름뿐이고 실질적으로는 개인 영업에 지나지 않는 상태로 될 정도로 형해화되어야 한다.[2]

[3] 또한, 위와 같이 법인격이 형해화될 정도에 이르지 않더라도 회사의 배후에 있는 자가 회사의 법인격을 남용한 경우, 회사는 물론 그 배후자에 대하여도 회사의 행위에 관한 책임을 물을 수 있으나, 이 경우 채무면탈 등의 남용행위를 한 시점을 기준으로 하여, 회사의 배후에 있는 사람이 회사를 자기 마음대로 이용할 수 있는 지배적 지위에 있고, 그와 같은 지위를 이용하여 법인 제도를 남용하는 행위를 할 것이 요구되며, 위와 같이 배후자가 법인 제도를 남용하였는지 여부는 앞서 본 법인격 형해화의 정도 및 거래상대방의 인식이나 신뢰 등 제반 사정을 종합적으로 고려하여 개별적으로 판단하여야 한다.[3]

---

2 피고가 B주식회사의 지배주주로서 단독이사로 선임되어 회사의 경영에 관한 전권을 행사하여 지배하고 있었다고 하더라도, B주식회사의 계좌와 피고 개인의 계좌가 혼용된 정도가 일부 혼용된 정도에 불과하다면 그러한 사정만으로는 법인이 형해화되어 그 법인격을 부인할 정도로 심각한 재산의 혼용이 이루어졌다고 할 수 없고, 기타 여러 사정들을 참작하여도 물품대금 채무의 발생 당시 피고 개인이 B주식회사라는 법인의 형태를 빌려 개인사업을 하고 있는 것에 지나지 않아 B주식회사가 완전히 그 법인격의 배후에 있는 피고 개인의 개인기업에 불과하다고 보기는 어렵다고 판단하였다.

3 주식회사의 물적·유한 책임성에 비추어 채권자를 해하는 경우가 아니라면 영업이 부진한 주식회사를 폐업하고 채권·채무를 청산한 다음 신규자본을 투입하여 새로운 회사를 설립하고 운영하는 것 자체를 위법하다고 할 수는 없으므로 피고가 A주식회사를 폐업하면서 거래처의 물품대금을 20∼30%만 지급하고 나머지를 면제받아 B주식회사나 C주식회사를 설립하여 운영하였다는 것 자체가 법인격을 부정할 만한 남용행위에 관한 사정이라고 단정하기 어렵고, 피고의 B주식회사에 대한 지배의 정도 등을 참작한다고 하더라도 B주식회사와 피고 사이의 재산 혼용의 정도에 비추어 볼 때, 피고가 그에 대한 법적 책임을 회피하기 위한 수단으로 법인제도를 남용하였다고 보기에는 부족하다고 판단하였다.

2. 법인격이 형해화된 경우

대법원 2001. 1. 19. 선고 97다21604 판결(매매대금)[4]

회사가 외형상으로는 법인의 형식을 갖추고 있으나 이는 법인의 형태를 빌리고 있는 것에 지나지 아니하고 그 실질에 있어서는 완전히 그 법인격의 배후에 있는 타인의 개인기업에 불과하거나 그것이 배후자에 대한 법률적용을 회피하기 위한 수단으로 함부로 쓰여지는 경우에는, 비록 외견상으로는 회사의 행위라 할지라도 회사와 그 배후자가 별개의 인격체임을 내세워 회사에게만 그로 인한 법적 효과가 귀속됨을 주장하면서 배후자의 책임을 부정하는 것은 신의성실의 원칙에 위반되는 법인격의 남용으로서 심히 정의와 형평에 반하여 허용될 수 없고, 따라서 회사는 물론 그 배후자인 타인에 대하여도 회사의 행위에 관한 책임을 물을 수 있다고 보아야 한다.[5]

4 피고는 종전부터 몇몇 회사를 사실상 지배하면서 이들 회사를 내세워 그 회사 명의로 분양사업을 해왔다. 피고는 이러한 분양사업의 일환으로 이 사건 오피스텔의 분양 및 관리를 위하여 A주식회사의 주식을 양수하고 대표이사로 취임하였다. A회사 주식은 외형상 피고 등 4인 명의로 분산되어 있으나 실질적으로는 피고가 위 주식의 대부분을 소유하고 있다. 그리고 주주총회나 이사회의 결의 역시 외관상 회사로서의 명목을 갖추기 위한 것일 뿐 실질적으로는 이러한 법적 절차가 지켜지지 아니한 채 피고 개인의 의사대로 회사 운영에 관한 일체의 결정이 이루어져 왔다. A회사가 수분양자들로부터 지급받은 분양대금의 일부를 피고가 임의로 사용하였고, 회사채권자들에 의한 강제집행에 대비하여 위 대지에 관하여 제3자 명의로 가등기를 마쳤다가 말소하는 등 A회사의 재산과 피고 개인 재산이 제대로 구분되어 있지 않았다. A회사가 시행사로 발주한 이 사건 공사는 공사 발주금액만도 166억 원 가량에 이르는 대규모 공사이고 이 사건 오피스텔의 분양대금도 수백억 원에 이르는 데에 반하여, A회사의 자본금은 5,000만 원에 불과할 뿐만 아니라 이마저도 명목상의 것에 불과하였다. A회사가 받은 분양대금으로 매수한 오피스텔의 대지는 피고 개인 명의로 소유권이전등기가 마쳐져 있고, 나머지 분양대금 역시 그 용도가 명확히 밝혀지지 아니한 채 모두 사용되어 A회사의 실제 자산은 사실상 없었다. 원고는 A회사로부터 1991년에 오피스텔 일부를 분양받고 계약금과 중도금을 납부하였다. 그런데 분양실적이 저조하여 1992년 8월부터 공사가 중단되고 입주가 지연되었다. 이에 원고는 분양계약을 해제하고 A회사와 피고를 공동피고로 하여 계약금과 중도금의 반환을 구하는 소를 제기하였다. A회사와 피고는 분양계약의 해제를 다투었다. 그리고 피고는 분양계약의 당사자가 A회사일 뿐 자신은 아니라고 다투었다.

5 이와 같은 피고의 A회사 주식양수 경위, 피고의 A회사에 대한 지배의 형태와 정도, 피고와 A회사의 업무와 재산에 있어서의 혼용 정도, A회사의 업무실태와 지급받은 분양대금의 용도, A회사의 오피스텔 신축 및 분양사업의 규모와 그 자산 및 지급능력에 관한 상황 등 제반 사정에 비추어 보면, A회사는 형식상은 주식회사의 형태를 갖추고 있으나 회사의 형식을 빌리고 있는 것에 지나지 아니하고 그 실질은 배후에 있는 피고의 개인기업이라 할 것이고, 따라서 A회사가 분양사업자로 내세워져 수분양자들에게 건물을 분양하는 형식을 취하였다 할지라도 이는 외형에 불과할 뿐이고 실질적으로는 위 분양사업이 완전히 피고의 개인사업과 마찬가지라고 보았다. 그런데 피고는 아무런 자력이 없는 A회사가 자기와는 별개의 독립한 법인격을 가지고 있음을 내세워 이 사건 분양사업과 관련한 모든 책임을 A회사에게만 돌리고 비교적 자력이 있는 자신의 책임을 부정하고 있음이 명백하고, 이는 신의성실의 원칙에 위반되는 법인격의 남용으로서 심히 정의와 형평에 반하여 허용될 수 없다고 하였다. 따라서 A회사로부터 이 사건 오피스텔을 분양받은 원고로서는 A회사는 물론, A회사의 실질적 지배자로서 그 배후에 있는 피고에 대하여도 위 분양계약의 해제로 인한 매매대금의 반

3. 법인격이 남용된 경우

대법원 2004. 11. 12. 선고 2002다66892 판결(임대차보증금)[6]
대법원 2008. 8. 21. 선고 2006다24438 판결(양수금)[7]
대법원 2011. 5. 13. 선고 2010다94472 판결(소유권이전등기청구등)[8]

환을 구할 수 있다고 판시하였다.

6 원고는 A주식회사("안건사")와 임대차계약을 체결하여 임차보증금을 교부하였다. 원고는 임대차계약이 종료되어 A회사에 임차보증금의 지급을 요구하였다. 그런데 알고 보니 A회사는 영업으로 하고 있던 '실내건축공사업'을 새로 설립된 B주식회사("토탈미디어안건사")에게 양도함으로써 아무런 재산이 없고 사실상 폐업상태가 되어 있었다. B회사의 주요 이사진이나 주주 대부분이 A회사의 지배주주이자 대표이사인 甲의 친·인척이거나 A회사의 직원이었다. 그리고 B회사에서 甲은 여전히 회장으로서 역할을 수행하고 있었다. B회사는 대외적으로 A회사와 동일한 회사인 양 홍보하였으며, 그에 따라 B회사는 외부에서 A회사와 동일한 회사로 인식된 채로 공사 등을 수주해 왔다. 이에 원고는 A회사와 B회사를 공동피고로 하여 임대차보증금의 지급을 구하는 소를 제기하였다. 제1심에서 원고가 승소하여 B회사가 A회사의 채무를 부담하게 되는 상황이 되자, 이번에는 甲의 아들 등이 C주식회사("뮤텍코리아")를 설립하여 B회사와 관련된 공사를 수주하였다. 법원은 원고의 A회사와 B회사에 대한 청구를 모두 인용하였다. 참고로, 채무면탈을 목적으로 구회사와 인적 구성이나 영업목적이 실질적으로 같은 신회사를 설립한 경우에도, 구회사에 대한 승소판결의 기판력이나 집행력이 신회사에게 확장되는 것은 아니다. 따라서 구회사에 대한 확정판결을 신회사에 대하여 집행하기 위하여 승계집행문을 부여받는 것은 허용되지 않는다(대법원 1995. 5. 12. 선고 93다44531 판결).

7 A주식회사는 甲이 대표이사이자 지배주주인 의약품 제조업체이다. A회사는 원고에 대한 대출금채무를 포함하여 다수의 채무를 부담하고 있는 상태에서 1997. 6.경 부도가 났다. 피고회사는 2000. 5. 9. A회사와 같은 주소지에서 의약품 제조 및 판매 등을 목적으로 설립되었다. 피고회사는 A회사와 주소지 및 영업 목적이 동일하고, 임원진과 주주 등이 甲의 처 또는 자녀이거나 부하직원이었다. 피고회사는 2000. 12. 경매를 통하여 위 주소지상에 있는 A회사의 부동산과 기계류 등을 낙찰받아 소유권을 취득하였는데, 위 낙찰대금은 피고회사가 대출받은 금원과 위 부동산 등에 관하여 근저당권을 설정해 주고 차용한 금원으로 지급하였다. 피고회사는 2001. 12. A회사와 사이에 A회사의 제조시설 및 품질관리시설과 제조에 관한 모든 제법 등 일체, 의약품 제조업 허가증 및 의약품 제조품목허가(신고)증 일체, 등록 및 인·허가 등에 관한 일체의 자료 등을 양수하기로 하는 양수도계약을 체결하였고, 위 양수도계약을 기초로 식품의약품안전청장으로부터 의약품 제조업 변경허가를 받았다. 피고회사는 A회사의 근로자들을 대부분 그대로 승계하고 A회사가 생산하던 것과 동일한 다수의 의약품을 생산하였다. 원고는 피고회사에 대하여 원고의 A회사에 대한 대출금의 상환을 구하는 소를 제기하였다. 원심은 피고회사는 A회사의 채무를 면탈하기 위하여 설립된 회사라는 이유로 피고회사의 책임을 인정하였다. 그러나 대법원은, "피고회사가 A회사와 기업의 형태·내용이 같고 모두 甲에 의하여 지배되고 있는 회사라고 할 것이지만, 피고회사 명의로 대출받거나 차용한 금원으로 낙찰대금이 지급되었고, 또한 피고회사가 의약품 제조 허가권 등을 양수하면서 A회사에게 대금을 지급하였으므로, 이에도 불구하고 피고회사가 A회사의 채무를 면탈하기 위하여 신설된 것이라고 인정하려면, 이 사건 의약품 제조 허가권 등에 대한 가액 평가나 대금의 일부 면제가 부당하게 이루어졌거나, 거래처를 비롯한 영업권이 아무런 대가 없이 이전되었거나, 그 밖에 A회사의 자산이 피고회사의 설립비용 등의 자금으로 유용되었다는 사실 등 A회사의 채권자에게 불리한 결과를 초래하는 채무면탈에 관한 사정이 인정되어야 한다. 그런데도 원심은 채무면탈에 관한 사정을 충분히 고려하지 아니한 채 피고회사의 설립비용 등의 자금이 실질적으로 甲으로부터 나왔다고 보인다는 점 등을 주된 논거로 삼아, A회사를 지배하고 있던 甲이 다시 그가 지배하는 피고회사를 설립하였다는 사정에 기초하여 甲이 A주식회사의 채무를 면탈할 목적으로 피고 회사를 설립하였다고 판단한 것은 잘못이다."라고 판시하였다.

8 아파트 신축사업을 추진하던 甲주식회사는 아파트 대지의 지분을 소유하던 원고로부터 그 지분을 이전

[1] 기존회사가 채무를 면탈할 목적으로 기업의 형태·내용이 실질적으로 동일한 신설회사를 설립하였다면, 신설회사 설립은 기존회사의 채무면탈이라는 위법한 목적달성을 위하여 회사제도를 남용한 것이므로, 기존회사의 채권자에게 위 두 회사가 별개의 법인격을 갖고 있음을 주장하는 것은 신의성실 원칙상 허용될 수 없다 할 것이어서 기존회사의 채권자는 위 두 회사 어느 쪽에 대하여서도 채무 이행을 청구할 수 있고, 이와 같은 법리는 어느 회사가 채무를 면탈할 목적으로 기업의 형태·내용이 실질적으로 동일한 이미 설립되어 있는 다른 회사를 이용한 경우에도 적용된다.

[2] 기존회사의 채무를 면탈할 의도로 다른 회사 법인격을 이용하였는지는 기존회사의 폐업 당시 경영상태나 자산상황, 신설회사의 설립시점, 기존회사에서 다른 회사로 유용된 자산의 유무와 정도, 기존회사에서 다른 회사로 이전된 자산이 있는 경우 정당한 대가가 지급되었는지 등 제반 사정을 종합적으로 고려하여 판단하여야 한다.[9]

받는 대가로 신축한 아파트 1세대(2~4층 중 원고가 선택하는 세대)를 분양해 주기로 하는 약정을 체결하였다. 甲회사는 공사를 진행하던 중 그 대지와 사업권을 乙주식회사에 매도하였고, 乙회사는 다시 이를 丙주식회사에 매도하였다. 丙회사는 아파트공사가 완공되자 자신 앞으로 소유권보존등기를 마친 후 이를 Y자산신탁에 신탁을 원인으로 한 소유권이전등기를 마쳐주었다. 그런데 위 甲, 乙, 丙회사들은 모두 영업목적이 동일하고 법인 소재지도 동일하였으며, 위 회사들 모두 甲회사의 대표이사였던 X와 그의 처가 대표이사 또는 감사로서 재직하면서 사실상 지배하는 회사들이었다. 그리고 위 토지 외에 별다른 자산이 없었던 甲, 乙회사의 부도가 이미 발생하였거나 임박하였는데도 위 토지와 사업권이 정당한 대가를 지급받지 않고 丙회사에까지 순차로 양도되었다. 甲, 乙회사는 丙회사에서 위 토지와 사업권을 양도하면서, 원고와의 약정에 따른 채무는 부도난 甲, 乙회사에 남겨두었다. 원고는 위 회사들은 X가 사실상 지배하는 동일한 회사로서 甲, 乙회사가 원고에 대한 채무를 면탈할 목적으로 다른 회사의 법인격을 내세운 것으로서 법인격의 남용에 해당하므로 甲, 乙회사 뿐만 아니라 丙회사도 원고에 대하여 위 약정에 따른 채무를 이행해야 한다고 주장하면서, 丙회사를 대위하여 Y자산신탁에 대하여 신탁해지를 원인으로 한 소유권이전등기의 말소를 구하고, 丙회사에 대해서는 매매를 원인으로 한 소유권이전등기청구의 소를 제기하였다. 법원은 기존회사의 채무면탈이라는 위법한 목적 달성을 위하여 법인격을 남용한 것이므로 원고는 甲, 乙회사뿐만 아니라 丙회사에 대해서도 위 약정에 기한 채무의 이행을 청구할 수 있다고 하였다.

9 한편, 부산지방법원 1997. 8. 20. 선고 96가합23873 판결(배당이의)은 산업재해를 원인으로 하여 발생한 손해배상채권(불법행위로 인한 손해배상채권)에 대하여 법인격부인론을 적용하였다. A주식회사는 X의 가족들이 주식 전부를 소유하고 있는 전형적인 가족회사이다. X와 가족들은 B주식회사의 주식도 과반수를 보유하면서 A회사의 임직원으로 하여금 B회사의 임직원을 겸임케 하였다. 그리고 B회사의 자금으로 A회사로 하여금 선박을 소유케 하면서 A회사의 수익을 사실상 그대로 차지해 왔다. 그러던 중 A회사가 부도에 이르렀는데, 부도 처리 과정에서 B회사가 A회사 소유의 선박에 대하여 근저당권을 가지고 있다는 이유로, 산업재해를 원인으로 하여 발생한 원고의 손해배상채권보다 B회사의 대여금 채권이 우선하는 것으로 배당표가 작성되었다. 이에 원고는 B회사를 피고로 하여 원고의 손해배상채권이 우선하여 변제받는 것으로 배당표를 변경해 달라는 취지의 배당이의의 소를 제기하였다. 원고는 B회사(피고회사)가 별개의 법인격을 내세워 근저당권에 기한 우선배당을 받는 것은 불법 목적으로 회사의 법인격을 이용한 것이라고 주장하였다. 위 법원은

대법원 2006. 8. 25. 선고 2004다26119 판결(매매대금)[10]

[1] 신용제공을 수반한 국제거래계약에서 계약 당사자인 자회사가 신용도가 높은 모회사의 지분 비율 및 모회사의 계약 체결 승인 사실을 진술하는 조항을 두거나 그러한 내용의 확인서를 작성하여 상대방에게 교부하였더라도 그 자체만으로는 모회사에게 어떠한 의무를 발생시킨다고 볼 수 없고, 별도의 수권서류가 작성·교부되지 아니한 이상 이러한 진술 조항만으로 자회사의 의사가 모회사를 대리하여 계약을 체결하려는 것이었다고 해석할 수 없다.

[2] 자회사가 금전을 대출받거나 그 밖에 금전지급의무를 부담하는 국제금융거래에 있어, 모회사가 대주(貸主)에게 보증의 의사를 추단할 문구가 전혀 없이 단지 모회사가 자회사의 지분을 보유하고 있다는 사실의 확인과 자회사의 계약 체결을 인식 또는 승인하였다는 등의 내용을 담은 서면을 작성·교부한 데 그친 경우, 자회사가 모회사를 대리하여 계약을 체결하였다거나 자회사가 체결한 계약상 채무를 모회사가 보증하였다고 해석할 수 없다.

[3] 친자회사는 상호간에 상당 정도의 인적·자본적 결합관계가 존재하는 것이 당연하므로, 자회사의 임·직원이 모회사의 임·직원 신분을 겸유하고 있었다거나 모회사가 자회사의 전 주식을 소유하여 자회사에 대해 강한 지배력을 가진다거나

"사회적으로 존재하는 단체에 대하여 그 가치를 평가하고 그것이 권리주체로서 대접할 만한 가치가 있다고 인정될 때 법인격을 부여한다고 하는 법인 제도의 근본취지에 비추어 볼 때, 법인격이 그 본래의 부여 목적에서 벗어나 무의미하게 될 뿐만 아니라 오히려 사회적 혼란을 야기하게 되고, 결국 회사라는 법형식의 남용으로서 법이 추구하는 구체적, 실질적 정의에 반함과 아울러 신의성실의 원칙에도 위반되므로 용납될 수 없다."고 하였다.

10 KT(피고회사)의 100% 자회사인 KTPI가 필리핀의 통신회사인 PT&T와 통신망확장사업공사계약을 체결하고, KTPI는 그 사업 중 일부를 원고회사에게 발주하여 이 사건 공사 및 자재공급계약("이 사건 계약")을 체결하였다. KTPI는 PT&P로부터 받을 계약대금과 KTPI가 원고회사에게 지급할 계약금액 사이의 시간적 불일치를 해소하기 위하여 체이스맨하탄은행과 대출약정("체이스론")을 체결하였고, KT가 위 체이스론을 위하여 보증을 하였다. 그러던 중 동남아 경제위기의 여파로 PT&T가 지급유예를 선언하였고, KT는 KTPI에게 위 대출약정에 따른 인출을 중단할 것을 지시하였다. 이에 원고회사는 KT에게 미지급대금을 청구하였다. 이 사건에서는 법인격부인론에 따라 KT의 책임이 인정될 수 있는지 여부가 주된 쟁점이었다. 그 외에도, ① KTPI가 KT의 대리인으로 이 사건 계약을 체결하였는지 여부, KT가 KTPI의 이 사건 계약에 따른 채무를 보증하였는지 여부도 문제되었다. 원고는 위 주장들의 근거로, 공사계약의 진술(representation)조항에 KTPI가 KT의 100% 자회사라는 내용이 들어 있었고, 이를 확인하기 위하여 KT가 PT&T에게 확인서를 발급해 주었는데, 이 사건 계약을 체결할 때 KTPI가 그 확인서와 공사계약서의 사본을 원고에게 교부하였다는 사실을 주장하였다. 나아가, ③ KT가 제401조의2의 업무집행지시자에 해당하여 원고회사에게 제401조에 따른 책임을 지는지 여부, ④ KT가 원고에게 체이스론의 인출금지를 지시할 수도 있었다는 점을 알리지 않은 것은 기망행위 또는 고지의무위반에 해당하거나, 체이스론 인출을 금지할 것을 지시한 것이 제3자의 채권침해에 해당하여 불법행위책임을 지는지 여부 등이 문제되었다. 원고의 주장들은 모두 받아들여지지 않았다.

자회사의 사업 규모가 확장되었으나 자본금의 규모가 그에 상응하여 증가하지 아니한 사정 등만으로는 모회사가 자회사의 독자적인 법인격을 주장하는 것이 자회사의 채권자에 대한 관계에서 법인격의 남용에 해당한다고 보기에 부족하고, 적어도 자회사가 독자적인 의사 또는 존재를 상실하고 모회사가 자신의 사업의 일부로서 자회사를 운영한다고 할 수 있을 정도로 완전한 지배력을 행사하고 있을 것이 요구되며, 구체적으로는 모회사와 자회사 간의 재산과 업무 및 대외적인 기업거래 활동 등이 명확히 구분되어 있지 않고 양자가 서로 혼용되어 있다는 등의 객관적 징표가 있어야 하며, 자회사의 법인격이 모회사에 대한 법률 적용을 회피하기 위한 수단으로 사용되거나 채무면탈이라는 위법한 목적 달성을 위하여 회사제도를 남용하는 등의 주관적 의도 또는 목적이 인정되어야 한다.[11]

　　[4] 상법 제401조의2 제1항 제1호의 '회사에 대한 자신의 영향력을 이용하여 이사에게 업무집행을 지시한 자'에는 자연인뿐만 아니라 법인인 지배회사도 포함되나, 나아가 상법 제401조의 제3자에 대한 책임에서 요구되는 '고의 또는 중대한 과실로 인한 임무해태행위'는 회사의 기관으로서 인정되는 직무상 충실 및 선관의무 위반의 행위로서 위법한 사정이 있어야 하므로, 통상의 거래행위로 부담하는 회사의 채무를 이행할 능력이 있었음에도 단순히 그 이행을 지체하여 상대방에게 손해를 끼치는 사실만으로는 임무를 해태한 위법한 경우라고 할 수 없다.

---

11 대법원 2010. 2. 25. 선고 2007다85980 판결(골프회원권지위확인)은 특수목적회사(SPC)의 법인격을 부인하기 위한 요건에 관하여 판시하였다. 대법원은 "SPC는 일시적인 목적을 달성하기 위하여 최소한의 자본출자요건만을 갖추어 인적·물적 자본 없이 설립되는 것이 일반적이다. 따라서 SPC가 그 설립목적을 달성하기 위하여 설립지의 법령이 요구하는 범위 내에서 최소한의 출자재산을 가지고 있다거나 SPC를 설립한 회사의 직원이 SPC의 임직원을 겸임하여 SPC를 운영하거나 지배하고 있다는 사정만으로는 SPC의 독자적인 법인격을 인정하는 것이 신의성실의 원칙에 위배되는 법인격의 남용으로서 심히 정의와 형평에 반한다고 할 수 없으며, 법인격 남용을 인정하려면 적어도 SPC의 법인격이 배후자에 대한 법률적용을 회피하기 위한 수단으로 함부로 이용되거나, 채무면탈, 계약상 채무의 회피, 탈법행위 등 위법한 목적달성을 위하여 회사제도를 남용하는 등의 주관적 의도 또는 목적이 인정되는 경우라야 한다."고 판시하였다.

Ⅱ. 1인주식회사

1. 1인회사인지 여부

대법원 1976. 5. 11. 선고 73다52 판결(가옥명도등)[12]

수인의 주주명의의 수탁자가 있더라도 실질적으로 1인이 그 주식 전부를 소유하고 있다면 이를 1인회사로 볼 수 있다. 회사의 주식을 실질적으로는 1인이 전부소유하고 있으며 그 외의 주주들은 단지 형식상의 것에 불과하고, 주식회사로서의 의사결정과 업무집행이 오로지 실질주주 1인의 단독의사에 의해서 결정되고 집행되는 등 전적으로 그에 의하여 지배되고 운영되었다면 그 회사는 1인회사라고 할 것이다.[13]

2. 주주총회의 운영

대법원 1966. 9. 20. 선고 66다1187 판결(주주총회결의무효확인등)

주주총회의 소집절차에 관한 법의 규정은 각 주주의 이익을 보호하려는데 그 목적이 있는 것이므로, 임시주주총회가 소집권한없는 자의 소집에 의하여 소집되었고, 또 그 임시주주총회를 소집키로 한 이사회의 정족수와 결의절차에 흠결이 있어 위 주주총회 소집절차가 위법한 것이라 하더라도, 1인주주회사에서 그 주주가 참석하여 총회개최에 동의하고 아무 이의없이 결의한 것이라면 그 결의 자체를 위법한 것이라고 할 수 없다.

대법원 2007. 2. 22. 선고 2005다73020 판결(손해배상(기))

[1] 주식회사에서 총 주식을 한 사람이 소유하고 있는 1인회사의 경우에는 그 주주가 유일한 주주로서 주주총회에 출석하면 전원총회로서 성립하고 그 주주의 의사대로 결의될 것임이 명백하므로 따로 총회소집절차가 필요 없고, 실제로 총회를 개최한 사실이 없다 하더라도 1인주주에 의하여 의결이 있었던 것으로 주주총회 의사록이 작성되었다면 특별한 사정이 없는 한 그 내용의 결의가 있었던 것으

---

12 이 사건에서 문제된 건물이 원고회사의 유일한 영업재산으로 그 처분에는 주주총회의 특별결의를 요한다고 할지라도, 실질상 1인회사의 소유 재산을 그 회사의 대표이사이자 1인주주가 처분하였다면 그러한 처분의사결정은 곧 주주총회의 특별결의에 대치되는 것이라 할 것이므로 그 처분은 유효하다고 보았다.
13 이 판결 이외에도 실질주주 1인을 제외한 나머지 명의상의 주주들이 단순한 명의대여자에 불과한 경우 실질적인 1인회사로 인정하여 1인회사의 법리를 적용한 판결례로는, 대법원 1992. 6. 23. 선고 91다19500 판결(주주총회결의무효확인), 대법원 1993. 6. 11. 선고 93다8702 판결(주주총회결의무효확인), 대법원 2004. 12. 10. 선고 2004다25123 판결(퇴직금등) 등이 있다.

로 볼 수 있다. 위와 같은 법리는 실질적으로 1인회사인 주식회사의 주주총회의 경우도 마찬가지이며, 그 주주총회의사록이 작성되지 아니한 경우라도 증거에 의하여 주주총회 결의가 있었던 것으로 볼 수 있다.

[2] 한 사람이 다른 사람의 명의를 빌려 주주로 등재하였으나 총 주식을 실질적으로 그 한 사람이 모두 소유한 경우가 아니라, 이와 달리 주식의 소유가 실질적으로 분산되어 있는 경우에는 상법상의 원칙으로 돌아가 실제의 소집절차와 결의절차를 거치지 아니한 채 주주총회의 결의가 있었던 것처럼 주주총회 의사록을 허위로 작성한 것이라면 설사 1인이 총 주식의 대다수(98%)를 가지고 있고 그 지배주주에 의하여 의결이 있었던 것으로 주주총회 의사록이 작성되어 있다 하더라도 도저히 그 결의가 존재한다고 볼 수 없을 정도로 중대한 하자가 있는 때에 해당하여 그 주주총회의 결의는 부존재하다고 보아야 한다.

3. 이사의 자기거래

대법원 2002. 7. 12. 선고 2002다20544 판결(대여금)

회사의 채무부담행위가 상법 제398조 소정의 이사의 자기거래에 해당하여 이사회의 승인을 요한다고 할지라도, 위 규정의 취지가 회사 및 주주에게 예기치 못한 손해를 끼치는 것을 방지함에 있다고 할 것이므로, 그 채무부담행위에 대하여 사전에 주주 전원의 동의가 있었다면 회사는 이사회의 승인이 없었음을 이유로 그 책임을 회피할 수 없다.[14]

4. 형사책임

대법원 1983. 12. 13. 선고 83도2330 전원합의체 판결(업무상배임)

배임죄의 주체는 타인을 위하여 사무를 처리하는 자이며, 그의 임무위반 행위

---

14 피고회사의 대표이사인 甲이 자신의 원고에 대한 개인채무를 피고회사로 하여금 인수하도록 하였던 사안에서, 피고회사는 위 채무인수는 이사의 자기거래에 해당하여 이사회의 승인이 없는 한 무효라고 주장하였다. 대법원은, 피고회사의 주식이 설립자로서 회사의 경영을 전적으로 책임지고 있는 대표이사이자 주주인 甲 1인에게 사실상 전부 귀속되어 있고, 甲이 동의한 것은 주주 전원의 동의가 있었다고 볼 수 있으므로, 피고회사는 이사회의 승인이 없었음을 이유로 그 책임을 회피할 수 없다고 하였다. 그러나 이러한 논리가 타당한지는 의문이다. 이사의 자기거래를 규제하는 것은 이사의 사익추구행위로부터 회사의 이익을 보호하기 위한 것이다. 1인회사의 경우 이익보호가 필요한 다른 주주가 존재하지는 않지만, 회사에는 근로자 등 다른 구성원들과 이해관계자들이 존재하고, 회사의 이익을 위해 업무를 수행해야 할 이사 및 이사회의 역할을 보장할 필요가 있다. 따라서 1인주주의 승인을 이사회의 승인으로 보는 것은 타당하지 않다. 이 경우 제3자(원고)의 이익은 그가 이사회의 승인이 없었음을 알았거나 중대한 과실로 알지 못했는지 여부에 따라 무효 여부를 판단하여 보호할 수 있으므로, 거래의 안전에도 문제가 없을 것이다.

로써 그 타인인 본인에게 재산상의 손해를 발생케 하였을 때 이 죄가 성립되는 것인즉, 소위 1인회사에 있어서도 행위의 주체와 그 본인은 분명히 별개의 인격이며, 그 본인인 주식회사에 재산상 손해가 발생하였을 때 배임죄는 기수가 되는 것이므로 궁극적으로 그 손해가 주주의 손해가 된다 하더라도 이미 성립한 죄에는 아무 소장이 없다.

대법원 1987. 2. 24. 선고 86도999 판결

주식회사의 주식이 사실상 1인의 주주에 귀속하는 1인 회사에 있어서도 행위의 주체와 그 본인은 분명히 별개의 인격이므로 그 법인인 주식회사 소유의 금원을 임의로 소비할 때 횡령죄는 성립한다.

Ⅲ. 합명·합자회사

대법원 2009. 5. 28. 선고 2006다65903 판결(사해행위취소)[15]

합명회사는 실질적으로 조합적 공동기업체여서 회사의 채무는 실질적으로 각 사원의 공동채무이므로, 합명회사 사원의 책임은 회사가 채무를 부담하면 법률의 규정에 기해 당연히 발생하는 것이고, '회사의 재산으로 회사의 채무를 완제할 수 없는 때' 또는 '회사재산에 대한 강제집행이 주효하지 못한 때'에 비로소 발생하는 것은 아니며, 이는 회사 채권자가 그와 같은 경우에 해당함을 증명하여 합명회사의 사원에게 보충적으로 책임의 이행을 청구할 수 있다는 책임이행의 요건을 정한 것으로 봄이 타당하다. 합자회사의 무한책임사원의 회사 채권자에 대한 책임도 동일하다(제269조).

---

15 피고는 사돈관계에 있는 甲(A합자회사의 무한책임사원)으로부터 A회사의 부도 하루 전에 甲 소유의 부동산을 대물변제 명목으로 넘겨받고 소유권이전등기를 마쳤다. 원고는 A합자회사가 발행한 약속어음의 소지인인데, A회사가 부도로 화의절차에 들어가자 위 약속어음채권을 화의채권으로 신고하였다. 원고는 A합자회사의 무한책임사원 甲의 위 약속어음채권에 대한 연대채무(제212조)를 피보전채권으로 하여, 위 부동산 이전행위에 대하여 사해행위취소소송을 제기하였다. 여기서 피보전채권인 甲의 연대채무의 성립시기가 문제되었다. 원심은 화의로 인하여 약속어음채권의 금액과 변제기가 변경되어 아직 변제기가 도래하지 않았으므로 제212조의 연대채무가 성립하지 않았다고 보았다. 그러나 대법원은 A회사가 원고에게 약속어음을 발행하여 A회사의 약속어음채무가 발생함과 동시에 원고의 무한책임사원에 대한 동일한 내용의 채권도 갖게 되었다고 보았다.

회사의 설립

제 2 장   회사의 설립

Ⅰ. 설립 중의 회사

대법원 1994. 1. 28. 선고 93다50215 판결(소유권이전등기)[1]
대법원 1998. 5. 12. 선고 97다56020 판결(소유권이전등기)

[1] 설립중의 회사라 함은 주식회사의 설립과정에서 발기인이 회사의 설립을 위하여 필요한 행위로 인하여 취득하게 된 권리의무가 회사의 설립과 동시에 그 설립된 회사에 귀속되는 관계를 설명하기 위한 강학상의 개념이다

[2] 실립중의 회사는 정관이 작성되고 발기인이 적어도 1주 이상의 주식을 인수하였을 때 비로소 성립하는 것이다.

[3] 이러한 설립중의 회사로서의 실체가 갖추어지기 이전에 발기인이 취득한 권리, 의무는 구체적 사정에 따라 발기인 개인 또는 발기인조합에 귀속되는 것으로서 이들에게 귀속된 권리의무를 설립 후의 회사에 귀속시키기 위하여는 양수나 채무인수 등의 특별한 이전행위가 있어야 한다.

대법원 1970. 8. 31. 선고 70다1357 판결(양수금)

발기인이 회사의 설립을 위하여 필요한 행위로 인하여 취득 또는 부담하였던 권리의무는, 실질적으로는 회사불성립의 확정을 정지조건으로 하여 발기인에게 귀

---

1 원고회사의 설립준비위원인 A는 1982. 11. 30. 자신의 이름으로 B회사로부터 향후 원고회사가 사용할 공장용지를 매수하였다. 그런데 원고회사는 설립등기일이 1983. 4. 16.이고, 정관이 작성된 것도 같은 해 3. 15.이었다. 따라서 원고회사가 A로부터 위 매매계약에 따른 권리를 취득하기 위한 특별한 이전행위를 거치지 않는 한 위 매매계약의 효력이 곧바로 원고회사에게 귀속된다고 할 수 없다. 그런데 원고회사는 제 1 심 변론기일에서 A와 B회사의 매매계약시 매수인 명의가 A였으나 원고회사가 설립등기를 마친 후 B회사의 동의 아래 계약자명의를 원고로 변경하여 매매계약서를 새로 작성하였다고 주장하였다. 이러한 원고의 주장이 받아들여져서 원고회사가 A의 위 토지에 관한 B회사와의 매매계약에서의 매수인의 지위를 인수하였음이 인정되었다. 만일 이것이 사후설립(제375조)에 해당한다면 주주총회의 특별결의가 필요할 수도 있겠지만 사안에서는 다투어지지 않았다.

속됨과 동시 같은 사실을 해제조건으로 하여 설립될 회사에 귀속되는 것이고, 형식적으로는 회사성립을 해제조건으로 하여 발기인에게 귀속됨과 동시에 같은 사실을 정지조건으로 하여 설립된 회사에 귀속되는 것이다.[2]

대법원 2000. 1. 28. 선고 99다35737 판결

발기인 중 1인이 회사의 설립을 추진하던 중에 행한 불법행위가 외형상 객관적으로 설립 후 회사의 대표이사로서의 직무와 밀접한 관련이 있다면 회사의 불법행위책임이 성립할 수 있다.[3]

---

2 발기인이 설립중의 회사의 이름으로 회사의 설립을 위하여 필요한 행위를 하면 그로 인한 권리의무는 설립중의 회사에 귀속되고 회사 설립 후에는 설립된 회사로 귀속된다. 이 사안에서는 발기인이 설립 후의 회사의 영업을 위하여 제3자와 자동차조립계약을 체결하였다. 이는 '개업준비행위'에 해당하는데, 이것이 회사의 설립을 위하여 필요한 행위인지, 즉 발기인의 권한 내의 행위인지가 문제되었다. 더구나 위 계약서는 아무런 자격표시가 없이 발기인 개인명의로 체결되었다. 원심은 다른 증거에 의하여 위 발기인이 발기인대표로서 회사설립사무의 집행을 위하여 위 계약을 체결하였다고 보아 회사의 책임을 인정하였다. 대법원은 원심판결을 유지하였다. 발기인의 권한에 개업준비행위가 포함됨을 전제로 한 판결례 중의 하나이다.

3 A는 발기인 중 1인으로서 건축폐자재처리업을 주된 목적으로 하는 피고회사의 설립을 준비하던 중, 원고와 사이에 장차 피고회사가 설립되면 피고회사가 원고 소유의 기계를 임차하여 건축폐자재처리업을 하여 그 수익으로 원고에게 돈을 지급하겠다는 약정을 하였다. 그런데 피고회사가 설립된 후 대표이사가 된 A는 원고 소유의 기계를 임의로 제3자에게 처분하였다. 이에 원고는 피고회사를 상대로 불법행위로 인한 손해배상을 구하는 소를 제기하였다. 원심은 A의 위 기계 처분행위는 원고에 대하여 불법행위를 구성하고, 그러한 불법행위는 행위의 외형상 객관적으로 피고회사 대표이사로서의 직무와 밀접하게 관련되어 이루어진 것이므로 피고회사는 원고에게 A의 불법행위로 인한 손해를 배상할 책임이 있다고 판단하였다(제389조 제3항, 제210조). 피고회사는 A와 원고의 약정 당시 정관이 작성되고 발기인이 1주 이상의 주식을 인수하였다는 증거가 없고, 또한 원고도 피고회사가 설립된 후 A가 원고의 기계를 처분할 당시 법인등기만 마쳤을 뿐 사무실이나 직원도 없었고 영업도 하지 않았다고 진술한 점을 들어 상고하였다. 대법원은 약정 당시 설립 중의 회사가 성립되었는지 여부와는 상관없이, A가 원고 소유의 기계를 보관하다가 처분한 행위는 피고회사의 대표이사로서의 직무와 밀접한 관련이 있음을 인정할 수 있다고 하였다. 또한 피고회사의 실체가 없다는 점에 대한 원고의 자백은 대표이사 A의 기계 처분행위가 피고회사의 대표이사로서의 직무관련성이 있는지 여부에 관한 간접사실이 될 수 있는 것에 불과하여, 그와 같은 간접사실에 대한 자백은 법원이나 당사자를 구속하지 않는다고 하였다. 이 판결을 설립중의 회사의 불법행위능력을 분명하게 인정한 선례로 보기는 어렵지만, 설립의 목적 범위 내에서 설립중의 회사의 권리능력을 인정한다면 그로 인한 불법행위능력도 인정하는 것이 타당할 것으로 사료된다.

Ⅱ. 변태설립사항

대법원 1989. 2. 14. 선고 87다카1128 판결(소유권이전등기말소)

甲과 乙 회사 사이의 토지매매가 현물출자에 관한 상법상의 규제를 회피하기 위한 방편으로 행하여져 무효인지의 여부를 가리기 위하여는, 그 매매행위가 회사의 성립 전에 발기인들에 의하여 이루어진 재산인수(제290조 제 3 호)인지, 아니면 회사가 성립된 후에 회사의 대표이사에 의하여 이루어진 사후설립(제375조)인지를 심리·확정한 후에, 그것이 유효요건을 갖추었는지 여부를 심리하여 그 유무효를 판단해야 한다.

대법원 1992. 9. 14. 선고 91다33087 판결(소유권이전등기말소)[4]

[1] 제290조 제 3 호는 변태설립사항의 하나로서 회사성립 후에 양수할 것을 약정한 재산의 종류, 수량, 가격과 그 양도인의 성명은 정관에 기재함으로써 그 효력이 있다고 규정하고 있고, 이때에 회사의 성립 후에 양수할 것을 약정한다 함은 이른바 재산인수로서 발기인이 회사의 성립을 조건으로 다른 발기인이나 주식인수인 또는 제 3 자로부터 일정한 재산을 매매의 형식으로 양수할 것을 약정하는 계약을 의미한다고 할 것이고, 아직 원시정관의 작성 전이어서 발기인의 자격이 없는 자가 장래 성립할 회사를 위하여 제 3 자로부터 일정한 재산을 매매의 형식으로 양수할 것을 약정하는 계약을 체결하고 그 후 그 회사의 설립을 위한 발기인이 되었다면 위 계약은 재산인수에 해당하고 정관에 기재가 없는 한 무효이다.

[2] 당사자 사이에 회사를 설립하기로 합의하면서 그 일방은 일정한 재산을 현물로 출자하고, 타방은 현금을 출자하되, 현물출자에 따른 번잡함을 피하기 위하여 회사의 성립 후 회사와 현물출자자 사이의 매매계약에 의한 소유권이전등기의 방법에 의하여 위 현물출자를 완성하기로 약정하고 그 후 회사설립을 위한 소정의

---

4 甲과 乙은 1989. 2.경 공동으로 주식회사를 설립하기로 합의하면서, 甲이 몇 필지의 부동산을 현물로 출자하고 乙이 현금을 출자하되, 현물출자에 따른 번잡함을 피하기 위하여 회사의 성립 후 회사가 甲의 부동산을 인수하기로 약정하였다. 1989. 3. 7. 회사가 설립되었고, 3. 10.경 甲과 회사의 대표이사가 된 乙은 정식으로 매매계약서를 작성하면서 인수할 부동산목록도 확정하였다. 위 매매계약에 띠리 3. 17. 회사 앞으로 위 부동산들에 관한 소유권이전등기가 마쳐졌다. 그리고 3. 18. 회사의 임시주주총회에서 위 매매계약을 승인한다는 취지의 특별결의가 이루어졌다. 이 사건 소송에서는 회사 앞으로의 마쳐진 소유권이전등기의 적법 여부가 다투어졌다. 이와 관련하여, 정관에 기재되지 않은 재산인수로서 무효인지 여부, 사후설립에 해당하는지 여부, 주주총회의 특별결의가 없는 사후설립으로서 무효인지 여부, 재산인수나 사후설립을 주주총회의 특별결의로 추인할 수 있는지 여부 등이 문제되었다.

절차를 거쳐 위 약정에 따른 현물출자가 이루어진 것이라면, 위 현물출자를 위한 약정은 그대로 제290조 제3호가 규정하는 재산인수에 해당한다고 할 것이어서 정관에 기재되지 아니하는 한 무효이다.

[3] 위와 같은 방법에 의한 현물출자가 동시에 제375조가 규정하는 사후설립에 해당하고 이에 대하여 주주총회의 특별결의에 의한 추인이 있었다면 회사는 유효하게 위 현물출자로 인한 부동산의 소유권을 취득한다.

Ⅲ. 가장납입

대법원 1985. 1. 29. 선고 84다카1823, 1824 판결(대여금)
대법원 1998. 12. 23. 선고 97다20649 판결(주주총회결의무효)

[1] 일시적인 차입금으로 주금납입의 외형을 갖추고 회사설립이나 증자 후 곧바로 그 납입금을 인출하여 차입금을 변제하는 주금의 가장납입의 경우에도 주금납입의 효력을 부인할 수 없으므로 주금납입절차는 일단 완료되고 주식인수인이나 주주의 주금납입의무도 종결되었다고 보아야 한다.

[2] 이러한 가장납입에 있어서 회사는 일시 차입금을 가지고 주주들의 주금을 체당 납입한 것과 같이 볼 수 있으므로 주금납입의 절차가 완료된 후에 회사는 주주에 대하여 체당 납입한 주금의 상환을 청구할 수 있다.

[3] 회사 설립 당시 원래 주주들이 주식인수인으로서 주식을 인수하고 가장납입의 형태로 주금을 납입한 이상 그들은 바로 회사의 주주이고, 그 후 그들이 회사가 청구한 주금 상당액을 납입하지 아니하였다고 하더라도, 이는 회사 또는 대표이사에 대한 채무불이행에 불과할 뿐 그러한 사유만으로 주주로서의 지위를 상실하게 된다고는 할 수 없다.

대법원 2004. 3. 26. 선고 2002다29138 판결(전부금)[5]

[1] 주식을 인수함에 있어 타인의 승낙을 얻어 그 명의로 출자하여 주식대금

---

5 A와 B는 회사를 설립하면서 B의 선배인 피고의 승낙을 받고 그의 명의를 차용하여 일부 주식을 인수하고 피고를 이사로 등기하였다. A와 B는 사채업자로부터 10억 원을 차입하여 자신들과 B 명의로 인수한 모든 주식의 인수대금으로 납입하였고, 회사설립등기를 마친 후 바로 인출하여 차입금을 변제하였다. 피고는 주주와 이사로서의 명의를 사용할 것을 승낙하기는 했지만 주주나 이사로서 아무런 관여나 역할을 하지 않았다. 원고는 회사가 피고에 대하여 가지는 주금상환청구채권에 대하여 압류 및 전부명령을 받아 본건 전부금청구의 소를 제기하였다. 대법원은 주주명의대여자에 불과한 B는 주금상환의무를 지지 않는다고 보았다.

을 납입한 경우에는 실제로 주식을 인수하여 그 대금을 납입한 명의차용인만이 실질상의 주식인수인으로서 주주가 된다고 할 것이고 단순한 명의대여인은 주주가 될 수 없다.

　　[2] 주식회사의 자본충실의 요청상 주금을 납입하기 전에 명의대여자 및 명의차용자 모두에게 주금납입의 연대책임을 부과하는 규정인 상법 제332조 제 2 항은 이미 주금납입의 효력이 발생한 주금의 가장납입의 경우에는 적용되지 않는다고 할 것이고, 또한 주금의 가장납입이 일시 차입금을 가지고 주주들의 주금을 체당 납입한 것과 같이 볼 수 있어 주금납입이 종료된 후에도 주주는 회사에 대하여 체당납입한 주금을 상환할 의무가 있다고 하여도, 이러한 주금상환채무는 실질상 주주인 명의차용자가 부담하는 것일 뿐 단지 명의대여자로서 주식회사의 주주가 될 수 없는 자가 부담하는 채무라고는 할 수 없다.

대법원 2003. 5. 16. 선고 2001다44109 판결(채무부존재확인)[6]

　　주식회사의 자본충실의 원칙상 주식의 인수대금은 그 전액을 현실적으로 납입하여야 하고 그 납입에 관하여 상계로써 회사에 대항하지 못하는 것이므로, 회사가 제 3 자에게 수식인수대금 상당의 대여를 하고 제 3 자는 그 대여금으로 주식인수대금을 납입한 경우에, 회사가 처음부터 제 3 자에 대하여 대여금 채권을 행사하지 아니하기로 약정되어 있는 등으로 대여금을 실질적으로 회수할 의사가 없었고 제 3 자도 그러한 회사의 의사를 전제로 하여 주식인수청약을 한 때에는, 그 제 3 자가 인수한 주식의 액면금액에 상당하는 회사의 자본이 증가되었다고 할 수 없으므로 위와 같은 주식인수대금의 납입은 단순히 납입을 가장한 것에 지나지 아니하여 무효이다.

대법원 2004. 6. 17. 선고 2003도7645 전원합의체 판결[7]

---

6 이 사안에서 대한종금은 자기자본비율을 높이기 위해 ㈜동원에 자신의 주식을 인수해 줄 것을 부탁하면서 주식인수대금 상당액을 대출해 주었다. 이때 향후 대한종금에 영업정지 등의 사유가 발생하면 동원이 일방적으로 위와 같이 인수한 주식의 환매를 청구하고 환매대금채권과 위 대출금채무를 상계할 수 있다는 특약을 하였다. 그 후 대한종금이 다시 영업정지처분을 받았고, 동원은 위 특약에 기하여 환매를 청구하고 대출금채무가 상계로 소멸하였음을 주장하면서 이 사건 채무부존재확인의 소를 제기하였다. 사안과 달리 회사가 나중에 대출금을 회수할 의사로 제 3 자에게 주금납입상당액을 대여하고 제 3 자도 상환할 의사가 있었던 경우에는 이를 가장납입으로 보기 어려울 것이다.

7 대법원 2011. 9. 8. 선고 2011도7262 판결도 동일한 취지이다. 위 사안에서 주식회사의 사실상 경영자인 피고인이 제 3 자에게서 돈을 차용하여 가장납입의 방법으로 회사의 유상증자에 참여한 후, 제 3 자가 납입한 주금 해당액을 바로 인출하여 자기앞수표로 반환하였는데, 이후 회계감사에 대비하여 위 수표를 그 제 3 자에게서 잠시 돌려받아 회사 계좌에 입금한 뒤 다시 해당 금액을 인출하여 변제하였다. 대법원은 이러한 사정만으로는 돈이 회사에 실질적으로 귀속된 것으로 볼 수 없고, 오히려 인출 및 반환과 재인출 경위에 비

[다수의견] 당초부터 진실한 주금납입으로 회사의 자금을 확보할 의사 없이 형식상 또는 일시적으로 주금을 납입하고 이 돈을 은행에 예치하여 납입의 외형을 갖추고 주금납입증명서를 교부받아 설립등기나 증자등기의 절차를 마친 다음 바로 그 납입한 돈을 인출한 경우에는, 이를 회사를 위하여 사용하였다는 특별한 사정이 없는 한 실질적으로 회사의 자본이 늘어난 것이 아니어서 납입가장죄 및 공정증서원본불실기재죄와 불실기재공정증서원본행사죄가 성립하고, 다만 주금의 납입 및 인출의 전과정에서 회사의 자본금에는 실제 아무런 변동이 없고, 그들에게 회사의 돈을 임의로 유용한다는 불법영득의 의사가 있다고 보기 어려우므로, 상법상 납입가장죄의 성립을 인정하는 이상 회사 자본이 실질적으로 증가됨을 전제로 한 업무상횡령죄가 성립하지 않는다.[8]

[반대의견] 이른바 견금(見金) 방식의 가장납입의 경우에도 납입으로서의 효력을 인정하는 종래 대법원의 견해를 따르는 한 납입이 완료된 것은 진실이고, 따라서 등기공무원에 대하여 설립 또는 증자를 한 취지의 등기신청을 함으로써 상업등기부원본에 발행주식의 총수, 자본의 총액에 관한 기재가 이루어졌다 할지라도 이를 두고 '허위신고'를 하여 '불실의 사실의 기재'를 하게 한 경우에 해당한다고 할 수 없어 공정증서원본불실기재·동행사죄가 성립할 여지가 없으며, 또한 주금납입과 동시에 그 납입금은 회사의 자본금이 되는 것이기 때문에 회사의 기관이 이를 인출하여 자신의 개인 채무의 변제에 사용하는 것은 회사에 손해를 가하는 것이 될 뿐만 아니라 불법영득의사의 발현으로서 업무상횡령죄가 성립한다고 볼 수밖에 없다.

추어 이는 즉시 반환이 예정된 일시 차용에 불과하므로 납입가장죄가 성립할 뿐 업무상횡령죄는 성립하지 않는다고 하였다.

8 대법원 판결례 중에는, 주주가 아닌 위조된 주권을 소유한 자들이 대다수 참석하여 개최된 주주총회에서 이사들이 새로이 선임되고, 그 이사들로 구성된 이사회의 결의에 의하여 가장납입에 의하여 신주발행과 등기가 이루어진 사안에서, 신주발행의 절차적·실체적 하자가 극히 중대하여 신주발행의 실체가 존재한다고 할 수 없고 신주발행으로 인한 변경등기라는 신주발행의 외관만이 존재하는 소위 신주발행의 부존재의 경우라면, 처음부터 신주발행의 효력이 없고 신주인수인들의 주금납입의무도 발생하지 않으며 증자로 인한 자본충실의 문제도 생기지 않는 것이어서, 그 주금의 납입을 가장하였더라도 상법상의 납입가장죄가 성립하지 않는다고 본 것이 있다(대법원 2006. 6. 2. 선고 2006도48 판결). 그 외에 유가증권위조죄·동행사죄, 공정증서원본불실기재·동행사죄는 성립한다. 한편, 전환사채는 발행 당시에는 사채의 성질을 갖는 것으로서 사채권자가 전환권을 행사한 때 비로소 주식으로 전환되어 회사의 자본을 구성하게 될 뿐만 아니라, 전환권은 사채권자에게 부여된 권리이지 의무는 아니어서 사채권자로서는 전환권을 행사하지 않을 수도 있으므로, 전환사채의 인수 과정에서 그 납입을 가장하였다고 하더라도 상법 제628조 제 1 항의 납입가장죄는 성립하지 않는다(대법원 2008. 5. 29. 선고 2007도5206 판결).

Ⅳ. 회사설립무효의 소

대법원 1992. 2. 14. 선고 91다31494 판결(회사설립무효)[9]

[1] 회사를 설립함에 있어 모집설립의 절차를 갖추었으나 발기인이 주식모집 전에 주식의 대부분을 인수하고 형식상 일반공중으로부터 주식을 모집함에 있어 발기인이 타인의 명의를 모용하여 주식을 인수하였다면 명의모용자가 주식인수인 이라 할 것이어서 결국 주식 전부를 발기인이 인수한 결과가 된다 할 것이므로 회사의 설립을 발기설립으로 보아야 한다.

[2] 변론주의의 원칙상 당사자가 주장하지 아니한 사실을 기초로 법원이 판단할 수 없는 것이지만 소송물의 전제가 되는 권리관계나 법률효과를 인정하는 진술은 권리자백으로서 법원을 기속하는 것이 아니므로 청구의 객관적 실체가 동일하다고 보여지는 한 법원은 원고가 청구원인으로 주장하는 실체적 권리관계에 대한 정당한 법률해석에 의하여 판결할 수 있다.

[3] 원고가 소장에서 피고회사의 설립이 모집설립임을 전제로 창립총회가 개최되지 아니하였음을 그 무효 사유로 주장하고 있으나, 한편 준비서면 등에 의하여 피고회사의 설립은 원래 발기설립으로 하여야 하나 편의상 모집설립의 절차를 취한 탈법적 방법으로 그 설립이 선량한 풍속 기타 사회질서, 강행법규 또는 주식회사의 본질에 반하여 설립된 회사로서 그 설립이 당연무효라고 주장하였다면, 원심이 피고회사 설립의 무효 사유를 위 창립총회 개최의 결여를 덧붙인 외에 발기설립절차의 하자로 인정하였다 하더라도 이는 원고 청구의 범위 내에 속하는 사항에 대한 판단이어서 정당하고 변론주의의 법리를 오해한 위법이 없다.

---

9 A와 B는 발기설립의 번잡함을 피하기 위하여 원고를 비롯한 몇몇 사람들을 발기인 또는 주식인수인으로 내세워 모집설립의 방법으로 회사를 설립하였다. 원고는 설립된 회사에서 이사로 일하다가 이 사건 설립무효의 소를 제기하였다. 원고는 소장에서 피고회사의 설립이 모집설립임을 전제로 창립총회가 개최되지 아니하였음을 그 무효 사유로 주장하였다. 소송의 진행 과정에서 피고회사가 성립된 지 2년이 지났고, 그 후에 제출된 준비서면에서 원고는, 피고회사의 설립은 원래 발기설립으로 하여야 하나 편의상 모집설립의 절차를 취한 것이고 이는 탈법적 방법으로서 그 설립이 선량한 풍속 기타 사회질서, 강행법규 또는 주식회사의 본질에 반하여 당연무효라는 주장을 추가하였다. 대법원은, 원심이 피고회사 설립의 무효사유에 위 창립총회개최의 결여를 덧붙인 외에 발기설립절차의 하자를 인정하였다 하더라도 이는 원고 청구의 범위 내에 속하는 사항에 대한 판단이어서 정당하고 변론주의의 법리를 오해한 위법이 있다 할 수 없다고 하였다. 이 판결은 원고가 회사설립무효의 소의 제소기간이 경과한 후에 무효사유를 추가하는 것을 문제삼지 않았다. 그러나 이후 대법원은 신주발행무효의 소, 전환사채발행무효의 소, 자본감소무효의 소 등에서 제소기간이 경과한 후에는 새로운 무효사유를 주장할 수 없다고 하였다(대법원 2004. 6. 25. 선고 2000다37326 판결 등).

주식과 주주

제 3 장 주식과 주주

I. 주 주

1. 타인명의의 주식인수

대법원 1980. 9. 19. 선고 80마396 판결(주주총회소집허가신청각하결정에대한재항고)

타인의 승낙을 얻어 그 명의를 빌려서 주식을 인수하고 그 대금을 납입한 경우에는 그 명의 차용인만이 실질상의 주식인수인으로서 주주가 되는 것이고 단순한 명의대여인은 주주가 될 수 없다.[1]

대법원 1998. 4. 10. 선고 97다50619 판결(주주총회결의취소)

[1] 실제로 주식을 인수하여 그 대금을 납입한 명의차용인만이 실질상의 주식인수인으로 주주가 되고, 단순한 명의대여자에 불과한 자는 주주로 볼 수 없다.[2]

[2] 주식 자체는 유효하게 발행되었지만 주식의 이전 등 관계로 당사자 간에 주식의 귀속에 관하여 분쟁이 발생하여 진실의 주주라고 주장하는 자가 명의상의 주주를 상대로 의결권의 행사를 금지하는 가처분의 결정을 받은 경우, 그 명의상

---

1 재항고인들은 모두 회사의 주식을 실제로 인수하여 그 인수가액을 납입한 것이 아니라, 신청외 甲이 재항고인들의 승낙 아래 재항고인들의 명의만을 빌려 주식을 인수하고 단독으로 출자하여 주금을 납입하였던 사안이었다. 단순한 주식명의대여자에 불과한 재항고인들은 회사의 주주로 볼 수 없어 그들의 임시주주총회소집허가신청은 부적법하다고 하였다.

2 단순한 명의대여자인지 여부를 판단하기 위해서는, 대금납입이 누구에 의해서 이루어졌는지, 주권은 누가 갖고 있는지, 의결권을 실제로 누가 행사했고 배당금을 누가 수령했는지 등 실질적인 주주로 볼 수 있는 징표에 관한 사실들의 주장·증명이 필요하다. 실질주주가 주주로 인정되지만 그가 회사에 대하여 주주권을 행사하려면 주주명부에 주주로 등재되어야 한다(제337조 제1항). 주주명부에 주주로 기재되어 있으면 주주로 추정되고, 회사는 그를 주주로 인정하여 주주로서의 권리행사를 허용해야 한다. 만일 회사가 명의상의 주주의 권리행사를 허용하지 않으려면 그가 순전히 명의만을 대여해 준 것일 뿐 회사에 대한 관계에서 주주로서의 권리를 행사할 권한이 없는 형식상의 주주에 지나지 않는다는 점을 증명하여야 한다. 이때 회사가 단순히 명의상의 주주가 아닌 제3자가 주식인수대금을 납입하였다는 사정을 입증한 것만으로는 부족할 수도 있다(대법원 2010. 3. 11. 선고 2007다51505 판결). 한편, 회사는 주주명부상의 주주가 단순히 명의만을 대여한 이른바 형식주주에 불과하다는 사실을 알았거나 쉽게 알 수 있었고 또한 이를 용이하게 증명할 수 있다면 그의 주주로서의 권리행사를 거절해야 한다. 그렇지 않으면 실질주주가 명의주주의 권리행사의 위법을 주장하며 다툴 수 있다(대법원 1998. 9. 8. 선고 96다45818 판결).

의 주주는 주주총회에서 의결권을 행사할 수 없으나, 그가 가진 주식 수는 주주총회의 결의요건을 규정한 제368조 제1항 소정의 정족수 계산의 기초가 되는 '발행주식의 총수'에는 산입된다.

2. 주주의 권리와 의무

대법원 2002. 12. 24. 선고 2002다54691 판결(주주총회및이사회결의부존재확인)

[1] 주주권은 주식의 양도나 소각 등 법률에 정하여진 사유에 의하여서만 상실되고 단순히 당사자 사이의 특약이나 주주권 포기의 의사표시만으로 상실되지 아니하며 다른 특별한 사정이 없는 한 그 행사가 제한되지도 않는다.

[2] 주주가 일정기간 주주권을 포기하고 타인에게 주주로서의 의결권 행사권한을 위임하기로 약정한 사정만으로는 그 주주가 주주로서의 의결권을 직접 행사할 수 없게 되었다고 볼 수 없다.[3]

대법원 2007. 6. 28. 선고 2006다38161, 38178 판결(임금)[4]

[1] 회사가 직원들을 유상증자에 참여시키면서 퇴직시 출자 손실금을 전액 보전해 주기로 약정한 경우, 그러한 내용의 '손실보전합의 및 퇴직금 특례지급기준'은 유상증자에 참여하여 주주의 지위를 갖게 될 회사의 직원들에게 퇴직시 그 출

---

3 1인주주인 甲의 경영실패를 이유로 甲과 노동조합은, "甲은 향후 7년간 경영권 및 주주권을 포기하고 대표이사인 乙에게 의결권 행사권한을 위임한다."는 합의를 하였다. 그런데 몇 개월 후 甲이 주주총회의사록을 위조하여 乙 등 이사들을 해임하고 새로운 이사를 선임하였다. 원심은 甲이 의결권을 행사할 권한이 없으므로 이사해임과 선임의 주주총회결의가 부존재한다고 판결하였으나, 대법원은 판시와 같은 이유로 파기하였다.

4 주식회사 P은행은 1998년 금융감독원으로부터 경영개선명령을 받고 국제결제은행(BIS) 기준 자기자본비율을 4% 이상으로 맞추기 위하여 증자를 추진하면서, 임직원들로 하여금 당시 실제거래가격 700원대인 주식을 액면가인 주당 5,000원에 총 150억 원의 주식을 인수하게 하였다. 이때 P은행은 임직원들에게 직급별로 출자금액을 할당하고 출자방법을 제시하였으며, 임직원으로부터 '자본금출자확약서'를 징구하였다. 그리고 임직원들이 출자금을 조달할 수 있도록 퇴직금의 중간정산을 독려하였다. 유상증자에 참여하기 전에 P은행의 임직원들은 유상증자에 참여함으로써 입게 될 수도 있는 손실금에 대해 보장을 해 줄 것을 요구하였고, P은행은 이를 받아들여 "1998. 6. 퇴직금 중간정산을 받은 자금으로 자본금 증자에 참여한 직원이 퇴직할 때 출자손실액이 발생할 경우에는 이를 전액 보전한다."는 내용의 합의서를 작성해 주었다. 그리고 유상증자가 이루어진 후 P은행의 상임이사회는 "증자에 참여한 직원에게 액면가(주당 5,000원)를 기준으로 퇴직금을 보장한다."는 내용의 퇴직금특례지급기준을 의결하였다. 이러한 노력에도 불구하고 P은행은 2000. 12. 부실금융기관으로 선정되어 주식의 전부가 무상소각되었다. 다만 위 임직원들을 비롯한 소액주주들의 주식은 주당 166원에 매수하여 소각하였다. P은행의 임직원들은 P은행에. ① 위 손실보전약정과 퇴직금특례지급기준에 따른 금액의 지급, ② 예비적으로 위 약정이나 기준이 무효라면 주식의 인수도 무효가 되므로 주식인수대금의 지급, ③ 다시 예비적으로 이와 관련한 P은행의 불법행위로 인한 손해배상 등을 구하였다. 위 약정이나 퇴직금지급기준이 주주평등의 원칙이나 자기주식취득금지에 반하여 무효인지 여부, 일부무효의 법리에 따라 주식인수 전부가 무효로 되는지 여부 등이 문제되었다. 법원은 위 ①과 ②의 청구를 기각하고, ③의 청구를 인용하면서 원고 측의 과실을 참작하여 피고의 배상액을 80%로 감액하였다.

자 손실금을 전액 보전해 주는 것을 내용으로 하고 있어서, 회사가 주주에 대하여 투하자본의 회수를 절대적으로 보장하는 셈이 되고, 다른 주주들에게 인정되지 않는 우월한 권리를 부여하는 것으로서 주주평등의 원칙에 위반되어 무효이다. 비록 그 손실보전약정이 사용자와 근로자의 관계를 규율하는 단체협약 또는 취업규칙의 성격을 겸하고 있다고 하더라도, 주주로서의 지위로부터 발생하는 손실에 대한 보상을 주된 목적으로 한다는 점을 부인할 수 없는 이상 주주평등의 원칙의 규율 대상에서 벗어날 수는 없을 뿐만 아니라, 그 체결 시점이 위 직원들의 주주자격 취득 이전이라 할지라도 그들이 신주를 인수함으로써 주주의 자격을 취득한 이후의 신주매각에 따른 손실을 전보하는 것을 내용으로 하는 것이므로 주주평등의 원칙에 위배되는 것으로 보아야 하고, 위 손실보전약정 당시 그들이 회사의 직원이었고 또한 시가가 액면에 현저히 미달하는 상황이었다는 사정을 들어 달리 볼 수는 없다.

　[2] 민법 제137조는 임의규정으로서 의사자치의 원칙이 지배하는 영역에서 적용된다고 할 것이므로, 법률행위의 일부가 강행법규인 효력규정에 위배되어 무효가 되는 경우 그 부분의 무효가 나머지 부분의 유효·무효에 영향을 미치는가의 여부를 판단함에 있어서는 개별 법령이 일부무효의 효력에 관한 규정을 두고 있는 경우에는 그에 따라야 하고, 그러한 규정이 없다면 원칙적으로 민법 제137조가 적용될 것이나, 당해 효력규정 및 그 효력규정을 둔 법의 입법 취지를 고려하여 볼 때 나머지 부분을 무효로 한다면 당해 효력규정 및 그 법의 취지에 명백히 반하는 결과가 초래되는 경우에는 나머지 부분까지 무효가 된다고 할 수는 없다.

　[3] 회사가 직원들을 유상증자에 참여시키면서 퇴직시 출자 손실금을 전액 보전해 주기로 약정한 경우, 직원들의 신주인수의 동기가 된 위 손실보전약정이 주주평등의 원칙에 위배되어 무효라는 이유로 신주인수까지 무효로 보아 신주인수인들로 하여금 그 주식인수대금을 부당이득으로서 반환받을 수 있도록 한다면 이는 사실상 다른 주주들과는 달리 그들에게만 투하자본의 회수를 보장하는 결과가 되어 오히려 강행규정인 주주평등의 원칙에 반하는 결과를 초래하게 될 것이므로, 위 신주인수계약까지 무효라고 보아서는 아니 된다.

　[4] 은행이 단기간에 자기자본비율을 증대시키기 위하여 주식의 시가가 액면에 현저히 미달하는 상황에서 퇴식금의 중간정산 등 구체적인 출자금 마련 방법을 제시하고 또한 주주평등의 원칙에 어긋나는 손실보전약정을 체결하면서까지 액면으로 발행되는 유상증자에 참여하도록 직원들을 유인한 행위는 위법한 것이어서 불법행위를 구성한다.

II. 주권과 주주명부

1. 주권(株券)

대법원 1977. 4. 12. 선고 76다2766 판결(주권반환등)[5]

제355조 규정의 주권발행은 제356조 소정의 형식을 구비한 문서를 작성하여 이를 주주에게 교부하는 것을 말하고, 위 문서가 주주에게 교부된 때에 비로소 주권으로서의 효력을 발생한다고 해석되므로 피고 회사가 주주권을 표창하는 문서를 작성하여 이를 주주가 아닌 제3자에게 교부하여 주었다 하더라도 위 문서는 아직 피고회사의 주권으로서의 효력을 갖지 못한다.

대법원 1989. 7. 11. 선고 89다카5345 판결(임시주주총회, 이사회결의무효확인)

상법상 주권의 점유자는 적법한 소지인으로 추정하고 있으나(제336조 제2항) 이는 주권을 점유하는 자는 반증이 없는 한 그 권리자로 인정된다는 것, 즉 주권의 점유에 자격수여적 효력을 부여한 것이므로, 이를 다투는 자는 반대사실을 입증하여 반증할 수 있다.[6]

대법원 1997. 12. 12. 선고 95다49646 판결(주권인도)

주권의 선의취득은 양도인이 무권리자인 경우뿐만 아니라 무권대리인인 경우에도 인정된다.

대법원 2000. 9. 8. 선고 99다58471 판결(주식인도청구)[7]

---

5 원고인 부산수산주식회사는 피고회사의 주주이다. 피고회사는 합병으로 인하여 주주들로부터 구주권을 회수하고 신주권을 발행하여 교부하였다. 그런데 소외 대한수산주식회사가 원고회사의 상호가 대한수산주식회사로 변경된 것처럼 허위의 변경계를 제출하였고, 피고회사는 원고회사의 상호가 대한수산주식회사로 적법하게 변경된 것으로 오인하고, 원고회사라고 사칭하는 대한수산주식회사에게 신주권을 발행·교부하였다. 그 후 원고는 피고회사에 대하여 신주권을 발행해 줄 것을 청구하며 이 사건 소를 제기하였고, 법원은 판시와 같은 이유에서 원고의 청구를 인용하였다.

6 주권을 점유하고 있는 자는 적법하게 점유하고 있는 것으로 추정되므로 자신이 권리자임을 입증할 필요 없이 회사에 주권을 제시하며 주주명부에 등재(명의개서)해 줄 것을 청구할 수 있다. 회사가 이를 거부하려면 그가 권리자가 아님을 증명해야 한다. 다만, 그가 적법한 권리자가 아닌 경우에는 주권을 점유하고 있다거나 주주명부에 명의개서가 되었다고 하여 주주가 되는 것은 아니다.

7 원고는 A회사의 최대주주(51% 지분)인데, A회사의 경영에는 직접 관여하지 않았다. 원고는 A회사의 대표이사인 甲에게 자신의 주식을 위탁하면서 A회사가 피고회사로부터 자금을 차용하는 데 자신의 주식을 담보로 제공하도록 하였다. 이때 피고회사의 대표이사인 乙은 위 소비대차계약서에 A회사의 대표이사의 인감뿐만 아니라 담보제공자인 원고의 개인인감도 함께 날인받았다. 그리고 甲과 乙은 A회사가 피고회사에 원리금을 모두 상환하는 것을 정지조건으로 하여 원고의 주식 중 10%를 乙에게 무상으로 증여한다는 특약을 하

[1] 주권의 점유를 취득하는 방법에는 현실의 인도(교부) 외에 간이인도, 반환청구권의 양도가 있으며, 양도인이 소유자로부터 보관을 위탁받은 주권을 제3자에게 보관시킨 경우에 반환청구권의 양도에 의하여 주권의 선의취득에 필요한 요건인 주권의 점유를 취득하였다고 하려면, 양도인이 그 제3자에 대한 반환청구권을 양수인에게 양도하고 지명채권 양도의 대항요건을 갖추어야 한다.

[2] 주권의 취득이 악의 또는 중대한 과실로 인한 때에는 선의취득이 인정되지 않는바(제359조, 수표법 제21조), 여기서 악의 또는 중대한 과실의 존부는 주권 취득의 시기를 기준으로 결정하여야 하며, 중대한 과실이란 거래에서 필요로 하는 주의의무를 현저히 결여한 것을 말한다.

대법원 1991. 5. 28. 선고 90다6774 판결(주주총회결의등무효확인)

원고들이 제권판결 이전에 주식을 선의로 취득하여 주주권이 있고 또한 위 제권판결에 하자가 있다 하더라도 제권판결에 대한 불복의 소에 의하여 그 제권판결이 취소되지 않는 한 피고회사에 대하여 적법한 주주로서의 권한을 행사할 수 없다 할 것이므로 원고들이 피고회사의 주주로서 이 사건 주주총회 및 이사회결의무효확인을 소구할 이익이 없다.[8]

였다. 이후 A회사는 피고회사에 원리금을 모두 상환하였고, 원고는 피고회사에 주식(주권)의 인도를 청구하였다. 그러나 피고회사는 乙이 위 주식 중 10%를 증여받았다는 이유로 그 부분의 주식의 반환을 거부하였다. 이 사안에서는 甲이 원고의 주식의 처분권을 (증여할 수 있는 권한까지 포함하여) 포괄적으로 위임받았는지 여부와 함께, 乙이 주권을 선의취득하였는지 여부가 문제되었다. 선의취득에서는 피고회사에 대한 주권반환청구권의 양도로 乙이 점유를 취득하였는지 여부, 양수인의 중과실 여부 등이 쟁점이었다. 甲이 원고로부터 보관위탁을 받아 피고회사에게 보관시킨 주권을 乙에게 증여한다는 약정을 하고, 乙이 피고회사의 대표이사의 지위도 겸하고 있었으므로 주권반환청구권을 양도하고 그 대항요건을 갖춘 것으로 볼 수 있어 乙에게 선의취득의 요건으로서의 주권의 점유취득은 있었다고 보았다. 그러나 증여로 취득할 당시 乙은 주권을 소지한 甲의 말만 듣고 甲에게 증여할 권한이 있는지 아무런 확인도 없이 구두로 약정하였고(차입계약서에는 원고의 개인인감을 날인하였지만 증여약정시에는 원고에게 아무런 확인도 없었음). 甲 및 乙과 친인척 관계에 있는 원고에게 쉽게 확인해 볼 수 있었음에도 불구하고 아무런 확인도 하지 않은 것은 거래에서 필요로 하는 주의의무를 현저히 결여한 중대한 과실이 있다는 이유로 주권의 선의취득을 부정하였다.

8 결국 대법원은 제권판결에 대한 불복의 소(민소법 제490조)에 의하여 제권판결이 취소되지 않는 한 결국 제권판결을 얻은 자의 권리가 선의취득자에 우선한다고 보는 것이다. 어음에 관해서도 동일하다. 대법원 1994. 10. 11. 선고 94다18614 판결(약속어음금) 참조(약속어음에 관한 제권판결의 효력은 그 판결 이후에 있어서 당해 어음을 무효로 하고 공시최고 신청인에게 어음을 소지함과 동일한 지위를 회복시키는 것에 그치는 것이고 공시최고 신청인이 실질상의 권리자임을 확정하는 것은 아니나. 취득자가 소지하고 있는 약속어음은 제권판결의 소극적 효과로서 약속어음으로서의 효력이 상실되는 것이므로 약속어음의 소지인은 무효로 된 어음을 유효한 어음이라고 주장하여 어음금을 청구할 수 없다. 어음소지인이 공시최고 전에 선의취득하였다고 하여 위와 같은 이치를 달리 볼 것이 아니다).

대법원 2013. 12. 12. 선고 2011다112247 판결(명의개서절차이행등)

제360조 제1항은 "주권은 공시최고의 절차에 의하여 이를 무효로 할 수 있다."라고 정하고, 같은 조 제2항은 "주권을 상실한 자는 제권판결을 얻지 아니하면 회사에 대하여 주권의 재발행을 청구하지 못한다."라고 정하고 있다. 이는 주권은 주식을 표창하는 유가증권이므로 기존의 주권을 무효로 하지 아니하고는 동일한 주식을 표창하는 다른 주권을 발행할 수 없다는 의미로서, 위 규정에 반하여 제권판결 없이 재발행된 주권은 무효이다. 한편, 증권이나 증서의 무효를 선고한 제권판결의 효력은 공시최고 신청인에게 그 증권 또는 증서를 소지하고 있는 것과 동일한 지위를 회복시키는 것에 그치고 공시최고 신청인이 실질적인 권리자임을 확정하는 것은 아니다. 따라서 증권이나 증서의 정당한 권리자는 제권판결이 있더라도 실질적 권리를 상실하지 아니하고, 다만 제권판결로 인하여 그 증권 또는 증서가 무효로 되었으므로 그 증권 또는 증서에 따른 권리를 행사할 수 없게 될 뿐이다. 그리고 민사소송법 제490조, 제491조에 따라 제권판결에 대한 불복의 소가 제기되어 제권판결을 취소하는 판결이 확정되면 제권판결은 소급하여 효력을 잃고 정당한 권리자가 소지하고 있던 증권 또는 증서도 소급하여 그 효력을 회복하게 된다. 그런데 위와 같이 제권판결이 취소된 경우에도 그 취소 전에 제권판결에 기초하여 재발행된 주권이 여전히 유효하여 그에 대한 선의취득이 성립할 수 있다면, 그로 인하여 정당한 권리자는 권리를 상실하거나 행사할 수 없게 된다. 이는 실제 주권을 분실한 적이 없을 뿐 아니라 부정한 방법으로 이루어진 제권판결에 대하여 적극적으로 불복의 소를 제기하여 이를 취소시킨 정당한 권리자에게 가혹한 결과이고, 정당한 권리자를 보호하기 위하여 무권리자가 거짓 또는 부정한 방법으로 제권판결을 받은 때에는 제권판결에 대한 불복의 소를 통하여 제권판결이 취소될 수 있도록 한 민사소송법의 입법 취지에도 반한다. 또한 민사소송법이나 상법은 제권판결을 취소하는 판결의 효력을 제한하는 규정을 두고 있지도 아니하다. 따라서 기존 주권을 무효로 하는 제권판결에 기하여 주권이 재발행되었다고 하더라도 제권판결에 대한 불복의 소가 제기되어 제권판결을 취소하는 판결이 선고·확정되면, 재발행된 주권은 소급하여 무효로 되고, 그 소지인이 그 후 이를 선의취득할 수 없다.

2. 주주명부

대법원 1995. 7. 28. 선고 94다25735 판결(명의개서)

제416조에 의하여 주식회사가 주주총회나 이사회의 결의로 신주를 발행할 경

우에 발생하는 구체적 신주인수권은 주주의 고유권에 속하는 것이 아니고, 위 상법의 규정에 의하여 주주총회나 이사회의 결의에 의하여 발생하는 구체적 권리에 불과하므로, 그 신주인수권은 주주권의 이전에 수반되어 이전되지 아니하는바, 회사가 신주를 발행하면서 그 권리의 귀속자를 주주총회나 이사회의 결의에 의한 일정 시점에 있어서의 주주명부에 기재된 주주로 한정할 경우, 그 신주인수권은 그 일정 시점에 있어서의 실질상의 주주인가의 여부와 관계없이 회사에 대하여 법적으로 대항할 수 있는 주주, 즉 주주명부에 기재된 주주에게 귀속된다.[9]

대법원 1988. 6. 14. 선고 87다카2599 판결(제 3 자이의)

상법 제461조에 의하여 주식회사가 이사회의 결의로 준비금을 자본에 전입하여 주식을 발행할 경우에는 회사에 대한 관계에서는 이사회의 결의로 정한 일정한 날에 주주명부에 주주로 기재된 자만이 신주의 주주가 된다고 할 것이므로, 주식회사의 기명주식을 실질적으로 양수하였으나 그 회사의 이사회가 신주를 발행하면서 정한 기준일 현재까지 명의개서를 하지 않아 양도인이 아직 주주로 기재되어 있었다면 회사에 대한 관계에서는 신주의 주주는 양도인이다.[10]

대법원 2010. 3. 11. 선고 2007다51505 판결(이사선임결의무효확인)

[1] 주주명부에 주주로 등재되어 있는 자는 일응 그 회사의 주주로 추정되며, 이를 번복하기 위해서는 그 주주권을 부인하는 측에 입증책임이 있다.[11]

[2] 주주명부에 주주로 등재되어 있는 이는 주주로서 주주총회에서 의결권을 행사할 자격이 있다고 추정되므로, 특별한 사정이 없는 한 주주명부상의 주주는 회사에 대한 관계에서 그 주식에 관한 의결권을 적법하게 행사할 수 있다. 따라서 주주명부상의 주주임에도 불구하고 회사에 대한 관계에서 그 주식에 관한 의결권의 행사를 부정하기 위해서는, 주주명부상의 주주가 아닌 제 3 자가 주식인수대금을 납입하였다는 사정만으로는 부족하고, 그 제 3 자와 주주명부상의 주주 사이의

---

9 대법원 2010. 2. 25. 선고 2008다96963, 96970 판결도 같은 취지이다. 일정한 날에 주주명부에 기재된 자를 주주권을 행사할 주주로 확정하는 기준일(제354조)의 취지와 같이, 신주발행(제418조 제 3 항)이나 준비금의 자본전입(제462조 제 3 항)의 경우에도 일정한 날에 주주명부에 주주로 기재된 자가 회사에 대하여 신수인수권을 가진 주주로 확정되는 것이다.

10 이 경우 양도인과 양수인 사이에서 신주는 특별한 약정이 없는 한 양수인의 소유에 속할 것이다. 따라서 양수인은 양도인에 대하여 신주의 반환을 구할 수 있다(그 근거에 대해서는 부당이득설, 사무관리설, 준사무관리설 등의 대립이 있음). 그리고 신주의 주권을 회사에 제시하여 신주에 대한 명의개서를 청구할 수 있다.

11 이때 주주명부에 기재되었다는 사실은 명의상의 주주가 주장·증명해야 한다(대법원 1993. 1. 26. 선고 92다11008 판결).

내부관계, 주식 인수와 주주명부 등재에 관한 경위 및 목적, 주주명부 등재 후 주주로서의 권리행사 내용 등에 비추어, 주주명부상의 주주는 순전히 당해 주식의 인수과정에서 명의만을 대여해 준 것일 뿐 회사에 대한 관계에서 주주명부상의 주주로서 의결권 등 주주로서의 권리를 행사할 권한이 주어지지 아니한 형식상의 주주에 지나지 않는다는 점이 증명되어야 한다.[12]

대법원 2011. 5. 26. 선고 2010다22552 판결(손해배상)

주주명부에 기재된 명의상 주주는 회사에 대한 관계에서 자신의 실질적 권리를 증명하지 않아도 주주로서의 권리를 행사할 수 있는 자격수여적 효력을 인정받을 뿐이지 주주명부 기재에 의하여 창설적 효력을 인정받는 것은 아니므로, 주식을 인수하면서 타인의 승낙을 얻어 그 명의로 출자하여 주식대금을 납입한 경우에는 실제로 주식을 인수하여 대금을 납입한 명의차용인만이 실질상 주식인수인으로서 주주가 되고 단순한 명의대여인은 주주가 될 수 없으며, 이는 회사를 설립하면서 타인 명의를 차용하여 주식을 인수한 경우에도 마찬가지이다.[13]

대법원 1998. 9. 8. 선고 96다45818 판결(주주총회결의취소)

주식회사가 주주명부상의 주주에게 주주총회의 소집을 통지하고 그 주주로 하여금 의결권을 행사하게 하면, 그 주주가 단순히 명의만을 대여한 이른바 형식주주에 불과하여도 그 의결권 행사는 적법하지만, 주식회사가 주주명부상의 주주가 형식주주에 불과하다는 것을 알았거나 중대한 과실로 알지 못하였고 또한 이를 용이하게 증명하여 의결권 행사를 거절할 수 있었음에도 의결권 행사를 용인하거나 의결권을 행사하게 한 경우에는 그 의결권 행사는 위법하게 된다.[14]

---

12 대법원 2007. 9. 6. 선고 2007다27755 판결(주주총회결의부존재확인)도 이러한 취지에서, 주주명부의 주주명의가 신탁된 것이고 그 명의차용인으로서 실질상의 주주가 따로 있음을 주장하려면, 그러한 명의신탁관계를 주장하는 측(사안에서는 피고회사)에서 명의차용사실을 증명하여야 한다고 하였다. 위 사안에서 피고회사의 주주명부상의 주주인 원고가 아닌 제3자가 실제로 신주인수대금의 납입을 하였다는 사정이 인정되었다. 원고는 그 제3자와의 동업계약에 따라 제3자가 피고회사에 신주대금을 납입하고 그 주식을 원고가 분배받기로 했다고 주장하였는데, 원심은 그러한 동업관계를 인정할 만한 증명이 부족하다는 이유로 원고가 아닌 제3자가 실질상의 주주라고 판단하였다. 그러나 대법원은 제3자가 신주인수대금을 납입하게 된 원인관계로는 명의신탁관계 이외에도 자본금 납입을 일방의 출자의무로 하는 동업관계나 신주인수대금의 단순한 차용관계 등 여러 형태의 법률관계를 상정할 수 있으므로, 명의신탁관계를 주장하는 피고회사가 제3자에 의하여 신주인수대금의 납입행위가 이루어졌다는 사정 외에 그와 같은 납입행위가 원고가 주장하는 동업관계가 아니라 원고와 제3자 사이의 명의신탁약정에 의한 것임을 증명하여야 한다고 보았다.
13 제403조의 주주대표소송을 제기할 수 있는 주주의 자격에 관하여 위와 같은 법리에 따라 판단하였다. 실질주주가 원고적격이 있으므로 형식주주가 제기한 주주대표소송은 부적법 각하해야 한다는 취지이다.
14 주주명부상의 주주가 실질주주 아님을 회사가 알고 있었고 이를 용이하게 증명할 수 있었는데도 위 형

Ⅲ. 주식의 양도

1. 주식양도의 효력요건

대법원 1993. 12. 28. 선고 93다8719 판결(주주총회결의등무효확인)

주권발행 전의 주식의 양도는 지명채권양도의 일반원칙에 따라 당사자 사이의 의사의 합치만으로 효력이 발생하는 것이지만, 주권발행 후의 주식의 양도에 있어서는 주권을 교부하여야만 효력이 발생한다.

대법원 1992. 10. 27. 선고 92다16386 판결(주주명의변경청구의소)

주권발행 전에 한 주식의 양도도 회사성립 후 또는 신주의 납입기일 후 6월이 경과한 때에는 회사에 대하여 효력이 있고, 이 경우 주식의 양도는 지명채권의 양도에 관한 일반원칙에 따라 당사자의 의사표시만으로 효력이 발생한다.

대법원 1994. 6. 28. 선고 93다44906 판결(대표이사등직무집행정지가처분)

주식양도양수계약이 적법하게 해제되었다면 종전의 주식양수인은 주식회사의 주주로서의 지위를 상실하였으므로, 주식회사의 주권을 점유하고 있다고 하더라도 주주로서의 권리를 행사할 수 있는 것은 아니다.[15]

대법원 1992. 10. 27. 선고 92다16386 판결(주주명의변경청구의소)

주주명의를 신탁한 사람이 수탁자에 대하여 명의신탁계약을 해지하면 바로 주주의 권리가 명의신탁자에게 복귀한다.

식주주에게 소집통지를 하고 의결권을 행사하게 한 잘못이 인정된다는 이유로 그 주주총회결의를 취소할 수 있다고 보았다. 위 사안에서 甲과 乙은 50%씩 출자하여 회사를 세웠고, 甲의 주식은 수인의 타인명의로 분산되어 있었다. 회사성립 후 대표이사로 된 乙은 甲과 서로 상의하여 회사의 경영사항을 결정해왔고, 이전에는 甲 소유 주식의 명의인들에게 주주총회의 소집을 통지한 사실이 없었다. 그런데 甲과 乙 사이에 분쟁이 발생하자 乙은 명의주주들에게 소집통지를 하여 주주총회를 개최하려고 시도하였고, 甲이 의결권행사금지 가처분을 신청하여 인용됨으로써 이러한 시도는 좌절되었다. 이후 乙은 다시 甲을 배제하고 명의주주들에게 소집통시를 하여 이 사건 주주총회를 개최하고 이 사건 결의를 히였던 사안이었다.

15 해제의 효과로서 계약이 소급적으로 실효되기 때문이다(직접효과설·물권적효과설). 다만, 기명주식이 양도된 후 주주명부에 양수인 명의로 명의개서가 이미 이루어졌다면, 그 후 그 주식양도약정이 해제되었다 하더라도, 주주명부상의 주주명의를 원래의 양도인 명의로 복구하지 않는 한 양도인은 회사에 대한 관계에 있어서는 주주총회에서 의결권을 행사하기 위하여 주주로서 대항할 수 없다(대법원 2002. 12. 24. 선고 2000다69927 판결).

2. 주식양도의 대항요건

가. 명의개서

대법원 1989. 7. 11. 선고 89다카5345 판결(임시주주총회, 이사회결의무효확인)

기명주식의 양도는 취득자의 성명과 주소를 주주명부에 기재하여야만 회사에 대하여 대항할 수 있는바(제337조 제1항), 주주명부에 기재된 명의상의 주주는 실질적 권리를 증명하지 않아도 주주의 권리를 행사할 수 있게 한 자격수여적 효력만을 인정한 것뿐이지 주주명부의 기재에 창설적 효력을 인정하는 것이 아니므로, 반증에 의하여 실질상 주식을 취득하지 못하였다고 인정되는 자가 명의개서를 받았다 하여 주주의 권리를 행사할 수 있는 것은 아니다.

대법원 1995. 7. 28. 선고 94다25735 판결(명의개서)

기명주식을 취득한 자가 회사에 대하여 주주로서의 자격을 인정받기 위하여는 주주명부에 그 취득자의 성명과 주소를 기재하여야 하고, 취득자가 그 명의개서를 청구할 때에는 특별한 사정이 없는 한 회사에게 그 취득한 주권을 제시하여야 하므로, 주식을 증여받은 자가 회사에 그 양수한 내용만 통지하였다면 그 통지 사실만 가지고는 회사에 명의개서를 요구한 것으로 보기 어렵다.[16]

대법원 1995. 3. 24. 선고 94다47728 판결(가입금반환)

명의개서의 청구에 인감증명 등 소정의 서류의 제출을 요한다고 하는 정관의 규정이 있다 하더라도, 이는 주식의 취득이 적법하게 이루어진 것임을 회사로 하여금 간이·명료하게 알 수 있게 하는 방법을 정한 것에 불과하여 주식을 취득한 자가 그 취득사실을 증명한 이상 회사는 위와 같은 서류가 갖추어지지 아니하였다는 이유로 명의개서를 거부할 수는 없다.[17]

---

16 피고회사의 대표이사인 A가 자신의 주식 전부를 원고에게 증여하였는데, 원고는 그 1년 후 회사에 위 주식을 양수하였다는 내용의 통지만 하고 명의개서는 마치지 않았다. 몇 년 후 피고회사는 3회에 걸쳐 신주를 발행하면서 주주명부상의 주주인 A에게 신주를 배정하였고, A가 그 신주를 인수하여 대금을 납입함으로써 이를 취득하였다. 이에 원고는 A 명의 신주를 비롯한 모든 주식에 대하여 증여를 원인으로 한 명의개서절차를 이행할 것을 청구하며 이 사건 소를 제기하였다. 원고는 피고회사에 명의개서를 요구하였으나 거절당했다고 주장하였으나, 법원은 양도통지를 한 것만으로는 명의개서를 요구하였다고 볼 수 없다며 원고의 주장을 받아들이지 않았다.

17 양수인이 주권을 제시하거나 실질적 권리를 다른 방법으로 증명하면서 명의개서를 청구하면, 회사는 그가 적법한 양수인이 아니라는 사실을 증명하지 못하는 한 명의개서를 거절할 수 없다.

대법원 1992. 10. 27. 선고 92다16386 판결(주주명의변경청구의소)

회사성립 후 또는 신주의 납입기일 후 6월이 경과하도록 회사가 주권을 발행하지 아니한 경우에 당사자간의 의사표시만으로 주식을 양수한 사람은 특별한 사정이 없는 한 양도인의 협력을 받을 필요없이 단독으로 자신이 주식을 양수한 사실을 증명함으로써 회사에 대하여 그 명의개서를 청구할 수 있다.[18]

나. 명의개서의 부당거절

대법원 1993. 7. 13. 선고 92다40952 판결(주주총회결의무효확인)

주식을 양도받은 주식양수인들이 명의개서를 청구하였는데도 위 주식양도에 입회하여 그 양도를 승낙하였고 더구나 그 후 주식양수인들의 주주로서의 지위를 인정한 바 있는 회사의 대표이사가 정당한 사유 없이 그 명의개서를 거절한 것이라면 회사는 그 명의개서가 없음을 이유로 그 양도의 효력과 주식양수인의 주주로서의 지위를 부인할 수 없다.[19]

대법원 2010. 10. 14. 선고 2009다89665 판결(주주총회결의취소)

명의개서청구권은 기명주식을 취득한 자가 회사에 대하여 주주권에 기하여 그 기명주식에 관한 자신의 성명, 주소 등을 주주명부에 기재하여 줄 것을 청구하는 권리로서 기명주식을 취득한 자만이 그 기명주식에 관한 명의개서청구권을 행사할

---

18 원고들이 주권발행 전의 주식에 관한 주주명의를 피고들에게 신탁하였다가 회사성립 후 또는 신주의 납입기일 후 6월이 경과한 다음에 명의신탁계약을 해지하였다면, 원고들은 그와 같은 사실을 증명하여 회사를 상대로 주주명부상의 명의개서를 청구하면 되므로, 명의수탁자인 피고들을 상대로 명의개서절차의 이행을 소구하는 것은 소의 이익이 없다. 그리고 주권발행 전의 주식의 양도인과 양수인 또는 명의신탁자와 명의수탁자 사이에 주주의 권리의 귀속을 둘러싸고 다툼이 생긴 경우에는, 주식의 양수인이나 명의신탁자가 양도인이나 명의수탁자를 상대로 주주권확인 등의 소를 제기하여 판결을 받아 주주명부상의 명의개서를 위한 입증자료로써 회사에 제출할 필요성이 있을 수는 있겠지만, 그렇다고 하여 주식의 양도인이나 명의수탁자를 상대로 곧바로 주주명부상의 명의개서절차의 이행을 청구할 수 있다고 볼 수도 없다.

19 피고회사의 대주주인 甲이 사기분양으로 구속되면서 그 수습책으로 원고들에게 피고회사 주식의 38%를 양도하였는데, 이때 피고회사의 대표이사인 乙이 입회하여 이를 승낙하였다. 이후 乙이 정당한 사유없이 원고들의 명의개서 청구를 거절하고 甲도 위 주식양도사실을 다투기 시작하자, 원고들은 피고회사의 주주총회에서 다른 주주(30%)와 연합하여 위 乙을 해임하고 원고들 자신을 이사 및 대표이사로 선임하였다. 그러자 甲은 원고들과 다른 주주들(30%) 등 총 68%의 주주들에게는 소집통지를 하지 않고 주주총회를 열어, 자신이 피고회사 주식의 70%를 보유한 것처럼 의결권을 행사하여 원고들을 이사에서 해임하고 다시 乙 등 원래의 이사들을 선임하였다. 이에 원고들은 위 주주총회의 하자를 주장하면서 이 사건 소를 제기하였다. 피고회사를 대표한 乙 등은 원고들이 명의개서를 한 바 없으므로 피고회사에 대하여 의결권을 행사할 주주가 아니라고 주장하였으나, 법원은 乙이 원고들의 명의개서 요구를 거절한 것은 부당하다는 이유로 받아들이지 않았다.

수 있다. 또한 기명주식의 취득자는 원칙적으로 취득한 기명주식에 관하여 명의개서를 할 것인지 아니면 명의개서 없이 이를 타인에게 처분할 것인지 등에 관하여 자유로이 결정할 권리가 있으므로, 주식 양도인은 다른 특별한 사정이 없는 한 회사에 대하여 주식 양수인 명의로 명의개서를 하여 달라고 청구할 권리가 없다.[20]

다. 회사의 권리행사 허용 문제

대법원 1989. 10. 24. 선고 89다카14714 판결(주주권확인등)

제337조의 규정은 주주권이전의 효력요건을 정한 것이 아니고 회사에 대한 관계에서 누가 주주로 인정되느냐 하는 주주의 자격을 정한 것으로서 기명주식의 취득자가 주주명부상의 주주명의를 개서하지 아니하면 스스로 회사에 대하여 주주권을 주장할 수 없다는 의미이고, 명의개서를 하지 아니한 실질상의 주주를 회사측에서 주주로 인정하는 것은 무방하다.[21]

---

20 사안에서 甲은 乙에게 보유하던 피고회사(회사 성립 후 6월이 경과하도록 주권을 발행하지 않음)의 주식(51%)을 양도하였으나, 피고회사에 대하여 확정일자 있는 통지를 하지 않았고, 피고회사도 주주명부에 乙로 명의개서를 하였으나 확정일자 있는 승낙을 한 사실은 없었다. 이후 甲은 위 주식을 다시 원고에게 양도하면서 회사에 대하여 확정일자 있는 양도통지를 하였고, 이 때 주주명부의 명의개서도 요구하였다. 이후 피고회사의 주주총회가 있었고, 위 총회에서는 乙이 의결권을 행사하였다. 이에 원고는 위 주주총회 결의의 취소를 구하기 위해 이 사건 소를 제기하였다. 법원은 주권발행 전 주식의 이중양도가 문제되는 경우 이중 양수인들 사이의 우열은 이중양수인 중 일방에 대하여 이미 명의개서가 되었는지에 상관없이 확정일자 있는 양도통지가 회사에 도달한 일시 또는 확정일자 있는 승낙 일시의 선후에 의하여 결정하는 것이 원칙이지만(따라서 乙이 주주임), 확정일자 있는 양도통지나 승낙을 먼저 갖춘 주식양수인이 회사에 대하여 의결권 등 주주로서 권리를 행사하기 위해서는 주주명부상 명의개서를 해야 한다고 보았다. 원고는 피고회사가 명의개서를 부당하게 거절하였으므로 자신이 명의개서 없이도 의결권을 행사할 수 있었다고 주장하였으나, 법원은 주식양도인(甲)이 회사에 양도통지를 하는 기회에 주식양수인(원고)에게 명의개서를 해줄 것을 요청하였다는 사정만으로는 이를 주식양수인(원고)의 명의개서 청구로 볼 수 없고, 따라서 피고회사가 원고의 명의개서 청구를 부당하게 거절하였다고 볼 수 없다고 하였다.

21 원고와 A는 피고회사의 주주였는데, 1975년 당시 피고회사가 운영난에 봉착하자 대표이사였던 A는 모든 주식을 B와 C에게 양도하기로 약속하였다. 이에 따라 A가 우선 자신의 주식을 B와 C에게 양도하여 B와 C와 원고가 1/3씩의 지분으로 하되, 향후 원고의 주식도 별도로 합의하여 B 또는 C에게 양도하기로 하였다. 이후 원고는 A를 통하여 자신의 주식을 B에게 양도하고 주권까지 교부하였는데, B는 위 주식에 대한 명의개서를 1983년까지 하지 않았다. 그때까지 피고회사는 B를 위 주식의 주주로 인정하고 그에게 이익배당과 신주발행을 해왔다. 이후 원고는 피고회사가 주주명부상 주주인 자신이 아닌 B를 주주로 취급한 것을 다투고, 주주권확인과 1982~1983년 사이의 이익배당금과 신주인수권이 자신에게 귀속된다고 주장하면서 이 사건 소를 제기하였다. 법원은 판시와 같이 피고회사가 명의상의 주주가 아닌 B를 주주로 인정하는 것이 허용된다는 이유로 원고의 청구를 기각하였다. 이 사안에서는 피고회사가 실질주주가 B라는 사실을 알고 있었기에 회사의 위험부담으로 B에게 권리행사를 허용하였던 것으로 보인다. 일반적인 경우, 회사는 실질주주가 주권을 제시하거나 실질적인 권리를 증명하여 명의개서를 청구해 오지 않는 이상 반드시 그에게 권리행사를 시킬 의무가 있는 것은 아니다. 명의개서를 하지 않은 주주는 회사에 대항할 수 없기 때문에(제337조 제 1 항), 회사는 주주명부상의 주주에게 권리행사를 시키면 면책될 수 있다. 다만, 예외적으로 회사가 주주명부상의

IV. 주식양도의 제한

1. 정관 또는 계약에 의한 제한

대법원 2000. 9. 26. 선고 99다48429 판결(명의개서절차이행)

[1] 상법 제335조 제 1 항 단서는 주식의 양도를 전제로 하고, 다만 이를 제한하는 방법으로서 이사회의 승인을 요하도록 정관에 정할 수 있다는 취지이지 주식의 양도 그 자체를 금지할 수 있음을 정할 수 있다는 뜻은 아니기 때문에, 정관의 규정으로 주식의 양도를 제한하는 경우에도 주식양도를 전면적으로 금지하는 규정을 둘 수는 없다.

[2] 회사와 주주들 사이에서, 혹은 주주들 사이에서, 회사의 설립일로부터 5년 동안 주식의 전부 또는 일부를 다른 당사자 또는 제 3 자에게 매각·양도할 수 없다는 내용의 약정을 한 경우, 그 약정은 주식양도에 이사회의 승인을 얻도록 하는 등 그 양도를 제한하는 것이 아니라 설립 후 5년간 일체 주식의 양도를 금지하는 내용인바, 이를 정관으로 규정하였다고 하더라도 주주의 투하자본회수의 가능성을 전면적으로 부정하는 것으로서 무효이다. 위와 같이 정관으로 규정하여도 무효가 되는 내용을, 나아가 회사와 주주들 사이에서, 혹은 주주들 사이에서 약정하였다고 하더라도 이 또한 무효이다.[22]

대법원 2008. 7. 10. 선고 2007다14193 판결(위약금)

[1] 주식의 양도를 제한하는 방법으로서 이사회의 승인을 요하도록 정관에 정

주주가 형식주주에 불과하다는 것을 알았거나 중대한 과실로 알지 못하였고 또한 이를 용이하게 증명하여 권리행사를 거절할 수 있었음에도 불구하고 그에게 권리를 행사하게 하였다면 면책이 되지 않을 수도 있다 (대법원 1998. 9. 8. 선고 96다45818 판결 참조).

22 피고회사(신세기통신)와 주주들(포항제철, 코오롱, 경방 등)은 합작투자계약으로 각자 보유하는 피고회사 발행 주식과 관련하여 다음과 같이 양도를 제한하는 약정을 하였다. "합작회사(피고회사)가 사전에 공개되는 경우를 제외하고 합작회사의 설립일로부터 5년 동안, 합작회사의 어느 주주도 합작회사 주식의 전부 또는 일부를 다른 당사자 또는 제 3 자에게 매각·양도할 수 없다. 단 법률상 또는 정부의 조치에 의하여 그 주식의 양도가 강제되는 경우, 또는 당사자들 전원이 그 양도에 동의하는 경우는 예외로 한다. … 위 계약들에 의한 주식의 양도제한에 위배하여 합작회사의 주식이 양도된 경우 그 주식양수인은 위 계약들에 따른 어떠한 권리와 이익도 가지지 아니하며, 그 주식의 양도인은 본 계약 및 위 합의시 등의 서면에 의한 약정 및 의무에 대하여 계속 책임을 진다." 위 계약에는 어느 주주가 양도를 원하는 경우 포항제철과 코오롱에게 우선매수권이 인정된다는 약정이 포함되어 있었다. 경방은 5년이 지나지 않아 위와 같은 계약 내용을 잘 알고 있는 甲에게 주식을 양도하였고, 甲은 다시 이를 잘 알고 있던 원고에게 양도하였다. 원고가 피고회사에 명의개서를 요구하였으나 피고회사가 위 약정을 이유로 이를 거절하였다. 법원은 판시와 같은 이유로 위 약정이 무효이므로 피고회사는 원고의 명의개서청구를 거절할 수 없다고 하였다.

할 수 있다는 상법 제335조 제 1 항 단서의 취지에 비추어 볼 때, 주주들 사이에서 주식의 양도를 일부 제한하는 내용의 약정을 한 경우, 그 약정은 주주의 투하자본 회수의 가능성을 전면적으로 부정하는 것이 아니고, 공서양속에 반하지 않는다면 당사자 사이에서는 원칙적으로 유효하다.[23]

[2] 이사회의 승인을 얻도록 규정되어 있는 회사의 정관에도 불구하고 이사회 의 승인을 얻지 않고 주식을 양도한 경우에 그 주식의 양도는 회사에 대하여 효력 이 없을 뿐 주주 사이의 주식양도계약 자체가 무효라고 할 수는 없다.

2. 주권발행 전 주식의 양도

대법원 1981. 9. 8. 선고 81다141 판결(주권인도)

주권발행 전의 주식의 양도는 회사에 대한 관계에 있어서는 효력이 없고(제335 조 제3항), 주권발행교부청구권은 주식과 일체로 되어 있어 이와 분리하여 양도할 수 없는 성질의 권리이므로 주권발행 전에 한 주식의 양도가 주권발행교부청구권 이전의 효과를 생기게 하지 않는다. 따라서 주권발행전의 주식양수인은 직접 회사 에 대하여 주권발행교부 청구를 할 수 없고, 양도인을 대위하여 청구하는 경우에 도 주식의 귀속주체가 아닌 양수인 자신에게 그 주식을 표창하는 주권을 발행 교 부해 달라는 청구를 할 수는 없다.[24]

---

23 甲과 乙 등의 주주들은 케이블TV방송회사인 A주식회사의 설립자들이자 지배주주들로서 A회사를 운영 해왔다. 그런데 역시 케이블TV회사인 B주식회사를 운영하던 丙이 A회사의 주식을 상당량 취득하게 되었다. 丙이 A회사를 적대적으로 인수할 것을 우려한 甲과 乙 등 지배주주들은, 전원의 동의가 없는 한 자신들이 보 유하는 주식(52%)의 양도를 제한하기로 하는 약정을 맺었다. 그 약정에 따르면, 만일 주식의 양도를 원하는 주주가 있으면 약정 당사자인 다른 주주가 우선적으로 매수하기로 되어 있었다. 그리고 이에 위반하면 위약 금을 지급하기로 약정하였다. 위 약정의 유효기간은 약 5년이었다. 그런데 위 약정의 당사자인 주주 乙 등이 丙에게 주식을 양도하였고, 甲 등 나머지 주주들이 위 약정에서 정한 위약금(손해배상액의 예정) 조항에 따 라 위약금을 청구하였다. 乙 등 피고들은 위와 같은 약정이 강행법규에 위반하거나 공서양속에 반한다고 주 장하였지만 판시와 같은 이유로 받아들여지지 않았다. 이 사안의 약정 내용과 앞의 대법원 99다48429 판결 에서 문제된 약정의 내용은 매우 유사하고 양도제한 기간도 5년여로 비슷하다. 그런데 대법원 99다48429 판결에서는 주주의 투하자본회수 가능성을 전면적으로 부정하는 정도라고 하여 회사에 대하여 무효라고(따 라서 회사가 명의개서를 거절할 수 없다고) 하였다. 반면에 이 사안에서는 그 정도는 아니라고 하여 주주들 사이에서 효력이 있다고 하였다. 이러한 판단은 수긍하기 어려운 점이 있지만, 일단 주주의 투하자본회수 가 능성을 전면적으로 부정하는 정도인지 여부는 사안에 따라 달리 판단될 수 있는 것으로 이해하고, 앞의 판결 은 (비록 회사가 그 약정의 당사자로 참여하였더라도) 주주간의 양도약정이 회사에 대하여 효력이 없다는 취 지로, 그리고 뒤의 판결은 주주 투하자본회수 가능성을 전면적으로 부인하는 정도여서 강행법규에 반하는 지 여부에 따라 주주간의 효력이 결정된다는 취지로 이해할 수 있을 것이다.

24 양수인은 양도인을 대위하여 회사로 하여금 (자신이 아니라) 양도인에게 주권을 발행할 것을 청구할 수 는 있다는 취지이다(대법원 1982. 9. 28. 선고 82다카21 판결 참조). 다만, 주권발행 전에 주식을 양도한 후 회사가 6월이 경과하도록 주권을 발행하지 않으면 하자가 치유되어 유효한 주식양도가 되는데(대법원

대법원 1987. 5. 26. 선고 86다카982 판결(주권인도등)

주권발행 전에 한 주식의 양도는 회사가 이를 승인하여 주주명부에 그 변경을 기재하거나 후일 회사에 의하여 주권이 발행되었다 할지라도 회사에 대한 관계에 있어서는 그 효력이 없다.[25]

대법원 2002. 3. 15. 선고 2000두1850 판결(부가가치세등부과처분취소)

주권발행 전의 주식의 양도는 지명채권의 양도에 관한 일반원칙에 따라 당사자의 의사표시만으로 효력이 발생하는 것이고, 한편 주권발행 전에 한 주식의 양도가 회사성립 후 또는 신주의 납입기일 후 6월이 경과하기 전에 이루어졌다고 하더라도 그 이후 6월이 경과하고 그 때까지 회사가 주권을 발행하지 않았다면, 그 하자는 치유되어 회사에 대하여도 유효한 주식양도가 된다.

대법원 1995. 3. 24. 선고 94다47728 판결(가입금반환)

주권발행 전에 한 주식의 양도도 회사성립 후 또는 신주의 납입기일 후 6월이 경과한 때에는 회사에 대하여 효력이 있는 것으로서, 이 경우 주식의 양도는 지명채권의 양도에 관한 일반원칙에 따라 당사자의 의사표시만으로 효력이 발생하는 것이고, 상법 제337조 제1항에 규정된 주주명부상의 명의개서는 주식을 취득한 자가 회사에 대한 관계에서 주주의 권리를 행사하기 위한 대항요건에 지나지 않고, 회사 이외의 제3자에 대한 관계에서의 대항요건은 아니므로, 회사성립 후 또는 신주의 납입기일 후 6월이 경과하도록 회사가 주권을 발행하지 아니한 경우 그 주식을 취득한 자는 특별한 사정이 없는 한 상대방의 협력을 받을 필요 없이 단독으로 자신이 주식을 취득한 사실을 증명함으로써 회사에 대하여 그 명의개서를 청구할 수 있다.[26]

2002. 3. 15. 선고 2000두1850 판결 등), 그 경우에는 양수인이 직접 회사에 명의개서와 주권의 교부를 청구할 수 있다.

25 대법원 1980. 10. 31.자 80마446 결정(주권발행 전에 한 주식의 양도는 회사가 이를 승인하더라도 회사에 대하여는 효력이 없다), 대법원 1963. 11. 7. 선고 62다117 판결(주권발행 전의 주식의 양도는 회사에 대하여 아무런 효력이 없고 후일 주권이 발행되었다 하더라도 주권양도의 효력이 발생되지 않는다), 대법원 1967. 1. 31. 선고 66다2221 판결(주권발행 전의 주식의 양도는 회사에 대하여 효력이 없다. 그 뒤에 주권이 발행되었다 하여도 그 하자가 치유되는 것도 아니고 회사가 승인하여 주주의 명의까지 개서한 경우에도 역시 무효이다). 위 판결들은 모두 1984년 상법개정으로 제335조 제3항 단서가 신설되기 전의 구상법이 적용되었던 사안들이었다. 위 판결들은 회사 성립 후 6개월이 지나지 않아 회사가 주권을 발행하였다면, 이를 양수인에게 교부하거나 명의개서를 해주더라도 회사에 대한 관계에서 효력이 생기지 않는다는 취지를 판시한 것으로 이해해야 한다. 즉, 양수인이 주주가 될 수 없고, 그 주권이 효력이 없으므로 선의취득도 할 수 없다는 취지이다. 이와 달리 만일 회사가 6개월 내에 주권을 발행하지 않았다면 그 하자가 치유된다(대법원 2002. 3. 15. 선고 2000두1850 판결 등 다수).

26 명의개서 없이도 양수인이 회사의 주주가 되지만, 회사에 주주임을 대항하려면 주주명부상의 명의개서

대법원 2014. 7. 24. 선고 2013다55386 판결(손해배상(기))

주식병합의 효력이 발생하면 구주권은 실효되고 회사는 신주권을 발행하여야 하며, 주주는 병합된 만큼 감소된 수의 신주권을 교부받게 되는데, 이에 따라 교환된 주권 역시 병합 전의 주식을 여전히 표창하면서 그와 동일성을 유지하는 것이고, 주권발행 전 주식을 양수한 사람은 특별한 사정이 없는 한 양도인의 협력을 받을 필요 없이 단독으로 자신이 주식을 양수한 사실을 증명함으로써 회사에 대하여 그 명의개서를 청구할 수 있는바, 주식병합 전 주식을 양수하였다가 주식병합 후 6개월이 경과할 때까지 신주권이 발행되지 않은 경우 양수인은 구주권 또는 신주권의 제시 없이 자신의 주식 양수 사실을 증명하여 회사에 대하여 명의개서를 청구할 수 있다.[27]

대법원 2000. 3. 23. 선고 99다67529 판결(주주권확인등)

주권발행 전의 주식양도라 하더라도 회사 성립 후 6월이 경과한 후에 이루어진 때에는 회사에 대하여 효력이 있으므로 그 주식양수인은 주주명부상의 명의개

가 이루어져야 한다. 명의개서가 없더라도 회사에 주식양도 사실을 통지하는 것만으로도 회사에 대항하여 주주권을 행사할 수 있는가? 주식양수인이 명의개서를 청구할 때에 그 취득한 주권을 제시하지 않고 단순히 그 양수한 내용만 통지하였다면 그 통지 사실만 가지고는 회사에 명의개서를 요구한 것으로 보기 어렵다(대법원 1995. 7. 28. 선고 94다25735 판결). 따라서 주권이 발행되지 않은 경우에는 양수사실을 증명하면서 명의개서를 청구한다는 취지를 분명히 하는 것이 좋다. 그리고 명의개서까지 하였더라도 양도인이 다시 제3자에게 주식을 양도하고 회사에 대하여 확정일자 있는 증서에 의한 양도통지를 하였다면 그 제3자가 주주로 인정될 위험이 있으므로(대법원 2010. 4. 29. 선고 2009다88631 판결 등), 양수인의 입장에서는 명의개서를 하는 것은 물론 양도인으로 하여금 회사에 대하여 확정일자 있는 통지를 하도록 하는 것이 좋을 것이다.
27 원고는 피고로부터 피고회사의 주식을 양도받았다. 피고회사는 그 이후 주식병합을 실시하였는데, 그로부터 6개월이 지나도록 신주권을 발행하지 않았다. 이에 원고는 피고회사에 주식변경신고서를 제출하여 피고회사의 대표이사인 피고가 이를 수령하였다. 그리고 원고는 피고에게 주주권 행사에 필요한 업무를 위임하였다. 그런데 피고는 피고회사의 대표이사임에도 원고의 주식에 관하여 원고에게 명의개서절차를 이행하지 않은 채 피고회사의 무상증자시 원고에게 신주를 배정하지 않았고 이익배당시에도 원고에게 그 배당금을 지급하지 않았다. 원고는 피고들을 상대로 위 신주 가액 상당과 배당금 상당의 손해배상을 구하는 소를 제기하였다. 우선 원고가 피고회사에 주주임을 대항할 수 있는지가 문제되었다. 법원은, 원고가 피고회사에 보낸 주식변경신고서의 내용과 신고 경위에 비추어 볼 때, 원고가 피고회사에 대하여 주식의 취득사실을 알리면서 주주로서의 권리를 행사하겠다는 의사를 표시한 것으로 볼 수 있고, 주주가 회사에 대하여 권리행사를 하기 위해서는 명의개서가 필요한 점에 비추어 보면 위 의사표시를 명의개서청구로 볼 수 있다고 판단하였다. 나아가 피고회사가 주식병합 후 6개월이 경과한 위 명의개서청구 무렵까지 신주권을 발행하지 않았으므로, 원고가 피고회사에 피고로부터의 주식취득사실을 증명한 이상, 원고가 주식변경신고서 송달시 주권을 제시하지 않았다고 하더라도 주식변경신고에 의한 명의개서청구는 적법하다고 판단하였다. 그리고 피고가 나중에 원고에게 무상증자 등에 의하여 귀속되어야 할 주식을 교부함으로써 원고의 손해가 모두 전보되었다는 피고들의 주장에 대하여, 손해배상은 금전배상이 원칙인 점, 손해 발생 당시의 주식과 현재의 주식의 가치가 동일하다고 보기 어려운 점, 원고가 주식 교부에 의한 손해배상에 동의하고 있지 아니한 점 등의 사정을 들어 배척하였다.

서 여부와 관계없이 회사의 주주가 되고, 그 후 그 주식양도 사실을 통지받은 바 있는 회사가 그 주식에 관하여 주주가 아닌 제 3 자에게 주주명부상의 명의개서절차를 마치고 나아가 그에게 기명식 주권을 발행하였다 하더라도, 그로써 그 제 3 자가 주주가 되고 주식양수인이 주주권을 상실한다고는 볼 수 없다.[28]

대법원 2006. 9. 14. 선고 2005다45537 판결(주주명부명의개서이행)[29]
대법원 2010. 4. 29. 선고 2009다88631 판결(영업등양도·양수계약무효확인)[30]

[28] 피고회사는 성립 후 6월이 경과하도록 아직 주권을 발행하지 않았는데, 피고 甲은 원고에게 피고회사의 주식을 증여하고 피고회사에 그 양도통지를 하였다. 이후 피고 甲은 제 3 자에게 위 주식을 다시 양도하였고, 피고회사는 그 주식에 관하여 원고가 아닌 위 제 3 자에게 주주명부상의 명의개서절차를 마치고 그에게 기명식 주권을 발행해 주었다. 대법원은, 주권발행 전의 주식양도라 하더라도 회사 성립 후 6월이 경과한 후에 이루어진 때에는 회사에 대하여 효력이 있으므로 그 주식양수인은 주주명부상의 명의개서 여부와 관계없이 회사의 주주가 되고, 그 후 그 주식양도 사실을 통지받은 바 있는 회사가 그 주식에 관하여 주주가 아닌 제 3 자에게 주주명부상의 명의개서절차를 마치고, 나아가 그에게 기명식 주권을 발행하였다 하더라도 그 주권은 주권으로서의 효력을 갖지 못하며, 또한 그로써 그 제 3 자가 주주가 되고 주식양수인이 주주권을 상실한다고는 볼 수 없다고 하였다(대법원 1996. 8. 20. 선고 94다39598 판결, 대법원 1999. 7. 23. 선고 99다14808 판결 등도 같은 취지). 이 사안에서는 원고가 먼저 회사에 대한 대항요건을 갖추었고, 제 3 자가 아직 확정일자 있는 통지 등 원고에게 대항할 수 있는 요건을 갖추지 못하였다. 따라서 원고는 회사를 상대로 주주권확인과 제 3 자 명의의 명의개서말소절차 및 본인 명의의 명의개서절차이행을 구하는 이 사건 소를 제기하였다. 그리고 제 3 자에 발행한 주권은 주주 아닌 자에게 교부한 것이므로 주권으로서의 효력을 갖지 못한다(대법원 1987. 5. 26. 선고 86다카982, 983 판결). 따라서 원고는 피고회사에 주권발행을 청구할 수 있을 것이다.
[29] 피고회사의 대표이사인 A는 총 23명에게 자신의 보유주식수를 초과하여 이중으로 양도하였는데, 원고도 A로부터 주식을 매수하고 피고회사 명의의 주식보관증을 수령하였다. 그런데 A는 B에게도 대물변제의 명목으로 자신의 보유주식을 양도하면서 명의개서를 해주었고 나아가 확정일자 있는 양도통지까지 해주었는데, B는 위와 같은 A의 이중양도사실을 잘 알고 적극 가담한 자였다. 그 후 원고는 주식보관증 사본을 내용증명으로 피고회사에 송부하였고, 나중에 거기에 확정일자를 받았다(이로써 원고는 확정일자 있는 피고회사의 승낙을 받은 것임). 원심은 B 앞으로 된 명의개서가 배임적 이중양도에 해당하고 B가 이에 적극 가담하였다는 이유만으로 바로 원고 앞으로 명의개서절차를 이행하라고 판시하였다. 이에 대법원은 원고를 비롯한 모든 이중양수인 상호간의 우열을, 확정일자 있는 양도통지가 회사에 도달한 일시 또는 확정일자 있는 승낙의 일시의 선후에 의하여 비교해 보아야 한다는 취지로 파기환송하였다.
[30] 피고회사는 확정일자 있는 증서에 의한 주식의 양도통지를 받지 않은 상태에서, 주식의 양수인(제 1 양수인)에게 명의개서를 마쳐 주었다. 그 후 양도인이 그 주식을 이중으로 양도하여 이를 양수한 제 2 양수인이 피고회사에 명의개서를 요구하자, 피고회사는 역시 확정일자 있는 증서에 의한 양도통지를 받지 않은 상태에서, 제 1 양수인 명의로 이미 마쳐진 명의개서를 말소하고 제 2 양수인 명의로 명의개서를 마쳐 주었다. 그 후 영업양도계약을 승인하는 피고회사의 주주총회가 있었는데, 피고회사는 제 2 양수인에게 의결권을 행사하게 하였다. 그리고 위 주주총회결의가 있고 나서 몇 개월 후 양도인이 제 2 양수인에 대한 주식양도사실을 내용증명우편으로 피고회사에 통지하였다. 이 사건에서는 누가 위 주주총회에서 의결권을 행사할 수 있는 주주인지 여부가 문제되었는데, 대법원은 주주총회 당시 제 2 양수인의 명의개서는 위법하므로 회사에 대한 관계에서 주주의 권리를 행사할 수 있는 자는 여전히 제 1 양수인이라고 하였다. 대법원은 위 확정일자 있는 통지 이후에는 제 2 양수인이 제 3 자(제 1 양수인)에 대한 대항력을 취득하는 것이나(이 사안은 제 2 양수인이 양도인의 배임행위에 적극가담하지는 않음), 그 대항력 취득의 효력이 당초의 주식 양도통지일로 소급하여 발생하는 것은 아니라고 보았다. 결국 위 주주총회결의는 하자가 있다.

　　[1] 주권발행 전 주식의 양도는 당사자의 의사표시만으로 효력이 발생하고, 주권발행 전 주식을 양수한 사람은 특별한 사정이 없는 한 양도인의 협력을 받을 필요 없이 단독으로 자신이 주식을 양수한 사실을 증명함으로써 회사에 대하여 그 명의개서를 청구할 수 있지만, 회사 이외의 제3자에 대하여 양도 사실을 대항하기 위하여는 지명채권의 양도에 준하여 확정일자 있는 증서에 의한 양도통지 또는 승낙을 갖추어야 한다는 점을 고려할 때, 양도인은 회사에 그와 같은 양도통지를 함으로써 양수인으로 하여금 제3자에 대한 대항요건을 갖출 수 있도록 해 줄 의무를 부담한다. 따라서 양도인이 그러한 채권양도의 통지를 하기 전에 제3자에게 이중으로 양도하고 회사에게 확정일자 있는 양도통지를 하는 등 대항요건을 갖추어 줌으로써 양수인이 그 제3자에게 대항할 수 없게 되었고, 이러한 양도인의 배임행위에 제3자가 적극 가담한 경우라면, 제3자에 대한 양도행위는 사회질서에 반하는 법률행위로서 무효이다.

　　[2] 주주명부에 기재된 명의상의 주주는 회사에 대한 관계에서 자신의 실질적 권리를 증명하지 않아도 주주의 권리를 행사할 수 있는 자격수여적 효력을 인정받을 뿐이지 주주명부의 기재에 의하여 창설적 효력을 인정받는 것은 아니므로, 실질상 주식을 취득하지 못한 사람이 명의개서를 받았다고 하여 주주의 권리를 행사할 수 있는 것이 아니다. 따라서 주권발행 전 주식의 이중양도가 문제되는 경우, 그 이중양수인 중 일부에 대하여 이미 명의개서가 되었는지 여부를 불문하고 누가 우선순위자로서 권리취득자인지를 가려야 하고, 이 때 이중양수인 상호간의 우열은 지명채권 이중양도의 경우에 준하여 확정일자 있는 양도통지가 회사에 도달한 일시 또는 확정일자 있는 승낙의 일시의 선후에 의하여 결정하는 것이 원칙이다.

　　[3] 양도통지가 확정일자 없는 증서에 의하여 이루어짐으로써 제3자에 대한 대항력을 갖추지 못하였더라도 확정일자 없는 증서에 의한 양도통지나 승낙 후에 그 증서에 확정일자를 얻은 경우 그 날짜 이후에는 제3자에 대한 대항력을 취득하는 것인바, 확정일자 제도의 취지에 비추어 볼 때 원본이 아닌 사본에 확정일자를 갖추었다 하더라도 대항력의 판단에 있어서는 아무런 차이가 없다.

대법원 2014. 4. 30. 선고 2013다99942 판결(주주총회결의무효확인)

　　[1] 甲주식회사의 주권발행 전 주식을 양수한 乙이 회사에 대하여 확정일자 있는 문서에 의하지 않은 양도통지나 승낙의 요건을 갖춘 후, 丙이 위 주식 중 일부를 이중으로 양수하여 명의개서를 마쳤으나 확정일자 있는 문서에 의한 양도 통

지나 승낙의 요건을 갖추지는 않았다면, 丙은 乙에 대한 관계에서 주주로서 우선적 지위를 주장할 수 없다.

[2] 주식을 취득한 자가 회사에 대하여 의결권을 주장할 수 있기 위하여는 주주명부에 주주로서 명의개서를 하여야 하므로, 명의개서를 하지 아니한 주식양수인에 대하여 주주총회소집통지를 하지 않았다고 하여 주주총회결의에 절차상의 하자가 있다고 할 수 없다.[31]

대법원 2008. 10. 23. 선고 2007다72274, 72281 판결(매매대금)

주권발행 전 주식의 양도는 당사자의 의사표시만으로 효력이 발생하고, 주권발행 전 주식을 양수한 사람은 특별한 사정이 없는 한 양도인의 협력을 받을 필요 없이 단독으로 자신이 주식을 양수한 사실을 증명함으로써 회사에 대하여 그 명의개서를 청구할 수 있다. 다만, 회사 이외의 제3자에 대하여 양도사실을 대항하기 위해서는 지명채권의 양도에 준하여 확정일자 있는 증서에 의한 양도통지 또는 승낙을 갖추어야 한다는 점을 고려할 때, 양도인은 회사에 그와 같은 양도통지를 함으로써 양수인으로 하여금 제3자에 대한 대항요건을 갖출 수 있도록 해 줄 의무를 부담하는바, 주권발행 전 주식의 매매에 있어서 매수인은 스스로 이행에 착수하거나 매도인이 회사에 대하여 주식의 양도사실을 통지하거나 통지하기 위하여 필요한 전제행위를 하기 전까지는 계약금을 포기하고 매매계약을 해제할 수 있다.[32]

---

31 乙(원고)이 이 사건 주주총회결의 당시까지 명의개서를 마치지 않아 자신이 양수한 주식에 관한 주주권을 행사할 수 없었던 이상, 피고회사(甲주식회사)가 乙에게 소집통지를 하지 않고 임시주주총회를 개최하여 이 사건 결의(당시 주주명부상 주주 전원의 찬성으로 乙을 공동대표이사에서 해임하는 등 결의)를 하였다 하더라도 그 결의에 부존재나 무효에 이르는 중대한 흠이 있다고 할 수 없다. 또한 이 사건 결의 당시 주주로 명의개서되어 있던 丙이 乙 또는 피고회사에 대하여 우선적 지위를 주장할 수 없다 하더라도, 공동대표이사 중 1인에 의하여 위 주주총회가 소집되었고, 주주 중 소외인들 또한 위 주주총회에 출석하여 이 사건 결의에 찬성하였으며, 丙이 명의개서하기 전의 상태를 기준으로 위 소외인들의 주식이 전체 주식의 55%에 이르는 이상, 공동대표이사 중 1인이 다른 공동대표이사와 공동으로 임시주주총회를 소집하지 않았다거나, 丙으로 명의개서되기 전의 종전 주주명부상의 나머지 주주에 대하여 소집통지를 하지 않았다는 등의 하자는 결의가 부존재한다거나 무효라고 할 정도의 중대한 하자라고 볼 수 없다.
32 매수인은 민법 제565조 제1항에 따라 본인 또는 매도인이 이행에 착수할 때까지는 계약금을 포기하고 계약을 해제할 수 있다. 위 사례에서도 이행에 착수하였는지 여부가 문제되었는데, "이행에 착수한다는 것은 객관적으로 외부에서 인식할 수 있는 정도로 채무의 이행행위의 일부를 하거나 또는 이행을 하기 위하여 필요한 선제행위를 하는 경우를 말하는 것으로서, 단순히 이행의 준비를 하는 것만으로는 부족하고, 그렇다고 반드시 계약내용에 들어맞는 이행제공의 정도에까지 이르러야 하는 것은 아니지만, 매도인이 매수인에 대하여 매매계약의 이행을 최고하고 매매잔대금의 지급을 구하는 소송(반소)을 제기한 것만으로는 이행에 착수하였다고 볼 수 없다."고 하였다. 원고는 주식매매계약의 해제를 이유로 계약금반환을 구하고 피고는 반소로 잔대금의 지급을 구하였는데, 1심에서 원고청구가 기각되고 반소가 인용되자, 원고는 계약금을 포기하고 계약을 해제한다는 의사표시를 한 후 이를 반소청구에 대한 항변으로 제출하였고, 이에 2심법원은 판시와 같은

대법원 2012. 11. 29. 선고 2012다38780 판결(손해배상(기))

주식양도의 원인이 된 매매·증여 기타의 채권계약에서 다른 약정이 없는 한 양도인은 그 채권계약에 기하여 양수인아 목적물인 주식에 관하여 완전한 권리 내지 이익을 누릴 수 있도록 할 의무를 진다. 그러므로 양도인은 이미 양도한 주식을 제3자에게 다시 양도 기타 처분함으로써 양수인의 주주로서의 권리가 침해되도록 하여서는 안 되고, 양수인에 대하여 회사에 확정일자 있는 증서에 의한 양도의 통지를 하거나 회사로부터 그러한 승낙을 받을 의무를 부담한다. 따라서 양도인이 이미 자신에 속하지 아니하게 된 주식을 다시 제3자에게 양도하고 제2양수인이 주주명부상 명의개서를 받는 등으로 제1양수인이 회사에 대한 관계에서 주주로서의 권리를 제대로 행사할 수 없게 되었다면, 이는 그 한도에서 이미 제1양수인이 적법하게 취득한 주식에 관한 권리를 위법하게 침해하는 행위로서 양도인은 제1양수인에 대하여 그로 인한 불법행위책임을 진다고 할 것이다. 이러한 양도인의 책임은 주식이 이중으로 양도되어 주식의 귀속 등에 관하여 각 양수인이 서로 양립할 수 없는 이해관계를 가지게 됨으로써 이들 양수인이 이른바 대항관계에 있게 된 경우에, 그들 사이의 우열이 이 중 누가 제3자 대항요건을 시간적으로 우선하여 구비하였는가에 달려 있어서 그 여하에 따라 제1양수인이 제2양수인에 대하여 그 주식의 취득을 대항할 수 없게 될 수 있다는 것에 의하여 영향을 받지 않는다.[33]

이유로 반소청구를 기각하였다.

33 피고(제2양수인)가 양도인과 모의하고 적극 가담하여 원고(제1양수인)가 이미 양수받은 주식을 이중으로 양수받았지만, 아직 양도인이 피고에 대한 주식양도사실에 관하여 확정일자 있는 증서에 의한 통지를 하거나 회사로부터 확정일자 있는 승낙을 받지는 않았던 사안이었다. 원심은 이와 달리 양도인의 원고에 대한 제3자 대항요건의 구비의무가 이행불능의 상태로 되었다거나 양도인이 양도인으로서의 임무에 위배한 배임행위를 저질렀다고 볼 수 없다는 이유로, 양도인의 이중양도행위가 원고에 대하여 아직 불법행위가 되지 않는다고 판단하였다.

3. 자기주식취득

가. 자기주식취득의 금지

대법원 2003. 5. 16. 선고 2001다44109 판결(채무부존재확인)[34]

[1] 주식회사가 자기의 계산으로 자기의 주식을 취득하는 것은 회사의 자본적 기초를 위태롭게 하여 회사와 주주 및 채권자의 이익을 해하고 주주평등의 원칙을 해하며 대표이사 등에 의한 불공정한 회사지배를 초래하는 등의 여러 가지 폐해를 생기게 할 우려가 있으므로 상법은 일반 예방적인 목적에서 이를 일률적으로 금지하는 것을 원칙으로 하면서, 예외적으로 자기주식의 취득이 허용되는 경우를 유형적으로 분류하여 명시하고 있으므로, 제341조, 제341조의2, 제342조의2 등에서 명시적으로 자기주식의 취득을 허용하는 경우 외에, 회사가 자기주식을 무상으로 취득하는 경우 또는 타인의 계산으로 자기주식을 취득하는 경우 등과 같이, 회사의 자본적 기초를 위태롭게 하거나 주주 등의 이익을 해한다고 할 수 없는 것이 유형적으로 명백한 경우에도 자기주식의 취득이 예외적으로 허용되지만, 그 밖의 경우에 있어서는, 설령 회사 또는 주주나 회사채권자 등에게 생길지도 모르는 중대한 손해를 회피하기 위하여 부득이 한 사정이 있다고 하더라도 자기주식의 취득은 허용되지 아니하는 것이고 위와 같은 금지규정에 위반하여 회사가 자기주식을 취득하는 것은 당연히 무효이다.

[2] 회사 아닌 제3자의 명의로 회사의 주식을 취득하더라도 그 주식취득을 위한 자금이 회사의 출연에 의한 것이고 그 주식취득에 따른 손익이 회사에 귀속되는 경우라면, 상법 기타의 법률에서 규정하는 예외사유에 해당하지 않는 한, 그러한 주식의 취득은 회사의 계산으로 이루어져 회사의 자본적 기초를 위태롭게 할 우려가 있는 것으로서 제341조가 금지하는 자기주식의 취득에 해당한다.

[3] 주식회사의 자본충실의 원칙상 주식의 인수대금은 그 전액을 현실적으로

---

34 대한종금은 1997년 자기자본비율(BIS)을 높이기 위한 유상증자를 계획하였으나 어렵게 되자, 원고(동원)에게 주금회수를 보장해주겠다고 약속하며 중장기원화대출을 해주기로 하고, 그 대출금으로 유상증자에 참여해 달라고 부탁하였다. 이에 따라 원고는 대한종금으로부터 100억 원을 대출받아 이를 신주인수대금으로 대한종금에 납입하고 인수한 주식 전부를 대한종금에 담보로 제공하였고, 대한종금에 영업정지 등의 사유가 발생하면 별도의 의사표시가 없더라도 그 전일자로 대한종금이 원고로부터 위 주식을 환매한 것으로 간주하고 그 매수대금을 대출금채무와 상계한 것으로 보고 일체의 채무가 소멸하는 것으로 간주하기로 약정하였다. 그 후 대한종금이 파산선고를 받아 피고가 파산관재인으로 선임되었는데, 피고가 원고에 대한 위 100억 원의 대출금채무가 여전히 남아 있다고 주장하자, 원고가 이 사건 채무부존재확인의 소를 제기하였다.

납입하여야 하고 그 납입에 관하여 상계로써 회사에 대항하지 못하는 것이므로 회사가 제3자에게 주식인수대금 상당의 대여를 하고 제3자는 그 대여금으로 주식인수대금을 납입한 경우에, 회사가 처음부터 제3자에 대하여 대여금 채권을 행사하지 아니하기로 약정되어 있는 등으로 대여금을 실질적으로 회수할 의사가 없었고 제3자도 그러한 회사의 의사를 전제로 하여 주식인수청약을 한 때에는, 그 제3자가 인수한 주식의 액면금액에 상당하는 회사의 자본이 증가되었다고 할 수 없으므로 위와 같은 주식인수대금의 납입은 단순히 납입을 가장한 것에 지나지 아니하여 무효이다.

대법원 2011. 4. 28. 선고 2009다23610 판결(주주총회결의취소)[35]

상법 제341조(현행 상법 제341조의2)는, 회사는 같은 조 각 호에서 정한 경우 외에는 자기의 계산으로 자기의 주식을 취득하지 못한다고 규정하고 있다. 이 규정은 회사가 자기 계산으로 자기의 주식을 취득할 수 있다면 회사의 자본적 기초를 위태롭게 할 우려가 있어 상법 기타의 법률에서 규정하는 예외사유가 없는 한 원칙적으로 이를 금지하기 위한 것으로서, 회사가 직접 자기주식을 취득하지 아니하고 제3자 명의로 회사 주식을 취득하였을 때 그것이 위 조항에서 금지하는 자기주식의 취득에 해당한다고 보기 위해서는, 주식취득을 위한 자금이 회사의 출연에 의한 것이고 주식취득에 따른 손익이 회사에 귀속되는 경우이어야 한다.

대법원 2007. 5. 10. 선고 2005다60147 판결(제명처분무효확인)

주주 간의 분쟁 등 일정한 사유가 발생할 경우 어느 주주를 제명시키되 회사가 그 주주에게 출자금 등을 환급해 주기로 하는 내용의 규정을 회사의 정관이나 내부규정에 두는 것은 그것이 회사 또는 주주 등에게 생길지 모르는 중대한 손해를 회피하기 위한 것이라 하더라도 법정사유 이외에는 자기주식의 취득을 금지하

---

35 甲주식회사 이사 A는 乙주식회사를 설립한 후 乙회사 명의로 甲회사 주식을 다수 인수함으로써 乙회사를 통하여 甲회사를 지배하게 되었다. 이와 같이 乙회사가 甲회사의 주식을 인수할 때, 甲회사 이사 A는 甲회사로 하여금 乙회사에 선급금을 지급하고 乙회사의 대출원리금 채무를 연대보증하는 등의 방법으로 각종 금융지원을 하게 하였다. 甲회사의 다른 주주인 원고는 乙회사가 위와 같은 방법으로 甲회사의 주식을 취득한 것은 허용되지 않는 자기주식취득에 해당하여 무효라고 주장하면서, 乙회사가 참석하여 이루어진 甲회사의 주주총회결의의 취소를 구하였다. 원심은 이를 인용하였다. 그러나 대법원은, 이와 같은 사정들만으로는 乙회사가 위 주식 인수대금을 마련한 것이 甲회사의 출연에 의한 것이라는 점만을 인정할 수 있을 뿐, 乙회사의 위 주식취득에 따른 손익이 甲회사에 귀속된다는 점을 인정할 증거가 없으므로, 乙회사의 위 주식취득이 甲회사의 계산에 의한 주식취득으로서 甲회사의 자본적 기초를 위태롭게 할 우려가 있는 자기주식의 취득에 해당한다고 볼 수 없다고 하였다.

는 상법 제341조의 규정에 위반되므로, 결국 주주를 제명하고 회사가 그 주주에게 출자금 등을 환급하도록 하는 내용을 규정한 정관이나 내부규정은 물적 회사로서의 주식회사의 본질에 반하고 자기주식의 취득을 금지하는 상법의 규정에도 위반되어 무효이다.[36]

나. 자기주식취득이 허용되는 경우

대법원 1977. 3. 8. 선고 76다1292 판결(주주명의변경무효확인등)

주식회사가 자기주식을 취득할 수 있는 경우로서 상법 제341조 제 3 호(현행 상법 제341조의2 제 2 호)가 규정한 "회사의 권리를 실행함에 있어서 그 목적을 달성하기 위하여 필요한 때"라 함은, 회사가 그의 권리를 실행하기 위하여 강제집행, 담보권의 실행 등에 당하여 채무자에 회사의 주식 이외에 재산이 없는 때에 한하여 회사가 자기주식을 경락 또는 대물변제 등으로 취득할 수 있다고 해석되며, 따라서 채무자의 무자력은 회사의 자기주식취득이 허용되기 위한 요건사실로서 자기주식 취득을 주장하는 회사에게 그 입증책임이 있다.[37]

다. 위법한 자기주식취득의 효력

대법원 2003. 5. 16. 선고 2001다44109 판결(채무부존재확인)

자기주식의 취득 금지규정에 위반하여 회사가 자기주식을 취득하는 것은 당연히 무효이다.[38]

---

36 이 판결은 나아가, "회사의 주주의 구성이 소수에 의하여 제한적으로 이루어져 있다거나 주주 상호간의 신뢰관계를 기초로 하고 있다는 등의 사정이 있다 하더라도, 그러한 사정만으로 인적 회사인 합명회사, 합자회사의 사원 제명에 관한 규정을 물적 회사인 주식회사에 유추적용하여 주주의 제명을 허용할 수 없다"고 하였다.

37 원고는 甲으로부터 피고회사 주식을 양도받았는데, 주권의 교부는 甲이 위 주식의 질권자인 乙회사에 대하여 가지는 주권반환청구권을 양도받고 그 양도사실을 乙회사와 피고회사에 통지하는 방법으로 갈음하였다. 주권의 교부는 현실의 인도 이외에 간이인도, 점유개정, 반환청구권의 양도에 의해서도 가능하므로 원고는 적법하게 위 주식을 취득하였다. 피고회사는 원고가 위와 같이 주식을 취득하기 전에 주주 甲과의 약정으로 甲이 피고회사에 대한 채무를 변제기까지 이행하지 못하면 변제에 갈음하여 甲의 주식을 양도받기로 하는 양도증서를 소지하고 있었는데, 피고회사는 원고가 위와 같이 주식을 취득한 후에 甲이 변제기에 채무를 이행하지 못하였음을 이유로 乙회사로부터 위 주식의 주권을 반환받고 위 주식에 관하여 피고회사 명의로 명의개서를 마쳤다. 이에 대하여 원고는 피고회사 앞으로의 명의개시가 무효임을 이유로 이의 말소를 구하고 자신의 이름으로 변경기재할 것을 청구하는 이 사건 소를 제기하였다. 법원은 원고가 명의개서를 마치지 못했으므로 피고회사에 대항할 수 없다는 피고회사의 주장을 배척하고(이 경우는 상법 제337조 제 1 항이 적용되지 않음). 나아가 피고회사가 甲의 주식에 대하여 피고회사 명의로 명의개서를 한 것은 자기주식취득에 해당하므로 그 예외사유로서 당시 甲에게 위 주식 이외에는 어떠한 재산도 없어 무자력이었다는 점을 증명하지 못한 이상 무효라는 이유로 원고의 청구를 인용하였다.

4. 상호주의 규제

가. 상호주의 의결권제한

대법원 2009. 1. 30. 선고 2006다31269 판결(주주총회결의취소)

제369조 제3항이 모자회사 관계가 없는 회사 사이의 주식의 상호소유를 규제하는 주된 목적은 상호주를 통해 출자 없는 자가 의결권 행사를 함으로써 주주총회결의와 회사의 지배구조가 왜곡되는 것을 방지하기 위한 것이다. 한편, 제354조가 규정하는 기준일 제도는 일정한 날을 정하여 그 날에 주주명부에 기재되어 있는 주주를 계쟁 회사의 주주로서의 권리를 행사할 자로 확정하기 위한 것일 뿐, 다른 회사의 주주를 확정하는 기준으로 삼을 수는 없으므로, 기준일에는 제369조 제3항이 정한 요건에 해당하지 않더라도, 실제로 의결권이 행사되는 주주총회일에 위 요건을 충족하는 경우에는 제369조 제3항이 정하는 상호소유 주식에 해당하여 의결권이 없다. 이때 회사, 모회사 및 자회사 또는 자회사가 다른 회사 발행주식 총수의 10분의 1을 초과하는 주식을 가지고 있는지 여부는 앞서 본 '주식 상호소유 제한의 목적'을 고려할 때, 실제로 소유하고 있는 주식수를 기준으로 판단하여야 하며 그에 관하여 주주명부상의 명의개서를 하였는지 여부와는 관계가 없다.[39]

---

38 대법원은, 회사가 자기의 명의로 자기주식을 취득하는 경우에도 무효이고(대법원 1992. 4. 14. 선고 90다카22698 판결, 1977. 3. 8. 선고 76다1292 판결 등), 회사의 계산으로 제3자의 명의로 취득하는 것도 무효라고 보고 있다(위 대법원 2003. 5. 16. 선고 2001다44109 판결). 이와 달리 ① 회사가 타인 명의로 취득한 경우에 양도한 주주가 선의라면 유효로 보아 보호하자는 견해도 있고, ② 제341조에 의해 보호받아야 할 자는 회사·회사채권자·주주 등이므로, 양도인은 선의·악의를 불문하고 무효를 주장하지 못하고, 거래의 안전을 위하여 회사는 선의의 양도인에게는 무효의 주장을 하지 못한다는 견해도 있으며, ③ 회사가 자기주식을 매각하여 선의의 제3자가 이를 취득하였거나 선의의 회사채권자가 회사의 자기주식을 압류한 경우에는 거래의 안전을 위하여 회사가 이들에게 자기주식취득이 무효임을 대항할 수 없다는 견해(상대적 무효설)도 주장되고 있다. 그러나 회사에게 자신의 주식을 매각하는 주주가 선의인 경우는 생각하기 어렵고, 또 회사가 타인명의로 인수하여 양도인이 선의라고 하더라도 회사의 자본충실을 위하여 양도한 주주가 무효를 감수해야 할 것이다. 자기주식취득이 무효로 되면 양도인(원래의 주주)은 주식을 반환받고 다시 주주가 되므로 그의 이익이 크게 해쳐지는 것도 아니다. 다만, 회사로부터 이를 취득한 선의의 제3자를 보호할 필요가 있는데, 그러한 제3자는 처분된 자기주식을 선의취득할 수 있으므로 굳이 자기주식취득을 유효로 볼 필요는 없을 것이다.

39 피고회사의 주주총회에서 A회사는 피고회사의 발행주식 43%의 주주로서 의결권을 행사하였다. 그런데 피고회사의 위 주주총회를 위한 기준일 이후 위 주주총회 전에 피고회사의 자회사인 S회사가 A주식회사의 주식 27%를 양수하는 계약을 체결하였다. S회사가 A회사의 주권발행 전 주식을 양수받는 것은 당사자의 의사표시만으로 효력이 발생하므로(대법원 2006. 9. 14. 선고 2005다45537 판결 등), 피고회사의 자회사인 S회사가 A회사 발행주식 총수의 10분의 1을 초과하여 소유하게 된 것이다. 따라서 S회사의 모회사인 피고회

나. 주식취득의 통지의무

대법원 2001. 5. 15. 선고 2001다12973 판결(주주총회결의부존재확인)

상법 제342조의3에는 "회사가 다른 회사의 발행주식 총수의 10분의 1을 초과하여 취득한 때에는 그 다른 회사에 대하여 지체 없이 이를 통지하여야 한다."라고 규정되어 있는바, 이는 회사가 다른 회사의 발행주식 총수의 10분의 1 이상을 취득하여 의결권을 행사하는 경우 경영권의 안정을 위협받게 된 그 다른 회사는 역으로 상대방 회사의 발행주식의 10분의 1 이상을 취득함으로써 이른바 상호보유주식의 의결권 제한 규정(제369조 제 3 항)에 따라 서로 상대 회사에 대하여 의결권을 행사할 수 없도록 방어조치를 취하여 다른 회사의 지배가능성을 배제하고 경영권의 안정을 도모하도록 하기 위한 것으로서, 특정 주주총회에 한정하여 각 주주들로부터 개별안건에 대한 의견을 표시하게 하여 의결권을 위임받아 의결권을 대리행사하는 경우에는 회사가 다른 회사의 발행주식 총수의 10분의 1을 초과하여 의결권을 대리행사할 권한을 취득하였다고 하여도 위 규정이 유추적용되지 않는다.

사의 주주총회에서 A회사가 보유하는 피고회사 주식 43%는 제369조 제 3 항에 따라 의결권을 행사할 수 없다. 결국 피고회사의 위 주주총회결의는 그 결의방법이 법령에 위반된 하자가 있어 취소될 수 있다. S회사가 피고회사의 기준일 당시에는 A회사의 주식을 가지고 있지 않았다거나, S회사가 취득한 주식이 아직 A회사의 주주명부에 명의개서가 되지 않았다고 하더라도 결론에 영향을 미치지 못한다.

V. 주식의 담보

1. 주식의 입질

대법원 2000. 8. 16.자 99그1 결정(질권변제충당허가)

주권발행 전의 주식에 대한 양도가 인정되고, 주권발행 전 주식의 담보제공을 금하는 법률규정도 없으므로, 주권발행 전 주식에 대한 질권설정도 가능하다. 제338조 제1항은 기명주식을 질권의 목적으로 하는 때에는 주권을 교부하여야 한다고 규정하고 있으나, 이는 주권이 발행된 기명주식의 경우에 해당하는 규정이므로, 주권발행 전의 주식 입질에 관하여는 제338조 제1항의 규정이 아니라 권리질권설정의 일반원칙인 민법 제346조로 돌아가 그 권리의 양도방법에 의하여 질권을 설정할 수 있다.[40]

대법원 2012. 8. 23. 선고 2012다34764 판결(손해배상(기))

기명주식의 약식질에 관한 제338조는 기명주식을 질권의 목적으로 하는 때에는 주권을 질권자에게 교부하여야 하고(제1항), 질권자는 계속하여 주권을 점유하지 아니하면 그 질권으로써 제3자에게 대항하지 못한다고(제2항) 규정하고 있다. 여기에서 주식의 질권설정에 필요한 요건인 주권의 점유를 이전하는 방법으로는 현실 인도(교부) 외에 간이인도나 반환청구권 양도도 허용되고, 주권을 제3자에게 보관시킨 경우 주권을 간접점유하고 있는 질권설정자가 반환청구권 양도에 의하여 주권의 점유를 이전하려면 질권자에게 자신의 점유매개자인 제3자에 대한 반환청구권을 양도하여야 하고, 이 경우 대항요건으로서 제3자의 승낙 또는 질권설정자의 제3자에 대한 통지를 갖추어야 한다. 그리고 이러한 법리는 제3자가 다시 타인에게 주권을 보관시킴으로써 점유매개관계가 중첩적으로 이루어진 경우에도 마찬가지로 적용되므로, 최상위 간접점유자인 질권설정자는 질권자에게 자신의 점유매개자인 제3자에 대한 반환청구권을 양도하고 대항요건으로서 제3자의 승낙 또는 제3자에 대한 통지를 갖추면 충분하며, 직접점유자인 타인의 승낙이나 그에 대한 질권설정자 또는 제3자의 통지까지 갖출 필요는 없다.[41]

---

40 회사의 성립 후 또는 신주의 납입기일 후 6개월이 경과하도록 회사가 주권을 발행하지 않은 경우에는 주권 없이도 지명채권의 양도방법에 의하여 질권을 설정할 수 있다(민법 제346조). 따라서 질권설정의 합의만으로 당사자들 사이에 질권설정의 효력이 발생하지만, 회사에 대항하려면 질권설정자의 질권설정통지 또는 회사의 승낙이 필요하고, 제3자에게 대항하려면 확정일자 있는 증서에 의한 통지 또는 승낙이 있어야 한다(민법 제450조).

2. 주식의 양도담보

대법원 1993. 12. 28. 선고 93다8719 판결(주주총회결의등무효확인)

채권담보의 목적으로 주식이 양도되어 양수인이 양도담보권자에 불과하다고 하더라도 회사에 대한 관계에는 양도담보권자가 주주의 자격을 갖는다.[42]

대법원 1999. 12. 10. 선고 99다14433 판결(주식명의개서)

[1] 채권의 담보 목적으로 재산권을 채권자에게 이전한 경우에 그것이 어떤 형태의 담보계약인지는 개개의 사건마다 구체적으로 당사자의 의사에 의하여 확정

---

41 甲주식회사는 乙주식회사에 대출을 하면서 乙회사가 장차 인수하게 될 丙주식회사 발행주식에 관하여 근질권설정계약을 체결하였다. 甲회사와 乙회사는 丙회사가 위 주식의 주권을 발행하여 증권예탁결제원에 보호예수하자 공동으로 질권설정승낙의뢰서를 작성하여 丙회사 대표이사의 기명날인과 확정일자를 받았다. 다만 증권예탁결제원에 질권설정과 관련하여 어떠한 통지를 하거나 승낙을 받지는 않았다. 그런데 乙회사의 채권자인 丁주식회사(피고)가 위 보호예수된 주권의 공유지분에 관하여 증권예탁원을 제 3 채무자로 하여 가압류결정을 받았다. 이후 보호예수기간이 만료되자 증권예탁결제원은 위 주권을 공탁하였다. 이에 甲회사는 丁회사를 상대로 주권인도 등을 구하는 선행소송을 제기하였고, 제 1 심 및 항소심법원은 증권예탁원에 대한 통지나 승낙 없이도 甲회사가 위 주식에 대한 질권을 유효하게 취득하였다는 판결을 하였다. 그러나 丁회사는 이와 법적 견해를 달리한다며 공탁물출급청구권 처분금지가처분을 신청하고 이를 인용하는 결정을 받아 가처분 집행을 하였다. 그런데 위 가처분의 본안으로서 甲회사가 위 주식에 대한 질권자의 지위에 있지 아니한다는 확인을 구하는 후행소송이 丁회사의 패소로 확정되었다. 이에 甲회사는 丁회사를 상대로 부당한 가처분으로 인한 손해배상을 구하는 이 사건 소송을 제기하였다. 우리 대법원은, "가압류나 가처분 등 보전처분은 법원의 재판에 의하여 집행되는 것이기는 하나, 실체상 청구권이 있는지는 본안소송에 맡기고 단지 소명에 의하여 채권자의 책임 아래 하는 것이므로 그 집행 후에 집행채권자가 본안소송에서 패소 확정되었다면 보전처분 집행으로 인하여 채무자가 입은 손해에 대하여는 특별한 반증이 없는 한 집행채권자에게 고의 또는 과실이 있다고 추정되고, 따라서 그 부당한 집행으로 인한 손해에 대하여 배상할 책임이 있다."는 입장이다(위 대법원 2012다34764 판결, 대법원 1992. 9. 25. 선고 92다8453 판결 등). 이 사건 소송에서, 丁회사는 "자신의 법적 견해를 일관되게 신뢰하였고 가처분 당시 주권에 관하여 중첩적 점유매개관계가 존재하는 경우 최상위 간접점유자의 반환청구권 양도에 의한 질권설정방법에 관하여 명시적인 대법원판례가 없었으며, 가처분법원이 丁회사의 주장을 수용하여 가처분 신청을 인용하였다는 등의 사정이 있으므로, 부당한 가처분의 집행으로 甲회사가 입은 손해에 대한 丁회사의 고의 또는 과실의 추정이 번복된다."고 주장하였다. 그러나 법원은 그러한 사정만으로는 추정이 번복된다고 볼 수 없다고 하였다.

42 주식의 양도가 양도담보의 의미로 이루어지고 양수인이 양도담보권자에 불과하더라도, 회사에 대한 관계에 있어서는 양도담보권자가 주주의 자격을 갖는 것이어서 의결권 기타의 공익권도 담보권자인 양수인에 귀속한다(대법원 1992. 5. 26. 선고 92다84 판결). 이 사건에서 원고 등 A회사의 모든 주주들이 甲에게 발행주식 전부를 양도담보로 제공하였다. 당시 A회사의 주식 20만주 중 6천주에 대해서만 주권이 발행되었고, 나머지 주식의 주권은 발행되지 않았는데, 주주들은 甲에게 주식양도증서를 작성해 주었을 뿐 6천주에 대한 주권은 교부하지 않았다. 이후 양도담보권자인 甲이 1인주주로서 주주총회를 개최하고 기존의 대표이사와 이사들을 해임하고 새 이사들을 선임하였다. 이에 원고 등이 그 주주총회의 효력을 다투면서 이 사건 소를 제기하였다. 대법원은 주권발행 후의 양도담보는 주권을 교부해야만 효력이 발생하므로 甲이 주식양도증서에 의하여 양도담보로 취득한 주식은 주권이 발행된 6천주를 제외한 11만4천주라고 보았다. 따라서 6천주는 여전히 원고 등이 주주이지만, 6천주의 주주에게 소집통지를 하지 않고 이루어진 주주총회결의가 부존재한다고 보기는 어렵다고 하였다.

하여야 할 문제이나, 다른 특약이 인정되지 아니하는 경우에는 당사자 사이에 정산절차를 요하는 약한 의미의 양도담보로 추정된다.

[2] 채권의 담보 목적으로 양도된 주식에 관한 담보권이 귀속청산의 방법으로 실행되어 주식이 채권자에게 확정적으로 이전되기 위해서는, 채권자가 그 주식을 적정한 가격으로 평가한 후 그 가액으로 피담보채권의 원리금에 충당하고 그 잔액을 반환하거나, 평가액이 피담보채권액에 미달하는 경우에는 채무자에게 그와 같은 내용의 통지를 하는 등 정산절차를 마쳐야만 하고, 그와 같은 정산절차를 마치지 않은 상태에서는 아직 그 피담보채권이 소멸되었다고 볼 수 없다.[43]

대법원 1995. 7. 28. 선고 93다61338 판결(주주총회결의무효확인)

[1] 채권담보의 목적으로 이루어진 주식양도 약정 당시에 회사의 성립 후 이미 6개월이 경과하였음에도 불구하고 주권이 발행되지 않은 상태에 있었다면, 그 약정은 바로 주식의 양도담보로서의 효력을 갖는다.

[2] 주식 양도담보의 경우 양도담보권자가 대외적으로 주식의 소유권자라 할 것이므로, 양도담보설정자로서는 그 후 양도담보권자로부터 담보 주식을 매수한 자에 대하여는 특별한 사정이 없는 한 그 소유권을 주장할 수 없는 법리라 할 것이고, 설사 그 양도담보가 정산형으로서 정산 문제가 남아 있다 하더라도 이는 담보 주식을 매수한 자에게 대항할 수 있는 성질의 것이 아니다.

---

43 원고A는 피고회사에게 자금을 대여하면서 피고회사의 지배주주인 甲(보조참가인)의 주식을 담보로 양도 받았고, 피고회사가 변제기까지 변제를 하지 못하면 원고A가 甲의 주식을 처분하거나 원고A에게 귀속시키기로 약정하였다. 피고회사가 변제기가 지나도록 변제를 하지 못하자 원고A는 甲의 주식을 자신에게 귀속시키고, 이를 원고B에게 양도하였다. 그 후 원고A와 B가 피고회사에 순차로 명의개서를 구하는 이 사건 소를 제기하였다. 이 사건 양도담보는 따로 정산에 관한 약정이 없었더라도 정산절차가 필요한 약한 의미의 양도담보로 추정되는데, 甲은 원고A가 정산절차를 마치기 전에 피담보채무를 변제하였다고 주장하였다. 원고A는 정산절차를 거쳤음을 증명하지 못했다. 그리고 변제조로 금원을 수령한 것은 인정하였지만 이를 자신의 피고회사에 대한 다른 채무에 충당하였다고 주장하였다. 대법원은, 이 경우 원고A가 그 다른 채권이 존재한다는 사실과 그 다른 채권에 대한 변제충당의 합의가 있었다거나 다른 채권이 법정충당의 우선순위에 있다는 사실을 주장·증명하여야 한다고 하였다. 원고A가 이를 증명하지 못하면 피담보채무가 소멸되기 전에 甲이 이를 변제한 것이 되어 원고들에게 주식이 확정적으로 이전되었다고 볼 수 없게 된다.

주식회사의 기관

제4장 주식회사의 기관

I. 주주총회

1. 소 집

가. 소집권자

대법원 2004. 12. 10. 선고 2003다41715 판결(주주총회결의취소)

증권거래법 제191조의13 제5항(현행 상법 제542조의6 제1항)은 상법 제366조의 적용을 배제하는 특별법에 해당한다고 볼 수 없고, 주권상장법인 내지 협회등록법인의 주주는 증권거래법 제191조의13 제5항이 정하는 6월의 보유기간요건을 갖추지 못한 경우라 할지라도 상법 제366조의 요건을 갖추고 있으면 그에 기하여 주주총회소집청구권을 행사할 수 있다.

나. 소집시기·소집지 등

대법원 2003. 7. 11. 선고 2001다45584 판결(주식매수선택권부여결의등부존재확인)

[1] 주주총회의 개회시각이 부득이한 사정으로 당초 소집통지된 시각보다 지연되는 경우에도 사회통념에 비추어 볼 때 정각에 출석한 주주들의 입장에서 변경된 개회시각까지 기다려 참석하는 것이 곤란하지 않을 정도라면 절차상의 하자가 되지 아니할 것이나, 그 정도를 넘어 개회시각을 사실상 부정확하게 만들고 소집통지된 시각에 출석한 주주들의 참석을 기대하기 어려워 그들의 참석권을 침해하기에 이르렀다면 주주총회의 소집절차가 현저히 불공정하다고 하지 않을 수 없다.

[2] 소집통지가 적법하게 이루어진 이후에 당초의 소집장소에서 개회를 하여 소집장소를 변경하기로 하는 결의조차 할 수 없는 부득이한 사정이 발생한 경우, 소집권자가 대체 장소를 정한 다음 당초의 소집장소에 출석한 주주들로 하여금 변

경된 장소에 모일 수 있도록 상당한 방법으로 알리고 이동에 필요한 조치를 다한 때에 한하여 적법하게 소집장소가 변경되었다고 볼 수 있다.[1]

다. 소집절차

대법원 1979. 3. 27. 선고 79다19 판결(주주총회결의취소)

상법 제363조 제1항, 제2항의 규정에 의하면 주주총회를 소집함에 있어서는 회의의 목적사항을 기재하여 서면으로 그 통지를 발송하게 되어 있으므로 주주총회에 있어서는 원칙적으로 주주총회 소집을 함에 있어서 회의의 목적 사항으로 한 것 이외에는 결의할 수 없으며, 이에 위배된 결의는 특별한 사정이 없는 한 상법 제376조 소정의 총회의 소집절차 또는 결의방법이 법령에 위반하는 것으로 보아야 하고, 다만 회사 정관에 주주전원의 동의가 있으면 미리 주주에게 통지하지 아니한 목적 사항에 관하여도 결의할 수 있다고 되어 있는 때는 예외이나, 그 경우의 주주 전원이란 (출석주주 전원이 아닌) 재적주주 전원을 의미한다고 보아야 할 것이다.[2]

라. 소집절차상의 하자의 치유

대법원 2008. 6. 26. 선고 2008도1044 판결(자격모용사문서작성등)[3]
대법원 2002. 12. 24. 선고 2000다69927 판결(주주총회결의부존재확인등)[4]

---

1 통지된 소집일시와 소집장소가 '모일 10시 피고은행 본점 14층 회의실'이었는데, 노동조합의 저지로 위 일시·장소에서 주주총회가 열리지 못하고 대치 상황이 계속되자, 주주총회의장이 같은 날 22:15경 6층 은 행장직무대행실로 소집장소를 변경하고, 그때까지 귀가하지 않고 14층에서 기다리던 일부 주주들에게는 알 리지 않고 6층에서 62% 주주들의 의결권을 위임받은 대리인 2명만 참석한 가운데 주주총회를 열고 결의를 한 것은, 소집절차가 현저히 불공정하여 결의취소의 사유가 된다고 하였다.

2 통지된 회의의 목적사항은 '재무제표승인의 건, 감사선임의 건, 임원보수승인의 건'이었는데, 출석주주 전원의 찬성으로 이사해임 결의 및 이사선임결의를 하였던 사안이었다. 이 사건 소는 위 주주총회에 출석하 여 이사해임 결의 및 이사선임결의에서 의결권을 행사하였던 주주가 제기한 것이었다. 대법원은 출석하여 의결권을 행사하였던 주주가 그 결의의 취소의 소를 제기하였다고 하더라도, 그것이 곧 신의성실의 원칙 및 금반언의 원칙에 반한다고 볼 수는 없다고 하였다. 그리고 주주는 다른 주주에 대한 소집절차의 하자를 이유 로 주주총회결의취소의 소를 제기할 수도 있다(대법원 2003. 7. 11. 선고 2001다45584 판결).

3 주주총회소집을 위한 이사회결의 및 소집통지절차도 없었고, 실제로 회의가 개최되지도 않았으며, 총회 의장에 관한 법령 및 정관의 규정을 준수하지 않고 대주주가 임시의장으로서 주주총회의사록만을 작성한 사 안이었다. 대법원은 위 대주주가 나머지 주주들의 의결권을 위임받아 주주총회의사록을 작성한 것이므로 결 국 주주전원이 참석하여 동의한 것으로 볼 수 있다면 그 주주총회 결의가 유효하다고 보았다. 이에 따라 의 장의 지위에 관한 자격모용사문서작성죄 및 동행사죄의 성립을 부정하였고, 또한 그 결의에 의하여 이사의 선임과 해임에 관한 법인등기를 마쳤더라도 공정증서원본불실기재죄가 성립하지 않는다고 하였다.

4 1인주주인 甲은 동업을 위하여 그의 주식 중 일부를 乙과 丙에게 양도하고 각각 명의개서를 마쳐준 후 乙을 이사로 선임하였다. 그 후 甲은 乙과 丙이 동업계약을 위반하였음을 이유로 위 주식양도계약을 해제하

주식회사의 임시주주총회가 법령 및 정관상 요구되는 이사회의 결의 및 소집절차 없이 이루어졌다 하더라도, 주주명부상의 주주 전원(또는 주주의 의결권을 적법하게 위임받은 수임인과 다른 주주 전원)이 참석하여 총회를 개최하는 데 동의하고 아무런 이의 없이 만장일치로 결의가 이루어졌다면 그 결의는 특별한 사정이 없는 한 유효하다.[5]

마. 철회와 연기

대법원 1989. 2. 14. 선고 87다카3200 판결(주주총회결의취소)

주주총회의 계속회가 동일한 안건토의를 위하여 당초의 회의일로부터 상당한 기간 내에 적법하게 거듭 속행되어 개최되었다면 당초의 주주총회와 동일성을 유지하고 있다고 할 것이므로 별도의 소집절차를 밟을 필요가 없다.

대법원 2009. 3. 26. 선고 2007도8195 판결(횡령 · 업무방해)[6]
대법원 2011. 6. 24. 선고 2009다35033 판결(손해배상(기))[7]

주주총회 소집의 통지가 행하여진 후 소집을 철회하거나 연기하기 위해서는 소집의 경우에 준하여 이사회의 결의를 거쳐 대표이사가 그 뜻을 그 소집에서와 같은 방법으로 통지하여야 한다.[8]

였고, 자신이 1인주주라는 입장에서 혼자서 乙을 이사에서 해임한다는 결의를 하였다. 乙은 자신을 해임한 위 주주총회결의를 다투는 소를 제기하였다. 법원은 乙과 丙의 명의로 이미 명의개서가 이루어졌다면, 그 후 주식양도약정이 해제되었다 하더라도, 주주명부상의 주주명의를 복구하지 않는 한, 甲이 회사에 대하여 주주총회에서 의결권을 행사할 수 있는 주주라고 대항할 수 없다고 하였다. 따라서 甲이 1인주주로서 한 위 총회결의는 효력이 있다고 보기 어렵다고 하였다.

5 이와 같은 법리는 1인회사의 경우에도 같다(대법원 2004. 12. 10. 선고 2004다25123 판결 등). 다만 사견으로는, 위와 같이 전원출석총회 또는 1인주주총회의 유효성을 인정하는 판례의 입장은 신중하게 적용될 필요가 있다고 본다. 통지절차는 주주의 총회참석권을 보장하기 위한 것이므로 주주가 처분할 수 있는 이익이지만, 이사회의 소집결정은 이사회의 전속적 권한이므로 주주의 의사로 생략할 수는 없다고 보는 것이 타당하다. 그리고 위 판결의 사안들은 모두 이사의 선임과 해임에 관한 것이지만, 만일 회사재산의 처분이나 자기거래 등 다른 이해관계자의 이익을 해칠 수 있는 거래에서는 위와 같은 법리가 더욱 신중하게 적용될 필요가 있을 것이다.

6 총회일 3일 전에 이사회가 주주총회의 연기를 결정하고 휴대폰 문자메시지를 발송하였으며 일간신문 및 총회장에 연기의 뜻을 공고하였던 사안에서, 그것만으로는 주주총회가 적법하게 연기되었다고 할 수 없으므로 위 주주총회를 방해한 행위는 업무방해죄에 해당할 수 있다고 하였다.

7 「대표이사가 이사회결의를 거쳐 주주들에게 임시주주총회 소집통지서를 발송하였다가 다시 이를 철회하기로 하는 이사회결의를 거친 후 총회 개최장소 출입문에 총회 소집이 철회되었다는 취지의 공고문을 부착하고, 이사회에 참석하지 않은 주주들에게는 퀵서비스를 이용하여 총회 소집이 철회되었다는 내용의 소집철회통지서를 보내는 한편, 전보와 휴대전화(직접 통화 또는 메시지 녹음)로도 같은 취지의 통지를 한 사안에서, 임시주주총회 소집을 철회하기로 하는 이사회결의를 거친 후 주주들에게 소집통지와 같은 방법인 서면에 의한 소집철회통지를 한 이상 임시주주총회 소집이 적법하게 철회되었다고 보았다.

8 이에 대하여, 이사회의 결의를 거쳐 대표이사가 그 철회의 뜻을 통지해야 하는 것은 맞지만, 소집통지와

2. 주주의 의결권

가. 의결권의 제한

대법원 2007. 9. 6. 선고 2007다40000 판결(주주총회결의무효확인)

주주총회가 재무제표를 승인한 후 2년 내에 이사와 감사의 책임을 추궁하는 결의를 하는 경우 당해 이사와 감사인 주주는 회사로부터 책임을 추궁당하는 위치에 서게 되어 주주의 입장을 떠나 개인적으로 이해관계를 가지는 경우로서 그 결의에 관한 특별이해관계인(제368조 제 4 항)에 해당한다.[9]

부산고법 2004. 1. 16. 선고 2003나12328 판결(주주총회결의취소)

상법 제368조 제 4 항의 특별한 이해관계라 함은 특정한 주주가 주주의 입장을 떠나서 개인적으로 이해관계를 갖는 것을 말한다고 풀이되는바, 회사와 주주 사이에 영업양도를 할 경우 그 주주는 특별한 이해관계인에 해당한다고 볼 수 있으나, 사업의 양도인이 독점규제및공정거래에관한법률상으로 합작회사의 대주주의 계열회사에 해당한다는 것만으로 그 대주주를 위 규정 소정의 특별한 이해관계인에 해당한다고 할 수는 없다.[10]

동일한 방식으로 할 필요는 없고 총회의 개최일 전에 모든 주주에게 그 뜻을 알리는 통지가 도달할 수 있는 방법을 취한 경우에는 철회의 효력이 발생한다는 견해도 있다. 비법인사단(사찰)에 관하여 대법원 2007. 4. 12. 선고 2006다77593 판결(법인이나 법인 아닌 사단의 총회에 있어서, 소집된 총회가 개최되기 전에 당초 그 총회의 소집이 필요하거나 가능하였던 기초 사정에 변경이 생겼을 경우에는, 특별한 사정이 없는 한 그 소집권자는 소집된 총회의 개최를 연기하거나 소집을 철회·취소할 수 있다. 총회의 소집권자가 총회의 소집을 철회·취소하는 경우에는 반드시 총회의 소집과 동일한 방식으로 그 철회·취소를 총회 구성원들에게 통지하여야 할 필요는 없고, 총회 구성원들에게 소집의 철회·취소결정이 있었음이 알려질 수 있는 적절한 조치가 취하여지는 것으로써 충분히 그 소집 철회·취소의 효력이 발생한다)은 같은 취지로 판시하였다. 사찰의 산중총회의 소집통지를 불교신문에의 공고 및 관할 사찰에의 공문발송으로 하고, 총회의 취소는 교구선관위 주지에게 통보하고 중앙선관위에 보고하는 방법으로 하였으며, 그 취소한다는 사실이 지역방송의 뉴스 등에도 보도되었던 사안이었다.

9 특정한 주주가 주주의 입장을 떠나서 개인적으로 가지는 이해관계를 특별이해관계로 보는 것이다(개인법설). 이에 따르면 이사의 책임추궁이나 면책결의에 있어서 당해 이사인 주주(제400조, 제415조, 제324조), 영업양수도의 결의에 있어서 상대방인 주주(제374조), 이사의 보수결정에 있어서 당해 이사인 주주(제388조, 제415조) 등은 특별이해관계를 갖는 자로서 의결권이 없다. 주주가 주주의 입장에서 이해관계를 갖는 경우, 예를 들면 이사 선임·해임 결의에 있어서 당사자인 주주, 재무제표 승인 결의에 있어서 이사·감사인 주주 등은 특별이해관계를 갖는 자가 아니다.

10 현대자동차는 철도차량사업을 하는 ㈜로템(피고회사)의 주식 80%를 보유하고 원고회사는 피고회사의 주식 20%를 보유하여 합작하고 있는데, 피고회사가 현대자동차의 계열회사인 현대모비스의 창원공장 영업을 양수하기로 하고 주주총회의 승인을 받았다. 원고회사는 현대자동차가 피고회사의 위 주주총회결의에서 의결권을 행사한 것을 다투며 이 사건 소를 제기하였다. 참고로 위 거래에 현행 상법이 적용되면 피고회사에

대법원 2009. 11. 26. 선고 2009다51820 판결(주주총회결의취소)

[1] 상법 제369조 제1항에서 주식회사의 주주는 1주마다 1개의 의결권을 가진다고 하는 1주 1의결권의 원칙을 규정하고 있는바, 위 규정은 강행규정이므로 법률에서 위 원칙에 대한 예외를 인정하는 경우를 제외하고, 정관의 규정이나 주주총회의 결의 등으로 위 원칙에 반하여 의결권을 제한하더라도 효력이 없다.

[2] 상법 제409조 제2항, 제3항은 '주주'가 일정 비율을 초과하여 소유하는 주식에 관하여 감사의 선임에 있어서 그 의결권을 제한하고 있고, 구 증권거래법 제191조의11(현행 상법 제542조의12 제3항)은 '최대주주와 그 특수관계인 등'이 일정 비율을 초과하여 소유하는 주권상장법인의 주식에 관하여 감사의 선임 및 해임에 있어서 의결권을 제한하고 있을 뿐이므로, '최대주주가 아닌 주주와 그 특수관계인 등'에 대하여도 일정 비율을 초과하여 소유하는 주식에 관하여 감사의 선임 및 해임에 있어서 의결권을 제한하는 내용의 정관 규정이나 주주총회결의 등은 무효이다.

나. 의결권의 대리행사

대법원 2009. 4. 23. 선고 2005다22701, 22718 판결(합병철회·주주총회결의취소)[11]

[1] 주주의 자유로운 의결권 행사를 보장하기 위하여 주주가 의결권의 행사를 대리인에게 위임하는 것이 보장되어야 한다고 하더라도 주주의 의결권 행사를 위한 대리인 선임이 무제한적으로 허용되는 것은 아니고, 그 의결권의 대리행사로 말미암아 주주총회의 개최가 부당하게 저해되거나 혹은 회사의 이익이 부당하게 침해될 염려가 있는 등의 특별한 사정이 있는 경우에는 회사가 이를 거절할 수 있다.

[2] 상법 제368조 제3항이 규정하는 '대리권을 증명하는 서면'이라 함은 위임장을 일컫는 것으로서 회사가 위임장과 함께 인감증명서, 참석장 등을 제출하도록 요구하는 것은 대리인의 자격을 보다 확실하게 확인하기 위하여 요구하는 것일

대하여 자기거래에 해당하는지를 검토해 보면, 현대자동차의 현대모비스에 대한 지분이 50%에 미치지 못하므로 자기거래에 해당되지 않을 것이다(제398조 제4호).
11 합병 전 국민은행의 합병계약승인을 위한 주주총회에서, 국민은행 노동조합이 그 소유주식을 노조원들에게 1주씩 참석장 9,000장을 나누어 주고 의결권을 대리행사하게 한 점(판시사항[1]), 일부 주주 본인들이 참석장을 소지하지 않았고 일부 주주의 대리인들이 위임장 이외에 주주 본인의 신분증 사본과 인감증명서를 제출하지 않았는데도 의결권을 행사케 한 점(판시사항[2]), 정관에서 대리인의 자격을 주주로 한정하였는데 주주인 대한민국의 보유 주식의 의결권을 주주가 아닌 재경부 소속 공무원에게 대리행사하게 하였던 점(판시사항[3]), 총회일이 2001. 9. 29.인데 외국인 실질주주의 주식에 대한 의결권 불통일행사 통지를 26일에야 받고도 예탁원에 불통일행사를 허용한 점(판시사항[4]) 등이 문제되었다.

뿐, 이러한 서류 등을 지참하지 아니하였다 하더라도 주주 또는 대리인이 다른 방법으로 위임장의 진정성 내지 위임의 사실을 증명할 수 있다면 회사는 그 대리권을 부정할 수 없다. 한편, 회사가 주주 본인에 대하여 주주총회 참석장을 지참할 것을 요구하는 것 역시 주주 본인임을 보다 확실하게 확인하기 위한 방편에 불과하므로, 다른 방법으로 주주 본인임을 확인할 수 있는 경우에는 회사는 주주 본인의 의결권 행사를 거부할 수 없다.[12]

[3] 상법 제368조 제3항의 규정은 주주의 대리인의 자격을 제한할 만한 합리적인 이유가 있는 경우 정관의 규정에 의하여 상당하다고 인정되는 정도의 제한을 가하는 것까지 금지하는 취지는 아니라고 해석되는바, 대리인의 자격을 주주로 한정하는 취지의 주식회사의 정관 규정은 주주총회가 주주 이외의 제3자에 의하여 교란되는 것을 방지하여 회사 이익을 보호하는 취지에서 마련된 것으로서 합리적인 이유에 의한 상당한 정도의 제한이라고 볼 수 있으므로 이를 무효라고 볼 수는 없다. 그런데 위와 같은 정관규정이 있다 하더라도 주주인 국가, 지방공공단체 또는 주식회사 등이 그 소속의 공무원, 직원 또는 피용자 등에게 의결권을 대리행사하도록 하는 때에는 특별한 사정이 없는 한 그들의 의결권 행사에는 주주 내부의 의사결정에 따른 대표자의 의사가 그대로 반영된다고 할 수 있고 이에 따라 주주총회가 교란되어 회사 이익이 침해되는 위험은 없는 반면에, 이들의 대리권 행사를 거부하게 되면 사실상 국가, 지방공공단체 또는 주식회사 등의 의결권 행사의 기회를 박탈하는 것과 같은 부당한 결과를 초래할 수 있으므로, 주주인 국가, 지방공공단체 또는 주식회사 소속의 공무원, 직원 또는 피용자 등이 그 주주를 위한 대리인으로서 의결권을 대리행사하는 것은 허용되어야 하고 이를 가리켜 정관 규정에 위반한 무효의 의결권 대리행사라고 할 수는 없다.

[4] 상법 제368조의2 제1항은 "주주가 2 이상의 의결권을 가지고 있는 때에는 이를 통일하지 아니하고 행사할 수 있다. 이 경우 회일의 3일 전에 회사에 대하여 서면으로 그 뜻과 이유를 통지하여야 한다"고 규정하고 있는바, 여기서 3일의 기간이라 함은 의결권의 불통일행사가 행하여지는 경우에 회사 측에 그 불통일행사를 거부할 것인가를 판단할 수 있는 시간적 여유를 주고, 회사의 총회 사무운

---

12 대법원 2009. 5. 28. 선고 2008다85147 판결, 대법원 2004. 4. 27. 선고 2003다29616 판결 등도 같은 취지이다. 따라서 회사가 위임장 원본 이외에 추가적인 특정 서류를 요구하였다고 하더라도 위임장 원본의 진정함을 다른 방법으로 증명할 수 있다면, 그 특정 서류가 없다는 이유로 의결권의 대리행사를 부정하는 것은 주주총회결의의 취소사유가 될 수 있다.

영에 지장을 주지 아니하도록 하기 위하여 부여된 기간으로서, 그 불통일행사의 통지는 주주총회 회일의 3일 전에 회사에 도달할 것을 요한다. 다만, 위와 같은 3일의 기간이 부여된 취지에 비추어 보면, 비록 불통일행사의 통지가 주주총회 회일의 3일 전이라는 시한보다 늦게 도착하였다고 하더라도 회사가 스스로 총회운영에 지장이 없다고 판단하여 이를 받아들이기로 하고 이에 따라 의결권의 불통일행사가 이루어진 것이라면, 그것이 주주평등의 원칙을 위반하거나 의결권 행사의 결과를 조작하기 위하여 자의적으로 이루어진 것이라는 등의 특별한 사정이 없는 한, 그와 같은 의결권의 불통일행사를 위법하다고 볼 수는 없다.

대법원 2001. 9. 7. 선고 2001도2917 판결(업무방해·방실수색)[13]

[1] 주주의 자유로운 의결권 행사를 보장하기 위하여 주주가 의결권의 행사를 대리인에게 위임하는 것이 보장되어야 한다고 하더라도 주주의 의결권 행사를 위한 대리인 선임이 무제한적으로 허용되는 것은 아니고, 그 의결권의 대리행사로 말미암아 주주총회의 개최가 부당하게 저해되거나 혹은 회사의 이익이 부당하게 침해될 염려가 있는 등의 특별한 사정이 있는 경우에는 회사는 이를 거절할 수 있다고 보아야 할 것인데, 주주가 자신이 가진 복수의 의결권을 불통일행사하기 위하여는 회일의 3일 전에 회사에 대하여 서면으로 그 뜻과 이유를 통지하여야 할 뿐만 아니라, 회사는 주주가 주식의 신탁을 인수하였거나 기타 타인을 위하여 주식을 가지고 있는 경우 외에는 주주의 의결권 불통일행사를 거부할 수 있는 것이므로, 주주가 위와 같은 요건을 갖추지 못한 채 의결권 불통일행사를 위하여 수인의 대리인을 선임하고자 하는 경우에는 회사는 역시 이를 거절할 수 있다.

[2] 주주가 주주총회에 참석하면서 그의 의결권 대리인들과 함께 위세를 과시하여 정상적인 주주총회의 진행을 저해할 의도에서 그의 소유 주식 중 일부에 관한 의결권의 대리행사를 타인들에게 나누어 위임하였고, 그 대리인들이 주주총회에서 고성과 욕설 등을 사용하거나 의결권의 대리행사를 위한 권한 범위에 속하지 않은 요구를 계속하였다면, 대표이사는 그 대리인들이 주주총회에 참석하는 것을

---

13 회사의 주식 2.4%를 소유한 甲은 피고인 등 5인에게 자신의 주식 중 1주씩에 대한 의결권을 위임하여 주주총회에 출석하게 하고 자신도 출석하였다. 甲은 이러한 불통일행사에 관하여 미리 회사에 통지한 바가 없었다(제368조의2 참조). 피고인은 대표이사이자 주주총회 의장인 乙이 주주총회를 진행하는 동안 소란을 피워 乙로하여금 위 주주총회의 개최를 포기하게 하여 주주총회개최업무를 위력으로 방해하였다. 피고인은 또한 회사의 회계장부 등을 열람하여 자신에게 유리한 자료를 찾기 위하여 상법 제466조에 의한 절차를 거치지 않고 무단으로 주주총회장인 회사의 사무실을 수색하였던 사안이었다.

적법하게 거절할 수 있었으므로, 대표이사의 주주총회장에서의 퇴장 요구를 거절하면서 대표이사의 주주총회의 개최와 진행을 포기하게 만든 경우에는 업무방해죄가 성립한다.

대법원 1995. 2. 28. 선고 94다34579 판결(신주발행무효)[14]

[1] 상법 제368조 제3항은 주주의 의결권을 대리행사하고자 하는 자는 대리권을 증명하는 서면을 총회에 제출하도록 규정하고 있는바, 그 규정은 대리권의 존부에 관한 법률관계를 명확히 하여 주주총회 결의의 성립을 원활하게 하기 위한 데 그 목적이 있다고 할 것이므로, 대리권을 증명하는 서면은 위조나 변조 여부를 쉽게 식별할 수 있는 원본이어야 하고 특별한 사정이 없는 한 사본은 그 서면에 해당하지 않는다.[15]

[2] 회사의 주주가 3인뿐이었고, 그 중 1인이 그 소유주식 일부를 제3자에게 명의신탁하여 그 제3자가 단순한 명의수탁자에 불과하다는 사실을 잘 알면서 오랜 기간 동안 회사를 공동으로 경영하여 왔는데, 그 주주가 그의 변호사로 하여금 의결권을 대리행사하게 하겠다는 의사를 주주총회 개최 전에 회사에 통보하였고, 그 변호사가 주주총회에 참석하여 그 주주의 위임장 원본을 제출하였다면, 비록 그 변호사가 지참한 명의수탁자인 제3자의 위임장 및 인감증명서가 모두 사본이라 하더라도, 그 주주의 소유주식 전부에 대한 의결권을 그 변호사에게 위임하였

---

14 피고회사는 甲이 40%, 공동대표이사인 乙과 丙이 각각 30%의 주식을 소유하고 있다. 乙과 丙은 甲이 그의 주식 중 일부를 丁에게 명의신탁하였다는 사실을 잘 알면서 오랫동안 함께 회사를 경영해 왔다. 甲은 주주총회 개최 사실을 통보받고, 乙과 丙에게 자신의 의결권을 변호사로 하여금 대리행사하게 하겠다는 의사를 주주총회 개최 전에 미리 통보하였다. 주주총회당일 甲의 변호사가 주주총회에 참석하기 위하여 甲의 위임장 원본을 제출하였다. 그런데, 피고회사는 甲의 변호사가 지참한 丁의 위임장 및 인감증명서가 모두 사본이라는 이유로 丁에게 명의신탁된 주식에 대한 의결권 대리행사를 허용하지 않았다. 乙과 丙은 위와 같이 甲의 대리인의 의결권행사를 일부 허용하지 않고 정관을 변경하여 수권주식수를 67,200주에서 268,800주로 대폭 늘렸다. 그리고 그로부터 1달여 뒤에 신주를 발행하였는데, 甲은 신주대금을 납입하지 않아 실권하였다. 대법원은, 丁의 위임장 및 인감증명서가 모두 사본이라 하더라도, 乙과 丙이 甲의 명의신탁사실을 잘 알면서 오랫동안 회사를 공동으로 경영해 왔고, 또한 미리 대리행사하겠다는 통지까지 하였던 사정 등으로 보아, 甲이 그 소유주식 전부에 대한 의결권을 그의 변호사에게 위임하였다는 사실은 충분히 증명되었다고 할 것이어서, 甲의 대리인의 의결권행사를 일부 허용하지 않고 한 위 정관변경을 위한 주총결의는 취소사유가 있다고 하였다. 그런데 甲은 결의일로부터 2개월 내에 주총결의취소의 소를 제기하지 못했고, 그 이후에 이 사건 신주발행무효의 소를 제기하였다. 이로써 주주총회의 정관변경결의에 취소 사유가 있다는 하자는 더 이상 주장할 수 없게 되었고, 또 판시와 같이 신주발행이 현저하게 불공정하여 무효라고 볼 수도 없다는 이유로, 甲의 소는 기각되었다.
15 대법원 2004. 4. 27. 선고 2003다29616 판결도 팩스를 통하여 출력된 위임장 역시 성질상 원본으로 볼 수 없다고 하였다.

다는 사실은 충분히 증명되었다고 할 것이어서, 회사의 대표이사들은 그 변호사의 의결권 대리행사를 제한하여서는 안 된다.

[3] 회사가 주주에게 상법 제418조 제1항 소정의 주주의 신주인수권을 배제한 바 없고 오히려 그 주주가 회사로부터 신주배정 통지를 받고도 그 주식대금을 납입하지 아니하여 실권된 경우, 가사 발행주식의 총수를 증가시키는 정관변경의 주주총회결의 이전에 그 주주와 회사의 대표이사 사이에 회사의 경영권에 관하여 분쟁이 있었고, 그 주주가 자기 소유 주식을 그 대표이사에게 양도하고 회사 경영에서 탈퇴하려고 하였지만 그 양도대금에 관한 합의가 이루어지지 않은 상태에서 발행주식 총수를 현저하게 증가시키는 신주발행이 이루어짐으로써 회사에 대한 그 주주의 지배력이 현저하게 약화되고, 그로 인하여 그 주주가 대표이사에게 적정한 주식대금을 받고 주식을 양도하는 것이 더욱 어려워지게 되었다고 하더라도, 그러한 사유만으로는 그 신주발행이 현저하게 불공정한 방법에 의한 신주발행으로서 무효라고 볼 수 없다.

대법원 2002. 12. 24. 선고 2002다54691 판결(주주총회및이사회결의부존재확인)

주주가 일정기간 주주권을 포기하고 타인에게 7년 동안 주주로서의 의결권 행사권한을 위임하기로 약정한 사정만으로는 그 주주가 주주로서의 의결권을 직접 행사할 수 없게 되었다고 볼 수는 없다.[16]

대법원 2014. 1. 23. 선고 2013다56839 판결(주주총회결의부존재확인)[17]

----

16 회사의 1인주주인 甲은 그의 경영실패를 이유로 甲과 노동조합이 향후 7년간 甲이 경영권 및 주주권을 포기하고 대표이사인 乙에게 의결권 행사권한을 위임한다는 합의를 하였다. 대법원은 위와 같은 위임약정에도 불구하고 주주인 甲이 직접 의결권을 행사할 수 없는 것은 아니라고 하였다. 위와 같이 의결권을 포괄적으로 위임하는 것이 가능한지 논란이 있는데, 위 대법원 판결은 위와 같은 합의를 무효로 보지는 않았다.
17 W은행은 피고회사에 대한 대출금채권이 있는데, 피고회사는 자회사를 통하여 간접적으로 지배하는 A회사 소유의 빌딩 외에는 뚜렷한 책임재산이 없는 상황이었다. 이에 W은행은 피고회사에 대한 담보를 확보하기 위하여, 원고(피고회사의 1인주주) 및 피고회사와 주식근질권설정계약을 체결하였는데, 이는 A회사에 대한 피고회사의 지배권 내지 경영권을 적절히 제어할 필요가 있었기 때문이었다. 즉, 피고회사 주식에 관하여 의결권을 위임받아 담보권한을 확보할 뿐 아니라, 기한이 도래한 경우에는 피고회사 주식의 임의처분 외에 위임받은 의결권에 기하여 주주총회를 개최하여 피고회사의 경영진을 교체할 수 있는 것을 담보권의 실행방법으로 약정하였다. 이에 따라 주식근질권실징계약은, '의결권행사의 위임'이라는 제목 아래 제4조에서, ① 각 근질권설정자는 위 계약의 체결 이후 개최되는 피고의 모든 정기주주총회 및 임시주주총회에서 담보주식에 대한 의결권의 행사를 근질권자에게 위임하되 이를 위하여 근질권자가 합리적으로 요구하는 수만큼 위임장을 작성하여 이 계약 체결일에 근질권자에게 교부하기로 하며 근질권자가 수시로 의결권의 행사를 위하여 합리적으로 요구하는 문서 및 기타 서류(추가적인 위임장의 교부 포함)를 작성하여 교부하고(제1항), 또한 근질권자가 위 위임장에 그 재량에 따라 관련 주주총회의 의결에 관한 사항과 대리권을 행사할 자를 기재하

[1] 주식회사의 주주는 상법 제368조 제2항에 따라 타인에게 의결권 행사를 위임하거나 대리행사 하도록 할 수 있다. 이 경우 의결권의 행사를 구체적이고 개별적인 사항에 국한하여 위임해야 한다고 해석하여야 할 근거는 없고 포괄적으로 위임할 수도 있다.[18]

[2] 상행위로 인하여 생긴 채권을 담보하기 위하여 주식에 대하여 질권이 설정된 경우에 질권자가 가지는 권리의 범위 및 그 행사 방법은 원칙적으로 질권설정계약 등의 약정에 따라 정하여질 수 있고(제59조 참조), 위와 같은 질권 등의 담보권의 경우에 담보제공자의 권리를 형해화하는 등의 특별한 사정이 없는 이상 담보권자가 담보물인 주식에 대한 담보권실행을 위한 약정에 따라 그 재산적 가치 및 권리의 확보 목적으로 담보제공자인 주주로부터 의결권을 위임받아 그 약정에서 정한 범위 내에서 의결권을 행사하는 것도 허용될 것이다.

[3] 주주의 의결권을 적법하게 위임받은 수임인은 특별한 사정이 없는 한 주주총회에 참석하여 의결권을 행사할 수 있으므로, 의결권을 적법하게 위임받은 대리인이 주주총회에 출석한 것은 그 의결권의 범위 내에서는 주주의 수권에 따른

여 그 주주총회에서 의결권 및 담보주식에 대한 주주로서의 권리를 행사할 수 있음을 인정하고 이에 동의한다(제2항)고 규정하였고, ② 위와 별도로 '근질권의 실행'이라는 제목 아래 제8조에서, 대출금채권의 기한 도래 또는 기한의 이익의 상실로 인하여 피고회사가 피담보채무를 이행하여야 할 때에는 근질권자는 근질권을 실행할 수 있고(제1항), 이 경우 근질권자는 일반적으로 적당하다고 인정되는 방법, 시기, 가격 등에 의하여 담보주식을 임의 처분하고 그 취득금을 충당하거나 일반적으로 적당하다고 인정되는 방법, 시기, 가격 등에 의하여 피담보채무의 전부 또는 일부의 변제에 갈음하여 담보주식을 취득할 수 있으며(제2항), 근질권자는 의결권 행사를 통한 임원의 변경 등 필요한 절차를 진행할 수 있고, 피고를 대신하여 관련 주주총회를 개최할 수 있다(제3항)고 규정하고 있었다. 그런데 피고회사는 변제기에 이르도록 대출금을 변제하지 못하였을 뿐만 아니라 피고회사의 대표이사이던 원고는 피고회사의 자회사들과 공모하여 W은행이 가진 담보주식의 지분을 희석시키는 등의 담보권 침해 행위를 하였다. 이에 W은행은 위 위임장을 통해 위임받은 권한에 기초하여, 원고의 의결권을 대리행사 할 W은행 직원이 참석한 상태에서 피고회사의 본점 소재지에서 임시주주총회를 개최하여 원고를 대표이사와 사내이사에서 해임하고 甲을 이사로 선임하는 주주총회가 이루어졌다는 내용의 임시주주총회 의사록을 작성하였고, 이를 근거로 위와 같은 내용으로 피고회사의 임원 변경등기를 마쳤다. 대법원은, 위와 같은 방식의 포괄적인 위임의 효력을 인정하였다. 그리고 1인회사의 경우 그 주주가 유일한 주주로서 주주총회에 출석하면 전원 총회로서 성립하고 그 주주의 의사대로 결의가 될 것임이 명백하므로 따로 총회소집절차가 필요 없고, 실제로 총회를 개최한 사실이 없었다 하더라도 그 1인주주에 의하여 의결이 있었던 것으로 주주총회의사록이 작성되었다면 특별한 사정이 없는 한 그 내용의 결의가 있었던 것으로 볼 수 있다고 하였다.

18 대법원 1969. 7. 8. 선고 69다688 판결(약속어음금반환등)도 "주식회사에 있어서 주주권의 행사를 위임함에는 구체적이고 개별적인 사항에 국한한다고 해석하여야 할 근거는 없고 주주권행사를 포괄적으로 위임할 수 있다고 하여야 할 것이며 포괄적 위임을 받은 자는 그 위임자나 회사 재산에 불리한 영향을 미칠 사항이라고 하여 그 위임된 주주권행사를 할 수 없는 것이 아니다."라고 하였다. 다만, 이 판례는 하나의 총회에 관한 주주권행사를 위임함에 구체적이고 개별적인 사항에 국한되지 않는다는 취지이고, 수개의 총회에 관한 포괄적 위임에 관한 사안은 아니었다.

것으로서 주주가 직접 출석하여 의결권을 행사하는 것과 마찬가지로 볼 수 있고, 주주로부터 의결권 행사를 위임받은 대리인은 특별한 사정이 없는 한 그 의결권 행사의 취지에 따라 제3자에게 그 의결권의 대리행사를 재위임할 수 있다.

3. 주주총회의 결의

가. 의장의 선임

대법원 2001. 5. 15. 선고 2001다12973 판결(주주총회결의부존재확인)

주주총회에서 의안에 대한 심사를 마치지 아니한 채 법률상으로나 사실상으로 의사를 진행할 수 있는 상태에서 주주들의 의사에 반하여 의장이 자진하여 퇴장한 경우 주주총회가 폐회되었다거나 종결되었다고 할 수는 없으며, 이 경우 의장은 적절한 의사운영을 하여 의사일정의 전부를 종료케 하는 등의 직책을 포기하고 그의 권한 및 권리행사를 하지 아니하였다고 볼 것이므로, 퇴장 당시 회의장에 남아 있던 주주들이 임시의장을 선출하여 진행한 주주총회의 결의도 적법하다고 할 것이다.[19]

나. 결의방법

대법원 2009. 4. 23. 선고 2005다22701, 22718 판결

의안에 대하여 미리 통보받아 알고 있는 참석주주 중 누구도 의안에 대한 이의를 제기하지 않았던 경우 굳이 투·개표의 절차를 거칠 필요가 없이 반대표와 찬성표의 비율을 따져 의안을 통과시킬 수 있는 것이므로, 주주총회 당일 의장이 의안을 상정하고 의안의 주요 내용을 설명한 뒤 참석한 주주들에게 동의를 구하였는

---

19 원고는 피고회사의 지배주주로서 주식 42%를 본인의 명의로 보유하였고, 타인의 명의로 4%의 주식을 더 가지고 있었다. 원고는 주주총회 의장으로서 피고회사의 주주총회를 진행하던 중, 자신의 부실경영에 대한 시그마창투 등 일부 주주들(시그마창투가 의결권 행사를 위임받은 것을 포함하여 30%가량의 의결권을 가진 주주들)의 추궁에 적절히 대응하지 못하였고, 이사 및 감사 선임안건을 그대로 표결하면 경영권방어가 어렵다고 판단하였다. 이에 주주총회를 연기하려고 시도하다가 여의치 않자 다른 주주들의 의사를 무시하고 일방적으로 의사진행을 거부하며 퇴장하려고 하였다. 이에 다른 주주들이 퇴장을 제지하자 원고는 이사 및 감사 선임 안건의 철회 여부를 안건으로 상정하였고, 투표 결과 원고의 철회안이 부결되었다. 표결에서 패배한 원고가 투표결과를 발표하지 않자 어느 주주가 이를 발표하였고, 이에 원고는 주주들의 제지에도 불구하고 "적대적 M&A 문제가 해결될 때까지 회의를 연기하겠다."고 일방적으로 선언하면서 퇴장하였다. 원고가 퇴장하자 남은 주주들은 시그마창투의 대표이사인 甲을 임시의장으로 선임하여 이사와 감사를 선임하는 안건을 처리하였다. 이후 원고는 이 사건 이사 및 감사선임결의의 취소를 구하는 소를 제기하였다. 이 사건에서는, 시그마창투가 주주들로부터 개별안건에 대한 의견을 표시하게 하여 10%가 넘는 의결권을 위임받아 의결권을 대리행사하게 되었음에도 불구하고 제342조의3에 따른 통지를 하지 않은 것이 위법한지 여부도 문제되었지만, 대법원은 그러한 경우에는 제342조의3에 따른 통지의무가 적용되지 않는다고 판시하였다.

데, 참석 주주 중 아무도 이의를 제기하지 않고 동의를 한 상황에서 박수로써 의안을 가결한 것은 위법하다고 볼 수 없다.

대법원 2001. 12. 28. 선고 2001다49111 판결

주주총회의 의장이 정관변경의안의 표결에 앞서 반대하는 주주 이외에는 모두 의안에 찬성하는 것으로 간주하겠다고 일방적으로 선언한 다음 반대하는 주주만 거수하게 하여 반대하는 주주의 주식수만을 확인한 후 의안이 가결되었다고 선언한 데에는 주주의 의사표시를 왜곡하는 표결방식상의 하자가 있다고 할 것이고 그와 같은 결의방식의 불공정은 원칙적으로 결의취소의 사유에 해당한다.

다. 특별결의사항

대법원 2004. 7. 8. 선고 2004다13717 판결(특허권이전등록말소등록)[20]
대법원 1994. 5. 10. 선고 93다47615 판결(소유권이전등기)[21]
대법원 1988. 4. 12. 선고 87다카1662 판결(소유권이전등기말소)[22]

---

20 원고회사는 '사전암반절단공법'이라는 특허권을 이용한 공사의 수주를 회사의 주된 사업으로 하고, 위 특허권은 원고회사의 대차대조표상 자산 28억 중 25억을 차지하고 있었다. 원고회사의 위 특허권의 양도는 회사 영업의 전부 또는 일부를 양도하거나 폐지하는 것과 같은 결과를 가져오는 것이므로 위 특허권의 양도에는 주주총회의 특별결의가 필요하다고 보았다. 한편, 일반택시운송사업을 주목적으로 하는 회사의 여객자동차운수사업면허 양도는 회사 영업의 전부 또는 일부를 양도하거나 폐지하는 것과 같은 결과를 가져오는 것이므로 주주총회의 특별결의가 필요하다고 한 사례도 있다(대법원 2006. 6. 2. 선고 2004도7112 판결).
21 피고회사가 원고에게 공장건물을 매도하였는데, 피고회사의 전체 자산에서 차지하는 비중이 그다지 큰 것이 아니었고, 피고회사로서는 다른 곳으로 이전하여 영업을 계속할 수도 있었으며, 그 전에 이미 부지가 원고에게 매도된 이상 그 지상의 공장건물은 어차피 철거될 운명에 놓이게 되었다는 등의 사정을 고려해 볼 때, 공장건물의 매도로 인하여 피고회사의 영업이 폐지하는 것과 같은 결과를 가져오는 것은 아니라고 보았다. 한편, 피고회사는 1년여 동안의 제1심절차가 끝나고 제2심의 6차 변론이 끝나 변론이 종결된 이후에 다시 변론재개신청을 하면서 주주총회 특별결의가 없어 무효라는 항변을 주장하였다. 변론이 재개되어 17차 변론 끝에 변론이 종결되었는데, 원심은 피고회사의 중대한 과실로 실기한 방어방법이라고 하여 판결 이유 중에서 그 항변을 각하하였다(다만, 부가적으로 그 항변에 대하여 위와 같은 실체적 판단을 하였음). 그러나 대법원은, "당사자의 고의 또는 중대한 과실로 시기에 늦어서 제출한 공격 또는 방어방법이 그로 인하여 소송의 완결을 지연하게 하는 것으로 인정될 때에는 이를 각하할 수 있고, 이는 독립된 결정의 형식으로 뿐만 아니라 판결이유 중에서 판단하는 방법에 의하여 할 수도 있다고 하겠으나, 법원이 당사자의 공격 방어방법에 대하여 각하결정을 하지 아니한 채 그 공격 방어방법에 관한 증거조사까지 마친 경우에 있어서는 더 이상 소송의 완결을 지연할 염려는 없어졌다고 할 것이므로, 그러한 상황에서 새삼스럽게 판결이유에서 당사자의 공격 방어방법을 각하하는 판단은 할 수 없다."고 하였다.
22 원고회사는 관광호텔사업을 목적으로 설립되었고 이 사건 토지는 그 호텔의 신축부지였는데, 원고회사가 위 토지를 처분하고 등기를 넘겨 줄 당시에, 원고회사는 사무실도 없어지고 위 토지가 개발제한구역에 편입되었으며 관광호텔건축허가와 신축재원인 차관자금사용승인도 취소되어 관광호텔건축이 불가능하게 되었던 사정이 있었다. 위 토지는 그 처분에 주주총회의 결의가 필요한 중요한 영업용재산이지만, 이 경우 영업

[1] 주주총회의 특별결의가 있어야 하는 상법 제374조 제 1 호 소정의 "영업의 전부 또는 중요한 일부의 양도"라 함은 일정한 영업목적을 위하여 조직되고, 유기적 일체로 기능하는 재산의 전부 또는 중요한 일부를 총체적으로 양도하는 것을 의미하는 것으로서, 이에는 양수회사에 의한 양도회사의 영업적 활동의 전부 또는 중요한 일부분의 승계가 수반되어야 하는 것이므로, 단순한 영업용 재산의 양도는 이에 해당하지 않는다.

[2] 영업용 재산의 양도에 있어서는 그 재산이 주식회사의 유일한 재산이거나 중요한 재산이라 하여 그 재산의 양도를 곧 영업의 양도라 할 수는 없다. 다만, 영업용 재산의 처분으로 말미암아 회사 영업의 전부 또는 일부를 양도하거나 폐지하는 것과 같은 결과를 가져오는 경우 이는 영업의 전부 또는 일부 양도의 경우와 다를 바 없으므로, 이러한 경우에는 상법 제374조 제 1 호의 규정을 유추적용하여 주주총회의 특별결의를 거쳐야 한다.

[3] 주식회사가 회사 존속의 기초가 되는 중요한 재산을 처분할 당시에 이미 사실상 영업을 중단하고 있었던 상태라면 그 처분으로 인하여 비로소 영업의 전부 또는 일부가 폐지 또는 중단됨에 이른 것이라고는 할 수 없으므로 이러한 경우에는 주주총회의 특별결의가 없었다 하여 그 처분행위가 무효로 되는 것은 아니다.

[4] 이때 '영업의 중단'이라고 함은 영업의 계속을 포기하고 일체의 영업활동을 중단한 것으로서 영업의 폐지에 준하는 상태를 말하고 단순히 회사의 자금사정 등 경영상태의 악화로 일시 영업활동을 중지한 경우는 여기에 해당하지 않는다.[23]

이 이미 폐지되었으므로 주주총회의 특별결의가 필요한 것은 아니라고 하였다. 한편, 대법원 1987. 4. 28. 선고 86다카553 판결은 흄관의 제작판매를 업으로 하고 있는 회사소유의 흄관몰드(형틀)가 흄관제작에 없어서는 아니 될 영업용재산 거의 전부에 해당하는 것이라면 위의 흄관몰드 전부를 매도담보로 제공하는 행위는 위 회사의 영업의 전부 또는 중요한 일부를 양도 내지 폐지하는 것과 동일한 결과를 초래하는 것으로 주주총회의 특별결의를 거쳐야 할 사항이라고 보았다. 반면, 대법원 1971. 4. 30. 선고 71다392 판결(근저당권설정등기말소등)은 주식회사의 중요한 재산이라도 그 위에 근저당권설정계약을 하는 데에는 주주총회의 특별결의가 필요한 것은 아니라고 하였다.

23 대법원 1992. 8. 18. 선고 91다14369 판결(동산인도등)은, 회사가 거액의 부도가 발생하여 회사의 임원들이 부도수습에 전념하느라고 공장가동이 전면 중단되고, 공원들이 임금을 받지 못하여 회사를 점령하여 농성 중에 있어서 자산의 처분행위가 있기까지 3개월가량 동안 영업활동을 한바 없었다고 하여도, 임원들의 부도수습노력은 악화된 자금상황의 타개를 위한 것으로서 영업의 계속을 전제로 한 것이라고 볼 수 있고, 일시 노임체불로 인한 근로자들의 농성도 노임지급으로 해소될 수 있는 상황이므로, 부도가 난 때부터 불과 3개월 정도가 경과하여 자산을 처분할 당시에 경영상태의 악화로 인하여 영업활동을 일시적으로 중지한 것으로 볼 수는 있을지언정 영업의 폐지에 준하는 영업의 중단이라고 보기는 어렵다고 하였다.

4. 주주총회결의의 하자

가. 결의취소의 소

(1) 소집절차가 법령 또는 정관에 위반한 경우
① 이사회의 총회소집결의 없이 대표이사가 소집한 경우
대법원 1980. 10. 27. 선고 79다1264 판결(주주총회결의취소)

주주총회의 소집은 소집결정권이 있는 이사회의 결정에 따라 그 결정을 집행하는 권한을 가진 대표이사가 하는 것이고, 이사회의 결정이 없이는 이를 소집할 수 없는 것이지만, 이사회의 결정이 없다고 하더라도 외관상 이사회의 결정에 의한 소집형식을 갖추어 소집권한 있는 자가 적법하게 소집절차를 밟은 이상, 이렇게 소집된 총회에서 한 결의는 부존재한다고 볼 수는 없고, 이사회의 결정이 없었다는 사정은 취소사유가 됨에 불과하다.[24]

② 이사회의 총회소집결의가 있었는데 소집권한 없는 자가 총회를 소집한 경우
대법원 1993. 9. 10. 선고 93도698 판결(공정증서원본부실기재)

대표이사 아닌 이사가 이사회의 소집 결의에 따라서 주주총회를 소집한 것이라면 위 주주총회에 있어서 소집절차상 하자는 주주총회결의의 취소사유에 불과하고 그것만으로 바로 주주총회결의가 무효이거나 부존재가 된다고 볼 수 없다.

③ 서면이 아닌 구두의 통지를 한 경우, 소집통지기간을 준수하지 못한 경우,
    일부주주에게 소집통지를 누락한 경우 등[25]
대법원 1981. 7. 28. 선고 80다2745 판결(직무집행정지가처분, 가처분이의)[26]
대법원 1993. 10. 12. 선고 92다21692 판결(주주총회결의등부존재확인)[27]

---

24 주주총회가 이사회의 소집결정 없이 전무이사에 의하여 소집된 것이기는 하지만, 피고회사에는 대표이사 유고시에 전무이사가 그 직무를 대행한다는 정관의 규정이 있고, 총회 소집당시에 대표이사가 유고였으므로 전무이사가 대표이사를 대행하여 주주총회의 소집통지를 한 것은 적법하며, 이사회의 소집결정이 없었던 것만으로는 취소사유에 불과하다고 하였다.

25 명의개서를 하지 않은 주식양수인에게 소집통지를 하지 않은 경우 절차상 하자가 있다고 할 수 없으나(대법원 1996. 12. 23. 선고 96다32768 판결), 회사가 부당하게 명의개서를 거절한 경우라면 주식양수인은 주주로서의 권리를 주장할 수 있으므로 그에게 소집통지를 하지 않았으면 취소사유가 될 수 있다(대법원 1993. 7. 13. 선고 92다40952 판결). 그리고 주주명부상의 주주가 실질주주가 아님을 회사가 알고 있었고 이를 용이하게 증명할 수 있었는데도 위 형식주주에게 소집통지를 하고 의결권을 행사하게 한 경우 취소사유가 된다(대법원 1998. 9. 8. 선고 96다45818 판결).

26 회사의 발행주식 88,000주 중 과반수를 넘는 주식을 소유한 甲(42,240주), 乙 및 丙(각각 5,280주)이 모두 출석하여 출석주주 전원일치의 찬성으로 이사 및 감사의 선임결의를 하였던 사안이었다.

정당한 소집권자에 의하여 소집된 주주총회에서 정족수가 넘는 주주의 출석으로 출석주주 전원의 찬성에 의하여 이루어진 결의라면, 설사 일부 주주에게 소집통지를 하지 아니하였거나 법정기간을 준수하지 아니한 서면통지에 의하여 주주총회가 소집되었다 하더라도 그와 같은 주주총회소집절차상의 하자는 주주총회결의의 부존재 또는 무효사유가 아니라 단순한 취소사유에 불과하다.

대법원 1987. 4. 28. 선고 86다카553 판결(물품인도)[28]

정당한 소집권자에 의하여 소집된 주주총회의 결의라면 설사 주주총회의 소집에 이사회의 결의가 없었고 그 소집통지가 서면에 의하지 아니한 구두소집통지로서 법정소집기간을 준수하지 아니하였으며 또한 극히 일부의 주주에 대하여는 소집통지를 빠뜨렸다 하더라도 그와 같은 주주총회 소집절차상의 하자는 주주총회결의의 단순한 취소사유에 불과하다.

대법원 1996. 12. 23. 선고 96다32768 판결(주주총회결의부존재확인등)[29]

[1] 주식을 취득한 자가 회사에 대하여 의결권을 주장할 수 있기 위하여는 주주명부에 주주로서 명의개서를 하여야 하므로, 명의개서를 하지 아니한 주식양수인에 대하여 주주총회소집통지를 하지 않았다고 하여 주주총회결의에 절차상의 하자가 있다고 할 수 없다.

---

27 A회사의 발행주식은 4만주였다. 甲등을 이사로 선임한 주주총회결의(1차 결의)는 회의를 개최한 사실이 없이 허위의 주주들에 의하여 가장된 총회였다. 이후 甲등으로 구성된 이사회에서 5만주의 신주발행을 하여 甲등이 이를 인수하였다. 이에 진정한 주주들이 신주발행 이전 발행주식인 4만 주 중 36,500주를 보유한 주주에게 소집통지하고, 원고(3,500주)와 신주의 주주들인 甲등에게는 소집을 통지하지 않고 주주총회를 개최하여 甲등을 이사에서 해임하였다(2차 결의). 원고는 2차 결의의 부존재확인을 구하였으나, 법원은 위 5만주의 신주발행은 효력이 없는 1차 결의에 의하여 선임된 이사들로 구성된 이사회에 의하여 이루어진 것으로서 신주발행이 부존재하다고 보아야 하므로, 2차 결의 당시의 적법한 발행주식총수는 4만주라고 보았다. 따라서 2차 결의에는 취소사유가 있을지언정 부존재한다고 볼 수는 없다고 하였다.
28 총회소집에 이사회의 결의가 없었고 2주간의 법정기간을 준수하지 아니하고 서면에 의한 소집통지가 아닌 구두소집통지를 한 것 등의 소집절차상의 하자가 있기는 하나, 회사의 대표이사로서 주주총회의 정당한 소집권자가 8명의 주주가운데 7명의 주주들(총주식 5,000주 중 합계 4,500주를 소유함)에게 총회의 소집통지를 하였고, 위 7명의 주주가 참석한 주주총회에서 전원찬성으로 결의하였던 사안이었다.
29 원고가 甲으로부터 피고회사 발행주식총수 4만주 중 3만6천주를 양도담보로 취득하기로 하였으나, 그 중 1만7천주의 수권만 교부받았다. 그 후 甲은 다시 자신의 주식 일부를 乙에게 양도하기로 약정하였다. 이후 피고회사는 원고에게 통지하지 않고 주주총회를 열었고, 甲과 乙 등이 참석하여 결의를 하였다. 법원은 원고가 결국 주권을 교부받은 1만7천주의 주식(43%)만을 취득한 것으로 보았다. 원고가 주주총회 전에 피고회사에 3만6천주 전체의 명의개서를 요구하였고 피고회사가 이에 불응하였다고 하더라도, 나머지 주식의 주권을 교부받지 못한 이상 이를 취득하였다고 볼 수 없으므로, 원고에 대하여 소집통지를 하지 않은 하자는 취소사유에 불과하다고 보았다.

[2] 주식을 취득한 자가 회사에 대하여 명의개서를 요구하였다 하더라도, 그 주식 취득자에 대한 주식양도의 효력이 다투어져 주주권확인소송 및 명의개서절차 이행청구의 소가 제기되어 있었고, 그 주식 취득자가 명의개서를 청구할 수 있는 주식이 전체 주식의 43%에 불과한 경우에, 회사가 그 주식 취득자의 명의개서 요구에 불응하고 주주명부에 등재되어 있는 자에 대하여만 소집통지를 하여 주주총회를 개최하였다 하더라도 그러한 소집절차상의 하자는 주주총회결의의 무효나 부존재사유가 될 수 없다.

(2) 결의방법이 법령 또는 정관에 위반한 경우
① 총회의 소집 목적사항 이외의 결의를 한 경우
대법원 1979. 3. 27. 선고 79다19 판결(주주총회결의취소)[30]

상법 제363조 제1항, 제2항의 규정에 의하면 주주총회를 소집함에 있어서는 회의의 목적사항을 기재하여 서면으로 그 통지를 발송하게 되어 있으므로 주주총회에 있어서는 원칙적으로 주주총회 소집을 함에 있어서 회의의 목적 사항으로 한 것 이외에는 결의할 수 없으며, 이에 위배된 결의는, 특별한 사정이 없는 한, 상법 제376조 소정의 총회의 소집절차 또는 결의방법이 법령에 위반하는 것으로 보아야 하고, 다만 회사 정관에 주주전원의 동의가 있으면 미리 주주에게 통지하지 아니한 목적 사항에 관하여도 결의할 수 있다고 되어 있는 때는 예외이나, 그 경우의 주주 전원이란 재적주주 전원을 의미한다고 보아야 할 것이며, 미리 주주에게 통지하지 아니한 사항에 관한 결의에 가담한 주주가 그 결의의 취소를 구함이 곧 신의성실의 원칙 및 금반언의 원칙에 반한다고 볼 수도 없다.

서울고법 2008. 7. 30. 선고 2007나66271 판결(주주총회결의취소청구등)

법원으로부터 '신임 이사의 선임'을 회의 목적으로 하는 임시주주총회의 소집을 허가받아 소집된 임시주주총회에서 이사회결의나 법원의 소집허가 없이 이루어진 감사선임결의 부분은 소집절차에 하자가 있어 부적법하다.

② 정관상 의장이 될 사람이 아닌 자가 의장이 되어 의사에 관여한 경우
대법원 1977. 9. 28. 선고 76다2386 판결(주주총회결의취소)

정관상 의장이 될 사람이 아닌 자가 정당한 사유없이 주주총회의 의장이 되어

---

30 통지된 회의의 목적사항은 '재무제표승인의 건, 감사선임의 건, 임원보수승인의 건'이었는데, 출석주주 전원의 찬성으로 이사해임결의 및 이사선임결의를 하였던 사안이었다.

의사에 관여한 사유만으로는 그 주주총회가 부존재한 것으로 볼 수 없고 주주총회 결의 취소사유에 해당한다 할 것이다.[31]

③ 의결권을 행사할 수 없는 자의 의결권행사
대법원 1983. 8. 23. 선고 83도748 판결(자격모용사문서위조)

주주총회가 적법하게 소집되어 개회된 이상 의결권없는 자가 의결권을 행사하였으며 동인이 의결권을 행사한 주식수를 제외하면 의결정족수에 미달하여 총회결의에 하자가 있다는 주장은 주주총회 결의방법이 법령 또는 정관에 위반하는 경우에 해당하여 결의취소의 사유에 해당한다.[32]

(3) 소집절차 또는 결의방법이 현저하게 불공정한 경우
① 주주의 출석이 현저하게 곤란한 장소와 시간을 정하여 소집한 경우
대법원 2003. 7. 11. 선고 2001다45584 판결(주식매수선택권부여결의등부존재확인)

주주총회의 개회시각이 부득이한 사정으로 당초 소집통지된 시각보다 지연되는 경우에도 사회통념에 비추어 볼 때 정각에 출석한 주주들의 입장에서 변경된 개회시각까지 기다려 참석하는 것이 곤란하지 않을 정도라면 절차상의 하자가 되지 아니할 것이나, 그 정도를 넘어 개회시각을 사실상 부정확하게 만들고 소집통지된 시각에 출석한 주주들의 참석을 기대하기 어려워 그들의 참석권을 침해하기에 이르렀다면 주주총회의 소집절차가 현저히 불공정하다고 하지 않을 수 없다.[33]

---

31 대법원 1983. 8. 23. 선고 83도748 판결은, 개회선언된 임시주주총회에서 의안에 대한 심사도 하지 않은 채 법률상으로나 사실상으로 의사를 진행할 수 있는 상태에서 주주들의 의사에 반하여 대표이사나 이사가 자진하여 퇴장한 경우, 그 주주총회가 폐회되었다거나 종결되었다고 할 수는 없으며, 설령 당시 대표이사가 독단으로 폐회선언을 하고 퇴장하였더라도 의장으로서 적절한 의사운영을 하여 의사일정의 전부를 종료케 하는 등의 직책을 포기하고 그의 권한 및 권리행사를 하지 아니하였다고 볼 것이니, 그 당시 회의장에 남아있던 총 주식수의 과반수 이상의 주주들이 그 전원의 동의로 임시의장을 선출하여 진행한 주주총회의결의는 적법하다고 하였다.
32 대법원 1965. 11. 16. 선고 65다1683 판결도, 결의에 관하여 특별한 이해관계가 있어 의결권을 행사할 수 없는 자가 의결권을 행사한 경우는 주주총회의 소집절차가 정관이나 법령 등에 위배된 경우에 해당하고, 상법 제376조에 의하여 취소되지 않는 한 유효하다고 하였다.
33 통지된 소집일시와 소집장소가 '모일 10시 피고회사 본점 14층 회의실'이었는데, 노동조합의 저지로 위 일시·장소에서 주주총회를 열지 못하자, 같은 날 22:15경 주주총회 의장이 소집장소를 위 장소 6층 은행장 직무대행실로 변경하고, 그때까지 14층에서 기다리던 일부 주주들에게는 알리지 않고, 주주들로부터 의결권 행사를 위임받은 대리인 2명만 참석한 가운데 6층에서 주주총회를 개최하고 결의를 하였던 사안이었다.

② 일부 주주의 의결권행사를 방해하거나 보장하지 않은 경우

대법원 1996. 12. 20. 선고 96다39998 판결(주주총회결의무효확인)

사실상 주주 2인으로 구성된 주식회사의 일방 주주측이 다른 주주의 회의장 입장을 부당하게 방해하였고, 그 의사진행방식 및 결의방식이 개최시각보다 지연 입장하게 된 다른 주주의 의결권 행사를 최대한 보장하는 방법으로 이루어지지 아니하여 신의칙에 반하고, 주주총회 결의방법이 현저하게 불공정한 때에 해당한다.[34]

③ 표결방법이 부적절한 경우

대법원 2001. 12. 28. 선고 2001다49111 판결(주주총회결의부존재확인)

주주총회의 의장이 정관변경의안의 표결에 앞서 반대하는 주주 이외에는 모두 의안에 찬성하는 것으로 간주하겠다고 일방적으로 선언한 다음, 반대하는 주주만 거수하게 하여 반대하는 주주의 주식수만을 확인한 후 의안이 가결되었다고 선언한 데에는 주주의 의사표시를 왜곡하는 표결방식상의 하자가 있다고 할 것이고, 그와 같은 결의방식의 불공정은 원칙적으로 결의취소의 사유에 해당한다.

나. 결의부존재확인의 소

(1) 이사회의 소집결의 없이 소집권한 없는 자가 구두로 소집통지를 한 경우

대법원 1973. 6. 29. 선고 72다2611 판결(주주총회결의부존재확인)

주주총회의 소집을 일부 주주에게만 구두로 소집통지를 하였고 그 총회 소집이 이사회에서 결정된 것이 아니고 또 그 소집통지가 권한있는 자에 의한 것이 아니라면 사회통념상 총회 자체의 성립이 인정되기 어렵다.[35]

---

34 甲이 57%, 원고가 43%의 지분을 보유하고 있는 회사의 주주총회장에서, 예년과 다르게 원고의 대리인의 신원 및 대리권을 확인하는 절차를 진행함으로써, 10시에 개최된 주주총회에 원고의 대리인이 10분 늦게 입장하게 되었고, 그 사이에 다른 주주들이 대부분의 안건을 처리하였던 사안이었다. 나아가 대법원 1987. 9. 8. 선고 86다카2971 판결은, 상호신용금고가 다른 금융기관들과의 통일적 연계를 위하여 결산기를 변경하는 정관변경결의를 시도하였으나 원고들의 반대로 결의를 하지 못하자, 그 후 1년 동안 이틀 내지 한달 간격으로 무려 29회에 걸쳐 주주총회를 속행하던 중, 반대주주인 원고들의 대리인의 위임장 접수가 거부되어 찬성주주들의 의결권이 2/3 이상이 된 상태를 이용하여 정관변경결의를 하였던 사안에서, 원래 부결될 결의를 그 부결을 방지하기 위하여 거듭 속행결의를 하고 그에 따라 개최된 계속회에서 위와 같이 정관변경결의를 통과시킨 것은 그 결의방법이 현저하게 불공정하여 취소사유가 있다고 하였다. 다만, 제반사정을 참작하여 원고의 취소청구를 재량으로 기각하였다.
35 임시주주총회 소집당시의 주주총수는 16명, 주식총수는 200,000주, 출석주주는 9명, 출석주주의 주식수는 104,000이었는데, 이사회의 소집결의 없이 소집권한 없는 자가 구두로 소집통지를 하였던 사안이었다.

(2) 대부분의 주주에게 소집통지를 하지 않은 경우
대법원 1978. 11. 14. 선고 78다1269 판결(주주총회결의무효확인)

주주의 전부 또는 대부분의 주주에게 소집통지를 발송하지 아니하고 개최된 주주총회는 특별한 사정이 없는 한 그와 같은 총회는 그 성립과정에 있어 하자가 너무나도 심한 것이어서 사회통념상 총회 자체의 성립이 인정되기 어렵다고 봄이 상당하다.[36]

(3) 전혀 주주총회를 개최한 사실이 없이 허위의 의사록을 작성한 경우
대법원 2007. 2. 22. 선고 2005다73020 판결(손해배상(기))

실제의 소집절차와 회의절차를 거치지 아니한 채 주주총회 의결서가 작성된 것이라면, 그 주주총회 의결서가 비록 절대다수의 주식을 소유하는 대주주로부터 주주권의 위임을 받은 자에 의하여 작성된 것이라고 할지라도 위 주주총회의 결의는 부존재하다고 볼 수밖에 없고 그것이 그 일부 주주에게 소집통지를 하지 아니한 정도의 하자로서 주주총회결의의 취소사유에 불과하다고 할 수는 없다.[37]

(4) 회의가 유회되거나 종료한 후에 다시 일부 주주들만 모여서 결의한 경우
대법원 1964. 5. 26. 선고 63다670 판결(임시주주총회결의무효확인)

소집통지한 지정된 일시에 주주총회가 유회된 후 총회소집권자의 적법한 새로운 소집절차 없이 동일장소에서 동일자 다른 시간에 개최된 총회에서의 결의는 주주총회의 결의라 할 수 없다.[38]

---

36 다만, 대법원 1993. 1. 26. 선고 92다11008 판결은 "2인의 공동대표이사 중 1인이 다른 공동대표이사와 공동으로 임시주주총회를 소집하지 않았다거나 다른 공동대표이사와 41%의 주식을 보유한 주주에게 소집통지를 하지 않았다는 등의 소집절차상의 하자만으로 임시주주총회의 결의가 부존재한다거나 무효라고 할 정도의 중대한 하자라고 볼 수 없다."고 하였다.

37 피고회사의 주식 98%를 소유하고 있다고 하여도 1인회사가 아니고, 그 주주가 실제의 소집절차와 결의절차를 거치지 아니한 채 주주총회의 결의가 있었던 것처럼 주주총회 의사록을 허위로 작성한 것인 이상 그 결의가 존재한다고 볼 수 없을 정도로 중대한 하자가 있는 때에 해당한다고 보았다. 이와 달리 1인회사(또는 사실상 1인회사)의 경우에는, 따로 총회소집절차가 필요 없고, 실제로 총회를 개최한 사실이 없었다 하더라도 그 1인주주에 의하여 의결이 있었던 것으로 주주총회의사록이 작성되었다면 특별한 사정이 없는 한 그 내용의 결의가 있었던 것으로 볼 수 있다고 하였다(대법원 2004. 12. 10. 선고 2004다25123 판결 등). 그리고 주주총회가 이사회의 결의 및 소집절차 없이 이루어졌다 하더라도, 주주명부상의 주주 전원이 참석하여 결의가 이루어졌다면 그 결의는 특별한 사정이 없는 한 유효하다고 하였다(대법원 2008. 6. 26. 선고 2008도1044 판결 등).

38 주주총회를 1962. 6. 15. 오전 10시에 피고회사의 사무실에서 개최한다는 소집통지를 하였으나, 그 개최예정일에 대표이사 및 이사가 경찰서에 구속되어 조사를 받고 있었기 때문에 총회를 개회하지 못하였다.

대법원 1993. 10. 12. 선고 92다28235 판결(주주총회결의부존재확인)

[1] 대표이사가 1987. 2. 26. 10:00 회사 사무실에서 임시주주총회를 개최한다는 통지를 하였으나 주주총회 당일 16:00경 소란으로 인하여 사회자가 주주총회의 산회선언을 하였는데 그 후 주주 3인이 별도의 장소에 모여 결의를 한 것이라면, 위 주주 3인이 과반수를 훨씬 넘는 주식을 가진 주주라고 하더라도 나머지 일부 소수주주들에게는 그 회의의 참석과 토의, 의결권행사의 기회를 전혀 배제하고 나아가 법률상 규정된 주주총회소집절차를 무시한 채 의견을 같이 하는 일부주주들만 모여서 한 결의를 법률상 유효한 주주총회의 결의라고 볼 수는 없다.[39]

[2] 제1 주주총회결의가 부존재로 된 이상 이에 기하여 대표이사로 선임된 자들은 적법한 주주총회의 소집권자가 될 수 없어 그들에 의하여 소집된 주주총회에서 이루어진 제2 주주총회결의 역시 법률상 결의부존재라고 볼 것이다.

(5) 대부분 주주가 아닌 자들이 결의한 경우

대법원 1977. 6. 7. 선고 77다54 판결(임시주주총회부존재확인등)

실질적인 차주들이 화물자동차를 현물출자하여 설립한 회사에서, 회사관계자들이 지입 차량의 양도로 주주지위에 변동이 있는 것으로 법률을 오해하여 새로운 차주를 주주로 취급하여 왔다 하더라도, 그 차량을 양수한 차주들은 회사에 대한 관계에서는 유효한 주주가 될 수 없고, 따라서 그들이 한 주주총회결의는 전혀 성립이 없거나 그 성립에 현저한 하자가 있어 주주총회결의로서 존재하지 않는다.

다. 소의 성질

대법원 1992. 8. 18. 선고 91다39924 판결(소유권이전등기말소)

원래 상법 제380조에 규정된 주주총회결의부존재확인의 소는 그 법적 성질이 확인의 소에 속하고 그 부존재확인판결도 확인판결이라고 보아야 할 것이다.[40]

이에 다른 주주 2명이 같은 날 오후 4시 30분경에 같은 장소에서 모여 주주총회를 개최하였던 사안이었다. 대법원은 이 경우 총회소집권자의 적법한 새로운 소집절차도 없었고, 또는 같은 날 오전 10시에 개최된 총회에서의 적법한 속행 결의에 의한 것도 아니기 때문에 이를 피고회사의 주주총회라고 볼 수 없다고 하였다.

39 이 사안에서는 당일 10시경 대표이사가 개회선언을 하고 회의를 진행하였으나 주주들 사이의 고성과 소란으로 인하여 결의를 하지 못하고 대표이사와 일부 주주들이 퇴장하였다. 주주들이 임시의장을 선임하여 회의를 진행하였으나 결의를 하지 못하고, 임시의장이 오후 4시경 산회를 선언하였다. 그런데 그 후 대표이사 등 주주 3인이 다른 장소에 모여 이 사건 결의를 하였다. 이 판결의 사안을 위에서 본 대법원 1964. 5. 26. 선고 63다670 판결 및 앞서 본 대법원 2003. 7. 11. 선고 2001다45584 판결의 사안과 비교해 보라.

40 주주총회결의취소의 소는 형성소송으로 보는데 다툼이 없다. 주주총회결의무효·부존재확인의 소가 형성소송인지 확인소송인지 여부가 다투어 지고 있다. 이를 형성소송으로 보면 다른 소송에서 선결문제로 주

대법원 2011. 6. 24. 선고 2009다35033 판결(손해배상(기))

대법원 1992. 9. 22. 선고 91다5365 판결(가등기말소)

주주총회결의의 효력이 그 회사 아닌 제3자 사이의 소송에 있어 선결문제로 된 경우에는 당사자는 언제든지 당해 소송에서 주주총회결의가 처음부터 무효 또는 부존재하다고 다투어 주장할 수 있는 것이고, 반드시 먼저 회사를 상대로 제소하여야만 하는 것은 아니다.

라. 소의 절차

(1) 원고와 피고

대법원 2003. 7. 11. 선고 2001다45584 판결(주식매수선택권부여결의등부존재확인)

총회에 참석하여 의결권을 행사하였던 주주도 다른 주주에 대한 소집절차의 하자를 이유로 주주총회결의 취소의 소를 제기할 수도 있다.

대법원 1979. 3. 27. 선고 79다19 판결(주주총회결의취소)

미리 주주에게 통지하지 아니한 사항에 관한 결의에 가담한 주주가 그 결의의 취소를 구함이 곧 신의성실의 원칙 및 금반언의 원칙에 반한다고 볼 수 없다.

대법원 1980. 12. 9. 선고 79다1989 판결(주주총회결의부존재확인)

실질상의 주주에게 단순히 명의만을 대여한 자는 회사의 주주로 볼 수 없으므로 회사주주총회 및 이사회결의부존재확인을 구할 정당한 지위에 있지 않다(각하).

대법원 1991. 12. 13. 선고 90다카1158 판결(주주총회결의취소)

대법원 1995. 7. 28. 선고 93다61338 판결(주주총회결의무효확인)

이사가 임원개임의 주주총회결의에 의하여 임기만료 전에 이사직에서 해임당하고 그 후임이사의 선임이 있었다 하더라도, 그 후에 적법한 절차에 의하여 후임이사가 선임되었을 경우에는 당초의 이사해임 결의가 부존재한다 할지라도 이에 대한 부존재확인을 구하는 것은 과거의 법률관계 내지 권리관계의 확인을 구하는

장할 수 없고 별도로 소를 제기해야 하는데. 대법원은 주주총회결의의 효력이 그 회사 아닌 제3자 사이의 소송에 있어 선결문제로 된 경우에는 당사자는 언제든지 당해 소송에서 주주총회결의가 처음부터 무효 또는 부존재하다고 다투어 주장할 수 있다고 한다. 이들 소송은 주주총회결의취소의 소와 달리 제소권자 및 제소기간에 제한을 두고 있지 않고 또한 소급효가 인정되고 있으며, 비록 대세효가 있지만 이는 회사법상의 소에 고유한 특성이라는 점에서 이를 확인소송으로 보는 것이 타당하다(제380조, 제190조 본문 참조).

것에 귀착되어 확인의 소로서의 권리보호요건을 결여한 것이라 할 것이나, 후임이 사 선임결의가 부존재하거나 무효 등의 사유가 있어 상법 제386조 제1항에 의하 여 구이사가 계속 권리의무를 가지게 되는 경우에는 당초의 해임결의의 부존재확 인을 구할 법률상의 이익이 있다.

대법원 1992. 8. 14. 선고 91다45141 판결(주주총회결의무효확인등)[41]

[1] 사임 등으로 퇴임한 이사는 그 퇴임 이후에 이루어진 주주총회나 이사회 의 결의에 하자가 있다 하더라도 이를 다툴 법률상의 이익이 있다고 할 수 없으 나, 이사나 대표이사가 사임하여 퇴임하였다 하더라도 그 퇴임에 의하여 법률 또 는 정관 소정의 이사의 원수를 결하게 됨으로써 적법하게 선임된 이사가 취임할 때까지 여전히 이사로서의 권리의무를 보유하는 경우(제389조, 제386조 제1항)에는, 이사로서 그 후임이사를 선임한 주주총회결의나 이사회결의의 하자를 주장하여 부 존재확인을 구할 법률상의 이익이 있다.

[2] 주식회사의 채권자는 그 주주총회의 결의가 그 채권자의 권리 또는 법적 지위를 구체적으로 침해하고 또 직접적으로 이에 영향을 미치는 경우에 한하여 주 주총회결의의 부존재확인을 구할 이익이 있다.

대법원 1962. 5. 17. 선고 4294민상1114 판결

회사에 대하여 효력이 없는 주식의 양수인(주권발행 전 주식양수인)은 동 주식의 양도인인 주주에 대한 채권자에 불과하고 동 회사의 주주총회결의무효의 확인을 구함에 있어 확인의 이익이 있다고 할 수 없다.

---

41 이 사안에서 원고는 피고에게 사실상 1인회사인 피고회사의 주식 전부를 양도하고 대표이사직을 사임하 면서 피고가 피고회사를 인수함에 있어 어떠한 형태로 처리하더라도 이의를 제기하지 않기로 약정하였다. 그런데 원고는 그 이후의 피고회사의 주주총회결의나 이사회결의에 대하여, 자신이 상법 제389조, 제386조 제1항에 의하여 그 대표이사로서의 권리의무를 계속 보유하고 있다는 이유로 부존재확인을 구하는 소를 제 기하였다. 대법원은 이러한 원고가 이 사건 소를 제기하는 것은 신의성실의 원칙에 반한다고 하였다. 원고는 피고가 위 주식양도약정상의 의무를 이행하지 않았으므로 소의 이익이 있다고 주장하였지만, 그렇더라도 그 약정이 해제되지 아니한 이상, 피고에게 채무불이행을 이유로 손해배상을 구함은 별론으로 하고, 피고회사의 주식이 모두 양도되고 그 대표이사직을 사임하였던 상황에서는 원고에게 확인의 이익이 있다고 할 수 없다 고 하였다. 그리고 원고가 피고회사에 대하여 채권을 가지고 있는 채권자라고 하더라도, 후임 이사와 대표이 사를 선임하거나 상호변경 및 정관에 회사의 사업목적을 추가하는 이 사건 주주총회 및 이사회결의로 인하 여 채권자인 원고의 권리나 법적지위가 구체적이고 직접적인 침해를 받았다고 인정할 수 없으므로 그 부존 재확인을 구할 소의 이익이 없다고 하였다.

대법원 1991. 5. 28. 선고 90다6774 판결(주주총회결의등무효확인)

주주로부터 기명주식을 양도받은 자라 하더라도 주주명부에 명의개서를 하지 아니하여 그 양도를 회사의 대항할 수 없는 이상 그 주주에 대한 채권자에 불과하고, 또 제권판결 이전에 주식을 선의취득한 자는 위 제권판결에 하자가 있다 하더라도 제권판결에 대한 불복의 소에 의하여 그 제권판결이 취소되지 않는 한 회사에 대하여 적법한 주주로서의 권한을 행사할 수 없으므로, 회사의 주주로서 주주총회 및 이사회결의무효 등 확인을 소구할 이익이 없다.[42]

대법원 1983. 3. 22. 선고 82다카1810 판결(사원총회결의무효)

회사의 이사선임결의가 무효 또는 부존재임을 주장하여 그 결의의 무효 또는 부존재확인을 구하는 소송에서 회사를 대표할 자는 현재 대표이사로 등기되어 그 직무를 행하는 자라고 할 것이고, 그 대표이사가 무효 또는 부존재확인청구의 대상이 된 결의에 의하여 선임된 이사라고 할지라도 그 소송에서 회사를 대표할 수 있는 자임에는 변함이 없다.[43]

대법원 1982. 9. 14. 선고 80다2425 전원합의체 판결(임시주주총회결의무효확인)

[1] 주주총회결의 취소와 결의무효·부존재확인판결은 대세적 효력이 있으므로 그와 같은 소송의 피고가 될 수 있는 자는 그 성질상 회사로 한정된다.

[2] 주식회사의 이사회결의는 회사의 의사결정이고 회사는 그 결의의 효력에 관한 분쟁의 실질적인 주체라 할 것이므로 그 효력을 다투는 사람이 회사를 상대로 하여 그 결의의 무효확인을 소구할 이익은 있다 할 것이나 그 이사회결의에 참여한 이사들은 그 이사회의 구성원에 불과하므로 특별한 사정이 없는 한 이사개인을 상대로 하여 그 결의의 무효확인을 소구할 이익은 없다.[44]

---

42 원고는 피고회사의 대표이사로부터 그 소유 주식 중 일부를 전전양도받았다고 주장하였지만 그 명의로 명의개서를 한 적이 없었다. 그리고 피고회사의 대표이사는 위 주식의 주권을 분실하였음을 이유로 제권판결을 받았는데, 원고가 주식을 선의취득하였더라도 위 제권판결의 불복의 소에 의하여 취소되지 않는 한 원고가 적법한 주주로서 권한을 행사할 수 없다고 하였다.

43 이 판결은. 회사의 총회결의에 대한 부존재확인청구나 무효확인청구는 모두 법률상 유효한 결의가 효과가 현재 존재하지 아니함을 확인받고자 하는 점에서 동일한 것이므로 법률상 부존재로 볼 수밖에 없는 총회결의에 대하여 원고가 그 결의의 무효확인을 청구하고 있다고 하여도 이는 부존재확인의 의미로 무효확인을 청구하는 취지라고 풀이함이 타당하다고 하였다. 두 소의 소송물이 같다고 본 것으로 풀이된다.

44 다만, 이사직무집행정지가처분과 같은 임시의 지위를 정하기 위한 가처분에 있어서는 회사가 아닌 당해 이사가 피신청인이 된다(대법원 1982. 2. 9. 선고 80다2424 판결 등).

(2) 제소기간

대법원 2003. 7. 11. 선고 2001다45584 판결(주식매수선택권부여결의등부존재확인)

주주총회결의 취소의 소는 상법 제376조에 따라 결의의 날로부터 2월내에 제기하여야 할 것이나, 동일한 결의에 관하여 부존재확인의 소가 상법 제376조 소정의 제소기간 내에 제기되어 있다면, 동일한 하자를 원인으로 하여 결의의 날로부터 2월이 경과한 후 취소소송으로 소를 변경하거나 추가한 경우에도 부존재확인의 소를 제기한 때에 제기된 것과 동일하게 취급하여 제소기간을 준수한 것으로 보아야 한다.

대법원 2010. 3. 11. 선고 2007다51505 판결(이사선임결의무효확인)

[1] 주주총회결의 취소의 소는 상법 제376조 제1항에 따라 그 결의의 날로부터 2개월 내에 제기하여야 하고, 이 기간이 지난 후에 제기된 소는 부적법하다. 그리고 주주총회에서 여러 개의 안건이 상정되어 각기 결의가 행하여진 경우 위 제소기간의 준수 여부는 각 안건에 대한 결의마다 별도로 판단되어야 한다.

[2] 임시주주총회에서 이루어진 여러 안건에 대한 결의 중 이사선임결의에 대하여 그 결의의 날로부터 2개월 내에 주주총회결의무효확인의 소를 제기한 뒤, 위 임시주주총회에서 이루어진 정관변경결의 및 감사선임결의에 대하여 그 결의의 날로부터 2개월이 지난 후 주주총회결의무효확인의 소를 각각 추가적으로 병합한 후, 위 각 결의에 대한 주주총회결의무효확인의 소를 주주총회결의취소의 소로 변경한 경우, 위 정관변경결의 및 감사선임결의 취소에 관한 부분은 위 각 주주총회결의무효확인의 소가 추가적으로 병합될 때에 주주총회결의취소의 소가 제기된 것으로 볼 수 있으나 위 추가적 병합 당시 이미 2개월의 제소기간이 도과되었으므로 부적법하다.

(3) 재량기각[45]

대법원 2003. 7. 11. 선고 2001다45584 판결(주식매수선택권부여결의등부존재

---

45 재량기각에 관한 제379조는 주주총회결의무효·부존재확인의 소에는 준용되지 않는다. 한편, 재량기각은 합병무효의 소·감자무효의 소 등에도 인정되지만, 하자의 보완을 전제로 한 합명회사의 설립무효의 소 또는 설립취소의 소에 관한 조항(제189조)이 준용되고 있다(제446조, 제530조 제2항, 제240조, 제189조). 반면에 총회결의취소의 소에서의 재량기각은 하자의 보완을 전제로 하지 않은 별도의 근거조항을 두고 있는 것이다(제379조). 다만, 대법원 2004. 4. 27. 선고 2003다29616 판결, 대법원 2010. 7. 22. 선고 2008다37193 판결 등은 감자무효의 소 또는 분할합병무효의 소에서도 그 소의 원인이 된 하자가 추후 보완될 수 없는 성질의 것인 경우 그 하자가 보완되지 아니하더라도 법원이 제반 사정을 참작하여 재량기각할 수 있다고 하였다.

확인)

주주총회결의 취소의 소에 있어 법원의 재량에 의하여 청구를 기각할 수 있음을 밝힌 상법 제379조는, 결의의 절차에 하자가 있는 경우에 결의를 취소하여도 회사 또는 주주에게 이익이 되지 않든가 이미 결의가 집행되었기 때문에 이를 취소하여도 아무런 효과가 없든가 하는 때에 결의를 취소함으로써 회사에 손해를 끼치거나 일반거래의 안전을 해치는 것을 막고 결의취소의 소의 남용을 방지하려는 취지이며, 또한 위와 같은 사정이 인정되는 경우에는 당사자의 주장이 없더라도 법원이 직권으로 재량에 의하여 취소청구를 기각할 수도 있다.[46]

대법원 1987. 9. 8. 선고 86다카2971 판결(주주총회결의취소등)

상법 제379조는 결의의 절차에 하자가 있는 경우에 결의를 취소하여도 회사 또는 주주의 이익이 되지 않든가 이미 결의가 집행되었기 때문에 이를 취소하여도 아무런 효과가 없든가 하는 때에, 결의를 취소함으로써 오히려 회사에게 손해를 끼치거나 일반거래의 안전을 해치는 것을 막고 또 소의제기로써 회사의 질서를 문란케 하는 것을 방지하려는 취지이므로, 원심이 그 인정의 결의내용, 피고의 현황, 다른 금융기관의 실태, 원고들의 제소목적 등 제반사정을 참작하여 원고들의 청구를 기각하였음은 정당하다.[47]

---

46 이 사건 소는 임원에 대한 주식매수선택권부여결의의 취소를 구하는 것이었는데, 회사의 손해를 생각하기 어렵고 일반 거래의 안전과도 무관하므로 재량기각사유에 해당하지 않는다고 보았다. 재량기각이 인정된 사례로는, 서울고법 1998. 8. 25. 선고 98나5267 판결(은행의 주주총회결의가 절차상의 하자로 인하여 취소된다면 그 결의를 통하여 선임된 이사들로 구성된 이사회에서 행한 일련의 정상화계획, 특별융자, 자본감소를 조건으로 한 정부의 출자, 부실채권의 매각 등이 무효로 돌아가 은행의 자기자본비율이 크게 하락함으로써 그에 따른 예금인출사태, 업무정지나 폐쇄조치 등에 의하여 도산의 위험성이 예상되고, 다른 금융기관들의 신인도 하락이나 금융위기의 발생까지 예상되는 경우, 그 결의를 취소하는 것은 당해 은행이나 그 주주 나아가 일반 국민들에게 아무런 이익이 되지 않는 것으로 판단되고, 오히려 양자에게 돌이킬 수 없는 손해를 끼치거나 일반거래의 안전을 해할 것으로 보여질 뿐만 아니라, 주주총회결의의 하자가 상대적으로 경미한 점 등에 비추어 주주총회결의를 취소하는 것은 부당하다고 본 사례), 감자무효의 소에 관한 대법원 2004. 4. 27. 선고 2003다29616 판결(법원이 감자무효의 소를 재량 기각하기 위해서는 원칙적으로 그 소제기 전이나 그 심리중에 원인이 된 하자가 보완되어야 한다고 할 수 있을 것이지만, 하자가 추후 보완될 수 없는 성질의 것으로서 자본감소 결의의 효력에는 아무런 영향을 미치지 않는 것인 경우, 그 하자가 보완되지 아니하였다 하더라도 회사의 현황 등 제반 사정을 참작하여 자본감소를 무효로 하는 것이 부적당하다고 인정한 때에는 법원은 그 청구를 기각할 수 있다. 주주총회의 감자결의에 결의방법상의 하자가 있으나 그 하자가 감자결의의 결과에 아무런 영향을 미치지 아니하였고, 감자결의를 통한 자본감소 후에 이를 기초로 채권은행 등에 대하여 부채의 출자전환 형식으로 신주발행을 하고 수차례에 걸쳐 제3자에게 영업을 양도하는 등의 사정이 발생하였다면, 자본감소를 무효로 할 경우 부채의 출자전환 형식으로 발행된 신주를 인수한 채권은행 등의 이익이나 거래의 안전을 해할 염려가 있으므로 자본감소를 무효로 하는 것이 부적당하다고 본 사례) 등 참조.
47 피고 상호신용금고는 다른 금융기관들과의 통일적 연계를 위하여 결산기를 변경하는 정관변경결의를 시

마. 판결의 효력

대법원 2004. 2. 27. 선고 2002다19797 판결(부당이득금반환)

[1] 이사선임의 주주총회결의에 대한 취소판결이 확정된 경우 그 결의에 의하여 이사로 선임된 이사들에 의하여 구성된 이사회에서 선정된 대표이사는 소급하여 그 자격을 상실하고, 그 대표이사가 이사선임의 주주총회결의에 대한 취소판결이 확정되기 전에 한 행위는 대표권이 없는 자가 한 행위로서 무효가 된다.[48]

[2] 이사선임의 주주총회결의에 대한 취소판결이 확정되어 그 결의가 소급하여 무효가 된다고 하더라도 그 선임결의가 취소되는 대표이사와 거래한 상대방은 상법 제39조의 적용 내지 유추적용에 의하여 보호될 수 있으며, 주식회사의 법인등기의 경우 회사는 대표자를 통하여 등기를 신청하지만 등기신청권자는 회사 자체이므로 취소되는 주주총회결의에 의하여 이사로 선임된 대표이사가 마친 이사선임등기는 상법 제39조의 부실등기에 해당된다.[49]

대법원 2004. 9. 24. 선고 2004다28047 판결(주주총회결의무효확인)

주주총회결의의 부존재·무효를 확인하거나 결의를 취소하는 판결이 확정되면 당사자 이외의 제3자에게도 그 효력이 미쳐 제3자도 이를 다툴 수 없게 되므로, 주주총회결의의 하자를 다투는 소에 있어서 청구의 인낙이나 그 결의의 부존재·무효를 확인하는 내용의 화해·조정은 할 수 없고, 가사 이러한 내용의 청구인낙 또는 화해·조정이 이루어졌다 하여도 그 인낙조서나 화해·조정조서는 효력이 없다.[50]

도하였으나 원고들의 반대로 결의를 하지 못하고 무려 29회나 속행하던 중, 원고들의 대리인의 위임장 접수가 거부되어 찬성주주들의 의결권이 2/3 이상이 된 상태를 이용하여 정관변경결의를 하였다. 부결을 방지하기 위한 거듭된 속행결의에 따라 개최된 주주총회에서의 정관변경결의는 그 결의방법이 현저하게 불공정하여 취소사유가 있으나, 판시와 같은 사유와 원고들이 경영권분쟁을 둘러싸고 정관변경과 관계없는 요구사항을 내세워 반대해온 점 등을 참작하여 재량기각을 하였다.

48 형성판결은 법률의 규정에 따라 소급효를 가지거나 장래에 향해서만 효력을 미치기도 한다. 예를 들면, 주주총회결의취소판결, 주주총회결의무효 및 부존재확인판결, 감자무효판결 등은 소급효가 인정되지만(제376조 제2항, 제380조, 제446조), 설립무효판결, 합병무효판결, 분할무효판결, 신주발행무효판결 등은 소급효가 제한된다(제328조 제2항, 제530조 제2항, 제240조, 제190조, 제431조 제1항).

49 이사선임의 주주총회결의에 대한 취소판결이 확정된 사안에서, 제39조에 의하여 회사의 부실등기책임을 인정하였다. 이 경우 그 대표이사는 제395조의 표현대표이사로 인정되어 회사가 책임을 질 수 있는데, 이를 인정한 사례로는, 대법원 1992. 9. 22. 선고 91다5365 판결과 대법원 2011. 10. 13. 선고 2009다2996 판결(상법 제380조는 판결의 불소급효를 규정하고 있는 제190조 단서를 준용하고 있지 않으므로 주주총회결의 부존재확인 판결의 효력을 제한할 수는 없는 것이고, 그 결과 발생하는 제3자 보호의 문제는 상법이나 민법상의 선의의 제3자 보호규정 등에 의하여 개별적으로 해결하여야 할 것이다.) 등이 있다.

50 원고가 청구를 포기하거나 취하하는 것은 가능하다.

5. 종류주주총회

대법원 2006. 1. 27. 선고 2004다44575, 44582 판결(주주총회결의불발효확인등)[51]

[1] 상법 제435조 제1항은 "회사가 수종의 주식을 발행한 경우에 정관을 변경함으로써 어느 종류의 주주에게 손해를 미치게 될 때에는 주주총회의 결의 외에 그 종류의 주주의 총회의 결의가 있어야 한다."고 규정하고 있는바, 위 규정의 취지는 주식회사가 보통주 이외의 수종의 주식을 발행하고 있는 경우에 보통주를 가진 다수의 주주들이 일방적으로 어느 종류의 주식을 가진 소수주주들에게 손해를 미치는 내용으로 정관을 변경할 수 있게 할 경우에 그 종류의 주식을 가진 소수주주들이 부당한 불이익을 받게 되는 결과를 방지하기 위한 것이므로, 여기서의 '어느 종류의 주주에게 손해를 미치게 될 때'라 함에는, 어느 종류의 주주에게 직접적으로 불이익을 가져오는 경우는 물론이고, 외견상 형식적으로는 평등한 것이라고 하더라도 실질적으로는 불이익한 결과를 가져오는 경우도 포함되며, 나아가 어느 종류의 주주의 지위가 정관의 변경에 따라 유리한 면이 있으면서 불이익한 면을 수반하는 경우도 이에 해당된다.

[2] 어느 종류 주주에게 손해를 미치는 내용으로 정관을 변경함에 있어서 그

---

51 기존의 우선주주들이 무상증자 등에 의하여 향후 새로 우선주를 배정받게 되면 새 우선주는 구 우선주와 달리 10년 후에도 보통주로 전환할 수 없다는 내용의 피고회사의 정관변경에 관한 주주총회결의가 이루어졌다. 법원은 이러한 변경은 보통주로의 전환에 의한 의결권의 취득을 바라고 있던 우선주주에게는 불리한 반면, 의결권의 취득에는 관심이 적고 그보다는 이익배당에 더 관심이 있던 우선주주에게는 우선배당권이 10년의 제한을 받지 아니하고 언제까지나 보장되는 것이어서 유리한 것으로 보았다. 그리고 이와 같이 각자의 입장에 따라 유리한 점과 불리한 점이 공존하고 있을 경우에는 우선주주들로 구성된 종류주주총회의 결의가 필요하다고 보았다(판시사항[1]). 원고는 위와 같은 정관변경의 효력이 아직 발생하지 않았다는 의미에서 정관변경이 무효라는 확인, 위 정관변경을 내용으로 하는 주주총회결의가 무효라는 확인, 위 정관변경 주주총회결의의 효력이 불발효상태라는 확인 등을 선택적으로 병합하여 청구하였다. 이에 대하여 피고회사는 종류주주총회의 결의가 이루어지지 않은 경우에는 그 정관변경을 결의한 주주총회결의 자체에 절차상의 위법이 있어 주주총회결의취소의 소에 의하여 그 하자를 다투어야 하는데, 이미 제소기간이 도과되었으므로 원고의 청구가 부적법하다고 주장하였다. 그러나 원심과 대법원은 판시사항[2]와 같은 이유로 (민사소송법상 확인의 소인 주총결의불발효확인청구 또는 정관변경무효확인청구에 관한) 위와 같은 피고회사의 본안전항변을 배척하였다. 원심은 원고의 주주총회결의 불발효확인청구를 인용하였는데, 대법원은 판시사항[3]과 같은 이유, 그리고 특정 외국의 학설이나 판례가 그 나라의 법체계와 법규정에 근거하여 설정하거나 발전시켜 온 이론을 그와 다른 법체계 하에 있는 우리나라의 소송사건에 원용하거나 응용하는 것은 꼭 그렇게 하여야 할 이유가 있는 경우에 한하여 필요한 범위 안에서 신중하게 하여야 할 것이라는 이유로, 원심 판결이 옳지 않다고 판시하였다. 다만, 종류주주총회의 결의가 없는 경우의 이른바 주주총회결의 불발효확인청구란 정관변경 무효확인청구와 그 실질적인 내용에 있어서는 차이가 없거나 도리어 그보다 약한 효력을 내용으로 하는 청구라고 볼 수 있다는 이유로 피고회사만이 상고한 원심 판결을 파기하지는 않았다.

정관변경에 관한 주주총회의 결의 외에 추가로 요구되는 종류주주총회의 결의는 정관변경이라는 법률효과가 발생하기 위한 하나의 특별요건이라고 할 것이므로, 그와 같은 내용의 정관변경에 관하여 종류주주총회의 결의가 아직 이루어지지 않았다면 그러한 정관변경의 효력이 아직 발생하지 않는 데에 그칠 뿐이고, 그러한 정관변경을 결의한 주주총회결의 자체의 효력에는 아무런 하자가 없다.

[3] 정관의 변경결의의 내용이 어느 종류의 주주에게 손해를 미치게 될 때에 해당하는지 여부에 관하여 다툼이 있는 관계로 회사가 종류주주총회의 개최를 명시적으로 거부하고 있는 경우에, 그 종류의 주주가 회사를 상대로 일반 민사소송상의 확인의 소를 제기함에 있어서는, 정관변경에 필요한 특별요건이 구비되지 않았음을 이유로 하여 정면으로 그 정관변경이 무효라는 확인을 구하면 족한 것이지, 그 정관변경을 내용으로 하는 주주총회결의 자체가 아직 효력을 발생하지 않고 있는 상태(이른바 '불발효 상태')라는 관념을 애써 만들어서 그 주주총회결의가 그러한 '불발효 상태'에 있다는 것의 확인을 구할 필요는 없다.

Ⅱ. 이사와 이사회

1. 이 사

가. 이사의 지위

대법원 2003. 9. 26. 선고 2002다64681 판결(퇴직금)

[1] 상법상 이사와 감사는 주주총회의 선임 결의를 거쳐 임명하고 그 등기를 하여야 하며, 이사와 감사의 법정 권한은 위와 같이 적법하게 선임된 이사와 감사만이 행사할 수 있을 뿐이고 그러한 선임절차를 거치지 아니한 채 다만 회사로부터 이사라는 직함을 형식적·명목적으로 부여받은 것에 불과한 자는 상법상 이사로서의 직무권한을 행사할 수 없다.

[2] 주식회사의 이사, 감사 등 임원은 회사로부터 일정한 사무처리의 위임을 받고 있는 것이므로, 사용자의 지휘·감독 아래 일정한 근로를 제공하고 소정의 임금을 받는 고용관계에 있는 것이 아니며, 따라서 일정한 보수를 받는 경우에도 이를 근로기준법 소정의 임금이라 할 수 없고, 회사의 규정에 의하여 이사 등 임원에게 퇴직금을 지급하는 경우에도 그 퇴직금은 근로기준법 소정의 퇴직금이 아니라 재직 중의 직무집행에 대한 대가로 지급되는 보수에 불과하다.

[3] 근로기준법의 적용을 받는 근로자에 해당하는지 여부는 계약의 형식에 관계없이 그 실질에 있어서 임금을 목적으로 종속적 관계에서 사용자에게 근로를 제공하였는지 여부에 따라 판단하여야 할 것이므로, 회사의 이사 또는 감사 등 임원이라고 하더라도 그 지위 또는 명칭이 형식적·명목적인 것이고 실제로는 매일 출근하여 업무집행권을 갖는 대표이사나 사용자의 지휘·감독 아래 일정한 근로를 제공하면서 그 대가로 보수를 받는 관계에 있다거나 또는 회사로부터 위임받은 사무를 처리하는 외에 대표이사 등의 지휘·감독 아래 일정한 노무를 담당하고 그 대가로 일정한 보수를 지급받아 왔다면 그러한 임원은 근로기준법상의 근로자에 해당한다.

대법원 2004. 5. 13. 선고 2002도7340 판결(업무상배임등)

신주발행이란 주식회사의 자본조달을 목적으로 하는 것으로서 신주발행과 관련된 대표이사의 업무는 회사의 사무일 뿐이고, 대표이사가 기존 주주들과 사이에서 주식의 가치를 보존하는 임무를 대행하거나 주주의 재산보전행위에 협력하는 자의 지위에 있다고 볼 수 없으므로 타인의 사무를 처리하는 자의 지위에 있다고 할 수 없으므로 주주에 대한 배임죄는 성립하지 않는다.

나. 선임과 해임

대법원 2005. 11. 8. 선고 2005마541 판결(감사지위확인가처분)
대법원 1995. 2. 28. 선고 94다31440 판결(감사선임등기)

[1] 감사의 선임에 관한 주주총회의 결의는 피선임자를 회사의 기관인 감사로 한다는 취지의 회사 내부의 결정에 불과한 것이므로, 주주총회에서 감사선임결의가 있었다고 하여 바로 피선임자가 감사의 지위를 취득하게 되는 것은 아니고, 주주총회의 선임결의에 따라 회사의 대표기관이 임용계약의 청약을 하고 피선임자가 이에 승낙을 함으로써 비로소 피선임자가 감사의 지위에 취임하여 감사로서의 직무를 수행할 수 있게 되는 것이므로, 주주총회에서 감사선임의 결의만 있었을 뿐 회사와 임용계약을 체결하지 아니한 자는 아직 감사로서의 지위를 취득하였다고 할 수 없다.

[2] 조건부 법률행위에 있어 조건의 내용 자체가 불법적인 것이어서 무효일 경우 또는 조건을 붙이는 것이 허용되지 아니하는 법률행위에 조건을 붙인 경우 그 조건만을 분리하여 무효로 할 수는 없고 그 법률행위 전부가 무효로 된다. 주주총회에서 감사로 선임된 자에게 회사의 대표이사가 감사임용계약의 청약을 하면서 부가한 조건의 내용 자체가 무효이거나 조건을 부가하여 위 청약의 의사표시를 하는 것이 무효인 경우, 그 조건뿐만 아니라 청약의 의사표시 전체가 무효로 되는 것이므로 이에 대하여 피선임자가 승낙의 의사표시를 하였다 하더라도 감사임용계약이 성립된 것으로 볼 수 없다.[52]

---

52 주주총회가 감사로 선임하기로 결의한 자에 대하여 대표이사가 감사임용계약의 청약을 하였는데, "이사인 주주들을 상대로 대여금청구소송을 제기할 것과 주주 간 경영권 분쟁과 관련하여 특정 주주의 이익만을 위하여 감사의 지위를 악용하지 않을 것 등을 확약하는 내용의 서면을 제출할 것"을 정지조건으로 부가하였다. 대법원은 그 조건이 무효라면 그 조건뿐만 아니라 청약의 의사표시 전체가 무효로 되는 것이므로 이에 대하여 승낙의 의사표시를 하였다 하더라도 감사임용계약이 성립된 것으로 볼 수 없다고 하였다(대법원 2005마541 결정). 이러한 법리는 이사에 대해서도 동일하게 적용될 것이다. 즉, 이사의 선임은 위임계약에 해당하므로 회사의 청약이 있고 이사로 선임된 자의 수락의 의사표시가 있어야 한다. 대법원 판결은 대표이사가 따로 피선임자에게 취임의 청약을 해야 한다고 보지만, 특별한 사정이 없는 한 주주총회에서의 이사선임결의 자체가 청약이 된다고 보는 것이 타당하다. 그렇지 않으면 대표이사가 청약을 거부함으로써 사실상이사의 선임을 거부할 수 있기 때문이다. 그리고 피선임자의 승낙은 묵시적인 것이어도 무방하다고 보아야 할 것이다. 한편, 이사선임에는 등기가 필요한데, 등기는 대항요건에 불과하다. 다만, 법인등기부에 이사 또는 감사로 등재되어 있는 경우에는 특단의 사정이 없는 한 정당한 절차에 의하여 선임된 적법한 이사 또는 감사로 추정된다(대법원 1983. 12. 27. 선고 83다카331 판결·대법원 1991. 12. 27. 선고 91다4409, 4416 판결).

대법원 2011. 9. 8. 선고 2009다31260 판결(손해배상(기))

법인의 이사를 사임하는 행위는 상대방 있는 단독행위라 할 것이어서 그 의사표시가 상대방에게 도달함과 동시에 그 효력을 발생하고 그 의사표시가 효력을 발생한 후에는 마음대로 이를 철회할 수 없음이 원칙이나, 사임서 제시 당시 즉각적인 철회권유로 사임서 제출을 미루거나, 대표자에게 사표의 처리를 일임하거나, 사임서의 작성일자를 제출일 이후로 기재한 경우 등 사임의사가 즉각적이라고 볼 수 없는 특별한 사정이 있을 경우에는 별도의 사임서 제출이나 대표자의 수리행위 등이 있어야 사임의 효력이 발생하고, 그 이전에는 사임의사를 철회할 수 있다.[53]

대법원 2001. 6. 15. 선고 2001다23928 판결(손해배상(기))

상법 제385조 제 1 항에 의하면 "이사는 언제든지 주주총회의 특별결의로 해임할 수 있으나, 이사의 임기를 정한 경우에 정당한 이유 없이 그 임기만료 전에 이를 해임한 때에는 그 이사는 회사에 대하여 해임으로 인한 손해의 배상을 청구할 수 있다"고 규정하고 있는바, 이 때 '이사의 임기를 정한 경우'라 함은 정관 또는 주주총회의 결의로 임기를 정하고 있는 경우를 말하고, 이사의 임기를 정하지 않은 때에는 이사의 임기의 최장기인 3년을 경과하지 않는 동안에 해임되더라도 그로 인한 손해의 배상을 청구할 수 없다. 그리고 회사의 정관에서 상법 제383조 제 2 항과 동일하게 "이사의 임기는 3년을 초과하지 못한다."고 규정한 것이 이사의 임기를 3년으로 정하는 취지라고 해석할 수는 없다.

대법원 2004. 12. 10. 선고 2004다25123 판결(퇴직금등)

상법 제385조 제 1 항은 주주총회의 특별결의에 의하여 언제든지 이사를 해임할 수 있게 하는 한편, 임기가 정하여진 이사가 그 임기 전에 정당한 이유 없이 해임당한 경우에는 회사에 대하여 손해배상을 청구할 수 있게 함으로써 주주의 회사

---

[53] 대법원 2006. 6. 15. 선고 2004다10909 판결, 대법원 1998. 4. 28. 선고 98다8615 판결, 대법원 2007. 5. 10. 선고 2007다7256 판결 등도 같은 취지이다. 한편, 대법원 2013. 11. 28. 선고 2011다41741 판결(이사해임취소)은 민법상의 사단법인에 관한 사안에서, "법인과 이사의 법률관계는 신뢰를 기초로 한 위임 유사의 관계로 볼 수 있는데, 민법 제689조 제 1 항에서는 위임계약은 각 당사자가 언제든지 해지할 수 있다고 규정하고 있으므로, 법인은 원칙적으로 이사의 임기 만료 전에도 이사를 해임할 수 있지만, 이러한 민법의 규정은 임의규정에 불과하므로 법인이 자치법규인 정관으로 이사의 해임사유 및 절차 등에 관하여 별도의 규정을 두는 것도 가능하다. 그리고 이와 같이 법인이 정관에 이사의 해임사유 및 절차 등을 따로 정한 경우 그 규정은 법인과 이사와의 관계를 명확히 함은 물론 이사의 신분을 보장하는 의미도 아울러 가지고 있어 이를 단순히 주의적 규정으로 볼 수는 없다. 따라서 법인의 정관에 이사의 해임사유에 관한 규정이 있는 경우 법인으로서는 이사의 중대한 의무위반 또는 정상적인 사무집행 불능 등의 특별한 사정이 없는 이상, 정관에서 정하지 아니한 사유로 이사를 해임할 수 없다."고 하였다.

에 대한 지배권 확보와 경영자 지위의 안정이라는 주주와 이사의 이익을 조화시키려는 규정이고, 이사의 보수청구권을 보장하는 것을 주된 목적으로 하는 규정이라 할 수 없으므로, 이를 이사회가 대표이사를 해임한 경우에도 유추 적용할 것은 아니고, 대표이사가 그 지위의 해임으로 무보수, 비상근의 이사로 되었다고 하여 달리 볼 것도 아니다.

> 대법원 2014. 5. 29. 선고 2012다98720 판결(해고무효확인등)[54]
> 대법원 2004. 10. 15. 선고 2004다25611 판결(손해배상(기))[55]
> 대법원 2013. 9. 26. 선고 2011다42348 판결(손해배상(기))[56]

---

54 이 사안에서, ① 원고가 피고의 대표이사로 재직하던 기간의 매출실적을 재직 전의 것과 비교하여 40% 정도 감소하였고, ② 원고가 피고의 대표이사로 재직하는 동안 총 19개의 신규 소매펀드를 출시하였는데, 판매목표액 대비 실제판매액은 61%로 저조하였고, 목표달성률이 100%를 초과한 것은 2개에 불과하며 목표달성률이 10%에도 미치지 못한 것이 14개에 이르고, ③ 피고의 감사보고서에 의하면 원고의 재임 첫해에 영업이익과 당기순이익이 급격하게 감소하였고, 원고의 재임 전 증가하던 매출액이 원고의 재임기간 중 감소하여 순매출액이 마이너스를 기록하였다. 위 사실관계로 보아, 원고가 피고의 대표이사로 재임하는 동안 피고의 영업실적이 현저히 악화되었고, 원고의 해임 당시 원고의 경영능력에 대한 근본적인 신뢰가 상실되어 원고가 피고의 이사로서 직무를 집행하는 데 장해가 될 객관적인 상황이 발생하였다고 할 수 있으므로, 피고가 원고를 이사에서 해임한 데에 정당한 이유가 있다고 하였다.

55 이 사안에서는, 피고회사의 대표이사인 원고는 그가 수립한 경영계획 중에서 1년 동안 어느 것 하나 제대로 실천된 것이 없을 정도로 투자유치능력이나 경영능력 및 자질이 부족한 것으로 보이고, 이로 인하여 대표이사인 원고가 피고회사를 위하여 수임한 직무를 수행하기 곤란하게 되었을 뿐만 아니라, 대표이사와 피고회사 간의 인적 신뢰관계가 무너져 피고회사가 대표이사인 원고를 믿고 그에게 피고회사의 경영을 맡길 수 없는 사정이 생겼다고 봄이 상당하다는 이유로, 피고회사가 원고를 해임한 것은 정당한 이유가 있다고 판단하였고, 임기 만료 전에 해임당한 원고의 회사에 대한 손해배상청구를 부정하였다.

56 이 사안은 감사의 해임에 관한 것인데, 감사의 경우에는 '직무수행능력에 대한 근본적인 신뢰관계가 상실된 경우'의 예시로서 "회사의 중요한 사업계획 수립이나 그 추진에 실패함"이라는 경우가 적용되지 않을 것이다. 이 사안에서는 감사가 그 직무를 수행하는 데 장해가 될 객관적 상황이 발생한 경우에 해당되지 않아 피고회사의 손해배상책임이 인정되었다. 이때 해임당한 감사가 해임 이후 다른 회사의 상근감사로 재직하여 보수를 받은 것을 손해배상액에서 공제해야 하는지 문제되었는데, 원심은 "해임된 감사는 바로 회사와 사이의 위임관계가 종료되어 더 이상 회사를 위하여 위임사무를 처리하여야 할 의무가 없으므로 감사가 해임 후 임기만료일까지 다른 회사에서 새로운 위임계약 등에 따라 보수를 수령하였더라도 이를 손해배상액에서 공제할 수 없다."고 판단하였다. 그러나 대법원은 "채무불이행이나 불법행위 등으로 인하여 손해를 입은 채권자 또는 피해자 등이 동일한 원인에 의하여 이익을 얻은 경우에는 공평의 관념상 그 이익은 손해배상액을 산정함에 있어서 공제되어야 하고, 이와 같이 손해배상액의 산정에 있어 손익상계가 허용되기 위해서는 손해배상책임의 원인이 되는 행위로 인하여 피해자가 새로운 이득을 얻었고, 그 이득과 손해배상책임의 원인인 행위 사이에 상당인과관계가 있어야 한다. 임기가 정하여져 있는 감사가 임기만료 전에 정당한 이유 없이 주주총회의 특별결의로 해임되었음을 이유로 상법 제415조, 제385조 제1항에 의하여 회사를 상대로 남은 임기 동안 또는 임기 만료 시 얻을 수 있었던 보수 상당액을 해임으로 인한 손해배상액으로 청구하는 경우, 당해 감사가 그 해임으로 인하여 남은 임기 동안 회사를 위한 위임사무 처리에 들이지 않게 된 자신의 시간과 노력을 다른 직장에 종사하여 사용함으로써 얻은 이익이 해임과 사이에 상당인과관계가 인정된다면 해임으로 인한 손해배상액을 산정함에 있어서 공제되어야 한다."고 판시하였다.

상법 제385조 제1항에 의하면, 이사는 언제든지 주주총회의 특별결의로 해임할 수 있으나, 이사의 임기를 정한 경우에 정당한 이유 없이 그 임기만료 전에 이사를 해임한 때에는 그 이사는 회사에 대하여 해임으로 인한 손해의 배상을 청구할 수 있다. 여기에서 '정당한 이유'란 주주와 이사 사이에 불화 등 단순히 주관적인 신뢰관계가 상실된 것만으로는 부족하고, 이사가 법령이나 정관에 위배된 행위를 하였거나 정신적·육체적으로 경영자로서의 직무를 감당하기 현저하게 곤란한 경우, 회사의 중요한 사업계획 수립이나 그 추진에 실패함으로써 경영능력에 대한 근본적인 신뢰관계가 상실된 경우 등과 같이 당해 이사가 경영자로서 업무를 집행하는 데 장해가 될 객관적 상황이 발생한 경우라야 할 것이다.

대법원 2006. 11. 23. 선고 2004다49570 판결(약정금)

주식회사 이사의 임기를 정한 경우에 주식회사가 정당한 이유 없이 임기만료 전에 이사를 해임한 때에는 그 이사는 회사에 대하여 해임으로 인한 손해의 배상을 청구할 수 있는데(제385조 제1항), 이러한 경우 '정당한 이유'의 존부에 관한 입증책임은 손해배상을 청구하는 이사가 부담한다.[57]

대법원 1990. 11. 2. 선고 90마745 판결(이사등직무집행정지가처분)

甲주식회사의 이사가 주주총회의 승인이 없이 그 회사와 동종 영업을 목적으로 하는 乙주식회사를 설립하고 乙회사의 이사 겸 대표이사가 되었다면, 설령 乙회사가 영업활동을 개시하기 전에 乙회사의 이사 및 대표이사직을 사임하였다고 하더라도, 이는 분명히 상법 제397조 제1항 소정의 경업 금지의무를 위반한 행위로서 특별한 다른 사정이 없는 한 이사의 해임에 관한 상법 제385조 제2항 소정의 '법령에 위반한 중대한 사실'이 있는 경우에 해당한다.

---

57 이사가 주주총회의 결의로 임기만료 전에 해임된 경우 그로 인하여 입게 되는 손해는 이사로서 잔여임기 동안 재직하여 얻을 수 있는 상법 제388조 소정의 보수상당액인 정기적 급여와 상여금 및 퇴직금이라 할 것이고, 이사해임에 관한 상법 제385조 제1항의 규정은 주주총회에 대하여 사유여하를 막론하고 이사를 해임할 수 있는 권한을 부여하는 것으로서, 그에 따른 주주총회의 이사해임은 불법행위를 구성하지 아니하는 것이므로, 임기만료 전에 해임된 이사가 그로 인하여 정신적 고통을 받았다 하더라도 위자료를 청구할 수 없다. 그리고 이는 채무불이행이나 불법행위책임과는 달리 고의·과실을 요건으로 하지 아니하는 상법상의 법정책임이라 할 것이므로, 여기에는 일반 채무불이행이나 불법행위책임에서와 같은 과실상계의 법리가 적용되지 않는다(서울고법 1990. 7. 6. 선고 89나46297 판결).

다. 정원과 임기

대법원 2010. 6. 24. 선고 2010다13541 판결(주주총회결의무효확인등)

상법 제383조 제3항은 이사의 임기는 3년을 초과할 수 없도록 규정한 같은 조 제2항에 불구하고 정관으로 그 임기 중의 최종의 결산기에 관한 정기주주총회의 종결에 이르기까지 이를 연장할 수 있다고 규정하고 있는바, 위 규정은 임기가 만료되는 이사에 대하여는 임기 중의 결산에 대한 책임을 지고 주주총회에서 결산서류에 관한 주주들의 질문에 답변하고 변명할 기회를 주는 한편, 회사에 대하여는 정기주주총회를 앞두고 이사의 임기가 만료될 때마다 임시주주총회를 개최하여 이사를 선임하여야 하는 번거로움을 덜어주기 위한 것에 그 취지가 있다. 위와 같은 입법 취지 및 그 규정 내용에 비추어 보면, 위 규정상의 '임기 중의 최종의 결산기에 관한 정기주주총회'라 함은 임기 중에 도래하는 최종의 결산기에 관한 정기주주총회를 말하고, 임기 만료 후 최초로 도래하는 결산기에 관한 정기주주총회 또는 최초로 소집되는 정기주주총회를 의미하는 것은 아니므로, 위 규정은 결국 이사의 임기가 최종 결산기의 말일과 당해 결산기에 관한 정기주주총회 사이에 만료되는 경우에 정관으로 그 임기를 정기주주총회 종결일까지 연장할 수 있도록 허용하는 규정이라고 보아야 한다.

대법원 2007. 3. 29. 선고 2006다83697 판결(서비스표전용사용권설정등록등)

상법 제386조 제1항은 "법률 또는 정관에 정한 이사의 원수를 결한 경우에는 임기의 만료 또는 사임으로 인하여 퇴임한 이사는 새로 선임된 이사가 취임할 때까지 이사의 권리의무가 있다."고 규정하고 있는바, 수인의 이사가 동시에 임기의 만료나 사임에 의하여 퇴임함으로 말미암아 법률 또는 정관에 정한 이사의 원수(최저인원수 또는 특정한 인원수)를 채우지 못하게 되는 결과가 일어나는 경우, 특별한 사정이 없는 한 그 퇴임한 이사 전원은 새로 선임된 이사가 취임할 때까지 이사로서의 권리의무가 있다고 봄이 상당하다.[58]

대법원 1964. 4. 28. 선고 63다518 판결(가옥명도등)

상법 제386조 제2항 소정 '전항의 경우'라 함은 법률 또는 정관에 정한 이사

---

[58] 피고회사는 자본의 총액이 10억원이므로 이사의 최저인원수가 3인인데(제383조 제1항), 1인의 이사가 새로 선임되면서 기존의 3인의 이사 중 2인이 동시에 사임한 경우, 사임한 2인이 모두 계속직무집행이사로서 권리의무가 있다고 보았다.

의 원수를 결한 일체의 경우를 말하는 것이지, 단지 임기의 만료 또는 사임으로 인하여 원수를 결한 경우만을 지칭하는 것은 아니라고 해석된다. 따라서 이사 전원이 부존재 한다거나, 사망으로 인하여 이사의 결원이 있다거나, 장구한 시일에 걸치어 주주총회의 개최도 없고 이사의 결원이 있던 경우에는, 이사의 결원이 있는 때에 해당하여 법원은 제386조 제2항에 의하여 이사직무를 행할 자를 선임할 수 있다.

대법원 2000. 11. 17. 선고 2000마5632 판결(일시이사및일시대표이사직무대행자선임)

상법 제386조에서 '필요한 때'라 함은 이사의 사망으로 결원이 생기거나 종전의 이사가 해임된 경우, 이사가 중병으로 사임하거나 장기간 부재중인 경우 등과 같이 퇴임이사로 하여금 이사로서의 권리의무를 가지게 하는 것이 불가능하거나 부적당한 경우를 의미한다고 할 것이다. 구체적으로 어떠한 경우가 이에 해당할 것인지에 관하여는 일시이사 및 직무대행자 제도의 취지와 관련하여 사안에 따라 개별적으로 판단하여야 할 것이다.[59]

대법원 1968. 5. 22.자 68마119 결정(상무외행위허가신청기각결정에대한재항고)

주식회사의 이사의 결원이 있어 법원이 일시이사의 직무를 행할 자를 선임한 경우에, 그 일시이사는 이사직무집행정지 가처분 결정과 동시에 선임된 이사직무대행자(제407조)와는 달리 그 권한이 회사의 상무에 속한 것에 한한다는 제한을 받지 않는다.

라. 이사의 지위에 대한 가처분

대법원 1997. 1. 10.자 95마837 결정(직무집행정지가처분)

[1] 상법 제385조 제2항에 의하면 소수주주는 이사의 해임을 법원에 청구할 수 있고, 그와 같은 해임의 소를 피보전권리로 하는 이사의 직무집행정지신청은 본안의 소송이 제기된 경우뿐만 아니라 급박한 경우에는 본안소송의 제기 전에라도 할 수 있음은 같은 법 제407조에서 명문으로 인정하고 있을 뿐더러, 그와 같은 직무집행정지신청을 민사소송법 제714조 제2항(현행 민사집행법 제300조 제2항) 소정

---

59 회사의 대표이사 및 이사의 임기 만료로 법률 또는 정관에 정한 원수에 결원이 발생하였는데, 회사 동업자들(회사의 주주 또는 이사들을 지칭하는 것으로 보임) 사이에 동업을 둘러싼 분쟁이 계속되고 있다는 사정만으로는 그 임기 만료된 대표이사 및 이사에게 회사의 대표이사 및 이사로서의 권리의무를 보유하게 하는 것이 불가능하거나 부적당한 경우에 해당한다고 할 수 없다고 보았다.

의 임시의 지위를 정하는 가처분과 달리 볼 것은 아니므로, 반드시 본안소송을 제기하였음을 전제로 하지는 않는다.

[2] 이사의 직무권한을 잠정적이나마 박탈하는 가처분은 그 보전의 필요성을 인정하는 데 신중을 기해야 할 것인바,[60] 특별히 급박한 사정이 없는 한 소수주주가 피보전권리인 해임의 소를 제기할 수 있을 정도의 절차요건을 거친 흔적이 소명되어야 피보전권리의 존재가 소명되는 것이고, 그 가처분의 보전의 필요성도 인정될 수 있다.

대법원 1982. 2. 9. 선고 80다2424 판결(가처분결정에대한이의)

[1] 1973. 6. 5 자 임시주주총회결의 및 이사회결의에 의하여 이사 겸 대표이사로 선임된 甲이 사임하여 사임등기까지 되었다가, 1973. 11. 15 자 임시주주 총회결의 및 이사회결의에 의하여 다시 같은 직의 임원으로 선임된 경우에, 甲의 직무집행정지 가처분을 구함에 있어서 피보전권리로서는 甲을 현재의 임원직으로 선임한 위 1973. 11. 15자 임시주주총회결의 및 이사회결 의에 하자가 있음을 주장하는 것은 몰라도, 이와 아무 관계도 없는 1973. 6. 5 자 위 결의에 하자가 있음을 주장할 수는 없다.[61]

[2] 민사소송법 제714조 제 2 항(현행 민사집행법 제300조 제 2 항) 소정의 임시의 지위를 정하기 위한 이사직무집행정지가처분에 있어서 피신청인이 될 수 있는 자는 그 성질상 당해 이사이고, 회사에게는 피신청인의 적격이 없다.[62]

대법원 2009. 10. 29.자 2009마1311 결정(가처분이의)[63]

---

60 대법원 1991. 3. 5. 자 90마818 결정(직무집행정지가처분)은, 회사 주식의 60%를 소유하고 있는 주주의 의사에 의하여 대표이사 등 임원이 선임된 경우, 그 선임절차상의 잘못이 있다고 하더라도 그 직무집행을 정지시키고 그 대행자를 선임하여야 할 필요성이 있다고 보지 않았다.

61 당해 이사가 사임한 경우나, 재선임된 경우(다만, 소의 원인이 된 위법행위가 계속되는 경우는 제외)에는 본안소송의 소의 이익이 없게 되므로, 결국 가처분 신청의 피보전권리가 없어 모두 각하되어야 할 것이다.

62 임시의 지위를 정하기 위한 가처분은 그 가처분의 성질상 그 주장 자체에 의하여 다툼이 있는 권리관계에 관한 정당한 이익이 있는 자가 그 가처분의 신청을 할 수 있으며, 그 경우 그 주장 자체에 의하여 신청인과 저촉되는 지위에 있는 자를 피신청인으로 하여야 한다(대법원 1997. 7. 25. 선고 96다15916 판결 등).

63 A회사는 자본금 총액이 5억원인데 정관에서 공동대표이사제도를 규정하고 있어서 결국 A회사에 필요한 이사의 최저인원수는 2명이었다(제383조 제 1 항 참조). 甲이 2005. 7. 18. 이사로서의 임기가 만료되었을 당시에, A회사에는 4명의 이사가 재임 중이어서 甲이 퇴임이사로서의 직무를 수행할 필요성이 없음에도 불구하고, 甲은 이 사건 당시까지 계속하여 A회사의 이사회 운영 및 업무집행에 관여하여 왔다. 이에 법원은 그의 지위 내지 권한의 부존재확인청구권을 피보전권리로 하여 甲의 직무집행정지를 구할 보전의 필요성이 소명된다고 보아 甲에 대한 이 사건 직무집행가처분을 인용하였다(판시사항[2]). 한편, A회사의 공동대표이사 겸 이사인 乙도 2007. 7. 31.에 그 임기가 만료되었으나 같은 날 나머지 이사들의 임기도 모두 만료되어 정

[1] 상법 제386조 제 1 항에 따라 이사의 권리의무를 행사하고 있는 퇴임이사로 하여금 이사로서의 권리의무를 가지게 하는 것이 불가능하거나 부적당한 경우 등 필요한 경우에는 상법 제386조 제 2 항에 정한 일시이사의 직무를 행할 자의 선임을 법원에 청구할 수 있으므로, 이와는 별도로 상법 제386조 제 1 항에 정한 바에 따라 이사의 권리의무를 행하고 있는 퇴임이사를 상대로 해임사유의 존재나 임기만료·사임 등을 이유로 그 직무집행의 정지를 구하는 가처분신청은 허용되지 않는다.

[2] 다만, 퇴임할 당시에 법률 또는 정관에 정한 이사의 원수가 충족되어 있는 경우라면 퇴임하는 이사는 임기의 만료 또는 사임과 동시에 당연히 이사로서의 권리의무를 상실하는 것이고, 그럼에도 불구하고 그 이사가 여전히 이사로서의 권리의무를 실제로 행사하고 있는 경우에는 그 권리의무의 부존재확인청구권을 피보전권리로 하여 직무집행의 정지를 구하는 가처분신청이 허용된다.

대법원 1992. 5. 12. 선고 92다5638 판결(건물명도)

[1] 대표이사의 직무집행정지 및 직무대행자선임의 가처분이 이루어진 이상, 그 후 대표이사가 해임되고 새로운 대표이사가 선임되었다 하더라도 가처분결정이 취소되지 아니하는 한 직무대행자의 권한은 유효하게 존속하는 반면, 새로이 선임된 대표이사는 그 선임결의의 적법 여부에 관계없이 대표이사로서의 권한을 가지지 못한다.[64]

[2] 위 [1]항의 경우 위 가처분은 그 성질상 당사자 사이에서 뿐만 아니라 제

관에 정한 이사 최저인원수(2인)를 채우지 못하게 됨에 따라, 乙이 A회사의 공동대표이사 겸 이사로서의 권리의무를 계속하여 행사하였다. 乙에 대한 이 사건 직무집행정지신청에 대하여, 원심은 乙에 대한 대표이사 및 이사로서의 직무집행의 정지를 명하고 그 직무대행자를 선임하는 내용의 가처분을 발령하였다. 그러나 대법원은, 퇴임이사(제386조 제 1 항)를 직무에서 배제하기 위하여 필요한 경우에는 일시이사(제386조 제 2 항)의 선임을 법원에 청구할 수 있으므로, 이와 별도로 그 직무집행의 정지를 구하는 가처분 신청은 허용되지 않는다고 하였다(판시사항[1]).

64 대법원 2014. 3. 27. 선고 2013다39551 판결도 "주식회사 이사의 직무집행을 정지하고 직무대행자를 선임하는 가처분은 성질상 당사자 사이뿐만 아니라 제 3 자에 대한 관계에서도 효력이 미치고, 가처분에 반하여 이루어진 행위는 제 3 자에 대한 관계에서도 무효이므로, 가처분에 의하여 선임된 이사직무대행자의 권한은 법원의 취소결정이 있기까지 유효하게 존속한다. 또한 등기할 사항인 직무집행정지 및 직무대행자선임 가처분은 상법 제37조 제 1 항에 의하여 이를 등기하지 아니하면 위 가처분으로 선의의 제 3 자에게 대항하지 못하지만, 악의의 제 3 자에게는 대항할 수 있고, 주식회사의 대표이사 및 이사에 대한 직무집행을 정지하고 직무대행자를 선임하는 법원의 가처분결정은, 그 결정 이전에 직무집행이 정지된 주식회사 대표이사의 퇴임등기와 직무집행이 정지된 이사가 대표이사로 취임하는 등기가 경료되었다고 할지라도 직무집행이 정지된 이사에 대하여는 여전히 효력이 있으므로, 가처분결정에 의하여 선임된 대표이사 및 이사 직무대행자의 권한은 유효하게 존속하고, 반면에 가처분결정 이전에 직무집행이 정지된 이사가 대표이사로 선임되었다고 할지라도 그 선임결의의 적법 여부에 관계없이 대표이사로서의 권한을 가지지 못한다."고 하였다.

3자에게도 효력이 미치므로, 새로이 선임된 대표이사가 위 가처분에 위반하여 회사 대표자의 자격에서 한 법률행위는 결국 제3자에 대한 관계에서도 무효이고, 이때 위 가처분에 위반하여 대표권 없는 대표이사와 법률행위를 한 거래 상대방은 자신이 선의였음을 들어 위 법률행위의 유효를 주장할 수는 없다.[65]

대법원 1991. 12. 24. 선고 91다4355 판결(소유권이전등기)[66]
대법원 2007. 6. 28. 선고 2006다62362 판결(주주총회결의취소)[67]
대법원 1989. 9. 12. 선고 87다카2691 판결(소유권이전등기말소)[68]
대법원 1982. 4. 27. 선고 81다358 판결(주주총회결의무효확인)[69]
대법원 1984. 2. 14. 선고 83다카875, 876, 877 판결(대여금등)[70]

상법 제408조 제1항이 규정하는 회사의 '상무'라 함은 일반적으로 회사에서 일상 행해져야 하는 사무, 회사가 영업을 계속함에 있어서 통상 행하는 영업범위 내의 사무 또는 회사경영에 중요한 영향을 주지 않는 통상의 업무 등을 의미하고,

---

65 대법원 2008. 5. 29. 선고 2008다4537 판결도 "법원의 직무집행정지 가처분결정에 의해 회사를 대표할 권한이 정지된 대표이사가 그 정지기간 중에 체결한 계약은 절대적으로 무효이고, 그 후 가처분신청의 취하에 의하여 보전집행이 취소되었다 하더라도 집행의 효력은 장래를 향하여 소멸할 뿐 소급적으로 소멸하는 것은 아니라 할 것이므로, 가처분신청이 취하되었다 하여 무효인 계약이 유효하게 되지는 않는다."고 하였다.
66 회사의 종업원이 회사로부터 지급받을 출장비 대신에 부동산을 대물변제 받기로 한 약정에 따라 회사에 대하여 그 소유권이전등기절차의 이행을 구하는 소를 제기하였는데, 회사의 대표이사 직무대행자가 법원으로부터 적법한 소환을 받고도 변론기일에 출석하지 아니하여 의제자백으로 회사가 패소하였고, 또 위 직무대행자가 항소를 제기하지 않아 그 판결이 확정되었다. 위 직무대행자의 위와 같은 행위로 인하여 청구를 인낙하는 것과 같은 효과를 가져왔다고 하더라도 직무대행자의 위 일련의 행위는 회사의 상무행위에 해당한다고 하였다. 다만, 위 부동산이 회사의 기본재산이거나 중요한 재산에 해당한다면 이는 상무에 속한 행위로 볼 수 없을 것이다.
67 직무대행자가 정기주주총회를 소집하는 것은 상무에 속한다고 볼 수 있다. 그러나 그 안건에 이사회의 구성 자체를 변경하는 행위나 상법 제374조의 특별결의사항에 해당하는 행위 등 회사의 경영 및 지배에 영향을 미칠 수 있는 것이 포함되어 있다면, 그 안건의 범위에서 정기총회의 소집이 상무에 속하지 않는다고 할 것이다. 따라서 위와 같이 직무대행자가 정기주주총회를 소집하는 행위가 상무에 속하지 아니함에도 법원의 허가 없이 이를 소집하여 결의를 한 때에는 소집절차상의 하자로 그 결의를 취소할 수 있다고 하였다.
68 대표이사 직무대행자로 선임된 자가 변호사에게 소송대리를 위임하고 그 보수계약을 체결하거나 그와 관련하여 반소제기를 위임하는 행위는 회사의 상무에 속하나, 회사의 상대방 당사자의 변호인의 보수지급에 관한 약정은 회사의 상무에 속한다고 볼 수 없으므로 법원의 허가를 받지 않는 한 효력이 없다고 보았다.
69 청산인 직무대행자가 그 가처분의 본안인 청산인을 선임한 주주총회결의무효확인의 제1심 판결에 대한 항소를 취하하는 행위는 회사의 상무에 속하지 않으므로 그 가처분 결정에 다른 정함이 있거나 관할법원의 허가를 얻지 아니하고서는 이를 할 수 없다고 하였다.
70 대표이사 직무대행자가 회사의 업무집행기관으로서의 기능 발휘를 전혀 하지 않고 그 가처분을 신청한 사람측에게 그 권한의 전부를 위임하여 회사의 경영을 일임하는 행위는 가처분명령에 의하여 정하여진 대표이사 직무대행자의 회사경영책임자로서의 지위에 변동을 가져오게 하는 것으로서 가처분명령에 위배되는 행위일 뿐만 아니라 회사업무의 통상적인 과정을 일탈하는 것으로서 회사의 상무라고 할 수 없다고 하였다.

어느 행위가 구체적으로 이 상무에 속하는가 하는 것은 당해 회사의 기구, 업무의 종류·성질, 기타 제반 사정을 고려하여 객관적으로 판단되어야 할 것인바, 직무대행자의 지위가 본안소송의 판결시까지 잠정적인 점 등에 비추어 보면 회사의 사업 또는 영업의 목적을 근본적으로 변경하거나 중요한 영업재산을 처분하는 것과 같이 당해 분쟁에 관하여 종국적인 판단이 내려진 후에 정규이사로 확인되거나 새로 취임하는 자에게 맡기는 것이 바람직하다고 판단되는 행위가 아닌 한 직무대행자의 상무에 속한다.

대법원 1965. 10. 26. 선고 65다1677 판결(소유권이전등기말소)

주식회사 이사의 직무대행자는 그 가처분명령에 별도의 규정이 있거나 특히 본안의 허가를 얻은 경우 이외에는 회사의 상무에 속하지 않는 행위를 할 수 없는 것이나, 이에 위반한 때라 할지라도 회사는 선의의 제 3 자에게 대하여 그 책임을 진다 할 것인바(제408조 제2항), 위 선의라는 점에 대한 주장과 입증책임은 상대방에 있다.

마. 이사의 보수

대법원 2004. 12. 10. 선고 2004다25123 판결(퇴직금등)[71]
대법원 2014. 5. 29. 선고 2012다98720 판결(해고무효확인등)[72]

---

71 피고회사는 대주주 甲이 그 가족들과 함께 98%의 지분을 가지고 있고 나머지 약 2%의 주식을 미국의 법인주주 1인이 가지고 있었다. 법원은 이 사안에서 피고회사를 甲의 사실상 1인회사로 인정하고, 甲이 퇴직금규정에 따른 퇴직금의 지급을 결재·승인함으로써 주주총회의 결의가 있었던 것으로 볼 수 있다고 하였다. 다른 판결례에서는, 어느 주주가 회사의 주식의 98%를 소유하고 있다고 하여도 나머지 2%의 주식을 타인이 소유하고 있다면, 이는 1인회사가 아니라고 보았다(대법원 2007. 2. 22. 선고 2005다73020 판결). 이와 같이 98%의 지분을 가진 지배주주의 결재·승인을 거쳐 관행적으로 지급되었던 경우에도 주주총회의 결의가 있었던 것으로 볼 수 있는지 의문인데, 분명하지는 않으나 대법원의 취지로 보면 이를 긍정할 것으로 보인다.
72 이 판결은 상법 제388조에서 말하는 이사의 보수에는 월급·상여금 등 명칭을 불문하고 이사의 직무수행에 대한 보상으로 지급되는 대가가 모두 포함되고, 퇴직금 내지 퇴직위로금도 그 재직 중의 직무집행의 대가로 지급되는 보수의 일종이라고 하였다. 다만, 위 규정은 강행규정이므로 대표이사 임용계약서 중 퇴직금, 연차휴가근로수당 등 원고의 보수에 관한 조항들은 상법 제388조의 규정에 따른 요건을 갖춘 경우에 그 한도 내에서만 효력을 갖는다고 할 것인데, 피고의 정관에 이사의 보수액을 정하지 아니하였고 주주총회의 결의로 퇴직금과 연차휴가근로수당의 금액·지급방법·지급시기를 정하거나 이를 정한 규정을 채택하지 아니하였으므로, 원고가 계약서만을 근거로 피고에 대하여 퇴직금과 연차휴가근로수당 등의 지급을 청구할 권리는 없다고 하였다. 그리고 이 사안에서는 피고가 1인주주의 결재·승인을 거쳐 관행적으로 이사에게 퇴직금을 지급하여 왔으므로 이사의 퇴직금에 대한 주주총회의 결의가 있었던 것으로 볼 수 있다는 주장을 하지 않았으므로, 원심이 그러한 관행이 있는지 여부에 관하여 심리를 하지 아니하였다고 하더라도 위법이 있다고 할 수 없다고 하였다.

[1] 상법 제388조에 의하면, 주식회사 이사의 보수는 정관에 그 액을 정하지 아니한 때에는 주주총회의 결의로 이를 정한다고 규정되어 있는바, 이사에 대한 퇴직위로금은 그 직에서 퇴임한 자에 대하여 그 재직 중 직무집행의 대가로 지급되는 보수의 일종으로서 상법 제388조에 규정된 보수에 포함되고, 정관 등에서 이사의 보수 또는 퇴직금에 관하여 주주총회의 결의로 정한다고 규정되어 있는 경우 그 금액·지급방법·지급시기 등에 관한 주주총회의 결의가 있었음을 인정할 증거가 없는 한 이사의 보수나 퇴직금청구권을 행사할 수 없다.

[2] 임원퇴직금지급규정에 관하여 주주총회 결의가 있거나 주주총회의사록이 작성된 적은 없으나 위 규정에 따른 퇴직금이 사실상 1인회사의 실질적 1인주주의 결재·승인을 거쳐 관행적으로 지급되었다면 위 규정에 대하여 주주총회의 결의가 있었던 것으로 볼 수 있다.

대법원 2006. 11. 23. 선고 2004다49570 판결(약정금)

주식회사와 이사 사이에 체결된 고용계약에서 이사가 그 의사에 반하여 이사직에서 해임될 경우 퇴직위로금과는 별도로 일정한 금액의 해직보상금을 지급받기로 약정한 경우, 그 해직보상금은 형식상으로는 보수에 해당하지 않는다 하여도 보수와 함께 같은 고용계약의 내용에 포함되어 그 고용계약과 관련하여 지급되는 것일 뿐 아니라, 의사에 반하여 해임된 이사에 대하여 정당한 이유의 유무와 관계없이 지급하도록 되어 있어 이사에게 유리하도록 회사에 추가적인 의무를 부과하는 것인바, 보수에 해당하지 않는다는 이유로 주주총회 결의를 요하지 않는다고 한다면, 이사들이 고용계약을 체결하는 과정에서 개인적인 이득을 취할 목적으로 과다한 해직보상금을 약정하는 것을 막을 수 없게 되어, 이사들의 고용계약과 관련하여 그 사익 도모의 폐해를 방지하여 회사와 주주의 이익을 보호하고자 하는 상법 제388조의 입법 취지가 잠탈되고, 나아가 해직보상금액이 특히 거액일 경우 회사의 자유로운 이사해임권 행사를 저해하는 기능을 하게 되어 이사선임기관인 주주총회의 권한을 사실상 제한함으로써 회사법이 규정하는 주주총회의 기능이 심히 왜곡되는 부당한 결과가 초래되므로, 이사의 보수에 관한 상법 제388조를 준용 내지 유추적용하여 이사는 해직보상금에 관하여도 정관에서 그 액을 정하지 않는 한 주주총회 결의가 있어야만 회사에 대하여 이를 청구할 수 있다.[73]

---

73 이사의 보수는 월급·상여금·연봉 등 그 명칭을 불문하고 직무집행의 대가로서 지급되는 것을 말한다. 대법원은 퇴직금(대법원 2006. 5. 25. 선고 2003다16092,16108 판결)과 퇴직위로금은 물론, 해직보상금(소위 'golden parachute')도 보수에 포함되는 것으로 보고 있는 것이다. 한편, 대법원 1977. 11. 22. 선고

대법원 2011. 3. 24. 선고 2010다85027 판결(주권인도)

비상장법인 임직원들이 자신들의 귀책사유가 아닌 사유로 비자발적으로 퇴임·퇴직한 경우라고 하더라도 상법 제340조의4 제 1 항의 최소재임(재직)요건을 충족하지 못하는 한 위 조항에 따른 주식매수선택권을 행사할 수 없다.[74]

2. 이 사 회

가. 이사회의 권한

대법원 1997. 6. 13. 선고 96다48282 판결(건물소유권이전등기)

법률 또는 정관 등의 규정에 의하여 주주총회 또는 이사회의 결의를 필요로 하는 것으로 되어 있지 아니한 업무 중 이사회가 일반적·구체적으로 대표이사에게 위임하지 않은 업무로서 일상 업무에 속하지 아니한 중요한 업무에 대하여는 이사회에게 그 의사결정권한이 있다.[75]

대법원 2011. 4. 28. 선고 2009다47791 판결(소유권이전등기말소)[76]

77다1742 판결은, "이사의 퇴직위로금은 상법 388조에 규정된 보수에 포함된다 할 것이므로, 위 법조에 근거하여 정관이나 주주총회결의로 그 액이 결정되었다면 주주총회에서 퇴임한 특정이사에 대하여 그 퇴직위로금을 박탈하거나 이를 감액하는 결의를 하였다 하여도 그 효력이 없다."고 하였다.

74 주식매수선택권은 주주총회결의일부터 2년 이상 재임 또는 재직해야만 행사할 수 있다(제340조의4 제 1 항). 다만, 상장회사의 경우 사망이나 정년, 그 밖에 본인의 귀책사유가 아닌 사유로 그 전에 퇴임 또는 퇴직한 경우는 예외이다(제542조의3 제 4 항, 상법시행령 제30조 제 5 항). 비상장회사에도 위와 같은 예외가 인정될 수 있는지 문제되었는데, 위 대법원판결은, 상법 제340조의4 제 1 항과 제542조의3 제 4 항이 주식매수선택권 행사요건에서 차별성을 유지하고 있는 점, '2년 이상 재임 또는 재직' 요건의 문언적인 차이가 뚜렷한 점, 비상장법인, 상장법인, 벤처기업은 주식매수선택권 부여 법인과 부여 대상, 부여 한도 등에서 차이가 있는 점, 주식매수선택권 제도는 임직원의 직무 충실로 야기된 기업가치 상승을 유인동기로 하여 직무에 충실하게 하고자 하는 제도인 점, 상법의 규정은 주주, 회사의 채권자 등 다수의 이해관계인에게 영향을 미치는 단체법적 특성을 가지는 점 등을 고려하였다고 한다. 그리고 제340조의4 제 1 항을 강행규정으로 보고 정관이나 주주총회의 특별결의로도 이를 완화할 수 없다고 하였다.

75 피고회사의 대표이사가 피고회사의 유일한 재산인 오피스텔건물의 사우나 시설이 있는 2층과 3층 부분(15억원 상당)을 원고에게 아무런 대가없이 처분하는 증여와 유사한 약정을 하였던 사안에서, 위 처분에 이사회결의가 필요하다고 보았다. 그리고 피고회사의 대표이사가 외부와의 접촉이 장시간 부자유스러운 상황에서 위 처분약정이 이루어졌다는 정황이 보이므로, 원고가 이사회결의가 없었음을 알았거나 알 수 있었는지 여부를 더 심리해 보아야 한다고 하였다.

76 甲주식회사(원고)가 丙주식회사에 대여금 및 미지급 공사대금채무를 이행하지 못하자, 丙회사는 甲회사의 미분양아파트를 할인분양하여 이를 변제받을 목적으로, 법무법인에 의뢰하여 자산유동화거래를 위한 특수목적회사(SPC)인 乙유한회사(피고)를 설립하고, 甲회사가 보유하고 있던 미분양아파트를 乙회사에 양도하는 계약을 체결하도록 하였다. 위 계약에 관하여 甲회사의 이사회 결의가 있었으나 이는 허위의 주주총회결의에 의하여 선임된 이사들 및 대표이사에 의한 것이었다. 이후 甲회사의 진정한 대표이사는 위 양도에 관한 甲회사의 이사회결의에 하자가 있었고, 이를 乙회사가 알았거나 알 수 있었다고 주장하면서, 양도계약의

대법원 2005. 7. 28. 선고 2005다3649 판결(소유권이전등기)[77]

상법 제393조 제1항은 주식회사의 중요한 자산의 처분 및 양도는 이사회의 결의로 한다고 규정하고 있는바, 여기서 말하는 중요한 자산의 처분에 해당하는가 아닌가는 당해 재산의 가액, 총자산에서 차지하는 비율, 회사의 규모, 회사의 영업 또는 재산의 상황, 경영상태, 자산의 보유목적, 회사의 일상적 업무와 관련성, 당해 회사에서의 종래의 취급 등에 비추어 대표이사의 결정에 맡기는 것이 상당한지 여부에 따라 판단하여야 할 것이고, 중요한 자산의 처분에 해당하는 경우에는 이사회가 그에 관하여 직접 결의하지 아니한 채 대표이사에게 그 처분에 관한 사항을 일임할 수 없는 것이므로 이사회규정상 이사회 부의사항으로 정해져 있지 아니하더라도 반드시 이사회의 결의를 거쳐야 한다.

나. 이사회의 소집과 결의

대법원 2011. 6. 24. 선고 2009다35033 판결(손해배상(기))

이사회 소집통지를 할 때에는, 회사의 정관에 이사들에게 회의의 목적사항을 함께 통지하도록 정하고 있거나 회의의 목적사항을 함께 통지하지 아니하면 이사회에서의 심의·의결에 현저한 지장을 초래하는 등의 특별한 사정이 없는 한, 주주총회 소집통지의 경우와 달리 회의의 목적사항을 함께 통지할 필요는 없다.

무효를 이유로 소유권이전등기의 말소를 구하는 이 사건 소를 제기하였다. 법원은, 우선 위 양도계약은 甲회사의 일상적 업무에 해당한다거나 대표이사 개인의 결정에 맡기는 것이 타당하다고 보기 어려워 제393조 제1항에 따라 이사회결의를 필요로 하는 주식회사의 중요한 자산의 처분에 해당한다고 보았다. 나아가 丙회사가 유동화거래를 위하여 법무법인을 통하여 乙회사의 설립 및 자산유동화계획의 수립을 주도하였고, 스스로의 인적·물적 기반이 없는 乙회사를 대신하여 丙회사가 위 양도계약의 체결 및 이행 업무를 실제로 처리하였는데, 甲회사의 진정한 대표이사가 丙회사에 내용증명우편을 보내어 위 양도계약에 관하여 甲회사 이사회결의에 하자가 있음을 통지하였으므로, 이러한 하자를 丙회사가 알고 있었음에 비추어 볼 때, 양도계약 당사자인 乙회사(대표자인 이사는 법무법인의 직원이었음)도 甲회사 이사회결의에 하자가 있었음을 알았거나 알 수 있었다고 인정하였다.

77 피고회사 소유의 이 사건 부동산은 매매가가 160억 가량으로서 매도 당시 자산총액(약 3천억원)의 5.8%이고 자본금의 13% 상당이었다. 매도 당시 피고회사의 이사회규정은 자산총액 10% 이상의 거래는 이사회결의를 받도록 규정되어 있었다. 그런데 피고회사의 자본금은 위 처분 2달 전의 증자로 인하여 16억원에서 1,200억원으로 증가하였던 사정이 있었다. 이 사건 부동산은 피고회사의 전체 부동산에서 차지하는 비중이 20%에 이르고, 부동산업을 영업으로 하지 않는 피고회사로서는 통상적인 거래는 아니었다. 대법원은, 비록 처분 당시 피고회사의 이사회규정만으로 보면 위 처분은 이사회의 결의사항이 아니지만, 이사회결의가 필요한지 여부는 반드시 그에 따라 판단할 것은 아니라고 하며, 위 처분에는 일단 이사회의 결의가 필요하다고 보았다. 다만, 상대방이 이사회결의가 없었던 사실을 알았거나 알 수 있었음을 입증할 증거가 없다고 보아 결국 피고회사의 상고를 기각하였다.

대법원 1984. 2. 28. 선고 83다651 판결(이사회결의무효확인)

회사의 '회장'이 적법한 소집통지를 받고도 이사회에 출석하지 아니한 이상 회장이 의장으로서 이사회를 진행할 수 없으므로 이는 정관 소정의 회장 유고시에 해당한다고 해석할 것이므로 회사 정관에 따라 '사장'이 이사회의 의장이 된다.

대법원 1995. 4. 11. 선고 94다33903 판결(채권확정)

강행규정인 상법 제391조 제1항의 본문이 요구하고 있는 결의의 요건을 갖추지 못한 이사회결의는 효력이 없는 것이라고 할 것인바, 이사회에서 당시 재적 6명의 이사 중 3인이 참석하여 참석이사의 전원의 찬성으로 의결하였다면 위 이사회의 결의는 과반수에 미달하는 이사가 출석하여 상법상의 의사정족수가 충족되지 아니한 이사회에서 이루어진 것으로 무효라고 할 것이고, 위 회사의 정관에 이사회의 결의는 이사 전원의 과반수로 하되 가부동수인 경우에는 이사회 회장의 결정에 의하도록 규정(casting vote)되어 있고, 위 이사회결의에 참석한 이사 중에 이사회 회장이 포함되어 있다고 하여도 마찬가지라고 할 것이다.[78]

대법원 1982. 7. 13. 선고 80다2441 판결(채권확인등)

이사회는 주주총회의 경우와는 달리 원칙적으로 이사 자신이 직접 출석하여 결의에 참가하여야 하며 대리인에 의한 출석은 인정되지 않고, 따라서 이사가 타인에게 출석과 의결권을 위임할 수도 없는 것이니 이에 위배된 이사회의 결의는 무효이며 그 무효임을 주장하는 방법에는 아무런 제한이 없다.[79]

---

78 한편, 이사회 결의요건을 충족하는지 여부는 이사회 결의 당시를 기준으로 판단하여야 하고, 그 결의의 대상인 행위가 실제로 이루어진 날을 기준으로 판단할 것은 아니다. 예를 들어, 1991. 2. 1.자 이사회 결의 당시에 그 결의요건을 충족하였다면, 그 결의에 따라 1991. 4. 29.자 연대보증계약을 체결할 당시를 기준으로 하면 그 사이 이사 일부와 이사 총수가 변경됨으로써 이사회 결의요건을 갖추지 못하게 되었더라도 위 이사회 결의는 유효하다(대법원 2003. 1. 24. 선고 2000다20670 판결).

79 신청인회사의 이사 A와 B, 그리고 대표이사인 C는 회사의 운영이 곤란해지자 모두 도피하면서 그 중 이사 A와 B가 신청인회사의 사무부장인 甲에게 사고수습을 맡겼다. 甲은 A와 B의 위와 같은 위임에 따라 A를 대표이사로 선임하는 내용의 이사회의사록을 작성하고 A를 대표이사로 등기하였다. 그 후 A가 대표이사로서 제소전 화해를 위한 소송대리인을 선임하여 신청인회사의 부동산을 피신청인에게 양도하는 내용의 제소전 화해가 이루어졌다. 그 후 신청인회사는 A가 적법한 대표이사가 아니라는 점과 회사 영업에 중요한 일부를 양도하는 내용의 화해를 하는 데에 주주총회의 특별결의가 없었음을 이유로 제소전 화해에 대하여 재심청구를 하였다. 甲이 A와 B의 위임을 받아 이사회에서 의결권을 대리행사하는 것은 허용되지 않으므로 A를 대표이사로 선임한 이사회결의는 무효이고, 대표이사가 아닌 A에 의해 선임된 소송대리인에 의한 제소전 화해는 민사소송법 제451조 제1항 제3호의 소송대리권에 흠결이 있는 때에 해당하여 재심청구가 인용되었다(민소법 제220조, 제451조 제1항 제3호, 제457조 등 참조).

대법원 1992. 4. 14. 선고 90다카22698 판결(소유권이전등기)

[1] 이사 3명 중 회사의 경영에 전혀 참여하지 않고 경영에 관한 모든 사항을 다른 이사들에게 위임하여 놓고 그들의 결정에 따르며 필요시 이사회 회의록 등에 날인만 하여 주고 있는 이사에 대한 소집통지 없이 열린 이사회에서 한 결의는 위 이사가 소집통지를 받고 참석하였다 하더라도 그 결과에 영향이 없었다고 보여지므로 유효하다.[80]

[2] 특별이해관계가 있는 이사는 이사회에서 의결권을 행사할 수는 없으나 의사정족수 산정의 기초가 되는 이사의 수에는 포함되고, 다만 결의성립에 필요한 출석이사에는 산입되지 아니하는 것이므로, 회사의 3명의 이사 중 대표이사와 특별이해관계 있는 이사 등 2명이 출석하여 의결을 하였다면 이사 3명중 2명이 출석하여 과반수 출석의 요건을 구비하였고, 특별이해관계 있는 이사가 행사한 의결권을 제외하더라도 결의에 참여할 수 있는 유일한 출석이사인 대표이사의 찬성으로 과반수의 찬성이 있는 것으로 되어 그 결의는 적법하다.[81]

다. 이사회결의의 하자

대법원 1988. 4. 25. 선고 87누399 판결(법인세등부과처분취소)

이사회의 결의에 하자가 있는 경우에 관하여 상법은 아무런 규정을 두고 있지 아니하나 그 결의에 무효사유가 있는 경우에는 이해관계인은 언제든지 또 어떤 방법에 의하든지 그 무효를 주장할 수 있다고 할 것이지만, 이와 같은 무효주장의 방법으로서 이사회결의무효확인소송이 제기되어 승소 확정판결을 받은 경우 그 판결의 효력에 관하여는 주주총회결의 무효확인소송 등과는 달리 상법 제190조가 준용될 근거가 없으므로 대세적 효력은 없다.[82]

---

80 위와 같은 판시를 일반화하여, 일부 이사에 대한 소집통지를 흠결하였지만 당해 이사가 출석하였더라도 단순한 계산상 결의의 결과에 아무런 변동이 없을 것으로 인정되는 경우를 모두 유효로 해석하는 것은 타당하고 볼 수 없다. 소집통지를 받지 못한 이사가 참석하였더라면 이사회 결의의 결과가 달라질 수도 있기 때문이다.

81 이사의 경업이나 자기거래 승인, 이사책임면제 의안의 총회상정을 위한 결의에서 당해 이사는 특별이해관계가 있다고 보며, 대표이사 선임이나 해임 의안에서 당해 이사는 특별이해관계 있는 이사가 아니라고 본다.

82 민법상 사단법인의 이사회결의에 대하여 대법원 1982. 7. 13. 선고 80다2441 판결, 대법원 2000. 2. 11. 선고 99다30039 판결 등도 동일한 취지로 판시하고 있다.

대법원 2005. 7. 28. 선고 2005다3649 판결(소유권이전등기)
대법원 1998. 3. 24. 선고 95다6885 판결(소유권이전등기말소)

법인의 대표자가 이사회의 결의를 거쳐야 할 대외적 거래행위에 관하여 이를 거치지 아니한 경우라도, 이와 같은 이사회 결의사항은 회사의 내부적 의사결정에 불과하다고 할 것이므로, 그 거래 상대방이 그와 같은 이사회 결의가 없었음을 알았거나 알 수 있었을 경우가 아니라면 그 거래행위는 유효하고, 이 경우 거래 상대방의 악의나 과실은 거래행위의 무효를 주장하는 자가 주장·입증하여야 한다.

Ⅲ. 대표이사

1. 선임과 종임

대법원 1989. 10. 24. 선고 89다카14714 판결(주주권확인등)

주식회사의 대표이사는 그 회사의 영업에 관하여 재판상 또는 재판외의 행위를 할 수 있는 대표기관인 바, 어느 사람이 주식회사 이사회의 결의로써 대표이사로 선임되어 취임하기까지는 비록 사실상 대표이사와 같은 역할을 하였더라도 법률상 회사의 대표자로는 될 수 없다.[83]

대법원 2007. 6. 29. 선고 2007마311 결정(상법위반에대한이의)

대표이사를 포함한 이사가 임기의 만료나 사임에 의하여 퇴임함으로 말미암아 법률 또는 정관에 정한 대표이사나 이사의 원수(최저인원수 또는 특정한 인원수)를 채우지 못하게 되는 결과가 일어나는 경우에, 그 퇴임한 (대표)이사는 새로 선임된 (대표)이사(후임이사)가 취임할 때까지 (대표)이사로서의 권리의무가 있다(상법 제386조 제 1 항, 제389조 제 3 항).[84]

대법원 2004. 12. 10. 선고 2004다25123 판결(퇴직금등)

주식회사의 이사는 주주총회가 선임·해임하고 회사의 의사결정기관의 하나인 이사회의 구성원으로서 3년을 초과하지 아니하는 임기를 정할 수 있지만, 대표이사는 이사회가 이사 중에서 선정·해임하는 것이 원칙이고 회사의 업무를 집행하고 회사를 대표하는 기관으로서 통상 별도의 임기를 정하지 아니하는 점에서 이사와 대표이사는 그 지위와 성질, 권한이 다르다. 더구나 대표이사는 이사회의 경영판단 등에 따라 언제든지 해임할 수 있다고 할 것이므로 주주총회의 이사 해임과

---

[83] 그리고 회사의 운영권을 인수한 자라 하더라도 그가 이사회에서 대표이사로 선정된 바 없는 이상 회사의 적법한 대표자라고 볼 수 없다(대법원 1994. 12. 2. 선고 94다7591 판결(매매대금반환).

[84] 회사의 유일한 대표이사인 甲이 2005. 3. 23. 대표이사 및 이사로서의 임기가 만료되었다. 곧이어 2005. 3. 26. 이사 A와 B도 임기만료로 퇴임하였다. 당시 회사에는 이사 C, D, E가 남아 있어 甲의 퇴임으로 법률 또는 정관 소정의 이사의 원수를 결한 경우에 해당하지는 않지만, 법률 또는 정관 소정의 대표이사의 원수를 결한 경우에 해당하게 되었으므로, 후임 대표이사가 취임할 때까지 甲이 대표이사로서의 권리의무가 있다. 이러한 경우에는 이사의 퇴임등기를 하여야 하는 2주 또는 3주의 기간은 일반의 경우처럼 퇴임한 이사의 퇴임일부터 기산하는 것이 아니라 후임이사의 취임일부터 기산한다고 보아야 하며, 후임이사가 취임하기 전에는 퇴임한 이사의 퇴임등기만을 따로 신청할 수 없다(대법원 2005. 3. 8.자 2004마800 전원합의체 결정). 따라서 甲에 대한 퇴임등기의 기산일은 후임 대표이사 乙이 취임한 2005. 12. 6.이고, 따라서 甲이 그로부터 2주 이내인 2005. 12. 19. 퇴임등기를 신청한 이상, 甲에 대하여는 상법 제635조 제 1 항 제 1 호의 위반이 있다고 할 수 없다.

이사회의 대표이사 해임이 유사한 사실이라고 할 수 없다. 그리고 상법 제385조 제 1 항은 주주총회의 특별결의에 의하여 언제든지 이사를 해임할 수 있게 하는 한 편, 임기가 정하여진 이사가 그 임기 전에 정당한 이유 없이 해임당한 경우에는 회사에 대하여 손해배상을 청구할 수 있게 함으로써 주주의 회사에 대한 지배권 확보와 경영자 지위의 안정이라는 주주와 이사의 이익을 조화시키려는 규정이고, 이사의 보수청구권을 보장하는 것을 주된 목적으로 하는 규정이라 할 수 없으므로, 이를 이사회가 대표이사를 해임한 경우에도 유추 적용할 것은 아니고, 원고가 대표이사 지위의 해임으로 무보수, 비상근의 이사로 되었다고 하여 달리 볼 것도 아니다.[85]

2. 권 한

대법원 1997. 6. 13. 선고 96다48282 판결(건물소유권이전등기)

법률 또는 정관 등의 규정에 의하여 주주총회 또는 이사회의 결의를 필요로 하는 것으로 되어 있지 아니한 업무 중 이사회가 일반적·구체적으로 대표이사에 게 위임하지 않은 업무로서 일상 업무에 속하지 아니한 중요한 업무에 대하여는 이사회에게 그 의사결정권한이 있다.[86]

---

85 정당한 사유없이 원고의 대표이사직만 해임한 경우(이사직은 유지함) 민법 제689조 제 2 항의 적용 또는 상법 제385조 제 2 항의 유추적용에 의하여 보수 상당(특히 퇴직금)의 손해배상을 구할 수 있는지 문제된 사 안이었다. 대법원은 당해 회사는 甲이 98%(2%는 미국법인이 보유)의 주식을 보유하는 실질적인 1인회사라 는 전제에서, 이사의 퇴직금규정에 관하여 주주총회의 승인은 없었지만 甲이 결제한 바 있으므로 주주총회 나 주주총회의사록이 없어도 주주총회의 승인결의가 있었던 것으로 인정하였다. 다만, 제385조 제 1 항 단 서는 대표이사의 해임에는 유추적용되지 않는다고 하여 결국 원고의 청구를 기각하였다.
86 대표이사는 대외적으로 회사를 대표하여 영업에 관한 모든 행위를 할 대표권을 갖는다(제389조 제 1 항, 제 3 항, 제209조 제 1 항). 그리고 대표이사는 법령·정관·이사회규칙·이사회결의에 의하여 구체적으로 위 임된 사항에 관하여 대내적인 업무집행권이 있음은 물론이다. 나아가 그러한 명시적인 위임이 없더라도 이 사회결의가 필요한 중요한 업무(제393조)가 아닌 일상업무에 대해서는 대표이사기 독자적으로 업무집행의 의사결정을 할 수 있는지 문제된다. 대표이사의 대내적인 업무집행권을 인정하는 명시적인 규정은 없지만, 회의체기관인 이사회가 일상적인 업무까지 일일이 결정하는 것은 불가능할 뿐만 아니라 경영감독기능의 수 행에도 바람직하지 않으므로 이를 긍정하거나 적어도 묵시적인 위임이 있다고 보는 것이 타당하다. 위 대법 원 판결의 판시사항으로 보아도 주식회사의 일상업무에 대한 의사결정권한은 대표이사에 있다는 해석이 가 능하다.

제 5 장

회사의 법률행위

제 5 장   회사의 법률행위

I. 대표와 대리

1. 회사의 능력

대법원 2005. 5. 27. 선고 2005다480 판결(부당이득금)[1]

[1] 회사의 권리능력은 회사의 설립 근거가 된 법률과 회사의 정관상의 목적에 의하여 제한되나 그 목적범위 내의 행위라 함은 정관에 명시된 목적 자체에 국한되는 것이 아니라 그 목적을 수행하는 데 있어 직접, 간접으로 필요한 행위는 모두 포함되고 목적수행에 필요한지의 여부는 행위자의 주관적, 구체적 의사가 아닌 행위 자체의 객관적 성질에 따라 판단하여야 할 것이고, 그 판단에 있어서는 거래행위를 업으로 하는 영리법인으로서 회사의 속성과 신속성 및 정형성을 요체로 하는 거래의 안전을 충분히 고려하여야 할 것이다.

[2] 회사가 거래관계 또는 자본관계에 있는 주채무자를 위하여 보증하는 등의 행위는 그것이 상법상의 대표권 남용에 해당하여 무효로 될 수 있음은 별론으로 하더라도 그 행위의 객관적 성질에 비추어 특별한 사정이 없는 한 회사의 목적범위 내의 행위라고 봄이 상당하다.

[3] 상법 제398조 소정의 이사의 자기거래행위에 해당하여 이사회의 결의를

---

1 甲은 상속으로 원고회사의 대주주가 되어 대표이사로 취임하였다. 甲의 상속재산 대부분이 원고회사를 위한 담보로 제공되어 있던 상황에서, 甲은 상속세 연납 및 분할납부를 위해 피고회사와 납세보증보험계약을 체결하고, 원고회사가 甲을 위하여 그 구상금 채무를 연대보증 하였다. 이후 甲이 상속세를 완납하지 못하여 보증보험료를 지급한 피고회사가 원고회사에게 구상금 채무의 이행을 구하였고, 원고회사는 이를 지급하였다. 원고회사는 위 연대보증계약이 회사의 목적범위 외의 행위이고 대표권남용과 자기거래에 해당하여 무효라고 주장하며, 피고회사에 부당이득반환을 청구하였다. 그리고 피고회사의 담당직원이 원고회사의 연대보증행위를 종용함으로써 甲의 업무상 배임행위를 공모 혹은 방조하였으므로 피고회사가 사용자로서 손해배상책임이 있다고 주장하였다. 법원은 피고회사가 이사회결의가 없었음을 알았거나 알 수 있었던 것으로 보기 어렵다는 이유로 대표권남용과 자기거래에 관한 주장을 받아들이지 않았고, 또한 피고회사의 사용자로서의 불법행위책임도 인정하지 않았다.

거쳐야 함에도 이를 거치지 아니한 경우라 해도, 그와 같은 이사회 결의사항은 회사의 내부적 의사결정에 불과하므로 그 거래상대방이 위 이사회 결의가 없었음을 알았거나 중대한 과실로 알지 못한 경우가 아니라면 그 거래행위는 유효하다 할 것이고, 이 때 거래상대방이 이사회 결의가 없음을 알았거나 알 수 있었던 사정은 이를 주장하는 회사가 주장·입증하여야 할 사항에 속하므로 특별한 사정이 없는 한 거래상대방으로서는 회사의 대표자가 거래에 필요한 회사의 내부절차는 마쳤을 것으로 신뢰하였다고 보는 것이 일반 경험칙에 부합하는 해석이다.

2. 회사의 대표자

가. 대표이사

대법원 1997. 8. 29. 선고 97다18059 판결(예치금반환)

일반적으로 주식회사 대표이사는 회사의 권리능력의 범위 내에서 재판상 또는 재판 외의 일체의 행위를 할 수 있고, 이러한 대표권 그 자체는 성질상 제한될 수 없는 것이지만 대외적인 업무 집행에 관한 결정 권한으로서의 대표권은 법률의 규정에 의하여 제한될 뿐만 아니라 회사의 정관, 이사회의 결의 등의 내부적 절차 또는 내규 등에 의하여 내부적으로 제한될 수 있다.

나. 대표권의 제한과 전단적인 대표행위

(1) 법률에 의해 대표권이 직접 제한되는 경우(제394조, 제389조 제 2 항)
대법원 2011. 7. 28. 선고 2009다86918 판결(이사회결의무효확인)

상법 제394조에 의하여 그 소에 관하여 회사를 대표할 권한이 있는 감사를 대표자로 표시하지 아니하고 대표이사를 피고회사의 대표자로 표시한 소장을 법원에 제출하고, 법원도 이 점을 간과하여 피고회사의 대표이사에게 소장의 부본을 송달한 채, 피고회사의 대표이사로부터 소송대리권을 위임 받은 변호사들에 의하여 소송이 수행되었다면, 이 사건 소에 관하여는 피고회사를 대표할 권한이 대표이사에게 없기 때문에 소장이 피고에게 적법 유효하게 송달되었다고 볼 수 없음은 물론 피고회사의 대표이사가 피고를 대표하여 한 소송행위나 피고회사의 대표이사에 대하여 원고가 한 소송행위는 모두 무효이다.[2]

---

2 다만, 원고가 스스로, 또는 법원의 보정명령에 따라, 소장에 표시된 피고회사의 대표자를 이 사건 소에 관하여 피고 회사를 대표할 권한이 있는 감사로 표시하여 소장을 정정함으로써 그 흠결을 보정할 수 있다. 이와 같은 대표권의 보정은 항소심에서도 가능하다. 이 경우 법원은 원고의 보정에 따라 피고 회사의 감사에게

대법원 1989. 5. 23. 선고 89다카3677 판결(채권부존재확인)

주식회사에 있어서의 공동대표제도는 대외 관계에서 수인의 대표이사가 공동으로만 대표권을 행사할 수 있게 하여 업무집행의 통일성을 확보하고, 대표권 행사의 신중을 기함과 아울러 대표이사 상호간의 견제에 의여 대표권의 남용 내지는 오용을 방지하여 회사의 이익을 도모하려는데 그 취지가 있으므로, 공동대표이사의 1인이 그 대표권의 행사를 특정사항에 관하여 개별적으로 다른 공동대표이사에게 위임함은 별론으로 하고, 일반적·포괄적으로 위임함은 허용되지 아니한다.[3]

(2) 법률에 의해 주주총회의결의가 필요한 경우
대법원 2009. 3. 12. 선고 2007다60455 판결(소유권이전등기)

피고회사는 유류판매업 등을 위하여 설립된 회사로서 이 사건 부동산에서 주유소 영업을 해오고 있었는데, 피고회사와의 매매계약에 기하여 이 사건 부동산에

다시 소장의 부본을 송달하여야 하고, 소장의 송달에 의하여 소송계속의 효과가 발생하면 법원과 원고·피고의 3자간에 소송법률관계가 유효하게 성립한다(대법원 1990. 5. 11. 선고 89다카15199 판결). 이때, 피고회사의 감사는 위와 같이 무효인 종전의 소송행위를 추인할 수도 있고, 이를 추인하지 않고 새로 소송행위를 할 수도 있다. 법인이 당사자인 사건에 있어서 그 법인의 대표자에게 적법한 대표권이 있는지 여부는 소송요건에 관한 것으로서 법원의 직권조사사항이므로, 법원으로서는 그 판단의 기초 자료인 사실과 증거를 직권으로 탐지할 의무까지는 없다 하더라도, 이미 제출된 자료들에 의하여 그 대표권의 적법성에 의심이 갈 만한 사정이 엿보인다면, 상대방이 이를 구체적으로 지적하여 다투지 않더라도, 이에 관하여 심리·조사할 의무가 있다. 따라서 이 경우 법원은 대표권이 흠결된 경우에는 그 흠결을 보정할 수 없음이 명백한 때가 아닌 한 기간을 정하여 이를 보정하도록 명하여야 하고, 소송능력·법정대리권 또는 소송행위에 필요한 권한의 수여에 흠이 있는 사람이 소송행위를 한 뒤에 보정된 당사자나 법정대리인이 이를 추인한 경우에는 그 소송행위는 이를 한 때에 소급하여 효력이 생긴다(민소법 제64조, 제59조, 제60조).

3 甲은 乙과 丙에게 원고회사의 지배권을 양도하였는데 그 인수대금을 다 받지 못하였기에 甲과 乙 2인을 공동대표로 등기하였다. 그런데 甲은 회사경영에 거의 관여하지 않은 채 그 권한행사를 乙에게 위임하여 그의 인감 및 명판을 보관시켜 둔 상태에서 실제 회사경영은 乙과 丙이 상의하여 하였다. 그러던 중 丙이 원고회사의 명의로 약속어음을 발행하고 공정증서를 피고에게 작성해 주었다. 원고회사의 위조 주장에 대하여 피고는 乙이 보관하던 인감 및 명판을 丙에게 교부하여 약속어음 발행 등에 관한 권한을 위임하였다고 주장하였는데, 대법원은 乙이 다른 공동대표이사인 甲으로부터 대표권의 행사를 포괄적으로 위임받았음이 분명하고 이는 무효이므로, 丙이 乙의 위임을 받아 약속어음을 발행한 것도 무효라고 하여 원심을 파기하였다. 파기환송심에서 피고는 원고회사의 표현책임(표현대표이사, 표현대리 등)의 성립을 주장할 수 있을 것이다. 한편, 대법원 1996. 10. 25. 선고 95누14190 판결(옥외광고물설치허가취소처분등취소)은 "회사의 공동대표이사 2명 중 1명이 단독으로 동의한 것이라면 특별한 사정이 없는 한 이를 회사의 동의라고 볼 수 없으나, 다만 나머지 1명의 대표이사가 그로 하여금 건물의 관리에 관한 대표행위를 단독으로 하도록 용인 내지 방임하였고 또한 상대방이 그에게 단독으로 회사를 대표할 권한이 있다고 믿은 선의의 제3자에 해당한다면 이를 회사의 동의로 볼 수 있다."고 판시하고 있다. 위 사안에서는 공동대표이사 1인의 용인 내지 방임이 다른 공동대표이사에 대하여 개별적 묵시적으로 위임한 것으로 볼 수 있는지의 문제로 검토하는 것이 더 타당해 보인다. 개별적 위임이 가능한지 여부에 대해서는 본문의 대법원 판결의 취지상 긍정하는 것으로 보이지만, 이를 부정하는 견해도 있다.

관한 소유권이전등기절차의 이행을 구하는 원고의 청구에 대하여, 이 사건 부동산은 피고 회사의 주유소 영업의 기초가 되는 중요 재산에 해당한다고 봄이 상당하여 그 처분행위를 함에 있어서는 상법 제374조 제1호 소정의 주주총회의 특별결의를 요하는데, 이 사건의 경우에는 그러한 특별결의가 존재하지 않아 무효이므로, 원고들의 표현대표이사의 행위에 대한 회사의 책임이나 부실등기에 의한 회사의 책임 등의 주장에 관하여는 나아가 살펴볼 필요 없이 받아들일 수 없다.[4]

대법원 1993. 9. 14. 선고 91다33926 판결(건물명도)

부동산이 매각될 당시 甲, 乙은 그들이 법정대리인이 된 미성년 자녀들 주식을 포함하여 회사의 발행주식 중 72% 남짓한 주식을 보유하고 있어 상법 제374조, 제434조에 정한 특별결의에 필요한 의결권을 갖고 있으면서 특히 甲은 사실상 회사를 지배하고 있었던 터에 이들의 참석하에 위 부동산을 매도할 것을 결의한다는 내용의 임시주주총회의사록이 작성되어 이들이 주주총회결의의 외관을 현출하게 하였다면, 비록 형식상 당해 회사의 주주총회결의의 존재를 인정할 수 없다 하더라도 그와 같은 회사 내부의 의사결정을 거친 회사의 외부적 행위를 유효한 것으로 믿고 거래한 자에 대하여는 회사의 책임을 인정하는 것이 타당하다.[5]

---

4 주유소 영업을 영위하는 가족회사인 피고회사를 사실상 경영해 온 甲(대표이사 乙의 父)이 주주총회의사록과 이사회의사록을 위조하여 자신을 피고회사의 대표이사로 등기한 후, 주유소 건물과 부지를 원고에게 처분하였던 사안이다. 원고의 위 부동산들에 대한 소유권이전등기청구에 대하여, 피고회사는 甲이 진정한 대표이사가 아닐뿐더러, 중요한 영업용 재산을 처분하는 데에 주주총회의 특별결의가 없었음을 항변하였다. 대법원은 판시와 같은 이유로 소유권이전등기청구에 관한 표현대표이사의 성립을 심리할 필요가 없다고 하였다. 왜냐하면, 대표이사가 영업양도나 영업의 폐지를 가져올 수 있는 중요한 영업용 자산의 처분에 필요한 주주총회의 특별결의를 거치지 않고 임의로 영업을 양도하거나 중요한 영업용 자산을 처분하였다면 그러한 양도나 처분행위는 무효이기 때문이다(다만, 지배주주로서 회사를 사실상 운영하는 자가 주주총회의 특별결의가 있는 것처럼 의사록을 위조한 경우에 관한 아래 대법원 1993. 9. 14. 선고 91다33926 판결 등과 비교해 볼 것). 따라서 그 행위에 대해서는 표현대표이사의 행위에 대한 회사의 책임(제395조)이나 부실등기에 의한 회사의 책임법리(제39조)를 검토할 필요가 없다고 한 것이다. 표현대표이사가 성립하더라도 주주총회의 특별결의가 없는 한 영업용재산의 양도는 효력이 없으므로 타당한 결론이다. 다만, 원고는 예비적 청구로 이미 지급한 매매대금의 부당이득반환을 구하였는데, 매매대금을 피고회사가 수령한 것이 아니라 甲이 수령하였지만, 피고회사도 표현대표이사의 법리에 따라 책임을 질 수 있다고 판시하였다. 특히 회사의 귀책사유가 있는지 여부가 쟁점이었다.

5 법률에 의하여 주주총회의 특별결의가 필요한 행위(제374조, 제375조 등)는 회사의 이익을 위한 강행규정으로 보아야 하고 상대방도 이를 예견하여 확인해야 하므로 상대방의 선의 여부를 묻지 않고 무효라고 보는 견해가 많다. 그런데 이 판결은 중요한 영업용 재산의 양도에 필요한 주주총회의 특별결의(제374조)를 거치지 않았더라도, 그 특별결의를 할 수 있을 만큼의 의결권을 갖는 주주나 사실상 회사를 지배하는 주주가 이사회의사록과 주주총회의사록을 작성하였고, 상대방이 이를 유효한 것으로 믿고 거래를 하였다면 그러한 상대방에 대해서는 효력이 있다는 취지의 판결이다. 대법원 1995. 9. 15. 선고 95다13302 판결(소유권이전등기말소)과 대법원 1992. 8. 18. 선고 91다14369 판결(동산인도등)도 동일한 취지로 판시하고 있다. 위 사

(3) 법률에 의해 이사회결의가 필요한 경우(제393조, 제416조, 제461조, 제469조 등)

대법원 2007. 2. 22. 선고 2005다77060, 77077 판결(이사회결의무효확인등·손해배상(기))

주식회사의 신주발행은 주식회사의 업무집행에 준하는 것으로서 대표이사가 그 권한에 기하여 신주를 발행한 이상 신주발행은 유효하고, 설령 신주발행에 관한 이사회의 결의가 없거나 이사회의 결의에 하자가 있더라도 이사회의 결의는 회사의 내부적 의사결정에 불과하므로 신주발행의 효력에는 영향이 없다고 할 것이다.[6]

대법원 2008. 5. 15. 선고 2007다23807 판결(정리담보권및정리채권확정)[7]
대법원 2009. 3. 26. 선고 2006다47677 판결(외화대금반환등)[8]

안들은 모두 주주총회의 특별결의를 받았다는 주주총회의사록이 작성되었던 사안이었다. 주주총회의 특별결의가 없었고 그에 관한 주주총회의사록도 작성되지 않았던 사안에서는 이를 무효로 보았다(위 대법원 2009. 3. 12. 선고 2007다60455 판결).

6 피고회사가 이사 및 감사인 원고들에게 이사회 소집통지를 하지 않고 이사회를 개최하여 신주발행에 관한 결의를 하였던 사안인데, 원고들은 상고심에 이르러 위와 같은 이사회결의의 흠결 이외에, 위 신주발행이 주식평등의 원칙에 위배되는 등 그 흠이 중대하고 명백하여 무효라고 주장하였으나, 위 주장은 신주발행무효의 소의 출소기간이 경과한 후에 새로운 무효사유를 추가하여 주장하는 것으로 허용되지 않는다고 하였다(대법원 2004. 6. 25. 선고 2000다37326 판결 참조). 이사회의 결의 없는 신주발행(제416조)에 대해서는 거래상대방의 보호와 법률관계의 획일적 처리를 위해 유효로 보는 견해와 이사회결의는 신주발행의 유효요건이므로 이를 거치지 않은 발행은 무효라는 견해가 있다. 본문의 판결례를 들어 대법원이 이사회결의가 없는 신주발행을 획일적으로 유효라고 보는 입장이라고 해석하는 것은 타당하지 않다. 이사회결의 없는 신주발행은 상법의 규정에 위반한 것이므로 거래의 안전에 영향이 없다면 무효라고 보는 것이 옳다. 다만, 이를 무효로 보더라도 신주발행무효의 소에 의하여 다투어야 하는데(제429조), 법원은 거래의 안전이나 회사 및 주주의 이익을 고려하여 무효여부를 결정해야 하고, 또 재량으로 기각할 수도 있는 것이다(제430조, 제189조).

7 연 매출규모가 700억 원 정도였던 정리회사가 한번에 5천만 원에서 3억 원까지 반복적으로 자금차입을 하여 결국 그 차입금의 규모가 50억 원에 달하게 되었던 사안에서, 위와 같은 개개의 자금차입행위를 정리회사의 이사회결의를 요하는 대규모 재산의 차입에 해당한다고 볼 수도 없고, 나아가 원고들이 이 사건 자금차입이나 이 사건 근저당권설정 당시 정리회사가 이사회결의를 거치지 않았다는 사정을 알았거나 알 수 있었음을 인정할 증거가 없다는 이유로, 정리회사의 자금차입이나 근저당설정행위가 이사회결의를 거치지 아니하여 무효라는 피고의 주장을 배척하였다.

8 피고 현대전자는 공정거래법상 출자총액제한을 초과하여 취득한 A투자신탁의 주식을 피고 현대증권을 통하여 B회사에게 매도하려 했으나, B회사가 A투신의 주식가치 하락을 대비하여 주식매수청구권(풋옵션) 약정을 요구하자 원고회사(현대중공업)에 부탁하여 풋옵션의 상대방이 되도록 하고, 그로 인하여 원고회사의 손실이 발생하면 현대증권과 함께 이를 보상해주기로 약정하는 각서를 교부하였다. 이후 B회사의 풋옵션 행사와 이에 따른 원고회사의 주식매수 및 손실에 따른 약정금 청구에 대하여, 피고 현대전자와 피고 현대증권은 위 주식매수청구권 부여계약과 위 각서에 따른 손실보상약정은 각 이사회의 승인이 없었으므로 무효라고 항변하였다. 대법원은, 일단 위 약정이 이사회의 결의가 필요한 행위로 보았고, 다만 거래 상대방이 그와 같은 이사회결의가 없었음을 알았거나 알 수 있었을 경우가 아니라면 약정은 유효하고, 이 때 거래 상대방이

주식회사의 대표이사가 이사회의 결의를 거쳐야 할 대외적 거래행위에 관하여 이를 거치지 아니한 경우라도, 이와 같은 이사회 결의사항은 회사의 내부적 의사결정에 불과하다 할 것이므로, 그 거래상대방이 그와 같은 이사회결의가 없었음을 알았거나 알 수 있었을 경우가 아니라면 그 거래행위는 유효하다 할 것이고, 이 경우 거래의 상대방이 이사회의 결의가 없었음을 알았거나 알 수 있었음은 이를 주장하는 회사측이 주장·입증하여야 한다.

(4) 대표권의 내부적 제한

대법원 1993. 6. 25. 선고 93다13391 판결(구상금)

주식회사의 대표이사가 이사회의 결의를 거쳐야 할 대외적 거래행위에 관하여 이를 거치지 아니하고 한 경우라도 이와 같은 이사회결의사항은 회사의 내부적 의사결정에 불과하다 할 것이므로 그 거래 상대방이 그와 같은 이사회결의가 없었음을 알거나 알 수 있었을 경우가 아니라면 그 거래행위는 유효하다고 해석되고 위와 같은 상대방의 악의는 이를 주장하는 회사측이 주장·입증하여야 할 것이다.[9]

이사회결의가 없음을 알았거나 알 수 있었던 사정은 이를 주장하는 피고회사들이 주장·증명하여야 할 사항에 속하므로, 특별한 사정이 없는 한 거래 상대방으로서는 회사의 대표자가 거래에 필요한 회사의 내부절차는 마쳤을 것으로 신뢰하였다고 보는 것이 일반 경험칙에 부합하는 해석이라고 하였다. 상대방인 원고가 이사회결의가 없었음을 알았거나 알 수 있었는지 여부와 관련하여, 우선 대법원은, 피고 현대전자의 이사회가 주식매매계약에 대한 승인결의를 하면서 정작 그 계약 체결에 필수불가결한 주식매수청구권 부여계약의 체결에 관하여는 승인하지 아니하였다는 것은 매우 이례적인 사정에 속한다고 할 것이고, 원고로서는 각서를 통하여 새로 피고 현대전자에게 법률상 의무 없는 거액의 채무를 부담시킨다고는 인식하기 어려웠으므로, 이에 관한 피고 현대전자 이사회의 명시적인 승인결의가 없었다 하더라도, 원고가 그 점에 관하여 이를 확인하는 등의 조치를 취할 의무가 있다고 보기는 어렵다고 하여 원고의 과실을 인정하지 않고, 피고회사의 이사회결의를 거치지 아니하였다는 내부적인 사유를 들어 약정의 효력을 부정할 수는 없다고 하였다. 반면에, 공동피고인 현대증권에 대해서는 달리 판단하였다. 현대증권은 중개인에 불과할 뿐이므로 피고 현대전자와 달리 원고가 그 거래로 인하여 입게 될 비용 기타 손실 등을 보상하여 줄 법적 의무는 없고, 오히려 당시의 증권거래법 관계 법령 등에 의하면 특수관계인에 대한 금전 대여나 신용공여가 원칙적으로 금지되어 있었던 점 등의 사정을 고려하면, 원고가 위 약정에 관하여 피고 현대증권이 이사회결의 등 필요한 내부절차를 마쳤을 것이라고 그대로 신뢰하기 어려운 특별한 사정이 있었다고 할 것이므로, 원고로서는 위 약정에 관하여 피고 현대증권의 이사회결의가 존재하였는지 여부에 관하여 확인하는 등의 조치를 취할 것이 요구된다 할 것이고, 이러한 조치를 취하지 아니한 이상 과실이 있다고 봄이 상당하다고 하였다. 따라서 위 약정은 피고 현대증권에 대하여 그 효력이 없다고 보았다.

9 피고회사의 정관에 회사의 연대보증계약 체결 등에 대표이사의 대표권을 제한하는 규정이 있었던 사안이었다. 원심은 그 회사의 정관에 대표이사가 연대보증계약의 체결 등 특정사항에 관한 업무집행을 함에 있어서는 이사회의 결의를 거쳐야 한다는 대표이사의 대표권을 제한하는 규정이 있다는 사실과 그에 관한 이사회의 결의가 없었다는 사실을 알았거나 중대한 과실로 인하여 이를 알지 못한 경우가 아니라면 그 거래행위는 유효하다고 해석하였다. 그러나 대법원은, 원심의 위 판단에 있어 이사회결의가 없었다는 사실을 안 경우에 관한 판시부분은 수긍이 가나 중대한 과실로 인하여 이를 알지 못한 경우가 아닌 한 그 거래행위는 유효하다고 설시한 부분은 잘못이라 하였다. 대법원 1998. 7. 24. 선고 97다35276 판결(구상금), 대법원

대법원 1997. 8. 29. 선고 97다18059 판결(예치금반환)

대외적인 업무 집행에 관한 결정 권한으로서의 대표권은 법률의 규정에 의하여 제한될 뿐만 아니라 회사의 정관, 이사회의 결의 등의 내부적 절차 또는 내규 등에 의하여 내부적으로 제한될 수 있으며, 이렇게 대표권한이 내부적으로 제한된 경우에는 그 대표이사는 제한 범위 내에서만 대표권한이 있는데 불과하게 되는 것이지만 그렇더라도 그 대표권한의 범위를 벗어난 행위 다시 말하면 대표권의 제한을 위반한 행위라 하더라도 그것이 회사의 권리능력의 범위 내에 속한 행위이기만 하다면 대표권의 제한을 알지 못하는 제 3 자는 그 행위를 회사의 대표행위라고 믿는 것이 당연하고 이러한 신뢰는 보호되어야 한다.[10]

대법원 2008. 11. 27. 선고 2006도9194 판결(사문서위조 · 위조사문서행사)

주식회사 대표이사의 대표권은 정관이나 주주총회 또는 이사회 결의 등에 의하여 적법하게 제한할 수 있지만, 회사의 운영을 실질적으로 장악 · 통제하고 있는 1인주주가 적법한 대표이사의 권한 행사를 사실상 제한하고 있다는 것만으로는 대표이사의 대표권을 적법하게 제한하였다고 할 수 없으므로, 대표이사가 권한을 행사하는 과정에서 단순히 그 1인주주의 위임 또는 승낙을 받지 않았다고 하여 그 대표권 행사가 권한을 넘어서는 행위가 되는 것은 아니다.[11]

1996. 1. 26. 선고 94다42754 판결(대여금) 등도 모두 동일하게 대표이사가 정관의 규정과 달리 이사회결의 없이 연대보증한 사안이었는데, 상대방이 이사회의 결의가 없었음을 알았거나 알 수 있었을 때에는 무효를 주장할 수 있다고 판시하였다. 결국 우리 대법원은 법률상 요구되는 이사회결의를 결한 행위(제393조)와 내부적 제한을 구별하지 않고, 상대방이 이사회의 결의가 없었음을 알았거나 알 수 있었을 때에는 무효를 주장할 수 있다고 보는 것이다. 사견으로는, 법령상 이사회 결의를 거쳐야 하는 경우(제393조)와 달리 내부적 제한의 경우에는 제 3 자가 내부적 기준을 알기 어렵고, 또 특별한 사정이 없는 한 회사의 대표자가 거래에 필요한 회사의 내부절차는 마쳤을 것으로 신뢰하였다고 보는 것이 일반 경험칙에 부합하는 해석이라는 점(대법원 2009. 3. 26. 선고 2006다47677 판결)을 고려하면, 경과실도 보호하지 않는 것은 거래의 안전상 문제가 있다고 본다. 제 3 자가 이사회의 결의가 없었음을 알았거나 몰랐더라도 중대한 과실이 있는 경우에만 무효로 보는 것이 옳고, 그 증명책임을 회사에게 부담시키는 것이 타당하다고 생각한다. 대법원 1997. 8. 26. 선고 96다36753 판결(약속어음금)은 지배인의 권한제한(제11조 제 3 항)에 관해서 "제 3 자가 대리권의 제한 사실을 알고 있었던 경우뿐만 아니라 알지 못한 데에 중대한 과실이 있는 경우에도 영업주는 그러한 사유를 들어 상대방에게 대항할 수 있고, 이러한 제 3 자의 악의 또는 중대한 과실에 대한 주장 · 입증책임은 영업주가 부담한다."고 하여 모른 데에 중대한 과실이 있는 경우에만 악의로 취급하고 있다. 이 판결이 타당하다고 본다.

10 이 판결 자체로는 내부적 제한으로 대항할 수 없는 선의의 제 3 자(제389조 제 3 항, 제209조 제 2 항)의 범위에 알지 못한 데에 경과실 또는 중과실이 있는 제 3 자가 포함되는지 여부가 분명하지 않다. 그러나 다수의 대법원 판결들(위 대법원 1993. 6. 25. 선고 93다13391 판결 등)은 단순한 경과실이 있는 제 3 자에게도 대항할 수 있다는 취지로 판시하고 있다.

11 새로 선임된 주식회사의 대표이사가 이미 퇴임한 전 대표이사를 대표자로 표시하여 회사 명의의 문서를

다. 대표권의 남용

대법원 2004. 3. 26. 선고 2003다34045 판결(예탁금반환등)[12]

[1] 대표이사의 대표권한 범위를 벗어난 행위라 하더라도 그것이 회사의 권리
능력의 범위 내에 속한 행위이기만 하면 대표권의 제한을 알지 못하는 제3자가
그 행위를 회사의 대표행위라고 믿은 신뢰는 보호되어야 하고, 대표이사가 대표권
의 범위 내에서 한 행위는 설사 대표이사가 회사의 영리목적과 관계없이 자기 또
는 제3자의 이익을 도모할 목적으로 그 권한을 남용한 것이라 할지라도 일단 회
사의 행위로서 유효하고, 다만 그 행위의 상대방이 대표이사의 진의를 알았거나
알 수 있었을 때에는 회사에 대하여 무효가 되는 것이며, 이는 민법상 법인의 대
표자가 대표권한을 남용한 경우에도 마찬가지이다.[13]

작성하였더라도 위 문서에 의해 표현된 의사의 귀속주체가 대표이사 개인이 아닌 주식회사인 이상 문서위조
죄는 성립하지 않는다. 그 문서의 내용 중 일부가 허위이거나, 위 주식회사의 운영을 실질적으로 장악·통제
하고 있는 1인 주주의 구체적인 위임이나 승낙을 받지 않았더라도 마찬가지이다.

12 원고법인(공제조합)이 피고 하나은행에 예탁금의 반환을 구하였고, 피고은행이 그에 대하여 원고의 대출
금채무 또는 불법행위로 인한 손해배상채무와의 상계를 주장하였다. 원고의 대표자(이사장)가 피고 하나은행
지점에서 개인의 이익을 도모할 목적으로 예금담보대출을 받았는데, 피고의 지점장이 그 남용사실을 알 수
있었음에도 은행의 여수신 실적에 도움이 된다는 이유로 대출을 승인해 주었으므로, 피고은행은 원고에 대
하여 대출의 유효를 주장할 수 없다고 하여 상계항변을 배척하였다([1]). 다만, 법인의 대표자가 그 업무집행
으로 인하여 타인에게 손해를 가한 때에는 법인과 대표자는 연대하여 손해를 배상할 책임이 있다(민법 제35
조). 대표자의 행위가 대표권한의 범위를 벗어난 행위라 하더라도 외형상으로 대표자의 직무범위 내의 행위
로 보이는 경우에도 법인의 불법행위가 성립할 수 있지만, 그 대표자의 행위가 직무에 관한 행위에 해당하지
아니함을 피해자 자신이 알았거나 또는 중대한 과실로 인하여 알지 못한 경우에는 법인이 손해배상책임을
지지 않는다. 이러한 법리는 주식회사의 경우에도 적용된다(제389조 제3항, 제210조). 사안에서는 원고의
대표자의 외형상 직무행위로 인하여 피고은행이 손해를 입었고, 피고은행의 지점장이 원고 대표자가 직무권
한 내에서 적법하게 행위하는 것이 아니라는 사정을 모른 데에 중과실이 있다고 볼 수 없으므로, 원고법인의
불법행위로 인한 손해배상책임이 인정되었고, 피고은행의 과실비율을 20%로 하여 과실상계한 금액과의 상
계를 인용하였다([2]). 다만, 원심은 위 손해배상을 명하면서 상사법정이율(연 6%)을 적용하였으나 불법행위
로 인한 채무에는 민사법정이율(5%)이 적용되어야 한다고 하였다([3]). 그리고 과실상계 후의 배상금액에서,
원고의 대표자가 이자 명목으로 피고은행에 지급한 금액 중 원고의 과실비율(80%)에 상당하는 금액은 손익
상계로 공제해야 한다고 하였다([4])(원심은 전액을 공제하였음). 위 모든 법리는 원고가 주식회사인 경우에
도 마찬가지로 적용될 수 있을 것이다(대법원 2008. 5. 15. 선고 2007다23807 판결, 대법원 2005. 7. 28.
선고 2005다3649 판결 등).

13 판례는 민법 제107조 단서를 유추적용하여 상대방이 알았거나 알 수 있었던 경우에는 무효로 본다(심리
유보설). 그러나 학설은 제3자가 대표권 남용행위임을 알고 있었거나 중과실로 모른 경우에 회사에 대하여
권리를 주장하는 것은 신의칙위반이나 권리남용에 해당하여 허용될 수 없다는 견해가 많다(권리남용설). 대
표권남용에서는 대표이사의 진위와 표시행위가 일치하여 민법 제107조의 비진의표시와는 그 구조가 전혀
다르다. 그리고 상대방이 대표이사의 남용의 의사를 알기가 쉽지 않다는 점에서 경과실이 있는 경우까지 무
효로 보면 거래안전에 문제가 있으므로 권리남용설이 타당하다고 생각한다.

[2] 법인의 대표자의 행위가 직무에 관한 행위에 해당하지 아니함을 피해자 자신이 알았거나 또는 중대한 과실로 인하여 알지 못한 경우에는 법인에게 손해배상책임을 물을 수 없다고 할 것이고, 여기서 중대한 과실이라 함은 거래의 상대방이 조금만 주의를 기울였더라면 대표자의 행위가 그 직무권한 내에서 적법하게 행하여진 것이 아니라는 사정을 알 수 있었음에도 만연히 이를 직무권한 내의 행위라고 믿음으로써 일반인에게 요구되는 주의의무에 현저히 위반하는 것으로 거의 고의에 가까운 정도의 주의를 결여하고, 공평의 관점에서 상대방을 구태여 보호할 필요가 없다고 봄이 상당하다고 인정되는 상태를 말한다.

[3] 상법 제54조의 상사법정이율은 상행위로 인한 채무나 이와 동일성을 가진 채무에 관하여 적용되는 것이고, 상행위가 아닌 불법행위로 인한 손해배상채무에는 적용되지 아니한다.

[4] 피용자 본인이 불법행위의 성립 이후에 피해자에게 손해액의 일부를 변제하였다면, 피용자 본인의 피해자에 대한 변제금 중 사용자의 과실비율에 상응하는 부분만큼은 손해액의 일부로 변제된 것으로 보아 사용자의 손해배상책임이 그 범위 내에서는 소멸하게 되고, 따라서 사용자가 배상할 손해배상의 범위를 산정함에 있어 피해자의 과실을 참작하여 산정된 손해액에서 과실상계를 한 다음 피용자 본인의 변제금 중 사용자의 과실비율에 상응하는 부분을 공제하여야 하며, 이러한 법리는 피용자 본인이 불법행위의 성립 이후에 피해자에 대하여 일부 금원을 지급함에 있어서 명시적으로 손해배상의 일부 변제조로 지급한 것은 아니지만 불법행위를 은폐하거나 기망의 수단으로 지급한 경우(불법 차용행위를 은폐하기 위하여 피해자에게 차용금에 대한 이자 명목의 금원을 지급한 경우 등)에도 마찬가지로 적용되어야 하고, 또 이는 법인의 대표자에 의한 불법행위로 법인의 불법행위책임이 성립하는 경우에도 다를 바가 없다.

3. 법률행위의 대리

대법원 1997. 3. 25. 선고 96다51271 판결(소유권이전등기)

[1] 법률행위에 의하여 수여된 대리권은 원인된 법률관계의 종료에 의하여 소멸하는 것이므로 특별한 사정이 없는 한, 매수명의자를 대리하여 매매계약을 체결하였다고 하여 곧바로 대리인이 매수인을 대리하여 매매계약의 해제 등 일체의 처분권과 상대방의 의사를 수령할 권한까지 가지고 있다고 볼 수는 없다.[14]

[2] 민법 제125조의 표현대리에 해당하기 위하여는 상대방은 선의·무과실이어야 하므로 상대방에게 과실이 있다면 제125조의 표현대리를 주장할 수 없다.[15]

---

14 원고는 甲의 중개로 피고회사와 오피스텔 분양계약을 체결하고 당일 A회사에 계약금으로 액면금 3백만 원의 당좌수표 1장을 교부하였다. 甲은 피고회사 소유의 오피스텔의 분양업무를 대리하고 있던 A주식회사에게 오피스텔의 분양희망자를 중개하여 주고 그 대가로 A회사로부터 수수료를 지급받기로 한 자였다. A회사는 계약 다음날 원고로부터 받은 위 당좌수표가 지급이 되지 않는 것임을 확인하자, 甲이 보관하던 원고의 분양계약서를 반환받고 甲이 써준 원고명의의 분양포기각서를 교부받았다. 그런데 甲은 자신의 명의로 영수증을 써주면서 원고로부터 수차례에 걸쳐 중도금과 잔금 합계 금 8천만 원을 받아 이를 A회사나 피고회사에 지급하지 않고 횡령하였다. 이후 원고가 피고회사에게 소유권이전등기를 청구하자 피고회사는 분양계약이 합의해제되었다고 주장하였다. 그러나 피고회사는 甲으로부터 원고의 분양계약서를 반환받았을 뿐 원고와 분양계약의 해제를 합의한 것은 아니다. 참고로 매매계약을 체결할 대리권이 있는 사람은 특별한 사정이 없는 한 그 매매에 따른 매매대금(중도금이나 잔금 등)을 수령할 권한도 있고(대법원 1991. 1. 29. 선고 90다9247 판결 등), 매매계약의 체결과 이행에 관하여 포괄적으로 대리권을 수여받은 대리인은 특별한 다른 사정이 없는 한 상대방에 대하여 약정된 매매대금지급기일을 연기하여 줄 권한도 가진다고 보아야 하며(대법원 1992. 4. 14. 선고 91다43107 판결), 어떠한 계약을 체결할 권한이 있는 대리인은 그 계약 해제의 의사표시를 수령할 권한은 있으나(대법원 1991. 9. 13. 선고 91다18651 판결), 그 계약을 해제할 권한은 없다(대법원 1997. 3. 25. 선고 96다51271 판결 등). 사안에서 원고가 甲에게 자신을 대리하여 분양계약을 체결할 권한을 주었다고 가정하더라도, 그 대리인 甲이 원고를 대리하여 분양계약을 해제할 권한까지 있는 것은 아니다. 따라서 피고회사가 주장하는 해제의 효력이 발생한 것은 아니다. 다만, 피고회사는 甲이 원고를 대리하여 분양계약을 합의해제할 권한이 있다고 믿을 만한 정당한 사유가 있었다는 주장(민법 제126조의 표현대리)을 할 수 있을 것이다.

15 피고회사의 대리인인 A회사와 원고가 甲의 중개로 체결한 분양계약은 효력이 있다. 다만, 피고회사는 甲에게 분양계약서의 작성이나 분양대금수납에 관한 대리권을 수여한 바가 없으므로, 甲이 원고로부터 분양대금을 수령한 것을 피고회사가 수령한 것으로 볼 수는 없다. 원고는 민법 제126조의 표현대리를 주장하였지만, 법원은 피고회사가 甲에게 오피스텔에서 분양사무실을 차려놓고 분양계약권과는 구별되는 분양업무를 중개하도록 한 것 또는 甲이 임의로 분양사업본부의 대표이사라는 명함을 사용한 것만으로는 피고회사를 대리하여 분양계약의 체결 및 분양대금의 수령의 대리권을 甲에게 수여한 것이라고 볼 수 없고, 따라서 분양계약과 관련된 기본적인 대리권을 수여한 것이라고도 볼 수 없다고 하여 받아들이지 않았다. 원고는 나아가 민법 제125조의 표현대리를 주장하였다. 甲이 분양중개를 하고 분양사업본부의 대표이사라는 명함을 사용하여 왔으므로 피고회사측에서 甲에게 대리권수여의 의사를 표시한 것으로 볼 여지가 있다 하더라도, 원고로서는 피고회사 또는 A회사에게 甲의 대리권 유무를 확인하여 보았더라면 그가 단순한 중개인에 불과하고 오피스텔의 매매대금을 수령할 대리권이 없다는 점을 쉽게 알 수 있었을 것임에도 이를 게을리한 과실이 있다고 보아 원고의 주장을 받아들이지 않았다. 한편, 원고가 A회사에게 교부한 당좌수표는 특약이 없는 한 분양

대법원 2009. 1. 30. 선고 2008다79340 판결(유류대금)[16]

민법 제114조 제1항은 "대리인이 그 권한 내에서 본인을 위한 것임을 표시한 의사표시는 직접 본인에게 대하여 효력이 생긴다"라고 규정하고 있으므로, 원칙적으로 대리행위는 본인을 위한 것임을 표시하여야 직접 본인에 대하여 효력이 생기는 것이고, 한편 민법상 조합의 경우 법인격이 없어 조합 자체가 본인이 될 수 없으므로, 이른바 조합대리에 있어서는 본인에 해당하는 모든 조합원을 위한 것임을 표시하여야 하나, 반드시 조합원 전원의 성명을 제시할 필요는 없고, 상대방이 알 수 있을 정도로 조합을 표시하는 것으로 충분하다. 그리고 상법 제48조는 "상행위의 대리인이 본인을 위한 것임을 표시하지 아니하여도 그 행위는 본인에 대하여 효력이 있다. 그러나 상대방이 본인을 위한 것임을 알지 못한 때에는 대리인에 대하여도 이행의 청구를 할 수 있다"고 규정하고 있으므로, 조합대리에 있어서도 그 법률행위가 조합에게 상행위가 되는 경우에는 조합을 위한 것임을 표시하지 않았다고 하더라도 그 법률행위의 효력은 본인인 조합원 전원에게 미친다.[17]

대금의 일부인 계약금의 지급에 갈음하여 교부된 것이 아니라 기존채무의 변제 확보의 방법 또는 변제의 방법으로 보아야 한다. 따라서 원고는 아직 계약금을 지급한 것이 아니다.

16 甲과 乙이 골재를 생산하여 그 이익금을 50:50으로 나누어 분배하기로 하되 골재생산 관련 제반 실무는 乙이 담당하는 동업계약을 하였다. 대법원은, 乙이 甲과 乙을 조합원으로 한 민법상 조합의 업무집행조합원에 해당한다고 볼 수 있고, 乙이 위 골재 현장 작업에 투입될 중장비 등에 사용할 목적으로 유류를 공급받는 행위는 골재생산업을 영위하는 상인인 조합이 그 영업을 위하여 하는 행위로서 상법 제47조 제1항에 정한 보조적 상행위에 해당한다고 볼 여지가 충분하므로, 乙이 위 골재현장에 필요한 유류를 공급받으면서 그 상대방에게 조합을 위한 것임을 표시하지 아니하였다 하더라도 상법 제48조에 따라 그 유류공급계약의 효력은 본인인 조합원 전원에게 미친다고 하였다.

17 다만, 대리인이 불법행위를 한 경우 그 효과는 본인에게 발생하지 않고, 사용관계가 있으면 사용자책임을 질 수는 있다(민법 제756조). 대리에 의한 법률행위에서 비진의의사표시·허위표시·착오·사기·강박·악의·과실 등 의사표시의 효력에 영향을 미치는 사항들은 본인이 아닌 대리인을 기준으로 판단해야 한다(동법 제116조 제1항). 다만, 특정한 법률행위의 위임에서 대리인이 본인의 지시를 좇아 대리행위를 한 때에는 본인에게 악의나 과실이 있으면 대리인이 선의라고 하더라도 대리인의 선의를 주장하지 못한다(동조 제2항). 민법에 규정은 없지만 폭리행위의 판단에서 매도인의 경솔과 무경험도 대리인을 기준으로 해야 할 것이다. 다만, 궁박상태는 매도인 본인을 기준으로 해야 한다(대법원 1972. 4. 25. 선고 71다2255 판결). 그리고 대리인이 매도인의 배임행위에 적극 가담하여 부동산 2중매매계약을 체결한 경우 본인이 이를 몰랐더라도 대리인을 기준으로 하여 반사회질서로 무효라고 본 판결이 있다(대법원 1998. 2. 27. 선고 97다45532 판결). 한편, 회사의 경우에는 대표자를 기준으로 판단해야 한다(민법 제59조 제2항, 제116조). 다만, 회사가 대리인을 통해 법률행위를 한 경우에는 그 대리인을 기준으로 한다.

Ⅱ. 상업사용인

1. 지 배 인

대법원 1997. 8. 26. 선고 96다36753 판결(약속어음금)[18]

[1] 지배인은 영업주에 갈음하여 그 영업에 관한 재판상 또는 재판 외의 모든 행위를 할 수 있고, 지배인의 대리권에 대한 제한은 선의의 제3자에게 대항하지 못하며, 여기서 지배인의 어떤 행위가 영업주의 영업에 관한 것인가의 여부는 지배인의 행위 당시의 주관적인 의사와는 관계없이 그 행위의 객관적 성질에 따라 추상적으로 판단되어야 한다.[19]

[2] 지배인의 어떤 행위가 그 객관적 성질에 비추어 영업주의 영업에 관한 행위로 판단되는 경우에, 지배인이 영업주가 정한 대리권에 관한 제한 규정에 위반하여 한 행위에 대하여는, 제3자가 위 대리권의 제한 사실을 알고 있었던 경우뿐만 아니라 알지 못한 데에 중대한 과실이 있는 경우에도 영업주는 그러한 사유를 들어 상대방에게 대항할 수 있고, 이러한 제3자의 악의 또는 중대한 과실에 대한 주장·입증책임은 영업주가 부담한다.

[3] 지배인이 내부적인 대리권 제한 규정에 위배하여 어음행위를 한 경우, 이러한 대리권의 제한에 대항할 수 있는 제3자의 범위에는 그 지배인으로부터 직접 어음을 취득한 상대방뿐만 아니라 그로부터 어음을 다시 배서·양도받은 제3취득

---

18 피고은행 삼성출장소의 소장인 甲이 피고은행의 지배인으로서 피고은행의 규정에 융통어음의 배서가 금지되고 있는데도 융통어음을 乙에게 배서양도하였고, 원고는 乙로부터 어음을 담보로 취득하고 대출을 하였던 사안이었다. 원고가 피고은행에 위 융통어음에 대한 상환의무의 이행을 청구하자, 피고은행은 원고가 이 사건 어음을 취득할 당시 甲이 지배인의 대리권에 대한 제한을 위반하여 어음에 배서한 사실을 알고 있었으므로 위 대리권의 제한으로 원고에 대항할 수 있다고 주장하였다. 법원은 원고가 이 사건 어음을 취득할 당시 甲에게 이 사건 어음에 배서할 권한이 없음을 알았다거나 알지 못한 데에 중대한 과실이 있었다고 인정할 증거가 없다고 하여 피고은행의 항변을 받아들이지 않았다. 참고로 융통어음이란 타인이 제3자로부터 금융을 얻는 것을 도와줄 목적으로 원인관계상의 대가관계 없이 호의적으로 발행해 주는 어음을 말한다. 융통어음이라는 항변은 직접의 상대방인 수취인에게 주장할 수 있을 뿐이고, 그 외의 취득자에게는 선의·악의 또는 기한후배서인지를 불문하고 주장할 수 없다.
19 상업사용인은 상인의 영업범위 내에 속하는 일에 관하여 그 상인을 대리할 수 있고 영업과 관계없는 일에 관하여는 특별한 수권이 없는 한 대리권이 없다(대법원 1984. 7. 10. 선고 84다카424, 425 판결). 그리고 지배인의 행위가 영업주의 영업에 관한 것인가의 여부는 지배인의 행위당시의 주관적 의사와는 관계없이 그 행위의 객관적 성질에 따라 추상적으로 판단되어야 한다(대법원 1998. 8. 21. 선고 97다6704 판결). 위 대법원 84다카424, 425 판결의 사안에서는, 슈퍼마켓체인점 영업을 하는 피고회사의 지점장인 甲이 자신이 원고로부터 매수한 부동산 대금의 지급을 위하여 자기 명의의 어음을 발행하고 그 어음금의 지급을 담보하는 뜻으로 피고회사 명의의 배서를 대행하였는데, 피고회사가 그 지배인인 甲 개인의 토지매매대금채무의 변제를 담보하는 일은 피고회사의 영업범위 내에 속하는 일이라고 볼 수 없다고 하였다.

자도 포함된다.

대법원 1999. 3. 9. 선고 97다7721, 7738 판결((본소)약속어음인도 · (반소)손해배상(기))[20]

지배인의 행위가 영업에 관한 것으로서 대리권한 범위 내의 행위라 하더라도 영업주 본인의 이익이나 의사에 반하여 자기 또는 제 3 자의 이익을 도모할 목적으로 그 권한을 행사한 경우에 그 상대방이 지배인의 진의를 알았거나 알 수 있었을 때에는 민법 제107조 제 1 항 단서의 유추해석상 그 지배인의 행위에 대하여 영업주 본인은 아무런 책임을 지지 않는다고 보아야 하고, 그 상대방이 지배인의 표시 의사가 진의 아님을 알았거나 알 수 있었는가의 여부는 표의자인 지배인과 상대방 사이에 있었던 의사표시 형성 과정과 그 내용 및 그로 인하여 나타나는 효과 등을 객관적인 사정에 따라 합리적으로 판단하여야 한다.[21]

2. 부분적 포괄대리권을 가진 상업사용인

대법원 1996. 8. 23. 선고 95다39472 판결(어음추심금)

주식회사의 기관인 상무이사라 하더라도 상법 제15조 소정의 부분적 포괄대리권을 가지는 그 회사의 사용인을 겸임할 수 있다.

---

20 원고은행의 지점장인 甲은 자신이 유용한 회사자금을 마련하기 위하여 그의 지점에서 담보용으로 보관 중인 어음을 임의로 유출하여 피고에게 할인하거나 그 할인금에 대한 담보로 피고에게 교부하였다. 이후 원고은행은 피고에게 어음의 반환을 구하는 이 사건 소를 제기하였다. 법원은 그 어음할인과 어음양도는 은행의 이익과 의사에 반하여 그 지점장 자신의 이익을 위하여 한 배임적인 행위로서, 평소 씨다나 어음할인 업무를 해왔던 피고로서도 제반 사정에 비추어 통상의 주의만 기울였다면 이를 충분히 알 수 있었으므로, 위 어음할인 및 양도행위는 영업주 본인인 은행에 대한 관계에서 무효라고 하였다. 피고는 반소로서 원고은행에 사용자책임을 물었는데, 법원은 "피용자의 불법행위가 외관상 사무집행의 범위 내에 속하는 것으로 보이는 경우에 있어서도, 피용자의 행위가 사용자나 사용자에 갈음하여 그 사무를 감독하는 자의 사무집행 행위에 해당하지 않음을 피해자 자신이 알았거나 또는 중대한 과실로 알지 못한 경우에는 사용자 혹은 사용자에 갈음하여 그 사무를 감독하는 자에 대하여 사용자책임을 물을 수 없다."는 전제에서, 은행 지점장으로부터 높은 할인율로 어음을 할인하면서 그 할인금을 2개월 이내에 현금으로 변제하기로 한 경우, 일반적으로 은행이 금융기관이 아닌 개인으로부터 이와 같은 방식으로 금원을 차용하는 일은 있을 수 없는 점에 비추어, 그 지점장의 행위가 은행의 정당한 사무집행에 해당되지 않음을 피해자(피고)도 알고 있었다고 봄이 상당하다는 이유로 피고의 반소를 기각하였다.
21 대법원 1987. 3. 24. 신고 86다카2073 판결은 "지배인의 행위가 그 객관적 성질에 비추어 영업주의 영업에 관한 행위로 판단되는 경우에도 지배인이 자기 또는 제 3 자의 이익을 위하여 또는 그 대리권에 관한 제한에 위반하여 한 행위에 대하여는 그 상대방이 악의인 경우에 한하여 영업주는 그러한 사유를 들어 상대방에게 대항할 수 있다."고 판시하였다. 위 판결을 지배권남용에 있어서 권리남용설과 같은 결론은 취한 판결로 소개하는 경우가 있으나, 그 이후에는 이 사건 판결과 같이 민법 제107조를 유추적용하여 판단한 것들이 대부분이어서 이에 관한 대법원의 입장이 확립된 것으로 보인다.

대법원 2009. 5. 28. 선고 2007다20440, 20457 판결(물건인도·물품대금)

상법 제15조에 의하여 부분적 포괄대리권을 가진 상업사용인은 그가 수여받은 영업의 특정한 종류 또는 특정한 사항에 관한 재판 외의 모든 행위를 할 수 있으므로 개개의 행위에 대하여 영업주로부터 별도의 수권이 필요 없으나, 어떠한 행위가 위임받은 영업의 특정한 종류 또는 사항에 속하는가는 당해 영업의 규모와 성격, 거래행위의 형태 및 계속 반복 여부, 사용인의 직책명, 전체적인 업무분장 등 여러 사정을 고려해서 거래통념에 따라 객관적으로 판단하여야 한다.[22]

대법원 1994. 10. 28. 선고 94다22118 판결(매매대금)

[1] 오피스텔 건물의 분양사업을 영위하는 자의 위임을 받아 관리부장 또는 관리과장의 직책에 기하여 실제로 오피스텔 건물에 관한 분양계약의 체결 및 대금수령, 그리고 그 이행책임을 둘러싼 계약상대방의 이의제기에 따른 분쟁관계의 해결 등 일체의 분양관련 업무를 처리하여 온 자들은, 특히 그 업무의 수행이 단지 일회적으로 그치게 되는 것이 아니라 당해 오피스텔 건물의 분양이 완료될 때까지 계속적으로 반복되는 상행위인 성질에 비추어 볼 때, 상법 제15조 소정의 영업의 특정된 사항에 대한 위임을 받은 사용인으로서 그 업무에 관한 부분적 포괄대리권을 가진 상업사용인으로 봄이 타당하다.

[2] [1]항의 분양관련 업무를 처리해 온 자들의 업무의 범위 속에는 오피스텔 건물에 관한 분양계약의 체결은 물론이고, 기존 분양계약자들과의 분양계약을 합의해제하거나 해제권 유보에 관한 약정을 체결하고, 나아가 그에 따른 재분양계약을 체결하는 일체의 분양거래행위도 당연히 포함되는 것이라고 봄이 상당하고, 이러한 건물의 일반분양업무는 통상 개별적인 분양계약의 체결에 그치지 않고, 사정에 따라 그 일부분양의 취소 내지 해제와 이에 따른 보완적인 재분양계약의 체결 등의 거래행위가 순차적, 계속적으로 수행되는 것이므로, 일반 거래상대방의 보호

---

22 甲은 피고의 사용인으로서 원고와 물품매매계약을 체결하면서 매수인인 원고가 물품대금을 선불로 지급해주면 원고가 구입하는 수량의 일정비율을 무상으로 공급해주겠다는 약정을 하였다. 원고가 위 약정에 따른 무상공급물품의 인도를 청구하자, 피고는 이를 거절하면서 미지급 물품대금을 청구하고 선택적으로 위 약정의 무효를 이유로 한 부당이득반환을 구하는 반소를 제기하였다. 대법원은 甲이 피고의 영업부 직원으로서 주임, 계장 및 팀장이라는 이름으로 원고와 물품의 공급과 대금의 회수 등의 거래를 전담하여 왔다는 점에서 제15조 소정의 영업의 특정된 사항에 관한 위임을 받은 사용인으로서 그 업무에 관한 부분적 포괄대리권을 가진 상업사용인에 해당한다고 보았다. 그리고 甲의 업무범위 속에는 판매계약을 체결하고, 상품 및 대금을 수수·감액하며, 지급을 유예하는 등 상품매매에 수반해서 발생하는 모든 영업상의 행위에 대해 영업주를 대리하는 권한이 포함된다고 하였다. 따라서 위와 같이 무상공급을 포함한 선급금거래를 할 권한이 있다고 판시하였다.

를 위하여는 이러한 모든 행위가 일률적으로 그 업무범위 내에 속한다고 보아야 지, 그 중에서 분양계약의 취소, 해제만을 따로 떼어 그 업무는 본인이 이를 직접 수행하든지 분양업무를 맡은 사용인에게 별도의 특별수권을 하여야 한다고 새겨서 는 안 될 것이다.[23]

대법원 1990. 1. 23. 선고 88다카3250 판결(대여금)

일반적으로 주식회사의 경리부장은 경상자금의 수입과 지출, 은행거래, 경리 장부의 작성 및 관리 등 경리사무 일체에 관하여 그 권한을 위임받은 것으로 봄이 타당하고 그 지위나 직책, 회사에 미치는 영향, 특히 회사의 자금차입을 위하여 이 사회의 결의를 요하는 등의 사정에 비추어 보면, 특별한 사정이 없는 한 독자적인 자금차용은 회사로부터 위임되어 있지 않다고 보아야 할 것이므로, 경리부장에게 자금차용에 관한 상법 제15조의 부분적 포괄대리권이 있다고 할 수 없다.[24]

---

23 원고가 계약해제로 인한 대금반환을 청구하였고, 피고회사가 사용인인 관리부장 등의 대리권이 없음을 주장하였던 사안이었다. 어떠한 계약을 체결할 권한이 있는 민법상의 대리인은 그 계약의 해제의 의사표시 를 수령할 권한은 있으나(대법원 1991. 9. 13. 선고 91다18651 판결), 그 계약을 해제할 권한은 없다(대법원 1997. 3. 25. 선고 96다51271 판결 등)는 점과 비교해 보라.

24 상인의 대리인 또는 상업사용인의 행위에 대하여 본인(영업주)에게 책임을 물으려면, ① 먼저 상업사용 인 또는 대리인이 본인으로부터 대리권을 수여받았는지 여부를 검토하고(유권대리), ② 만일 대리권이 없는 경우(무권대리)에는, 표현지배인(제14조)이나 민법상의 표현대리(동법 제125조, 제126조, 제129조) 등이 성 립하여 영업주에게 표현책임(계약책임)을 물을 수 있는지를 검토할 필요가 있으며, ③ 나아가 표현책임이 성 립하지 않는 경우라도 영업주의 사용자책임(민법 제756조) 등 불법행위책임이 성립하는지를 검토해 보아야 한다. 위 판결은 위와 같이 대리권이 없다고 판단하였고, 나아가 다음과 같이 표현책임을 부정하였다. "원고 은행의 직원이 대부담당 사무계통을 통하여 적법한 피고회사의 차금요청이 있었는가를 확인하는 등 원고은 행 소정의 대출절차를 밟았더라면 피고회사의 경리부장에게 대리권이 있는지의 여부를 알 수 있었던 경우에 는 비록 위 은행직원이 피고회사의 경리부장에게 자금차용에 관한 대리권이 있었다고 믿었더라도 거기에는 위와 같은 주의를 다하지 아니한 과실이 있었다고 할 것이어서 결국 원고은행으로서는 피고회사에게 표현대 리 책임을 물을 수 없다." 그리고, 다음과 같이 사용자책임은 인정하였다. "피고회사의 자금을 횡령하여 사채 거래를 해온 그 회사 경리부장에게 원고은행의 직원이 자기앞수표를 발행하여 그 경리부장이 거래하는 사채 업자의 여직원에게 교부하고, 위 경리부장이 자기의 개인자금을 관리하기 위하여 피고회사의 이름으로 원고 은행의 다른 지점에 구좌를 개설하여 이용하다가 대표이사의 도장을 위조하여 개인신고를 한 보통예금구좌 에 전금하여 주는 등의 방법으로 대출하였다고 하더라도, 위 은행직원이 위 경리부장과의 사적인 거래를 위 한 것이라기보다는 직무에 관하여 피고회사에게 전과 같은 방법으로 삼시 금융의 편의를 제공하여 준다는 의사로 한 것이라면, 위 원고은행 직원은 피고회사의 경리부장에게 자금차용에 관한 대리권이 있었던 것으 로 믿고 이 사건 자기앞수표 발행 등을 하였던 것으로 보아야 할 것이고 피고회사의 경리부장으로서 은행거 래, 유가증권의 할인 등에 의한 회사자금조달 등의 사무를 집행하는 자의 이 사건 차금행위는 외형상 그의 사무집행에 관하여 이루어진 것이라 할 것이므로 피고회사는 위 경리부장의 사용자로서 그로 인하여 원고은 행이 입은 손해를 배상할 의무가 있다."

대법원 1994. 9. 30. 선고 94다20884 판결(장비사용료등)

[1] 건설업을 목적으로 하는 건설회사의 업무는 공사의 수주와 공사의 시공이라는 두 가지로 크게 나눌 수 있는데, 건설회사 현장소장은 일반적으로 특정된 건설현장에서 공사의 시공에 관련한 업무만을 담당하는 자이므로 특별한 사정이 없는 한 상법 제14조 소정의 본점 또는 지점의 영업주임 기타 유사한 명칭을 가진 사용인 즉 이른바 표현지배인이라고 할 수는 없고, 단지 상법 제15조 소정의 영업의 특정한 종류 또는 특정한 사항에 대한 위임을 받은 사용인으로서 그 업무에 관하여 부분적 포괄대리권을 가지고 있다고 봄이 상당하다.

[2] 건설현장의 현장소장의 통상적인 업무의 범위는 그 공사의 시공에 관련한 자재, 노무관리 외에 그에 관련된 하도급계약 계약체결 및 그 공사대금지급, 공사에 투입되는 중기 등의 임대차계약체결 및 그 임대료의 지급 등에 관한 모든 행위이고, 아무리 소규모라 하더라도 그와 관련 없는 새로운 수주활동을 하는 것과 같은 영업활동은 그의 업무범위에 속하지 아니한다. 그리고 일반적으로 건설회사의 현장소장에게는 회사의 부담으로 될 채무보증 또는 채무인수 등과 같은 행위를 할 권한이 회사로부터 위임되어 있다고 볼 수는 없다.[25]

대법원 2008. 7. 10. 선고 2006다43767 판결(상품권판매대금)[26]

부분적 포괄대리권을 가진 상업사용인이 그 범위 내에서 한 행위는 설사 상업

---

25 부분적 포괄대리권을 가진 상업사용인의 포괄적인 대리권의 범위에 관한 다른 대법원 판결들을 보면, 대법원 2006. 6. 15. 선고 2006다13117 판결(물품대금)은, "전산개발장비 구매와 관련된 실무를 총괄하는 상업사용인의 지위에 있는 자가 회사에 새로운 채무부담을 발생시키는 지급보증행위를 하는 것은 부분적 포괄대리권을 가진 상업사용인의 권한에 속하지 않는다."고 하였다. 그리고 대법원 1994. 1. 28. 선고 93다49703 판결(대여금)은 "일반적으로 증권회사의 지점장대리는 그 명칭 자체로부터 상위직의 사용인의 존재를 추측할 수 있게 하는 것이므로, 상법 제14조 소정의 영업주임 기타 이에 유사한 명칭을 가진 사용인이라고 할 수는 없고, 단지 같은 법 제15조 소정의 영업의 특정한 종류 또는 특정한 사항에 대한 위임을 받은 사용인으로서 그 업무에 관한 부분적 포괄대리권을 가진 사용인으로 봄이 타당하다."고 한 후, "증권회사의 지점장대리는 그 지위나 직책, 특히 증권거래법에 의하면, 증권회사 또는 그 임직원이 고객에 대하여 유가증권의 매매거래에서 발생하는 손실의 전부 또는 일부를 부담할 것을 약속하고 그 매매거래를 권유하는 행위를 금지하고 있는 점 등의 사정에 비추어 볼 때, 특별한 사정이 없는 한 증권회사 지점장대리와 고객과의 사이에서 증권회사의 채무부담행위에 해당하는 손실부담약정을 체결하는 것은 위 대리권의 범위에 속한다고 볼 수 없다."고 판시하였다.
26 중소기업유통센터(피고)의 특판영업파트장 또는 과장이 롯데닷컴(원고)과 상품권구매계약을 하였던 사안이었는데, 상품권구매업무는 객관적·추상적으로 보아 그들의 대리권의 범위에 속한다고 보았으나, 원고가 과실로 이 사건과 같은 비정상적인 상품권구매계약이 대리권남용 행위임을 알지 못했다고 보아 일단 무효로 판단하였고, 다만 사무집행이 아니라는 점을 알았거나 중대한 과실로 알지 못했다고 볼 수는 없다고 하여 사용자책임은 인정하였다.

사용인이 영업주 본인의 이익이나 의사에 반하여 자기 또는 제 3 자의 이익을 도모할 목적으로 그 권한을 남용한 것이라 할지라도 일단 영업주 본인의 행위로서 유효하나, 그 행위의 상대방이 상업사용인의 진의를 알았거나 알 수 있었을 때에는 민법 제107조 제 1 항 단서의 유추해석상 그 행위에 대하여 영업주 본인에 대하여 무효가 되고, 그 상대방이 상업사용인의 표시된 의사가 진의 아님을 알았거나 알 수 있었는가의 여부는 표의자인 상업사용인과 상대방 사이에 있었던 의사표시 형성 과정과 그 내용 및 그로 인하여 나타나는 효과 등을 객관적인 사정에 따라 합리적으로 판단하여야 한다.

3. 물건판매점포의 사용인

대법원 1976. 7. 13. 선고 76다860 판결(물품대금)

원고와 이 사건 물품매매거래를 하였던 소외 甲은 물건을 판매하는 점포의 사용인이 아니라 피고회사(백화점) 대구지점의 외무사원이었으며, 이 사건 거래물품은 점포 내에 있었던 것도 아니었고 또 거래행위도 점포 밖에서 이루어졌다면, 소외 甲이 피고회사를 대리하여 이 사건 물품을 판매하거나 또는 선금을 받을 권한이 있었다고 할 수는 없다. 다만 소외 甲이 점포 밖에서 그 사무집행에 관한 물품거래행위로 인하여 타인에게 손해를 입힌 경우에는 피고회사는 사용자의 배상책임을 면할 수 없다.

Ⅲ. 표현책임

1. 표현대표이사

가. 요 건

(1) 외관의 존재(표현적 명칭의 사용)

대법원 2003. 2. 11. 선고 2002다62029 판결(대여금)[27]

상법 제395조에 정한 표현대표이사의 행위로 인한 회사의 책임이 성립하기 위하여는 회사의 대표이사가 아닌 이사가 외관상 회사의 대표권이 있는 것으로 인정될 만한 명칭을 사용하여 거래행위를 하여야 하고, 그와 같은 명칭이 표현대표이사의 명칭에 해당하는지 여부는 사회 일반의 거래통념에 따라 결정하여야 한다.

대법원 1992. 7. 28. 선고 91다35816 판결(대여금)[28]

상법 제395조가 회사를 대표할 권한이 있는 것으로 인정될 만한 명칭을 사용한 이사의 행위에 대한 회사의 책임을 규정한 것이어서, 표현대표이사가 이사의 자격을 갖출 것을 그 요건으로 하고 있으나, 이 규정은 표시에 의한 금반언의 법리나 외관이론에 따라 대표이사로서의 외관을 신뢰한 제3자를 보호하기 위하여 그와 같은 외관의 존재에 관하여 귀책사유가 있는 회사로 하여금 선의의 제3자에 대하여 그들의 행위에 관한 책임을 지도록 하려는 것이므로, 회사가 이사의 자격이 없는 자에게 표현대표이사의 명칭을 사용하게 허용한 경우는 물론, 이사의 자격도 없는 사람이 임의로 표현대표이사의 명칭을 사용하고 있는 것을 회사가 알면서도 아무런 조치를 취하지 아니한 채 그대로 방치하여 소극적으로 묵인한 경우에도, 위 규정이 유추적용되는 것으로 해석함이 상당하다.

---

27 피고회사의 경리담당이사가 회사명의를 위조한 어음을 할인하여 원고로부터 금원을 차용하였던 사안에서, '경리담당이사'는 회사를 대표할 권한이 있는 것으로 인정될 만한 명칭에 해당한다고 볼 수 없다고 하여 상법 제395조에 따른 회사의 책임을 부정하였고, 나아가 피용자의 불법행위에 대한 사용자책임과 관련해서도 '피해자의 중대한 과실'이 있다고 하여 이를 부정하였다.

28 제395조는 '이사'의 행위에 대하여 표현대표이사의 성립을 규정하고 있지만, 대법원은 이사가 아닌 자가 표현대표이사의 명칭을 사용하여 대표행위를 한 경우에도 제395조를 유추적용하고 있다. 이사 아닌 자가 피고회사의 이사회를 열지 않고 이사들의 날인을 받아 자신을 대표이사를 선임한다는 의사록을 작성하여 대표이사 선임등기를 한 후 수년간 이를 유지하였던 사안이다. 대법원은 나아가 피고회사가 대표이사의 명칭을 사용하도록 장기간 방치함으로써 소극적으로 용인하였다고 판단하여 피고회사의 귀책사유를 인정하였다.

대법원 1979. 2. 13. 선고 77다2436 판결(약속어음금)[29]

표현대표이사의 명칭을 사용하는 이사가 자기명의로 행위할 때 뿐 아니라 행위자 자신이 표현대표이사인 이상 다른 대표이사의 명칭을 사용하여 행위한 경우에도 상법 제395조가 적용된다.

(2) 외관의 부여(회사의 귀책사유)

대법원 2005. 9. 9. 선고 2004다17702 판결(근저당권말소)[30]

상법 제395조의 규정에 의하여 회사가 표현대표자의 행위에 대하여 책임을 지는 것은 회사가 표현대표자의 명칭사용을 명시적으로나 묵시적으로 승인함으로써 대표자격의 외관 현출에 책임이 있는 경우에 한하는데, 이사 또는 이사의 자격이 없는 자가 임의로 표현대표자의 명칭을 사용하고 있는 것을 회사가 알면서도 이에 동조하거나 아무런 조치를 취하지 아니한 채 그대로 방치한 경우도 회사가 표현대표자의 명칭사용을 묵시적으로 승인한 경우에 해당한다고 봄이 상당하다.

대법원 1995. 11. 21. 선고 94다50908 판결(수표금)[31]

---

29 퇴임하여 퇴임등기까지 마친 전무이사가 계속 회사의 전무이사로 행세하면서 대표이사의 명의로 생사매매계약을 체결하였던 사안에서 표현대표이사의 성립을 인정하였다. 이와 같이 대표이사가 아닌 자가 자기의 명칭이 아닌 대표이사의 명칭을 사용하여 행위한 경우(무권대행의 경우)에도 표현대표이사를 인정할 것인지에 대해서는 긍정설과 부정설로 나뉘는데, 대법원은 위와 같이 긍정설을 취하고 있다. 대법원 2011. 3. 10. 선고 2010다100339 판결(대여금); 대법원 2003. 9. 26. 선고 2002다65073 판결(어음금); 대법원 1998. 3. 27. 선고 97다34709 판결(근저당권설정등기말소) 등도 같은 취지이다. 대리와 대행은 그 방식에 있어서 차이가 있을 뿐 제3자의 신뢰의 대상이 되는 외관은 똑같이 존재하는 것이므로 유추적용을 긍정함이 타당하다. 부정설은 이 경우는 제3자가 2단계의 오인, 즉 대표권이 있는 것으로 오인하고 다시 다른 대표이사의 대리권이 있는 것으로 오인한 것인바, 표현대리(민법 제125조 등)의 법리로도 충분히 해결할 수 있다고 한다.

30 원고회사는 한 가족이 전체 주식을 보유하고 경영을 해 왔는데, 대표이사 甲이 치료를 위하여 일본으로 건너가면서 자신이 복귀할 때까지 30% 주주이자 이사인 아들 乙에게 다른 이사들의 도움을 받아 회사의 업무를 처리하도록 지시하였다. 이에 乙은 다른 이사들과 직원들의 도움을 받아 회사의 업무를 처리하면서 현안들을 해결해 나갔는데, 1달여가 지나자 乙은 이사회의사록과 주주총회의사록을 위조하여 자신을 대표이사로 등기하고 다른 이사 중 한 명을 해임하였다. 그 후 乙은 회사를 대표하여 피고로부터 대출을 받고 회사재산에 근저당권을 설정해 주었다. 일본에 있던 대표이사 甲은 이러한 사정을 전해 들었음에도 불구하고 몇 달 동안 乙이 회사의 다른 현안을 해결해 나갈 때 이의를 제기하거나 조치를 취하지 않다가, 회사의 현안이 대부분 해결되자 비로소 다른 이사를 통하여 乙을 형사고소 하였고, 피고의 근저당권을 말소하도록 요구하였던 사안이었다. 원고회사의 대표이사인 甲이나 나머지 이사들이 乙이 대표이사를 참칭하여 여러 법률행위를 하는 것을 알면서도 그 당시 원고회사의 시급한 경영상황과 최고경영자 부재의 현실 때문에 이에 동조하거나 아무런 조치를 취하지 않고 이를 그대로 방치함으로써 乙의 대표이사 명칭사용을 묵시적으로 승인하였다고 볼 여지가 충분히 있다고 하였다.

31 표현적 명칭의 사용을 회사가 명시적 또는 묵시적으로 허용하였어야 하고, 표현적 명칭의 사용을 모르고 방치한 경우에는 비록 모른 데에 과실이 있다고 하더라도 회사의 귀책사유가 인정되지 않는다는 취지이다.

표현대표자의 행위에 대하여 회사가 책임을 지는 것은 회사가 표현대표자의 명칭 사용을 명시적으로나 묵시적으로 승인할 경우에 한하는 것이고 회사의 명칭 사용 승인 없이 임의로 명칭을 참칭 한 자의 행위에 대하여는 비록 그 명칭 사용을 알지 못하고 제지하지 못한 점에 있어 회사에게 과실이 있다고 할지라도 그 회사의 책임으로 돌려 선의의 제3자에 대하여 책임을 지게 할 수 없다.

대법원 1994. 12. 27. 선고 94다7621, 7638 판결(소유권이전등기말소)[32]
대법원 2009. 3. 12. 선고 2007다60455 판결(소유권이전등기)[33]

상법 제395조의 규정에 의하여 회사가 표현대표자의 행위에 대하여 책임을 지는 것은 회사가 표현대표자의 명칭 사용을 명시적으로나 묵시적으로 승인함으로써 대표자격의 외관현출에 책임이 있는 경우에 한하는 것이고, 주주총회를 소집, 개최함이 없이 의사록만을 작성한 주주총회의 결의로 대표자로 선임된 자의 행위에 대하여 회사에게 그 책임을 물으려면, 의사록 작성으로 대표자격의 외관이 현출된

다만 명칭사용 사실을 알지 못하고 방치한 것이 묵인과 같은 정도의 과실에 기한 경우에는 그 책임을 인정하는 것이 타당할 것이다. 서울고법 1974. 7. 9. 선고 72나1289 판결은, 대표이사 아닌 자가 대표이사로 등기된 채 6년간이나 방치되었고 그가 회사의 대표자로서 제3자와 회사 사이의 민사소송을 한 적도 있었던 사안에서, 표현대표이사의 성립을 인정하였다. 그러나 위 판결은 대법원에서 파기되었는데, 대법원은 "상법 395조에 의하여 표현대표자의 행위에 대하여 회사가 책임을 지는 것은 회사가 표현대표자의 명칭 사용을 명시적으로나 묵시적으로 승인할 경우에만 한하는 것이고 회사의 명칭사용 승인없이 임의로 명칭을 참칭한 자의 행위에 대하여는 비록 그 명칭사용을 알지 못하고 제지하지 못한 점에 있어서 회사에게 과실이 있다고 할지라도 그 회사의 책임으로 돌려 선의의 제3자에 대하여 책임을 지게하는 취지가 아니다."라고 하여 회사가 모른 경우 과실의 정도를 불문하고 표현대표이사의 책임을 부정하는 것으로 보인다(대법원 1975. 5. 27. 선고 74다1366 판결).

32 甲은 피고회사의 사실상 1인주주였는데 A회사에 대한 채무를 변제하지 못하여 자신의 모든 주식을 A회사에 양도하였다. A회사는 乙을 피고회사의 대표이사로 선임하였는데, 乙이 경영에 관심이 없는 틈을 타서, 甲이 주주총회의사록을 위조하여 자신을 대표이사로 등기하고 원고와 분양계약을 체결하였던 사안이다. 甲이 대표이사 등기를 할 당시 그는 피고회사의 대표이사나 이사가 아니었고, A회사에 주식과 자산 전부를 양도하여 주주의 지위에 있는 것도 아니었으므로, 甲의 행위가 대표이사 乙의 의사에 반하지 않는다는 등의 특별한 사정이 없는 이상, 甲이 권한없이 대표자격의 외관을 만들어낸 데 대하여 피고회사에게 어떠한 책임이 있다고 보기 어렵다고 하였다.

33 피고회사는 주유소 영업을 하는 가족회사로서 대표이사의 아버지가 평소 사실상 회사를 지배해 왔으며 자신을 대표이사로 선임하는 허위의 의사록을 작성하여 등기까지 하고, 주유소를 임대하여 차임을 받아 오다가 마침내 원고들에게 주유소 영업을 양도하였던 사안이었다. 이 사안에서는 의사록을 작성하는 등 주주총회결의의 외관을 현출시킨 자가 사실상 회사의 운영을 지배하는 자인 경우와 같이 주주총회결의 외관 현출에 회사가 관련된 것으로 보아야 할 경우에는 회사의 귀책사유를 인정할 수 있을 것이라고 하였다. 그리고 피고회사의 대표이사를 비롯하여 피고 회사의 운영에 관여하던 다른 가족들이 아무런 이의를 제기하지 않은 채 위 임대차계약에 기한 차임을 수령하고 있었던 사정을 살펴볼 때, 피고회사의 대표이사와 다른 이사들이 외관을 현출하는 데에 대하여 귀책사유가 있거나 적어도 알면서도 아무런 조치를 취하지 아니한 채 그대로 방치하여 소극적으로 묵인하였다고 인정할 여지가 충분히 있다고 하였다.

데에 대하여 회사에 귀책사유가 있음이 인정되어야만 한다.

대법원 2011. 7. 28. 선고 2010다70018 판결(배당이의)[34]

상법 제395조에 의하여 회사가 표현대표이사의 행위에 대하여 책임을 지기 위하여는 회사가 적극적 또는 묵시적으로 표현대표를 허용한 경우에 한한다고 할 것이며, 이 경우 회사가 표현대표를 허용하였다고 하기 위하여는 진정한 대표이사가 이를 허용하거나, 이사 전원이 아닐지라도 적어도 이사회의 결의의 성립을 위하여 회사의 정관에서 정한 이사의 수, 그와 같은 정관의 규정이 없다면 최소한 이사 정원의 과반수의 이사가 적극적 또는 묵시적으로 표현대표를 허용한 경우이어야 할 것이다.[35]

(3) 외관의 신뢰(제3자의 선의)
대법원 2003. 7. 22. 선고 2002다40432 판결(예금)[36]
대법원 2003. 9. 26. 선고 2002다65073 판결(어음금)[37]

---

34 회사의 주식 50%만을 보유한 甲은 허위의 주주총회의사록을 작성하여 이사들을 선임하였고, 그 이사들로 구성된 이사회에서 대표이사 乙을 선임하였다는 허위의 이사회의사록을 작성하여, 각 이사선임등기와 대표이사선임등기를 하였다. 이후 乙은 회사의 재산에 근저당권을 설정하고 차입을 하였다. 대법원은 회사의 적법한 대표이사 또는 적법하게 선임된 이사들로 구성된 회사 이사회의 과반수 이사가 乙의 대표이사 명칭 사용을 적극적 또는 묵시적으로 허용하였다고 볼 아무런 자료가 없으므로 위 회사의 귀책사유를 인정할 수 없어 상법 제39조 또는 제395조에 의한 책임을 지지 않는다고 하였다.

35 대법원 2013. 7. 25. 선고 2011다30574 판결도, "이사 선임 권한이 없는 사람이 주주총회의사록 등을 허위로 작성하여 주주총회결의 등의 외관을 만들고 이에 터 잡아 이사를 선임한 경우에는, 주주총회의 개최와 결의가 존재는 하지만 무효 또는 취소사유가 있는 경우와는 달리, 그 이사 선임에 관한 주식회사 내부의 의사결정이 존재하지 아니하여 회사가 그 외관의 현출에 관여할 수 없었을 것이므로, 달리 회사의 적법한 대표이사가 그 대표 자격의 외관이 현출되는 것에 협조·묵인하는 등의 방법으로 관여하였다거나 회사가 그 사실을 알고 있음에도 시정하지 않고 방치하는 등 이를 회사의 귀책사유와 동일시할 수 있는 특별한 사정이 없는 한, 회사에 대하여 상법 제395조에 의한 표현대표이사 책임을 물을 수 없고, 이 경우 위와 같이 허위의 주주총회결의 등의 외관을 만든 사람이 회사의 상당한 지분을 가진 주주라고 하더라도 그러한 사정만으로는 대표 자격의 외관이 현출된 데에 대하여 회사에 귀책사유가 있는 것과 동일시할 수 없다."고 하였다.

36 원고회사의 전무이사이자 사업총괄부문장(그 후 인터넷사업부문장)의 지위에 있던 자가, 자신이 따로 운영하는 A회사가 피고은행으로부터 대출을 받을 수 있도록 원고회사의 예금에 근질권을 설정해 준 사안이었다. 피고은행의 지점장이 원고회사의 본사 건물 내 전무이사의 사무실에서 위 근질권설정계약서를 체결하였는데, 원고회사 대표이사 명의의 법인명판과 법인인감의 날인을 받았고, 법인인감증명서 등 담보제공에 필요한 서류를 제출받았으며, 원고회사의 지경본부장과 자금팀 부장 및 대리 등이 그 자리에 참석하여 위 계약서 작성에 관여하는 등으로 근질권설정행위가 공개적으로 이루어졌고, 통상적인 은행거래방법을 넘지 아니하여 특별히 의심할 만한 사정이 없었다면, 피고은행의 담당자가 원고회사에 위 전무이사의 직무권한서를 제출받거나 원고회사의 대표이사에게 문의하지 않았다고 하더라도, 근질권설정행위에 관하여 위 전무이사에게 대표이사의 대표권을 대행할 권한이 있다고 믿은 것에 중대한 과실이 있다고 보기는 어렵다고 하였다.

37 피고회사의 전무이사가 기획조정실장, 사업총괄부문장, 인터넷사업부문장으로 연속적으로 근무하면서,

대법원 2011. 3. 10. 선고 2010다100339 판결(대여금)[38]

[1] 표현대표이사의 행위로 인한 주식회사의 책임에 대하여 정한 상법 제395조는 표현대표이사가 자신의 이름으로 행위한 경우는 물론이고 대표이사의 이름으로 행위한 경우에도 적용된다. 그리고 이 경우에 상대방의 악의 또는 중대한 과실은 표현대표이사의 대표권이 아니라 대표이사를 대리(대행)하여 행위를 할 권한이 있는지에 관한 것이다.

[2] 상법 제395조가 규정하는 표현대표이사의 행위로 인한 주식회사의 책임이 성립하기 위하여 제3자의 선의 이외에 무과실까지도 필요로 하는 것은 아니지만,

---

피고회사의 예금에 근질권을 설정하여 자신이 따로 운영하는 A회사를 위하여 원고은행으로부터 불법대출을 받았는데(위 대법원 2003. 7. 22. 선고 2002다40432 판결의 사안), 이를 수습하기 위한 미봉책으로 피고회사 명의의 어음을 위조하여 수취인에게 발행하고 이를 원고은행으로부터 할인받아 위 대출금을 일시 상환하였다. 원고은행의 지점장도 위 전무이사가 피고회사의 대표이사가 아니라는 사실을 이미 알고 있었으므로, 원고은행의 선의나 중과실은 위 전무이사의 대표권 존부에 대한 것이 아니라 대표이사를 대행하여 약속어음을 발행할 권한이 있느냐에 대한 것이라고 하였다. 위 전무이사가 피고회사의 제2인자로서 피고회사의 법인인감과 명판을 수시로 사용하면서 대표이사의 서명까지 대행하였던 지위에 있었고, 피고회사의 재경본부장과 자금팀 부장 및 대리 등이 함께 참석하여 계약서 작성에 관여하는 등 공개적으로 위 근질권설정계약이 체결되었으며, 그간의 피고회사와 원고은행과의 거래 내용, 약속어음상의 피고회사의 명판 및 인감에 대한 원고은행 확인 및 그 결과, 약속어음의 할인 당시 할인의뢰인들이 원고은행에 제출한 서류의 내용 등을 종합하여 볼 때, 원고은행이 위 전무이사에게 약속어음의 발행에 관하여 피고회사 대표이사의 대표권을 대행할 권한이 있다고 믿은 데에 중대한 과실이 있다고 보기는 어렵다고 하였다. 이 사안에서 원고은행은 수취인으로부터 어음을 할인받은 제3취득자인데, 대법원은 "회사를 대표할 권한이 없는 표현대표이사가 다른 대표이사의 명칭을 사용하여 어음행위를 한 경우, 회사가 책임을 지는 선의의 제3자의 범위에는 표현대표이사로부터 직접 어음을 취득한 상대방뿐만 아니라, 그로부터 어음을 다시 배서양도받은 제3취득자도 포함된다."고 하였다. 이는, 지배인이 그의 대리권의 내부적 제한을 위반하여 어음행위를 한 경우에도 동일하다(대법원 1997. 8. 26. 선고 96다36753 판결). 그러나 민법 제126조의 표현대리의 경우에는 직접상대방에 한정된다(대법원 1994. 5. 27. 선고 93다21521 판결).

38 甲은 상가를 분양받아 슈퍼마켓을 운영하는 피고회사의 설립을 준비하면서 원고로부터 자금을 차입하였다. 이후 피고회사가 설립되어 甲은 피고회사 주식의 45%를 보유한 최대주주이자 사외이사가 되었고, 대표이사로는 乙이 선임되었다. 이를 전후하여 甲은 피고회사의 사장으로 자처하거나 회장으로 표기된 명함을 사용하였고, 피고회사의 운영자금을 두루 마련하는 등 피고회사가 운영하는 슈퍼마켓의 개업 및 영업에 주도적인 역할을 하였다. 이후 甲은 원고의 요구에 따라 피고회사 명의의 차용증을 작성해 주었는데, 그 차용증은 대표이사 乙의 명의로 피고회사의 법인인감을 날인하였다. 원심은, 甲이 대표이사로 오인할만한 명칭을 사용한 점과 乙의 묵인 또는 방치로 피고회사에 귀책사유가 있다는 점을 인정하였지만, 원고가 차용증 작성 당시 甲이 피고회사의 대표이사가 아니라는 점을 알고 있었으므로 악의이거나 중과실이 있다는 이유로 피고회사의 제395조의 책임을 인정하지 않았다. 대법원은 원고의 악의 또는 중과실은 甲에게 대표권이 있는지가 아니라 그에게 대표이사를 대리하여 위 차용증을 작성함으로써 채무를 부담할 권한이 있는지 여부에 따라 판단되어야 하므로, 甲이 피고회사의 대표이사가 아님을 원고가 알았다고 하더라도 그 점은 원고의 악의 또는 중과실을 판단하는 데 결론을 좌우할 만한 의미가 있는 사정이 된다고 할 수 없다고 하였다. 따라서 甲에게 대표권 등 권한이 있는지를 당연히 의심하여 보아야 하는 객관적 사정이 있는 경우가 아닌 한, 피고회사에 甲이 대표이사를 대리하여 위 차용증을 작성할 권한이 있는지 여부에 관하여 확인하지 않았다는 사정만으로 원고의 악의 또는 중과실을 쉽게 인정할 수는 없다고 하였다.

그 규정의 취지는 회사의 대표이사가 아닌 이사가 외관상 회사의 대표권이 있는 것으로 인정될 만한 명칭을 사용하여 거래행위를 하고, 이러한 외관이 생겨난 데에 관하여 회사에 귀책사유가 있는 경우에 그 외관을 믿은 선의의 제3자를 보호함으로써 상거래의 신뢰와 안전을 도모하려는 데에 있다 할 것인바, 그와 같은 제3자의 신뢰는 보호할 만한 가치가 있는 정당한 것이어야 할 것이므로 설령 제3자가 회사의 대표이사가 아닌 이사가 그 거래행위를 함에 있어서 회사를 대표할 권한이 있다고 믿었다 할지라도 그와 같이 믿음에 있어서 중대한 과실이 있는 경우에는 회사는 그 제3자에 대하여는 책임을 지지 아니하고, 여기서 제3자의 중대한 과실이라 함은 제3자가 조금만 주의를 기울였더라면 표현대표이사의 행위가 대표권에 기한 것이 아니라는 사정을 알 수 있었음에도 만연히 이를 대표권에 기한 행위라고 믿음으로써 거래통념상 요구되는 주의의무에 현저히 위반하는 것으로, 공평의 관점에서 제3자를 구태여 보호할 필요가 없다고 봄이 상당하다고 인정되는 상태를 말한다.[39]

대법원 1999. 11. 12. 선고 99다19797 판결(규정손해금등)[40]

상법 제395조는 표현대표이사의 명칭을 예시하면서 사장, 부사장, 전무, 상무 등의 명칭을 들고 있는바, 사장, 부사장, 전무, 상무 등의 명칭은 표현대표이사의 명칭으로 될 수 있는 직함을 예시한 것으로서 그와 같은 명칭이 표현대표이사의 명칭에 해당하는가 하는 것은 사회 일반의 거래통념에 따라 결정하여야 할 것인데, 상법은 모든 이사에게 회사의 대표권을 인정하지 아니하고, 이사회 또는 주주총회에서 선정한 대표이사에게만 회사 대표권을 인정하고 있으며, 그와 같은 제도는 상법이 시행된 이후 상당한 기간 동안 변함없이 계속하여 시행되어 왔고, 그 동안 국민 일반의 교육수준도 향상되고 일반인들이 회사 제도와 대표이사 제도를 접하는 기회도 현저하게 많아졌기 때문에 일반인들도 그와 같은 상법의 대표이사 제도를 보다 더 잘 이해하게 되었으며, 적어도 직제상 사장, 부사장, 전무, 상무 등의 직책을 두고 있는 주식회사의 경우라면 상법상 대표이사에게는 사장 등의 직책

---

39 제3자의 악의나 중과실의 입증책임은 회사가 부담한다(대법원 1971. 6. 29. 선고 71다946 판결).

40 상장회사인 피고회사(중견 건설회사)의 전무이사이자 주택사업본부장인 甲이 대표이사의 명칭을 사용하여 이 사건 어음에 배서하여 이를 금융회사(렌탈회사)인 원고회사에 교부하였다. 이 경우에도 표현적 명칭이 사용과 피고회사이 귀책사유가 인정되지만, 금융회사인 원고회사의 임직원이 상장회사인 피고회사의 전무이사·주택사업본부장에게 회사를 대표하여 백지어음에 배서할 권한이 있다고 믿은 데 중과실이 있다고 보았다. 각종 물건의 렌탈업무를 계속적·반복적으로 수행하는 원고회사의 임직원이, 건설회사의 전무이사이자 주택본부장인 甲이 회사와 아무 거래가 없는 다른 회사의 원고회사에 대한 채무를 보증할 목적으로 거액의 어음에 배서할 권한이 있다고 믿었다는 것은 거래통념상 수긍하기 어렵고, 피고회사에 문의하여 쉽게 그 권한을 확인할 수 있었음에도 이를 게을리 한 것은 중대한 과실로 볼 수 있다.

과는 별도로 대표이사라는 명칭을 사용하도록 하고 상법상 대표이사가 아닌 이사에게는 대표이사라는 명칭을 사용하지 못하도록 하고 있으며, 또한 규모가 큰 주식회사의 경우 직제상 사장의 직책을 가지는 이사는 대표이사로 선정되어 있는 경우가 많은 반면, 직제상 전무 또는 상무의 직책을 가지는 이사는 반드시 그러하지는 아니하고, 전무 또는 상무의 직책을 가지면서 동시에 대표이사로 선정되어 있는 이사들은 "대표이사 전무, 대표이사 상무" 등의 명칭을 사용하는 것이 현재 우리나라 경제계의 실정이고, 따라서 상법 제395조가 표현대표이사의 명칭으로 사장, 부사장, 전무, 상무 등의 명칭을 나란히 예시하고 있다 하더라도 그 각 명칭에 대하여 거래통념상 제3자가 가질 수 있는 신뢰의 정도는 한결같다고 할 수 없으므로 위와 같은 각 명칭에 대하여 제3자가 그 명칭을 사용한 이사가 회사를 대표할 권한이 있다고 믿었는지 여부, 그와 같이 믿음에 있어서 중과실이 있는지 여부 등은 거래통념에 비추어 개별적·구체적으로 결정하여야 할 것이며, 특히 규모가 큰 주식회사에 있어서 '대표이사 전무' 또는 '대표이사 상무' 등의 명칭을 사용하지 아니하고, 단지 '전무이사' 또는 '상무이사' 등의 명칭을 사용하는 이사에 대하여는 제3자가 악의라거나 중과실이 있다는 회사측의 항변을 배척함에 있어서는 구체적인 당해 거래의 당사자와 거래 내용 등에 관하여 신중한 심리를 필요로 하고, 함부로 그 항변을 배척하여서는 아니된다.

나. 효 과

대법원 1998. 3. 27. 선고 97다34709 판결(근저당권설정등기말소)[41]
표현대표이사의 행위와 이사회의 결의를 거치지 아니한 대표이사의 행위는 모

---

[41] 원고회사는 그 주식이 원고의 대표이사인 A 등 수인의 명의로 분산되어 있으나 실질적으로는 모두 B의 소유인 1인회사였다. 그런데 B는 C에게 주식의 전부를 양도하고 경영권도 실질적으로 양도하였고, A도 대표이사를 사임하였으나 아직 대표이사선임등기는 말소되지 않았다. 이 상태에서 C가 원고회사 대표이사 A 명의로 피고회사로부터 자금을 차입하고 피고회사에 근저당권을 설정해 주었다. 이와 관련하여 ① 이사의 자격이 없는 사람이 임의로 대표이사로 오인할 만한 명칭을 사용하고 있는 것을 회사가 알면서도 아무런 조치를 취하지 아니한 채 그대로 방치하여 소극적으로 묵인한 경우에도 제395조가 유추적용된다는 점, ② 대표이사의 명칭을 사용하여 행위를 한 경우에도 제395조가 적용된다는 점, ③ 상법 제395조 소정의 '선의'란 표현대표이사가 대표권이 없음을 알지 못한 것을 말하는 것이지 반드시 형식상 대표이사가 아니라는 것을 알지 못한 것에 한정할 필요는 없다는 점 등을 설시하였다. B가 원고회사를 대표하여 근저당권설정행위를 할 권한이 있다고 믿은 데에 피고회사의 과실이 없다고 하여 원고회사에 표현대표이사의 책임을 인정하였다. 나아가 표현대표이사가 성립하더라도 회사의 중요한 재산에 관하여 근저당권을 설정하려면 이사회결의가 필요한데, 이를 거치지 않은 것도 문제되었다. 다만, 원고회사의 이사회결의가 없었다는 사실을 피고회사가 알았거나 알 수 있었음을 인정할 자료가 없다고 하여 원고회사의 청구를 기각하였다.

두 본래는 회사가 책임을 질 수 없는 행위들이지만 거래의 안전과 외관이론의 정신에 입각하여 그 행위를 신뢰한 제3자가 보호된다는 점에 공통되는 면이 있으나, 제3자의 신뢰의 대상이 전자에 있어서는 대표권의 존재인 반면, 후자에 있어서는 대표권의 범위이므로 제3자가 보호받기 위한 구체적인 요건이 반드시 서로 같다고 할 것은 아니고, 따라서 표현대표이사의 행위로 인정이 되는 경우라고 하더라도 만일 그 행위에 이사회의 결의가 필요하고 거래의 상대방인 제3자의 입장에서 이사회의 결의가 없었음을 알았거나 알 수 있었을 경우라면 회사로서는 그 행위에 대한 책임을 면한다.[42]

다. 공동대표이사의 경우

대법원 1992. 10. 27. 선고 92다19033 판결(소유권이전등기)[43]

[1] 회사가 공동대표이사에게 단순한 대표이사라는 명칭을 사용하여 법률행위를 하는 것을 용인 내지 방임한 경우에도 회사는 상법 제395조에 의한 표현책임을 면할 수 없다.

[2] 공동대표이사가 단독으로 회사를 대표하여 제3자와 한 법률행위를 추인함에 있어 그 의사표시는 단독으로 행위 한 공동대표이사나 그 법률행위의 상대방인 제3자 중 어느 사람에게 대하여서도 할 수 있다.

라. 선임이 무효·취소된 대표이사의 행위

대법원 1992. 9. 22. 선고 91다5365 판결(가등기말소)[44]

---

42 표현대표이사가 성립하더라도 대표권남용이나 대표권의 내부적 제한에 관한 법리가 다시 적용된다. 그리고 대표이사의 행위에 이사회의 결의나 주주총회의 특별결의가 필요한 경우에는, 제395조가 성립되더라도 그러한 결의를 거쳐야 한다. 한편, 제395조의 표현대표이사가 성립되지 않는 경우 상대방은 민법상의 표현대리(민법 제125조, 제126조, 제129조)의 성립을 주장할 수도 있고, 회사의 사용자배상책임(민법 제756조)을 주장할 수도 있을 것이다.
43 피고회사의 공동대표이사 중 1인이 다른 공동대표이사와의 동업계약약정에 따라 피고회사의 일체의 업무를 다른 공동대표이사에게 위임하여 그로 하여금 단독으로 피고회사를 대표하여 이 사건 아파트 건물의 신축 및 분양 등 업무를 맡아 하도록 위임 내지 묵인하였다는 점을 이유로 제395조에 의한 표현책임을 인정하였다. 대법원 1991. 11. 12. 선고 91다19111 판결(대여금)에서도 피고회사가 공동대표를 선임하고 등기를 마쳤는데, 그 중 1인에게 단독으로 대표이사의 명칭을 사용하여 행동하는 것을 방임해 왔고 그 후 공동대표를 폐지하고 등기하였던 경우, 폐지 등기 1달여 전 쯤 공동대표이사 1인에 의해 이루어진 차용금에 대한 연대보증행위를 묵인하였다고 보아 표현대표책임을 인정하였다.
44 A회사 주식을 90% 이상 소유한 대주주로부터 경영 및 주주권 행사를 위임받아 대표이사로 취임한 甲이 이사회의사록과 주주총회의사록을 위조하여 이사들을 선임한 후, 이후에도 수차례에 걸쳐 위조된 의사록들로 대표이사와 이사들을 선임하였다. 최종적으로 대표이사로 선임된 乙이 피고회사에게 A회사 소유의 호텔

[1] 실제의 소집절차와 회의절차를 거치지 아니한 채 주주총회의사록이 작성된 것이라면, 그 주주총회의사록이 비록 절대다수의 주식을 소유하는 대주주로부터 주주권의 위임을 받은 자에 의하여 작성된 것이라고 할지라도 위 주주총회의 결의는 부존재하다고 볼 수밖에 없다.

[2] 주주총회결의의 효력이 그 회사 아닌 제3자 사이의 소송에 있어 선결문제로 된 경우에는 당사자는 언제든지 당해 소송에서 주주총회결의가 처음부터 무효 또는 부존재하다고 다투어 주장할 수 있는 것이고, 반드시 먼저 회사를 상대로 제소하여야만 하는 것은 아니다.

[3] 상법 제395조에 의하여 회사가 표현대표이사의 행위에 대하여 책임을 지기 위하여는 표현대표이사의 행위에 대하여 그를 믿었던 제3자가 선의이었어야 하고 또한 회사가 적극적 또는 묵시적으로 표현대표를 허용한 경우에 한한다고 할 것이며, 이 경우 회사가 표현대표를 허용하였다고 하기 위하여는 진정한 대표이사가 이를 허용하거나, 이사 전원이 아닐지라도 적어도 이사회의 결의의 성립을 위하여 회사의 정관에서 정한 이사의 수, 그와 같은 정관의 규정이 없다면 최소한 이사 정원의 과반수의 이사가 적극적 또는 묵시적으로 표현대표를 허용한 경우이어야 할 것이므로, 대표이사로 선임등기된 자가 부적법한 대표이사로서 사실상의 대표이사에 불과한 경우에 있어서는 먼저 위 대표이사의 선임에 있어 회사에 귀책사유가 있는지를 살피고 이에 따라 회사에게 표현대표이사로 인한 책임이 있는지 여부를 가려야 할 것이다.

대법원 2004. 2. 27. 선고 2002다19797 판결(부당이득금반환)[45]

[1] 이사 선임의 주주총회결의에 대한 취소판결이 확정된 경우 그 결의에 의하여 이사로 선임된 이사들에 의하여 구성된 이사회에서 선정된 대표이사는 소급하여 그 자격을 상실하고, 그 대표이사가 이사 선임의 주주총회결의에 대한 취소판결이 확정되기 전에 한 행위는 대표권이 없는 자가 한 행위로서 무효가 된다.

의 매매를 예약하였던 사안이었다. 대법원은 乙이 대표이사가 아니라고 하였고, 매매예약 당시 A회사의 이사는 甲의 의사록 위조에 의하여 위법하게 해임당한 5명과 甲 등 2명을 합하여 모두 7명인데, 그 중 2명의 이사가 乙을 대표이사로 선임한 데에 관여한 것을 A회사에 귀책사유가 있다고 볼 수 없다고 하였다.

45 甲은 그가 이사로 선임된 주주총회결의의 취소판결이 확정될 때까지 원고회사의 대표이사로 등재되어 있었고, 원고회사의 거래상대방인 乙은 당시 법인등기부상 원고회사의 대표이사로 등재된 甲과 근저당권설정계약을 체결하고 그에 기하여 근저당권설정등기를 마쳤다. 乙은 이 사건 주주총회결의 취소판결이 확정될 때까지는 甲이 원고회사의 적법한 대표이사가 아니라는 사정을 전혀 알지 못하였다. 법원은 원고회사에 상법 제39조에 의한 부실등기책임을 인정하였다. 이 경우 제395조의 책임도 인정될 수 있을 것이다.

[2] 이사 선임의 주주총회결의에 대한 취소판결이 확정되어 그 결의가 소급하여 무효가 된다고 하더라도 그 선임 결의가 취소되는 대표이사와 거래한 상대방은 상법 제39조의 적용 내지 유추적용에 의하여 보호될 수 있으며, 주식회사의 법인등기의 경우 회사는 대표자를 통하여 등기를 신청하지만 등기신청권자는 회사 자체이므로 취소되는 주주총회결의에 의하여 이사로 선임된 대표이사가 마친 이사선임 등기는 상법 제39조의 부실등기에 해당된다.

2. 표현지배인

가. 요 건

대법원 1998. 10. 13. 선고 97다43819 판결(매매대금반환)[46]

[1] 상법 제14조 제1항 소정의 표현지배인이 성립하려면 당해 사용인의 근무장소가 상법상의 영업소인 '본점 또는 지점'의 실체를 가지고 어느 정도 독립적으로 영업 활동을 할 수 있는 것임을 요하고, 본·지점의 기본적인 업무를 독립하여 처리할 수 있는 것이 아니라 단순히 본·지점의 지휘·감독 아래 기계적으로 제한된 보조적 사무만을 처리하는 영업소는 상법상의 영업소인 본·지점에 준하는 영업장소라고 볼 수 없다.

[2] 회사의 주주로서 자금조달 업무에 종사함과 아울러 지방 연락사무소장으로서 그 회사로부터 토지를 분양받은 자들과의 연락 업무와 투자중개업무를 담당해 온 경우, 회사를 위하여 독립적으로 영업 활동을 할 수 있는 지위에 있었다고 단정할 수 없으므로 표현지배인이 아니다.[47]

---

46 원고는 피고회사를 대리한 소외 A와 온천개발지구 내의 토지매매계약(분양계약)을 체결하였고, 소외 A가 대금을 수령하여 이를 구(舊)대표이사에게 전달하여 구대표이사가 이를 횡령하였던 사안이었다. 원고는 소외 A가 피고회사의 표현지배인이라고 주장하면서 매매계약의 효력을 주장하였으나 위와 같은 이유로 받아들여지지 않았고, 다만 피고회사의 사용자책임은 인정되었다.

47 표현지배인이 성립하려면, 위와 같이 ① 표현적 명칭을 사용하여 거래행위를 하였을 것(외관의 존재, 외관요건), ② 그러한 외관에 대하여 영업주의 귀책사유가 있을 것(외관의 부여, 귀책요건), 그리고 ③ 상대방의 선의일 것(보호요건) 등의 요건이 충족되어야 한다. ②의 요건과 관련하여, 대법원은 표현대표이사에 관한 사안에서, "상법 395조에 의하여 표현대표자의 행위에 대하여 회사가 책임을 지는 것은 회사가 표현대표자의 명칭 사용을 명시적으로나 묵시적으로 승인할 경우에만 한하는 것이고, 회사의 명칭사용 승인 없이 임의로 명칭을 참칭한 자의 행위에 대하여는 비록 그 명칭사용을 알지 못하고 제지하지 못한 점에 있어서 회사에게 과실이 있다고 할지라도 그 회사의 책임으로 돌려 선의의 제3자에 대하여 책임을 지게 하는 취지가 아니다."라고 하였다(대법원 1975. 5. 27. 선고 74다1366 판결). 즉, 본인이 몰랐던 경우에는 과실의 정도를 불문하고 표현대표이사의 책임을 부정하는 것으로 보인다(대법원 1995. 11. 21. 선고 94다50908 판결도 명칭사용을 알지 못한데 단순한 경과실만 있었던 경우 표현대표이사의 성립을 부정하였다). ③의 요건과 관련하여, 선의란 지배인이 아님을 모른 것을 의미한다. 모른 데 중과실이 있으면 악의로 보아야 한다(통설, 표현대

대법원 1998. 8. 21. 선고 97다6704 판결(약속어음금)[48]

[1] 상법 제14조 제1항 소정의 표현지배인에 관한 규정이 적용되기 위하여는 당해 사용인의 근무장소가 상법상 지점으로서의 실체를 구비하여야 하고, 어떠한 영업장소가 상법상 지점으로서의 실체를 구비하였다고 하려면 그 영업장소가 본점 또는 지점의 지휘·감독 아래 기계적으로 제한된 보조적 사무만을 처리하는 것이 아니라, 일정한 범위 내에서 본점 또는 지점으로부터 독립하여 독자적으로 영업활동에 관한 결정을 하고 대외적인 거래를 할 수 있는 조직을 갖추어야 한다.[49]

[2] 지배인의 행위가 영업주의 영업에 관한 것인가의 여부는 지배인의 행위 당시의 주관적인 의사와는 관계없이 그 행위의 객관적 성질에 따라 추상적으로 판단하여야 할 것인바, 지배인이 영업주 명의로 한 어음행위는 객관적으로 영업에 관한 행위로서 지배인의 대리권의 범위에 속하는 행위라 할 것이므로 지배인이 개인적 목적을 위하여 어음행위를 한 경우에도 그 행위의 효력은 영업주에게 미친다 할 것이고, 이러한 법리는 표현지배인의 경우에도 동일하다.

표이사에 관하여 같은 취지로 대법원 2003. 9. 26. 선고 2002다65073 판결). 그리고 이때의 상대방이란 직접의 상대방에 한정되지 않고 전득자도 포함한다. 표현대표이사에 관한 대법원 2003. 9. 26. 선고 2002다65073 판결(어음금)은 직접상대방으로부터 어음을 취득한 자를 포함한다고 하였다. 그리고 지배인의 대리권의 제한(제11조 제3항)에 대하여 동일한 취지의 대법원 1997. 8. 26. 선고 96다36753 판결(약속어음금)이 있으므로 위와 같이 보아야 한다. 다만, 민법상의 표현대리에 있어서는 일관하여 직접상대방에 한정하고 있다(대법원 1994. 5. 27. 선고 93다21521 판결, 대법원 1997. 11. 28. 선고 96다21751 판결, 대법원 1999. 12. 24. 선고 99다13201 판결 등). 한편, 제3자의 악의나 중과실의 입증책임은 회사(또는 영업주)가 부담한다(대법원 1971. 6. 29. 선고 71다946 판결).

48 제약회사인 피고회사의 부산 분실은 인적 조직을 갖추고, 부산 일원의 약국 등에 피고회사가 제조한 약품을 판매하고 그 대금을 수금하며 거래처에서 수금한 약속어음 등을 할인하여 피고회사에 입금시키는 등의 업무를 담당하여 왔고, 위 부산 분실이 본점으로부터 어느 정도 독립하여 독자적으로 약품의 판매 여부에 관한 결정을 하고 그 결정에 따라 판매행위를 하는 등 영업활동을 하여 왔다고 인정하여, 피고회사 부산지점이 영업소로서의 실체를 구비한 것으로 판단하였다. 위 피고회사의 부산분실장이 자신의 개인적 목적을 위하여 권한 없이 대표이사의 배서를 위조하여 어음을 할인한 행위에 대하여 표현지배인의 성립을 인정하였다. 위와 같이 표현지배인이 인정되더라도 지배권의 남용이고 상대방이 이를 알았거나 알 수 있었으므로 무효라는 주장이 있으면 이를 판단하여야 한다. 표현대표이사가 성립하더라도 대표권의 내부적 제한에 관한 요건은 이와 다르므로 거래의 상대방이 표현대표이사의 행위에 이사회의 결의가 없었음을 알았거나 알 수 있었다는 주장을 판단해야 한다는 판결례가 있다(대법원 1998. 3. 27. 선고 97다34709 판결). 표현지배인의 지배권의 내부적 제한이나 표현지배인의 지배권의 남용에 대해서도 동일하게 보아야 할 것이다.

49 표현지배인제도의 취지는 실질적으로 영업을 하는 본점 또는 지점을 전제로 그 영업에 관한 포괄적 대리권이 있는 것으로 오인한 자를 보호하는 것이므로, 영업소로서의 실질이 없는 경우에는 민법상의 표현대리를 주장할 수 있을지언정 표현지배인 제도로 보호하기는 어렵다고 본 것이다.

대법원 1978. 12. 13. 선고 78다1567 판결(약속어음금)[50]

피고회사는 보험업법의 규제를 받는 보험사업자로서 보험계약의 체결, 보험료의 영수 및 보험금의 지급을 그 기본적 업무로 하고 있음이 분명하며 피고회사 부산영업소의 업무내용은 본점 또는 지점의 지휘감독아래 보험의 모집, 보험료의 집금과 송금, 보험계약의 보전 및 유지관리, 보험모집인의 인사관리 및 교육 출장소의 관리감독 기타 본·지점으로부터 위임받은 사항으로 되어 있음이 또한 뚜렷하므로, 이에 의하면 위 부산영업소는 피고회사의 기본적 업무를 독립하여 처리할 수는 없고 다만 단순히 본·지점의 지휘감독 아래 기계적으로 제한된 보조적 사무만을 처리하는 영업소는 상법상의 영업소라 볼 수 없으므로 동 영업소의 소장을 상법 제14조 제 1 항 소정의 표현지배인으로 볼 수 없다.

대법원 1993. 12. 10. 선고 93다36974 판결(대여금)[51]

지점 차장이라는 명칭은 그 명칭 자체로서 상위직의 사용인의 존재를 추측할 수 있게 하는 것이므로 상법 제14조 제 1 항 소정의 영업주임 기타 이에 유사한 명칭을 가진 사용인을 표시하는 것이라고 할 수 없고, 따라서 표현지배인이 아니다.

나. 부분적 포괄대리권을 가진 상업사용인에의 유추적용 여부

대법원 2007. 8. 23. 선고 2007다23425 판결(물품대금)[52]

상법 제14조 제 1 항은, 실제로는 지배인에 해당하지 않는 사용인이 지배인처

---

50 피고 화재해상보험회사의 부산영업소장이 원고에게 약속어음을 배서·양도하였고, 이후 원고가 소지인에게 어음금을 지급하고 어음을 환수한 후 피고에게 다시 상환청구를 하였던 사안이었다.

51 피고 보험회사의 지점차장이 여러 차례에 걸쳐 피고회사 명의로 대출을 하였던 사안이었다. 사용자책임도 문제되었는데, 보험회사의 채무부담행위에 관하여 법령상 제한이 있고 보험회사가 개인으로부터 높은 이율로 금전을 차용하는 것이 극히 이례적이라는 점 등의 여러 사정을 고려하여 중과실이 인정되어 사용자책임도 부정하였다. 같은 취지에서 증권회사의 '지점장대리'의 손실보전약정 등에 관하여 표현지배인의 성립을 부정한 사례도 있다(대법원 1994. 1. 28. 선고 93다49703 판결).

52 원고는 피고회사(엘지데이콤)의 강남지점 영업2팀장을 사칭하는 甲과 단말기 공급 계약을 체결하였다. 그런데, 甲은 사실은 영업2팀의 과장이었고, 거래처가 새로운 통신서비스의 제공을 원하는 경우 사업추진보고서를 작성하여 영업2팀장에게 보고하는 업무를 담당하였을 뿐이며, 피고회사를 대리할 어떠한 기본적인 대리권도 없었다. 그리고 피고회사 내규에 따르면, 甲이 사칭한 피고회사의 영업2팀장도 이 사건과 같이 1천만원 이상의 거래를 하려면 담당임원이나 대표이사의 결재를 받도록 되어 있었다. 원고는 甲이 상법 제15조의 부분적 포괄대리권을 가진 상업사용인이라고 주장하였으나, 甲이 영업주를 내리하여 법률행위를 할 권한을 가지고 있지 않다는 점에서 받아들여지지 않았다. 원고는 나아가 상법 제14조의 표현지배인 규정을 유추적용하여 甲을 부분적 포괄대리권을 가진 상업사용인과 동일한 권한이 있는 자로 보아야 한다고 주장하였으나 판시와 같은 이유로 이를 받아들이지 않았다. 원고는 피고회사에게 민법 제125조와 제126조의 표현대리책임이 있다는 주장도 하였으나 모두 받아들여지지 않았다. 피고회사에게 사용자로서 배상책임이 있다는 주장은 인정되었고, 다만 원고의 과실비율을 20%로 보고 과실상계를 하였다.

럼 보이는 명칭을 사용하는 경우에 그러한 사용인을 지배인으로 신뢰하여 거래한 상대방을 보호하기 위한 취지에서, 본점 또는 지점의 영업주임 기타 유사한 명칭을 가진 사용인은 표현지배인으로서 재판상의 행위에 관한 것을 제외하고는 본점 또는 지점의 지배인과 동일한 권한이 있는 것으로 본다고 규정하고 있으나, 부분적 포괄대리권을 가진 사용인의 경우에는 상법은 그러한 사용인으로 오인될 만한 유사한 명칭에 대한 거래 상대방의 신뢰를 보호하는 취지의 규정을 따로 두지 않고 있는바, 그 대리권에 관하여 지배인과 같은 정도의 획일성, 정형성이 인정되지 않는 부분적 포괄대리권을 가진 사용인들에 대해서까지 그 표현적 명칭의 사용에 대한 거래 상대방의 신뢰를 무조건적으로 보호한다는 것은 오히려 영업주의 책임을 지나치게 확대하는 것이 될 우려가 있으며, 부분적 포괄대리권을 가진 사용인에 해당하지 않는 사용인이 그러한 사용인과 유사한 명칭을 사용하여 법률행위를 한 경우 그 거래 상대방은 민법 제125조의 표현대리나 민법 제756조의 사용자책임 등의 규정에 의하여 보호될 수 있다고 할 것이므로, 부분적 포괄대리권을 가진 사용인의 경우에도 표현지배인에 관한 상법 제14조의 규정이 유추적용되어야 한다고 할 수는 없다.

3. 표현대리

가. 대리권수여의 표시에 의한 표현대리

대법원 1998. 6. 12. 선고 97다53762 판결(부당이득금반환)[53]

민법 제125조가 규정하는 대리권 수여의 표시에 의한 표현대리는 본인과 대리행위를 한 자 사이의 기본적인 법률관계의 성질이나 그 효력의 유무와는 직접적인 관계가 없이 어떤 자가 본인을 대리하여 제3자와 법률행위를 함에 있어 본인이 그 자에게 대리권을 수여하였다는 표시를 제3자에게 한 경우에는 성립될 수가 있고, 또 본인에 의한 대리권 수여의 표시는 반드시 대리권 또는 대리인이라는 말을 사용하여야 하는 것이 아니라 사회통념상 대리권을 추단할 수 있는 직함이나 명칭 등의 사용을 승낙 또는 묵인한 경우에도 대리권 수여의 표시가 있는 것으로 볼 수 있다.[54]

---

53 호텔 등의 시설이용 우대회원 모집계약을 체결하면서 자신의 판매점, 총대리점 또는 연락사무소 등의 명칭을 사용하여 회원모집 안내를 하거나 입회계약을 체결하는 것을 승낙 또는 묵인하였다면, 민법 제125조의 표현대리가 성립할 여지가 있다고 하였다. 원심은 위 모집계약을 준위탁매매의 위임으로, 그 입회계약을 준위탁매매로 판단하였는데, 대법원은 위와 같은 이유로 파기·환송하였다.

나. 대리권한을 넘은 표현대리

대법원 1998. 3. 27. 선고 97다48982 판결(구상금)[55]

대리인이 임의로 선임한 복대리인을 통하여 권한 외의 법률행위를 한 경우, 상대방이 그 행위자를 대리권을 가진 대리인으로 믿었고 또한 그렇게 믿는 데에 정당한 이유가 있는 때에는, 복대리인 선임권이 없는 대리인에 의하여 선임된 복대리인의 권한도 기본대리권이 될 수 있을 뿐만 아니라, 그 행위자가 복대리인이 아닌 사자(使者)라고 하더라도 대리행위의 주체가 되는 대리인이 별도로 있고 그들에게 본인으로부터 기본대리권이 수여된 이상, 민법 제126조를 적용함에 있어서 기본대리권의 흠결 문제는 생기지 않는다.

대법원 2009. 2. 26. 선고 2007다30331 판결(대여금등)[56]

민법 제126조에서 말하는 권한을 넘은 표현대리의 효과를 주장하려면 자칭 대

---

54 한편, 대법원 2001. 8. 21. 선고 2001다31264 판결(매매대금)은 서류를 교부하는 방법으로 민법 제125조 소정의 대리권 수여의 표시가 있었다고 하기 위하여는, 본인을 대리한다고 하는 자가 제출하거나 소지하고 있는 서류의 내용과 그러한 서류가 작성되어 교부된 경우나 형태 및 대리행위라고 주장하는 행위의 종류와 성질 등을 종합하여 판단하여야 할 것인데, 매매계약 체결 당시 대리인인지 문제되는 자가 피고의 위임장이나 인감증명서, 등기필증 등을 소지하고 않았고, 단지 (다른 용도로 작성된) 피고의 무인이 찍힌 매매계약서 용지를 교부받아 가지고 있었다는 점만으로는 피고가 대리권을 수여함을 표시하였다고 볼 수 없다고 하였다. 상대방은 위와 같이 표현대리를 주장할 수도 있지만, 자신의 의사표시를 철회할 수도 있고(민법 제134조), 무권대리인에게 책임을 물을 수도 있다(동법 제135조). 본인이 이를 추인할 수 있음은 물론이다(동법 제130조). 한편, 대리권이 있다는 사실과 대리권은 없지만 표현대리가 성립하였다는 사실은 별개의 주요사실이므로 유권대리에 관한 주장 속에 무권대리에 속하는 표현대리의 주장이 포함되어 있다고 볼 수는 없다(대법원 1983. 12. 13. 선고 83다카1489 전원합의체 판결).
55 본인(피고)이 대리인에게 은행대출을 위한 대리권을 수여하면서 은행대출용 인감증명서와 인감을 교부하였는데, 그 대리인이 다른 자(복대리인 또는 대리인의 사자)에게 연대보증계약에 사용하라며 위 인감증명서를 위조하고 인감과 함께 교부한 경우, 위 복대리인(또는 사자)의 행위에 민법 제126조의 표현대리가 성립하기 위한 기본대리권이 있다고 보았다. 다만, 원고가 위 복대리인과 연대보증계약을 체결함에 있어서, 보증금액이 거액이고 인감증명서의 필체가 다른 점이 있었으며, 보증인인 피고에게 보증의사를 확인해 보지 않은 것은 대리권이 있다고 믿은 데에 정당한 이유가 없다고 하여 결국 원고의 주장을 배척하였다. 한편, 부부의 일상가사대리권도 민법 제126조에서 말하는 기본대리권으로 인정될 수 있다(대법원 1981. 6. 23. 선고 80다609 판결 등).
56 피고주식회사는 A주식회사의 원고은행에 대한 대출금채무를 연대보증하였는데, 사실은 피고회사의 상무(비등기이사)인 甲이 대표이사로부터 다른 용도로 교부받은 법인인감을 사용하여 연대보증에 필요한 서류를 위조하여 위 연대보증계약을 체결하였다. 이후 A회사가 대출금을 상환하지 못하자 원고은행이 피고회사에 연대보증채무의 이행을 구하는 소를 제기하였다. 甲에게 피고회사의 대표이사를 내리하거나 대행하여 위 연대보증계약을 체결할 권한이 있다고 믿을 만한 정당한 이유가 있는지 문제되었는데, 원고은행의 직원은 채무자 본인의 서명날인 또는 채무자의 보증의사 확인 등 계약체결에 관한 원고은행의 사무처리규정을 준수하지 않고, 직접 피고회사의 대표이사나 자금담당 임직원에게 확인하지 않았다는 점 등을 이유로 정당한 사유가 없다고 판단하였다. 참고로, 정당한 이유가 있었다는 점은 표현대리를 주장하는 상대방이 입증할 책임이 있다(대법원 1968. 6. 18. 선고 68다694 판결).

리인이 본인을 위한다는 의사를 명시 또는 묵시적으로 표시하거나 대리의사를 가지고 권한 외의 행위를 하는 경우에 상대방이 자칭 대리인에게 대리권이 있다고 믿고 그와 같이 믿는 데 정당한 이유가 있을 것을 요건으로 하는바, 여기서 정당한 이유의 존부는 자칭 대리인의 대리행위가 행하여 질 때에 존재하는 모든 사정을 객관적으로 관찰하여 판단하여야 한다.[57]

대법원 1999. 12. 24. 선고 99다13201 판결(약속어음금)

어음행위의 위조에 관하여도 민법상의 표현대리에 관한 규정이 적용 또는 유추적용되고, 다만 이 때 그 규정의 적용을 주장할 수 있는 자는 어음행위의 직접 상대방에 한한다고 할 것이며, 약속어음의 배서행위의 직접 상대방은 당해 배서의 피배서인만을 가리키고 그 피배서인으로부터 다시 어음을 취득한 자는 위 배서행위의 직접 상대방이 아니라 제3취득자에 해당하며, 어음의 제3취득자는 어음행위의 직접 상대방에게 표현대리가 인정되는 경우에 이를 원용하여 피위조자에 대하여 자신의 어음상의 권리를 행사할 수가 있을 뿐이다.

다. 대리권소멸 후의 표현대리

대법원 2009. 12. 24. 선고 2009다60244 판결(대여금)

상법에 의하여 등기할 사항은 이를 등기하지 아니하면 선의의 제3자에게 대항하지 못하나, 이를 등기한 경우에는 제3자가 등기된 사실을 알지 못한 데에 정당한 사유가 없는 한 선의의 제3자에게도 대항할 수 있는 점(상법 제37조) 등에 비추어, 대표이사의 퇴임등기가 된 경우에 대하여 민법 제129조의 적용 내지 유추적용이 있다고 한다면 상업등기에 공시력을 인정한 의의가 상실될 것이어서, 이 경우에는 민법 제129조의 적용 또는 유추적용을 부정할 것이다.

라. 무권대리

대법원 2014. 2. 27. 선고 2013다213038 판결(손해배상)

---

57 정당한 이유가 있는지 여부는, 상대방이 대리권이 있다고 믿었고 또 그렇게 믿는데 과실이 없었다는 상대방 측의 사정은 물론이고, 상대방이 대리권을 믿었음을 정당화할 만한 본인 측의 객관적인 사정들도 종합적으로 고려하여 판단해야 한다. 예를 들면, 그 거래에 필요한 모든 서류와 증빙을 갖고 있었다면 대리권이 있다고 믿을 정당한 이유를 인정하기 쉬울 것이다. 그리고 본인에게 특히 부담을 주는 중요한 계약이나 합리적인 사람의 입장에서 볼 때 대리권을 의심케 할 만한 사정이 있었던 경우에 상대방은 더 주의를 해야 할 것이다. 나아가 권한을 넘은 행위가 기본대리권과 같거나 비슷한 행위일 필요는 없지만 상당히 다르다면 상대방이 더 주의를 기울여야 할 것이다. 그 외에도 당사자들의 관계나 사회적 지위, 직업 등의 요소도 고려해야 한다.

민법 제135조 제 1 항은 "타인의 대리인으로 계약을 한 자가 그 대리권을 증명하지 못하고 또 본인의 추인을 얻지 못한 때에는 상대방의 선택에 좇아 계약의 이행 또는 손해배상의 책임이 있다."고 규정하고 있다. 위 규정에 따른 무권대리인의 상대방에 대한 책임은 무과실책임으로서 대리권의 흠결에 관하여 대리인에게 과실 등의 귀책사유가 있어야만 인정되는 것이 아니고, 무권대리행위가 제 3 자의 기망이나 문서위조 등 위법행위로 야기되었다고 하더라도 책임은 부정되지 아니한다.[58]

대법원 2002. 10. 11. 선고 2001다59217 판결(손해배상(기))

무권대리행위는 그 효력이 불확정 상태에 있다가 본인의 추인 유무에 따라 본인에 대한 효력발생 여부가 결정되는 것으로서,[59] 추인은 무권대리행위가 있음을 알고 그 행위의 효과를 자기에게 귀속시키도록 하는 단독행위이다.[60]

---

58 무권대리인은 상대방의 선택에 따라 계약의 이행 또는 손해배상책임을 져야 하는데(민법 제135조), 무권대리인은 본인이 추인을 한 사실, 또는 상대방이 무권대리임을 알았거나 알 수 있었던 사실, 무권대리인이 제한능력자인 사실, 상대방이 이미 그 의사표시를 철회한 사실 등을 입증하여 그 책임에서 벗어날 수 있다. 그리고 상대방이 표현대리를 주장하여 인정된 경우에는 대리인은 책임을 지지 않는다고 보아야 한다. 그렇지만 상대방이 표현대리를 주장하지 않고 무권대리인에게 이행책임을 묻는 것을 막을 수는 없을 것이다. 이때 무권대리인이 표현대리의 요건이 충족된다고 주장하면서 본인이 책임을 지고 자신은 책임이 없다고 항변할 수 있는가? 이를 긍정하는 견해도 있지만, 상대방이 본인과 무권대리인의 책임을 선택적으로 주장할 수 있다고 보고, 선택적·예비적공동소송(민소법 제70조) 등으로 분쟁을 한꺼번에 해결하는 것이 타당하다고 생각한다.
59 타인의 권리를 자기의 이름으로 또는 자기의 권리로 처분한 경우 그 무권리자의 처분에 대한 진정한 권리자의 추인에 관해서도 무권대리의 추인에 관한 규정을 준용할 수 있다(대법원 1981. 1. 13. 선고 79다2151 판결 등). 추인이 있으면 무권대리행위는 소급하여 효력이 생기지만, 본인과 상대방이 달리 합의하면 그렇지 않고, 또한 추인을 할 때까지 생긴 제 3 자의 권리를 해치지 못한다(민법 제133조). 예를 들면, 본인의 채권을 무권대리인이 본인을 대리하여 甲에게 양도한 후 채무자에게 확정일자 있는 통지를 하고(동법 제450조 제 2 항), 이어 본인이 그 채권을 乙에게 양도한 후에 역시 채무자에게 확정일자 있는 통지를 하였다면, 그 후에 본인이 대리인의 甲에 대한 양도행위를 추인하였더라도 乙이 취득한 채권은 추인으로 인하여 영향을 받지 않는다. 무권대리의 추인 또는 무처분권자의 행위에 대한 추인을 무효행위의 추인(동법 제139조), 취소할 수 있는 법률행위의 추인(동법 제143조) 등과 비교해 보라.
60 증권회사의 고객이 증권회사 직원의 임의매매를 묵시적으로 추인하였다고 하기 위해서는, 자신이 처한 법적 지위를 충분히 이해하고 진의에 기하여 당해 매매의 손실이 자기에게 귀속된다는 것을 승인하는 것으로 볼 만한 사정이 있어야 할 것이고, 나아가 임의매매를 사후에 추인한 것으로 보게 되면 그 법률효과는 모두 고객에게 귀속되고 그 임의매매행위가 불법행위를 구성하지 않게 되어 임의매매로 인한 손해배상청구도 할 수 없게 되므로, 임의매매의 추인, 특히 묵시적 추인을 인정하려면, 고객이 임의매매 사실을 알고도 이의를 제기하지 않고 방치하였는지 여부, 임의매수에 대해 항의하면서 곧바로 매도를 요구하였는지 아니면 직원의 설득을 받아들이는 등으로 주가가 상승하기를 기다렸는지, 임의매도로 계좌에 입금된 그 증권의 매도대금(예탁금)을 인출하였는지 또는 신용으로 임의매수한 경우 그에 따른 그 미수금을 이의 없이 변제하거나, 미수금 변제독촉에 이의를 제기하지 않았는지 여부 등의 여러 사정을 종합적으로 검토하여 신중하게 판단하여야 할 것이라고 하였다.

이사의 의무와 책임

제 6 장 이사의 의무와 책임

Ⅰ. 이사의 의무

1. 선관주의의무

가. 의 의

대법원 2002. 3. 15. 선고 2000다9086 판결(손해배상(기))

금융기관인 은행은 주식회사로 운영되기는 하지만, 이윤추구만을 목표로 하는 영리법인인 일반의 주식회사와는 달리 예금자의 재산을 보호하고 신용질서 유지와 자금중개 기능의 효율성 유지를 통하여 금융시장의 안정 및 국민경제의 발전에 이바지해야 하는 공공적 역할을 담당하는 위치에 있는 것이기에, 은행의 그러한 업무의 집행에 임하는 이사는 일반의 주식회사 이사의 선관의무에서 더 나아가 은행의 그 공공적 성격에 걸맞는 내용의 선관의무까지 다할 것이 요구된다 할 것이고, 따라서 금융기관의 이사가 위와 같은 선량한 관리자의 주의의무에 위반하여 자신의 임무를 해태하였는지의 여부는 그 대출결정에 통상의 대출담당임원으로서 간과해서는 안될 잘못이 있는지의 여부를 금융기관으로서의 공공적 역할의 관점에서 대출의 조건과 내용, 규모, 변제계획, 담보의 유무와 내용, 채무자의 재산 및 경영상황, 성장가능성 등 여러 가지 사항에 비추어 종합적으로 판정해야 한다.[1]

---

[1] 우리 상법은 이사와 회사의 관계에 민법의 위임에 관한 규정을 준용하도록 하였다(제382조 제 2 항). 따라서 이사는 회사의 수임인으로서 위임사무인 회사의 업무를 처리함에 있어서 선량한 관리자의 주의를 다해야 한다(제382조 제 2 항, 민법 제681조). '선량한 관리자의 주의("선관주의")'란 거래상 일반적으로 평균인에게 요구되는 정도의 주의, 다시 말하면 행위자의 직업 및 사회적 지위 등에 따라서 보통 일반적으로 요구되는 정도의 주의를 말한다(행위자의 구체적·주관적 주의능력에 따른 주의만을 요구하는 민법 제695조의 '자기재산과 동일한 주의'와 비교해 볼 것). 즉, 수임인의 직업, 사회적 지위, 맡은 업무 등에 비추어 그러한 자에게 통상적·객관적으로 요구되는 정도의 주의를 말한다. 따라서 이사의 선관의무는 업종, 구체적인 담당업무, 거래 영역, 행위 당시의 회사의 상황 등에 따라 달라질 수 있다. 이 사안은 제일은행이 한보철강에 대하여 신규여신을 하고 이후 여신을 계속함에 있어서, 임원들의 부실한 상환능력심사와 충분한 담보의 미확보 등 부실한 여신관리가 문제된 사안이었다. 대법원은 금융기관의 이사에 대하여 판시와 같이 그 업무의 공공

대법원 2004. 6. 17. 선고 2003도7645 전원합의체 판결(업무상배임 등)[2]

주식회사의 대표이사가 제3자 배정방식에 의한 유상증자에 따라 납입된 주금을 회사를 위하여 사용될 수 있도록 관리하는 등의 업무는 이사의 주식회사에 대한 선관의무 내지 충실의무에 기한 것으로 자신 또는 회사의 사무에 속하는 것이므로, 그 대표이사가 회사의 주주들에 대한 관계에서 직접 그들의 사무를 처리하는 자의 지위에 있는 것은 아니므로 주주들에 대하여 업무상배임죄의 책임을 지는 것은 아니다.

대법원 2009. 5. 29. 선고 2007도4949 전원합의체 판결(특경가법위반(배임))[3]

이사가 주식회사의 지배권을 기존 주주의 의사에 반하여 제3자에게 이전하는 것은 기존 주주의 이익을 침해하는 행위일 뿐 지배권의 객체인 주식회사의 이익을 침해하는 것으로 볼 수는 없는데, 주식회사의 이사는 주식회사의 사무를 처리하는 자의 지위에 있다고 할 수 있지만 주식회사와 별개인 주주들에 대한 관계에서 직접 그들의 사무를 처리하는 자의 지위에 있는 것은 아니고, 더욱이 경영권의 이전은 지배주식을 확보하는 데 따르는 부수적인 효과에 불과한 것이어서, 회사 지분비율의 변화가 기존 주주 자신의 선택에 기인한 것이라면 지배권 이전과 관련하여 이사에게 임무위배가 있다고 할 수 없다.

나. 감시의무

대법원 2008. 9. 11. 선고 2006다68636 판결(손해배상(기))[4]

적 성격에 걸맞는 선관의무를 요구하였다. 종합금융에 대하여 같은 취지로 판시한 것으로 대법원 2003. 10. 10. 선고 2003도3516 판결이 있다.

2 배임죄는 본인과의 신임관계를 기반으로 하는 것인데, 대표이사가 직접 신임관계를 갖는 것은 회사이고, 따라서 이사의 선관의무의 상대방은 주주가 아닌 회사이다. 신주발행은 주식회사의 자본조달을 목적으로 하는 것으로서 신주발행과 관련된 대표이사의 업무는 회사의 사무일 뿐이므로 그에 관한 임무를 게을리 했다고 하더라도 회사가 아닌 주주에 대한 업무상 배임죄가 성립하는 것은 아니라는 취지이다. 다만, 이사는 주주에 대하여 상법 제401조 등의 손해배상책임을 질 수 있다.

3 대표이사는 기존 주주들과 사이에서 주식의 가치를 보존하는 임무를 대행하거나 주주의 재산보전행위에 협력하는 자의 지위에 있다고 볼 수 없으므로 타인(주주)의 사무를 처리하는 자의 지위에 있다고 할 수 없고, 이사의 업무집행이 결과적으로 일부 주주의 이익을 침해했더라도 회사에 대한 배임죄는 성립하지 않는다고 하였다(물론 주주에 대한 배임죄도 성립하지 않음).

4 주식회사 대우의 회사채를 인수한 신한은행이 대우의 이사들을 상대로 대우의 분식회계(대차대조표와 손익계산서 등 재무제표의 허위 작성)로 인한 대출금 미회수액 상당의 손해의 배상을 청구한 사안이었다(제401조). 대규모 주식회사에서 이사들이 업무를 분담하고 있더라도 다른 이사의 업무에 대한 감시의무를 면제받는 것은 아니고, 합리적인 정보 및 보고시스템과 내부통제시스템을 구축하고 그것이 제대로 작동하도록 배려할 의무 등 감시의무를 부담한다고 본 것이다. 당시 대우는 무역부문과 건설부문이라는 두 업무 영역이

대표이사는 이사회의 구성원으로서 다른 대표이사를 비롯한 업무담당이사의 전반적인 업무집행을 감시할 권한과 책임이 있으므로, 다른 대표이사나 업무담당이사의 업무집행이 위법하다고 의심할 만한 사유가 있음에도 악의 또는 중대한 과실로 인하여 감시의무를 위반하여 이를 방치한 때에는 그로 말미암아 제3자가 입은 손해에 대하여 배상책임을 면할 수 없다. 이러한 감시의무의 구체적인 내용은 회사의 규모나 조직, 업종, 법령의 규제, 영업상황 및 재무상태에 따라 크게 다를 수 있는바, 고도로 분업화되고 전문화된 대규모의 회사에서 공동대표이사와 업무담당이사들이 내부적인 사무분장에 따라 각자의 전문 분야를 전담하여 처리하는 것이 불가피한 경우라 할지라도 그러한 사정만으로 다른 이사들의 업무집행에 관한 감시의무를 면할 수는 없고, 그러한 경우 무엇보다 합리적인 정보 및 보고시스템과 내부통제시스템을 구축하고 그것이 제대로 작동하도록 배려할 의무가 이사회를 구성하는 개개의 이사들에게 주어진다는 점에 비추어 볼 때, 그러한 노력을 전혀 하지 않거나, 위와 같은 시스템이 구축되었다 하더라도 이를 이용한 회사 운영의 감시·감독을 의도적으로 외면한 결과 다른 이사의 위법하거나 부적절한 업무집행 등 이사들의 주의를 요하는 위험이나 문제점을 알지 못한 경우라면, 다른 이사의 위법하거나 부적절한 업무집행을 구체적으로 알지 못하였다는 이유만으로 책임을 면할 수는 없고, 위와 같은 지속적이거나 조직적인 감시 소홀의 결과로 발생한 다른 이사나 직원의 위법한 업무집행으로 인한 손해를 배상할 책임이 있다.

대법원 2004. 12. 10. 선고 2002다60467, 60474 판결(손해배상(기))
대법원 2006. 7. 6. 선고 2004다8272 판결(손해배상(기))

주식회사의 업무집행을 담당하지 아니한 평이사는 이사회의 일원으로서 이사회를 통하여 대표이사를 비롯한 업무담당이사의 업무집행을 감시하는 것이 통상적

조직상 뚜렷이 구분되어 운영되었고 회계도 마찬가지였는데, 문제된 업무집행이사는 대표이사 및 다른 업무집행이사들의 전횡과 위법한 직무수행에 관한 감시의무를 지속적으로 소홀히 하였고, 당시 대우의 이사회가 실제로는 거의 개최되지도 않았으며, 심지어 이사들이 회계의 적정성에 관하여 관심을 갖는 것이 이례적으로 받아들여지고 있을 정도로 대규모의 회계분식이 아무런 견제나 저항도 받지 아니한 채 이루어졌다. 대법원은 이러한 회계분식이 사무분장이라는 명목 하에 구조적·조직적으로 이사의 위법한 업무집행이나 전횡이 의도적으로 장기간 방치된 당연한 결과로서 발생하였다고 보고, 회사의 업무분장이 내부적으로 구분되어 있다거나 회계분식의 구체적인 내용을 알지 못하였다 하여 당해 이사의 중대한 과실로 인한 임무해태 및 상당인과관계를 부인할 수는 없다고 판단하였다. 동일한 사실관계에서 다른 금융기관(대한생명)이 제기한 소송에서, 대법원은 일정한 업무분장 하에 회사의 일상적인 업무를 집행하는 업무집행이사는 회사의 업무집행을 전혀 담당하지 않는 평이사에 비하여 보다 높은 주의의무를 부담한다고 설시하면서 위 판결과 동일한 취지로 판시하였다(대법원 2008. 9. 11. 선고 2007다31518 판결).

이긴 하나, 평이사의 임무는 단지 이사회에 상정된 의안에 대하여 찬부의 의사표시를 하는 데에 그치지 않으며 대표이사를 비롯한 업무담당이사의 전반적인 업무집행을 감시할 수 있는 것이므로, 업무담당 이사의 업무집행이 위법하다고 의심할 만한 사유가 있음에도 불구하고 평이사가 감시의무를 위반하여 이를 방치한 때에는 이로 말미암아 회사가 입은 손해에 대하여 배상책임을 면할 수 없다.

2. 충실의무

가. 경업금지의무

대법원 2013. 9. 12. 선고 2011다57869 판결(손해배상(기))[5]

[1] 상법이 제397조 제 1 항으로 "이사는 이사회의 승인이 없으면 자기 또는 제 3 자의 계산으로 회사의 영업부류에 속한 거래를 하거나 동종영업을 목적으로 하는 다른 회사의 무한책임사원이나 이사가 되지 못한다."고 규정한 취지는, 이사가 그 지위를 이용하여 자신의 개인적 이익을 추구함으로써 회사의 이익을 침해할 우려가 큰 경업을 금지하여 이사로 하여금 선량한 관리자의 주의로써 회사를 유효적절하게 운영하여 그 직무를 충실하게 수행하여야 할 의무를 다하도록 하려는 데 있다. 따라서 이사는 경업 대상 회사의 이사, 대표이사가 되는 경우뿐만 아니라 그 회사의 지배주주가 되어 그 회사의 의사결정과 업무집행에 관여할 수 있게 되는 경우에도 자신이 속한 회사 이사회의 승인을 얻어야 하는 것으로 볼 것이다.

[2] 어떤 회사가 이사가 속한 회사의 영업부류에 속한 거래를 하고 있다면 그 당시 서로 영업지역을 달리하고 있다고 하여 그것만으로 두 회사가 경업관계에 있

---

5 주식회사 광주신세계("광주신세계")는 주식회사 신세계("신세계")의 100% 자회사로서 1995년경부터 광주광역시에서 신세계의 상표를 사용하여 백화점 등을 운영하였다. 신세계는 광주신세계를 사실상 지점처럼 운영하였고, 대외적으로도 그와 같이 인식되었다. 광주신세계는 1997년 말에 발생한 외환위기로 자금조달 및 회사 운영에 어려움을 겪게 되자, 이를 해결하기 위하여 신세계와 협의하여 이 사건 유상증자를 하였다. 그러나 신세계 역시 구조조정 등의 필요로 유상증자에 참여할 형편이 되지 못하여, 신세계의 지배주주의 아들이자 이사인 피고 甲이 1998. 4. 광주신세계의 신주를 주당 5천원에 인수하고 83.3%를 보유하게 되었다. 이로 인하여 신세계는 광주신세계의 최대주주로서의 지위를 잃고 2대주주가 되었지만, 광주신세계는 여전히 신세계와 동일한 기업집단에 소속되어 이전처럼 경영되었다. 구체적으로 광주신세계는 전과 동일하게 신세계와 동일한 상표를 사용하고, 신세계에 판매물품의 구매대행을 위탁하였으며, 신세계의 경영지도를 받으면서 신세계와 협력하였고, 신세계도 전과 마찬가지로 상표사용 및 경영지도에 대한 대가로 광주신세계로부터 매년 일정액의 경영수수료를 받았다. 광주신세계는 2002년 주당 3만3천원에 상장되었다. 이후 신세계의 주주들이 甲등 신세계 이사들을 상대로 주주대표소송을 제기하였다("신세계 대표소송"). 대법원은, 피고 甲의 이 사건 신주인수 후에도 광주신세계가 그 전과 마찬가지로 사실상 신세계의 지점처럼 운영되었고, 피고 甲이 광주신세계를 통하여 신세계와 이익충돌의 염려가 있는 거래를 하였다고 보기 어려우므로, 피고 甲이 신주인수에 관하여 제397조의 규정에 따라 신세계 이사회의 승인을 받았어야 했던 것은 아니라고 하였다.

지 아니하다고 볼 것은 아니지만, 두 회사의 지분소유 상황과 지배구조, 영업형태, 동일하거나 유사한 상호나 상표의 사용 여부, 시장에서 두 회사가 경쟁자로 인식되는지 여부 등 거래 전반의 사정에 비추어 볼 때 경업 대상 여부가 문제되는 회사가 실질적으로 이사가 속한 회사의 지점 내지 영업부문으로 운영되고 공동의 이익을 추구하는 관계에 있다면 두 회사 사이에는 서로 이익충돌의 여지가 있다고 볼 수 없고, 이사가 위와 같은 다른 회사의 주식을 인수하여 지배주주가 되려는 경우에는 상법 제397조가 정하는 바와 같은 이사회의 승인을 얻을 필요가 있다고 보기 어렵다.

대법원 1993. 4. 9. 선고 92다53583 판결(이사해임청구)

[1] 상법 제397조 제1항의 규정취지는 이사가 그 지위를 이용하여 자신의 개인적 이익을 추구함으로써 회사의 이익을 침해할 우려가 큰 경업을 금지하여 이사로 하여금 선량한 관리자의 주의로써 회사를 유효적절하게 운영하여 그 직무를 충실하게 수행하여야 할 의무를 다하도록 하려는 데 있으므로, 경업의 대상이 되는 회사가 영업을 개시하지 못한 채 공장의 부지를 매수하는 등 영업의 준비작업을 추진하고 있는 단계에 있다하여 위 규정에서 말하는 '동종영업을 목적으로 하는 다른 회사'가 아니라고 볼 수는 없다.

[2] 회사의 이사가 회사와 동종영업을 목적으로 하는 다른 회사를 설립하고 다른 회사의 이사 겸 대표이사가 되어 영업 준비작업을 하여 오다가 영업활동을 개시하기 전에 다른 회사의 이사 및 대표이사직을 사임하였다고 하더라도 이는 상법 제397조 제1항 소정의 경업금지의무를 위반한 행위로서 특별한 다른 사정이 없는 한 이사의 해임에 관한 상법 제385조 제2항 소정의 '법령에 위반한 중대한 사실'이 있는 경우에 해당한다.

나. 회사기회의 유용금지

대법원 2013. 9. 12. 선고 2011다57869 판결(손해배상(기))[6]

---

6 위 신세계 대표소송과 동일한 사안인데, 원고들은, 신세계의 이사회가 1998. 4. 광주신세계의 신주발행에서 신주를 인수하지 않기로 결의하고 실권주를 신세계의 이사인 피고 甲에게 배정되도록 하여, 피고 甲이 광주신세계의 지배주주가 됨으로써 신세계는 광주지역에서 백화점업을 영위할 사업기회를 잃게 되었고, 이는 甲으로 하여금 신세계의 사업기회를 유용하도록 한 것이어서 이사의 선관주의의무 또는 충실의무를 위반한 것이므로(제382조 제2항, 제382조의3, 민법 제681조), 피고 甲을 비롯한 신세계의 이사들인 피고들이 이로 인한 신세계의 손해를 배상할 의무가 있다고 주장하였다(제399조). 당시에는 회사기회유용금지에 관한 제397조의2와 같은 조항이 없었다. 원심은 위 광주신세계의 신주발행 당시의 IMF위기로 인한 경제상황을

이사는 회사에 대하여 선량한 관리자의 주의의무를 지므로, 법령과 정관에 따라 회사를 위하여 그 의무를 충실히 수행한 때에야 이사로서의 임무를 다한 것이 된다. 이사는 이익이 될 여지가 있는 사업기회가 있으면 이를 회사에 제공하여 회사로 하여금 이를 이용할 수 있도록 하여야 하고, 회사의 승인 없이 이를 자기 또는 제3자의 이익을 위하여 이용하여서는 아니 된다. 그러나 회사의 이사회가 그에 관하여 충분한 정보를 수집·분석하고 정당한 절차를 거쳐 회사의 이익을 위하여 의사를 결정함으로써 그러한 사업기회를 포기하거나 어느 이사가 그것을 이용할 수 있도록 승인하였다면 그 의사결정과정에 현저한 불합리가 없는 한 그와 같이 결의한 이사들의 경영판단은 존중되어야 할 것이므로, 이 경우에는 어느 이사가 그러한 사업기회를 이용하게 되었더라도 그 이사나 이사회의 승인 결의에 참여한 이사들이 이사로서 선량한 관리자의 주의의무 또는 충실의무를 위반하였다고 할 수 없다.

다. 자기거래금지

(1) 자기거래의 유형

대법원 1988. 9. 13. 선고 88다카9098 판결(대여금)

상법 제398조의 취지는 이사가 회사의 이익을 희생으로 하여 자기 또는 제3자의 이익을 도모할 염려가 있기 때문에 이를 방지하여 회사의 이익을 보호하려는 데 목적이 있는 것이므로 여기에서 이사라 함은 거래당시의 이사와 이에 준하는 자(이사직무대행자, 청산인 등)에 한정할 것이고, 거래당시 이사의 직위를 떠난 사람은 여기에 포함되지 않는다 할 것이며, 이는 이사가 회사에 투자를 하였다가 위 투자금을 반환받는 거래의 경우에도 마찬가지다.[7]

대법원 1984. 12. 11. 선고 84다카1591 판결(대여금)

[1] 상법 제398조에서 말하는 거래에는 이사와 회사사이에 직접 성립하는 이해상반하는 행위뿐만 아니라 이사가 회사를 대표하여 자기를 위하여 자기 개인 채

고려할 때 위 신주인수를 '유망한 사업기회'라고 보기 어렵고, 또 외환위기로 인수를 포기하고 인수희망자를 찾지 못해 피고 甲에게 배정한 것을 '유용'이라고 보기 어렵다고 하였다. 대법원은 일단 '사업기회'에 해당함을 전제로 이사회에서 이를 승인하는 결의를 함에는 경영판단의 원칙이 적용된다고 하였고, 신세계 이사회의 경영판단에 선관주의의무 또는 충실의무 위반이 없다고 하였다.

7 원고가 피고회사의 공동대표이사로 취임하는 조건으로 피고회사에 투자하기로 하고 그 투자금의 일부로 돈을 지급하였다. 이에 따라 원고는 피고회사의 공동대표이사로 취임하였으나, 얼마 후 공동대표이사 및 이사직을 사임하였다. 원고가 피고회사로부터 위 투자금을 되돌려 받는 데에 피고회사 이사회의 사전승인 결의를 거쳐야 하는지가 문제되었는데, 대법원은 법을 불필요하게 확대 적용한 것이라고 하여 부정하였다.

무의 채권자인 제 3 자와의 사이에 자기개인채무의 연대보증을 하는 것과 같은 이사개인에게 이익이 되고 회사에 불이익을 주는 행위도 포함하는 것이라 할 것이므로,[8] 별개 두 회사의 대표이사를 겸하고 있는 자가 어느 일방 회사의 채무에 관하여 나머지 회사를 대표하여 연대보증을 한 경우에도 역시 상법 제398조의 규정이 적용되는 것으로 보아야 한다.[9]

[2] 별개 두 회사의 대표이사를 겸하고 있는 자가 어느 일방 회사의 채무에 관하여 타회사를 대표하여 연대보증을 한 경우, 회사가 위 거래가 이사회의 승인을 얻지 못하여 무효라는 것을 거래의 상대방인 제 3 자에게 주장하기 위해서는 거래의 안전과 선의의 제 3 자를 보호할 필요상 이사회의 승인을 얻지 못하였다는 것 외에 거래의 상대방인 제 3 자가 이사회의 승인 없음을 알았다는 사실을 주장·입증하여야만 한다.

서울지법 남부지원 1990. 12. 14. 선고 90가합7297 판결(손해배상(기))

민법 제124조 소정이 자기계약금지규정이나 상법 제398조 소정의 이사와 회사 간의 거래금지규정은 대리인 또는 이사가 본인 또는 회사의 이익을 희생시켜 자기 또는 제 3 자의 이익을 도모할 위험을 방지하여 상호 이해관계가 충돌하는 거래행

---

8 이와 같이 회사가 이사를 위하여 제 3 자(이사의 채권자)와 보증계약을 체결하는 거래는 비록 이사가 거래상대방이 아니지만 이사에게 실질적인 이익이 귀속되는 거래이므로 이러한 "간접거래"도 자기거래에 포함된다. 대법원 1980. 7. 22. 선고 80다828 판결(주식회사의 이사가 타인에게 금원을 대여함에 있어 회사가 그 채무를 연대보증 하였다면 이는 이사와 회사 사이의 이익 상반되는 거래행위이므로 이사회의 승인이 없는 한 위 연대보증 행위는 무효이다) 등도 같은 취지로 판시하였다.

9 이 경우 대표이사 개인에게 직접적으로 이익이 귀속되는 것은 아니므로 간접거래로 보기 어려운 점이 있다. 다만, 우리 대법원은 A회사와 B회사 쌍방의 대표이사가 모두 甲인 경우 A회사와 B회사가 거래하면 자기거래에 해당한다고 본 것이다. 이러한 쌍방대리(대표)의 경우 이사와 회사의 이익이 충돌할 수 있는 상황이므로 자기거래에 준하여 이사회의 승인을 받도록 하는 것이 타당한 것으로 사료된다. 대법원은 민법 제64조에서 말하는 법인과 이사의 이익이 상반하는 사항에 관한 사안에서, "법인과 이사가 직접 거래의 상대방이 되는 경우뿐 아니라, 이사의 개인적 이익과 법인의 이익이 충돌하고 이사에게 선량한 관리자로서의 의무 이행을 기대할 수 없는 사항은 모두 포함한다고 할 것이고, 형식상 전혀 별개의 법인 대표를 겸하고 있는 자가 양쪽 법인을 대표하여 계약을 체결하는 경우는 쌍방대리로서 특별한 사정이 없는 이상 이사의 개인적 이익과 법인의 이익이 충돌할 염려가 있는 경우에 해당한다."고 판시하였다(대법원 2013. 11. 28. 선고 2010다91831 판결). 이사가 제 3 자의 계산으로 회사와 거래를 하는 경우도 자기거래에 포함된다는 점에서도 그렇다. 여기서 '계산'이란 그 거래의 경제상의 이익의 귀속주체가 누구인지를 기준으로 판단하는데, 이사가 제 3 자의 대리인으로 또는 제 3 자의 위탁을 받아 회사와 거래하는 것(제 3 자의 계산), 이사가 제 3 자에게 위탁하여 회사와 거래하는 것(자기계산) 등도 모두 자기거래에 해당한다. 甲이 A회사에서만 대표이사이고 B회사에서는 이사인 경우 A회사와 B회사가 거래를 하면, A회사는 자기거래가 되지 않고 B회사에 대해서만 자기거래가 되므로 B회사의 이사회 승인이 필요하다(통설). 다만, 이 경우에도 甲이 B회사의 대리인으로 직접 거래에 관여한 경우에는 자기거래에 해당한다고 볼 것이다(사견).

위로부터 본인 또는 회사의 이익을 보호하려는 취지의 규정이라 할 것이므로, 그 거래행위가 본인 또는 회사의 이익을 침해할 염려가 없는 경우에는 그 적용이 없다고 보아야 할 것인바, 대표이사와 회사 간의 물상보증관계가 이미 성립되어 있던 상황에서, 회사가 수탁보증인인 대표이사에게 일정기간 내에 그 물상보증관계를 해소시켜 주겠다는 내용의 약정을 하는 것은, 회사가 그 물상보증으로 인한 구상권의 범위 내에서 책임을 지겠다는 뜻의 확인행위에 불과하고, 대표이사와 회사 간에 이해관계의 충돌을 초래할 만한 새로운 거래행위라고 볼 수 없으므로, 그에 대하여 위 각 규정이 적용되지 않는다.[10]

대법원 2013. 9. 12. 선고 2011다57869 판결(손해배상(기))

상법 제398조가 적용되기 위하여는 이사 또는 제3자의 거래상대방이 이사가 직무수행에 관하여 선량한 관리자의 주의의무 또는 충실의무를 부담하는 당해 회사이어야 한다. 따라서 자회사가 모회사의 이사와 거래를 한 경우에는 설령 모회사가 자회사의 주식 전부를 소유하고 있더라도, 모회사와 자회사는 상법상 별개의 법인격을 가진 회사이고, 그 거래로 인한 불이익이 있더라도 그것은 자회사에게 돌아갈 뿐 모회사는 간접적인 영향을 받는 데 지나지 아니하므로, 자회사의 거래를 곧바로 모회사의 거래와 동일하게 볼 수는 없다. 따라서 모회사의 이사와 자회사의 거래는 모회사와의 관계에서 상법 제398조가 규율하는 거래에 해당하지 아니하고, 모회사의 이사는 그 거래에 관하여 모회사 이사회의 승인을 받아야 하는 것이 아니다.[11]

---

10 대표이사인 원고가 회사채무를 위하여 이미 근저당권을 설정해 주었는데, 회사가 채무를 4개월 내로 이행하여 물상보증관계를 해소해 주기로 약정하였다. 그러나 그 약정을 지키지 못하여 원고의 부동산이 경매로 처분되어 원고는 소유권을 상실하였다. 원고는 피고회사가 원고와의 위 약정을 불이행함으로써 원고에게 손해를 입혔으므로 위 손해를 배상하여야 할 의무가 있다고 주장하였고, 피고회사는 위 약정이 자기거래에 해당한다는 항변을 하였다.

11 위 신세계 대표소송의 사안에서, 신세계의 이사인 피고 甲이 신세계의 100% 자회사인 광주신세계의 신주를 인수하더라도, 신세계가 거래의 주체가 아닌 이상 자기거래에 해당하지 않아 신세계의 이사회의 승인이 필요한 것이 아니라는 취지로 판시한 것이다. 모회사와 자회사는 독립된 별도의 법인이므로, 신세계가 광주신세계의 주식 100%를 보유한 모회사였다고 하여 달리 볼 수 없다고 하였다. 한편, 광주신세계에 대해서는 자기거래에 해당하는가? 제3자 배정 방식의 신주발행, 실권주의 제3자배정, 자기주식의 처분 등의 자본거래도 자기거래의 대상에 포함될 수 있다. 그러나 현행 상법의 규정에 따르더라도 회사의 거래상대방인 甲이 신주발행 당시 광주신세계의 이사이거나 주요주주가 아니었던 이상 자기거래에 해당하지 않는다. 만일 甲이 광주신세계의 주식을 83% 취득한 후에 유상증자가 실시되고 광주신세계의 이사회가 실권된 주식을 甲에게 배정하는 결의를 하였다고 가정하면 어떠한가? 이때는 甲이 주요주주이므로 자기거래에 해당하여(제398조 제1호) 이사회의 승인이 필요하다.

(2) 이사회의 승인

대법원 2002. 7. 12. 선고 2002다20544 판결(대여금)[12]

회사의 이사에 대한 채무부담행위가 상법 제398조 소정의 이사의 자기거래에 해당하여 이사회의 승인을 요한다고 할지라도, 위 규정의 취지가 회사 및 주주에게 예기치 못한 손해를 끼치는 것을 방지함에 있다고 할 것이므로, 그 채무부담행위에 대하여 사전에 주주 전원의 동의가 있었다면 회사는 이사회의 승인이 없었음을 이유로 그 책임을 회피할 수 없다.

대법원 2007. 5. 10. 선고 2005다4284 판결(부당이득금)[13]

---

12 피고회사의 대표이사 甲이 자신의 개인채무를 피고회사로 하여금 인수하도록 하였다. 채권자인 원고가 피고회사에게 대여금을 청구하자 피고회사는 이사의 자기거래에 해당하는데 이사회의 승인이 없어서 무효라고 항변하였다. 대법원은, 피고회사의 주식이 설립자로서 회사의 경영을 전적으로 책임지고 있는 대표이사이자 주주인 甲 1인에게 사실상 전부 귀속되어 있으므로, 甲 1인이 동의한 것으로 주주 전원의 동의가 있었다고 볼 수 있어서 피고회사가 이사회의 승인이 없었음을 이유로 그 책임을 회피할 수 없다고 하였다. 사견으로는 이러한 판결의 법리는 타당하지 않다고 본다. 회사에는 주주 이외에도 근로자와 경영자라는 구성원이 있는데, 1인주주의 동의를 회사 자체의 이익을 고려할 의무가 있는 이사회의 동의로 간주할 아무런 근거가 없다. 그리고 이사회의 승인에 대해서는 책임추궁의 방법(제399조 제 2 항, 제401조)이 있으나 주주총회의 승인에 대해서는 책임추궁이 불가능하기 때문이다. 자기거래에 해당하더라도 상대방이 이사회의 승인이 없었음을 알았거나 중대한 과실로 알지 못한 경우에만 무효 주장을 할 수 있으므로(대법원 2004. 3. 25. 선고 2003다64688 판결 등), 사안의 채권자가 선의였다면 그의 신뢰와 거래의 안전을 보호할 수 있으므로 굳이 1인주주의 동의를 이사회의 승인으로 볼 필요는 없다.

13 원고 대한생명보험 주식회사의 대표이사와 피고 학교법인의 이사장을 겸하고 있던 A가 원고회사의 피고 법인에 대한 기부를 실행하였고, 그 후 위 기부행위의 지출내역이 포함된 기부금명세서 등 결산관련 서류를 원고회사의 이사회에서 심의·의결한 적이 있었다. 원고는 위 기부가 자기거래로서 이사회의 승인이 없어 무효라는 이유로 피고에게 기부금 상당의 부당이득반환을 구하였다. 위 대법원 판결은 사후승인이 가능한 것으로 판시하였지만, 현행 상법은 사전승인이 필요함을 분명히 하였다. 그리고 위 대법원 판결은, 정관으로 이사회의 승인을 주주총회의 승인으로 할 수 있고, 또 정관의 규정이 없더라도 주주 전원이 동의하면 이사회의 승인이 필요한 것은 아니라는 취지로 판시하고 있다. 그러나 이사와 이사회는 주주뿐만 아니라 회사의 모든 구성원과 회사 자체의 이익을 위하여 행위할 의무가 있으므로, 주주총회와 이사회의 권한은 엄격하게 구분하는 것이 옳고 이사회의 권한 사항을 함부로 주주총회의 권한 사항으로 하는 것은 타당하지 않다. 위 판결의 일반적인 적용은 신중해야 할 것이다. 한편, 대법원은 이사회가 기부금명세서가 포함된 결산 서류를 심의하여 통과시켰다고 하더라도 자기거래인 기부행위의 승인 여부를 구체적인 안건으로 상정하여 위 기부행위가 이익상반거래로서 공정성을 갖고 있는지 여부를 심의·의결하였다고 볼 수 없다고 하였다. 그리고 원고회사의 이사회나 주주총회에서 재무제표 및 영업보고서의 승인 결의를 한 후 원고회사가 그 영업보고서 등을 근거로 세무신고를 하여 법인세 산정시 손금산입 처리를 받았다거나, 원고회사의 이사, 주주 혹은 감사 등이 기부행위에 대하여 장기간 이의를 제기하지 아니하였다는 사정만으로는 원고회사가 기부행위를 묵시적으로 추인하였다고 보기 어렵다고 하였다. 묵시적 추인은, 원고의 이사회가 기부행위와 관련된 대표이사의 이해관계 및 그와 관련된 중요한 사실들을 지득한 상태에서 기부행위의 추인시 원래 무효인 기부행위가 유효로 전환되고 그로써 원고회사에 손해가 발생할 수 있고 그에 대하여 원고회사의 이사들이 연대책임을 부담할 수 있다는 점을 용인하면서까지 추인에 나아갔다고 볼 만한 사유가 있어야 인정될 수 있다는 취지이다.

[1] 상법 제398조 전문이 이사와 회사 사이의 거래에 관하여 이사회의 승인을 얻도록 규정하고 있는 취지는, 이사가 그 지위를 이용하여 회사와 거래를 함으로써 자기 또는 제3자의 이익을 도모하고 회사 나아가 주주에게 불측의 손해를 입히는 것을 방지하고자 함에 있는바, 이사회의 승인을 얻은 경우 민법 제124조의 적용을 배제하도록 규정한 상법 제398조 후문의 반대해석상 이사회의 승인을 얻지 아니하고 회사와 거래를 한 이사의 행위는 일종의 무권대리인의 행위로 볼 수 있고 무권대리인의 행위에 대하여 추인이 가능한 점에 비추어 보면, 상법 제398조 전문이 이사와 회사 사이의 이익상반거래에 대하여 이사회의 사전 승인만을 규정하고 사후 승인을 배제하고 있다고 볼 수는 없다.

[2] 이사와 회사 사이의 이익상반거래가 비밀리에 행해지는 것을 방지하고 그 거래의 공정성을 확보함과 아울러 이사회에 의한 적정한 직무감독권의 행사를 보장하기 위해서는 그 거래와 관련된 이사는 이사회의 승인을 받기에 앞서 이사회에 그 거래에 관한 자기의 이해관계 및 그 거래에 관한 중요한 사실들을 개시하여야 할 의무가 있고, 만일 이러한 사항들이 이사회에 개시되지 아니한 채 그 거래가 이익상반거래로서 공정한 것인지 여부가 심의된 것이 아니라 단순히 통상의 거래로서 이를 허용하는 이사회의 결의가 이루어진 것에 불과한 경우 등에는 이를 가리켜 상법 제398조 전문이 규정하는 이사회의 승인이 있다고 할 수는 없다.

[3] 이사와 회사 사이의 이익상반거래에 대한 승인은 주주 전원의 동의가 있다거나 그 승인이 정관에 주주총회의 권한사항으로 정해져 있다는 등의 특별한 사정이 없는 한 이사회의 전결사항이라 할 것이므로, 이사회의 승인을 받지 못한 이익상반거래에 대하여 아무런 승인 권한이 없는 주주총회에서 사후적으로 추인 결의를 하였다 하여 그 거래가 유효하게 될 수는 없다.

[4] 회사가 이익상반거래를 묵시적으로 추인하였다고 보기 위해서는 그 거래에 대하여 승인 권한을 갖고 있는 이사회가 그 거래와 관련된 이사의 이해관계 및 그와 관련된 중요한 사실들을 지득한 상태에서 그 거래를 추인할 경우 원래 무효인 거래가 유효로 전환됨으로써 회사에 손해가 발생할 수 있고 그에 대하여 이사들이 연대책임을 부담할 수 있다는 점을 용인하면서까지 추인에 나아갔다고 볼 만한 사유가 인정되어야 한다.

(3) 위반의 효과
대법원 2014. 6. 26. 선고 2012다73530 판결(구상금)[14]
대법원 2005. 5. 27. 선고 2005다480 판결(부당이득금)[15]

14 甲주식회사와 乙주식회사(피고회사)의 대표이사인 丙이 甲회사를 대표하여 丁보증보험회사(원고회사)와 甲회사의 임차보증금 반환채무에 관한 이행(지급)보증보험계약을 체결하고, 乙회사를 대표하여 乙회사 이사회의 승인이나 의결 없이 위 보증보험계약으로 甲회사가 원고회사에 부담하게 될 채무에 관한 연대보증계약을 체결하였다. 위 연대보증계약은 자기거래에 해당하고, 또한 대표이사가 이사회의 결의를 거쳐야 할 대외적 거래행위에 관하여 이를 거치지 않은 것도 문제 되었다. 대법원은, "보증보험계약 청약 당시 丙이 甲회사와 피고회사 쌍방의 적법한 대표이사로서 두 회사의 법인 인감을 각 날인하고 각 법인인감증명서를 제출한 이상, 특별한 사정이 없는 한 거래 상대방인 원고회사로서는 회사의 대표자가 거래에 필요한 회사의 내부절차는 마쳤을 것으로 신뢰하였다고 보는 것이 일반 경험칙에 부합하고, 1인이 두 회사를 동시에 대표한다는 사정만으로 각 회사가 이사회 결의·승인 등의 내부절차를 적법하게 거쳤는지 여부를 조사하여야 하는 것은 아니다. 이사회 결의·승인의 부존재 사실 및 이에 관한 제3자의 악의·과실을 증명할 책임은 피고회사에 있고, 이 사건 연대보증계약 당시 甲회사가 피고회사 지분의 72.8%를 소유하고 있었고 甲회사도 사실상 丙의 지배하에 있어 丙이 위 두 회사를 사실상 지배하고 있었으므로, 원고회사가 위 연대보증계약에 관하여 피고회사 이사회의 결의나 승인이 없었다고 의심할 만한 특별한 이유가 있었다고 보기 어렵다. 나아가, 원고의 업무지침서에는 주식회사인 차주나 연대보증인으로부터 이사회 회의록을 징구하도록 규정하고 있지 않고, 한국금융연수원의 금융법률실무책자나 다른 시중 금융기관들의 업무 규정과 교육 교재 등에서 차주 또는 연대보증인인 주식회사로부터 이사회 회의록 징구를 의무화하고 있다 하더라도 그것만으로 원고가 이사회 회의록을 징구할 의무를 부담한다고 볼 수 없으므로, 원고가 피고 회사로부터 이사회 회의록을 징구하지 않은 것만으로 어떠한 과실이 있다고 단정할 수 없고, 원고가 이 사건 보증보험계약 체결 당시 피고 회사로부터 원고의 업무지침서에 징구하도록 되어 있는 정관을 징구하지 않았다 하더라도, 이는 원고가 피고 회사의 이사회 결의 또는 승인이 없었음을 알았거나 알 수 있었는지 여부를 판단하는 데 영향을 미치는 사정이라 할 수 없다. 결국 원심이 든 사정들은 원고가 이 사건 자기거래에 관하여 피고 회사 이사회의 승인이 없음을 알았거나 알지 못한 데 중대한 과실이 있다거나 원고가 이 사건 대규모 재산 차입에 관하여 피고 회사 이사회의 결의가 없었다는 점을 알거나 알 수 있었음을 추인할 수 있는 사정이 되지 못한다."고 판시하면서 원심판결을 파기하였다.

15 甲은 상속으로 원고회사의 대주주가 되어 대표이사로 취임하였는데, 자신의 개인적인 거래에 대하여 원고회사를 대표하여 제3자(피고 보증보험사)와 사이에 연대보증계약을 체결한 것이 문제되었다. 甲의 상속재산 대부분이 원고회사를 위한 담보로 제공되어 있었던 상황에서, 甲은 상속세 연납 및 분할납부를 위해 피고회사와 납세보증보험계약을 체결하고, 원고회사가 甲을 위하여 그 구상금 채무를 연대보증 하였다. 이후 甲이 상속세를 완납하지 못하여 보증보험료를 지급한 피고회사가 원고회사에게 구상금 채무의 이행을 구하였고, 원고회사는 이를 지급하였다. 그 후 원고회사는 위 연대보증계약이 대표권남용행위이고 자기거래에 해당하여 무효라고 주장하며 피고회사에 부당이득반환을 청구하였다. 법원은, "상법 제398조 소정의 이사의 자기거래행위에 해당하여 이사회의 결의를 거쳐야 함에도 이를 거치지 아니한 경우라 해도, 그와 같은 이사회 결의사항은 회사의 내부적 의사결정에 불과하므로 그 거래상대방이 위 이사회 결의가 없었음을 알았거나 중대한 과실로 알지 못한 경우가 아니라면 그 거래행위는 유효하다 할 것이고, 이 때 거래상대방이 이사회 결의가 없었음을 알았거나 알 수 있었던 사정은 이를 주장하는 회사가 주장·입증하여야 할 사항에 속하므로 특별한 사정이 없는 한 거래상대방으로서는 회사의 대표자가 거래에 필요한 회사의 내부절차는 마쳤을 것으로 신뢰하였다고 보는 것이 일반 경험칙에 부합하는 해석이다."라고 판시하면서 피고회사가 이사회결의가 없었음을 알았거나 알 수 있었던 것으로 보기 어렵다는 이유로 자기거래와 대표권남용에 관한 주장을 받아들이지 않았다. 한편, 원고회사는 피고회사의 담당직원이 원고회사의 연대보증행위를 종용함으로써 甲의 업

대법원 2004. 3. 25. 선고 2003다64688 판결(어음금)[16]

회사의 대표이사가 이사회의 승인 없이 한 이른바 자기거래행위는 회사와 이사 간에서는 무효이지만, 회사가 위 거래가 이사회의 승인을 얻지 못하여 무효라는 것을 제3자에 대하여 주장하기 위해서는 거래의 안전과 선의의 제3자를 보호할 필요상 이사회의 승인을 얻지 못하였다는 것 외에 제3자가 이사회의 승인 없음을 알았다는 사실을 입증하여야 할 것이고, 비록 제3자가 선의였다 하더라도 이를 알지 못한 데 중대한 과실이 있음을 입증한 경우에는 악의인 경우와 마찬가지라고 할 것이며, 이 경우 중대한 과실이라 함은 제3자가 조금만 주의를 기울였더라면 그 거래가 이사와 회사간의 거래로서 이사회의 승인이 필요하다는 점과 이사회의 승인을 얻지 못하였다는 사정을 알 수 있었음에도 불구하고, 만연히 이사회의 승인을 얻은 것으로 믿는 등 거래통념상 요구되는 주의의무에 현저히 위반하는 것으로서 공평의 관점에서 제3자를 구태여 보호할 필요가 없다고 봄이 상당하다고 인정되는 상태를 말한다.

대법원 2012. 12. 27. 선고 2011다67651 판결(특허등록명의이전)

상법 제398조가 이사와 회사 사이의 거래에 관하여 이사회의 승인을 얻도록 한 것은, 이사가 그 지위를 이용하여 회사와 직접 거래를 하거나 이사 자신의 이익을 위하여 회사와 제3자 사이의 거래를 함으로써 이사 자신의 이익을 도모하고 회사 및 주주에게 손해를 입히는 것을 방지하고자 하는 것이므로, 그 규정 취지에 비추어 이사와 회사 사이의 거래가 상법 제398조를 위반하였음을 이유로 무효임을 주장할 수 있는 자는 회사에 한정되고 특별한 사정이 없는 한 거래의 상대방이나 제3자는 그 무효를 주장할 이익이 없다고 보아야 하므로, 거래의 상대방인 당해 이사 스스로가 위 규정 위반을 내세워 그 거래의 무효를 주장하는 것은 허용되지 않는다 할 것이다.

무상 배임행위를 공모 혹은 방조하였으므로 피고회사가 사용자로서 손해배상책임이 있다고 주장하였으나, 받아들여지지 않았다.

16 어음수표행위도 자기거래로 될 수 있다. 어음수표행위로 인하여 엄격한 어음수표채무를 부담하게 되므로 이해상충의 염려가 있기 때문이다. 이 사안에서는 피고회사의 대표이사가 개인적인 연대보증채무를 담보하기 위하여 전임 대표이사의 명판을 이용하여 자신을 수취인으로 하여 피고회사 명의의 약속어음을 발행하였다. 원고는 어음할인 등 여신을 전문적으로 취급하는 은행이었는데, 위 약속어음을 취득함에 있어서 위 어음의 발행에 관하여 이사회의 승인이 없음을 알았거나 이를 알지 못한 데 대하여 중대한 과실이 있다고 하였다. 참고로, 자기거래는 회사가 거래의 당사자가 되므로 위와 같이 무효로 될 수 있지만, 이사회의 승인 없는 경업(제397조)이나 회사의 기회 유용(제397조의2) 거래는 회사가 아닌 이사와 제3자가 당사자가 되므로 그 거래 자체의 효력을 부정할 수는 없다(통설).

Ⅱ. 이사의 책임

1. 회사에 대한 손해배상책임

가. 의 의

대법원 1985. 6. 25. 선고 84다카1954 판결(손해배상)

주식회사의 이사 또는 감사의 회사에 대한 임무해태로 인한 손해배상책임은 일반불법행위 책임이 아니라 위임관계로 인한 채무불이행책임이므로 그 소멸시효 기간은 일반채무의 경우와 같이 10년이라고 보아야 한다.

나. 책임의 원인

(1) 법령 또는 정관의 위반

대법원 2007. 7. 26. 선고 2006다33609 판결(손해배상)[17]

[1] 상법 제399조는 이사가 법령에 위반한 행위를 한 경우에 회사에 대하여 손해배상책임을 지도록 규정하고 있는데, 이사가 회사에 대하여 손해배상책임을 지는 사유가 되는 법령에 위반한 행위는 이사로서 임무를 수행함에 있어서 준수하여야 할 의무를 개별적으로 규정하고 있는 상법 등의 제 규정과 회사가 기업활동을 함에 있어서 준수하여야 할 제 규정을 위반한 경우가 이에 해당된다. 이사가 임무를 수행함에 있어서 위와 같이 법령에 위반한 행위를 한 때에는 그 행위 자체가 회사에 대하여 채무불이행에 해당되므로 이로 인하여 회사에 손해가 발생한 이상, 특별한 사정이 없는 한 손해배상책임을 면할 수 없다.[18]

[2] 이사가 임무를 수행함에 있어서 선량한 관리자의 주의의무를 위반하여 임

---

17 대한종금의 이사들이 당시의 종합금융회사에 관한 법률에 위반하여 성원그룹에 대하여 자기자본의 50%를 초과하여 대출을 하였던 점, 해표푸드에 대한 우회대출을 통하여 자기주식을 취득한 점 등이 종금사법 및 상법 위반으로 문제되었다.

18 법령위반으로 인한 이사의 손해배상책임이 문제되었던 다른 사안들을 보면, 대통령에게 뇌물을 제공한 경우(대법원 2005. 10. 28. 선고 2003다69638 판결), 배당가능이익이 없는데도 분식결산을 하여 이익배당을 한 경우(대법원 2007. 11. 30. 선고 2006다19603 판결), 공정거래법상의 불공정거래행위를 한 경우(대법원 2007. 10. 11. 선고 2006다33333 판결) 등이 있다. 그리고 상법에서 주주총회 또는 이사회결의를 거치도록 규정하였음에도 불구하고 이사가 전단적으로 업무집행을 한 경우에는 상법위반으로 법령위반에 해당될 것이다. 한편, 법령위반으로 인한 손해배상책임도 과실책임이다(제399조 제1항). 제399조의 문언상 이사가 임무를 게을리 한 사실, 회사의 손해, 임무해태와 손해의 인과관계 등은 원고인 회사가 증명해야 한다. 다만, 회사가 이사의 법령·정관위반행위를 증명한 경우에는 그의 과실이 추단되어 이사가 무과실의 증명책임을 진다고 볼 것이다. 위 판시사항은 이러한 취지를 설시한 것으로 보인다.

무위반으로 인한 손해배상책임이 문제되는 경우에도, 통상의 합리적인 금융기관의 임원이 그 당시의 상황에서 적합한 절차에 따라 회사의 최대이익을 위하여 신의성실에 따라 직무를 수행하였고 그 의사결정과정 및 내용이 현저하게 불합리하지 않다면 그 임원의 행위는 경영판단의 허용되는 재량범위 내에 있다고 할 것이나, 위와 같이 이사가 법령에 위반한 행위에 대하여는 원칙적으로 경영판단의 원칙이 적용되지 않는다.

(2) 임무해태

대법원 2002. 3. 15. 선고 2000다9086 판결(손해배상(기))

은행의 이사는 그 대출 여부를 결정함에 있어 회수불능의 위험이 있는지를 객관적인 자료를 통하여 신중하게 판단해야 하고 만약 회수불능의 위험이 우려되면 이를 피하지 않으면 안되고, 대출을 하더라도 확실한 담보를 취득하여 은행에 손해가 발생하는 일이 없도록 할 의무가 있다. 그러므로 은행의 대표이사가 대출금의 회수불능 위험을 충분히 예측할 수 있었음에도 이를 무시하고 유착관계에 기인하여 담보 없이 거액의 여신을 지속적으로 제공하도록 지시한 행위는 임무를 해태한 것이고, 또한 은행의 이사들이 위와 같은 여신의 위험성에 대하여 잘 알고 있으면서도 대표이사의 무모하고 독단적인 여신제공결정을 저지하지 못하고 이사회 결의로 이를 승인함에 있어 찬성한 것은 이사로서의 임무를 해태한 것이 분명하므로, 위와 같은 행위로 인하여 은행이 입은 손해를 배상할 책임이 있다.[19]

대법원 2007. 9. 20. 선고 2007다25865 판결(손해배상(기))[20]

---

19 제일은행의 이사들이 한보철강에 대하여 여신을 함에 있어, 한보의 상환능력 심사를 부실하게 하고 충분한 담보를 확보하지 않았던 것이 문제된 사안이었다. 대법원 2011. 10. 13. 선고 2009다80521 판결도 "금융기관의 임원이 선량한 관리자의 주의의무에 위반하여 자신의 임무를 해태하였는지의 여부는 그 대출결정에 통상의 대출담당임원으로서 간과해서는 안 될 잘못이 있는지의 여부를 대출의 조건과 내용, 규모, 변제계획, 담보의 유무와 내용, 채무자의 재산 및 경영상황, 성장가능성 등 여러 가지 사항에 비추어 종합적으로 판정해야 할 것"이라고 하였다.

20 주식회사 청구의 대표이사이자 그룹 부회장이었던 피고가 회사 자금의 횡령과 비자금 조성에 직접 관여하였거나 적어도 방임 내지 방관하였음을 이유로 손해배상책임을 인정한 사안이다. 이 외에 임무해태로 인한 손해배상책임을 인정한 사례로는, 대표권을 남용한 경우(대법원 1989. 1. 31. 선고 87누760 판결), 채무자의 자력에 대한 조사를 게을리하여 대출을 한 경우(대법원 2007. 9. 21. 선고 2005다34797 판결 등), 개인 집 관리비용을 회사자금으로 지급한 경우(대법원 2007. 10. 11. 선고 2007다34746 판결) 등이 있다. 최근에는 주주배정으로 전환사채를 발행할 때에 발행가액을 시가보다 낮게 책정하거나 주주가 인수를 포기한 부분을 제3자에게 이와 동일한 가격으로 배정한 것은 임무해태가 아니지만, 제3자 배정으로 발행할 때에는 시가보다 현저하게 낮게 행사가액을 정하면 임무해태에 해당한다고 본 판결례가 있다(삼성에버랜드 판결: 대법원 2009. 5. 29. 선고 2007도4949 판결).

주식회사의 이사는 이사회의 일원으로서 이사회에 상정된 의안에 대하여 찬부의 의사표시를 하는 데 그치지 않고, 담당업무는 물론 다른 업무담당이사의 업무집행을 전반적으로 감시할 의무가 있으므로, 주식회사의 이사가 다른 업무담당이사의 업무집행이 위법하다고 의심할 만한 사유가 있음에도 불구하고 이를 방치한 때에는 이사에게 요구되는 선관주의의무 내지 감시의무를 해태한 것이므로 이로 말미암아 회사가 입은 손해에 대하여 배상책임을 면할 수 없다.[21]

다. 경영판단의 원칙

대법원 2011. 10. 13. 선고 2009다80521 판결(손해배상(기)등)[22]
대법원 2008. 7. 10. 선고 2006다39935 판결(손해배상(기))[23]
대법원 2007. 9. 21. 선고 2005다34797 판결(손해배상(기))[24]

[1] 금융기관의 임원은 소속 금융기관에 대하여 선량한 관리자의 주의의무를 지므로, 그 의무를 충실히 한 때에야 임원으로서의 임무를 다한 것으로 된다고 할 것이지만, 금융기관이 그 임원을 상대로 대출과 관련된 임무 해태를 내세워 채무불이행으로 인한 손해배상책임을 물음에 있어서는 임원이 한 대출이 결과적으로 회수곤란 또는 회수불능으로 되었다고 하더라도 그것만으로 바로 대출결정을 내린

---

21 대법원 2008. 12. 11. 선고 2005다51471 판결(손해배상(기))도, "감시의무는 비상근 이사라고 하여 면할 수 있는 것은 아니므로 주식회사의 이사가 이사회에 참석하지도 않고 사후적으로 이사회의 결의를 추인하는 등으로 실질적으로 이사의 임무를 전혀 수행하지 않은 이상 그 자체로서 임무해태가 된다."고 하였다.

22 상호저축은행의 프로젝트 파이낸스 대출에 있어서, 사업 부지에 관한 법적 분쟁으로 인하여 부지 매입이 장기간 지연되었고, 사업의 수익성이 악화될 수 있었음에도, 그와 관련된 충분한 자료를 제출받아 이를 면밀히 검토하는 등의 절차를 거치지 않고 거액의 대출을 실행하였다면, 대출담당 임원에게 주의의무 위반이 있다고 하였다.

23 신용협동조합의 임원들이 대출을 함에 있어서, 금지되어 있던 주점업 종사자에 대한 대출을 허용하면서 신용대출 한도액을 파격적으로 상향 조정하여 종래 담보대출로 하여야 할 대출을 무담보 대출로 처리할 수 있도록 한 점, 담보가치 평가와 사후 환가가 곤란한 영업허가권까지 담보로 하여 담보대출을 할 수 있도록 한 점, 또한 연대보증인의 자격요건을 완화하고 보증횟수 제한을 폐지하여 종업원의 상호연대보증과 영업허가자의 연대보증만으로 대출이 가능하게 하고 종래 거쳐야 했던 여신심사위원회의 여신심사절차를 생략한 채 대출이 이루어질 수 있도록 한 점, 그 결과 부실채권의 발생 위험을 현저히 증가시킴으로써 총 124억 원이 넘는 회수불능의 미상환 채권을 발생시킨 점 등을 고려하면, 위 대출과 관련된 경영판단을 함에 있어서 통상의 합리적인 신협의 임직원으로서 그 상황에서 합당한 정보를 가지고 가장 적합한 절차에 따라 신협의 최대 이익을 위하여 신의성실에 따라 대출을 한 것이라고 보기 어렵다고 하였다.

24 대한생명보험의 이사들이 대표이사 회장의 지시를 받고 부실한 계열사 또는 관계회사에 대하여 충분한 담보를 제공받는 등의 적절한 채권회수조치 없이 대출을 하였고, 또한 위와 같은 부실대출을 실행한 것과 관련하여 형사범죄에 해당한다는 판결을 받았다는 점까지 고려하면, 합리적인 금융기관 임원으로서 합당한 정보를 가지고 허용되는 재량 범위 내에서 적합한 절차에 따라 회사의 최대 이익을 위하여 신의성실에 따라 한 경영상의 결정이라고 볼 수 없다고 하였다.

임원에게 그러한 미회수금 손해 등의 결과가 전혀 발생하지 않도록 하여야 할 책임을 물어 그러한 대출결정을 내린 임원의 판단이 선량한 관리자로서의 주의의무 내지 충실의무를 위반한 것이라고 단정할 수 없다.

[2] 금융기관의 이사가 대출 관련 임무를 수행함에 있어 필요한 정보를 충분히 수집·조사하고 검토하는 절차를 거친 다음 이를 근거로 금융기관의 최대 이익에 부합한다고 합리적으로 신뢰하고 신의성실에 따라 경영상의 판단을 내렸고, 그 내용이 현저히 불합리하지 아니하여 이사로서 통상 선택할 수 있는 범위 안에 있는 것이라면, 비록 사후에 회사가 손해를 입게 되는 결과가 발생하였다고 하더라도 그로 인하여 이사가 회사에 대하여 손해배상책임을 부담한다고 할 수 없지만, 금융기관의 이사가 이러한 과정을 거쳐 임무를 수행한 것이 아니라 단순히 회사의 영업에 이익이 될 것이라는 일반적·추상적인 기대 하에 일방적으로 임무를 수행하여 회사에 손해를 입게 한 경우에는, 그와 같은 이사의 행위는 허용되는 경영판단의 재량범위 내에 있는 것이라고 할 수 없다.[25]

대법원 2005. 10. 28. 선고 2003다69638 판결(손해배상(기))[26]

25 요컨대 판례의 취지는, "통상의 합리적인 금융기관 임원으로서 그 상황에서 합당한 정보를 가지고 적합한 절차에 따라 대출심사를 하였다면 이는 경영상의 판단으로서 원칙적으로 이사의 임무해태가 있다고 볼 수 없다."는 것이고, 회사가 "대출의 조건과 내용, 규모, 변제계획, 담보의 유무와 내용, 채무자의 재산 및 경영상황, 성장가능성 등 여러 가지 사항에 비추어 의사결정과정에 '현저한 불합리'가 있었다는 사실을 입증해야 한다."는 것으로 이해된다. 미국에서 경영판단의 원칙은, 위와 같은 "현저한 불합리"를 이사의 '중대한 과실'에 가깝게 해석한다. 즉, 법원이 이사의 경영상의 판단을 대신하여 판단하는 것이 아니라, 이사가 대출에서 중요하게 고려해야 할 사항들을 고려하지 않았던 사정 등 신중하지 못한 사정(중대한 과실), 회사의 이익이 아닌 사익 또는 제3자의 이익을 추구하였다는 사정(이해상충) 등이 입증되어야 경영판단의 원칙의 적용을 부정하고 임무해태로 인한 손해배상책임을 인정하고 있다. 우리 법원은 위 판결들처럼 사후적으로 이사들의 경영상의 판단의 옳고 그름을 판정하고 있는 사례가 다수 있으므로 미국에서와 같은 의미의 경영판단의 원칙을 받아들인 것으로는 보이지 않는다.

26 삼성전자 주주대표소송의 사안이다. 삼성전자 이사였던 이건희 회장의 노태우 대통령에 대한 뇌물제공, 삼성전자의 이천전기에 대한 출자 및 채무보증, 삼성전자의 삼성종합화학 주식의 인수 및 매도 등과 관련한 이사들의 임무해태 등이 문제되었다. 우선, 뇌물제공과 같은 법령위반행위에는 경영판단의 원칙이 적용될 수 없다고 하였다. 이천전기는 삼성전관이 38%의 주식을 보유하고 있던 회사였는데, 1997년에 삼성전자가 42.5%를 취득하고 1998년 3월까지 200억원의 신주인수, 1,570억원의 보증 등 모두 1,999억원의 자금을 투입하였다. 그러나 이천전기는 1998년 6월 부도에 이르렀고, 그해 12월 삼성전자는 주식 전부를 일진그룹에게 95억원에 처분하였다. 이천전기에 대한 출자 등에 관한 이사들의 임무해태가 문제되었는데, 법원은 이사회에서 충분한 검토를 거쳤다고 보아 경영판단의 재량권 범위를 넘지 않았다고 판단하였다. 한편, 삼성전자는 1994년 4월 비상장회사인 삼성종합화학 주식 1천만주를 액면가인 주당 1만원에 인수하였고, 같은 해 12월 모두 2천만주를 삼성건설 등에게 주당 2,600원에 매도하였다. 우선 1천만주의 매입에 관한 임무해태에 대하여, 당시 적정주가는 5,733원으로 보이나 삼성전자는 이전에도 이를 1만원에 취득해 왔고, 최대주주인 삼성전자가 유상증자에 참여하지 않으면 부도 위험이 있었던 점 등을 고려하여, 1만원에 취득한 것은 경

[1] 회사가 소유하는 자산을 매각하는 때에는 처분이익을 극대화하거나 처분손실을 극소화하는 방향으로 거래가격을 결정하여야 할 것이므로 비상장주식을 매도하는 경우에 있어서 객관적 교환가치가 적정하게 반영된 정상적인 거래의 실례가 있는 경우에는 그 거래가격을 시가로 보아 주식의 가액을 평가하여야 할 것이나, 그러한 거래사례가 없는 경우에는 비상장주식의 평가에 관하여 보편적으로 인정되는 방법(순자산가치방식, 수익가치방식, 유사업종비교방식 등)에 의하여 평가한 가액을 토대로, 당해 거래의 특수성을 고려하여 객관적 교환가치를 반영한 적정거래가액을 결정하여야 할 것이다.

[2] 회사가 소유하고 있는 비상장주식을 매도하는 업무를 담당하는 이사들이 당해 거래의 목적, 거래 당시 당해 비상장법인의 상황, 당해 업종의 특성 및 보편적으로 인정되는 평가방법에 의하여 주가를 평가한 결과 등 당해 거래에 있어서 적정한 거래가액을 도출하기 위한 합당한 정보를 가지고 회사의 최대이익을 위하여 거래가액을 결정하였고, 그러한 거래가액이 당해 거래의 특수성을 고려하더라도 객관적으로 현저히 불합리하지 않을 정도로 상당성이 있다면 선량한 관리자의 주의의무를 다한 것으로 볼 수 있을 것이나, 그러한 합리성과 상당성을 결여하여 회사가 소유하던 비상장주식을 적정가액보다 훨씬 낮은 가액에 매도함으로써 회사에게 손해를 끼쳤다면 그로 인한 회사의 손해를 배상할 책임이 있다.

대법원 2007. 10. 11. 선고 2006다33333 판결(손해배상(기))[27]

영판단의 범위 내로 인정하였다. 다음으로 매각과 관련하여 당시 적정주가는 5,745원으로 평가되는데, 위 판시와 같이 적정한 매각방법이나 거래가액에 관하여 전문가의 조언을 구한 바가 없고, 기타 합리적인 정보를 가지고 회사의 최대이익이 되도록 결정하였다고 보기 어려우므로 합리적이고 상당한 경영판단을 한 것으로 볼 수 없다고 하였다.

27 (주)대우가 자신의 대미수출을 담당하는 관계회사인 미국법인(DWA)에게, 그의 채무상환능력이 불확실함에도 불구하고 별다른 채권회수조치 없이 자금을 지원하였던 사안이었다. 당시 대우는 물론 대우그룹 계열사 모두가 자기자본이 완전히 잠식되어 도산되는 상황을 맞이하였다. 피고 이사들은, 위와 같은 대우의 경영상태와 재무구조하에서 DWA가 도산할 경우 대우의 핵심적인 해외영업망이 상실되는 동시에 해외 현지법인에 대한 투자금을 회수할 수 없게 될 우려가 있어 이를 방지하기 위하여 자금지원을 결정하기에 이르렀다고 주장하였다. 대법원은, 기록상 DWA의 대우 영업에 대한 기여도, DWA의 회생에 필요한 적정 지원자금의 액수 및 그 지원이 대우에 미치는 재정적 부담의 정도, DWA를 지원하였을 경우와 지원하지 아니하였을 경우 DWA의 회생가능성 내지 도산가능성과 그로 인하여 회사에 미치는 이익 및 불이익의 정도 등에 관하여, 필요한 정보를 충분히 수집·조사하고 검토하는 절차를 거친 다음 이를 근거로 회사의 최대 이익에 부합한다고 합리적으로 신뢰하고 신의성실에 따라 이사회 결의를 통하여 자금지원을 의결하였다는 자료를 찾아볼 수 없고, 또 위와 같은 자금지원이 실제 DWA의 경영활동에 어느 정도의 도움을 주고 그로 인하여 대우가 어느 정도의 경영상의 이익을 얻거나 불이익을 회피할 수 있게 되었는지에 관하여도 이를 알 수 있는 자료를 찾아볼 수 없다는 이유로, 허용되는 경영판단의 재량범위 내에 있는 것이라고 할 수 없다고 하였다.

회사의 이사가 법령에 위반됨이 없이 관계회사에게 자금을 대여하거나 관계회사의 유상증자에 참여하여 그 발행 신주를 인수함에 있어서, 관계회사의 회사 영업에 대한 기여도, 관계회사의 회생에 필요한 적정 지원자금의 액수 및 관계회사의 지원이 회사에 미치는 재정적 부담의 정도, 관계회사를 지원할 경우와 지원하지 아니할 경우 관계회사의 회생가능성 내지 도산가능성과 그로 인하여 회사에 미칠 것으로 예상되는 이익 및 불이익의 정도 등에 관하여 합리적으로 이용가능한 범위 내에서 필요한 정보를 충분히 수집·조사하고 검토하는 절차를 거친 다음, 이를 근거로 회사의 최대 이익에 부합한다고 합리적으로 신뢰하고 신의성실에 따라 경영상의 판단을 내렸고, 그 내용이 현저히 불합리하지 않은 것으로서 통상의 이사를 기준으로 할 때 합리적으로 선택할 수 있는 범위 안에 있는 것이라면, 비록 사후에 회사가 손해를 입게 되는 결과가 발생하였다 하더라도 그 이사의 행위는 허용되는 경영판단의 재량범위 내에 있는 것이어서 회사에 대하여 손해배상책임을 부담한다고 할 수 없다. 그러나 회사의 이사가 이러한 과정을 거쳐 이사회 결의를 통하여 자금지원을 의결한 것이 아니라, 단순히 회사의 경영상의 부담에도 불구하고 관계회사의 부도 등을 방지하는 것이 회사의 신인도를 유지하고 회사의 영업에 이익이 될 것이라는 일반적·추상적인 기대 하에 일방적으로 관계회사에 자금을 지원하게 하여 회사에 손해를 입게 한 경우 등에는, 그와 같은 이사의 행위는 허용되는 경영판단의 재량범위 내에 있는 것이라고 할 수 없다.

대법원 2006. 11. 9. 선고 2004다41651 판결(손해배상(기))

[1] 이사가 임무를 수행함에 있어서 법령을 위반한 행위를 한 때에는 그 행위 자체가 회사에 대하여 채무불이행에 해당하므로, 그로 인하여 회사에 손해가 발생한 이상 손해배상책임을 면할 수 없고, 위와 같은 법령을 위반한 행위에 대하여는 이사가 임무를 수행함에 있어서 선량한 관리자의 주의의무를 위반하여 임무해태로 인한 손해배상책임이 문제되는 경우에 고려될 수 있는 경영판단의 원칙은 적용될 여지가 없다.

[2] 여기서 법령을 위반한 행위라고 할 때 말하는 '법령'은 일반적인 의미에서의 법령, 즉 법률과 그 밖의 법규명령으로서의 대통령령, 총리령, 부령 등을 의미한다.[28]

28 　원고는, 종합금융회사 업무운용지침, 외화자금거래취급요령, 외국환업무·외국환은행신설 및 대외환거래계약체결 인가공문, 외국환관리규정, 종합금융회사 내부의 심사관리규정 등의 위반을 '법령위반'으로 주장하였으나 받아들여지지 않았다. 한편, 종합금융회사에 관한 법률에 따라 금융감독위원회가 제정한 종합금융

라. 찬성한 이사의 책임

대법원 2007. 5. 31. 선고 2005다56995 판결(손해배상(기))[29]

[1] 비록 대표이사에 의해 대출이 이미 실행되었다고 하더라도 이에 대한 추인 행위는 대표이사의 하자 있는 거래행위의 효력을 확정적으로 유효로 만들어 주는 것으로서, 이사가 선관의무를 다하지 아니하여 이와 같은 추인 결의에 찬성하였다면 위 대출로 인한 손해의 발생과 인과관계가 인정된다.[30]

[2] 대표이사에 의해 이미 실행된 대출에 대한 이사회의 추인 결의에 찬성한 이사들의 행위와 대출금의 회수 곤란으로 인한 손해 사이의 인과관계는 이사 개개인이 선관의무를 다하였는지 여부에 의해 판단하여야지, 다른 이사들이 선관의무를 위반하여 이사회의 추인 결의에 찬성하였는지 여부를 전제로 판단할 것은 아니다. 이사회의 결의는 법률이나 정관 등에서 다른 규정을 두고 있지 않는 한 출석한 이사들의 과반수 찬성에 의해 이루어지는바, 만일 다른 이사들의 선관의무 위반을 전제로 인과관계를 판단하여야 한다면 이사회의 결의를 얻은 사항에 관하여 이사 개개인의 손해배상책임을 묻는 경우, 당해 이사 개개인은 누구나 자신이 반대하였다고 해도 어차피 이사회 결의를 통과하였을 것이라는 주장을 내세워 손해배상책임을 면하게 될 것이기 때문이다.

[3] 부실대출이 실행된 후 여러 차례 변제기한이 연장된 끝에 최종적으로 당해 대출금을 회수하지 못하는 손해가 발생한 경우, 그에 대한 손해배상책임은 원칙적으로 최초에 부실대출 실행을 결의하거나 이를 추인한 이사들만이 부담하고, 단순히 변제기한의 연장에만 찬성한 이사들은 그 기한 연장 당시에는 채무자로부

회사감독규정은 '법령'에 해당한다(대법원 2007. 7. 26. 선고 2006다33609 판결).

29 상호신용금고의 이사가 대출자의 신용상태가 부실할 뿐만 아니라 기존대출금들도 상환되지 않고 있었던 사정을 잘 알고 있었음에도, 추가대출을 추인하는 이사회에서 이사로서의 선관의무 내지 충실의무를 게을리 한 채 만연히 이에 찬성하였음을 이유로 손해배상책임을 인정하였다. 또한 그 이사가 퇴임한 이후 위 추가대출금의 변제기한을 연장하는 결의가 여러 차례 이루어졌다고 해서 인과관계가 단절된다고 할 수 없다고 하였다.

30 이와 같이 책임질 행위가 이사회의 결의에 의한 것인 때에는 그 결의에 찬성한 이사도 책임이 있는데, 결의에 참가한 이사로서 이의를 한 기재가 의사록에 없는 자는 그 결의에 찬성한 것으로 추정한다(제399조 제2 항, 제3 항). 그런데 이사회에 참석하지 않은 이사는 위와 같은 책임을 지지 않는다. 예를 들면, 앞서 본 삼성전자대표소송사건(대법원 2005. 10. 28. 선고 2003다69638 판결)에서 이천전기와 삼성종합화학 거래에 관한 삼성전자 이사회에 이건희, 윤종용 등 대표이사들 일부가 불참하였고, 결국 책임을 지지 않게 되었다. 불참하였더라도 지시한 경우, 알면서 불참한 경우, 몰랐지만 모른 데에 과실이 있었던 경우 등에는 감시의무 위반이 문제될 수 있겠지만 그 입증이 쉽지 않을 것이다.

터 대출금을 모두 회수할 수 있었으나 기한을 연장함으로써 채무자의 자금사정이 악화되어 대출금을 회수할 수 없게 된 경우가 아닌 한 손해배상책임을 부담하지 않는다.

마. 회사의 손해와 인과관계

대법원 2007. 7. 26. 선고 2006다33609 판결(손해배상)[31]

이사의 법령·정관 위반행위 혹은 임무위반행위로 인한 상법 제399조 소정의 손해배상책임과 감사의 임무위반행위로 인한 상법 제414조 소정의 손해배상책임은 그 위반행위와 상당인과관계 있는 손해에 한하여 인정될 뿐이므로, 비록 이사나 감사가 그 직무수행과정에서 법령·정관 위반행위 혹은 임무위반행위를 하였다고 하더라도, 그 결과로서 발생한 손해와의 사이에 상당인과관계가 인정되지 아니하는 경우에는 이사나 감사의 손해배상책임이 성립하지 아니한다고 할 것이다.[32]

바. 책임의 제한 등

대법원 1989. 1. 31. 선고 87누760 판결(법인세등부과처분취소)

[1] 주식회사의 대표이사가 그의 개인적인 용도에 사용할 목적으로 회사명의

---

31 대한종금은 해표푸드에 253억원을 대출하고 그 중 250억원으로 대한종금의 주식을 인수하게 한 후 손실보전을 위한 환매 및 상계 약정을 하였다. 이는 상법 및 종금사감독규정을 위반하여 자기주식을 취득한 것으로서 법령위반에 해당하여 경영판단의 원칙이 적용되지 않고, 신주인수대금으로 납입된 250억을 제외한 3억 부분은 무효인 자기주식취득을 위해 지출된 비용으로서 임무위반과 상당인과관계가 있는 손해라고 하였다.

32 대법원 2006. 7. 6. 선고 2004다8272 판결(손해배상(기))도 이사의 법령위반과 상당인과관계가 있는 손해에 대해서만 손해배상책임이 발생한다는 전제에서, 이례적으로 회사의 손해 발생 자체를 부정하였다. 고려생명(주)의 대표이사인 피고가 IMF 외환위기로 인하여 급증한 보험계약의 해지 등으로 인해 회사의 유동성 부족상태가 매우 심각한 상황에서, 보험계약자들이 종업원퇴직적립보험에 대한 해지를 요구하자, 이를 타개하기 위하여 여러 금융기관과의 수익증권거래를 통하여 보험계약자에게 대출의 편의를 제공함으로써 회사의 종업원퇴직적립보험계약들을 유지하였던 사안이었다. 대법원은, 이는 실질적으로 보험계약자에게 보험료를 할인하여 주는 것과 동일하여 보험업법에서 금지하고 있는 특별한 이익을 제공하는 행위에 해당하고, 여기에 경영판단의 원칙이 적용될 여지가 없지만, 이는 이사의 손해배상책임이 발생할 것을 전제로 한 것인데, 사안에서는 甲이 위와 같은 방법으로라도 회사의 유동성 부족을 해소하지 않았다면 IMF 외환위기 이후 급증한 보험계약의 해지에 따른 보험료환급요청에 대처할 수 없어 곧바로 파산되는 등의 위기에 직면하였을 텐데, 甲의 위와 같은 행위로 말미암아 이를 면할 수 있었고 수익증권 매각손실 이상의 무형의 이익을 가져왔다고 볼 여지가 충분하므로, 고려생명에게 실질적인 손해를 입혔다고 단정할 수 없다는 이유로 甲의 손해배상책임을 배척하였다. 이 판결은 법령위반행위로 인한 회사의 이득에 손익상계를 인정하지 않은 다른 판결례(대법원 2007. 11. 30. 선고 2006다19603 판결, 대법원 2007. 12. 13. 선고 2007다60080 판결 등)와 비교하면 상당히 이례적인 판결이라고 할 수 있다.

의 수표를 발행하거나 타인이 발행한 약속어음에 회사명의의 배서를 해주어 회사가 그 지급책임을 부담 이행하여 손해를 입은 경우에는, 당해 주식회사는 대표이사의 위와 같은 행위가 상법 제398조 소정의 이사와 회사간의 이해상반하는 거래행위에 해당한다 하여 이사회의 승인여부에 불구하고 같은 법 제399조 소정의 손해배상청구권을 행사할 수 있음은 물론이고, 대표권의 남용에 따른 불법행위를 이유로 한 손해배상청구권도 행사할 수 있다.

[2] 총주주의 동의를 얻어 대표이사의 행위로 손해를 입게 된 금액을 특별손실로 처리하기로 결의하였다면 그것은 바로 상법 제400조 소정의 이사의 책임소멸의 원인이 되는 면제에 해당되는 것이나, 이로써 법적으로 소멸되는 손해배상청구권은 상법 제399조 소정의 권리에 국한되는 것이지 불법행위로 인한 손해배상청구권까지 소멸되는 것으로는 볼 수 없다.[33]

대법원 2002. 6. 14. 선고 2002다11441 판결(양수금)

[1] 상법 제399조 소정의 이사의 책임은 상법 제400조의 규정에 따라 총주주의 동의로 이를 면제할 수 있는데, 이 때 총주주의 동의는 묵시적 의사표시의 방법으로 할 수 있고 반드시 명시적, 적극적으로 이루어질 필요는 없으며, 실질적으로는 1인에게 주식 전부가 귀속되어 있지만 그 주주 명부상으로만 일부 주식이 타인 명의로 신탁되어 있는 경우라도 사실상의 1인 주주가 한 동의도 총주주의 동의로 볼 것이다.

[2] 법인의 경우 불법행위로 인한 손해배상청구권의 단기소멸시효의 기산점인 '손해 및 가해자를 안 날'을 정함에 있어서 법인의 대표자가 법인에 대하여 불법행위를 한 경우에는 법인과 그 대표자는 이익이 상반하게 되므로 현실로 그로 인한

---

33 불법행위로 인한 손해배상청구권은 민법 제506조의 방법과 효력에 의하여 면제하여야 한다. 물론 총주주의 동의를 얻어 대표이사의 손해배상책임을 면제시킨 당해 주식회사의 의사는 불법행위로 인한 청구권까지 포함시켰을 것으로 보는 것이 당연하겠으나. 불법행위로 인한 손해배상청구권의 포기는 그 의사표시가 채무자에게 도달되거나 채무자가 알 수 있는 상태에 있었어야만 그 효력이 발생하고(민법 제111조 제1항), 그 이전에는 면제의 의사표시를 자유로 철회할 수 있는 것이며, 채무 면제의 의사표시가 적법하게 철회된 경우에는 청구권의 법적 소멸 상태는 없는 것이 된다. 이 사안에서는, 임시주주총회에서 대표이사에 대한 채권을 부도채권으로 일시 득별손실로 처리하는 결의를 하고 회사의 장부상 일시 특별손실비용으로 게상하여 결산을 확정하고 일간지에 대차대조표를 공고하였다가. 다시 특별손실비용으로 처리한 것을 철회하고 회사의 자산계정에 유보시켜 두었다. 대법원은, 대차대조표를 신문지상에 공고한 것만으로는 채권포기의 의사표시가 채무자에게 요지될 수 있는 상태에 있었다고 볼 수 없으므로, 대표이사에 대한 채권을 포기하였다고 볼 수 없다고 판시하였다. 한편, 상법 제415조, 제400조에 의한 감사의 책임 면제에 관하여 동일한 취지의 판결로는 대법원 1996. 4. 9. 선고 95다56316 판결(손해배상(기))이 있다.

손해배상청구권을 행사하리라고 기대하기 어려울 뿐만 아니라 일반적으로 그 대표권도 부인된다고 할 것이므로 단지 그 대표자가 그 손해 및 가해자를 아는 것만으로는 부족하고, 적어도 법인의 이익을 정당하게 보전할 권한을 가진 다른 임원 또는 사원이나 직원 등이 손해배상청구권을 행사할 수 있을 정도로 이를 안 때에 비로소 위 단기소멸시효가 진행한다.[34]

대법원 2006. 8. 25. 선고 2004다24144 판결(손해배상등)
대법원 1985. 6. 25. 선고 84다카1954 판결(손해배상)

주식회사의 이사의 회사에 대한 임무해태로 인한 손해배상책임은 일반불법행위 책임이 아니라 위임관계로 인한 채무불이행 책임이므로 그 소멸시효기간은 일반채무의 경우와 같이 10년이라고 보아야 한다.

대법원 2007. 12. 13. 선고 2007다60080 판결(손해배상(기))

상법 제450조에 따른 이사, 감사의 책임 해제는 재무제표 등에 그 책임사유가 기재되어 정기총회에서 승인을 얻은 경우에 한정된다.[35]

대법원 2007. 10. 11. 선고 2007다34746 판결(손해배상(기))[36]

---

34 이 사안에서는, 甲이 회사(상호신용금고)의 총주식을 양수한 사실상의 1인 주주로서, 주식양도시점까지의 피고가 위 동일인 한도를 초과한 대출 등으로 인하여 회사에 입힌 손해를 재산실사를 통하여 확정한 다음, 주식양도대금을 정함에 있어서 당초 약정된 주식양도가액에서 부실채권가액만큼을 다시 차감하는 방법으로 피고에게 그 책임에 관한 경제적 부담을 귀속시키기로 피고와 합의하였다. 대법원은 이로써 그 외에 더 이상 피고에 대하여 책임을 묻지 아니하기로 하는 묵시적 의사가 있었다고 보았다. 위와 같이 피고의 제399조에 따른 손해배상책임은 1인주주의 묵시적인 동의로 면제되었고, 피고의 불법행위책임의 소멸시효가 문제되었다. 대법원은, 피고로부터 100%주식을 양수한 甲 및 새로운 경영진은 회사의 이익을 정당하게 보전할 권한을 가진 자로서 손해배상청구권을 행사할 수 있는 자의 범위에 포함되고, 이들이 회사의 기존의 부실채권액을 실사를 통하여 확인한 시점에서 회사도 손해 및 가해자를 안 것으로 보았다. 그리고 채권자가 동일한 목적을 달성하기 위하여 복수의 채권을 갖고 있는 경우, 채권자로서는 그 선택에 따라 어느 권리를 행사할 수 있되, 그 중 어느 하나의 청구를 한 것만으로는 다른 채권 그 자체를 행사한 것으로 볼 수는 없으므로, 특별한 사정이 없는 한 다른 채권에 대한 소멸시효 중단의 효력은 없다고 하였다. 따라서 상법 제399조에 기한 손해배상청구의 소를 제기한 것이 일반 불법행위로 인한 손해배상청구권에 대한 소멸시효 중단의 효력은 없다고 하였다.
35 비록 재무제표에 분식 내용이 모두 반영되었다 하더라도, 그 재무제표에 분식결산을 하였다는 기재가 있거나 재무제표의 기재 자체에 의하여 분식결산 사실을 알 수 있는 것은 아니고, 기타 피고들의 책임사유가 기재되어 있었다는 점을 인정할 증거가 없다는 이유로 책임면제 주장을 배척하였다.
36 건설회사의 대표이사 회장이 개인적으로 지급의무를 부담하여야 할 사저(私邸) 근무자들의 급여를 회사의 자금으로 지급하도록 한 행위는 이사로서의 선관주의의무를 위반하여 회사로 하여금 그 급여액 상당의 손해를 입게 한 것이므로 위 이사는 상법 제399조 제 1 항에 따라 회사가 입은 손해를 배상할 책임이 있다고 하였다. 그룹총수에 대한 예우 내지 의전이라면 이사에 대한 특별보수로서 제388조에 따라 정관 또는 주주총회로 정해야 한다고 판시하였다. 다만, 부수적으로 귀빈접대 등 수주활동의 보조 역할을 했다는 점 등을 참작하여 50%로 책임을 제한하였다.

대법원 2005. 10. 28. 선고 2003다69638 판결(손해배상(기))[37]

이사가 법령 또는 정관에 위반한 행위를 하거나 그 임무를 해태함으로써 회사에 대하여 손해를 배상할 책임이 있는 경우에 그 손해배상의 범위를 정함에 있어서는, 당해 사업의 내용과 성격, 당해 이사의 임무위반의 경위 및 임무위반행위의 태양, 회사의 손해 발생 및 확대에 관여된 객관적인 사정이나 그 정도, 평소 이사의 회사에 대한 공헌도, 임무위반행위로 인한 당해 이사의 이득 유무, 회사의 조직체계의 흠결 유무나 위험관리체제의 구축 여부 등 제반 사정을 참작하여 손해분담의 공평이라는 손해배상제도의 이념에 비추어 그 손해배상액을 제한할 수 있는데, 이때에 손해배상액 제한의 참작 사유에 관한 사실인정이나 그 제한의 비율을 정하는 것은 민법상 과실상계의 사유에 관한 사실인정이나 그 비율을 정하는 것과 마찬가지로 그것이 형평의 원칙에 비추어 현저히 불합리한 것이 아닌 한 사실심의 전권사항이다.

2. 제 3 자에 대한 손해배상책임

가. 의 의

대법원 1985. 11. 12. 선고 84다카2490 판결(손해배상)

[1] 상법 제401조는 이사가 악의 또는 중대한 과실로 인하여 그 임무를 해태한 때에는 그 이사는 제 3 자에 대하여 연대하여 손해를 배상할 책임이 있다고 규정하고 있는바, 원래 이사는 회사의 위임에 따라 회사에 대하여 수임자로서 선량한 관리자의 주의의무를 질뿐 제 3 자와의 관계에 있어서 위 의무에 위반하여 손해를 가하였다 하더라도 당연히 손해배상의무가 생기는 것은 아니지만, 경제사회에 있어서의 중요한 지위에 있는 주식회사의 활동이 그 기관인 이사의 직무집행에 의

---

37 앞서 본 삼성전자 대표소송사건이다. 위와 같이 우리 법원은 손해분담의 공평이라는 손해배상제도의 이념에 따른 손해배상액을 제한을 인정해왔다. 이는 상법 제399조의 책임이 회사가 이사에게 그 책임을 묻는 것이고 이사의 과실이 사실상 회사의 과실이어서 그 구조상 원고의 과실을 상계하는 법리를 적용하기 어려운 점 때문에 발전되어 온 제도로 이해된다. 다만, 2011년 상법개정으로 정관에 규정을 두어 이사의 책임을 최근 1년간 보수의 6배(사외이사의 경우는 3배)를 초과하는 금액에 대하여 면제할 수 있게 되었다(제400조 제 2 항). 따라서 법령의 근거와 판단기준이 분명하지 않은 손해분담의 공평의 이념에 의하여 피해자인 회사의 손해배상청구권을 제한하는 것은 신중을 기할 필요가 있다고 본다. 특히, 대법원은 분식회계로 인한 책임(대법원 2007. 11. 30. 선고 2006다19603), 증권거래법 위반으로 인한 책임(대법원 2004. 12. 10. 선고 2002다60467, 60474 판결), 공정거래법위반(서울중앙지법 2011. 2. 25. 선고 2008가합47881판결) 등 법령위반의 경우에도 이를 인정하고 있는데, 법령위반이나 고의 또는 중과실의 경우에도 쉽게 제한을 인정하고 있는 것은 수긍하기 어렵다.

존하는 것을 고려하여 제3자를 보호하고자 이사의 악의 또는 중대한 과실로 인하여 위 의무에 위반하여 제3자에게 손해를 입힌 때에는 위 이사의 악의 또는 중과실로 인한 임무 해태행위와 상당인과 관계가 있는 제3자의 손해에 대하여 그 이사가 손해배상의 책임을 진다는 것이 위 법조의 취지라 할 것이다.

　　[2] 따라서 고의 또는 중대한 과실로 인한 임무 해태행위라 함은 이사의 직무상 충실 및 선관의무위반의 행위로서(예를 들면, 회사의 경영상태로 보아 계약상 채무의 이행기에 이행이 불가능하거나 불가능할 것을 예견할 수 있었음에도 이를 감추고 상대방과 계약을 체결하고 일정한 급부를 미리 받았으나 그 이행불능이 된 경우와 같이) 위법한 사정이 있어야 하고 통상의 거래행위로 인하여 부담하는 회사의 채무를 이행할 능력이 있었음에도 단순히 그 이행을 지체하고 있는 사실로 인하여 상대방에게 손해를 끼치는 사실만으로는 이를 임무를 해태한 위법한 경우라고 할 수는 없다.[38]

나. 요 건

대법원 2002. 3. 29. 선고 2000다47316 판결(매매대금)[39]

상법 제401조에 규정된 주식회사의 이사의 제3자에 대한 손해배상책임은 이사가 악의 또는 중대한 과실로 인하여 그 임무를 해태한 것을 요건으로 하는 것이어서 단순히 통상의 거래행위로 인하여 부담하는 회사의 채무를 이행하지 않는 것만으로는 악의 또는 중대한 과실로 그 임무를 해태한 것이라고 할 수 없지만, 이

---

38 피고는 A회사의 대표이사로 취임한 후 원고와 A회사 사이의 매매계약의 내용을 잘 알게 되었음에도 불구하고, 원고로부터 여러 차례 매매목적물인 광업권에 대한 이전등록절차를 받아갈 것을 독촉받았음에도 A회사 앞으로의 이전등록을 기피하였고, 광산의 재해를 A회사가 책임지기로 한 특약상의 의무이행에 응하지 않았다. 대법원은, 이는 매매계약에 따른 A회사의 수령지체나 특약상의 채무의 이행지체에 지나지 않고, 그러한 사실만으로는 대표이사인 피고에게 원고에 대한 손해배상책임을 인정할 수는 없다고 하였다.

39 매수인 주식회사의 대표이사가 매도인과 사이에 매매잔대금의 지급방법으로 매수부동산을 금융기관에 담보로 제공하여 그 대출금으로 잔금을 지급하기로 약정하였으나, 대출이 이루어진 후 해당 대출금 중 일부만을 매매잔대금으로 지급하고 나머지는 다른 용도로 사용하였다. 그리고 나머지 잔금이 지급되지 않은 상태에서 피담보채무도 변제하지 아니하여 그 부동산이 경매절차에서 경락되어 결과적으로 매도인이 손해를 입게 되었다. 대법원은, 위 대표이사가 그 대출금을 매매잔금으로 원고들에게 지급할 의사가 없었으면서도 그 의사가 있는 것처럼 원고들을 속인 것으로서 대표이사가 악의 또는 중대한 과실로 인하여 그 임무를 해태한 경우에 해당한다고 볼 여지가 충분히 있다고 하였다(제401조에 기한 책임을 최초로 인정한 사례). 회사의 경영상태로 보아 계약상 채무의 이행기에 이행이 불가능하거나 불가능할 것을 예견할 수 있었음에도 이를 감추고 상대방과 계약을 체결하고 일정한 급부를 미리 받았으나 그 이행불능이 된 경우에는 중대한 의무위반이 된다(대법원 1985. 11. 12. 선고 84다카2490 판결). 반면에, 통상의 거래행위로 인하여 부담하는 회사의 채무를 이행할 능력이 있었음에도 단순히 그 이행을 지체하고 있는 사실로 인하여 상대방에게 손해를 끼치는 사실만으로는 이를 임무를 해태한 위법한 경우라고 할 수는 없다(위 대법원 84다카2490 판결, 대법원 2006. 8. 25. 선고 2004다26119 판결 등).

사의 직무상 충실 및 선관의무 위반의 행위로서 위법성이 있는 경우에는 악의 또는 중대한 과실로 그 임무를 해태한 경우에 해당한다.

대법원 2008. 9. 11. 선고 2006다68636 판결(손해배상(기))[40]

대표이사는 이사회의 구성원으로서 다른 대표이사를 비롯한 업무담당이사의 전반적인 업무집행을 감시할 권한과 책임이 있으므로, 다른 대표이사나 업무담당이사의 업무집행이 위법하다고 의심할 만한 사유가 있음에도 악의 또는 중대한 과실로 인하여 감시의무를 위반하여 이를 방치한 때에는 그로 말미암아 제3자가 입은 손해에 대하여 배상책임을 면할 수 없다.

대법원 2003. 4. 11. 선고 2002다70044 판결(손해배상(기))[41]
대법원 2006. 9. 8. 선고 2006다21880 판결(손해배상(기))[42]

주식회사의 대표이사가 대표이사의 업무 일체를 다른 이사 등에게 위임하고 대표이사의 직무를 전혀 집행하지 않는 것은 그 자체가 이사의 직무상 충실 및 선관의무를 위반하는 행위에 해당한다.

대법원 2012. 12. 13. 선고 2010다77743 판결(손해배상(기))

[1] 주식회사의 주주가 이사의 악의 또는 중대한 과실로 인한 임무해태행위로 직접 손해를 입은 경우에는 이사에 대하여 상법 제401조에 의하여 손해배상을 청구할 수 있으나, 이사가 회사의 재산을 횡령하여 회사의 재산이 감소함으로써 회사가 손해를 입고 결과적으로 주주의 경제적 이익이 침해되는 손해와 같은 간접적인 손해는 상법 제401조 제1항에서 말하는 손해의 개념에 포함되지 아니하므로 이에 대하여는 위 법조항에 의한 손해배상을 청구할 수 없다.[43]

---

40 앞서 감시의무 편에서 본 ㈜대우의 분식회계 사안이다. 대우의 회사채를 인수한 신한은행이 대우의 이사들을 상대로 회사채 매입대금 미회수액 상당의 손해의 배상을 청구하였다.
41 회사의 대표이사인 피고가 대표이사로서의 업무 일체를 타인(감사로 재직하는 남편)에게 위임하고, 대표이사로서의 직무를 전혀 집행하지 않았다. 그런데 위 감사인 남편이 위 회사가 할인받은 수출환어음이 부도될 상황임을 숨기고 원고 수출입공사(원고)로부터 수출신용보증서를 발급받았던 사안이었다. 대법원 2009. 5. 14. 선고 2008다94097 판결도 "주식회사의 대표이사가 대표이사의 업무 일체를 다른 이사 등에게 위임하고 대표이사의 직무를 전혀 집행하지 않는 것은 그 자체가 이사의 직무상 충실 및 선관의무를 위반하는 행위에 해당한다."고 보고 회사에 대한 손해배상책임(제399조)을 인정하였다.
42 원고 상호저축은행은 피고회사와 수산물검품대행계약을 체결하고 피고회사의 검품확인서에 터잡아 대출가능금액을 산정해왔다. 그런데, 피고회사가 일부 차주에 대한 검품을 엉터리로 하여, 원고는 그 담보가치를 과대평가하고 과다대출을 하여 손해를 입었다. 원고는 피고회사에 민법 제750조의 책임을 물었고, 나아가 피고회사의 명의상 대표이사에게도 상법 제401조에 의한 손해배상책임을 구하였다.
43 상법 제401조에 따라 이사에게 손해배상청구를 구할 수 있는 제3자의 범위에 주주도 포함된다는 데에

[2] 그러나 이사가 악의 또는 중대한 과실로 부실공시를 하여 재무구조의 악화 사실이 증권시장에 알려지지 아니함으로써 회사 발행주식의 주가가 정상주가보다 높게 형성되고, 주식매수인이 그러한 사실을 알지 못한 채 주식을 취득하였다가 그 후 그 사실이 증권시장에 공표되어 주가가 하락한 경우에는, 주주는 이사의 부실공시로 인하여 정상주가보다 높은 가격에 주식을 매수하였다가 주가가 하락함으로써 직접 손해를 입은 것이므로, 이사에 대하여 상법 제401조 제 1 항에 의하여 손해배상을 청구할 수 있다.[44]

별다른 이견이 없다. 따라서 주주가 이사의 허위공시를 믿고 고가로 주식을 취득하였거나, 이사가 명의개서를 부당하게 거절하여 신주나 배당금을 받지 못한 경우 등 직접적인 손해를 입은 경우, 그 주주는 제401조에 따라 이사에게 손해배상을 구할 수 있다. 그리고 위 조항에서 말하는 손해는 간접손해, 즉 이사의 임무해태로 인하여 회사에 대하여 손해가 발생하고, 그 결과 제 3 자에게 손해가 생긴 경우도 포함된다. 다만, 주주가 입은 간접손해를 포함하는지에 대해서는 견해가 나뉘고, 대법원은 위와 같이 주주의 간접손해는 제외되어야 한다는 입장이다(제외설). 대법원 2003. 10. 24. 선고 2003다29661 판결, 대법원 1993. 1. 26. 선고 91다36093 판결 등은 이사가 회사의 재산을 횡령하여 회사의 재산이 감소하거나 도산하였다면 그 이사가 회사에 대하여 손해배상책임을 지지만, 주주가 그 간접손해에 대하여 배상을 청구할 수는 없다고 하였다. 다만, 주주의 간접손해를 포함해야 한다는 견해(포함설)도 많다. 제외설은 회사가 손해배상을 받게 되면 기업가치의 감소가 회복되어 주식가치 감소로 인한 주주의 간접손해는 전보될 수 있고, 또한 주주는 대표소송(제399조, 제403조)을 제기하여 그러한 결과를 얻을 수 있음을 근거로 한다. 포함설은 주주대표소송(제403조)은 소수주주만이 제기할 수 있고 담보제공의 부담이 있어 권리보호가 충분하다고 볼 수 없다는 점을 근거로 한다. 생각건대, 채권자와 달리 주주는 회사에 대하여 확정된 청구권을 가지고 있지 않으므로 그가 입은 간접손해란 매우 불명확한 개념이다. 따라서 원칙적으로 주주대표소송 등으로 간접손해를 회복하는 것이 타당하고 직접 이사를 상대로 간접손해의 배상을 구하는 것은 허용되지 않는다고 볼 것이다. 다만, 이 사안과 같이 주주가 직접손해를 입은 경우를 착실하게 정립해 나가는 것이 타당하다고 생각한다.

44 위 사례에서 대법원은, 이사인 피고가 거액의 회사 재산을 횡령하고 악의 또는 중대한 과실로 부실공시를 함으로써 원고들이 그로 인한 재무구조의 악화 사실을 알지 못한 채 정상주가보다 높은 가격에 주식을 취득하였다가 그 후 그 진상이 공표되면서 자본잠식 등이 결정적인 원인이 되어 회사의 코스닥등록이 취소되고 그 과정에서 주가가 하락하게 되었다면, 원고들은 피고의 부실공시로 인하여 직접 손해를 입었다고 볼 수 있으므로, 피고를 상대로 제401조 제 1 항에 의하여 손해배상을 청구할 수 있다고 하였다. 그러나 원고들이 주식을 취득한 후 피고의 횡령과 그에 관한 부실공시가 이루어지고 그로 인한 회사의 재무구조의 악화 사실이 나중에 공표되면서 주가가 하락하게 되었다면, 그 주가하락분 상당의 손해는 결국 피고의 횡령으로 회사의 재무구조가 악화되어 생긴 간접적인 손해에 불과하고, 그 횡령이 계획적이고 그 규모가 회사의 자본금에 비추어 거액이며 횡령 과정에 주가조작이나 부실공시 등의 행위가 수반되었다는 사정만으로 달리 볼 것은 아니므로, 이러한 경우에는 제401조 제 1 항에 의한 손해배상을 청구할 수 없다고 하였다. 또한 원고들이 피고의 주가조작 이전에 주식을 취득하거나 주가조작으로 인한 주가 부양의 효과가 사라진 후 주식을 취득하였다면, 피고의 주가조작과 원고들의 주식취득 후 생긴 주가하락으로 인한 손해 사이에 상당인과관계가 있다고 볼 수 없으므로, 그와 같은 경우에는 원고들은 피고를 상대로 상법 제401조 제 1 항에 의하여 손해배상을 청구할 수 있다고 보기 어렵다고 하였다.

다. 효 과

<u>대법원 2008. 1. 18. 선고 2005다65579 판결(손해배상(기))</u>

상법 제401조에 기한 이사의 제3자에 대한 손해배상책임이 제3자를 보호하기 위하여 상법이 인정하는 특수한 책임이라는 점을 감안할 때, 일반 불법행위책임의 단기소멸시효를 규정한 민법 제766조 제1항은 적용될 여지가 없고, 일반 채권으로서 민법 제162조 제1항에 따라 그 소멸시효기간은 10년이다.[45]

3. 업무집행관여자의 책임

<u>대법원 2006. 8. 25. 선고 2004다26119 판결(매매대금)[46]</u>

상법 제401조의2 제1항 제1호의 '회사에 대한 자신의 영향력을 이용하여 이사에게 업무집행을 지시한 자'에는 자연인뿐만 아니라 법인인 지배회사도 포함되나, 나아가 상법 제401조의 제3자에 대한 책임에서 요구되는 '고의 또는 중대한 과실로 인한 임무해태행위'는 회사의 기관으로서 인정되는 직무상 충실 및 선관의

---

45 대우자동차의 임직원들(피고들)이 대규모 분식회계를 하였고, 금융기관인 원고(우리은행)가 이로 인하여 위 회사의 재무구조를 잘못 파악하고 위 회사에 대출을 해주었다가 대출금을 회수하지 못한 손해의 배상을 구한 사안이었다. 이사인 피고들에 대해서는 제401조의 책임을 물었고 이는 불법행위책임과 다른 법정책임으로 보아 10년의 소멸시효기간이 적용되었다(민법 제162조 제2항). 이사가 아닌 김우중 회장과 비등기이사들에 대해서는 민법상의 불법행위책임(제750조)을 물었고(위 분식회계 당시 상법에는 현행 상법 제401조의2와 같은 규정이 없었음), 이 경우에는 민법 제766조 제1항 소정의 시효기간이 적용된다. 이때, 단기소멸시효의 기산점이 되는 민법 제766조 제1항 소정의 '손해 및 가해자를 안 날'이라 함은 "손해의 발생, 위법한 가해행위의 존재, 가해행위와 손해의 발생과의 사이에 상당인과관계가 있다는 사실 등 불법행위의 요건사실에 대하여 현실적이고도 구체적으로 인식하였을 때"를 의미하고, 피해자 등이 언제 불법행위의 요건사실을 현실적이고도 구체적으로 인식한 것으로 볼 것인지는 개별 사건의 여러 객관적 사정을 참작하고 손해배상청구가 사실상 가능하게 된 상황을 고려하여 합리적으로 인정하여야 한다. 위 사안에서는, 금융감독원이 1999. 11. 4. 대우자동차에 대한 실사 결과 대우자동차가 1999. 8. 말 현재 자기자본이 완전 잠식된 것으로 나타나자 대우 기업개선계획 관련 금융시장안정 종합대책을 확정·발표하는 한편, 대우그룹 워크아웃 추진 현황 및 향후 계획을 수립하였고, 다음날인 1999. 11. 5. 각 일반신문에 위 내용이 보도되었다 하더라도, 원고로서는 그와 같은 사실만으로는 위 분식회계에 구체적으로 누가 관여한 것인지, 즉 불법행위자가 누구인지까지 알았다고 보기 어렵고, 달리 소 제기일인 2002. 12. 7.로부터 역산하여 3년이 되는 1999. 12. 7. 이전에 피고들이 대우자동차의 재무제표에 대한 분식회계에 가담한 사실을 원고가 알았다고 볼 자료가 없다고 판단하여 위 피고들의 소멸시효 항변을 배척하였다.

46 앞서 총론의 법인격부인 편에서 본 KT사건이다. KT의 필리핀 자회사와 계약한 원고가 KT를 업무집행지시자로 보고 제401조의 책임을 주장하였다. 업무집행지시자의 '회사에 대한 영향력'은 입법의 취지상 주식 소유 등에 의거하여 경영진에 대한 영향력을 갖는 지배주주로 좁게 해석해야 한다는 견해도 있고, 문언상 사실상의 영향력을 행사할 수 있는 자(예를 들면, 거래상 우월한 영향력을 가지는 주거래은행, 대규모 거래선, 도급업체 등)도 포함될 수 있다는 견해도 있다.

무 위반의 행위로서 위법한 사정이 있어야 하므로, 통상의 거래행위로 부담하는 회사의 채무를 이행할 능력이 있었음에도 단순히 그 이행을 지체하여 상대방에게 손해를 끼치는 사실만으로는 임무를 해태한 위법한 경우라고 할 수 없다.

대법원 2009. 11. 26. 선고 2009다39240 판결(손해배상(기))[47]

상법 제399조, 제401조, 제403조의 적용에 있어 이사로 의제되는 자에 관하여, 상법 제401조의2 제1항 제1호는 '회사에 대한 자신의 영향력을 이용하여 이사에게 업무집행을 지시한 자', 제2호는 '이사의 이름으로 직접 업무를 집행한 자', 제3호는 '이사가 아니면서 명예회장·회장·사장·부사장·전무·상무·이사 기타 업무를 집행할 권한이 있는 것으로 인정될 만한 명칭을 사용하여 회사의 업무를 집행한 자'라고 규정하고 있는바, 제1호 및 제2호는 회사에 대해 영향력을 가진 자를 전제로 하고 있으나, 제3호는 직명 자체에 업무집행권이 표상되어 있기 때문에 그에 더하여 회사에 대해 영향력을 가진 자일 것까지 요건으로 하고 있는 것은 아니다.

---

47 원고(대한투자신탁)는 ㈜대우의 분식회계를 믿고 대우의 회사채를 매입하여 신탁재산으로 편입하였다가 고유재산에 의한 환매의무의 이행으로 인하여 손해를 입었다. 원고는 대우의 위 분식회계에 관여한 미등기 이사인 피고에게 제401조의2 제1항 제3호, 제401조에 따른 손해의 배상을 청구하였고, 법원은 피고의 책임을 인정하였다.

Ⅲ. 주주의 견제수단

1. 유지청구권

대법원 2001. 2. 28. 선고 2000마7839 판결(분양금지및분양개시금지가처분)[48]

　[1] 주식회사의 주주는 주식의 소유자로서 회사의 경영에 이해관계를 가지고 있으나, 회사의 재산관계에 대하여는 단순히 사실상, 경제상 또는 일반적, 추상적인 이해관계만을 가질 뿐, 구체적 또는 법률상의 이해관계를 가진다고는 할 수 없고, 주주는 직접 회사의 경영에 참여하지 못하고 주주총회의 결의를 통해서 또는 주주의 감독권에 의하여 회사의 영업에 영향을 미칠 수 있을 뿐이다. 그러므로 주주는 일정한 요건에 따라 이사를 상대로 그 이사의 행위에 대하여 유지청구권을 행사하여 그 행위를 유지시키거나(상법 제402조), 또는 대표소송에 의하여 그 책임을 추궁하는 소를 제기할 수 있을 뿐(상법 제403조), 직접 제3자와의 거래관계에 개입하여 회사가 체결한 계약의 무효를 주장할 수는 없다.

　[2] 주식회사의 주주가 회사에 대하여 주주총회결의에 관한 부존재확인의 소를 제기하면서 이를 피보전권리로 한 가처분이 허용되는 경우라 하더라도, 주주총회에서 이루어진 결의 자체의 집행 또는 효력정지를 구할 수 있을 뿐, 회사 또는 제3자의 별도의 거래행위에 직접적으로 개입하여 이를 금지할 권리가 있다고 할 수는 없다.[49]

서울지법 2003. 7. 4. 선고 2003카합980 판결(가처분이의)[50]

---

48 백화점을 운영하는 피신청인 회사가 제3자에게 백화점 분점의 분양업무를 위임하였는데, 주주인 신청인은 위 분양위임계약은 제374조 제1항에 해당하여 주주총회특별결의가 필요하다고 주장하면서, 피신청인이 주주총회결의 없이 한 위 분양위임계약은 무효라는 이유로, 주총결의부존재확인청구권을 피보전권리로 하여 피신청인 및 제3채무자에게 분양금지 및 분양개시금지의 가처분을 신청하였다. 대법원은 판시와 같은 이유로 피보전권리가 인정되지 않는다고 하였다. 이에 신청인은 대법원에 이르러 이사의 위법행위유지청구권을 피보전권리로 주장하였으나, 대법원은 이사가 아닌 회사를 피신청인으로 한 이 사건 가처분신청에서는 유지청구권이 피보전권리가 될 수 없다고 판시하였다.
49 대법원 1979. 2. 13. 선고 78다1117 판결도, 원고들이 영업양도에 관하여 주주총회의 특별결의를 거친 바가 없어 영업양도·양수계약이 무효라고 주장하며 회사의 주주의 지위에서 피고회사를 상대로 그 계약의 무효확인을 구하는 것은 확인의 이익 내지 권리보호이익이 없다고 하였다.
50 이 사안은 앞서 본 대법원 2005. 7. 28. 선고 2005다3649 판결과 동일한 사실관계에 기한 가처분이다. 주식회사 쌍방울은 2002. 11. 경 회사정리절차가 종료되었는데, 피신청인은 2002. 12. 23. 쌍방울의 대표이사로서 회사 소유의 이 사건 부동산을 A회사에 160억에 처분하였다. 쌍방울의 33%주주로서 최대주주인 신청인은 위 처분이 대표권의 남용행위이고, 또한 이사회의 결의가 필요한 사항이라고 주장하면서 피신청인을 상대로 위법행위유지청구권을 피보전권리로 한 부동산처분행위금지가처분을 신청하였다. 법원은 담보제공

[1] 회사경영의 주체로서 고도의 인적 신뢰를 기초로 하여 선임된 주식회사의 이사는 상법 제382조 제 2 항에 의하여 준용되는 민법 제681조, 상법 제382조의3 등의 규정에 의하여 회사에 대하여 선량한 관리자의 주의의무를 부담하므로, 상법 제402조에 의한 유지청구의 대상이 되는 법령 또는 정관에 위반한 행위라 함은 이사회의 승인 없는 이사의 자기거래 등 법령 또는 정관의 구체적인 규정에 위반하는 행위뿐만 아니라 위와 같은 일반적인 주의의무를 해태한 모든 행위를 포함한다.

[2] 주식회사의 대표이사가 이사회결의를 요하는 대외적 거래행위를 함에 있어서 실제로 이사회결의를 거치지 아니하였거나 이사회결의가 있었다고 하더라도 그 결의가 무효인 경우 거래 상대방이 그 이사회결의의 부존재 또는 무효사실을 알거나 알 수 있었다면 그 거래행위는 무효라고 할 것이고, 대표이사의 행위가 대표권한의 범위 내라 할지라도 회사의 이익 때문이 아니고 자기 또는 제 3 자의 이익을 도모할 목적으로 그 권한을 행사한 경우에 거래상대방이 대표이사의 진의를 알았거나 알 수 있었을 때에는 그로 인하여 취득한 권리를 회사에 대하여 주장하는 것은 신의칙에 반하는 것이므로 그 거래행위 또한 회사에 대하여 무효라고 하지 않을 수 없는바, 위와 같은 사정에 의하여 이미 체결된 계약이 무효로 해석될 가능성이 있는 경우에 그 계약의 이행행위는 유지청구의 대상이 된다.

2. 주주대표소송

대법원 2011. 5. 26. 선고 2010다22552 판결(손해배상)

[1] 주주명부에 기재된 명의상 주주는 회사에 대한 관계에서 자신의 실질적 권리를 증명하지 않아도 주주 권리를 행사할 수 있는 자격수여적 효력을 인정받을 뿐이지 주주명부 기재에 의하여 창설적 효력을 인정받는 것은 아니므로, 주식을 인수하면서 타인의 승낙을 얻어 그 명의로 출자하여 주식대금을 납입한 경우에는 실제로 주식을 인수하여 대금을 납입한 명의차용인만이 실질상 주식인수인으로서 주주가 되고 단순한 명의대여인은 주주가 될 수 없다.

조건으로 이를 받아들여 "피신청인은 별지 목록 기재 부동산에 대하여 신청외 A주식회사 기타 제 3 자에게 양도, 저당권의 설정, 임대 기타 일체의 처분을 하여서는 아니된다."는 내용의 가처분결정을 하였다. 법원은 피신청인이 선관주의의무에 위반하여 법령 또는 정관에 위반한 행위를 하였다는 점이 소명되고, 또한 A회사가 이 사건 부동산에 아파트형공장을 신축하여 이를 분양할 목적으로 이미 기존건물을 철거하고 신축건물에 대한 건축허가를 받은 점으로 보아 이를 방치할 경우 수분양자 등과의 관계에서 야기될 복잡한 법률관계로 말미암아 사실상 쌍방울이 이 사건 부동산을 원상회복하기 어려울 수도 있다고 할 것이므로 쌍방울에 회복할 수 없는 손해가 생길 염려가 있다고 하였다. 나아가 신청인으로서는 시급히 가처분으로써 이 사건 계약의 이행행위를 금지할 보전의 필요성도 소명되었다고 하였다.

[2] 상법 제403조 제1항은 "발행주식의 총수의 100분의 1 이상에 해당하는 주식을 가진 주주"가 주주대표소송을 제기할 수 있다고 규정하고 있을 뿐, 주주의 자격에 관하여 별도 요건을 규정하고 있지 않으므로, 주주대표소송을 제기할 수 있는 주주에 해당하는지는 위 법리에 따라 판단하여야 한다.[51]

대법원 2013. 9. 12. 선고 2011다57869 판결(손해배상(기))

여러 주주들이 함께 대표소송을 제기하기 위하여는 그들이 회사에 대하여 이사의 책임을 추궁할 소의 제기를 청구할 때와 회사를 위하여 그 소를 제기할 때 보유주식을 합산하여 상법이 정하는 주식보유요건을 갖추면 되고, 소 제기 후에는 보유주식의 수가 그 요건에 미달하게 되어도 무방하다. 그러나 대표소송을 제기한 주주 중 일부가 주식을 처분하는 등의 사유로 주식을 전혀 보유하지 아니하게 되어 주주의 지위를 상실하면, 특별한 사정이 없는 한 그 주주는 원고적격을 상실하여 그가 제기한 부분의 소는 부적법하게 되고, 이는 함께 대표소송을 제기한 다른 원고들이 주주의 지위를 유지하고 있다고 하여 달리 볼 것은 아니다.[52]

대법원 2010. 4. 15. 선고 2009다98058 판결(손해배상(기))

[1] 상법 제403조 제1항, 제3항, 제4항에 의하면, 발행주식 총수의 100분의 1 이상에 해당하는 주식을 가진 주주는 회사에 대하여 이사의 책임을 추궁할 소의 제기를 청구할 수 있는데, 회사가 위 청구를 받은 날로부터 30일 내에 소를 제기하지 아니하거나 위 기간의 경과로 인하여 회사에 회복할 수 없는 손해가 생길 염려가 있는 경우에는 즉시 회사를 위하여 소를 제기할 수 있다는 취지를 규정하고 있는바, 이는 주주의 대표소송이 회사가 가지는 권리에 바탕을 둔 것임을 고려하여 주주에 의한 남소를 방지하기 위해서 마련된 제소요건에 관한 규정에 해당한다.

[2] 따라서 회사에 회복할 수 없는 손해가 생길 염려가 없음에도 불구하고 회사에 대하여 이사의 책임을 추궁할 소의 제기를 청구하지 아니한 채 발행주식 총수의 100분의 1 이상에 해당하는 주식을 가진 주주가 즉시 회사를 위하여 소를 제기하였다면 그 소송은 부적법한 것으로서 각하되어야 한다. 여기서 회복할 수 없는 손해가 생길 염려가 있는 경우라 함은 이사에 대한 손해배상청구권의 시효가

---

[51] 원고가 실질주주라는 점을 인정하기에 부족하다고 하여 원고의 주주대표소송을 부적법 각하하였다.

[52] 주주대표소송을 제기한 주주들의 보유주식이 제소 후 기준 미만으로 감소한 경우에도 제소의 효력에는 영향이 없다(제403조 제1항, 제5항, 제542조의6 제6항). 그런데 원고 주주들 중 어느 주주가 발행주식을 전혀 보유하지 않게 된 경우에는 그 원고 주주에 대해서는 부적법 각하해야 한다는 취지이다.

완성된다든지 이사가 도피하거나 재산을 처분하려는 때와 같이 이사에 대한 책임 추궁이 불가능 또는 무익해질 염려가 있는 경우 등을 의미한다.[53]

대법원 2002. 3. 15. 선고 2000다9086 판결(손해배상(기))[54]

[1] 주주의 대표소송에 있어서 원고 주주가 원고로서 제대로 소송수행을 하지 못하거나 혹은 상대방이 된 이사와 결탁함으로써 회사의 권리보호에 미흡하여 회사의 이익이 침해될 염려가 있는 경우 그 판결의 효력을 받는 권리귀속주체인 회사가 이를 막거나 자신의 권리를 보호하기 위하여 소송수행권한을 가진 정당한 당사자로서 그 소송에 참가할 필요가 있으며, 회사가 대표소송에 당사자로서 참가하는 경우 소송경제가 도모될 뿐만 아니라 판결의 모순·저촉을 유발할 가능성도 없다는 사정과, 상법 제404조 제1항에서 특별히 참가에 관한 규정을 두어 주주의 대표소송의 특성을 살려 회사의 권익을 보호하려한 입법 취지를 함께 고려할 때, 상법 제404조 제1항에서 규정하고 있는 회사의 참가는 공동소송참가를 의미하는 것으로 해석함이 타당하고, 나아가 이러한 해석이 중복제소를 금지하고 있는 민사소송법 제234조에 반하는 것도 아니다.[55]

---

53 다만, 주주가 회사에 대하여 이사의 책임을 추궁하는 소를 제기할 것을 청구한 후 30일을 기다리지 않고 바로 소를 제기하였더라도, 그 후 30일이 경과하기까지 회사가 소를 제기하지 않았다면 절차의 하자가 치유되어 법원이 소를 각하할 수 없다(아래 대법원 2002. 3. 15. 선고 2000다9086 판결).

54 제일은행의 주주들이 제일은행 전임 이사들의 한보철강에 대한 여신과 관련하여 주주대표소송을 제기한 사안이었다. 주주들은 1997. 5.경부터 대표이사에게 소를 제기할 것을 구두로 수차례 요구해 오다가, 7월경 서면으로 소제기를 청구하면서 다음 날 바로 대표소송을 제기하였다. 위 대표소송의 1심 계속 중에 다른 주주들이 공동소송인으로 참가하였다. 그런데 항소심에 이르러 금융감독위원회의 자본금감소명령에 따라 모든 주주들의 주식이 무상소각될 것이 예상되었다. 이에 제일은행의 대표이사가 은행의 공동소송참가를 신청하였고, 그 후 원고 주주들의 모든 주식이 소각되었다. 주주대표소송이 진행 중에 회사가 공동소송참가를 할 수 있는지(판시사항[1]), 그 공동소송참가를 감사가 아닌 대표이사가 한 것이 적법한지([2]), 제일은행의 참가 신청 후 원고들의 주식이 모두 소각됨으로써 공동소송참가가 부적법하게 되는지([3]), 공동소송참가를 항소심에서도 할 수 있는지([4]) 등이 쟁점이 되었다.

55 주주의 대표소송은 법정소송담당으로서 '제3자의 소송담당'에 해당하여 소송담당자(주주)가 받은 판결의 효력은 권리귀속주체(회사)에 미친다(민소법 제218조 제3항). 판결의 효력을 받는 권리귀속주체가 그 소송에 당사자로서 독립하여 강력한 소송수행권능을 갖는 것이 현실적으로 필요하므로, 회사는 주주대표소송에 공동소송참가를 할 수 있다고 보아야 한다. 이에 대하여 공동소송참가를 하면 중복소송이 되므로 공동소송적 보조참가를 해야 한다는 견해도 있지만, 소송불경제와 판결의 모순저촉의 위험이 없으므로 중복소송을 금지하는 취지에 반하지 않고, 또한 원고인 주주와 피고인 이사의 담합소송을 방지하기 위해서나 이 사건의 경우와 같이 주주가 대표소송을 수행하는 도중 주주의 지위를 상실하여 소송이 각하되는 것을 방지하기 위해서는 권리귀속 주체인 회사의 공동소송참가를 허용해야 할 것이다. 그리고 동일한 취지에서 주주대표소송 중에 다른 주주도 공동소송참가를 할 수 있다고 보아야 할 것이다. 회사가 스스로 공동소송적 보조참가를 하는 것은 무방하다. 공동소송참가와 공동소송적 보조참가는 전자는 당사자로 되고 후자는 당사자가 아닌 보조참가인 이라는 점에서 차이가 있다. 구체적으로는 피참가인의 소가 부적법하게 되거나 피참가인이 소를

[2] 상법 제394조 제 1 항에서는 이사와 회사 사이의 소에 있어서 양자 간에 이해의 충돌이 있기 쉬우므로 그 충돌을 방지하고 공정한 소송수행을 확보하기 위하여 비교적 객관적 지위에 있는 감사로 하여금 그 소에 관하여 회사를 대표하도록 규정하고 있는바, 소송의 목적이 되는 권리관계가 이사의 재직 중에 일어난 사유로 인한 것이라 할지라도 회사가 그 사람을 이사의 자격으로 제소하는 것이 아니고 이사가 이미 이사의 자리를 떠난 경우에 회사가 그 사람을 상대로 제소하는 경우에는 특별한 사정이 없는 한 위 상법 제394조 제 1 항은 적용되지 않는다. 따라서 전 이사들을 상대로 하는 주주대표소송에 회사가 참가하는 경우, 상법 제394조 제 1 항의 적용이 배제되어 회사를 대표하는 자는 감사가 아닌 대표이사이다.

[3] 비록 원고 주주들이 주주대표소송의 사실심 변론종결시까지 대표소송상의 원고 주주요건을 유지하지 못하여 종국적으로 소가 각하되는 운명에 있다고 할지라도 회사인 원고 공동소송참가인의 참가시점에서는 원고 주주들이 적법한 원고적격을 가지고 있었다고 할 것이어서 회사인 원고 공동소송참가인의 참가는 적법하다고 할 것이고, 뿐만 아니라 원고 주주들의 주주대표소송이 확정적으로 각하되기 전에는 여전히 그 소송계속 상태가 유지되고 있는 것이어서, 그 각하판결 선고 이전에 회사가 원고 공동소송참가를 신청하였다면 그 참가 당시 피참가소송의 계속이 없다거나 그로 인하여 참가가 부적법하게 된다고 볼 수는 없다.

[4] 공동소송참가는 항소심에서도 할 수 있는 것이고, 항소심절차에서 공동소송참가가 이루어진 이후에 피참가소가 소송요건의 흠결로 각하된다고 할지라도 소송의 목적이 당사자 일방과 제 3 자에 대하여 합일적으로 확정될 경우에 한하여 인정되는 공동소송참가의 특성에 비추어 볼 때, 심급이익 박탈의 문제는 발생하지 않는다.

대법원 2002. 7. 12. 선고 2001다2617 판결(손해배상(기))

회사가 이사 또는 감사에 대한 책임추궁을 게을리 할 것을 예상하여 마련된 주주의 대표소송의 제도는 파산절차가 진행 중인 경우에는 그 적용이 없고, 주주가 파산관재인에 대하여 이사 또는 감사에 대한 책임을 추궁할 것을 청구하였는데 파산관재인이 이를 거부하였다고 하더라도 주주가 상법 제403조, 제415조에 근거

취하하는 경우에 전자는 당사자로서 계속 소송을 수행할 수 있지만, 후자는 그렇지 않다. 또한 전자는 청구의 범위를 확대 또는 축소할 수 있다는 점도 다르다(축소에는 피참가인의 동의 필요). 참고로, 공동소송적 보조참가인은 통상의 보조참가인과 달리 피참가인의 행위와 어긋나는 행위를 할 수 있다(제78조, 제67조, 제76조 제 2 항).

하여 대표소송으로서 이사 또는 감사의 책임을 추궁하는 소를 제기할 수 없다고 보아야 할 것이며, 이러한 이치는 주주가 회사에 대하여 책임추궁의 소의 제기를 청구하였지만 회사가 소를 제기하지 않고 있는 사이에 회사에 대하여 파산선고가 있은 경우에도 마찬가지이다.

대법원 2004. 9. 23. 선고 2003다49221 판결(손해배상(기))

어느 한 회사가 다른 회사의 주식의 전부 또는 대부분을 소유하여 양자간에 지배종속관계에 있고, 종속회사가 그 이사 등의 부정행위에 의하여 손해를 입었다고 하더라도, 지배회사와 종속회사는 상법상 별개의 법인격을 가진 회사이고, 대표소송의 제소자격은 책임추궁을 당하여야 하는 이사가 속한 당해 회사의 주주로 한정되어 있으므로, 종속회사의 주주가 아닌 지배회사의 주주는 상법 제403조, 제415조에 의하여 종속회사의 이사 등에 대하여 책임을 추궁하는 이른바 이중대표소송을 제기할 수 없다.[56]

서울중앙지법 2008. 6. 20. 선고 2007가합43745 판결(소송비용)

[1] 상법상의 주주대표소송은 주주들 모두가 필수적으로 공동원고가 되어야 하는 고유필수적 공동소송은 아니고 단지 공동소송인이 된 원고들 사이에 그 승패를 일률적으로 하여야 할 필요성이 있는 유사필수적 공동소송의 성격을 가진다.

[2] 상법 제405조 제1항의 "소송비용 및 그밖에 소송으로 인하여 지출한 비용"의 문언을 해석함에 있어서도 가급적이면 원고인 주주에게 경제적 손실이 없도록 그에게 지급될 수 있는 금액을 넓게 인정하는 것이 타당하므로, 원칙적으로 주

---

56 모회사와 자회사(모회사 지분 80%)의 대표이사를 겸직하고 있는 피고가 자회사의 자금을 횡령하였음을 이유로 모회사의 주주(지분 29%)가 원고가 되어 통상의 대표소송을 제기하였으나 기각되자, 항소심에서 이중대표소송을 추가하였고 항소심은 이를 인용하였다. 이러한 사안에서 우선 원고인 모회사의 주주는 모회사의 이사를 상대로 대표소송을 제기하거나 제401조의 책임을 추궁할 수 있다. 그러나 그 대표소송은 모회사의 이사가 어떤 임무를 해태한 것인지, 그로 인한 손해는 무엇인지를 입증하는 데에 어려움이 있을 것이다. 그리고 제401조의 책임은 주주의 간접손해로써 허용되지 않을 것이다. 항소심은, 이중대표소송을 허용하지 않으면 모회사의 간접손해를 산정하기 어려우므로 지배회사 및 종속회사에 대한 경영권을 모두 지배하고 있는 경영진이 종속회사를 통하여 부정행위를 함으로써 책임을 회피하는 수단으로 이용하는 것을 견제하기 어렵다는 점을 근거로 이중대표소송을 인용하였다. 그러나 대법원은 판시와 같은 이유로 이를 인정하지 않았다. 2006년과 2013년에 이중대표소송을 허용하는 상법개정안이 입법예고된 바 있지만, 반대 또는 보완 의견이 많았다. 상법 개정을 통해 이중대표소송을 도입하는 경우, 모자회사가 어느 정도의 지배종속관계가 있어야 이중대표소송을 허용할 수 있는지, 이중대표소송이 남용될 소지에 대비하여 어떤 제한 수단을 둘지 등을 보완할 필요가 있다. 그리고 이중대표소송을 성문화하여 일률적인 허용기준을 설정하는 경우, 이중대표소송이 필요한 경우에 이를 제기할 수 없는 문제가 생길 수 있으므로, 이에 관한 대법원 판례의 적극적인 변화가 요청된다.

주가 대표소송을 제기함에 있어 변호사와 약정한 변호사보수, 기타 필요비용의 모든 금액을 회사에게 청구할 수 있다고 보아야 한다.[57]

[3] 주주대표소송의 소송비용 중 적어도 변호사보수에 있어서는 승소한 주주가 이를 현실적으로 지급하기 전에도 상법 제405조 제 1 항에 따라 회사에게 소송비용으로 그 상환을 청구할 수 있다.[58]

[4] 주주대표소송의 경우 상법 제405조 제 1 항에 따라 회사에게 청구할 수 있는 변호사보수비용의 상당액이란 구체적으로 약정보수액을 기준으로 하여, 개별적·구체적인 소송에 있어서 그 청구액, 당사자의 수, 사안의 난이도, 절차의 복잡성의 정도(변론기일의 횟수, 제출한 소송자료의 내용, 증거조사의 내용, 사건의 종료에 이르게 된 경위와 기간 등), 소제기 전에 취한 조치, 소송의 결과 회사가 얻은 이익 등 제반 사정을 종합적으로 고려하여 그것이 변호사가 행한 소송수행의 대가로서 상당한가라는 관점에서 객관적으로 판단하여야 한다.

대법원 2014. 2. 19.자 2013마2316 결정(채권압류및전부명령)

주주대표소송의 주주와 같이 다른 사람을 위하여 원고가 된 사람이 받은 확정판결의 집행력은 확정판결의 당사자인 원고가 된 사람과 다른 사람 모두에게 미치므로, 주주대표소송의 주주는 집행채권자가 될 수 있다.[59]

---

57 이러한 취지상 민사소송법 제109조 제 1 항에서 의미하는 소송비용(인지액 등 민사소송비용법에 의하여 인정되는 한정된 범위의 금액)과 대법원규칙(변호사보수의 소송비용산입에 관한 규칙)에 따라 인정되는 일정액만을 의미하는 것으로 해석할 수는 없다고 하였다.
58 주주의 회사에 대한 소송비용청구권의 법적 성질을 사무관리에 기한 유익비상환청구권으로 보면 주주가 회사를 위하여 필요 또는 유익한 채무를 부담한 때에는 회사에게 자기에 갈음하여 이를 지급하도록 청구할 권리가 있는 점(민법 제739조 제 2 항, 제688조 제 2 항)도 근거로 하였다.
59 주주는 대표소송의 확정판결의 원고로서 이를 집행권원으로 하여 채무자를 상대로 채무자의 제 3 채무자에 대한 채권에 대하여 채권압류 및 전부명령신청을 할 수 있는 집행채권자 적격이 있다고 하였다. 한편, 다른 사람을 위하여 원고나 피고가 된 사람에 대한 확정판결은 그 다른 사람에 대해서도 효력이 미친다(민소법 제218조 제 3 항). 법정소송담당 중에 파산관재인이나 회생회사의 관리인처럼 권리관계의 주체를 갈음하여 당사자적격을 갖는 경우 회사에 기판력이 미친다는데 의문이 없다. 다만, 주주대표소송처럼 원래의 권리주체(회사)도 여전히 당사자적격을 잃지 않는 경우(채권자대위소송에서 채권자도 동일)에도 회사에 기판력이 미치는지 문제될 수 있다. 우리 대법원은, 채권자가 채권자대위권을 행사하는 방법으로 제 3 채무자를 상대로 소송을 제기하고 판결을 받은 경우에는, 어떠한 사유로 인하였던 적어도 채무자가 채권자 대위권에 의한 소송이 제기된 사실을 알았을 경우에는 그 판결의 효력이 채무자에게 미친다고 보았다(대법원 1975. 5. 13. 선고 74다1664 전원합의체 판결). 주주대표소송에서는 소를 제기한 주주가 소를 제기한 후 지체없이 회사에 대하여 그 소송의 고지를 하여야 하고(제404조 제 2 항), 당사자는 법원의 허가를 얻지 아니하고는 소의 취하, 청구의 포기·인낙·화해를 할 수 없다(제403조 제 6 항)는 점에서, 회사에 대하여 기판력이 미친다고 보아도 무방할 것이다.

IV. 감사의 책임

대법원 2008. 9. 11. 선고 2006다68636 판결(손해배상(기))

감사는 상법 기타 법령이나 정관에서 정한 권한과 의무를 선량한 관리자의 주의의무를 다하여 이행하여야 하고, 악의 또는 중과실로 선량한 관리자의 주의의무에 위반하여 그 임무를 해태한 때에는 그로 인하여 제3자가 입은 손해를 배상할 책임이 있는바, 이러한 감사의 구체적인 주의의무의 내용과 범위는 회사의 종류나 규모, 업종, 지배구조 및 내부통제시스템, 재정상태, 법령상 규제의 정도, 감사 개개인의 능력과 경력, 근무 여건 등에 따라 다를 수 있다 하더라도, 감사가 주식회사의 필요적 상설기관으로서 회계감사를 비롯하여 이사의 업무집행 전반을 감사할 권한을 갖는 등 상법 기타 법령이나 정관에서 정한 권한과 의무를 가지고 있는 점에 비추어 볼 때, 대규모 상장기업에서 일부 임직원의 전횡이 방치되고 있거나 중요한 재무정보에 대한 감사의 접근이 조직적·지속적으로 차단되고 있는 상황이라면, 감사의 주의의무는 경감되는 것이 아니라 오히려 현격히 가중된다.[60]

대법원 1988. 10. 25. 선고 87다카1370 판결(손해배상(기))

회사의 감사가 회사의 사정에 비추어 회계감사 등의 필요성이 있음을 충분히 인식하고 있었고 또 경리업무담당자의 부정행위의 수법이 교묘하게 저질러진 것이 아닌 것이어서 어음용지의 수량과 발행매수를 조사하거나 은행의 어음결제량을 확인하는 정도의 조사만이라도 했다면 위 경리업무 담당자의 부정행위를 쉽게 발견할 수 있었을 것인데도 아무런 조사도 하지 아니하였다면 이는 감사로서의 중대한 과실로 인하여 그 임무를 해태한 것이 되므로 위 경리업무담당자의 부정행위로 발

---

60 신한은행이 ㈜대우의 분식결산과 관련하여 피고인 감사들을 상대로 제3자에 대한 손해배상책임(제414조 제2항)을 물은 사안이다. 피고들은 회계감사를 실시하였지만, 회계분식이 교묘하게 이루어졌고, 일부 이사의 전횡이 용인되어 있던 과거 실무관행상 회사의 중요한 정보에 대한 감사의 접근이 제한된 데다가 회계분식이 다른 임직원들에 의하여 조직적이고 은밀하게 이루어진 것이어서 이를 발견하지 못한 데 불과하며, 재무제표 및 부속서류의 검토만으로 이 사건 회계분식을 발견하는 것은 처음부터 불가능하였다고 주장하였다. 그러나 대법원은 수년간 회계본부장 또는 감사로 재직하였던 피고들의 경력에 비추어 대우의 당시 지배구조와 재무상황 및 잠재적 분식 요인에 관하여 잘 알 수 있었으므로, 재무제표의 작성과정에 의도적이고 조직적인 분식 시도가 개입되는지 여부에 관하여 일상적으로 주의를 기울일 것이 요구됨에도 불구하고, 사무분장상 각 본부에 대한 내부감사에만 종사하였다거나 중요한 정보에 대한 접근이 제한되었다는 등의 이유로 위와 같은 주의의무를 지속적으로 게을리하고 필요한 회계감사를 제대로 실시하지 아니한 이상, 그 자체로 악의 혹은 중대한 과실을 인정할 수 있다고 보이고, 구체적인 회계분식의 내용을 알지 못하였다는 사정을 들어 책임을 면할 수는 없다고 하였다.

행된 어음을 취득함으로써 손해를 입은 어음소지인들에 대하여 위 감사는 상법 제414조 제2항, 제3항에 의한 손해를 배상할 책임이 있다.

대법원 2008. 2. 14. 선고 2006다82601 판결(손해배상(기))
대법원 2011. 4. 14. 선고 2008다14633 판결(손해배상(기))

[1] 주식회사의 감사가 실질적으로 감사로서의 직무를 수행할 의사가 전혀 없으면서도 자신의 도장을 이사에게 맡기는 등의 방식으로 그 명의만을 빌려줌으로써 회사의 이사로 하여금 어떠한 간섭이나 감독도 받지 않고 재무제표 등에 허위의 사실을 기재한 다음 그와 같이 분식된 재무제표 등을 이용하여 거래 상대방인 제3자에게 손해를 입히도록 묵인하거나 방치한 경우, 감사는 악의 또는 중대한 과실로 인하여 임무를 해태한 때에 해당하여 그로 말미암아 제3자가 입은 손해를 배상할 책임이 있다.

[2] 그러나 이와 달리 주식회사의 감사가 감사로서 결산과 관련한 업무 자체를 수행하기는 하였으나 재무제표 등이 허위로 기재되었다는 사실을 과실로 알지 못한 경우에는, 문제된 분식결산이 쉽게 발견 가능한 것이어서 조금만 주의를 기울였더라면 허위로 작성된 사실을 알아내 이사가 허위의 재무제표 등을 주주총회에서 승인받는 것을 저지할 수 있었다는 등 중대한 과실을 추단할 만한 사정이 인정되어야 비로소 제3자에 대한 손해배상의 책임을 인정할 수 있고, 분식결산이 회사의 다른 임직원들에 의하여 조직적으로 교묘하게 이루어진 것이어서 감사가 쉽게 발견할 수 없었던 때에는 분식결산을 발견하지 못하였다는 사정만으로 중대한 과실이 있다고 할 수는 없고, 따라서 감사에게 분식결산으로 인하여 제3자가 입은 손해에 대한 배상책임을 인정할 수 없다.[61]

대법원 2003. 10. 9. 선고 2001다66727 판결(손해배상(기))

상호신용금고의 출자자 등에 대한 대출 또는 동일인에 대한 여신한도 초과대출이 대표이사 등에 의하여 조직적으로 이루어지고 또한 타인의 명의를 빌림으로

---

61 ㈜고합의 분식회계와 관련하여, 우리은행이 피고 감사에게 제3자에 대한 책임(제414조 제2항)을 물은 사안과 회사가 감사에게 손해배상책임(제414조 제1항)을 물은 사안이었다. 피고 감사는 자신의 독촉에도 불구하고 대표이사가 법정 제출시한(6주)을 지키지 않고 주주총회 직전에야 자신에게 재무제표 등을 제출하여 부득이 적정의견이 기재된 외부감사인의 감사보고서를 참고하여 감사보고서를 작성·제출하였다는 취지로 주장하면서 자신에게 중대한 과실이 있다고 볼 수 없다고 다투었다. 대법원은, 그렇다면 원심으로서는 이 경우 피고가 결산과 관련하여 실제 감사로서의 직무를 수행하였는지 여부와 만약 그 직무를 수행하였다면 분식결산의 발견이 용이하였는지 여부 등을 먼저 심리한 다음 중대한 과실로 인하여 임무를 해태한 사실이 있는지를 판단했어야 한다며 원심판결을 파기하였다.

써 적어도 서류상으로는 그 대출행위가 위법함을 알아내기 어려운 경우, 사후에 그 대출의 적법 여부를 감사하는 것에 그치는 감사로서는 불법대출의 의심이 든다는 점만으로는 바로 관계 서류의 제출요구, 관계자의 출석 및 답변요구, 회사관계 거래처의 조사자료 징구, 위법부당행위의 시정과 관계 직원의 징계요구 및 감독기관에 보고 등의 조치를 취할 것을 기대하기는 어려우므로, 감사의 임무해태로 인한 회사에 대한 손해배상책임을 인정할 수 없다.[62]

---

62 이사들이 감사실의 의견을 듣지도 않고 계속해서 대출을 집행하자, 피고 감사는 대표이사에게 일상감사를 받은 뒤에 대출할 것을 강력히 주장하면서 사표를 제출하였으나 수리가 거부되었고, 그 후에도 이사들은 감사인 피고에게 일상감사를 받지 않고 불과 2개월이 채 되지 않는 동안에 일방적으로 대출을 실행해 버렸으며, 출자자 등에 대한 대출 또는 동일인에 대한 여신한도 초과대출이 대표이사 등에 의하여 조직적으로 이루어지고 또한 타인의 명의를 빌림으로써 적어도 서류상으로는 그 대출행위가 위법함을 알아내기 어려웠던 점 등을 고려하여 위와 같이 판단한 것이다.

기업금융

제 7 장 기업금융

Ⅰ. 신주발행

1. 주주의 신주인수권

대법원 1989. 3. 14. 선고 88누889 판결(증여세부과처분취소)

주주의 신주인수권은 주주가 종래 가지고 있던 주식의 수에 비례하여 우선적으로 인수의 배정을 받을 수 있는 권리로서 주주의 자격에 기하여 법률상 당연히 인정되는 것이지만 현물출자자에 대하여 발행하는 신주에 대하여는 일반주주의 신주인수권이 미치지 않는다.[1]

대법원 2009. 1. 30. 선고 2008다50776 판결(신주발행무효)[2]

상법 제418조 제1항, 제2항의 규정은 주식회사가 신주를 발행하면서 주주 아닌 제3자에게 신주를 배정할 경우 기존 주주에게 보유 주식의 가치 하락이나

---

[1] 다만, 현물출자의 경우 현물출자자가 주주이더라도 주식수에 따라 배정을 받는 것이 아니라 현물출자자가 제3자의 지위에서 신주를 배정받는 것이므로 '주주배정'이 아닌 '제3자 배정의 신주발행'에 해당한다. 따라서 제418조에 따라 정관에 현물출자를 허용하는 규정이 있어야 하고(이사회결의만으로 가능하다는 견해도 있음), "신기술의 도입, 재무구조의 개선 등 회사의 경영상 목적을 달성하기 위하여 필요한 경우"에 한하여 허용될 수 있다(제418조 제2항). 동일한 취지의 하급심 판결로는 서울남부지법 2010. 11. 26. 선고 2010가합3538 판결이 있다. 한편, 주주의 신주인수권이 배제되는 다른 예로는, 주권상장법인이 정관에 따라 일반공모증자의 방식으로 신주를 발행하는 경우(자본시장법 제165조의6)가 있는데, 이 규정에 공모방식의 신주발행은 경영상의 목적을 요건으로 하지 않는다(위 자본시장법 규정이 명시적으로 상법 제418조 제2항 단서의 적용을 배제하고 있음).

[2] 원고가 피고회사의 주식 24%를 보유하게 되어 최대주주가 되자 이사 선임 안건을 상정하거나 회계장부 열람 및 등사 가처분 신청을 하는 등으로 원고와 피고회사의 현 경영진 사이에 경영권분쟁이 발생히였고, 이에 피고회사의 이사회가 기발행주식의 30%에 해당하는 신주의 납입기일을 그 다음날로 하여 소외 회사에 발행함으로써, 소외 회사가 23% 지분의 최대주주가 되고 원고의 지분율이 18%로 감소하였다. 이어 피고회사는 주주총회를 열어 원고측 이사 및 감사를 해임하고자 하였으나, 원고가 소외회사의 위 신주에 대한 의결권행사금지가처분을 받음으로써 좌절되었다. 결국 판시와 같은 이유로 원고가 제기한 이 사건 신주발행무효의 소가 인용되었다.

회사에 대한 지배권 상실 등 불이익을 끼칠 우려가 있다는 점을 감안하여, 신주를 발행할 경우 원칙적으로 기존 주주에게 이를 배정하고 제3자에 대한 신주배정은 정관이 정한 바에 따라서만 가능하도록 하면서, 그 사유도 신기술의 도입이나 재무구조 개선 등 기업 경영의 필요상 부득이한 예외적인 경우로 제한함으로써 기존 주주의 신주인수권에 대한 보호를 강화하고자 하는 데 그 취지가 있다. 따라서 주식회사가 신주를 발행함에 있어 신기술의 도입, 재무구조의 개선 등 회사의 경영상 목적을 달성하기 위하여 필요한 범위 안에서 정관이 정한 사유가 없는데도, 회사의 경영권 분쟁이 현실화된 상황에서 경영진의 경영권이나 지배권 방어라는 목적을 달성하기 위하여 제3자에게 신주를 배정하는 것은 상법 제418조 제2항을 위반하여 주주의 신주인수권을 침해하는 것이다.

2. 신주인수권의 양도

대법원 1995. 5. 23. 선고 94다36421 판결(주주권확인)

[1] 상법 제416조 제5호에 의하면, 회사의 정관 또는 이사회의 결의로 주주가 가지는 신주인수권을 양도할 수 있는 것에 관한 사항을 결정하도록 되어있는바, 신주인수권의 양도성을 제한할 필요성은 주로 회사측의 신주발행사무의 편의를 위한 것에서 비롯된 것으로 볼 수 있고, 또 상법이 주권발행 전 주식의 양도는 회사에 대하여 효력이 없다고 엄격하게 규정한 것과는 달리 신주인수권의 양도에 대하여는 정관이나 이사회의 결의를 통하여 자유롭게 결정할 수 있도록 한 점에 비추어 보면, 회사가 정관이나 이사회의 결의로 신주인수권의 양도에 관한 사항을 결정하지 아니하였다 하여 신주인수권의 양도가 전혀 허용되지 아니하는 것은 아니고, 회사가 그와 같은 양도를 승낙한 경우에는 회사에 대하여도 그 효력이 있다.

[2] 주권발행 전의 주식의 양도는 지명채권 양도의 일반원칙에 따르고, 신주인수권증서가 발행되지 아니한 신주인수권의 양도 또한 주권발행 전의 주식양도에 준하여 지명채권 양도의 일반원칙에 따른다고 보아야 하므로, 주권발행 전의 주식양도나 신주인수권증서가 발행되지 아니한 신주인수권 양도의 제3자에 대한 대항요건으로는 지명채권의 양도와 마찬가지로 확정일자 있는 증서에 의한 양도통지 또는 회사의 승낙이라고 보는 것이 상당하다.[3]

---

3 이와 달리 상법 제416조 제5호, 제420조의3 제1항은 신주인수권증서에 의한 양도만을 인정하고 있으므로 그에 의하지 않은 양도는 회사에 대하여 효력이 없다는 견해도 많다. 다만, 회사가 사모(私募) 방식으로 제3자 배정을 한 경우 그 제3자의 신주인수권은 회사에 대한 특별한 관계에서 인정되는 권리이므로 양

3. 신주발행의 절차

가. 신주발행사항의 결정

대법원 2009. 5. 29. 선고 2007도4949 전원합의체 판결(특경가법위반(배임))[4]

[1] [다수의견] 주주는 회사에 대하여 주식의 인수가액에 대한 납입의무를 부담할 뿐 인수가액 전액을 납입하여 주식을 취득한 후에는 주주 유한책임의 원칙에 따라 회사에 대하여 추가 출자의무를 부담하지 않는 점, 회사가 준비금을 자본으로 전입하거나 이익을 주식으로 배당할 경우에는 주주들에게 지분비율에 따라 무상으로 신주를 발행할 수 있는 점 등에 비추어 볼 때, 회사가 주주 배정의 방법, 즉 주주가 가진 주식 수에 따라 신주, 전환사채나 신주인수권부사채(이하 '신주 등'이라 한다)의 배정을 하는 방법으로 신주 등을 발행하는 경우에는 발행가액 등을 반드시 시가에 의하여야 하는 것은 아니다.[5] 따라서, 회사의 이사로서는 주주 배정의 방법으로 신주를 발행하는 경우 원칙적으로 액면가를 하회하여서는 아니 된다는 제약 외에는 주주 전체의 이익, 회사의 자금조달의 필요성, 급박성 등을 감안하여 경영판단에 따라 자유로이 그 발행조건을 정할 수 있다고 보아야 하므로,[6] 시가보다 낮게 발행가액 등을 정함으로써 주주들로부터 가능한 최대한의 자금을 유치하지 못하였다고 하여 배임죄의 구성요건인 임무위배, 즉 회사의 재산보호의무를 위반하였다고 볼 것은 아니다. 그러나 주주배정의 방법이 아니라 제 3 자에게 인수권

도할 수 없다고 본다(다수설).

4 피고인들은 에버랜드의 전 대표이사 및 이사인바, 1996. 10. 30. 이사회에서 주주우선배정 방식으로 전환사채 발행을 결의하였는데, 당시 이사회에 17명의 이사 중 8명만이 참석한 상태에서 주당 7,700원을 전환가격으로 정하여 99억5,459만원 상당을 주주배정방식으로 발행하되 실권시 이사회결의에 의하여 제 3 자 배정방식으로 발행할 것을 결의한 후 주주들에게 청약안내문 발송하여 청약기일인 1996. 12. 3. 까지 전환사채에 대한 청약을 하지 않으면 그 인수권을 잃는다는 뜻을 고지하였다. 그런데 제일제당 주식회사를 제외한 중앙일보사 등의 법인주주들 및 이건희 등 개인주주들이 청약을 하지 않자, 청약기일인 1996. 12. 3. 16:00 경 실권전환사채를 이재용, 이부진, 이서현, 이윤형에게 배정할 것을 결의하였다. 이재용 등은 위 실권전화사채 인수대금을 전액 납입하였고, 1996. 12. 17. 전환사채를 1주당 7,700원의 전환가격에 주식으로 전환하여 에버랜드 주식의 약 64%에 해당하는 1,254,777주를 취득하게 되었다.

5 에버랜드와 같은 비상장회사에 대해서는 액면가 이상이기만 하면 신주등의 발행가액에 대한 제한이 없다. 다만, 상장회사가 일반공모증자나 제 3 자배정을 하는 경우에는 일정한 제한이 있다. 금융위원회가 고시한 "증권의 발행 및 공시 등에 관한 규정" 제5-18조에 의하면, 일반공모증자방식의 경우에는 그 할인율을 100분의 30 이내로 정하여야 하며, 제 3 자배정증자방식의 경우에는 그 할인율을 100분의 10 이내로 정하여야 한다.

6 액면미달발행에 관해서는 제417조에 따른 제약이 있다. 다만, 주권상장법인은 법원의 인가 없이 주주총회의 특별결의만으로 액면미달발행이 가능하고, 최저발행가액에 대한 제한이 있다(자본시장법 제165조의8).

을 부여하는 제3자 배정방법의 경우, 제3자는 신주 등을 인수함으로써 회사의 지분을 새로 취득하게 되므로 그 제3자와 회사와의 관계를 주주의 경우와 동일하게 볼 수는 없다. 제3자에게 시가보다 현저하게 낮은 가액으로 신주 등을 발행하는 경우에는 시가를 적정하게 반영하여 발행조건을 정하거나 또는 주식의 실질가액을 고려한 적정한 가격에 의하여 발행하는 경우와 비교하여 그 차이에 상당한 만큼 회사의 자산을 증가시키지 못하게 되는 결과가 발생하는데, 이 경우에는 회사법상 공정한 발행가액과 실제 발행가액과의 차액에 발행주식수를 곱하여 산출된 액수만큼 회사가 손해를 입은 것으로 보아야 한다. 이와 같이 현저하게 불공정한 가액으로 제3자 배정방식에 의하여 신주 등을 발행하는 행위는 이사의 임무위배 행위에 해당하는 것으로서 그로 인하여 회사에 공정한 발행가액과의 차액에 상당하는 자금을 취득하지 못하게 되는 손해를 입힌 이상 이사에 대하여 배임죄의 죄책을 물을 수 있다. 다만, 회사가 제3자 배정의 방법으로 신주 등을 발행하는 경우에는 회사의 재무구조, 영업전망과 그에 대한 시장의 평가, 주식의 실질가액, 금융시장의 상황, 신주의 인수가능성 등 여러 사정을 종합적으로 고려하여, 이사가 그 임무에 위배하여 신주의 발행가액 등을 공정한 가액보다 현저히 낮추어 발행한 경우에 해당하는지를 살펴 이사의 업무상배임죄의 성립 여부를 판단하여야 한다.

[별개의견] 회사에 자금이 필요한 때에는 이사는 가능한 방법을 동원하여 그 자금을 형성할 의무가 있다 할 것이나, 이사는 회사에 필요한 만큼의 자금을 형성하면 될 뿐 그 이상 가능한 한 많은 자금을 형성하여야 할 의무를 지는 것은 아니고, 또 회사에 어느 정도 규모의 자금이 필요한지, 어떠한 방법으로 이를 형성할 것인지는 원칙적으로 이사의 경영판단에 속하는 사항이다. 그런데 신주발행에 의한 자금형성의 과정에서 신주를 저가 발행하여 제3자에게 배정하게 되면 기존 주주의 지분율이 떨어지고 주식가치의 희석화로 말미암아 구 주식의 가치도 하락하게 되어 기존 주주의 회사에 대한 지배력이 그만큼 약화되므로 기존 주주에게 손해가 발생하나, 신주발행을 통하여 회사에 필요한 자금을 형성하였다면 회사에 대한 관계에서는 임무를 위배하였다고 할 수 없고, 신주발행으로 인해 종전 주식의 가격이 하락한다 하여 회사에 손해가 있다고 볼 수도 없으며, 주주의 이익과 회사의 이익을 분리하여 평가하는 배임죄의 원칙상 이를 회사에 대한 임무위배로 볼 수 없어, 배임죄가 성립한다고 볼 수 없다.

[2] [다수의견] 신주 등의 발행에서 주주 배정방식과 제3자 배정방식을 구별하는 기준은 회사가 신주 등을 발행하는 때에 주주들에게 그들의 지분비율에 따라

신주 등을 우선적으로 인수할 기회를 부여하였는지 여부에 따라 객관적으로 결정되어야 할 성질의 것이지, 신주 등의 인수권을 부여받은 주주들이 실제로 인수권을 행사함으로써 신주 등을 배정받았는지 여부에 좌우되는 것은 아니다. 회사가 기존 주주들에게 지분비율대로 신주 등을 인수할 기회를 부여하였는데도 주주들이 그 인수를 포기함에 따라 발생한 실권주 등을 제 3 자에게 배정한 결과 회사 지분비율에 변화가 생기고, 이 경우 신주 등의 발행가액이 시가보다 현저하게 낮아 그 인수권을 행사하지 아니한 주주들이 보유한 주식의 가치가 희석되어 기존 주주들의 부(富)가 새로이 주주가 된 사람들에게 이전되는 효과가 발생하더라도, 그로 인한 불이익은 기존 주주들 자신의 선택에 의한 것일 뿐이다. 또한, 회사의 입장에서 보더라도 기존 주주들이 신주 등을 인수하여 이를 제 3 자에게 양도한 경우와 이사회가 기존 주주들이 인수하지 아니한 신주 등을 제 3 자에게 배정한 경우를 비교하여 보면 회사에 유입되는 자금의 규모에 아무런 차이가 없을 것이므로, 이사가 회사에 대한 관계에서 어떠한 임무에 위배하여 손해를 끼쳤다고 볼 수는 없다.[7]

[반대의견] 신주 등의 발행이 주주 배정방식인지 여부는, 발행되는 모든 신주 등을 모든 주주가 그 가진 주식 수에 따라서 배정받아 이를 인수할 기회가 부여되었는지 여부에 따라 결정되어야 하고, 주주에게 배정된 신주 등을 주주가 인수하지 아니함으로써 생기는 실권주의 처리에 관하여는 상법에 특별한 규정이 없으므로 이사는 그 부분에 해당하는 신주 등의 발행을 중단하거나 동일한 발행가액으로 제 3 자에게 배정할 수 있다. 그러나 주주 배정방식으로 발행되는 것을 전제로 하여 신주 등의 발행가액을 시가보다 현저히 저가로 발행한 경우에, 그 신주 등의 상당 부분이 주주에 의하여 인수되지 아니하고 실권되는 것과 같은 특별한 사정이 있는 때에는, 그와 달리 보아야 한다. 주주 배정방식인지 제 3 자 배정방식인지에 따라 회사의 이해관계 및 이사의 임무 내용이 달라지는 것이므로, 회사에 대한 관계에서 위임의 본지에 따른 선관의무상 제 3 자 배정방식의 신주 등 발행에 있어 시가발행의무를 지는 이사로서는, 위와 같이 대량으로 발생한 실권주에 대하여 발행을 중단하고 추후에 그 부분에 관하여 새로이 제 3 자 배정방식에 의한 발행을 모색할 의무가 있고, 그렇게 하지 아니하고 그 실권주를 제 3 자에게 배정하여 발

---

7 상장회사의 경우에는 실권주가 발생하면 발행을 철회해야 한다(자본시장법 제165조의6 제 2 항). 다만, 금융위원회가 정하는 방법에 따라 산정한 가격 이상으로 신주를 발행하는 경우로서, ① 투자매매업자가 인수인으로서 그 실권주 전부를 취득하는 경우, ② 청약 당시 미리 초과청약을 한 주주에게 우선적으로 그 실권주를 배정하기로 하는 합의가 있었던 경우, ③ 자금조달의 효율성, 주주 등의 이익 보호, 공정한 시장질서 유지의 필요성을 종합적으로 고려하여 대통령령으로 정하는 경우 등은 예외이다(동항 단서).

행을 계속할 경우에는 그 실권주를 처음부터 제3자 배정방식으로 발행하였을 경우와 마찬가지로 취급하여 발행가액을 시가로 변경할 의무가 있다고 봄이 상당하다. 이와 같이 대량으로 발생한 실권주를 제3자에게 배정하는 것은, 비록 그것이 주주 배정방식으로 발행한 결과라고 하더라도, 그 실질에 있어 당초부터 제3자 배정방식으로 발행하는 것과 다를 바 없고, 이를 구별할 이유도 없기 때문이다. 그러므로 신주 등을 주주 배정방식으로 발행하였다고 하더라도, 상당 부분이 실권되었음에도, 이사가 그 실권된 부분에 관한 신주 등의 발행을 중단하지도 아니하고 그 발행가액 등의 발행조건을 제3자 배정방식으로 발행하는 경우와 마찬가지로 취급하여 시가로 변경하지도 아니한 채 발행을 계속하여 그 실권주 해당부분을 제3자에게 배정하고 인수되도록 하였다면, 이는 이사가 회사에 대한 관계에서 선관의무를 다하지 아니한 것에 해당하고, 그로 인하여 회사에 자금이 덜 유입되는 손해가 발행하였다면 업무상배임죄가 성립한다.

나. 신주배정일(기준일)의 공고와 청약의 최고

대법원 2010. 2. 25. 선고 2008다96963, 96970 판결[8]
대법원 1995. 7. 28. 선고 94다25735 판결(명의개서)[9]

상법 제416조에 의하여 주식회사가 주주총회나 이사회의 결의로 신주를 발행할 경우에 발생하는 구체적 신주인수권은 주주의 고유권에 속하는 것이 아니고 위 상법의 규정에 의하여 주주총회나 이사회의 결의에 의하여 발생하는 구체적 권리에 불과하므로, 그 신주인수권은 주주권의 이전에 수반되어 이전되지 아니하는바, 회사가 신주를 발행하면서 그 권리의 귀속자를 주주총회나 이사회의 결의에 의한 일정 시점에 있어서의 주주명부에 기재된 주주로 한정할 경우, 그 신주인수권은 그 일정 시점에 있어서의 실질상의 주주인가의 여부와 관계없이 회사에 대하여 법

---

8 원고는 甲이 소유하는 피고회사 주식의 주권을 보관하고 있었는데, 甲으로부터 위 주식을 양수하기로 합의하였다(주권의 간이인도로 원고가 주식을 취득함). 다만 위 합의 후 아직까지 명의개서를 마치지는 않았다. 그 후 피고회사는 수차례의 유상증자와 무상증자를 통하여 주주명부상의 주주인 甲에게 신주를 배정하였다. 원심은 위 증자로 인한 신주가 주주명부상의 주주인 甲이 아닌 원고에게 귀속한다고 판단하였으나, 대법원은 판시와 같은 이유로 이를 파기하였다.

9 피고회사의 대표이사인 A는 자신의 주식 전부를 원고에게 증여하였는데, 원고는 위 주식에 관한 명의개서절차는 마치지 않았다. 몇 년 후 피고회사는 3회에 걸쳐 신주를 발행하면서 주주명부상의 주주인 A에게 신주를 배정하였고, A가 그 신주의 대금을 납입함으로써 이를 취득하였다. 이에 원고는 A명의의 주식에 대하여 증여를 원인으로 한 명의개서절차를 이행할 것을 청구하며 이 사건 소를 제기하였다. 법원은 신주가 A에게 귀속된다는 이유로 원고의 청구를 기각하였다. 이 경우 원고는 우선 A에게 증여를 이유로 신주의 반환을 구하고, 반환받은 신주의 주권을 회사에 제시하여 신주에 대한 명의개서를 청구할 수 있을 것이다.

적으로 대항할 수 있는 주주, 즉 주주명부에 기재된 주주에게 귀속된다.[10]

다. 신주의 인수와 납입

대법원 2009. 5. 29. 선고 2007도4949 전원합의체 판결(특경가법위반(배임))

[다수의견] 상법상 신주(전환사채)를 주주 배정방식에 의하여 발행하는 경우에도 주주가 그 인수권을 잃은 때에는 회사는 이사회의 결의에 의하여 그 인수가 없는 부분에 대하여 자유로이 이를 제3자에게 처분할 수 있다. 다만, 단일한 기회에 발행되는 신주(전환사채)의 발행조건은 동일하여야 하므로, 주주배정으로 신주(전환사채)를 발행하는 경우에 주주가 인수하지 아니하여 실권된 부분에 관하여 이를 주주가 인수한 부분과 별도로 취급하여 발행가액(전환가액) 등 발행조건을 변경하여 발행할 여지가 없다. 주주배정의 방법으로 주주에게 신주인수권(전환사채인수권)을 부여하였지만 주주들이 인수청약하지 아니하여 실권된 부분을 제3자에게 발행하더라도 주주의 경우와 같은 조건으로 발행할 수밖에 없고, 이러한 법리는 주주들이 전환사채의 인수청약을 하지 아니함으로써 발생하는 실권의 규모에 따라 달라지는 것은 아니다.[11]

[반대의견] 상법에 특별한 규정은 없지만, 일반적으로 동일한 기회에 발행되는 신주(전환사채)의 발행조건은 균등하여야 한다고 해석된다. 그러나 주주에게 배

---

10 따라서 회사는 주주명부상의 주주에게 신주를 배정하면 면책되고 회사에 대한 관계에서 신주는 주주명부상의 주주에게 귀속된다. 이를 '실기주'라고 한다. 실기주는 양도인과 양수인 사이에서는 그 귀속에 대하여 명시 또는 묵시의 특약이 있으면 그에 따르고, 특약이 없으면 양수인이 양도인에 대하여 실기주의 반환을 청구할 수 있는 것으로 본다. 그 법적근거에 대하여 부당이득설, 사무관리설, 준사무관리설 등이 있다. 부당이득설은 시세와 인수가액의 차액을 청구할 수 있을 뿐 신주 자체의 반환을 청구할 수 없다고 보는 점에서 만족스럽지 않고, 결국 사무관리의사의 유무에 따라 사무관리 또는 준사무관리의 법리에 의할 수밖에 없을 것이다. 이때 양도인은 양수인에게 인수가액과 비용의 상환을 청구할 수 있을 것이다(민법 제739조).
11 이와 같이 청약이 없거나 또는 인수는 되었지만 납입이 되지 않은 주식을 '실권주'라고 하는데, 회사는 이를 미발행주식으로 남겨놓아도 되고 다시 주주를 모집할 수도 있다. 통상 신주발행공고시 실권주의 처리는 이사회의 결의로 정한다는 취지를 기재하고 이사회가 임의로 이를 처리해왔다. 이와 관련하여, 특히 주주배정의 신주발행의 경우 실권주의 인수자를 모집할 때 주주에게 공평하게 다시 기회를 주어야 하는지, 그 발행가액은 어떻게 정해야 하는지 문제될 수 있다. 실권주의 배정은 그 전단계의 주주배정과 일체성을 이루는 동일한 신주발행인데, 발행조건을 변경함은 새로운 발행절차를 밟는 것과 다름없다는 점, 실권주의 발행가가 저가여서 이를 제3자가 인수하면 주주의 지분가치가 희석될 수 있지만 주주가 인수를 포기하였으므로 이러한 주주의 손해를 막기 위해 별도로 발행조건을 정해야 할 필요는 없다는 점 등을 근거로 위 판결에 찬성하는 견해도 있다. 그러나 이사회가 실권주를 반드시 제3자에게 배정해야 할 의무는 없고, 발행조건의 변경이 불가능하다고 볼 근거가 없으며, 주주의 지분가치가 희석되는 주주의 손해 이외에도 회사가 조달 가능한 자금을 조달하지 못한 소극적 손해가 있을 수 있으므로, 합리적인 경영상의 필요(제418조 제2항 단서)가 없다면 실권주를 저가로 제3자에게 배정하는 것은 이사의 임무위배라고 보아야 할 것이다.

정하여 인수된 신주(전환사채)와 실권되어 제3자에게 배정되는 신주(전환사채)를 '동일한 기회에 발행되는 신주(전환사채)'로 보아야 할 논리필연적인 이유나 근거는 없다. 실권된 부분의 제3자 배정에 관하여는 다시 이사회 결의를 거쳐야 하는 것이므로, 당초의 발행결의와는 동일한 기회가 아니라고 볼 수 있다. 그 실권된 신주(전환사채)에 대하여는 발행을 중단하였다가 추후에 새로이 제3자 배정방식으로 발행할 수도 있는 것이므로, 이 경우와 달리 볼 것은 아니다.

라. 신주의 효력발생과 변경등기

대법원 1980. 2. 12. 선고 79다509 판결(자동차소유권이전등록말소등)

주식회사의 현물출자에 있어서 이사는 법원에 검사인의 선임을 청구하여 일정한 사항을 조사하도록 하고, 법원은 그 보고서를 심사하도록 되어 있으나, 이와 같은 절차를 거치지 아니한 신주발행 및 변경등기가 당연무효사유가 된다고는 볼 수는 없다.

4. 신주발행관련 쟁송

가. 이사와 공모인수인의 책임

대법원 2009. 5. 29. 선고 2007도4949 전원합의체 판결(특경가법위반(배임))

상법은 신주 등의 발행에 있어서 제3자가 이사와 통모하여 현저하게 불공정한 발행가액으로 주식을 인수한 경우 회사에 대하여 공정한 발행가액과의 차액에 상당한 금액을 지급할 책임을 인정하고(제424조의2 제1항, 제516조 제1항, 제516조의10), 이러한 경우에 기존 주주는 회사에 대하여 제3자를 상대로 위 공정한 발행가액과의 차액에 상당한 금원의 지급을 구하는 소를 제기할 것을 청구할 수 있으며, 만일 회사가 이러한 청구에 응하지 않을 경우에는 주주가 직접 제3자를 상대로 회사를 위하여 공정한 발행가액과의 차액에 상당하는 금원의 지급을 구하는 대표소송을 제기할 수 있을 뿐 아니라(제424조의2 제2항, 제403조), 이와는 별도로 이사는 회사에 대하여 임무위배로 인한 손해배상책임을 부담한다(제399조 제1항).[12]

---

12 위 판결의 반대의견은 이에 덧붙여. "주주배정방식에서는 모든 주주가 평등하게 취급되므로 어느 주주가 다른 주주에 대하여 상법 제424조의2 제1항에 따라 회사에 대한 차액 지급을 청구할 여지가 없고, 따라서 주주배정방식에는 위 규정이 적용되지 않는다. 다만, 주주 중 일부에게만 신주를 배정. 발행하거나 주주들 사이에 발행조건에 차등을 두어 발행하는 것은 여기에서의 주주배정방식에 해당하지 않는다."고 하였다. 제424조의2는 단순히 주주의 주식가치를 희석시키는 것을 막기 위한 제도만이 아니라. 회사의 자본충실을 위하여 주주 또는 제3자에게 추가적인 출자책임을 인정한 취지로 볼 것이다. 따라서 주주배정의 경우에도 현

나. 신주발행유지청구

서울고법 1977. 4. 7. 선고 76나2887 판결(주식회사신주발행유지청구)

신주발행의 유지청구가 단순한 재판외의 청구가 아니라 적어도 유지를 구하는 가처분신청 또는 제소에 의하여 법원으로부터 그 유지청구를 인용하는 가처분 또는 판결이 선고됨으로써 유지 이유에 관한 공권적 판단이 내렸음에도 불구하고 이에 반하여 신주가 발행되었을 때에 한하여 그 발행을 무효로 볼 수 있는 것으로 해석함이 상당하다 할 것이므로, 원고가 신주의 발행에 앞서 피고에게 그 발행의 유지를 청구하는 통지를 하고, 이후 피고를 피신청인으로 법원에 신주 발행에 대한 유지의 가처분을 신청하였으나 가처분 신청이 기각되어 받아들여지지 않고 본건 신주 발행이 이루어졌다면, 단지 재판 외에서 원고가 유지의 청구를 하였다는 점만으로 이에 반하여 이루어진 신주 발행을 무효라고 할 수는 없다.

다. 신주발행무효의 소

(1) 당 사 자

대법원 2003. 2. 26. 선고 2000다42786 판결(신주발행무효확인)[13]

[1] 민사소송법 제74조(현행 제81조)에서 규정하고 있는 소송의 목적물인 권리관계의 승계라 함은 소송물인 권리관계의 양도뿐만 아니라 당사자적격 이전의 원인이 되는 실체법상의 권리 이전을 널리 포함하는 것이므로, 신주발행무효의 소 계속 중 그 원고 적격의 근거가 되는 주식이 양도된 경우에 그 양수인은 제소기간 등의 요건이 충족된다면 새로운 주주의 지위에서 신소를 제기할 수 있을 뿐만 아

실적으로 여러 가지 사정으로 실권하는 주주들이 생겨날 수 있고 또한 자본충실의 원칙을 지킬 필요가 있으므로 원칙적으로 제424조의2의 적용을 긍정하는 것이 타당하다고 생각한다. 상법이 제424조의2의 청구에 주주대표소송을 준용하는 것은 이 조항이 회사의 이익을 보호하는 취지라는 점을 말해준다.

13 이 판결은 한보계열회사인 피고회사의 경영진이 해외투자회사에 대한 피고회사의 지분을 처분하여 비자금을 마련하고 라부안에 유령회사를 설립한 후, 경영권을 유지할 목적으로 피고회사의 신주를 발행하여 위 회사로 하여금 전부 인수하게 하였던 사안이었다. 원고는 제일은행, 승계참가인은 정리금융공사였다. 대법원은 위 신주발행이 피고회사 경영진의 범죄행위를 수단으로 하여 행해져 선량한 풍속 기타 사회질서에 반하여 현저히 불공정한 방법으로 이루어진 것으로서 무효라고 판단하였다. 다만, 주주가 납입한 신주인수대금이 불법적으로 조성되었다고 하여 이를 바로 신주발행자체의 직접적인 무효원인으로 보는 것은 무리가 있고, 이 사안에서는 피고회사가 자신의 해외투자회사에 대한 주식을 처분하여 이를 신주인수대금으로 납입한 것이므로 사실상 납입이 있었다고 볼 수 없어 자본충실을 해친다는 점에서 무효로 볼 수 있을 것이다. 그리고 대법원은 이 사안에서는, 라부안의 위 유령회사가 신주를 전부 인수하여 보유하고 있으므로 신주발행이 무효가 되더라도 거래의 안전을 해할 염려가 없는 점을 고려하여 소를 인용하였다.

니라, 양도인이 이미 제기한 기존의 위 소송을 적법하게 승계할 수도 있다.

[2] 승계참가가 인정되는 경우에는 그 참가시기에 불구하고 소가 제기된 당초에 소급하여 법률상의 기간준수의 효력이 발생하는 것이므로, 신주발행무효의 소에 승계참가하는 경우에 그 제소기간의 준수 여부는 승계참가시가 아닌 원래의 소 제기시를 기준으로 판단하여야 한다.

[3] 주식의 양수인이 이미 제기된 신주발행무효의 소에 승계참가하는 것을 피고회사에 대항하기 위하여는 주주명부에 주주로서 명의개서를 해야 하는바, 주식 양수인이 명의개서절차를 거치지 않은 채 승계참가를 신청하여 피고회사에 대항할 수 없는 상태로 소송절차가 진행되었다고 할지라도, 승계참가가 허용되는 사실심 변론종결 이전에 주주명부에 명의개서를 마친 후 소송관계를 표명하고 증거조사의 결과에 대하여 변론을 함으로써 그 이전에 행하여진 승계참가상의 소송절차를 그대로 유지하고 있다면 명의개서 이전의 소송행위를 추인한 것으로 봄이 상당하여 그 이전에 행하여진 소송절차상의 하자는 모두 치유되었다고 보아야 한다.

(2) 제소기간

대법원 2007. 2. 22. 선고 2005다77060, 77077 판결(이사회결의무효확인등·손해배상(기))

상법 제429조는 신주발행의 무효는 주주·이사 또는 감사에 한하여 신주를 발행한 날로부터 6월내에 소만으로 이를 주장할 수 있다고 규정하고 있는바, 이는 신주발행에 수반되는 복잡한 법률관계를 조기에 확정하고자 하는 것이므로, 새로운 무효사유를 출소시간의 경과 후에도 주장할 수 있도록 하면 법률관계가 불안정하게 되어 위 규정의 취지가 몰각된다는 점에 비추어 위 규정은 무효사유의 주장 시기도 제한하고 있는 것이라고 해석함이 상당하고, 따라서 신주를 발행한 날로부터 6월의 출소기간이 경과한 후에는 새로운 무효사유를 추가하여 주장할 수 없다고 보아야 한다.[14]

---

14 이 판결은, 신주발행은 주식회사의 업무집행에 준하는 것으로서 대표이사가 그 권한에 기하여 신주를 발행한 이상 신주발행은 유효하고, 설령 신주발행에 관한 이사회의 결의가 없거나 이사회의 결의에 하자가 있더라도 이사회의 결의는 회사의 내부적 의사결정에 불과하므로 신주발행의 효력에는 영향이 없다고 하였다. 다만, 이 판결로써 이사회결의가 없는 신주발행을 일률적으로 유효이고 무효사유가 되지 않는다고 보는 것은 타당하지 않다. 위 판결은 이사회결의가 없었다는 사유만으로는 바로 무효로 볼 수 없다는 취지로 이해된다. 대표이사가 이사회결의 없이 신주를 발행한 것은 신주발행을 이사회의 권한으로 한 회사법의 기본원칙에 어긋나는 중대한 하자이므로 무효원인이 될 수 있고, 다만 거래의 안전도 고려하여 신주발행의 무효 여부를 결정해야 할 것이다. 한편, 대법원은 이 판결과 같이 신주발행무효의 소, 전환사채발행무효의 소, 자본감

대법원 1989. 7. 25. 선고 87다카2316 판결(주주총회결의부존재확인)

[1] 상법 제429조는 "신주발행의 무효는 주주, 이사 또는 감사에 한하여 신주를 발행한 날로부터 6월 내에 소만으로 이를 주장할 수 있다"고 규정하고 있으므로, 설령 이사회나 주주총회의 신주발행결의에 취소 또는 무효사유의 하자가 있다 하더라도 신주발행의 효력발생 후에는 신주발행무효의 소에 의하여서만 다툴 수 있다.[15]

[2] 주주들에게 통지하거나 주주들의 참석없이 주주 아닌 자들이 모여서 개최한 임시주주총회에서 발행예정주식총수에 관한 정관변경결의와 이사선임결의를 하고, 그와 같이 선임된 이사들이 모인 이사회에서 대표이사 선임 및 신주발행결의를 하였다면, 그 이사회는 부존재한 주주총회에서 선임된 이사들로 구성된 부존재한 이사회에 지나지 않고, 그 이사들에 의하여 선임된 대표이사도 역시 부존재한 이사회에서 선임된 자이어서, 그 이사회의 결의에 의한 신주발행은 의결권한이 없는 자들에 의한 부존재한 결의와 회사를 대표할 권한이 없는 자에 의하여 이루어진 것으로서 그 발행에 있어 절차적, 실체적 하자가 극히 중대하여 신주발행이 존재하지 않는다고 볼 수밖에 없으므로, 회사의 주주는 위 신주발행에 관한 이사회결의에 대하여 상법 제429조 소정의 신주발행무효의 소의 제기기간에 구애되거나 신주발행무효의 소에 의하지 않고 부존재확인의 소를 제기할 수 있다.[16]

(3) 무효원인
대법원 2010. 4. 29. 선고 2008다65860 판결(신주발행무효)[17]

소무효의 소 등에서 제소기간이 경과한 후에는 새로운 무효사유를 주장할 수 없다고 판시하고 있다. 그러나 위 소송들에서 개별적인 무효사유들은 공격방어방법에 불과하다. 이를 제소기간이 지난 다음에 주장하더라도 실기한 공격방법으로 각하하는 것은 별론으로 하더라도(민소법 제149조), 그 무효사유를 주장할 수 없다고 하는 것은 타당하지 않다. 참고로, 회사설립무효의 소의 제소기간이 경과한 후에 무효사유를 추가하는 것을 문제삼지 않았던 판결례가 있다(대법원 1992. 2. 14. 선고 91다31494 판결).

15 신주발행을 위한 이사회결의(또는 주주총회의 결의)에 하자가 있는 경우 신주발행의 효력이 발생하기 전에는 이러한 결의를 다투는 소를 제기할 수 있으나, 신주발행의 효력발생 후에는 신주발행무효의 소에 흡수된다고 본 것이다(흡수설). 감자무효의소 및 합병무효의 소에 관하여 동일한 취지의 판결로, 대법원 2010. 2. 11. 선고 2009다83599 판결, 대법원 1993. 5. 27. 선고 92누14908 판결 등이 있다.

16 위와 같이 신주발행이 존재하지 않는 것이라면, 신주발행에 관한 이사회결의에 앞서 있었던 위 주주총회에서의 발행예정주식총수에 관한 정관변경결의에 대하여도 신주발행무효의 소의 제기기간에 구애되거나 신주발행무효의 소에 의하여서만 이를 다툴 수 있다고 할 여지가 없으므로, 원고들은 위 주주총회결의에 대하여도 신주발행무효의 소의 제기여부나 그 제기기간에 관계없이 부존재확인의 소를 제기할 수 있다고 하였다.

17 신주발행을 결의한 이사회에 참여한 이사들이 하자 있는 주주총회에서 선임된 이사들이고, 그 후 위 이사 선임에 관한 주주총회결의가 확정판결로 취소되었으며, 위와 같은 하자를 지적한 신주발행금지가처분이 발령되었음에도, 위 이사들로 이루어진 이사회에서 신주발행을 결의하고 이를 추진하였던 측만이 신주를 인

대법원 2009. 1. 30. 선고 2008다50776 판결(신주발행무효)[18]

[1] 상법 제418조 제1항, 제2항의 규정은 주식회사가 신주를 발행하면서 주주 아닌 제3자에게 신주를 배정할 경우 기존 주주에게 보유 주식의 가치 하락이나 회사에 대한 지배권 상실 등 불이익을 끼칠 우려가 있다는 점을 감안하여, 신주를 발행할 경우 원칙적으로 기존 주주에게 이를 배정하고 제3자에 대한 신주배정은 정관이 정한 바에 따라서만 가능하도록 하면서, 그 사유도 신기술의 도입이나 재무구조 개선 등 기업 경영의 필요상 부득이한 예외적인 경우로 제한함으로써 기존 주주의 신주인수권에 대한 보호를 강화하고자 하는 데 그 취지가 있다. 따라서 주식회사가 신주를 발행함에 있어 신기술의 도입, 재무구조의 개선 등 회사의 경영상 목적을 달성하기 위하여 필요한 범위 안에서 정관이 정한 사유가 없는데도, 회사의 경영권 분쟁이 현실화된 상황에서 경영진의 경영권이나 지배권 방어라는 목적을 달성하기 위하여 제3자에게 신주를 배정하는 것은 상법 제418조 제2항을 위반하여 주주의 신주인수권을 침해하는 것이다.

[2] 신주발행을 사후에 무효로 하는 경우 거래의 안전과 법적 안정성을 해할 우려가 큰 점을 고려할 때 신주발행무효의 소에서 그 무효원인은 가급적 엄격하게 해석하여야 한다. 그러나 신주발행에 법령이나 정관의 위반이 있고 그것이 주식회사의 본질 또는 회사법의 기본원칙에 반하거나 기존 주주들의 이익과 회사의 경영권 내지 지배권에 중대한 영향을 미치는 경우로서 주식에 관련된 거래의 안전, 주주 기타 이해관계인의 이익 등을 고려하더라도 도저히 묵과할 수 없는 정도라고 평가되는 경우에는 그 신주의 발행을 무효라고 보지 않을 수 없다.[19]

수한 사안에서, 위 신주발행이 신주의 발행사항을 이사회결의에 의하도록 한 법령과 정관을 위반하였을 뿐만 아니라, 현저하게 불공정하고, 그로 인하여 기존 주주들의 이익과 회사의 경영권 내지 지배권에 중대한 영향을 미쳤다는 등의 이유로 무효임을 인용하였다.

18 원고가 피고회사의 주식 24%를 보유하게 되어 최대주주가 되자 이사 선임 안건을 상정하거나 회계장부 열람 및 등사 가처분 신청을 하는 등으로 원고와 피고회사의 경영진 사이에 경영권분쟁이 발생하였고, 이에 피고회사의 이사회가 기발행주식의 30%에 해당하는 신주의 납입기일을 그 다음날로 하여 소외 회사에 발행함으로써, 소외 회사가 23% 지분의 최대주주가 되고 원고의 지분율이 18%로 감소하였다. 이어 피고회사는 주주총회를 열어 원고측 이사 및 감사를 해임하고자 하였으나, 원고가 위 신주에 대한 의결권행사금지가처분을 받음으로써 좌절되었고, 원고가 제기한 이 사건 신주발행무효의 소가 인용되었다.

19 신주발행무효의 소가 유추적용되는 전환사채발행무효의 소에 대하여 대법원 2004. 6. 25. 선고 2000다37326 판결도 같은 취지이다. 이와 같이 대법원 판결들은 어느 하나의 사유만으로 신주발행을 무효로 보지 않고 관련된 하자를 종합적으로 평가하여 판단하고 있고, 무효로 될 경우 거래의 안전에 미치는 영향까지 고려하여 무효 여부를 판단하고 있다.

대법원 2012. 11. 15. 선고 2010다49380 판결(신주발행무효확인)[20]

[1] 신주 등의 발행에서 주주배정방식과 제 3 자배정방식을 구별하는 기준은 회사가 신주 등을 발행하면서 주주들에게 그들의 지분비율에 따라 신주 등을 우선 적으로 인수할 기회를 부여하였는지 여부에 따라 객관적으로 결정되어야 하고, 신 주 등의 인수권을 부여받은 주주들이 실제로 인수권을 행사함으로써 신주 등을 배 정받았는지 여부에 좌우되는 것은 아니다.

[2] 회사가 주주배정방식에 의하여 신주를 발행하려는데 주주가 인수를 포기 하거나 청약을 하지 아니함으로써 그 인수권을 잃은 때에는(제419조 제 4 항) 회사는 이사회 결의로 인수가 없는 부분에 대하여 자유로이 이를 제 3 자에게 처분할 수 있고, 이 경우 실권된 신주를 제 3 자에게 발행하는 것에 관하여 정관에 반드시 근 거 규정이 있어야 하는 것은 아니다.

---

20 원고는 피고회사의 주주인데, 원고 등 많은 주주들이 피고회사의 신주발행에서 실권하였고, 피고회사는 다른 주주와 제 3 자에게 실권된 신주를 배정하였다. 원고는 2008. 4. 14. 피고회사를 상대로 신주발행무효 의 소를 제기하였다. 원고는 위 신주발행이 제 3 자배정에 해당하고 정관에 규정이 없어서 무효라고 주장하 였으나 판시와 같은 이유로 받아들여지지 않았다. 그리고 원고는 항소심에 이르러 2009. 11. 30.자 준비서 면을 통하여 비로소 "피고 회사가 2008. 2. 1. 수수인 소외 1과 소외 2에게 신주인수내금을 송금하여 그들로 하여금 신주를 인수하도록 하였는데, 이는 신주발행 절차가 현저히 불공정하고 원고 등의 신주인수권을 침 해한 것이고 자본충실의 원칙에도 위배되어 무효이다"라는 취지의 주장을 하였다. 법원은 위 주장이 제출된 시점이 신주발행의 효력이 발생한 날부터 6월이 경과한 후임이 분명하고, 신주발행무효의 소의 출소기간이 경과한 후에 새로운 무효사유를 추가하여 주장하는 것은 허용되지 아니하므로, 이 부분 주장은 더 나아가 살 펴볼 필요 없이 받아들일 수 없다고 하였다.

II. 사채발행

1. 사채의 발행

대법원 2005. 9. 15. 선고 2005다15550 판결(환매자금)

사채계약의 내용에 기한의 이익 상실에 관한 규정이 없더라도 사채모집위탁계약 및 인수계약에서 발행회사의 기한의 이익 상실을 사채의 발행조건의 하나로 규정하면서, 사채조건이 발행회사와 수탁회사 또는 주간사회사의 권리의무에 한정되는 것이 아니라 사채권자의 권리의무에도 미친다는 점을 명시한 경우, 위 사채모집위탁계약 및 인수계약상 기한의 이익 상실규정은 제3자인 사채권자를 위한 규정으로 보아야 하고, 수익자인 사채권자는 수익의 의사표시에 의하여 위 기한의 이익 상실규정을 원용할 수 있다.[21]

2. 전환사채의 발행

서울고법 1997. 5. 13.자 97라36 결정(의결권행사금지가처분 재항고 사건)[22]

---

21 사채발행을 할 때 발행회사는 수탁회사에 사채모집을 위탁하는 위탁모집의 방식이 일반적이다(제474조 제2항 제13호). 위탁모집은 모집주선, 잔액인수, 총액인수 등의 유형이 있는데, 사채 모집액이 총액에 달하지 못한 경우에 수탁회사가 그 잔액을 인수하는 잔액인수(제474조 제2항 제14호)의 방법이 주로 이용된다. 수탁회사는 발행회사로부터 사채모집사무를 위탁받아 처리하는 수임인의 지위에 있고(제474조 제2항, 제475조, 제476조 제2항 등 참조), 위탁매매인(제101조) 또는 준위탁매매인(제113조)의 지위에서 사채권자와 사채계약을 체결하는 것으로 볼 수 있다. 발행회사와 사채권자 사이의 사채계약의 내용은 사채청약서(제474조)와 발행된 채권의 기재(제478조 제2항)에 따라 정해져야 하겠지만, 사채원리금의 상환조건, 제한특약, 기한의 이익 상실사유 등의 구체적인 내용들은 발행회사와 수탁회사 사이에 체결되는 사채모집위탁계약서, 또는 발행회사와 사채관리회사 사이에 채결되는 사채관리계약서에 규정된다. 사채권자는 사채모집위탁계약이나 사채관리계약의 당사자가 아니지만, 사채모집위탁계약서나 사채관리계약서에서 통상 그 계약서가 사채권자를 위하여 효력이 있음을 정하고 있다. 따라서 제3자를 위한 계약의 법리에 따라 사채권자가 수익의 의사표시를 하면 위 계약의 규정을 원용할 수 있다는 취지이다. 위 계약서들은 특히 제한특약(negative covenant)을 두어 발행회사의 재산유출 방지, 추가적인 채무부담의 제한, 위험을 증가시키는 행위 등을 규제하고, 위 특약위반을 기한의 이익 상실 사유를 규정하는 경우가 많다. 이 사건 모집위탁계약서는 "발행회사가 발행, 배서, 보증, 인수한 어음 또는 수표가 부도처리되거나 기타의 이유로 은행거래가 정지된 때"를 기한의 이익 상실 사유로 규정하였다. 그리고 계약서 제1조에 "이 사건 회사채 조건은 이 사건 회사채 및 기타 이 사건 회사채의 발행과 관련된 모든 계약과 기타 자료에서 정하는 발행회사, 사채권자 및 주간사회사의 의무 및 권리를 말한다."고 규정하고 있었다. 위와 같이 계약서에서 정한 사채조건이 사채권자의 권리의무에도 미친다는 점을 명시한 것은, 그 계약의 당사자가 아닌 사채권자로 하여금 직접 기한의 이익 상실에 관한 규정에 따른 권리를 취득하게 한 것이어서, 제3자를 위한 계약의 법리에 따라 사채권자는 수익의 의사표시에 의하여 위 기한의 이익 상실규정을 원용할 수 있다고 보았다.

22 한화종금의 감사이자 2대주주였던 신청인측이 비밀리에 주식을 매집하여 1대주주가 되어 경영진 개편을 위한 임시주총의 소집을 요구하자, 한화종금의 경영진은 이 사건 전환사채를 우호적인 제3자에게 발행

　[1] 전환사채의 발행이 경영권 분쟁 상황 하에서 열세에 처한 구지배세력이 지분 비율을 역전시켜 경영권을 방어하기 위하여 이사회를 장악하고 있음을 기화로 기존 주주를 완전히 배제한 채 제3자인 우호세력에게 집중적으로 신주를 배정하기 위한 하나의 방편으로 채택된 것이라면, 이는 전환사채 제도를 남용하여 전환사채라는 형식으로 사실상 신주를 발행한 것으로 보아야 하며, 그렇다면 그러한 전환사채의 발행은 주주의 신주인수권을 실질적으로 침해한 위법이 있어 신주 발행을 그와 같은 방식으로 행한 경우와 마찬가지로 무효로 보아야 하고, 뿐만 아니라 그 전환사채 발행의 주된 목적이 경영권 분쟁 상황 하에서 우호적인 제3자에게 신주를 배정하여 경영권을 방어하기 위한 것인 점, 경영권을 다투는 상대방인 감사에게는 이사회 참석 기회도 주지 않는 등 철저히 비밀리에 발행함으로써 발행유지가처분 등 사전 구제수단을 사용할 수 없도록 한 점, 발행된 전환사채의 물량은 지배 구조를 역전시키기에 충분한 것이었고, 전환기간에도 제한을 두지 않아 발행 즉시 주식으로 전환될 수 있도록 하였으며, 결과적으로 인수인들의 지분이 경영권 방어에 결정적인 역할을 한 점 등에 비추어, 그 전환사채의 발행은 현저하게 불공정한 방법에 의한 발행으로서 이 점에서도 무효라고 보아야 한다.

　[2] 경영권 분쟁 상황 하에서의 주주의결권행사금지 가처분은 일반 가처분과는 달리 단순한 집행보전에 그치는 것이 아니라 가처분으로 경영권의 귀속을 변동시켜 버리는 거의 종국적인 만족을 가져오는 것으로서 그 결과가 중대할 뿐만 아니라, 가처분 채무자에게는 원상으로의 회복이 곤란한 점으로 말미암아 보전의 필요성에 대한 더욱 강도 높은 소명을 요구하므로, 그와 같은 경우 보전의 필요성은 피보전권리의 존재로 사실상 추정될 수도 없고, 단순히 주주권 즉 지배적 이익이 계속 침해된다는 추상적 사유만으로도 부족하며, 더 나아가 본안판결의 확정 후에 비로소 경영권이 넘어와서는 본안판결의 의미가 거의 없게 되거나 혹은 그렇게 될 경우 신청인에게 회복하기 어려운 구체적 손해가 발생할 우려가 있다는 사정이 따로 있어야 한다.[23]

하였고, 그 제3자가 곧바로 주식으로 전환함으로써 결국 경영권 방어에 성공하였다. 신청인의 위 제3자에 대한 의결권행사금지가처분신청에 대하여, 법원은 피보전권리의 소명은 있으나 보전의 필요성에 대한 소명이 부족하다는 이유로 기각하였다. 이 판결은 신주 또는 전환사채의 제3자 발행에 경영상 목적이 필요하다는 규정(제418조 제2항, 제513조 제3항)이 신설되기 전의 판결이었다. 그 후 경영권 방어의 목적이 경영상 목적에 포함되는지 문제된 사례에서, 대법원은 "신기술의 도입, 재무구조의 개선 등 회사의 경영상 목적을 달성하기 위하여 필요한 범위 안에서 정관이 정한 사유가 없는데도, 회사의 경영권 분쟁이 현실화된 상황에서 경영진의 경영권이나 지배권 방어라는 목적을 달성하기 위하여 제3자에게 신주를 배정하는 것은 상법 제418조 제2항을 위반하여 주주의 신주인수권을 침해하는 것이다."라고 판시하였다(대법원 2009. 1. 30. 선고 2008다50776 판결).

대법원 2004. 6. 25. 선고 2000다37326 판결(전환사채발행무효)

[1] 제513조 제3항은 주주 외의 자에 대하여 전환사채를 발행하는 경우에 그 발행할 수 있는 전환사채의 액, 전환의 조건, 전환으로 인하여 발행할 주식의 내용과 전환을 청구할 수 있는 기간에 관하여 정관에 규정이 없으면 제434조의 결의로써 이를 정하여야 한다고 규정하고 있는바, 전환의 조건 등이 정관에 이미 규정되어 있어 주주총회의 특별결의를 다시 거칠 필요가 없다고 하기 위해서는 전환의 조건 등이 정관에 상당한 정도로 특정되어 있을 것이 요구된다고 하겠으나, 주식회사가 필요한 자금수요에 대응한 다양한 자금조달의 방법 중에서 주주 외의 자에게 전환사채를 발행하는 방법을 선택하여 자금을 조달함에 있어서는 전환가액 등 전환의 조건을 그때그때의 필요자금의 규모와 긴급성, 발행회사의 주가, 이자율과 시장자금 등 구체적인 경제사정에 즉응하여 신축적으로 결정할 수 있도록 하는 것이 바람직하다 할 것이고, 따라서 주주총회의 특별결의에 의해서만 변경이 가능한 정관에 전환의 조건 등을 미리 획일적으로 확정하여 규정하도록 요구할 것은 아니며, 정관에 일응의 기준을 정해 놓은 다음 이에 기하여 실제로 발행할 전환사채의 구체적인 전환의 조건 등은 그 발행시마다 정관에 벗어나지 않는 범위에서 이사회에서 결정하도록 위임하는 방법을 취하는 것도 허용된다.

[2] 정관이 전환사채의 발행에 관하여 "전환가액은 주식의 액면금액 또는 그 이상의 가액으로 사채발행시 이사회가 정한다."라고 규정하고 있는 경우, 이는 제513조 제3항에 정한 여러 사항을 정관에 규정하면서 전환의 조건 중의 하나인 전환가액에 관하여는 주식의 액면금액 이상이라는 일응의 기준을 정하되 구체적인 전환가액은 전환사채의 발행시마다 이사회에서 결정하도록 위임하고 있는 것이라고 할 것인데, 전환가액 등 전환의 조건의 결정방법과 관련하여 고려되어야 할 특수성을 감안할 때, 이러한 정관의 규정은 제513조 제3항이 요구하는 최소한도의 요건을 충족하고 있는 것이라고 봄이 상당하고, 그 기준 또는 위임방식이 지나치게 추상적이거나 포괄적이어서 무효라고 볼 수는 없다.[24]

---

23 '임시의 지위를 정하는 가처분'은 현재 다툼이 있는 권리관계에 대하여 잠정적으로 임시의 법률관계를 형성하는 가처분이다(민사집행법 제300조 제2항). 이사직무집행정지가처분, 주주총회의안상정가처분, 주주총회개최금지가처분, 의결권행사금지가처분, 의결권행사허용가처분, 주주총회결의효력정지가처분, 신주발행금지가처분, 회계장부의 열람 및 등사가처분, 주주명부의 열람 및 등사가처분 등 대부분의 회사관련가처분은 임시의 지위를 정하기 위한 가처분에 속한다. 이는 본안소송을 통하여 얻고자 하는 바를 임시적이나마 그대로 만족시켜 주는 것이므로 만족적 가처분이라고도 하고, 판시와 같이 보전의 필요성에 대한 더욱 강도 높은 소명을 요구한다.

24 삼성전자가 1997. 3. 24. 전환사채를 발행하여 이재용과 삼성물산에 배정하였던 사건이다. 주주 이외의

대법원 2007. 2. 22. 선고 2005다73020 판결(손해배상(기))[25]

주식회사가 타인으로부터 돈을 빌리는 소비대차계약을 체결하면서 "채권자는 만기까지 대여금액의 일부 또는 전부를 회사 주식으로 액면가에 따라 언제든지 전환할 수 있는 권한을 갖는다"는 내용의 계약조항을 둔 경우, 달리 특별한 사정이 없는 한 이는 전환의 청구를 한 때에 그 효력이 생기는 형성권으로서의 전환권을

자에게 전환사채를 발행하려면 전환사채의 액, 전환의 조건 등에 관하여 정관에 규정이 없으면 주주총회의 특별결의로 정해야 하는데(제513조 제 3 항), 주주총회의 특별결의는 없었고 정관에 어느 정도로 구체적으로 규정이 있어야 하는지가 문제되었다. 정관이나 주주총회의 특별결의에서 기준이나 범위를 정하고 구체적인 발행사항은 발행시마다 이사회가 정하도록 할 수 있다는 취지이다. 다만, 그 기준이나 범위를 너무 넓게 정하면 사실상 이사회에 포괄위임하는 결과가 되어 제513조 제 3 항에 위반된다. 대법원은 이 사건에서는 정관규정은 제513조 제 3 항이 요구하는 최소한도의 요건을 충족하였다고 하였는데, 타당한 판단인지는 의문이 있다. 서울고법 2008. 7. 30. 선고 2007나66271 판결(주주총회결의취소청구등)은, 주식회사의 정관에 전환사채의 액, 전환의 조건, 전환으로 인하여 발행할 주식의 내용, 전환을 청구할 수 있는 기간에 관한 대부분의 사항이 공란으로 되어 있는 경우에는, 상법 제513조 제 3 항에 따라 주주 외의 자에게 전환사채를 발행하기 위하여 정관에서 규정하여야 할 사항이 제대로 규정되어 있다고 볼 수 없으므로, 이 경우 주주총회 특별결의 없이 이사회결의만으로 주주 외의 자에게 전환사채를 발행할 수 없다고 하였다. 그리고 서울고법 2000. 5. 9.자 2000라77결정(삼성에스디에스 사건)은, 신주인수권부사채와 관련하여(제516조의2 제 4 항), 신주인수권의 행사로 발행하는 주식의 발행가액(행사가격)은 '신주인수권의 내용'을 결정하는 본질적인 요소로서 주주의 이익이나 회사의 지배권의 변동에 직접적인 영향을 미치는 사항이므로 그 내용이 구체적이고 확정적으로 정관에 규정되어 있을 때에 한하여 주주총회의 특별결의를 거칠 필요가 없다고 해석할 것이므로, 정관이 "액면금액 또는 그 이상의 가액으로 사채 발행시 이사회가 정한다"고 규정하였다면, 신주인수권의 내용을 구체적이고 확정적으로 정하지 않은 채 이사회가 결정하도록 포괄적으로 위임한 것으로 제516조의2 제 4 항에 반하여 효력이 없다고 하였다.

25 원고는 1999. 3. 23. A주식회사에게 1억 원을 이자 연 10%, 변제기 2011. 4. 30.로 정하여 대여하면서 A회사와 사이에 "원고가 위 변제기까지 대여금액의 전부 또는 일부를 A회사의 주식으로 전환받기를 원하는 경우 A회사는 언제나 주식을 액면가(1주당 5,000원)로 발행하여 원고에게 이를 교부한다. 그리고 A회사는 원고의 동의를 받지 않고는 증자를 실시하지 않는다."는 약정을 하였다. 당시 A회사의 대표이사는 주주총회의 소집을 위한 각 주주에 대한 아무런 서면통지나 소집공고 없이, 또 실제 결의를 한 바 없이, 위 약정에 관한 허위의 주주총회 의사록을 작성하였다. A회사는 원고의 위 약정에 따른 주식발행청구를 계속 거절하였고, 이후 피고회사가 A회사를 흡수합병하였다. 원고는 A회사의 위 약정불이행으로 인한 손해배상책임을 승계한 피고회사에 대하여 이 사건 소를 제기하였다. 법원은 우선 위 약정의 효력을 판단하였는데, 위 약정은 소비대차의 형식을 띄고 있지만 사실상 전환사채발행약정에 해당한다고 하였다. 나아가 위와 같은 제 3 자배정의 전환사채발행약정이 유효한지 여부를 판단하였는데, 당시 피고회사가 A회사의 98% 주주였다고 하더라도 피고회사를 A회사의 1인주주라고 할 수 없고, A회사가 주주 이외의 자에게 전환사채를 발행하기 위한 주주총회의 특별결의절차를 전혀 거치지 않은 이상 무효라고 하였다. 만약 이 사건 약정에 따라 전환사채가 발행되었다면 원고가 A회사의 지분비율 66.6%의 지배주주가 되고 이전에 98%의 지배주주였던 A회사는 32.6%의 주주가 되는 결과가 되는데, 이러한 전환사채발행은 기존 주주들의 이익과 회사의 경영권 내지 지배권에 중대한 영향을 미치는 경우로서 전환사채와 관련된 거래의 안정, 주주 기타 이해관계인의 이익 등을 고려하더라도 도저히 묵과할 수 없는 정도라고 평가한 것이다. 그리고 이 사건과 같이 전환사채발행을 하기로 하는 약정은 있으나 실제 발행이 이루어지지 않은 경우에는 거래의 안전과 다수 이해관계인의 이익 등을 해칠 위험성이 전혀 없으므로, 그 무효원인을 보다 넓게 해석하는 것이 마땅하다는 이유를 들었다.

부여하는 조항이라고 보아야 하는바, 신주의 발행과 관련하여 특별법에서 달리 정한 경우를 제외하고 신주의 발행은 상법이 정하는 방법 및 절차에 의하여만 가능하다는 점에 비추어 볼 때, 위와 같은 전환권 부여조항은 상법이 정한 방법과 절차에 의하지 아니한 신주발행 내지는 주식으로의 전환을 예정하는 것이어서 효력이 없다.

3. 전환사채발행무효의 소

대법원 2004. 6. 25. 선고 2000다37326 판결(전환사채발행무효)[26]

[1] 상법은 제516조 제 1 항에서 신주발행의 유지청구권에 관한 제424조 및 불공정한 가액으로 주식을 인수한 자의 책임에 관한 제424조의2 등을 전환사채의 발행의 경우에 준용한다고 규정하면서도 신주발행무효의 소에 관한 제429조의 준용 여부에 대해서는 아무런 규정을 두고 있지 않으나, 전환사채는 전환권의 행사에 의하여 장차 주식으로 전환될 수 있는 권리가 부여된 사채로서, 이러한 전환사채의 발행은 주식회사의 물적 기초와 기존 주주들의 이해관계에 영향을 미친다는 점에서 사실상 신주를 발행하는 것과 유사하므로, 전환사채의 발행의 경우에도 신주발행무효의 소에 관한 제429조가 유추적용된다고 봄이 상당하고, 이 경우 당사자가 주장하는 개개의 공격방법으로서의 구체적인 무효원인은 각각 어느 정도 개별성을 가지고 판단할 수밖에 없는 것이기는 하지만, 전환사채의 발행에 무효원인이 있다는 것이 전체로서 하나의 청구원인이 된다는 점을 감안할 때 전환사채의 발행을 무효라고 볼 것인지 여부를 판단함에 있어서는 구체적인 무효원인에 개재된 여

---

26 피고회사(삼성전자)는 1997. 3. 24. 이사회를 개최하여 사모 방식으로 발행 총액 600억원의 무기명식 전환사채를 발행하기로 결의하고, 같은 날 소외 이재용에게 450억원 상당을, 삼성물산에게 150억원 상당을 발행하였다. 위 전환사채 발행을 위하여 1997. 3. 24. 개최된 피고회사의 이사회는 전환의 조건 및 기간에 관하여는 의결하였으나, 전환사채 인수인을 누구로 할 것인지는 의결하지 아니한 채 전환사채 발행에 관한 기타 사항과 함께 대표이사에게 위임하였다. 그러나 항소심 법원에서의 이루어진 대표이사에 대한 당사자본인신문에서 대표이사는 이 사건 전환사채에 대하여 알지도 보고받지도 못했다고 진술하였다. 또한 이사회 의결 당시 피고회사의 이사 총원 59명 중 32명이 이사회에 참석하여 회의록에 기명날인할 것으로 되어 있으나, 이사회에 참석한 것으로 기록된 이사 중 4명은 해외출장 중이었던 것으로 밝혀졌다. 그러나 위 사항들은 모두 6월의 출소기간이 경과한 후에 밝혀진 것으로서 무효사유로 고려되지 못했다(판시사항[2]). 이재용과 삼성물산은 1997. 9. 29. 위와 같이 인수한 전환사채 전부에 대하여 전환권을 행사한 결과 당시 피고회사 발행의 보통주식 중 이건희는 3.5%, 이재용은 0.9%, 삼성물산은 4.5%의 비율로 소유하게 되었다. 이 사건 전환사채는 제 3 자 배정에 경영상 목적이 필요하다 규정(제513조 제 3 항, 제418조 제 2 항 단서)이 생기기 전의 사안이었다. 따라서 경영승계의 목적으로 발행되었다는 점은 주된 쟁점이 되지 않았다. 다만, 현행 상법 아래에서는 '경영권승계'가 신주 또는 전환사채 발행의 주된 목적이 되었을 경우 '경영상 목적'으로 인정되기는 어려울 것이다.

러 위법 요소가 종합적으로 고려되어야 한다.

　[2] 상법 제429조는 신주발행의 무효는 주주·이사 또는 감사에 한하여 신주를 발행한 날로부터 6월내에 소만으로 이를 주장할 수 있다고 규정하고 있는바, 이는 신주발행에 수반되는 복잡한 법률관계를 조기에 확정하고자 하는 것이므로, 새로운 무효사유를 출소시간의 경과 후에도 주장할 수 있도록 하면 법률관계가 불안정하게 되어 위 규정의 취지가 몰각된다는 점에 비추어 위 규정은 무효사유의 주장시기도 제한하고 있는 것이라고 해석함이 상당하고, 한편 제429조의 유추적용에 의한 전환사채발행무효의 소에 있어서도 전환사채를 발행한 날로부터 6월의 출소기간이 경과한 후에는 새로운 무효사유를 추가하여 주장할 수 없다고 보아야 한다.

　[3] 신주발행무효의 소에 관한 제429조에도 무효원인이 규정되어 있지 않고 다만, 전환사채의 발행의 경우에도 준용되는 제424조에 '법령이나 정관의 위반 또는 현저하게 불공정한 방법에 의한 주식의 발행'이 신주발행유지청구의 요건으로 규정되어 있으므로, 위와 같은 요건을 전환사채 발행의 무효원인으로 일응 고려할 수 있다고 하겠으나 다른 한편, 전환사채가 일단 발행되면 그 인수인의 이익을 고려할 필요가 있고 또 전환사채나 전환권의 행사에 의하여 발행된 주식은 유가증권으로서 유통되는 것이므로 거래의 안전을 보호하여야 할 필요가 크다고 할 것인데, 전환사채발행유지청구권은 위법한 발행에 대한 사전 구제수단임에 반하여, 전환사채발행무효의 소는 사후에 이를 무효로 함으로써 거래의 안전과 법적 안정성을 해칠 위험이 큰 점을 고려할 때, 그 무효원인은 가급적 엄격하게 해석하여야 하고, 따라서 법령이나 정관의 중대한 위반 또는 현저한 불공정이 있어 그것이 주식회사의 본질이나 회사법의 기본원칙에 반하거나 기존 주주들의 이익과 회사의 경영권 내지 지배권에 중대한 영향을 미치는 경우로서 전환사채와 관련된 거래의 안전, 주주 기타 이해관계인의 이익 등을 고려하더라도 도저히 묵과할 수 없는 정도라고 평가되는 경우에 한하여 전환사채의 발행 또는 그 전환권의 행사에 의한 주식의 발행을 무효로 할 수 있을 것이며, 그 무효원인을 회사의 경영권 분쟁이 현재 계속 중이거나 임박해 있는 등 오직 지배권의 변경을 초래하거나 이를 저지할 목적으로 전환사채를 발행하였음이 객관적으로 명백한 경우에 한정할 것은 아니다.

　[4] 전환사채의 인수인이 회사의 지배주주와 특별한 관계에 있는 자라거나 그 전환가액이 발행시점의 주가 등에 비추어 다소 낮은 가격이라는 것과 같은 사유는 일반적으로 전환사채발행유지청구의 원인이 될 수 있음은 별론으로 하고 이미 발

행된 전환사채 또는 그 전환권의 행사로 발행된 주식을 무효화할 만한 원인이 되지는 못한다.

대법원 2004. 8. 16. 선고 2003다9636 판결(주주총회결의등무효확인)[27]

[1] 전환사채발행의 경우에도 신주발행무효의 소에 관한 상법 제429조가 유추적용되므로 전환사채발행무효 확인의 소에 있어서도 상법 제429조 소정의 6월의 제소기간의 제한이 적용된다 할 것이나, 이와 달리 전환사채발행의 실체가 없음에도 전환사채발행의 등기가 되어 있는 외관이 존재하는 경우 이를 제거하기 위한 전환사채발행부존재 확인의 소에 있어서는 상법 제429조 소정의 6월의 제소기간의 제한이 적용되지 아니한다.

[2] 전환사채발행유지 청구는 회사가 법령 또는 정관에 위반하거나 현저하게 불공정한 방법에 의하여 전환사채를 발행함으로써 주주가 불이익을 받을 염려가 있는 경우에 회사에 대하여 그 발행의 유지를 청구하는 것으로서(제516조 제1항, 제424조), 전환사채 발행의 효력이 생기기 전, 즉 전환사채의 납입기일까지 이를 행사하여야 할 것이고, 한편 전환사채권자가 전환 청구를 하면 회사는 주식을 발행해 주어야 하는데, 전환권은 형성권이므로 전환을 청구한 때에 당연히 전환의 효력이 발생하여 전환사채권자는 그 때부터 주주가 되고 사채권자로서의 지위를 상실하게 되므로(제516조, 제350조) 그 이후에는 주식전환의 금지를 구할 법률상 이익이 없게 될 것이다.

---

27 피고회사는 허위의 주주총회의사록을 작성하여 제3자에게 전환사채를 발행할 수 있다는 내용으로 정관을 개정하고, 이사회를 열지 않고 제3자에게 전환사채를 발행한다는 이사회의사록을 작성하여 이사 및 감사 전원의 날인을 받아 전환사채를 발행하고 이를 등기하였다. 피고회사의 주주인 원고가 위 전환사채의 납입기일의 다음날로부터 6개월이 지난 다음에 위 주주총회결의의 부존재확인과 이사회결의의 무효확인, 위 전환사채발행의 무효 또는 부존재확인, 그리고 전환사채발행유지청구 및 예비적 청구로 전환사채의 주식 전환금지청구 등의 소를 제기하였다. 법원은, 우선 전환사채발행의 효력이 발생한 후에는 전환사채발행무효의 소에 의하지 않고 따로 이사회결의의 무효확인을 구하는 것은 부적법하다고 하였고, 전환사채발행무효의 소는 제소기간이 경과하여 부적법하다고 하였다. 나아가, 전환사채발행부존재확인의 소에는 제소기간의 적용이 없지만, 이사 전원의 동의가 있으면 이사회의 소집절차 없이도 이사회 개최를 가능하도록 하고 있는 제390조 제4항의 규정 취지와 의사결정의 기동성을 요하는 경우가 많은 상사회사의 업무집행의 특성 등에 비추어 볼 때, 전환사채의 발행을 결의한 위 이사회결의가 부존재하다고까지 볼 수는 없고, 또한 제3자가 위 전환사채를 인수하여 대금납입 절차와 등기까지 완료하였다면 전환사채 발행의 실체는 존재한다는 이유로, 전환사채발행부존재확인의 소를 기각하였다. 그리고 전환사채발행유지청구의 소와 전환사채의 주식전환금지청구의 소는 판시와 같은 이유로 권리보호의 이익이 없다고 하여 각하하였다. 다만, 정관변경을 결의한 주주총회의 결의는 그 존재를 인정할 수 없고, 정관변경결의가 있었던 것 같은 외관이 실제로 존재하여, 앞으로 위와 같이 부존재한 정관변경결의의 내용에 따라 주주 이외의 자에 대하여 전환사채를 발행할 위험성이 계속 존재하는 이상, 원고의 정관변경에 관한 주주총회결의부존재확인 청구는 그 확인의 이익이 있다고 하였다.

Ⅲ. 회계와 배당

1. 재무제표의 승인

대법원 2007. 12. 13. 선고 2007다60080 판결(손해배상(기))[28]
대법원 2002. 2. 26. 선고 2001다76854 판결(손해배상(기))[29]

상법 제450조에 따른 이사, 감사의 책임 해제는 재무제표 등에 그 책임사유가 기재되어 정기총회에서 승인을 얻은 경우에 한정된다.[30]

2. 자본금과 준비금

대법원 2010. 2. 25. 선고 2008다96963, 96970 판결(주주총회결의부존재확인 · 주권발행)

상법 제461조에 의하여 주식회사가 이사회의 결의로 준비금을 자본에 전입하여 주식을 발행할 경우 또는 제416조에 의하여 주식회사가 주주총회나 이사회의 결의로 신주를 발행할 경우에 발생하는 구체적 신주인수권은 주주의 고유권에 속하는 것이 아니고 위 상법의 규정에 의하여 주주총회나 이사회의 결의에 의하여 발생하는 구체적 권리에 불과하므로 그 신주인수권은 주주권의 이전에 수반되어 이전되지 아니한다. 따라서 회사가 신주를 발행하면서 그 권리의 귀속자를 주주총회나 이사회의 결의에 의한 일정시점에 있어서의 주주명부에 기재된 주주로 한정할 경우 그 신주인수권은 위 일정시점에 있어서의 실질상의 주주인가의 여부와 관계없이 회사에 대하여 법적으로 대항할 수 있는 주주, 즉 주주명부에 기재된 주주에게 귀속된다.

---

28 동아건설의 분식결산으로 인힌 이사 및 김사의 회사에 대한 손해배상책임을 묻는 소송이었다. 다른 이사의 업무에 대한 감시의무를 게을리하여 분식결산을 방치함으로써 회사에 법인세 납부액과 이익배당액 상당의 손해를 입혔으므로 이를 배상할 책임이 있다고 판시하였다. 피고들은, 분식결산으로 회사의 공사수주, 차입금 조달, 금리 저하 등의 경제적 이익이 손해액을 초과하므로 회사에 손해가 없다는 주장을 하였으나, 회사가 이익을 얻었다는 증거가 없고 분식결산이 밝혀지면 신용도와 대외적 이미지를 추락시킬 우려가 있다는 이유로 받아들여지지 않았다. 나아가 이사의 법령위반의 경우이므로 경영판단의 원칙이 적용되지 않았고, 제450조에 의한 책임해제 주장은 판시와 같은 이유로 받아들여지지 않았다.
29 상호신용금고의 대표이사가 충분한 담보를 확보하지 아니하고 동일인 대출 한도를 초과하여 대출한 것은, 재무제표 등을 통하여 알 수 있는 사항이 아니므로, 상호신용금고의 정기총회에서 재무제표 등을 승인한 후 2년 내에 다른 결의가 없었다고 하여 대표이사의 손해배상책임이 해제되었다고 볼 수 없다고 하였다.
30 따라서 책임해제를 주장하는 이사가 회사의 정기총회에 제출 승인된 서류에 그 책임사유가 기재되어 있는 사실을 입증하여야 한다(대법원 1969. 1. 28. 선고 68다305 판결).

3. 자본금의 감소

가. 주식의 소각

대법원 2008. 7. 10. 선고 2005다24981 판결(감자대금)

[1] 주식의 강제소각의 경우와 달리, 회사가 특정 주식의 소각에 관하여 주주의 동의를 얻고 그 주식을 자기주식으로서 취득하여 소각하는 이른바 주식의 임의소각에 있어서는, 회사가 그 주식을 취득하고 상법 소정의 자본감소의 절차뿐만 아니라 상법 제342조가 정한 주식실효 절차까지 마친 때에 소각의 효력이 생긴다.

[2] 주식 임의소각의 경우 그 소각의 효력이 상법 제342조의 주식실효 절차까지 마쳐진 때에 발생한다 하더라도, 주주가 주식소각대금채권을 취득하는 시점은 임의소각의 효력발생시점과 동일한 것은 아니며, 적어도 임의소각에 관한 주주의 동의가 있고 상법 소정의 자본감소의 절차가 마쳐진 때에는 주식소각대금채권이 발생하고, 다만 그때까지 주주로부터 회사에 주권이 교부되지 않은 경우에는 회사는 주주의 주식소각대금청구에 대하여 주권의 교부를 동시이행항변 사유로 주장할 수 있을 뿐이다.[31]

나. 주식의 병합

대법원 2005. 6. 23. 선고 2004다51887 판결(주식반환등)

주식병합의 효력이 발생하면 회사는 신주권을 발행하고(상법 제442조 제1항), 주주는 병합된 만큼 감소된 수의 신주권을 교부받게 되는바, 이에 따라 교환된 주권은 병합 전의 주식을 여전히 표창하면서 그와 동일성을 유지한다.[32]

---

31 이 판결 당시 시행되던 구상법 제341조 제1호는 "주식을 소각하기 위한 때"를 자기주식의 예외적인 취득사유로 규정하고, 제342조는 "제341조 제1호의 경우에는 지체없이 주식실효의 절차를 밟아야 하며…"라고 규정하고 있었다. 현행 상법에서는 위 제341조 제1호가 삭제되었지만, 여전히 제343조 제1항 본문에 따른 자본감소의 절차에 의한 임의소각이 가능하다고 본다. 이 사안에서 피고회사는 유상감자의 방법으로 주식의 임의소각을 추진하였고 원고는 이에 응하였는데, 원고의 주식소각대금청구에 대하여 피고회사가 원고발행의 약속어음소지인으로서 위 약속어음금채권과의 상계를 주장하였다. 원고는 소각된 주식의 주권을 항소심에 이르러서야 피고를 위하여 공탁하였다. 원고의 주식소각대금채권(수동채권)은 주식의 임의소각의 효력발생시점과 무관하게 채권자이의기간이 만료하여 상법상 자본감소의 절차가 마쳐진 때에 발생한다고 하였다. 따라서 피고회사는 주권교부에 관한 동시이행의 항변을 포기하고 어음금채권을 자동채권으로 하여 상계를 할 수 있는데, 다만 위와 같이 소송 외에서 어음채권을 자동채권으로 하여 상계의 의사표시를 하는 경우에는 어음의 교부가 상계의 효력발생요건이 된다고 하였다. 그런데 피고회사는 원고에게 상계의 의사표시만 통지하였을 뿐 따로 어음을 교부하지는 않았으므로 이에 관하여 어음채무자인 원고의 승낙이 있었다는 등의 사정이 없는 이상 피고의 위 상계는 효력이 없다고 하였다.

대법원 2005. 12. 9. 선고 2004다40306 판결(주주권확인및임시주주총회결의취소청구등)

상법상 주식병합에 있어서 일정한 기간을 두어 공고와 통지의 절차를 거치도록 한 취지는 신 주권을 수령할 자를 파악하고 실효되는 구 주권의 유통을 저지하기 위하여 회사가 미리 구 주권을 회수하여 두려는 데 있다 할 것인바, 사실상 1인 회사에 있어서 주식병합에 관한 주주총회의 결의를 거친 경우에는 회사가 반드시 위와 같은 공고 등의 절차를 통하여 신 주권을 수령할 자를 파악하거나 구 주권을 회수하여야 할 필요성이 있다고 보기는 어려우므로, 주식병합에 관한 주주총회의 결의에 따라 그 변경등기가 경료되었다면 위와 같은 공고 등의 절차를 거치지 않았다고 하더라도 그 변경등기 무렵에 주식병합의 효력이 발생한다고 봄이 상당하다.

다. 감자무효의 소

대법원 2010. 2. 11. 선고 2009다83599 판결(감자무효)

상법 제445조는 자본감소의 무효는 주주 등이 자본감소로 인한 변경등기가 있은 날로부터 6월내에 소만으로 주장할 수 있다고 규정하고 있으므로, 설령 주주총회의 자본감소 결의에 취소 또는 무효의 하자가 있다고 하더라도 그 하자가 극히 중대하여 자본감소가 존재하지 아니하는 정도에 이르는 등의 특별한 사정이 없는 한 자본감소의 효력이 발생한 후에는 자본감소 무효의 소에 의해서만 다툴 수 있다.[33]

대법원 2009. 12. 24. 선고 2008다15520 판결(주주확인)[34]

[1] 주식 1주의 금액을 늘리기 위하여 하는 주식병합은 자본의 감소를 위한 주식병합과는 달리 자본의 감소가 수반되지 않지만, 주식병합에 의하여 구주식의

---

32 따라서 구주식을 인도할 의무가 있었던 경우 신주식을 인도하면 되고, 구주식에 대한 질권 등의 권리는 신주식에 대하여 그대로 존속하게 된다.

33 주총결의하자의 소가 감자무효의 소에 흡수된다는 이른바 흡수설(통설·판례)의 입장이다. 신주발행에 관하여 대법원 2004. 8. 16. 선고 2003다9636 판결(주주총회결의등무효확인)과 대법원 2004. 8. 20. 선고 2003다20060 판결(주주총회결의등무효확인), 합병무효의 소에 관하여 대법원 1993. 5. 27. 선고 92누14908 판결도 동일한 취지이다.

34 원고는 병합전의 구주식에 기하여 주주지위확인청구의 소를 제기하면서, 그 선결문제로서 주식병합의 무효 또는 부존재를 주장하였다. 대법원은 자본금감소가 없는 주식병합일지라도 그의 무효는 선결문제로서 주장할 수 없고, 6개월의 제소기간 내에 별도의 소만으로 주장할 수 있다고 보았다. 제소기간을 지키지 못한 원고는 주식병합의 부존재를 주장하였지만(주식병합의 부존재는 선결문제로 다툴 수 있고 제소기간의 제한도 없음), 사안의 경우 단순히 구주권의 제출을 위한 공고기간을 지키지 않은 것이어서 무효사유가 될지언정 부존재라고 보기는 어렵다고 하였다.

실효와 신주식의 발행이 수반되는 점에서는 자본감소를 위한 주식병합의 경우와 차이가 없다. 그런데 위와 같은 주식병합 절차에 의하여 실효되는 구주식과 발행되는 신주식의 효력을 어느 누구든지 그 시기나 방법 등에서 아무런 제한을 받지 않고 다툴 수 있게 한다면, 주식회사의 물적 기초와 주주 및 제3자의 이해관계에 중대한 영향을 미치는 주식을 둘러싼 법률관계를 신속하고 획일적으로 확정할 수 없게 되고, 이에 따라 주식회사의 내부적인 안정은 물론 대외적인 거래의 안전도 해할 우려가 있다. 따라서 이러한 경우에는 그 성질에 반하지 않는 한도 내에서 상법 제445조의 규정을 유추 적용하여, 주식병합으로 인한 변경등기가 있는 날로부터 6월내에 주식병합 무효의 소로써만 주식병합의 무효를 주장할 수 있게 함이 상당하다.

[2] 감자무효의 소는 형성의 소로서, 일반 민사상 무효확인의 소로써 주식병합의 무효확인을 구하거나 다른 법률관계에 관한 소송에서 선결문제로서 주식병합의 무효를 주장하는 것은 원칙적으로 허용되지 않지만, 주식병합의 실체가 없음에도 주식병합의 등기가 되어 있는 외관이 존재하는 경우 등과 같이 주식병합의 절차적·실체적 하자가 극히 중대하여 주식병합이 존재하지 아니한다고 볼 수 있는 경우에는, 주식병합 무효의 소와는 달리 출소기간의 제한에 구애됨이 없이 그 외관 등을 제거하기 위하여 주식병합 부존재확인의 소를 제기하거나 다른 법률관계에 관한 소송에서 선결문제로서 주식병합의 부존재를 주장할 수 있다.

[3] 주식병합에 일정한 기간을 두어 공고와 통지의 절차를 거치도록 한(제440조) 취지는, 신 주권을 수령할 자를 파악하고 실효되는 구 주권의 유통을 저지하기 위하여 회사가 미리 구 주권을 회수하여 두려는 데 있다. 회사가 위와 같은 공고 등의 절차를 거치지 아니한 경우에는 특별한 사정이 없는 한 주식병합의 무효사유가 존재한다고 할 것이지만, 회사가 주식병합에 관한 주주총회의 결의 등을 거쳐 주식병합 등기까지 마치되 그와 같은 공고만을 누락한 것에 불과한 경우에는 그러한 사정만으로 주식병합의 절차적·실체적 하자가 극히 중대하여 주식병합이 부존재한다고 볼 수는 없다. 따라서 주식병합에 관하여 공고누락의 하자만을 이유로 주식병합의 무효를 주장하기 위해서는 제445조에 따라 주식병합의 등기일로부터 6월내에 주식병합 무효의 소를 제기해야 한다.

대법원 2010. 4. 29. 선고 2007다12012 판결(자본감소무효)

상법 제445조는 "자본감소의 무효는 주주·이사·감사·청산인·파산관재인 또는 자본감소를 승인하지 아니한 채권자에 한하여 자본감소로 인한 변경등기가 있는 날로부터 6월내에 소만으로 주장할 수 있다."고 규정하고 있는바, 이는 자본감소에 수반되는 복잡한 법률관계를 조기에 확정하고자 하는 것이므로 새로운 무효사유를 출소기간의 경과 후에도 주장할 수 있도록 하면 법률관계가 불안정하게 되어 위 규정의 취지가 몰각된다는 점에 비추어 위 규정은 무효사유의 주장시기도 제한하고 있는 것이라고 해석함이 상당하고 자본감소로 인한 변경등기가 있는 날로부터 6월의 출소기간이 경과한 후에는 새로운 무효사유를 추가하여 주장할 수 없다.[35]

4. 이익배당

대법원 2007. 11. 30. 선고 2006다19603 판결(손해배상(기))

[1] 회사의 당해 사업연도에 당기순손실이 발생하고 배당가능한 이익이 없는데도 당기순이익이 발생하고 배당가능한 이익이 있는 것처럼 재무제표가 분식되어 이를 기초로 주주에 대한 이익배당금의 지급과 법인세의 납부가 이루어진 경우에는, 특별한 사정이 없는 한 회사는 그 분식회계로 말미암아 지출하지 않아도 될 주주에 대한 이익배당금과 법인세 납부액 상당을 지출하게 되는 손해를 입게 되었

---

35 원고(선정당사자)는 한일은행의 주주인데, IMF 이후 정부는 한일은행에 금산법에 따른 경영개선권고를 하였고, 한일은행은 금감원에 경영정상화계획을 제출하였다. 그러나 한일은행은 투자유치를 통한 경영정상화에 실패하였고, 상업은행에의 흡수합병을 추진하였다. 합병법인에 대한 정부지원에 앞서 금감원은 한일은행에 자본감소를 명하였고, 한일은행 이사회는 이에 응하여 자본감소 결의를 하고 이를 실행하였다. 이후 공적자금이 투입된 상업은행은 한빛은행, 우리은행(피고 소송수계인)으로 상호를 변경하였다. 원고(선정당사자)는 이 사건 감자무효의 소를 제기하여, 금감원의 자본감소명령은 하자 있는 행정처분이고, 위 자본감소 결의와 실행 당시 한일은행 이사회는 금산법에 따른 자본감소를 결의할 권한이 없으므로 주주총회의 특별결의 없이 이루어진 감자는 무효이고, 그렇지 않더라도 자본감소를 결의한 이사회 결의가 부적법하며 소집통지기간을 거치지 않은 등의 소집절차상의 하자로 인해 무효라고 주장하였다. 금감원(정확하게는 금융감독위원회)의 자본감소명령은 행정처분이고, 그러한 행정처분이 위법하다고 하더라도 그 하자가 중대하고 명백하여 당연무효라고 보아야 할 사유가 있는 경우를 제외하고는 그 하자를 이유로 행정처분의 효력을 부인할 수 없으며, 행정처분의 하자가 취소사유에 불과한 때에는 그 행정처분이 취소되지 않는 한 행정처분의 효력을 부정할 수 없다. 대법원은 금감원이 자본감소명령을 할 당시 그 기준을 사전에 고시하지 않은 하자가 있으나, 부실화 우려 있는 금융기관이 자본감소명령이 발령될 것임을 사전에 알고 있었던 점 등에 비추어 그 하자가 자본감소명령을 무효로 할 만큼 중대하고 명백한 것이라고 볼 수 없다고 히였디. 원고는 위 무효사유들 중 일부를 자본감소로 인한 변경등기가 있는 날로부터 6월의 출소기간이 경과한 후에 주장하였는데, 원심은 위 모든 무효사유들에 대하여 판단하였다. 대법원은 출소기간 이후 주장한 무효사유를 판단한 것은 잘못이지만 결론에는 영향이 없다고 하였다. 무효사유의 주장을 출소기간으로 제한하는 것은, 전환사채발행무효의 소에 관하여, 대법원 2004. 6. 25. 선고 2000다37326 판결, 신주발행무효의 소에 관하여 대법원 2007. 2. 22. 선고 2005다77060, 77077 판결도 동일하다.

다고 봄이 상당하고, 상법상 재무제표를 승인받기 위해서 이사회결의 및 주주총회
결의 등의 절차를 거쳐야 한다는 사정만으로는 재무제표의 분식회계 행위와 회사
가 입은 위와 같은 손해 사이에 인과관계가 단절된다고 할 수 없다.

　[2] 분식회계로 발생한 가공이익이 차후 사업연도에 특별손실로 계상됨으로써
이월결손금이 발생하고, 그 후 우연히 발생한 채무면제익이 위 이월결손금의 보전
에 충당됨으로써 법인세가 절감된 경우에는, 위 분식회계로 인하여 회사가 상당인
과관계 있는 새로운 이득을 얻었다고 할 수 없으므로 손익상계가 허용되지 않는다.

　[3] 회사와 회사의 대주주 겸 대표이사는 서로 별개의 법인격을 갖고 있을 뿐
만 아니라, 회사의 대주주 겸 대표이사의 지시가 위법한 경우 회사의 임직원이 반
드시 그 지시를 따라야 할 법률상 의무가 있다고 볼 수 없으므로, 회사의 임직원
이 대주주 겸 대표이사의 지시에 따라 위법한 분식회계 등에 고의·과실로 가담하
는 행위를 함으로써 회사에 손해를 입힌 경우, 회사의 그 임직원에 대한 손해배상
청구가 신의칙에 반하는 것이라고 할 수 없다.

대법원 2008. 1. 18. 선고 2005다65579 판결(손해배상(기))[36]

　[1] 기업체의 재무제표 및 이에 대한 외부감사인의 회계감사 결과를 기재한
감사보고서는 대상 기업체의 정확한 재무상태를 드러내는 가장 객관적인 자료로서
증권거래소 등을 통하여 일반에 공시되고 기업체의 신용도와 상환능력 등의 기초
자료로서 그 기업체가 발행하는 회사채나 기업어음의 신용등급평가와 금융기관의
여신제공 여부 결정에 중요한 판단 근거가 된다. 따라서 기업체의 임직원 등이 대
규모의 분식회계에 가담하거나 기업체의 감사가 대규모로 분식된 재무제표의 감사
와 관련하여 중요한 감사절차를 수행하지 아니하거나 소홀히 한 잘못이 있는 경우
에는, 그로 말미암아 금융기관이 기업체에게 여신을 제공하기에 이르렀다고 봄이
상당하다. 금융기관이 여신을 제공함에 있어서 '재무제표에 나타난 기업체의 재무
상태' 외의 다른 요소들이 함께 고려된다는 사정을 들어 여신 제공 여부의 판단이
달라졌으리라고 볼 수 없다.

　[2] 금융기관이 회사 임직원의 대규모 분식회계로 인하여 회사의 재무구조를

---

36 우리은행이 대우자동차의 분식결산된 재무제표를 믿고 대출을 하였다가 대출금을 회수하지 못한 손해에
관하여, 대우자동차의 이사와 감사들에 대하여 제401조와 제414조 제 2 항의 손해배상책임을 물은 사안이
다. 원고 우리은행은 부실채권을 정리하기 위하여 위 대출금채권을 KAMCO에 양도하였는데, 대출금채권의
양도로 우리은행의 위 손해배상청구권까지 수반하여 양도된 것은 아니라고 보았다. 그리고 우리은행이 입은
손해액은 대출금에서 위 양도대금을 제외하고 회수하지 못한 금액으로 확정된다고 하였다.

잘못 파악하고 회사에 대출을 해 준 경우, 회사의 금융기관에 대한 대출금채무와 회사 임직원의 분식회계 행위로 인한 금융기관에 대한 손해배상채무는 서로 동일한 경제적 목적을 가진 채무로서 서로 중첩되는 부분에 관하여는 일방의 채무가 변제 등으로 소멸하면 타방의 채무도 소멸하는 이른바 부진정연대의 관계에 있다. 그러나 금융기관의 회사에 대한 대출금채권과 회사 임직원에 대한 손해배상채권은 어디까지나 법률적으로 발생원인을 달리하는 별개의 채권으로서 그 성질상 회사 임직원에 대한 손해배상채권이 회사에 대한 대출금채권의 처분에 당연히 종속된다고 볼 수 없을 뿐만 아니라, 특히 금융기관이 부실채권을 신속하게 정리하기 위하여 타인에게 대출금채권을 양도하고 받은 대금이 대출금채권액에 미달하는 경우에는 미회수된 채권 상당액을 회사 임직원에 대한 손해배상청구를 통하여 회수할 실익이 있는 점 등에 비추어 볼 때, 금융기관이 회사에 대한 대출금채권을 타인에게 양도하였다는 사정만으로 회사 임직원에 대한 손해배상채권까지 당연히 함께 수반되어 양도된 것이라고 단정할 수는 없다.

[3] 금융기관이 회사 임직원의 대규모 분식회계로 인하여 회사의 재무구조를 잘못 파악하고 회사에 대출을 해 준 후 법률에 따라 부실채권을 신속하게 정리하기 위하여 회사에 대한 대출금채권을 한국자산관리공사에게 양도하고 그 대출금채권의 실질적 가액에 관한 정산을 거쳐 대가를 지급받은 경우, 부실대출로 인한 금융기관의 손해는 그 양도대가에 의하여 회수되지 아니하는 대출금채권액으로 확정되고, 그 후 한국자산관리공사가 그 대출금채권을 행사하거나 그에 관한 담보권을 실행하여 어떠한 만족을 얻었다 하더라도 이미 대출금채권을 양도한 금융기관의 회사 임직원에 대한 손해배상채권이 그 대등액 상당만큼 실질적인 만족을 얻어 당연히 소멸하게 된다고 볼 수 없으므로 그 대등액 상당을 회사 임직원이 배상할 손해액을 산정함에 있어서 당연히 공제할 수는 없고, 다만 대출금채권을 양수한 한국자산관리공사가 대출금채권을 행사하거나 담보권을 실행하여 회수한 금액이 대출금채권의 양도대금을 상당히 초과하여 그 대가 산정의 적정성이 문제될 수 있는 등의 특별한 사정이 인정되는 경우에 한하여 회사 임직원의 손해배상책임을 제한하는 참작사유가 될 수 있을 뿐이다.

5. 회계서류의 공개

대법원 2001. 10. 26. 선고 99다58051 판결(장부등열람및등사가처분)

제466조 제1항에서 정하고 있는 소수주주의 열람·등사청구의 대상이 되는 '회계의 장부 및 서류'에는 소수주주가 열람·등사를 구하는 이유와 실질적으로 관련이 있는 회계장부와 그 근거자료가 되는 회계서류를 가리키는 것으로서, 그것이 회계서류인 경우에는 그 작성명의인이 반드시 열람·등사제공의무를 부담하는 회사로 국한되어야 하거나, 원본에 국한되는 것은 아니며, 열람·등사제공의무를 부담하는 회사의 출자 또는 투자로 성립한 자회사의 회계장부라 할지라도 그것이 모사관계에 있는 모회사에 보관되어 있고, 또한 모회사의 회계상황을 파악하기 위한 근거자료로서 실질적으로 필요한 경우에는 모회사의 회계서류로서 모회사 소수주주의 열람·등사청구의 대상이 될 수 있다.

대법원 1999. 12. 21. 선고 99다137 판결(회계장부등열람및등사가처분이의)

[1] 제466조 제1항 소정의 소수주주의 회계장부열람등사청구권을 피보전권리로 하여 당해 장부 등의 열람·등사를 명하는 가처분이 실질적으로 본안소송의 목적을 달성하여 버리는 면이 있다고 할지라도, 나중에 본안소송에서 패소가 확정되면 손해배상청구권이 인정되는 등으로 법률적으로는 여전히 잠정적인 면을 가지고 있기 때문에 임시적인 조치로서 이러한 회계장부열람등사청구권을 피보전권리로 하는 가처분도 허용된다고 볼 것이고, 이러한 가처분을 허용함에 있어서는 피신청인인 회사에 대하여 직접 열람·등사를 허용하라는 명령을 내리는 방법뿐만 아니라, 열람·등사의 대상 장부 등에 관하여 훼손, 폐기, 은닉, 개찬이 행하여질 위험이 있는 때에는 이를 방지하기 위하여 그 장부 등을 집행관에게 이전 보관시키는 가처분을 허용할 수도 있다.

[2] 주식회사 소수주주가 제466조 제1항의 규정에 따라 회사에 대하여 회계의 장부와 서류의 열람 또는 등사를 청구하기 위하여는 이유를 붙인 서면으로 하여야 하는바, 회계의 장부와 서류를 열람 또는 등사시키는 것은 회계운영상 중대한 일이므로 그 절차를 신중하게 함과 동시에 상대방인 회사에게 열람 및 등사에 응하여야 할 의무의 존부 또는 열람 및 등사를 허용하지 않으면 안 될 회계의 장부 및 서류의 범위 등의 판단을 손쉽게 하기 위하여 그 이유는 구체적으로 기재하여야 한다.

[3] 제466조 제1항 소정의 소수주주의 회계장부 및 서류의 열람, 등사청구권

이 인정되는 이상 그 열람, 등사청구권은 그 권리행사에 필요한 범위 내에서 허용되어야 할 것이지, 열람 및 등사의 회수가 1회에 국한되는 등으로 사전에 제한될 성질의 것은 아니다.

서울지법 1998. 4. 1. 선고 97가합68790 판결(항소: 회계장부등열람및등사청구)

상법 제466조 제 1 항에 의하여 발행주식의 총수의 100분의 3 이상에 해당하는 주식을 가진 주주에게 인정되는 회계장부 및 서류의 열람 및 등사청구권은 주주의 회사경영 상태에 대한 알 권리 및 감독·시정할 권리와 한편 열람 및 등사청구를 인정할 경우에 발생할 수 있는 부작용, 즉 이를 무제한적으로 허용할 경우 회사의 영업에 지장을 주거나, 회사의 영업상 비밀이 외부로 유출될 염려가 있고, 이로 인하여 얻은 회계정보를 부당하게 이용할 가능성 등을 비교형량하여 그 결과 주주의 권리를 보호하여야 할 필요성이 더 크다고 인정되는 경우에만 인정되어야 하고, 회계장부의 열람 및 등사를 청구하는 서면에 기재되는 열람 및 등사의 이유는 위와 같은 비교형량을 위하여, 또한 회사가 열람·등사의 청구에 응할 의무의 존부의 판단을 위하여 구체적으로 기재될 것을 요한다고 할 것인바, 주주가 회계의 장부와 서류를 열람 및 등사하려는 이유가 막연히 회사의 경영상태가 궁금하므로 이를 파악하기 위해서라든지, 대표이사가 자의적이고 방만하게 회사를 경영하고 있으므로 회사의 경영상태에 대한 감시의 필요가 있다는 등의 추상적인 이유만을 제시한 경우에는 주주의 권리를 보호하여야 할 필요성이 더 크다고 보기가 어려우므로 열람 및 등사청구가 인정되지 아니한다고 봄이 상당하지만, 예컨대 회사가 업무를 집행함에 있어서 부정한 행위를 하였다고 의심할 만한 구체적인 사유가 발생하였다거나, 회사의 업무집행이 법령이나 정관에 위배된 중대한 사실이 발생하였다거나, 나아가 회사의 경영상태를 악화시킬 만한 구체적인 사유가 있는 경우 또는 주주가 회사의 경영상태에 대한 파악 또는 감독·시정의 필요가 있다고 볼 만한 구체적인 사유가 있는 경우 등과 같은 경우에는 주주의 권리를 보호하여야 할 필요성이 더 크다고 보여지므로 열람 및 등사청구가 인정된다.

대법원 2014. 7. 21.자 2013마657 결정(이사회의사록열람및등사허가신청)[37]

[37] 이 사안은, 甲주식회사의 엘리베이터 사업부문을 인수할 의도로 甲회사 주식을 대량 매집하여 지분율을 끌어올려 온 乙외국법인이, 甲회사가 체결한 파생상품계약 등의 정당성을 문제 삼으면서 甲회사 이사회 의사록의 열람·등사를 청구한 사안이었는데, 乙법인이 이사에 대한 대표소송 등 주주로서의 권리를 행사하기 위하여 이사회 의사록의 열람·등사가 필요하다고 인정되는 점, 乙법인이 이사회 의사록으로 취득한 정보를 경업에 이용할 우려가 있다거나 甲회사에 지나치게 불리한 시기에 열람·등사권을 행사하였다고 볼 수 없는

대법원 2004. 12. 24.자 2003마1575 결정(회계장부등열람및등사가처분)[38]

상법 제391조의3 제 3 항, 제466조 제 1 항에서 규정하고 있는 주주의 이사회의 의사록 또는 회계의 장부와 서류 등에 대한 열람·등사청구가 있는 경우, 회사는 그 청구가 부당함을 증명하여 이를 거부할 수 있는바, 주주의 열람·등사권 행사가 부당한 것인지 여부는 그 행사에 이르게 된 경위, 행사의 목적, 악의성 유무 등 제반 사정을 종합적으로 고려하여 판단하여야 할 것이고, 특히 주주의 이와 같은 열람·등사권의 행사가 회사업무의 운영 또는 주주 공동의 이익을 해치거나 주주가 회사의 경쟁자로서 그 취득한 정보를 경업에 이용할 우려가 있거나, 또는 회사에 지나치게 불리한 시기를 택하여 행사하는 경우 등에는 정당한 목적을 결하여 부당한 것이라고 보아야 한다.

대법원 2010. 7. 22. 선고 2008다37193 판결(분할합병무효등)

주주 또는 회사채권자가 제396조 제 2 항에 의하여 주주명부 등의 열람등사청구를 한 경우 회사는 그 청구에 정당한 목적이 없는 등의 특별한 사정이 없는 한 이를 거절할 수 없고, 이 경우 정당한 목적이 없다는 점에 관한 증명책임은 회사가 부담한다.[39]

점 등 여러 사정에 비추어 乙법인의 열람·등사청구가 甲회사의 경영을 감독하여 甲회사와 주주의 이익을 보호하기 위한 것과 관계없이 甲회사에 대한 압박만을 위하여 행하여진 것으로서 정당한 목적을 결하여 부당하다고 할 수 없는데도, 이와 달리 보아 위 청구를 배척한 원심결정은 위법이 있다고 하였다. 대법원은 나아가, "적대적 인수·합병을 시도하는 주주의 열람·등사청구라고 하더라도 목적이 단순한 압박이 아니라 회사의 경영을 감독하여 회사와 주주의 이익을 보호하기 위한 것이라면 허용되어야 하는데, 주주가 이사에 대하여 대표소송을 통한 책임추궁이나 유지청구, 해임청구를 하는 등 주주로서의 권리를 행사하기 위하여 이사회 의사록의 열람·등사가 필요하다고 인정되는 경우에는 특별한 사정이 없는 한 그 청구는 회사의 경영을 감독하여 회사와 주주의 이익을 보호하기 위한 것이므로, 이를 청구하는 주주가 적대적 인수·합병을 시도하고 있다는 사정만으로 청구가 정당한 목적을 결하여 부당한 것이라고 볼 수 없고, 주주가 회사의 경쟁자로서 취득한 정보를 경업에 이용할 우려가 있거나 회사에 지나치게 불리한 시기를 택하여 행사하는 등의 경우가 아닌 한 허용되어야 한다."고 하였다.

38 이 사안에서는, 피신청인 회사와 주주인 회사가 모두 같은 지역에 영업기반을 두고 오랜 기간 경쟁관계를 유지해 오고 있는 점, 주주인 회사가 이례적으로 높은 가격에 주식을 매입하여 주주가 된 후, 공개적으로 경영권 인수를 표방하면서 50% 이상의 주식 취득을 위한 주식 공개매수에 착수함과 아울러 경영진을 압박하면서 경영권 인수를 시도하고 있는 점 등 제반 사정을 고려할 때, 주주로서 부실경영에 책임이 있다는 현 경영진에 대한 해임청구 내지는 손해배상청구의 대표소송을 위한 사실관계 확인 등 경영감독을 위하여 열람·등사를 구하는 것이 아니라, 주주라는 지위를 내세워 상대방을 압박함으로써 궁극적으로는 자신의 목적인 경영권 인수(적대적 M&A)를 용이하게 하기 위하여 열람·등사권을 행사하는 것이라고 보아야 할 것이고, 나아가 두 회사가 경업관계에 있기 때문에 열람·등사 청구를 통하여 얻은 영업상 비밀이 주주의 구체적인 의도와는 무관하게 경업에 악용될 우려가 있다고 보지 않을 수 없으므로, 주주의 열람·등사 청구는 정당한 목적을 결한 것이라고 판단하였다.

39 이사는 회사의 정관·주주총회의 의사록을 본점과 지점에, 주주명부·사채원부를 본점에 비치하여야 하

고, 주주와 회사채권자는 영업시간 내에 언제든지 위 시류의 열람 또는 등사를 청구힐 수 있다(제396조). 위 규정에는 회사가 위 서류의 열람·등사를 거부할 수 있는지에 관해서는 언급이 없지만, 대법원은 위와 같이 판시하고 있다. 다만, 회사가 정당한 거부사유를 입증하기는 쉽지 않을 것이다. 참고로 이사회의사록은 비치 서류는 아니지만 주주는 영업시간 내에 이사회의사록의 열람 또는 등사를 청구할 수 있다(제391조의3 제 3 항). 다만, 회사는 이유를 붙여 이를 거절할 수 있고, 이 경우 주주는 법원의 허가를 얻어 열람 또는 등사할 수 있다(동조 제 4 항).

구조조정

제8장 구조조정

Ⅰ. 영업양도

1. 의 의

대법원 2005. 7. 22. 선고 2005다602 판결(보험금)

상법 제42조 제1항의 영업이란 일정한 영업 목적에 의하여 조직화된 유기적 일체로서의 기능적 재산을 말하고, 여기서 말하는 유기적 일체로서의 기능적 재산이란 영업을 구성하는 유형·무형의 재산과 경제적 가치를 갖는 사실관계가 서로 유기적으로 결합하여 수익의 원천으로 기능한다는 것과, 이와 같이 유기적으로 결합한 수익의 원천으로서의 기능적 재산이 마치 하나의 재화와 같이 거래의 객체가 된다는 것을 뜻하는 것이므로, 영업양도를 하였다고 볼 수 있는지의 여부는 양수인이 유기적으로 조직화된 수익의 원천으로서의 기능적 재산을 이전받아 양도인이 하던 것과 같은 영업적 활동을 계속하고 있다고 볼 수 있는지 여부에 따라 판단하여야 한다.

대법원 2004. 7. 8. 선고 2004다13717 판결(특허권이전등록말소등록)
대법원 1992. 8. 18. 선고 91다14369 판결(동산인도등)

[1] 주주총회의 특별결의가 있어야 하는 상법 제374조 제1호 소정의 "영업의 전부 또는 중요한 일부의 양도"라 함은 일정한 영업목적을 위하여 조직되고, 유기적 일체로 기능하는 재산의 전부 또는 중요한 일부를 총체적으로 양도하는 것을 의미하는 것으로서, 이에는 양수회사에 의한 양도회사의 영업적 활동의 전부 또는 중요한 일부분의 승계가 수반되어야 하는 것이므로, 단순한 영업용 재산의 양도는 이에 해당하지 않는다.

[2] 따라서 영업용 재산의 양도는 그 재산이 주식회사의 유일한 재산이거나 중요한 재산이라 하여 그 재산의 양도를 곧 영업의 양도라 할 수는 없지만, 주식

회사 존속의 기초가 되는 중요한 재산의 양도는 영업의 폐지 또는 중단을 초래하는 행위로서 이는 영업의 전부 또는 일부 양도의 경우와 다를 바 없으므로, 이러한 경우에는 상법 제374조 제1호의 규정을 유추적용하여 주주총회의 특별결의를 거쳐야 한다.

　[3] 주식회사가 회사 존속의 기초가 되는 중요한 재산을 처분할 당시에 이미 사실상 영업을 중단하고 있었던 상태라면 그 처분으로 인하여 비로소 영업의 전부 또는 일부가 폐지 또는 중단됨에 이른 것이라고는 할 수 없으므로 이러한 경우에는 주주총회의 특별결의가 없었다 하여 그 처분행위가 무효로 되는 것은 아니다.

　[4] 위에서 '영업의 중단'이라고 함은 영업의 계속을 포기하고 일체의 영업활동을 중단한 것으로서 영업의 폐지에 준하는 상태를 말하고 단순히 회사의 자금사정 등 경영상태의 악화로 일시 영업활동을 중지한 경우는 여기에 해당하지 않는다.

2. 영업양도의 요건

가. 영업의 동일성

대법원 2007. 6. 1. 선고 2005다5812, 5829, 5836 판결(손해배상(기)·소유권이전등기등)[1]

---

1 토지신탁사업을 시행하는 A주식회사는, 아파트분양광고에서 원목마루를 시공하고 단지 내에 유실수단지를 조성한다는 내용, 인근에 서울대가 이전하며 전철이 복선화 된다는 내용 등을 적시하였다. X는 위 분양광고를 보고 A회사와 아파트분양계약을 체결하였다. 그런데 위와 같은 광고 내용은 사실이 아니었고, 더구나 아파트 인근에 공동묘지까지 있었으나 A회사는 분양계약시 이를 알리지 않았다. 이후 부실화된 A회사의 구조조정을 위해 Y자산신탁주식회사가 설립되었고, A회사의 대표이사는 Y회사의 대표이사가 되었다. 그리고 A회사와 Y회사는 토지신탁사업양수도계약을 체결하였다. 이때 A회사로부터 Y회사로 이전되는 자산 및 부채를 면밀히 검토하여 특정함으로써 부실자산이 이전되지 않도록 하였다. Y회사는 계약서에 특정되지 않은 A회사의 고유재산을 비롯한 물적 조직, 거래관계나 영업력 등 무형자산을 승계하지 않았다. 다만, Y회사는 신탁업 인가요건상 요구되는 3년 이상의 운용 경력을 갖춘 전문인력을 확보하고 A회사로부터 인수한 신탁사업을 신속하게 진행하기 위한 필요에서, A회사의 직원들 절반 정도를 Y회사의 직원으로 신규채용 형식으로 고용하였다. 그 중 일부 직원들은 담당 업무가 바뀌었고, A회사는 호봉제에 의한 근로계약의 체제를 갖추고 있었으나 Y회사는 연봉제에 의한 근로계약 체제를 갖추었다. Y회사는 위와 같이 A회사로부터 토지신탁사업을 인수하였음을 설명자료 등을 배포하며 광고하였다. X는 A회사가 분양광고에 거짓의 내용을 실은 것과 인근에 공동묘지가 있다는 사실을 알리지 않은 것은 기망행위에 해당하고, 분양광고와 동일하게 아파트의 외형과 재질이 시공되지 않은 것은 분양계약 위반이라고 주장하면서, A회사의 사업을 이전받은 Y회사에게 손해배상을 구하고자 한다. Y회사가 A회사의 토지신탁사업을 양수한 것이 영업양수인지, 이후 피고회사가 사업양수를 광고한 것이 상법 제44조의 '채무인수의 광고'에 해당하는지 여부가 문제되었다. 대법원은 A회사의 인적 조직이 물적 조직과 결합된 상태에서 그대로 이전되었다고 볼 만한 자료가 없다는 이유로 영업양도에 해당하지 않는다고 보았다. 참고로, A회사의 X에 대한 손해배상의무와 관련해서는, 분양광고에 명시한 원목마루·유실수단지 등 아파트의 외형 및 재질, 서울대이전·전철복선화 등에 관한 내용이 분양계약의 내

대법원 1989. 12. 26. 선고 88다카10128 판결(물품대금)[2]

상법상의 영업양도는 일정한 영업목적에 의하여 조직화된 업체, 즉 인적·물적 조직을 그 동일성을 유지하면서 일체로서 이전하는 것을 의미하고,[3] 영업양도가 이루어졌는가의 여부는 단지 어떠한 영업재산이 어느 정도로 이전되어 있는가에 의하여 결정되어야 하는 것이 아니고 거기에 종래의 영업조직이 유지되어 그 조직이 전부 또는 중요한 일부로서 기능할 수 있는가에 의하여 결정되어야 하므로, 영업재산의 일부를 유보한 채 영업시설을 양도했어도 그 양도한 부분만으로도 종래의 조직이 유지되어 있다고 사회관념상 인정되면 그것을 영업의 양도라 볼 것이지만, 반면에 영업재산의 전부를 양도했어도 그 조직을 해체하여 양도했다면 영업의

용이 되는지 여부(채무불이행책임), 또는 기망행위에 해당하는지 여부(불법행위책임). 인근에 공동묘지가 있다는 사실을 알리지 않은 것이 기망행위에 해당하는지 여부(불법행위책임) 등이 문제될 수 있다.

2 원고가 피고로부터 여관의 객실용으로 비치할 칼라텔레비전 43대와 냉장고 39대 등의 전자제품을 인도받고, 이후 여관과 목욕탕 등의 시설이 들어 있는 건물 전부와 각 영업에 필요한 전화기, 의자와 위 전자제품, 옷장, 신발장 등 시설물 일체를 매수함과 동시에 채무도 인수하였던 사안이었다. 위와 같은 거래관계는 사회관념상 양도인의 영업인 여관업과 목욕탕업 등의 영업조직을 이루고 있는 기능재산의 이전이 있는 것으로 인정되기에 충분하다고 판단하였다. 그리고 피고가 사용한 '삼정호텔'이라는 상호는 영업양도인이 사용하였던 '삼정장여관'과 사회통념상 동일성이 있다고 인정되므로 양수인인 피고는 제42조 제1항에 따른 책임을 진다고 판시하였다.

3 우리 법원은 특히 근로관계의 이전을 중시하여 영업의 물적 설비 일체를 양도하였으나 종업원 전원을 해고한 경우에는 원칙적으로 영업양도가 아니라고 본다. 대법원 1995. 7. 25. 선고 95다7987 판결(해고무효확인등)(운수업자가 운수업을 폐지하는 자로부터 그 소속 종업원들에 대한 임금 및 퇴직금 등 채무를 청산하고 퇴직절차를 종료하도록 한 후, 그 운수사업의 면허 및 운수업에 제공된 물적 시설을 양수하였고, 폐지 전 종업원 중 일부만을 신규채용의 형식으로 새로이 고용한 경우, 영업양도라고 볼 수 없다고 한 사례). 대법원 1995. 7. 14. 선고 94다20198 판결(퇴직금등)(甲회사가 영위하던 사업 부문을 폐지함에 따라 근로자들 전부가 사직서를 제출하고 퇴직금을 정산, 수령하면서 그들의 선택에 따라 그 절반 정도는 대부분 그 사업 부문에 사용되던 장비 등을 불하받아 다른 직장에 취업하고, 나머지 절반 정도의 근로자들은 폐지되는 사업 부분과 동일한 사업을 하고 있던 계열회사인 乙회사에 입사시험 없이 종전 수준의 임금을 지급받기로 하고 입사한 경우, 甲회사는 그 사업 부문을 폐지한 것에 불과하고, 乙회사가 이를 양수하기로 甲회사와 사이에 합의한 것이거나 흡수통합한 것은 아니며, 乙회사가 그 사업 부문에 속한 근로자 등 인적 조직과 장비 등의 물적 시설을 그대로 인수하지 아니한 점에 비추어, 乙회사가 甲회사의 사업 부문을 그 동일성을 유지한 채 포괄적으로 이전 받은 것으로 볼 수도 없다고 한 사례) 등. 다만 대법원 1997. 11. 25. 선고 97다35085 판결(물품대금)은 슈퍼마켓의 영업의 양도가 문제된 사안인데, 슈퍼마켓 진열상품의 구입대금채무가 인수되지 않고 근로관계가 승계되지 않았더라도 양수인이 매장 임차인의 지위를 승계하고, 매장 시설과 비품 및 재고 상품 일체를 매수하였으며, 고객관계나 신용 등이 이전되는 것을 전제로 권리금까지 지급하였다면, 양수인이 유기적으로 조직화된 수익의 원천으로서의 기능적 재산을 이선받아 양노인이 하던 것과 같은 영업직 활동을 계속하고 있다고 볼 수 있으므로 영업양도라고 하였다. 요컨대, 근로관계의 승계 여부나 승계 정도가 영업양도 여부의 판단에 중요한 요소가 되지만, 영업의 종류·방법·규모 및 근로자의 대체 가능성 등에 따라 그 중요성은 개별적인 사안별로 달리 판단될 수 있다고 본 것이다. 예를 들면, 슈퍼마켓 영업의 양도에 있어서는 단순 노무에 종사하는 종업원들의 근로관계가 그대로 승계되지 않았다고 하더라도 영업양도로 보는데 지장이 없을 것이다.

양도로 볼 수 없다.[4]

대법원 1997. 4. 25. 선고 96누19314 판결(부당해고구제재심판정취소)

영업의 일부만의 양도도 가능하지만 이 경우에도 해당 영업부문의 인적, 물적 조직이 그 동일성을 유지한 채 일체로서 이전되어야 한다.[5]

나. 양수도계약

대법원 1997. 6. 24. 선고 96다2644 판결(퇴직금)[6]

---

4 특히 경매에 의하여 영업용 재산을 취득한 경우에는, 영업이 해체되어 이전되는 경우가 많을 것이고, 또한 법원이 개입된 강제집행이므로 당사자들 사이에 영업양도의 의사가 결여되어 있거나 영업양도합의의 단일성을 인정하기 어려울 것이다. 이와 관련하여, 대법원 2004. 10. 28. 선고 2004다10213 판결(골프장의 부지를 경매절차에서 취득한 자로부터 경락받은지 4년 후에 다시 이를 매수하고, 따로 종전 사업자로부터 건물, 영업권 등 나머지 재산을 매수하여 골프장을 운영한 사안에서, 영업재산이 해체되어 이전되었으므로 영업양도가 아니라고 본 사례)과 대법원 2006. 11. 23. 선고 2005다5379 판결(골프장영업을 양도받으려는 단일한 의도로 영업용 자산의 일부는 경매절차에서 낙찰받고, 나머지 영업용 자산 및 영업권 등은 영업양수도계약에 의하여 잇달아 취득한 사안에서, 사회통념상 전체적으로 보아 영업이 동일성을 유지한 채 이전된 것으로 볼 특별한 사정이 있다고 본 사례) 등을 참조하라. 후자의 판결은 특별한 사정으로 인하여 영업양도가 인정된 이례적인 사례로 보인다. 대법원 2005. 7. 22. 선고 2005다602 판결은, 영업조직이나 근로관계가 개별적인 합의에 의하여 이전되었고 가장 중요한 영업재산을 경매로 취득하였던 사안에서, "사실상·경제적으로 볼 때 결과적으로 약 3년여의 기간에 걸쳐 영업양도가 있는 것과 같은 상태가 된 것으로 볼 수는 있을지언정, 당사 회사들 사이에 그러한 내용의 묵시적 영업양도계약이 있었고 그 계약에 따라 유기적으로 조직화된 수익의 원천으로서의 기능적 재산을 그 동일성을 유지시키면서 일체로서 양도받았다고 보기는 어렵다."는 이유로 영업양도가 아니라고 하였다. 한편, 금융산업의구조개선에관한법률 제14조 제2항에 의한 금융위원회의 금융기관에 대한 계약이전결정으로 금융거래의 당사자지위가 포괄적으로 이전되나, 조직이 해체되면서 양도되므로 영업양도가 아니라고 본 판결로, 대법원 2003. 5. 30. 선고 2002다23826 판결(해고무효확인및직원지위확인등)이 있다.

5 시내버스 영업을 하는 A주식회사가 그 소유 버스들을 B시내버스회사에 양도하고 폐업하기로 결정하였다. 이에 따라 A회사는 우선 일부 버스들을 다른 회사에 양도하면서 그 버스에 승무하던 전속기사에 대하여 양수회사로의 전적명령을 내렸는데, 그 중 일부 기사들은 전적명령에 불응하였다. 그 후 A회사는 나머지 대부분의 버스 및 물적 시설과 좌석버스 노선의 면허권, 그리고 그 종업원 등 운영조직 일체를 C시내버스회사에게 양도하였다. 이때 앞의 B회사에 대한 일부 버스 양도시 전적명령에 불응한 기사들은 근로관계의 승계대상에서 제외하기로 약정하였다. 법원은 B회사에 대한 양도는 버스만을 양도한 것에 불과하여 영업의 일부 양도로 볼 수 없으므로 먼저 양도된 일부 버스의 전속기사들은 여전히 A회사와 근로관계를 유지하고 있었고, C회사에 대한 양도는 영업양도에 해당한다고 보아 위 기사들도 근로관계의 승계대상에 포함된다고 하였다. 따라서 정당한 이유 없이 그들을 승계대상에서 제외한 것은 부당해고에 해당한다고 보았다.

6 한국수자원공사가 국가와의 기중기선단에 대한 보관위탁계약 기간이 종료됨에 따라 기중기선단에 대한 보관사업을 폐지하고 그 사업 부문에 종사하던 관리요원을 면직한 후, 피고 해운산업연구원이 국가와의 사이에 새로이 기중기선단에 대한 보관위탁계약을 체결하고 그 보관사업의 수행을 위하여 면직된 관리요원들을 신규채용한 사안에서, 한국수자원공사와 피고 해운산업연구원 사이에 기중기선단 보관사업에 관한 영업양도계약이 없었고 영업이 포괄적으로 이전되었다고 할 수 없는데도, 이를 전제로 한국수자원공사와 그 소속 관리요원과의 근로관계가 해운산업연구원에게 포괄승계되었다고 인정한 원심판결을 파기하였다.

영업양도란 일정한 영업목적에 의하여 조직화된 총체 즉 물적·인적 조직을 그 동일성을 유지하면서 일체로서 이전하는 것으로서, 영업양도 당사자 사이의 명시적 또는 묵시적 계약이 있어야 한다.

대법원 2005. 7. 22. 선고 2005다602 판결(보험금)[7]

상법상의 영업양도는 일정한 영업목적에 의하여 조직화된 유기적 일체로서의 기능적 재산인 영업재산을 그 동일성을 유지시키면서 일체로서 이전하는 채권계약이므로 영업양도가 인정되기 위해서는 영업양도계약이 있었음이 전제가 되어야 하는데, 영업재산의 이전 경위에 있어서 사실상, 경제적으로 볼 때 결과적으로 영업양도가 있는 것과 같은 상태가 된 것으로 볼 수는 있다고 하더라도, 묵시적 영업양도계약이 있거나 그 계약에 따라 유기적으로 조직화된 수익의 원천으로서의 기능적 재산을 그 동일성을 유지시키면서 일체로서 양도받았다고 볼 수 없어 상법상 영업양도를 인정할 수 없다.

다. 주주총회의 특별결의

대법원 2014. 10. 15. 선고 2013다38633 판결(양도무효확인)[8]

---

7 원고회사가 피고 예금보험공사에게 소외 신용금고에 대한 예금자보호법에 따른 보험금을 청구하자, 피고공사는 소외금고의 파산관재인이 원고가 인수한 A회사의 소외금고에 대한 대출금채무와 원고에 대한 예금반환채무를 상계하였음을 이유로 이를 거절하였다. 따라서 원고가 A회사의 대출금채무를 인수하였는지 여부가 문제되었다. A회사는 95년 부도가 발생하였고 같은 해 원고회사가 설립된 이후, ① 원고회사가 A회사의 영업을 계속하여 수행할 목적으로 A회사로부터 그 장비와 사무실 등을 그대로 옮겨 받은 점, ② 대표이사와 임원진 등을 제외하고는 A회사에서 주요 직원들이 그대로 원고회사로 옮겨와 근무한 점, ③ 원고회사가 A회사의 거래처를 그대로 인수하여 거래관계를 계속 유지하고 있고, 원고회사의 설립목적이 A회사와 실질적으로 동일한 점, ④ 원고회사 설립 후 약 3년 동안 A회사로부터 인·허가 등의 필요사항을 다 이전받자 원고회사는 A회사의 이전 명칭으로 상호를 변경하고, A회사는 다른 상호로 변경한 뒤 곧바로 폐업한 점 등이 인정되었지만, 형식상 원고회사와 A회사 사이에 영업양도약정이 없었고, 임원진 등이 다르며, 가장 중요한 영업용 재산인 공장건물 등과 부지, 장비 등을 계약에 의하여 양수한 것이 아니라 양수인회사가 설립된 뒤 1년 7개월 정도 후인 1997. 4. 16.에야 낙찰을 받아 취득하였던 사안이었다. 이 사안에서는 위와 같은 사유로 묵시적 약정의 존재를 인정하지 않았지만, 다른 사안에서는 묵시적 계약이 인정되기도 하였다(대법원 2009. 1. 15. 선고 2007다17123 판결 등).
8 甲주식회사는 그 사업 중 금융사업부문의 사업권, 지적재산권, 출판권, 웹 사이트 소유권, 하드웨어, 소프트웨어, 사무용 비품 및 집기뿐만 아니라 인력, 거래처 등을 乙주식회사(피고)에 양도하였으나, 이후 바로 일마되지 않아 甲회사는 사실상 회사의 모든 영업이 중단되었고 코스닥시장에서 상장 폐지가 되었으며, 甲회사의 이사이자 금융사업부문 사장이던 A와 전무이 B는 이후 각각 乙회사의 부사장, 대표이사로 취임하였고, 甲회사의 금융사업부에서 근무하고 있던 직원 중 계속 근무를 희망한 12명은 乙회사에서 동일한 업무를 계속 수행하였다. 乙회사는 별다른 양도대가도 지불하지 않은 채 甲회사의 금융사업부문과 관련된 대부분 자산과 거래처 등을 그대로 인수하여 종전과 동일한 영업을 계속하였다. 법원은 甲회사가 유기적으로 조직화

주주총회의 특별결의가 있어야 하는 상법 제374조 제 1 항 제 1 호 소정의 '영업의 전부 또는 중요한 일부의 양도'라 함은 일정한 영업목적을 위하여 조직되고 유기적 일체로 기능하는 재산의 전부 또는 중요한 일부를 총체적으로 양도하는 것을 의미하는 것으로서, 이에는 양수 회사에 의한 양도 회사의 영업적 활동의 전부 또는 중요한 일부분의 승계가 수반되어야 하는 것이므로 단순한 영업용 재산의 양도는 이에 해당하지 않는다. 나아가 주식회사가 사업목적으로 삼는 영업 중 일부를 양도하는 경우 상법 제374조 제 1 항 제 1 호 소정의 '영업의 중요한 일부의 양도'에 해당하는지는 양도대상 영업의 자산, 매출액, 수익 등이 전체 영업에서 차지하는 비중, 일부 영업의 양도가 장차 회사의 영업규모, 수익성 등에 미치는 영향 등을 종합적으로 고려하여 판단하여야 한다.

3. 영업양도의 효과

가. 영업 및 자산의 이전의무

대법원 1991. 10. 8. 선고 91다22018, 22025 판결(매매대금등)[9]

영업양도는 채권계약이므로 양도인이 재산이전의무를 이행함에 있어서는 상속이나 회사의 합병의 경우와 같이 포괄적 승계가 인정되지 않고 특정 승계의 방법에 의하여 재산의 종류에 따라 개별적으로 이전행위를 하여야 할 것인바, 그 이전에 있어 양도인의 제 3 자에 대한 매매계약 해제에 따른 원상회복청구권은 지명채권이므로 그 양도에는 양도인의 채무자에 대한 통지나 채무자의 승낙이 있어야

된 수익의 원천으로서의 기능적 재산을 동일성을 유지하면서 피고회사에게 이전하였고, 피고회사는 위 금융사업부문을 이전받아 甲회사의 금융사업부문이 하던 것과 동일한 영업활동을 하고 있으므로, 이 사건 양도는 영업양도에 해당한다고 판단하였다. 그리고 금융사업부문의 자산가치가 甲회사 전체 자산의 약 33.79%에 달하고 본질가치의 경우 금융사업부문만이 플러스를 나타내고 있는 점, 금융사업부문은 甲회사 내부에서 유일하게 수익 창출 가능성이 높은 사업부문인 점 등 제반 사정에 비추어, 위 양도로 甲회사에는 회사의 중요한 영업의 일부를 폐지한 것과 같은 결과가 초래되었다고 할 수 있으므로, 위 양도는 상법 제374조 제 1 항 제 1 호가 규정하고 있는 '영업의 중요한 일부의 양도'에 해당한다고 보았다.

9 A회사는 트랙터와 트레일러 각 1대를 피고회사에 매도하였으나(다만 그 소유명의는 A회사에 지입해 두기로 함), 피고회사의 중도금지급불이행으로 위 매매계약을 해제하였다. 한편 A회사는 원고회사에게 특수화물자동차운송사업과 위 차량들을 포함한 사업공용차량 일체를 양도하고 그에 대한 인허가를 받았으며, 위 차량에 관하여 원고회사 앞으로의 소유권이전등록까지 마쳐주었다. 이후 원고회사가 피고회사에 대하여 점유하고 있는 차량의 반환과 사용이익의 반환 등 원상회복을 구하였다. A회사가 피고회사에 대하여 갖는 매매계약해제에 따른 원상회복청구권은 지명채권이므로, (원고회사가 소유권을 취득하기 이전에 발생한 사용이익의 반환청구 부분과 관련하여) 그 양도에는 양도인(A회사)의 채무자(피고회사)에 대한 통지나 채무자의 승낙이 있어야 채무자인 피고회사에게 대항할 수 있는데, 양도인이 그와 같은 대항요건을 갖추지 않은 이상, 원고회사는 위 영업양수를 이유로 피고회사에게 원상회복청구권을 주장할 수 없다고 하였다.

채무자에게 대항할 수 있다.

대법원 2002. 3. 29. 선고 2000두8455 판결(부당해고구제재심판정취소)[10]

[1] 영업의 양도라 함은 일정한 영업목적에 의하여 조직화된 업체 즉 인적 물적 조직을 그 동일성은 유지하면서 일체로서 이전하는 것을 말하고 영업이 포괄적으로 양도되면 반대의 특약이 없는 한 양도인과 근로자 간의 근로관계도 원칙적으로 양수인에게 포괄적으로 승계된다.

[2] 영업양도 당사자 사이에 근로관계의 일부를 승계의 대상에서 제외하기로 하는 특약이 있는 경우에는 그에 따라 근로관계의 승계가 이루어지지 않을 수 있으나, 그러한 특약은 실질적으로 해고나 다름이 없으므로, 근로기준법 제27조 제1항 소정의 정당한 이유가 있어야 유효하며, 영업양도 그 자체만을 사유로 삼아 근로자를 해고하는 것은 정당한 이유가 있는 경우에 해당한다고 볼 수 없다.

대법원 2012. 5. 10. 선고 2011다45217 판결(퇴직금)[11]

[1] 영업의 양도란 일정한 영업목적에 의하여 조직화된 업체 즉, 인적·물적 조직을 동일성은 유지하면서 일체로서 이전하는 것이어서 영업 일부만의 양도도 가능하다.

[2] 이러한 영업양도가 이루어진 경우에는 원칙적으로 해당 근로자들의 근로

---

10 甲주식회사는 乙주식회사와의 자산매매계약에 기하여 乙회사의 전장사업부문의 모든 자산(계약서의 별첨 1의 토지, 건물, 기계장치, 공기구·비품, 차량운반구, 재고자산, 리스자산, 이전기술 및 영업권 등을 매도하고 전장사업의 운영에 직접 관련된 물건은 별첨 1에 기재되지 않은 경우에도 이를 매매물건에 포함된 것으로 하였음)을 양수하는 한편, 乙회사 소속 근로자들을 신규채용의 형식으로 다시 고용하여 그들이 乙회사에서 일하고 있던 부서와 동일한 부서(그 명칭은 다르나 업무 내용은 동일)에 같은 직급으로 발령하여 이전의 업무를 계속 수행하도록 하였는데, 원고를 포함한 9명만 채용을 거부하였다.

11 A병원을 운영하던 피고법인이 甲의료법인을 새로 설립하여 A병원 영업을 양도하면서 A병원의 근로자들에게 그 사실을 고지하지 않았다. 나중에 영업양도 사실을 알게 된 원고 등 A병원 근로자들은 甲의료법인이 부실하여 퇴직금을 지급할 능력이 부족하다고 판단하고, 2개월 후 피고법인에 내용증명으로 甲법인으로의 근로관계승계를 반대하는 의사를 표시하면서, 피고법인을 상대로 퇴직금 지급을 구하는 소를 제기하였다. 법원은, 제반 사정에 비추어 원고들이 영업양도를 안 날로부터 상당한 기간 내에 양수인인 甲법인으로 근로관계가 승계되는 것을 거부하는 의사를 표시한 것이어서 피고법인과 甲법인 사이에 원고들에 대한 근로관계 승계가 이루어지지 않았다고 보았고, 또한 내용증명발송과 소제기로써 피고법인과 원고의 근로관계도 종료되었으므로 피고법인은 원고에게 퇴직금을 지급할 의무가 있다고 하였다. 참고로, 고용관계는 영업을 구성하는 필수요소이므로 반대의 특약이 없는 한 승계되어 종전의 근무조건이 유지되고 퇴직금지급의무 등 임금채무도 이전된다고 보아야 한다. 그리고 영업을 구성하고 영업의 동일성을 유지하는데 필수적인 채무는 묵시적으로 이전하기로 합의한 것으로 추정될 수 있을 것이다. 그렇지 않은 채무는 당사자의 명시적 또는 묵시적 합의가 없는 한 이전되지 않는 것으로 볼 것이다. 채무이전에 관하여 영업양수도계약서에 명시하는 것이 통상적이겠지만, 당사자의 의사가 불명확한 경우 결국 의사해석의 문제로 귀결된다.

관계가 양수하는 기업에 포괄적으로 승계되지만 근로자가 반대 의사를 표시함으로써 양수기업에 승계되는 대신 양도기업에 잔류하거나 양도기업과 양수기업 모두에서 퇴직할 수도 있다. 또한 이와 같은 경우 근로자가 자의에 의하여 계속근로관계를 단절할 의사로 양도기업에서 퇴직하고 양수기업에 새로이 입사할 수도 있다.

[3] 이때 근로관계 승계에 반대하는 의사는 근로자가 영업양도가 이루어진 사실을 안 날부터 상당한 기간 내에 양도기업 또는 양수기업에 표시하여야 하고, 상당한 기간 내에 표시하였는지는 양도기업 또는 양수기업이 근로자에게 영업양도 사실, 양도 이유, 양도가 근로자에게 미치는 법적·경제적·사회적 영향, 근로자와 관련하여 예상되는 조치 등을 고지하였는지 여부, 그와 같은 고지가 없었다면 근로자가 그러한 정보를 알았거나 알 수 있었던 시점, 통상적인 근로자라면 그와 같은 정보를 바탕으로 근로관계 승계에 대한 자신의 의사를 결정하는 데 필요한 시간 등 제반 사정을 고려하여 판단하여야 한다.

나. 영업양도인의 경업금지의무

대법원 2009. 9. 14.자 2009마1136 결정(경업금지가처분)[12]

양수인이 미용실을 인수하면서 임차인의 지위를 승계하고 추가로 금원을 지급하여 양도인이 사용하던 상호, 간판, 전화번호, 비품 등 일체를 인수받은 다음 이를 변경하지 아니한 채 그대로 사용하면서 미용실을 운영하고 있다면, 비록 그 미용실이 특별히 인계·인수할 종업원이나 노하우, 거래처 등이 존재하지 아니하여 이를 인수받지 못하였다 할지라도, 양수인은 양도인으로부터 유기적으로 조직화된 수익의 원천으로서의 기능적 재산을 이전받아 양도인이 하던 것과 같은 영업적 활동을 계속하고 있으므로 위 미용실의 영업을 양수한 것으로 볼 수 있고, 따라서 양도인에게는 양수인을 상대로 경업금지가처분을 구할 피보전권리가 인정된다.

대법원 1996. 12. 23. 선고 96다37985 판결(영업금지가처분)

[1] 영업양도계약의 약정 또는 상법 제41조에 따라 영업양도인이 부담하는 경업금지의무는 스스로 동종 영업을 하거나 제3자를 내세워 동종 영업을 하는 것을

---

12 소규모 미용실의 상호와 시설 일체를 양도한 자가 그 미용실에서 70m 가량 떨어진 곳에 새로운 미용실을 개업하여 운영하자, 양수인이 경업금지가처분을 신청한 사안이었다. 수원지법 2011. 2. 10. 선고 2010가합14646 판결(경업금지등)은 甲이 乙에게 미용실을 양도한 후 다시 800m 가량 떨어진 곳에서 새로운 미용실을 개업·운영한 유사한 사안이었는데, 같은 취지에서 甲은 영업양도인으로서 경업금지의무를 위반하였으므로 영업을 폐지하고 乙이 입은 손해를 배상할 책임이 있다고 하였다.

금하는 것을 내용으로 하는 의무이므로, 영업양도인이 그 부작위의무에 위반하여 영업을 창출한 경우 그 의무위반 상태를 해소하기 위하여는 영업을 폐지할 것이 요구되고, 그 영업을 타에 임대한다거나 양도한다고 하더라도 그 영업의 실체가 남아있는 이상 의무위반 상태가 해소되는 것은 아니므로 그 이행강제의 방법으로 영업양도인 본인의 영업 금지 외에 제3자에 대한 영업의 임대, 양도 기타 처분을 금지하는 것도 가능하다.

[2] 위 [1]항의 가처분명령에 의하여 영업양도인의 제3자에 대한 임대, 양도 등 처분행위의 사법상 효력이 부인되는 것은 아니고, 영업양도인이 그 의무위반에 대한 제재를 받는 것에 불과하다.

대법원 2004. 9. 24. 선고 2004다20081 판결(영업정지청구)

건축회사가 상가를 건축하여 각 점포별로 업종을 정하여 분양한 후에 점포에 관한 수분양자의 지위를 양수한 자 또는 그 점포를 임차한 자는 특별한 사정이 없는 한 상가의 점포 입점자들에 대한 관계에서 상호 묵시적으로 분양계약에서 약정한 업종 제한 등의 의무를 수인하기로 동의하였다고 봄이 상당하므로, 상호간의 업종 제한에 관한 약정을 준수할 의무가 있다고 보아야 하고, 따라서 점포 수분양자의 지위를 양수한 자 등이 분양계약 등에 정하여진 업종제한약정을 위반할 경우, 이로 인하여 영업상의 이익을 침해당할 처지에 있는 자는 침해배제를 위하여 동종업종의 영업금지를 청구할 권리가 있다.

대법원 2005. 4. 7.자 2003마473 결정(영업금지가처분)

경업금지약정 체결 후 타인이 대표이사로 있는 회사를 실질적으로 지배하는 형식으로 동종 영업을 운영하였다면 이는 경업금지약정을 위반한 것이다.[13]

---

13 신청인은 피신청인으로부터 생활편의점 영업을 양수하면서 피신청인이 인접지역에서 경업을 하지 않기로 약정하였고, 이를 위반하면 약정손해금을 지급하기로 하였다. 그런데 피신청인은 동생을 대표이사로 내세워 A회사를 설립하여 생활편의점과 같은 도소매업을 영위하였다. 신청인은 경업금지약정위반을 이유로 피신청인과 A회사를 상대로 이 사건 영업금지가처분신청을 하였는데, 원심은 A회사는 채무자가 경업금지약정을 회피하기 위하여 설립한 명목상의 회사라는 신청인의 주장을 인정할 자료가 부족하다는 이유로 기각하였다. 대법원은, 여러 사정으로 보아 A회사는 실질적으로 피신청인이 운영하는 회사이거나, 적어도 피신청인이 A회사의 대표이사와 동업으로 동종의 도·소매업을 운영함으로써 이 사건 경업금지약정을 위반하였다고 볼 충분한 여지가 있다고 하였다. 다만, 신청인은 이 사건 가처분신청 이후 피신청인을 상대로 약정손해금을 청구하는 본안소송을 제기하였지만, 이 사건 가처분신청에 상응하는 영업금지를 구하는 소는 제기하지 않았다. 대법원은 이를 신청인이 약정손해금을 지급받을 경우 더 이상의 영업금지를 청구하지 않겠다는 의사인 것으로 해석하고, 위 가처분신청에는 민사집행법 제300조 제2항에 정한 긴급한 보전의 필요성이 없다고 하여 결국 신청을 기각하였다. 이 판결의 취지로 보아, 개인상인이 영업양도 후 회사를 설립하여 실질적으로 개인

다. 영업양수인의 변제책임

(1) 상호를 속용하는 양수인의 책임
대법원 2002. 6. 28. 선고 2000다5862 판결(약속어음금)[14]

[1] 상법 제42조 제1항은 영업양수인이 양도인의 상호를 계속 사용하는 경우에는 양도인의 영업으로 인한 제3자의 채권에 대하여 양수인도 변제할 책임이 있다고 규정하고 있고, 이 때 양도인의 영업으로 인한 채무란, 영업상의 활동에 관하여 발생한 채무를 말하는 것이다.

[2] 영업양도인이 주식회사인 경우에는 회사에게 사적인 생활이 존재하지 아니한 관계로 주식회사의 명의로 한 행위는 반증이 없는 한 일단 회사의 영업을 위하여 하는 행위로 추정되며, 따라서 그로 인하여 회사가 부담하는 채무도 영업으로 인한 채무로 추정된다고 할 것이지만, 반증에 의하여 그 채무가 영업으로 인한 채무가 아니라는 점이 밝혀지는 경우 그러한 추정은 복멸될 수 있다.

대법원 1998. 4. 14. 선고 96다8826 판결(수표금등)[15]

상법 제42조 제1항의 취지는, 일반적으로 채무자의 영업상 신용은 채무자의 영업재산에 의하여 실질적으로 담보되는 것이 대부분인데 채무가 승계되지 아니함에도 상호를 계속 사용함으로써 영업양도의 사실 또는 영업양도에도 불구하고 채무의 승계가 이루어지지 않은 사실이 대외적으로 판명되기 어렵게 되어 채권자에

기업으로 운용하거나, 회사가 영업을 양도한 후 지배주주가 경업을 하는 방법으로 경업금지의무를 회피하는 것은 허용되지 않는다고 볼 것이다. 다만, 이러한 법리가 적용되려면 경업의무의 당사자와의 실질적인 동일하다는 점이 인정되어야 할 것이므로 그 입증이 쉽지 않을 것이다. 따라서 약정으로 경업금지의무의 범위를 위와 같은 경우까지 포괄한다는 점을 분명하게 하는 것이 좋을 것이다.

14 원고는 레미콘회사인 양도회사로부터 영업을 양수한 피고가 양도회사의 상호를 속용하였음을 이유로 피고에게 영업양도회사의 원고에 대한 약속어음금채무 및 연대보증채무의 이행을 구하였다. 이에 대하여 피고는, 위 어음채무는 영업양도회사의 사실상의 소유주가 회사의 목적사업이나 영업과는 전혀 무관하게 개인적으로 주유소영업을 하기 위하여 원고로부터 주유소부지 등을 매입한 후, 그 대금지급을 위하여 마침 보관 중이던 영업양도회사의 명판과 대표이사 인감도장을 이용하여 약속어음 및 당좌수표를 발행함으로써 부담하게 된 어음금채무 또는 그 원인관계상의 연대보증채무이고, 따라서 이는 양도인인 레미콘회사의 영업활동과는 전혀 무관한 것으로서 양도인의 영업으로 인한 채권으로 볼 수 없으므로 피고에게 이행책임을 물을 수 없다고 항변하였다. 대법원은 원고도 이에 관하여 제대로 다투지 않은 이상 영업으로 인한 채무라는 추정은 깨졌다고 보았다.

15 '주식회사 파주레미콘'과 '파주콘크리트 주식회사' 주요 부분에서 공통된다고 보아 상호 속용에 따른 영업양수인의 책임을 인정하였다. 대법원은 다른 사례에서 "삼정장여관"과 "삼정호텔"(대법원 1989. 12. 26. 선고 88다카10128 판결), "협성산업"과 "주식회사 협성"(대법원 1995. 8. 22. 선고 95다12231 판결) 사이의 동일성을 인정하였다.

게 채권 추구의 기회를 상실시키는 경우 양수인에게도 변제의 책임을 지우기 위한 것이므로, 영업양도인이 사용하던 상호와 양수인이 사용하는 상호가 동일할 것까지는 없고 다만 전후의 상호가 주요 부분에 있어서 공통되기만 하면 상호를 계속 사용한다고 보아야 한다.

대법원 1989. 3. 28. 선고 88다카12100 판결(손해배상(기))[16]

[1] 영업을 출자하여 주식회사를 설립하고 그 상호를 계속 사용하는 경우 영업의 양도는 아니지만 출자의 목적이 된 영업의 개념이 동일하고 법률행위에 의한 영업의 이전이란 점에서 영업의 양도와 유사하며 채권자의 입장에서 볼 때는 외형상 양도와 출자를 구분하기 어려우므로 새로 설립된 법인은 상법 제42조 제 1 항의 규정의 유추적용에 의하여 출자자의 채무를 변제할 책임이 있고, 여기서 말하는 영업의 출자라 함은 일정한 영업목적에 의하여 조직화된 업체 즉 인적·물적 조직을 그 동일성을 유지하면서 일체로서 출자하는 것을 말한다.[17]

[2] 상호의 속용은 형식상 양도인과 양수인의 상호가 전혀 동일한 것임을 요하지 않고, 양도인의 상호 중 그 기업주체를 상징하는 부분을 양수한 영업의 기업주체를 상징하는 것으로 상호 중에 사용하는 경우를 포함한다고 할 것이고, 그 동일 여부는 명칭, 영업목적, 영업장소, 이사의 구성 등을 참작하여 결정하여야 한다.

[3] 영업으로 인하여 발생한 채무란 영업상의 활동에 관하여 발생한 모든 채무를 말하는 것이므로 불법행위로 인한 손해배상채무도 이에 포함된다.

대법원 2010. 9. 30. 선고 2010다35138 판결(임대차보증금등)[18]

[16] 원고의 피상속인이 "남성사"라는 상호의 개인상인의 피용자로서 증축공사 업무를 하던 중 전깃줄에 감전사하였는데, 위 개인상인은 이후 피고 "남성정밀공업주식회사"를 설립하여 피고회사의 대표이사가 되었고, 종전 공장의 건물 및 대지에 대하여 피고회사 명의로 소유권이전등기를 마쳐 주었으며, 피고회사의 설립 후에도 같은 장소에서 같은 공장 기계설비와 같은 종업원을 데리고 그대로 종전의 영업을 계속하였다. 상속인인 원고가 피고회사에 망인에 대한 불법행위로 인한 손해배상을 구한 사안에서 피고회사의 배상책임을 인정하였다.

[17] 현물출자에 유추적용한 사례로는 이 판결 이외에도, 대법원 1995. 8. 22. 선고 95다12231 판결, 대법원 1996. 7. 9. 선고 96다13767 판결, 대법원 2009. 9. 10. 선고 2009다38827 판결(물품대금)(영업의 출자로 설립된 회사가 상호를 계속 사용함으로써 상법 제42조 제 1 항이 유추적용되는 경우, 상법 제45조도 당연히 유추적용된다고 한 사례) 등이 있다.

[18] X주식회사는 원고인 甲으로부터 건물을 임차하여 "서울종합예술원"이라는 명칭으로 평생교육시설을 운영하다가, 위 건물에 대한 임차료와 관리비가 연체된 상태에서 피고 주식회사 서울종합예술에 위 교육시설을 양도하였다. 피고회사는 같은 건물에서 X회사가 사용하던 "서울종합예술원"이라는 명칭(X회사의 상호는 아니지만 '옥호'에 해당함)을 그대로 사용하여 교육시설을 운영하였다. 甲은 피고회사를 상대로 제42조 제 1 항에 기하여 X회사가 미지급한 임대료와 관리비의 변제를 구하는 소를 제기하였다. 피고회사는 양수일로부

[1] 영업양도가 있다고 볼 수 있는지의 여부는 양수인이 유기적으로 조직화된 수익의 원천으로서의 기능적 재산을 이전받아 양도인이 하던 것과 같은 영업적 활동을 계속하고 있다고 볼 수 있는지의 여부에 따라 판단되어야 한다.

[2] 상호를 속용하는 영업양수인의 책임을 정하고 있는 상법 제42조 제 1 항은, 일반적으로 영업상의 채권자의 채무자에 대한 신용은 채무자의 영업재산에 의하여 실질적으로 담보되어 있는 것이 대부분인데도 실제 영업의 양도가 이루어지면서 채무의 승계가 제외된 경우에는 영업상의 채권자의 채권이 영업재산과 분리되게 되어 채권자를 해치게 되는 일이 일어나므로 영업상의 채권자에게 채권추구의 기회를 상실시키는 것과 같은 영업양도의 방법, 즉 채무를 승계하지 않았음에도 불구하고 상호를 속용함으로써 영업양도의 사실이 대외적으로 판명되기 어려운 방법 또는 영업양도에도 불구하고 채무의 승계가 이루어지지 않은 사실이 대외적으로 판명되기 어려운 방법 등이 채용된 경우에 양수인에게도 변제의 책임을 지우기 위하여 마련된 규정이라고 해석된다.[19] 따라서 양수인에 의하여 속용되는 명칭이 상호 자체가 아닌 옥호(屋號) 또는 영업표지인 때에도 그것이 영업주체를 나타내는 것으로 사용되는 경우에는 영업상의 채권자가 영업주체의 교체나 채무승계 여부 등을 용이하게 알 수 없다는 점에서 일반적인 상호속용의 경우와 다를 바 없으므로, 양수인은 특별한 사정이 없는 한 상법 제42조 제 1 항의 유추적용에 의하여 그 채무를 부담한다.

대법원 2009. 1. 15. 선고 2007다17123, 17130 판결(임대차보증금)[20]

터 약 5개월 후 옥호를 "한국공연예술교육원"으로 바꾸어 운영하였다. 위 평생교육시설은 영리를 목적으로 하지 않는 교육시설에 해당하더라도 X회사와 Y회사가 의제상인이고(제 5 조 제 2 항), 의제상인이 영업을 위하여 건물을 임차하는 것은 보조적 상행위(제47조 제 1 항)에 해당하며, 그로 인하여 부담한 임대료채무는 영업으로 인한 채무에 해당하므로 제42조 제 1 항이 유추적용될 수 있다.

19 채권자 입장에서는 영업재산이 영업양도대금이라는 소비하기 쉬운 금전으로 바뀌는 것이므로 채권회수의 기회를 가질 필요가 있다. 채권자는 원 계약에서 가능하면 채무자의 영업양도를 통지사유 또는 기한의 이익상실사유로 규정하는 등으로 사전에 대비하는 것이 바람직할 것이다.

20 원고는 A주식회사에 대하여 임대차계약에 기한 차임 및 관리비 채권을 가지고 있었는데, 우선 A회사와 피고주식회사는 동일한 회사이거나 피고회사가 A회사의 차임 등 지급채무를 인수하였다고 주장하였고, 그렇지 않더라도 피고회사는 A회사의 영업을 양수한 자로서 상호를 계속사용하고 있으므로 차임 등을 지급할 의무가 있다고 주장하였다. 원고의 주위적 주장은 받아들여지지 않았고, 영업양도와 상호속용이 있었는지 여부가 문제되었다. ① 먼저 영업양도가 있었는지 여부와 관련하여, 대법원은 영업양도는 반드시 영업양도 당사자 사이의 명시적 계약에 의하여야 하는 것은 아니며 묵시적 계약에 의하여도 가능하다고 전제하고, A회사와 별도로 피고회사가 설립되면서, A회사의 대표이사이던 K가 실질적으로 피고회사의 대표자로서 활동하였고, A회사와 피고회사의 대표이사 및 이사, 감사, 주주 등이 K의 가족과 친지들이었으며, 피고회사가 동일한 영업장소에서 A회사의 기존 거래처를 기반으로 A회사가 하던 것과 같은 포장이사업의 영업활동을 계속

[1] 상호를 속용하는 영업양수인의 책임을 정하고 있는 상법 제42조 제1항의 취지에 비추어 보면, 상호를 속용하는 영업양수인에게 책임을 묻기 위해서는 상호 속용의 원인관계가 무엇인지에 관하여 제한을 둘 필요는 없고 상호속용이라는 사실관계가 있으면 충분하다. 따라서 상호의 양도 또는 사용허락이 있는 경우는 물론 그에 관한 합의가 무효 또는 취소된 경우라거나 상호를 무단 사용하는 경우도 상법 제42조 제1항의 상호속용에 포함된다. 나아가 영업양도인이 자기의 상호를 동시에 영업 자체의 명칭 내지 영업 표지로서도 사용하여 왔는데, 영업양수인이 자신의 상호를 그대로 보유·사용하면서 영업양도인의 상호를 자신의 영업 명칭 내지 영업 표지로서 속용하고 있는 경우에는 영업상의 채권자가 영업주체의 교체나 채무승계 여부 등을 용이하게 알 수 없다는 점에서 일반적인 상호속용의 경우와 다를 바 없으므로, 이러한 경우도 상법 제42조 제1항의 상호속용에 포함된다.

[2] 상호를 속용하는 영업양수인의 책임은 위와 같이 채무승계가 없는 영업양도에 의하여 자기의 채권추구의 기회를 빼앗긴 채권자의 외관신뢰를 보호하기 위한 것이므로, 영업양도에도 불구하고 채무승계의 사실 등이 없다는 것을 알고 있는 악의의 채권자가 아닌 한, 당해 채권자가 비록 영업의 양도가 이루어진 것을 알고 있었다고 하더라도 그러한 사정만으로 보호의 적격이 없다고는 할 수 없고, 이 경우 당해 채권자가 악의라는 점에 대한 주장·증명책임은 상법 제42조 제1항에 의한 책임을 면하려는 영업양수인에게 있다.[21]

하고 있고, A회사와 피고회사 사이에 A회사가 임차한 목적물의 사용·관리에 관한 업무를 피고회사에게 위임하는 내용의 합의 각서가 작성되기도 하였으며, 피고회사의 인터넷 홈페이지에서 상호가 A회사에서 피고회사로 변경된 것으로 게재하고 있고, 피고회사의 인터넷 홈페이지에서 검색되는 전국 지점이 A회사의 전국 지점과 같으며, 피고회사가 사용하는 '이비즈통인'이라는 상호와 A회사의 '통인익스프레스'라는 상호는 공통적으로 '통인'이라는 명칭을 사용하고 있을 뿐 아니라, 피고회사의 등기부상의 정식 상호와 달리 전화 안내나 인터넷 홈페이지에는 '통인', '통인익스프레스'를 사용하였고, '통인', '통인익스프레스'에 관한 서비스표권의 존속기간이 만료되자 피고회사의 명의로 '통인', '통인익스프레스'로 구성된 서비스표를 출원하여 각 서비스표 등록을 받은 점 등 여러 사정에 비추어, 비록 형식상 피고회사와 A회사 사이에 명시적인 영업양도 약정이 없었다고 하더라도 실질적으로 A회사의 대표이사 겸 피고회사의 실질적 대표자인 K에 의하여 피고회사가 A회사의 영업을 양수하였다고 인정하였다. ② 다음으로 피고회사가 자신의 등록된 상호와는 별도로 A회사의 영업을 나타내는 상호 겸 약칭 내지 영업표지를 전화안내나 인터넷 홈페이지에서 사용해 왔고, 피고회사의 직원들은 고객들에게 피고회사와 A회사가 실질적으로 동일 법인이라는 취지로 전화응답을 하거나 피고회사가 A회사의 상호만을 변경한 법인인 것처럼 보이도록 대외적으로 광고하였던 점 등으로 보아, 피고회사가 A회사의 상호를 속용하였다고 판단하였다. ③ 그리고 원고가 선의인지 여부에 대하여, 종전부터 A회사의 상호를 알고 있던 원고로서는 피고회사와 A회사가 별개의 법인임을 알았을 수는 있으나, 위와 같이 피고회사가 A회사와 실질적으로 동일 법인인 것처럼 보이도록 대외적으로 광고하였던 점 등에 비추어 보면, 피고회사가 A회사의 영업상채무를 인수하지 않았다는 점까지 알았다고 단정할 수는 없다고 하였다.

21 제42조는 제3자의 선의를 분명한 요건으로 규정하고 있지는 않지만, 외관책임의 법리상 양도인의 영업

(2) 채무인수를 광고한 양수인의 책임
대법원 2008. 4. 11. 선고 2007다89722 판결(물품대금)[22]
대법원 2010. 11. 11. 선고 2010다26769 판결(손해배상)[23]

양도인의 상호를 계속 사용하지 아니하는 영업양수인에 대해서도 양도인의 영업으로 인한 채무를 인수할 것을 광고한 때에는 그 변제책임을 인정하는 상법 제44조의 법리는, 영업양수인이 양도인의 채무를 받아들이는 취지를 광고에 의하여 표시한 경우에 한하지 않고, 양도인의 채권자에 대하여 개별적으로 통지를 하는 방식으로 그 취지를 표시한 경우에도 적용되어, 그 채권자와의 관계에서는 위 채무변제의 책임이 발생한다.

대법원 2010. 1. 14. 선고 2009다77327 판결(물품대금)[24]

상의 채권자는 선의여야 한다고 볼 것이다. 이때 선의란 채권자가 영업양도의 사실을 모른 경우는 물론, 영업양도 사실은 알았더라도 채무가 인수되지 않았음을 모른 경우를 포함한다는 취지의 판결이다.

22 피고회사가 '미래테크'로부터 안테나 제조·판매에 관한 물적 설비 및 인적 조직으로 구성된 영업조직을 그대로 양수함으로써 위 영업을 양수한 직후, 원고에게 '미래테크'의 상호가 '미래테크(주)'에서 '(주)안테나텍'으로 변경되었고, 연락처 및 주소도 변경되었다는 취지의 문서를 팩스로 보낸 데 이어, 재차 발신자를 '(주)안테나텍(구 미래테크)'이라고 표시한 문서에 피고의 사업자등록증을 첨부하여 팩스로 보낸 사실, 그 이후 피고가 원고와 거래를 하면서 자신이 납품받은 물품에 대한 물품대금은 물론 미래테크의 원고에 대한 물품대금채무 중 일부를 변제하기까지 한 사실 등에 기초하여, 이와 같이 개별적으로 통지를 하는 방식으로 양도인의 채무를 받아들이는 취지를 표시한 경우에도 제44조가 적용되므로, 피고회사는 영업양도인인 미래테크의 원고에 대한 물품대금채무를 변제할 책임이 있다고 하였다.

23 원고는 甲회사의 임원으로 근무하던 중 PTMEG의 중간물질인 PTMEA의 제조 방법에 관한 발명을 완성하여 그 발명에 관하여 특허를 받을 권리를 乙회사에게 양도하면서, 그 양도대금을 지급받기로 묵시적인 약정을 하였다. 이후 乙회사는 피고회사에게 PTMEG 영업을 양도하면서 영업양도계약을 체결하였다. 위 양도계약서는 인수받을 부채를 한정적으로 열거하였는데, 위 특허를 받을 권리의 양도대금채무는 인수대상에 포함되지 않았다. 원고가 피고회사에 내용증명으로 보상요구를 하자, 피고회사는 "발명자가 요청한 사항이 청구 유효기간 내에 청구되었음을 확인하고, 청구 내용에 대해 청구 효력의 만료일 이후에도 계속 협의해 나가겠다."는 취지의 답변을 한 후, 원고와 여러 차례에 걸쳐 지급할 보상금의 액수에 대한 협의를 하였다. 영업양도 계약서에 따르면 피고회사가 위 특허를 받을 권리의 양도대금채무를 인수한 것은 아니지만, 원고의 보상요구에 대한 위와 같은 답변과 협의는 피고회사가 원고에게 채무를 인수하였다는 취지를 표시한 것에 해당하므로, 피고회사는 제44조의 채무인수를 광고한 양수인으로서 원고에게 양도대금채무를 변제할 책임이 있다고 하였다.

24 먼저, ① 채무면탈목적의 회사설립에 의한 법인격부인 주장에 대하여, 피고회사가 소외회사로부터 공장건물, 기계 및 인력 대부분을 그대로 인수하여 종전과 동일한 영업을 시작한 사실, 소외회사의 대표이사인 A는 피고회사의 대표이사 B의 고모부이고, B가 이전에 소외회사 이사로 재직한 적이 있었던 사실, 피고회사가 원고에게 법인이 변경되었다는 내용은 없이 단지 회사명이 '소외회사'에서 ' 피고주식회사'로 변경되었다는 내용의 통지만 한 사실은 인정되지만, 소외회사의 주주와 피고회사의 주주가 완전히 다른 점, 피고회사가 소외회사의 소유이던 공장건물 및 부지와 기계류 등을 경매로 취득하면서 지출한 매수대금을 피고회사의 증자대금과 수출대금 및 은행 대출금과 적금 등으로 마련하였을 뿐, 소외회사로부터 무상으로 이전받은 자산이 없는 점 등의 사정에 비추어, 피고회사가 소외회사와 실질적으로 동일한 회사로서 그 채무를 면탈할 목적으

[1] 기존회사가 채무를 면탈하기 위하여 기업의 형태·내용이 실질적으로 동일한 신설회사를 설립하였다면, 신설회사의 설립은 기존회사의 채무면탈이라는 위법한 목적 달성을 위하여 회사제도를 남용한 것에 해당하고, 이러한 경우에 기존회사의 채권자에 대하여 위 두 회사가 별개의 법인격을 갖고 있음을 주장하는 것은 신의성실의 원칙상 허용될 수 없으므로, 기존회사의 채권자는 위 두 회사 어느 쪽에 대하여서도 채무의 이행을 청구할 수 있다. 여기에서 기존회사의 채무를 면탈할 의도로 신설회사를 설립한 것인지 여부는 기존회사의 폐업 당시 경영상태나 자산상황, 신설회사의 설립시점, 기존회사에서 신설회사로 유용된 자산의 유무와 그 정도, 기존회사에서 신설회사로 이전된 자산이 있는 경우 그 정당한 대가가 지급되었는지 여부 등 여러 사정을 종합적으로 고려하여 판단하여야 한다.

[2] 신설회사가 기존회사로부터 영업재산 대부분을 그대로 인수하는 등 그 영업을 양수하여 기존회사의 거래처와 거래를 계속하던 중 기존회사의 채권자에게 상호를 변경한다는 취지의 개별통지를 하였다면, 신설회사는 상법 제44조의 채무인수를 광고한 양수인에 해당하여 양도인의 채권자에게 채무변제의 책임이 있다.

(3) 양수인의 변제책임
대법원 2009. 7. 9. 선고 2009다23696 판결(양수금)

영업양수인이 양도인의 영업으로 인한 채무를 인수할 것을 광고한 때에는 양수인도 변제할 책임이 있는바(제44조), 이 경우 영업양도인의 영업으로 인한 채무와 영업양수인의 제44조에 따른 채무는 같은 경제적 목적을 가진 채무로서 서로 중첩되는 부분에 관하여는 일방의 채무가 변제 등으로 소멸하면 다른 일방의 채무도 소멸하는 이른바 부진정연대의 관계에 있지만, 채권자의 영업양도인에 대한 채권과 영업양수인에 대한 채권은 어디까지나 법률적으로 발생원인을 달리하는 별개의 채권으로서 그 성질상 영업양수인에 대한 채권이 영업양도인에 대한 채권의 처분

로 설립된 것으로 볼 수는 없다고 하였다. 나아가, ② 피고회사에 영업양수인으로서의 변제책임이 있다는 주장에 대하여, 피고회사가 소외회사로부터 영업을 양수하여 원고를 비롯한 소외회사의 기존 거래처와의 거래를 계속한 점, 원고는 종전대로 소외회사 명의로 거래명세표를 작성하여 피고회사의 직원으로부터 제품을 인수하였다는 취지의 확인을 받아오던 중, 피고회사가 "당사 상호변경의 건"이라는 제목으로, "금년 2005년 2월부터 회사명 변경으로 인해 아래와 같이 공문합니다."라는 내용 하에 그 업태와 종목은 사실상 동일하고 단지 상호명 및 사업자등록번호와 대표자만 바뀐 소외회사와 피고회사의 각 표시를 변경 전후로 나누어 표시한 서류를 원고에게 발송하였고, 이에 원고는 '공급받는 자'를 피고회사로 바꾼 세금계산서를 발행하는 한편, 물품을 공급하고서 피고회사로부터는 소외회사의 기존 미지급 물품대금채무 일부를 포함한 금원을 지급받은 점 등의 사정에 비추어, 피고회사는 상법 제44조의 채무인수를 광고한 양수인에 해당하여 소외회사의 원고에 대한 미지급 물품대금채무를 변제할 책임이 있다고 보았다.

에 당연히 종속된다고 볼 수 없다. 따라서 채권자가 영업양도인에 대한 채권을 타인에게 양도하였다는 사정만으로 영업양수인에 대한 채권까지 당연히 함께 양도된 것이라고 단정할 수 없고, 함께 양도된 경우라도 채권양도의 대항요건은 채무자별로 갖추어야 한다.

대법원 1979. 3. 13. 선고 78다2330 판결(집행문부여에대한이의)

확정판결의 변론종결 후 동 확정판결상의 채무자로부터 영업을 양수하여 양도인의 상호를 계속 사용하는 영업양수인은 상법 제42조 제1항에 의하여 그 양도인의 영업으로 인한 채무를 변제할 책임이 있다 하여도, 그 확정판결상의 채무에 관하여 이를 면책적으로 인수하는 등 특별사정이 없는 한, 그 영업양수인을 곧 민사소송법 제204조의 변론종결후의 승계인에 해당된다고 할 수 없다.

II. 합 병

1. 합병계약

가. 합병신주에 관한 사항

대법원 2004. 12. 9. 선고 2003다69355 판결(주주총회결의취소)

합병으로 인하여 증가한 존속회사의 순자산가치에 관하여 신주의 발행이 법률상 강제된다고 할 수 없고, 존속회사가 보유하고 있던 소멸회사의 주식('포합주식')에 대하여 반드시 합병신주를 배정하여야 하는 것이 아니다.[25]

나. 자본금에 관한 사항

대법원 2008. 1. 10. 선고 2007다64136 판결(합병무효청구)

상법 제523조 제2호가 흡수합병계약서의 절대적 기재사항으로 '존속하는 회사의 증가할 자본'을 규정한 것은 원칙적으로 자본충실을 도모하기 위하여 존속회사의 증가할 자본액(즉, 소멸회사의 주주들에게 배정·교부할 합병신주의 액면총액)이 소멸회사의 순자산가액 범위 내로 제한되어야 한다는 취지라고 볼 여지가 있기는 하나, 합병당사자의 전부 또는 일방이 주권상장법인인 경우 그 합병가액 및 합병비율의 산정에 있어서는 증권거래법(현행 자본시장법)과 그 시행령 등이 특별법으로서 일반법인 상법에 우선하여 적용되고, 증권거래법 시행령 제84조의7(현행 자본시장법시행령 제176조의 5) 소정의 합병가액 산정기준에 의하면 주권상장법인은 합병가액을 최근 유가증권시장에서의 거래가격을 기준으로 재정경제부령이 정하는 방법에 따라 산정한 가격에 의하므로 경우에 따라 주당 자산가치를 상회하는 가격이 합병가액으로 산정될 수 있고, 주권비상장법인도 합병가액을 자산가치·수익가치 및 상대가치를 종합하여 산정한 가격에 의하는 이상 역시 주당 자산가치를 상회하는 가격이 합병가액으로 산정될 수 있으므로, 결국 소멸회사가 주권상장법인이든 주권비상장

---

25 포합주식에 대해 합병신주를 배정할 수 있는지에 관해서는, 자기주식취득의 예외(제341조의2 제1호)에 해당하는 것으로 보아 허용하는 견해가 있고, 결과적으로 신주발행에 의한 자기주식취득을 용인할 수는 없으므로 허용될 수 없다는 견해도 있다. 존속회사가 소멸회사의 주식을 자산으로 보유하고 있던 것을 강제로 상실하게 하는 것은 타당하지 않고, 합병으로 인하여 자기주식으로 변한 그 자산을 계속 보유할 수 있게 하는 것이 타당하다. 존속회사는 자본금을 그만큼 늘리지 않고 싶으면 포합주식에 대해 합병신주를 배정하지 않을 수도 있을 것이다. 그리고 통상의 신주발행에서 자기주식을 취득하는 것과 달리 자본충실을 해칠 우려도 없으므로, 대법원 판결과 같이 당사자들의 선택에 따라 포합주식에 대해서도 합병신주를 배정할 수 있다고 보는 것이 타당하다.

법인이든 어느 경우나 존속회사가 발행할 합병신주의 액면총액이 소멸회사의 순자산가액을 초과할 수 있게 된다. 따라서 증권거래법 및 그 시행령이 적용되는 흡수합병의 경우에는 존속회사의 증가할 자본액이 반드시 소멸회사의 순자산가액의 범위 내로 제한된다고 할 수 없다.[26]

다. 합병비율에 관한 사항

대법원 2009. 4. 23. 선고 2005다22701, 22718 판결(합병철회, 주총결의취소)
대법원 2008. 1. 10. 선고 2007다64136 판결(합병무효청구)

흡수합병시 존속회사가 발행하는 합병신주를 소멸회사의 주주에게 배정·교부함에 있어서 적용할 합병비율은 자산가치 이외에 시장가치, 수익가치, 상대가치 등의 다양한 요소를 고려하여 결정되어야 하는 만큼 엄밀한 객관적 정확성에 기하여 유일한 수치로 확정할 수 없고, 그 제반 요소의 고려가 합리적인 범위 내에서 이루어졌다면 결정된 합병비율이 현저하게 부당하다고 할 수 없으므로, 합병당사자 회사의 전부 또는 일부가 주권상장법인인 경우 증권거래법(현행 자본시장법)과 그 시행령 등 관련 법령이 정한 요건과 방법 및 절차 등에 기하여 합병가액을 산정하고 그에 따라 합병비율을 정하였다면 그 합병가액 산정이 허위자료에 의한 것이라거나 터무니없는 예상 수치에 근거한 것이라는 등의 특별한 사정이 없는 한, 그 합병비율이 현저하게 불공정하여 합병계약이 무효로 된다고 볼 수 없다.[27]

---

26 위 판결은, 흡수합병에 있어서 존속회사가 단순히 소멸회사의 순자산만큼의 자산을 증대시키는 것에 그치지 않고 소멸회사의 영업상의 기능 내지 특성으로 높은 초과수익력을 갖게 되는 등 합병으로 인한 상승작용(시너지)의 효과를 기대할 수 있다면 존속회사가 발행하는 합병신주의 액면총액이 소멸회사의 순자산가액을 초과하는 경우 그 초과 부분은 소멸회사의 위와 같은 무형적 가치에 대한 대가로 지급되는 것이라고 볼 수 있다는 점(대법원 1986. 2. 11. 선고 85누592 판결 등)도 고려하였다. 채무초과회사를 합병하는 경우에도 같은 문제가 생길 수 있는데, 소멸회사는 순자산의 가치를 넘어 무형적 가치나 미래의 초과수익가치가 인정될 수도 있고, 소멸회사와의 합병으로 인한 시너지(synergy) 효과를 기대할 수 있다면 이러한 합병을 허용할 필요가 있으므로 이를 일률적으로 금지하는 것은 타당하지 않다. 이 경우 존속회사의 주주와 채권자는 반대주주의 주식매수청구나 채권자보호절차 등으로 보호될 수 있을 것이다. 다만, 포괄적 주식교환과 이전의 경우에는 명시적으로 제한되어 있다(제360조의7, 제360조의18).
27 합병당사회사 중에 상장회사가 있는 경우에는 자본시장법에 기업가치의 평가방법이 규정되어 있는데(합병당사회사가 모두 비상장회사인 경우에는 아무런 규정이 없음), 상장회사는 시가를 가중평균하여, 비상장회사는 자산가치와 수익가치를 가중평균하여 산정한다. 자본시장법 제165조의4 제1항, 동법시행령 제176조의5 제1항, 제2항 등에 따르면, 주권상장법인 간 합병의 경우에는 합병을 위한 이사회 결의일과 합병계약을 체결한 날 중 앞서는 날의 전일을 기산일로 한 다음, 최근 1개월간 평균종가, 최근 1주일간 평균종가, 최근일의 종가를 산술평균한 가액과, 최근일의 종가 중 낮은 가액으로 하되, 최근 1개월간 및 1주일간의 각 평균종가는 거래량으로 가중산술평균하여 산정한다. 그리고, 주권상장법인과 주권비상장법인 간 합병의 경우에는, 주권상장법인의 경우에는 위에서 본 바와 같이 산정한 가격(다만, 그 가격이 자산가치에 미달하는 경우

2. 소규모합병

대법원 2004. 12. 9. 선고 2003다69355 판결(주주총회결의취소)[28]

[1] 상법 제527조의3 제 1 항 본문규정의 '합병으로 인하여 발행하는 신주'란 합병 당시에 실제로 발행하는 신주를 말하는 것으로 해석되므로, 존속회사가 그에 갈음하여 이미 보유하고 있던 자기주식을 이전하는 경우 이를 '합병으로 인하여 발행하는 신주'에 해당한다고 볼 수는 없고, 이처럼 미리 취득하여 둔 자기주식을 합병의 대가로 이전하는 것 자체가 합병절차상의 하자에 해당한다고 볼 수 없다.

[2] 상법 제527조의3 제 1 항 단서는 "합병으로 인하여 소멸하는 회사의 주주에게 지급할 금액을 정한 경우에 그 금액('합병교부금')이 존속하는 회사의 최종 대차대조표상으로 현존하는 순자산액의 100분의 5를 초과하는 때"에는 이사회의 승인으로써 주주총회의 승인에 갈음할 수 없다는 것인바, 여기서 '합병교부금'은 합병계약서의 절대적 기재사항에 관한 상법 제523조 제 4 호에 있어서와 마찬가지로 합병결의에 의하여 실제로 소멸회사의 주주에게 지급하는 금전을 말하는 것이므로, 존속회사가 가진 소멸회사의 주식('포합주식')에 대하여 합병신주를 배정하지 아니한 경우 그 미배정 신주의 납입가액 상당액 또는 합병기일 이전에 존속회사가 소멸회사의 주식을 매수하면서 지급한 매매대금과 같은 것은 이에 해당하지 아니한다.

에는 자산가치로 할 수 있음)으로 하고, 주권비상장법인의 경우에는 자산가치와 수익가치를 가중산술평균한 가액과 상대가치의 가액을 산술평균한 가액(다만, 상대가치를 산출할 수 없는 경우에는 자산가치와 수익가치를 가중산술평균한 가액으로 함)에 따라 한다. 한편, 상장회사는 합병가액 등에 관하여 외부평가기관으로부터 평가를 받아야 한다(동법 제165조의4 제 2 항, 동법시행령 제176조의 5 제 7 항).

28 이 판결은 합병대가로 지급되는 존속회사의 자기주식은 합병신주에 포함되지 않고, 또한 포합주식에 합병신주를 배정하지 않는 경우라도 포합주식 취득대금 상당액을 합병교부금에 포함시킬 수 없다고 하였다. 그러나 이에 대해서는 비판적인 견해가 많다. 합병신주 대신 존속회사가 가진 자기주식을 교부하는 경우 이는 합병신주의 발행과 실질적으로 동일하므로 소규모주식교환의 경우와 같이(제360조의10 제 2 항) 그 자기주식도 합병신주총수에 포함시켜야 할 것이다. 그리고 존속회사가 소규모합병을 이용하기 위해 미리 소멸회사의 주식(포합주식)을 취득하는 경우 이것도 본질상 교부금과 다르지 않으므로 교부금에 포함하는 것이 타당하다. 나아가 소멸회사의 지배주주가 합병신주를 포기함으로써 합병신주의 총수를 줄이는 경우에도 포기한 주주에게 배정되었을 주식을 합병신주의 총수에 산입하는 것이 타당하다. 소규모합병에서는 반대주주의 주식매수청구권이 인정되지 않으므로(동조 제 5 항) 존속회사의 소수주주들의 이익을 해치고 소규모합병의 취지에 맞지 않는 결론이 나올 수 있기 때문이다.

3. 반대주주의 주식매수청구권

서울고법 2011. 12. 9.자 2011라1303 결정(주식매수가격결정신청)

[1] 상법 제522조의3에 따른 주식매수청구권은 합병에 반대하는 소수주주를 보호하기 위한 규정으로서, 일반 주주 입장에서는 회사가 주주총회의 소집통지를 하면서 주식매수청구권의 행사방법 등을 사전에 고지하여 주지 않을 경우 사실상 주식매수청구권을 행사하지 못할 가능성이 큰 점을 고려하여, 제530조 제2항에 의하여 준용되는 제374조 제2항은 회사가 그 주주총회의 소집통지를 하면서 주식매수청구권의 내용 및 행사방법을 명시하여야 한다고 규정하고 있다.

[2] 상법 제522조의3 제1항에서 반대주주가 주주총회 전에 회사에 대하여 서면으로 결의에 반대하는 의사를 통지하도록 한 취지는 합병을 추진하는 회사로 하여금 반대주주의 현황을 미리 파악하여 총회결의에 대비할 수 있게 하기 위한 것이다.

[3] 회사가 상법 제374조 제2항에 따른 주식매수청구권의 내용 및 행사방법에 대한 통지를 하지 아니한 이상, 주주가 주주총회 전에 서면으로 그 합병결의에 반대한다는 의사를 통지하지 않았다고 하더라도 주식매수청구권을 행사할 수 있다고 봄이 상당하다.[29]

대법원 2011. 4. 28. 선고 2010다94953 판결(지연손해금)[30]

29 甲주식회사가 주주들에게 합병반대주주의 주식매수청구권에 관한 내용과 행사방법을 명시하지 않은 소집통지서를 발송하여 임시주주총회를 개최하고 乙주식회사와의 합병 승인 안건을 통과시켰는데, 총회 전 서면으로 합병에 반대하는 의사를 통지하지 않은 주주 丙이 위 안건에 대하여 기권을 한 후 총회 결의일로부터 20일 내에 甲회사에 내용증명을 발송하여 주식매수청구를 하였다. 이 판결은, 어차피 乙회사가 甲회사 주식의 85% 가량을 보유하고 있어 합병결의 정족수를 채우는 데 아무런 문제가 없었던 점 등을 고려할 때, 甲회사가 상법 제374조 제2항에 따른 주식매수청구권의 내용과 행사방법에 관한 통지를 하지 않은 이상, 丙은 총회 전 서면으로 합병결의에 반대하는 의사를 통지하지 않았고 총회에서도 합병에 반대하는 의사를 명백히 표하지 않은 채 기권을 하였다 하더라도 주식매수청구권을 행사할 수 있다고 하였다.

30 피고회사의 합병(또는 영업양도)에 반대하는 원고 주주들이 주식매수청구권을 행사하였고, 매수대금에 대한 지연손해금을 청구하였다. 이에 대하여 피고회사는 원고들이 매수대금지급과 동시이행관계에 있는 주권교부의무를 이행하거나 이행의 제공을 하지 않았으므로 지체책임이 없다고 항변하였다. 원고들의 주권은 명의개서대리인에 예탁되어 있었는데, 원고들은 매수청구를 하면서 피고회사가 공정한 매매대금을 지급함과 동시에 언제든지 자신들이 소지하고 있는 주권을 인도하겠다는 취지의 서면을 피고회사에 제출하였다. 그렇다면 원고들이 주식매수청구권을 행사한 날부터 2월이 경과하였을 당시 피고회사에 주식매수대금의 지급과 동시에 주권을 교부받아 갈 것을 별도로 최고하지 않았더라도 주권 교부의무에 대한 이행제공을 마친 것으로 보아 피고회사의 동시이행항변을 배척하였다. 그리고 원고 반대주주들이 주식매수가액 결정에서 자신들의 희망 매수가액을 주장하는 것은 상법에 의하여 인정된 권리이고, 법원의 주식매수가액 결정에 대하여 항고 및 재항고를 하는 것 역시 비송사건절차법에 의하여 인정되는 권리이므로, 반대주주들이 위와 같은 권리를 남용하였다는 특별한 사정이 인정되지 않는 한, 반대주주들이 법원의 주식매수가액 결정에 대하여

대법원 2011. 4. 28. 선고 2009다72667 판결(주식대금)

합병(또는 영업양도)에 반대하는 주주의 주식매수청구권에 관하여 규율하고 있는 상법 제374조의2 제1항 내지 제4항의 규정 취지에 비추어 보면, 합병(또는 영업양도)에 반대하는 주주의 주식매수청구권은 이른바 형성권으로서 그 행사로 회사의 승낙 여부와 관계없이 주식에 관한 매매계약이 성립하고, 상법 제374조의2 제2항의 '회사가 주식매수청구를 받은 날로부터 2월'은 주식매매대금 지급의무의 이행기를 정한 것이라고 해석된다. 그리고 이러한 법리는 위 2월 이내에 주식의 매수가액이 확정되지 아니하였다고 하더라도 다르지 아니하다.

대법원 2006. 11. 24.자 2004마1022 결정(주식매수가격결정)[31]

[1] 회사의 합병 또는 영업양도에 반대하는 주주가 회사에 대하여 비상장주식의 매수를 청구하는 경우, 그 주식에 관하여 객관적 교환가치가 적정하게 반영된 정상적인 거래의 실례가 있으면 그 거래가격을 시가로 보아 주식의 매수가액을 정하여야 하나, 그러한 거래사례가 없으면 비상장주식의 평가에 관하여 보편적으로 인정되는 시장가치방식, 순자산가치방식, 수익가치방식 등 여러 가지 평가방법을 활용하되, 비상장주식의 평가방법을 규정한 관련 법규들은 그 제정 목적에 따라 서로 상이한 기준을 적용하고 있으므로, 어느 한 가지 평가방법(예컨대, 자본시장법시행령 제176조의7 제3항의 평가방법이나 상속세 및 증여세법 시행령 제54조의 평가방법)이 항상 적용되어야 한다고 단정할 수 없고, 당해 회사의 상황이나 업종의 특성 등을 종합적으로 고려하여 공정한 가액을 산정하여야 한다.

[2] 시장가치, 순자산가치, 수익가치 등 여러 가지 평가요소를 종합적으로 고

항고 및 재항고를 거치면서 상당한 기간이 소요되었다는 사정만으로 지연손해금에 관하여 감액이나 책임제한을 할 수 없다고 하였다. 지연손해금은 상사법정이율인 연6%가 적용되고, 소장 송달 이후부터는 회사가 그 이행의무의 존부 및 범위에 관하여 항쟁함이 상당하다고 인정되는 경우가 아닌 한 소송촉진 등에 관한 특례법 제3조에서 정한 20%의 법정이율에 의한 지연손해금을 지급하여야 한다.

31 ① 이 사건과 같은 비상장회사의 경우에는 매수가격의 결정에 관한 별다른 규정이 없고 공정한 가격을 결정하는 것이 매우 어렵다. ② 상장회사의 경우 매수가액의 협의가 이루어지지 않으면 매수가격은 이사회 결의일 이전에 증권시장에서 거래된 해당 주식의 거래가격을 기준으로 하여 대통령령으로 정하는 방법(이사회결의일 이전 일정한 기간들의 평균가격)에 따라 산정된 금액으로 하며, 해당 법인이나 매수를 청구한 주주가 그 매수가격에 대하여도 반대하면 법원에 매수가격의 결정을 청구할 수 있다(자본시장법 제165조의5 제3항, 동법시행령 제176조의7 제3항). 법원은 원칙적으로 위와 같은 시장주가를 참조하여 매수가격을 산정하고 있다. 다만, 구체적인 사정에 따라 시장가격을 배제하거나 시장주가와 함께 순자산가치나 수익가치 등 다른 평가요소를 반영하여 산정할 수 있는 여지를 두고 있다(대법원 2011. 10. 13.자 2008마264 결정, 대법원 2011. 10. 13.자 2009마989 결정 등). 상장회사 주식의 매수가액 결정은 대부분 위 규정에 따라 이루어지고 별다른 문제가 발생하지 않는 것이 일반적이다.

려하여 비상장주식의 매수가액을 산정하고자 할 경우, 당해 회사의 상황이나 업종의 특성, 위와 같은 평가요소가 주식의 객관적인 가치를 적절하게 반영할 수 있는 것인지, 그 방법에 의한 가치산정에 다른 잘못은 없는지 여부에 따라 평가요소를 반영하는 비율을 각각 다르게 하여야 한다.

4. 합병의 효과

대법원 2009. 4. 23. 선고 2005다22701, 22718 판결(합병철회 · 주주총회결의취소)

[1] 제524조 제6호에 따라 합병계약서에 이사와 감사로 선임될 자의 성명 및 주민등록번호가 기재되고 그 합병계약서가 각 합병당사회사의 주주총회에서 승인됨으로써 합병으로 인하여 설립되는 회사의 이사와 감사 등의 선임이 이루어졌으므로, 이러한 경우에는 굳이 신설합병의 창립총회를 개최하여 신설회사의 이사와 감사 등을 선임하는 절차를 새로이 거칠 필요가 없고 이사회의 공고로 갈음할 수 있다.

[2] 신설합병의 창립총회에 갈음하는 이사회 공고의 방식에 관하여 상법에 특별한 규정을 두고 있지 아니하므로, 이 경우 이사회 공고는 상법 제289조 제1항 제7호에 의하여 합병당사회사의 정관에 규정한 일반적인 공고방식에 의하여 할 수 있다.

5. 합병무효의 소

대법원 2008. 1. 10. 선고 2007다64136 판결(주식회사합병무효청구)
대법원 2009. 4. 23. 선고 2005다22701, 22718 판결(합병철회 · 주주총회결의취소)

합병비율을 정하는 것은 합병계약의 가장 중요한 내용이고, 그 합병비율은 합병할 각 회사의 재산 상태와 그에 따른 주식의 실제적 가치에 비추어 공정하게 정함이 원칙이며, 만일 그 비율이 합병할 각 회사의 일방에게 불리하게 정해진 경우에는 그 회사의 주주가 합병 전 회사의 재산에 대하여 가지고 있던 지분비율을 합병 후에 유지할 수 없게 됨으로써 실질적으로 주식의 일부를 상실케 되는 결과를 초래하므로, 현저하게 불공정한 합병비율을 정한 합병계약은 사법관계를 지배하는 신의성실의 원칙이나 공평의 원칙 등에 비추어 무효이고, 따라서 합병비율이 현저하게 불공정한 경우 합병할 각 회사의 주주 등은 상법 제529조에 의하여 소로써 합병의 무효를 구할 수 있다.

대법원 1993. 5. 27. 선고 92누14908 판결(건설업면허취소처분취소)

[1] 회사합병에 있어서 합병등기에 의하여 합병의 효력이 발생한 후에는 합병무효의 소를 제기하는 외에 합병결의무효확인청구만을 독립된 소로서 구할 수 없다.

[2] 청구인낙은 당사자의 자유로운 처분이 허용되는 권리에 관하여만 허용되는 것으로서 회사법상 주주총회결의의 하자를 다투는 소나 회사합병무효의 소 등에 있어서는 인정되지 아니하므로 법률상 인정되지 아니하는 권리관계를 대상으로 하는 청구인낙은 효력이 없다.

Ⅲ. 분 할

1. 연대책임

가. 연대책임의 범위

대법원 2008. 2. 14. 선고 2007다73321 판결(물품대금)

상법 제530조의9 제 1 항에 따라 주식회사의 분할 또는 분할합병으로 인하여 설립되는 회사와 존속하는 회사가 회사 채권자에게 연대하여 변제할 책임이 있는 분할 또는 분할합병 전의 회사 채무에는, 회사 분할 또는 분할합병의 효력발생 전에 발생하였으나 분할 또는 분할합병 당시에는 아직 그 변제기가 도래하지 아니한 채무도 포함된다.[32]

대법원 2010. 12. 23. 선고 2010다71660 판결(구상금)

상법 제530조의9 제 1 항에 따라 주식회사의 분할 또는 분할합병으로 인하여 설립되는 회사와 존속하는 회사가 회사 채권자에게 연대하여 변제할 책임이 있는 분할 또는 분할합병 전의 회사 채무에는, 회사 분할 또는 분할합병의 효력발생 전에 아직 발생하지는 아니하였으나 이미 그 성립의 기초가 되는 법률관계가 발생하여 있는 채무도 포함된다.[33]

대법원 2007. 11. 29. 선고 2006두18928 판결(시정조치등취소)

제530조의9 제 2 항과 제530조의10에 의하여 신설회사 또는 존속회사가 승계

---

[32] 피고회사는 원고회사와 사이에 원고회사로부터 신축공사현장에 필요한 고장력 철근 약 300t을 공급받기로 하는 계약을 체결하면서, 위 공사현장에 철근이 필요한 시점을 정확히 예측할 수 없자 그 공급시기를 2005. 3.경부터 2005년 말까지라고만 정하고, 그 대금은 매월 1일과 16일에 현금으로 결제하기로 하였다. 그러던 중 피고회사는 위 건축공사업에 관련된 사업 부분을 분할하여 A주식회사를 설립하되 그 사업 부분과 관련된 채무액도 인수하며, 분할 전 채무는 피고회사와 신설회사가 연대하여 책임을 지는 방식으로 회사를 분할하였다. 원고회사는 위 계약에 따라 공사현장에 공급한 철근에 대한 대금을 청구하였는데, 위 물품대금채권은 비록 약정된 물품의 구체적인 공급시기가 정해지지 아니한 채로 분할하여 공급되는 관계로 구체적인 대금의 변제기는 다르다고 하더라도 결국 위 회사분할 이전에 체결된 공급계약에 의하여 발생한 것이므로, 그 변제기가 위 회사분할 이후에 도래한 것이라고 하더라도 상법 제530조의9 제 1 항의 회사 분할 전 채무에 해당한다고 보았다. 따라서 피고회사로서는 위 회사분할 이후에도 원고회사가 취득한 물품대금채권에 대하여 A회사와 연대하여 변제할 책임이 있다고 하였다.

[33] 이 판결은 신용보증약정과 이를 담보로 한 대출계약이 분할 전에 있었다면, 대출채무의 대위변제로 인한 구상금채무가 분할 후에 발생하였다고 하더라도 연대책임의 대상이 된다고 하였다. 이러한 취지로 보면, 분할등기 전에 제조물로 인한 사고가 있었던 경우, 환경오염행위와 그 피해가 있었던 경우 등에는, 분할 등기 후에 발견되거나 손해배상책임이 확정되었더라도 이미 불법행위로 인한 손해배상채권이 분할 전에 성립하고 있었으므로 연대책임의 대상이 된다고 할 것이다.

하는 것은 분할회사의 권리와 의무라 할 것이므로, 분할하는 회사의 분할 전 법위반행위를 이유로 과징금이 부과되기 전까지는 단순한 사실행위만 존재할 뿐 그 과징금과 관련하여 분할하는 회사에게 승계의 대상이 되는 어떠한 의무가 있다고 할 수 없고, 특별한 규정이 없는 한 신설회사에 대하여 분할하는 회사의 분할 전 법 위반행위를 이유로 과징금을 부과하는 것은 허용되지 않는다.[34]

나. 연대책임의 배제[35]

대법원 2010. 8. 19. 선고 2008다92336 판결(손해배상(기))[36]

[1] 회사가 분할되는 경우 신설회사 또는 승계회사는 분할전 회사채무에 관하여 연대하여 변제할 책임이 있으나(제530조의9 제 1 항), 분할회사가 상법 제530조의3 제 2 항에 따라 분할계획서를 작성하여 출석한 주주의 의결권의 3분의 2 이상의 수와 발행주식총수의 3분의 1 이상의 수로써 주주총회의 승인을 얻은 결의로 분할에

---

34 분할 전에 채권성립의 기초가 되는 '사실관계'만 존재하였던 경우에는 아직 채권이 성립하였다고 보기 어려우므로 연대책임의 대상이 되지 않는다는 취지이다. 예를 들면, 분할 전에 제품의 판매만 있었고 제조물로 인한 사고는 없었다면 분할 후에 발생한 사고에 대하여 신설회사가 연대책임을 지지 않는다. 다만, 위 판결 이후 2012년 공정거래법이 개정되어 분할 이전의 행위를 이유로 분할회사는 물론 신설회사 또는 승계회사에 대해서도 과징금을 부과할 수 있게 되었다(동법 제55조의3 제 3 항). 한편, 환경오염행위가 분할 전에 있었는데 그 피해가 분할 전후에 걸쳐, 또는 분할 후에 발생하여 손해배상책임액 등이 확정되지 않은 경우가 문제이다. 이 경우에도 위법한 가해행위가 분할 전에 있었던 이상 피해액의 확정 유무에 상관없이 연대책임의 대상이 된다고 보아야 할 것이다.

35 분할에서 채권자의 보호는 분할관련회사의 연대책임(제530조의9)과 채권자보호절차를 통하여 이루어진다. 먼저 단순분할에서는 반드시 채권자보호절차를 거쳐야 하는 것은 아니지만, 연대책임을 배제하려면 채권자보호절차를 거쳐야 한다(제530조의9 제 4 항, 제527조의5). 따라서 채권자보호절차를 거치지 않았더라도 원칙대로 연대책임이 부과될 뿐이고 분할의 효력에는 영향이 없다. 분할합병의 경우에는 분할회사와 승계회사 모두 반드시 채권자보호절차를 거쳐야 한다(제530조의11 제 2 항, 제527조의5). 따라서 채권자보호절차를 거치지 않으면 연대책임이 배제되지 않을뿐더러 분할무효의 원인이 될 수 있다. 채권자보호절차는 채권자에게 분할에 대한 이의를 제출할 것을 공고하고, 회사가 알고 있는 채권자에 대하여는 개별적으로 이의제출을 최고해야 하며, 이의를 제출한 채권자에게는 변제 또는 담보제공 등의 조치를 취해야 한다(제530조의9 제 4 항, 제530조의11 제 2 항, 제527조의5, 제232조 제 3 항).

36 대우중공업은 조선해양 사업부문을 분할하여 대우조선해양을, 종합기계 사업부문을 분할하여 대우종합기계(후에 두산인프라코어로 상호변경)를 신설하였다. 이때 분할계획서에 신설회사들은 분할회사로부터 출자받은 재산에 대해서만 채무를 부담하는 것으로 정하여 연대책임을 배제하는 절차를 거쳤다. 원고들은 분할 전의 대우중공업의 분식회계를 믿고 투자한 주주들인데, 사업보고서의 허위기재 등을 이유로 증권거래법에 따른 손해배상채권을 대우중공업과 신설회사들에게 주장하였다. 대법원은 위 손해배상책임을 "출자한 재산에 관한 채무"로 보기 어렵다고 판단하였다. 원고들은 나아가 대우중공업이 원고들에게 개별적으로 최고하지 않았으므로 연대책임이 배제되지 않는다고 주장하였지만, 대법원은 "분식회계를 이유로 분할 전 회사의 분식회계로 손해를 입었음을 주장하는 일부 실질주주명부상 주주들이 상법 제530조의9 제 4 항, 제527조의5 제 1 항에 정한 채권자보호절차에서 분할에 대한 이의 여부를 개별적으로 최고하여야 하는 분할전회사가 '알고 있는 채권자'에 해당한다고 볼 수 없다"고 하였다.

의하여 회사를 설립하는 경우에는 신설회사가 분할회사의 채무 중에서 출자한 재산에 관한 채무만을 부담할 것을 정하여(제530조의9 제2항) 신설회사의 연대책임을 배제할 수 있다.

[2] 이 경우 분할회사가 '출자한 재산'이라 함은 분할회사의 특정재산을 의미하는 것이 아니라 조직적 일체성을 가진 영업, 즉 특정의 영업과 그 영업에 필요한 재산을 의미하며(대법원 2010. 2. 25. 선고 2008다74963 판결), '출자한 재산에 관한 채무'라 함은 신설회사가 분할되는 회사로부터 승계한 영업에 관한 채무로서 당해 영업 자체에 직접적으로 관계된 채무뿐만 아니라 그 영업을 수행하기 위해 필요한 적극재산과 관련된 모든 채무가 포함된다.

대법원 2004. 7. 9. 선고 2004다17191 판결(임대료등)

분할계획서상 분할기준일 이전의 분할 전의 회사채무에 관하여 신설회사의 연대책임 원칙을 배제하는 규정을 두고 있음에도, 분할기준일 후의 분할 전의 회사채무에 대하여 분할계획서에 특별한 규정을 두고 있지 않은 경우, 회사분할에 있어서 신설회사는 원칙적으로 분할 전의 회사채무에 관하여 연대하여 변제할 책임이 있고(제530조의9 제1항), 회사가 제530조의3 제2항의 규정에 의한 특별결의로 분할에 의하여 회사를 설립하면서, 신설회사가 분할되는 회사의 채무 중에서 출자한 재산에 관한 채무만을 부담할 것을 정함으로써 출자한 재산에 관한 채무 외의 채무에 대하여는 부담하지 아니할 것을 정할 수 있으나(제530조의9 제2항), 출자한 재산에 관한 채무에 관하여는 위 규정에 의하더라도 신설회사가 그 책임을 면할 수 없는 것이 원칙이므로, 특별한 사정이 없는 한 신설회사에 출자한 재산에 관한 채무는 그것이 분할기준일 후부터 분할 전까지 발생한 것이라도 신설회사에게 승계되는 것으로 보아야 할 것이다.[37]

대법원 2006. 10. 12. 선고 2006다26380 판결(물품대금)

신설회사 또는 승계회사가 분할 또는 분할합병 전의 회사채무를 전혀 승계하

---

37 주식회사 대우는 대우중공업에 대우센터빌딩의 일부를 임대해 주었는데, 대우로부터 분할된 원고 대우건설이 그 임대차계약을 이전받았고, 대우중공업으로부터 분할된 피고 대우종합기계가 위 임대차계약에 기한 모든 권리를 이전받았다. 이후 원고회사는 피고회사에게 분할 전에 발생한 연체임대료를 청구하였다. 피고회사는 분할계획서에 임대보증금반환채권은 포함되어 있지만 연체임료채무는 포함되어 있지 않았고 또 연대책임을 배제하는 절차를 거쳤으므로 책임이 없다고 주장하였다. 대법원은 위 연체임료채무는 피고회사가 대우중공업으로부터 승계받은 임대보증금반환채권과 동일한 임대차계약에 기한 것이므로 출자한 재산에 관한 채무로서 피고회사가 이를 승계한 것이라고 하였다.

지 않기로 하는 내용의 합의는 제530조의9에 위반한 것이어서 제527조의5에 정한 채권자보호절차를 거쳤는지 여부를 불문하고 채권자에 대한 관계에서 아무런 효력이 없고, 따라서 신설회사 또는 승계회사는 분할 또는 분할합병 전의 회사채무에 대하여 분할되는 회사와 연대책임을 진다.[38]

대법원 2009. 4. 23. 선고 2008다96291 판결(계약금등반환청구·양도대금)

[1] 처분문서인 분할합병계약서에 부채를 제외한 전기공사업면허 등을 분할합병의 방식으로 이전한다는 취지가 명시되어 있는 이상, 비록 분할합병의 경우 승계회사가 분할회사의 채무를 승계하지 않기로 하는 내용의 합의가 제530조의9에 위배되어 채권자에 대한 관계에서 효력이 없더라도, 계약의 당사자 사이에서는 그 계약서에 기재된 대로 부채를 제외한 전기공사업면허 등을 분할합병의 방식으로 이전하는 의사의 합치가 있었다고 보아야 하고, 설령 일방 당사자가 분할합병의 방식에 의할 경우 상대방의 채무를 부담할 가능성이 있다는 점을 알지 못한 채 그 채무를 부담할 위험 없이 위 면허 등만을 양수하는 것으로 믿고 계약을 체결하였다고 하더라도, 이는 분할합병의 법률효과에 관한 착오에 불과하다.[39]

[2] 분할합병에 의해 전기공사업면허 등을 이전받은 승계회사가 그 분할합병계약의 체결로 분할회사의 채무까지 부담할 가능성을 생각하지 못한 것이 분할합병의 법률효과와 관련된 동기의 착오에 해당한다고 하더라도, 계약 체결 과정에서 상대방에게 표시되지 아니하여 계약의 내용이 되지 못하였다면 이를 법률행위의 내용의 중요 부분에 관한 착오라고 단정할 수 없다.

---

38 위 판결의 원심인 대구고법 2006. 4. 14. 선고 2005나1484 판결은, 사적자차의 원칙상 승계되는 채무의 범위도 당사자들이 자유롭게 정할 수 있고, 채무를 아예 승계하지 않는 것으로 정할 수도 있다고 하였다. 다만, 연대책임원칙의 예외를 규정한 제530조의9 제2, 3항이 적용되지 않고, 따라서 채권자보호절차를 거쳤는지 여부를 불문하고 동조 제1항에 따라 연대책임을 진다는 것이다. 대법원은 원심판결이 옳다고 하면서 본문과 같이 판시하였다.

39 위 판결과 대법원 2004. 7. 9. 선고 2004다17191 판결, 대법원 2006. 10. 12. 선고 2006다26380 판결 등에 따르면, 신설회사 또는 승계회사가 "출자받는 재산에 관한 채무" 중 일부를 부담하지 않는 것으로 정하거나, 아예 채무를 승계하지 않는 것으로 정했다고 하더라도, 이는 제530조의9에 위반하여 채권자에 대하여 효력이 없다는 것이다. 따라서 분할계획서 등에서 채무의 승계에 관하여 어떻게 정하였든 신설회사 또는 승계회사는 최소한 "출자한 재산과 관련된 영업에 관한 채무"에 대해서는 채권자와의 관계에서 연대책임을 배제할 수 없다는 입장인 것으로 보인다. 다만, 분할회사와 신설회사 사이의 내부적인 관계에서는 사적자치의 원칙상 정한대로 효력이 있다는 것으로 보인다. 한편, 출자받은 재산에 관한 채무보다 적은 채무를 승계하기로 정한 경우, 이는 "제530조의9에 위반한 것"으로서 연대책임의 배제의 효과 자체가 없어지게 되어 신설회사 등이 분할회사의 모든 채무에 대하여 연대책임을 지게 되는지, 아니면 "출자한 재산과 관련된 영업에 관한 채무"에 대해서만 분담책임을 지는 효과가 생기게 되는 것인지 여부도 분명하지 않다. 다만, 대법원 2006. 10. 12. 선고 2006다26380 판결은 전자와 같은 취지로 판시하고 있는데, 쉽게 수긍이 가지 않는다.

대법원 2010. 8. 26. 선고 2009다95769 판결(구상금등)

[1] 분할 또는 분할합병으로 인하여 설립되는 회사 또는 존속하는 회사("분할당사회사")는 특별한 사정이 없는 한 제530조의9 제 1 항에 의하여 각자 분할계획서 또는 분할합병계약서에 본래 부담하기로 정한 채무 이외의 채무에 대하여 연대책임을 지는 것이 원칙이고, 이 연대책임은 채권자에 대하여 개별 최고를 거쳤는지 여부와 관계없이 부담하게 되는 법정책임이므로, 채권자에 대하여 개별 최고를 하였는데 채권자가 이의제출을 하지 아니하였다거나 채권자가 분할 또는 분할합병에 동의하였기 때문에 개별 최고를 생략하였다는 등의 사정은 제530조의9 제 1 항이 규정하는 분할당사회사의 연대책임의 성부에 영향을 미치지 못한다.

[2] 분할당사회사가 제530조의9 제 1 항에 의한 연대책임을 면하고 각자 분할합병계약서에 본래 부담하기로 정한 채무에 대한 변제책임만을 지는 분할채무관계를 형성하기 위해서는, 분할합병에 따른 출자를 받는 승계회사가 분할되는 회사의 채무 중에서 출자한 재산에 관한 채무만을 부담한다는 취지가 기재된 분할합병계약서를 작성하여 이에 대한 주주총회의 승인을 얻어야 하고(제530조의9 제 3 항, 제 2 항 후단, 상법 제530조의3 제 1 항, 제 2 항), 이러한 요건이 충족되었다는 점에 관한 주장·증명책임은 분할당사회사가 연대책임관계가 아닌 분할채무관계에 있음을 주장하는 측에게 있다. 단순히 분할합병계약서에 제530조의6 제 1 항 제 6 호가 규정하는 '분할되는 회사가 분할합병의 상대방 회사에 이전할 재산과 그 가액'의 사항 등을 기재하여 주주총회의 승인을 얻었다는 사정만으로는 위와 같이 분할책임관계를 형성하기 위한 요건이 충족되었다고 할 수 없으므로, 분할당사회사는 각자 분할합병계약서에 본래 부담하기로 정한 채무 이외의 채무에 대하여 연대책임을 면할 수 없다.[40]

[3] 제530조의9 제 1 항에 의한 연대책임을 지는 경우, 이는 회사분할로 인하여 채무자의 책임재산에 변동이 생기게 되어 채권 회수에 불이익한 영향을 받는 채권

---

40 甲주식회사의 전기공사업 부문을 분할하여 乙주식회사에 합병하는 내용의 분할합병이 이루어졌다. 분할계약서에는 乙회사가 승계하는 재산의 내용과 목록만 기재되었을 뿐 乙회사가 출자한 재산에 관한 채무만을 부담한다는 취지가 기재되지는 않았고, 그러한 내용에 대한 甲회사의 주주총회의 승인이 이루어진 바도 없었다. 다만, 채권자보호절차에서 乙회사가 출자한 재산에 관한 채무만을 부담한다는 취지가 일간신문에 공고되었다. 그리고 원고가 위 분할합병에 동의하였기에 원고에 대한 개별최고도 생략하였다. 대법원은 제530조의6 제 1 항 제 7 호에 따라 "출자한 재산에 관한 채무만을 부담한다"는 취지가 기재된 분할합병계약서에 대한 주주총회의 승인이 없었다면 乙회사는 위 분할합병계약서에 의하여 본래 부담하기로 정한 채무 이외의 채무에 대하여 연대책임을 지고(제530조의9 제 1 항), 출자한 재산에 관한 채무만을 부담한다는 취지가 일간신문에 공고되었다거나 원고가 분할합병에 동의한 관계로 개별 최고를 생략하였다는 사정은 乙회사가 부담하게 되는 연대책임의 성부에 아무런 영향을 미치지 못한다고 하였다.

자를 보호하기 위하여 부과된 법정책임으로서 특별한 사정이 없는 한 그 법정 연대책임의 부담에 관하여 분할당사회사 사이에 주관적 공동관계가 있다고 보기 어려우므로, 분할당사회사는 각자 분할계획서나 분할합병계약서에 본래 부담하기로 정한 채무 이외의 채무에 대하여 부진정연대관계에 있다고 봄이 상당하다.[41]

대법원 2011. 9. 29. 선고 2011다38516 판결(어음금)[42]

[1] 상법 제530조의9 제 4 항, 제527조의5 제 1 항은, 분할회사와 승계회사가 분할 전 회사의 채무에 대하여 연대책임을 지지 않는 경우 채무자의 책임재산에 변동이 생기게 되어 채권자의 이해관계에 중대한 영향을 미치므로 채권자보호를 위하여 분할회사가 알고 있는 채권자에게 개별적으로 이를 최고하도록 규정하고 있는 것이고, 따라서 분할회사와 승계회사의 채무관계가 분할채무관계로 바뀌는 것은 분할회사가 자신이 알고 있는 채권자에게 개별적인 최고절차를 제대로 거쳤을 것을 요건으로 하는 것이라고 보아야 하며, 만약 그러한 개별적인 최고를 누락한 경우에는 그 채권자에 대하여 분할채무관계의 효력이 발생할 수 없고 원칙으로 돌아가 승계회사와 분할회사가 연대하여 변제할 책임을 지게 된다.

[2] 분할 또는 분할합병으로 인하여 회사의 책임재산에 변동이 생기게 되는

---

41 부진정연대채무에 대하여는 민법 제418조 제 2 항이 적용 내지 유추적용되지 않으므로, 甲회사가 채권자에 대하여 상계할 채권을 가지고 있음에도 상계를 하지 않고 있다고 하더라도 乙회사는 그 채권을 가지고 상계를 할 수 없다(대법원 1994. 5. 27. 선고 93다21521 판결 참조). 한편, 채무자가 제 3 자에 대하여 갖는 상계권도 채권자대위권의 목적이 될 수 있지만, 채권자대위권을 행사하기 위해서는 원칙적으로 채권의 존재 및 보전의 필요성, 기한의 도래 등의 요건을 충족하여야 하므로(대법원 1995. 9. 5. 선고 95다22917 판결, 대법원 2003. 4. 11. 선고 2003다1250 판결 등 참조), 乙회사가 현실적으로 자신의 부담부분을 초과하는 출재를 하여 채무를 소멸시킴으로써 甲회사에 대하여 구상권을 취득한 상태에 이르지 아니한 채, 단지 장래에 출재를 할 경우 취득할 수 있는 甲회사에 대한 구상권을 보전하기 위하여 甲회사가 채권자에게 갖는 상계권을 대위행사하는 것은 허용되지 않는다고 하였다.
42 甲회사는 전기공사업 및 전문소방시설공사업 부분을 분할하여 분할된 부분을 피고회사가 분할합병하였다. 甲회사는 분할합병계약서에 피고회사가 제530조의9 제 1 항의 연대책임을 면하고 甲회사의 채무 중 전기공사업과 전문소방시설공사업과 관련된 채무만을 부담하는 것으로 정하여 주주총회의 승인을 받고, 채권자들에게 공고까지 하였다. 다만, 甲회사가 발행한 약속어음을 소지하고 있는 원고에게 개별 최고를 하지 않았다. 甲회사는 수취인 백지의 위 약속어음을 발행하여 그 대표이사가 원고에게 배서하여 양도하였고, 원고가 제 3 자에게 배서양도하였으나 만기에 지급이 거절되어 원고가 소지인에게 상환의무를 이행한 후 어음을 회수하였다. 대법원은, 원고가 甲회사의 개별 최고기간에 어음발행인인 甲회사에 대하여 약속어음에 관한 권리를 행사할 수 있는 채권자의 지위에 있었고, 원고가 甲회사의 대표이사로부터 약속어음을 배서양도받은 어음소지인 또는 그 약속어음을 제 3 자에게 배서양도한 배서인으로서 지위를 가진다는 점을 고려하면 (원고가 최종소지인 또는 소구의무를 이행하고 어음상 권리를 행사할 수 있는 잠재적 권리자임을 甲회사도 인식하고 있었으므로) 甲회사에 알려져 있는 채권자라고 하였다. 따라서 甲회사는 원고에게 개별 최고를 하였어야 했는데도 이를 누락하였으므로 위 약속어음금채무에 관하여 연대책임배제는 적용이 없고, 피고회사는 甲회사와 연대하여 약속어음금채무를 변제할 책임이 있다고 하였다.

채권자를 보호하기 위하여 상법이 채권자의 이의제출권을 인정하고 그 실효성을 확보하기 위하여 알고 있는 채권자에게 개별적으로 최고하도록 한 입법 취지를 고려하면, 개별 최고가 필요한 '회사가 알고 있는 채권자'란 채권자가 누구이고 채권이 어떠한 내용의 청구권인지가 대체로 회사에게 알려져 있는 채권자를 말하는 것이고, 회사에 알려져 있는지 여부는 개개의 경우에 제반 사정을 종합적으로 고려하여 판단하여야 할 것인데, 회사의 장부 기타 근거에 의하여 성명과 주소가 회사에 알려져 있는 자는 물론이고 회사 대표이사 개인이 알고 있는 채권자도 이에 포함된다고 봄이 타당하다.[43]

대법원 2010. 2. 25. 선고 2008다74963 판결(대여금)[44]

분할회사와 신설회사가 분할 전 회사의 채무에 대하여 연대책임을 지지 않는 경우에는 채무자의 책임재산에 변동이 생기게 되어 채권자의 이해관계에 중대한 영향을 미치므로 채권자의 보호를 위하여 분할회사가 알고 있는 채권자에게 개별적으로 이를 최고하고 만약 그러한 개별적인 최고를 누락한 경우에는 그 채권자에 대하여 신설회사와 분할회사가 연대하여 변제할 책임을 지게 된다고 할 것이나, 채권자가 회사분할에 관여되어 있고 회사분할을 미리 알고 있는 지위에 있으며,

---

43 개별적으로 최고해야 할 알고 있는 채권자의 범위가 문제되는 경우가 많다. 대법원 2004. 8. 30. 선고 2003다25973 판결은, 피고 한전 산하의 화동발전소의 가동으로 피해를 입은 원고 하동수협이, 피고와 향후 해수부장관의 유권해석과 전문가의 감정 등에 따라 보상 여부를 결정하기로 하였는데, 피고의 화동발전이 분할되어 납부발전주식회사가 설립되었고, 그 이후에 감정평가사의 손실평가와 해수부장관의 손실보상 회신이 있었던 사안에서, 원고를 '알고 있는 채권자'로 보았다. 그 외에도 대법원 2010. 2. 25. 선고 2008다74963 판결, 대법원 2010. 8. 19. 선고 2008다92336 판결을 참고할 것.
44 주식회사 대우(甲회사)는 2000. 7. 22. 임시주주총회를 개최하여 인적분할 방식에 따라 건설부문을 분할하여 대우건설(피고회사)을, 무역부문을 분할하여 대우인터내셔널(피고회사)로 신설하는 내용의 분할계획을 승인하는 특별결의를 하였다. 분할계획서에서 신설회사는 분할계획에서 별도로 정하지 않는 한 분할회사의 채무 중에서 출자한 재산에 관한 채무만을 부담하며, 신설회사로 이전되지 않은 분할회사인 甲회사의 다른 채무에 대해 연대하여 변제할 책임을 지지 않도록 하였다. 대우자동차판매 주식회사(원고회사)는 대우그룹의 계열사이자 甲회사의 주주로서, ① 甲회사에 대한 기업개선약정의 당사자로서 기업개선계획, 기업개선약정에 따른 甲회사의 회사분할 및 신설회사의 연대책임 배제에 관한 내용을 잘 알 수 있었고, ② 甲회사의 분할계획은 위 기업개선약정을 기초로 하였는데, 위 기업개선약정에 의하면, 원고회사는 甲회사를 회생시키고 채권금융기관의 손실을 최소화하고자 하는 약정의 취지 및 내용에 전적으로 동의하며, 甲회사의 기업개선계획이 그 내용대로 이행될 수 있도록 전적으로 협조하고, 아무런 이의도 제기하지 않기로 하였고, ③ 2000. 3. 15. 위 기업개선약정에 따라 채권금융기관협의회의 주간사은행에게, 甲회사 및 신설회사의 기업개선작업의 진행과 사후관리를 위한 주주총회에의 참석 및 주주권행사에 관한 일체의 권한을 위임하는 내용의 위임장을 교부하였으며, ④ 이 사건 소 제기 전에는 甲회사의 분할절차나 내용 등에 대하여 다툰 바 없었다. 원고회사에 대한 개별최고가 누락되었지만 판시와 같은 이유로 원고회사에 대하여 연대책임배제의 효력이 있다고 하였다.

사전에 회사분할에 대한 이의제기를 포기하였다고 볼만한 사정이 있는 등 예측하지 못한 손해를 입을 우려가 없다고 인정되는 경우에는 개별적인 최고를 누락하였다고 하여 그 채권자에 대하여 신설회사와 분할회사가 연대하여 변제할 책임이 되살아난다고 할 수 없다.

2. 근로관계의 승계

대법원 2013. 12. 12. 선고 2011두4282 판결(부당전적구제재심판정취소)

제530조의10은 신설회사는 분할회사의 권리와 의무를 분할계획서가 정하는 바에 따라서 승계한다고 규정하고 있으므로, 분할회사의 근로관계도 위 규정에 따른 승계의 대상에 포함될 수 있다. 그런데 헌법이 직업선택의 자유를 보장하고 있고 근로기준법이 근로자의 보호를 도모하기 위하여 근로조건에 관한 근로자의 자기결정권(제4조), 강제근로의 금지(제7조), 사용자의 근로조건 명시의무(제17조), 부당해고 등의 금지(제23조) 또는 경영상 이유에 의한 해고의 제한(제24조) 등을 규정한 취지에 비추어 볼 때, 회사 분할에 따른 근로관계의 승계는 근로자의 이해와 협력을 구하는 절차를 거치는 등 절차적 정당성을 갖춘 경우에 한하여 허용되고, 해고의 제한 등 근로자 보호를 위한 법령 규정을 잠탈하기 위한 방편으로 이용되는 경우라면 그 효력이 부정될 수 있어야 한다. 따라서 둘 이상의 사업을 영위하던 회사의 분할에 따라 일부 사업 부문이 신설회사에 승계되는 경우 분할회사가 분할계획서에 대한 주주총회의 승인을 얻기 전에 미리 노동조합과 근로자들에게 회사 분할의 배경, 목적 및 시기, 승계되는 근로관계의 범위와 내용, 신설회사의 개요 및 업무 내용 등을 설명하고 이해와 협력을 구하는 절차를 거쳤다면 그 승계되는 사업에 관한 근로관계는 해당 근로자의 동의를 받지 못한 경우라도 신설회사에 승계되는 것이 원칙이다. 다만 회사의 분할이 근로기준법상 해고의 제한을 회피하면서 해당 근로자를 해고하기 위한 방편으로 이용되는 등의 특별한 사정이 있는 경우에는, 해당 근로자는 근로관계의 승계를 통지받거나 이를 알게 된 때부터 사회통념상 상당한 기간 내에 반대 의사를 표시함으로써 근로관계의 승계를 거부하고 분할회사에 잔류할 수 있다.[45]

----

45 원고회사(분할회사)는 회사분할과 관련하여 노동조합에 협의를 요구하고 약 5개월의 기간에 걸쳐 근로자들을 상대로 회사분할에 관한 설명회를 개최하는 등 근로자들의 이해와 협력을 구하는 절차를 거쳤으므로, 회사분할이 근로기준법상 해고의 제한을 회피하기 위한 것이라는 등의 특별한 사정이 없는 한 근로자(참가인)가 회사분할에 따른 근로계약의 승계에 대하여 이의를 제기하였는지 여부와 상관없이 참가인의 근로관계는 신설회사에 승계된다고 보았다.

3. 분할의 무효

대법원 2010. 7. 22. 선고 2008다37193 판결(분할합병무효등)

[1] 주주가 회사를 상대로 제기한 분할합병무효의 소에서 당사자 사이에 분할합병계약을 승인한 주주총회결의 자체가 있었는지 및 그 결의에 이를 부존재로 볼 만한 중대한 하자가 있는지 등 주주총회결의의 존부에 관하여 다툼이 있는 경우 주주총회결의 자체가 있었다는 점에 관해서는 회사가 증명책임을 부담하고, 그 결의에 이를 부존재로 볼 만한 중대한 하자가 있다는 점에 관해서는 주주가 증명책임을 부담하는 것이 타당하다.[46]

[2] 제530조의11 제 1 항 및 제240조는 분할합병무효의 소에 관하여 제189조를 준용하고 있고 제189조는 "설립무효의 소 또는 설립취소의 소가 그 심리 중에 원인이 된 하자가 보완되고 회사의 현황과 제반 사정을 참작하여 설립을 무효 또는 취소하는 것이 부적당하다고 인정한 때에는 법원은 그 청구를 기각할 수 있다"고 규정하고 있으므로, 법원이 분할합병무효의 소를 재량기각하기 위해서는 원칙적으로 그 소 제기 전이나 그 심리 중에 원인이 된 하자가 보완되어야 할 것이나, 그 하자가 추후 보완될 수 없는 성질의 것인 경우에는 그 하자가 보완되지 아니하였다고 하더라도 회사의 현황 등 제반 사정을 참작하여 분할합병무효의 소를 재량기각할 수 있다.[47]

---

46 甲회사와 乙회사가 분할합병계약을 체결한 후, 甲회사가 임시주주총회를 개최하여 위 분할합병계약을 승인하는 결의를 하였으나, 발행주식의 9.22%를 보유한 소수주주들에게 소집통지를 하지 않은 하자가 있었다면 그것만으로는 위 주주총회결의가 부존재한다고 할 수 없고 결의취소사유에 해당한다고 하였다.

47 甲회사가 위와 같이 분할합병계약의 승인을 위한 주주총회를 개최하면서 소수주주들에게 소집통지를 하지 않음으로 인하여 위 주주들이 주식매수청구권 행사 기회를 갖지 못하였으나, 주식매수청구권은 분할합병에 반대하는 주주로 하여금 투하자본을 회수할 수 있도록 하기 위해 부여된 것인데, 분할합병무효의 소를 제기한 소수주주가 자신이 보유하고 있던 주식을 제 3 자에게 매도함으로써 그 투하자본을 이미 회수하였다고 볼 수 있으며, 위 분할합병의 목적이 공정거래법상 상호출자관계를 해소하기 위한 것으로 위 분할합병을 무효로 함으로 인하여 당사자 회사와 그 주주들에게 이익이 된다는 사정이 엿보이지 아니하는 점 등을 참작하여, 분할합병무효청구를 재량으로 기각하였다. 참고로, 재량기각은 회사설립무효·취소의 소(제189조, 제269조, 제287조의6, 제328조 제 2 항, 제552조 제 2 항), 주식교환·이전무효의 소(제360조의14 제 4 항, 제360조의23 제 4 항, 제189조), 주주총회결의취소의 소(제379조), 신주발행무효의 소(제430조, 제189조), 감자무효의 소(제446조, 제530조 제 2 항, 제240조, 제189조), 합병무효의 소(제240조, 제269조, 제287조의41, 제530조 제 2 항, 제603조, 제189조), 감자무효의 소(제446조, 제530조 제 2 항, 제240조, 제189조)에 관해서도 인정된다. 대부분 하자의 보완을 전제로 한 합명회사의 설립무효·취소의 소에 관한 조항(제189조)이 준용되지만, 그 하자가 치유될 수 없는 총회결의취소의 소에서의 재량기각은 하자의 보완을 전제로 하지 않은 별도의 근거조항을 두고 있다(제379조). 그런데 주주총회의 결의에 취소 또는 무효의 하자가 있더라도 분할이나 자본감소의 효력이 발생한 후에는 분할 또는 감자 무효의 소에 의해서만 이를 다툴 수 있으므로

Ⅳ. 해산과 청산

1. 해 산

대법원 1964. 5. 5.자 63마29 결정(주식회사정리신청각하에대한재항고)

회사해산등기의 효력에 대하여는 회사설립등기와 같은 특별규정이 없는 이상 상법총칙규정에 의하여 이는 제 3 자에 대한 대항요건에 불과하다고 할 것이므로 해산결의가 있고 청산인선임 결의가 있다면 그 해산등기가 없어도 청산 중인 회사이다.[48]

대법원 1985. 6. 25. 선고 84다카1954 판결(손해배상)

회사가 부채과다로 사실상 파산지경에 있어 업무도 수행하지 아니하고 대표이사나 그 외의 이사도 없는 상태에 있다고 하여도 적법한 해산절차를 거쳐 청산을 종결하기 까지는 법인의 권리능력이 소멸한 것으로 볼 수 없다.

2. 청 산

대법원 1994. 5. 27. 선고 94다7607 판결(소유권이전등기)

상법 제520조의2의 규정에 의하여 주식회사가 해산되고 그 청산이 종결된 것으로 보게 되는 회사라도 어떤 권리관계가 남아 있어 현실적으로 정리할 필요가 있으면 그 범위 내에서는 아직 완전히 소멸하지 아니하고, 이러한 경우 그 회사의 해산 당시의 이사는 정관에 다른 규정이 있거나 주주총회에서 따로 청산인을 선임하지 아니한 경우에 당연히 청산인이 되고, 그러한 청산인이 없는 때에는 이해관계인의 청구에 의하여 법원이 선임한 자가 청산인이 되므로, 이러한 청산인만이 청산 중인 회사의 청산사무를 집행하고 대표하는 기관이 된다.[49]

(흡수설). 이 경우에는 결국 결의하자의 소에 준하여 하자의 보완을 전제로 하지 않고 재량기각을 할 수 있다고 보는 것이다.

48 회사는 합병, 파산, 분할 또는 분할합병의 경우를 제외하고는 해산에 의해 청산절차에 들어가고, 청산의 종결까지는 청산의 목적범위 내에서 존속한다(제542조 제 1 항, 제245조). 청산이란 해산한 회사의 법률관계를 정리하여 회사의 법인격을 소멸시키는 절차를 말한다. 청산은 청산사무가 종결될 때에 종결되며, 회사의 채권·채무가 일부라도 남아 있으면 청산종결의 등기가 되었더라도 청산은 종료되지 않고 그 한도에서 청산법인은 법인격을 가지고 소송상 당사자능력도 있다(대법원 1968. 6. 18. 선고 67다2528 판결 등).

49 이사·감사해임의 소(제385조 제 2 항, 제415조), 청산인해임의 소(제539조 제 2 항) 등은 회사와 당해 이사 또는 청산인 등이 모두 법률관계의 당사자이고 절차보장이 필요하므로 고유필수적 공동소송으로 해야 한다. 대법원 1976. 2. 11.자 75마533 결정도, 상법 제539조 제 2 항에 따른 청산인의 해임은 상대방 회사의 본점소재지 법원에 그 회사와 청산인들을 상대로 하는 소에 의하여서만 이를 청구할 수 있을 뿐이라고 하였다.

회사의 상행위

제 9 장 회사의 상행위

I. 상행위의 특칙

1. 상인자격의 취득시기

대법원 2012. 4. 13. 선고 2011다104246 판결(대여금)[1]
대법원 2012. 7. 26. 선고 2011다43594 판결(근저당권말소)[2]

> [1] 피고는 학원(개인사업)을 설립하는 과정에서 원고로부터 영업준비자금을 차용한 후 학원을 설립하여 운영하였다. 원고가 대여금의 지급을 구하자 피고는 소멸시효항변을 하였다. 상법 제64조에서 정한 상사소멸시효의 적용 여부가 문제되었는데, 법원은 피고가 학원영업을 위한 준비행위인 차용행위를 한 때 상인자격을 취득하고, 아울러 위 차용행위는 영업을 위한 행위로서 보조적 상행위가 되어 상사소멸시효가 적용된다고 하였다. 영업자금 차입 행위는 행위 자체의 성질로 보아서는 영업의 목적인 상행위를 준비하는 행위라고 할 수 없지만, 행위자의 주관적 의사가 영업을 위한 준비행위였고 상대방도 행위자의 설명 등에 의하여 그 행위가 영업을 위한 준비행위라는 점을 인식하였던 경우에는 상행위에 관한 상법의 규정이 적용된다고 한 것이다. 대법원 1999. 1. 29. 선고 98다1584 판결(손해배상(기))도, 원고가 부동산임대업(개인사업)을 개시할 목적으로 그 준비행위로서 당시 부동상임대업을 하고 있던 상인인 피고로부터 건물을 매수하여 점유를 이전받았으나 6개월이 지나서야 건물의 하자를 발견하고 손해배상을 구하자, 피고가 상법 제69조에 따른 항변을 하였던 사례에서, 위 매수행위는 보조적 상행위로서의 개업준비행위에 해당하므로 위 개업준비행위에 착수하였을 때 상인 자격을 취득한다고 보았다.
>
> [2] 甲은 乙과 함께 시각장애인용 인도블록을 제조하는 공장을 운영하기로 한 후, 丙에게서 사업자금을 차용하기 위하여 乙이 丙에게 이미 부담하고 있던 채무를 연대보증하고 추가로 자금을 차용하여 그 합계 금액을 차용금액으로 하는 금전차용증서를 작성해 주었고, 그 후 시각장애인용 점자블록 제조 등을 목적으로 하는 A주식회사를 설립하여 대표이사로 취임하였다. 그 과정에서 甲은 부친인 원고의 부동산에 관하여 丙에게 채무자를 甲으로 하여 근저당권을 설정해 주었다. 이후 원고는 위 근저당권의 피담보채무가 상사소멸시효의 완성으로 소멸하였음을 주장하면서 근저당권설정등기의 말소를 구하는 소를 제기하였다. 대법원은, 채무자인 甲은 자기 명의로 시각장애인용 인도블록 사업을 하는 상인이라고 볼 수 없고(A회사가 상인임), A회사의 행위가 아닌 甲의 차용행위를 보조적 상행위로서 개업준비행위에 해당한다고 볼 수 없으므로 이를 상사채무로 볼 수 없다고 하였다. 회사가 상법에 의해 상인으로 의제된다고 하더라도, 회사의 기관인 대표이사 개인은 상인이 아니어서 비록 대표이사 개인이 회사자금으로 사용하기 위해서 차용한다고 하더라도 그 차용금채무를 상사채무로 볼 수 없다는 취지이다. 위 사안에서 원고는 문제되는 피담보채무가 甲이 발기인으로서 회사설립을 위하여 한 차용행위로서 개업준비행위에 해당한다는 점을 입증하지 못했기에 甲의 개인채무로 인정된 것이다. 만일 원고가 그것이 설립중의 회사의 행위임을 입증하였다고 가정하면 어떠한가? 일반적으로 법인(法人)인 회사는 설립등기로 상인능력과 상인자격을 동시에 취득하는 것으로 보고 있다. 그런데 이렇게 보면 자연인의 상인자격 취득과 균형이 맞지 않는 점이 있다. 설립중의 회사를 비법인사단으로 보고 법인에 관한 규정 가운데 법인격을 전제로 하는 규정을 제외하고는 모두 유추적하고 있으므로(통설과 판례), 설립중회

영업의 목적인 기본적 상행위를 개시하기 전에 영업을 위한 준비행위를 하는 자는 영업으로 상행위를 할 의사를 실현하는 것이므로 그 준비행위를 한 때 상인 자격을 취득함과 아울러 이 개업준비행위는 영업을 위한 행위로서 그의 최초의 보조적 상행위가 되는 것이고, 이와 같은 개업준비행위는 반드시 상호등기·개업광고·간판부착 등에 의하여 영업의사를 일반적·대외적으로 표시할 필요는 없으나, 점포 구입·영업양수·상업사용인의 고용 등 그 준비행위의 성질로 보아 영업의사를 상대 방이 객관적으로 인식할 수 있으면 당해 준비행위는 보조적 상행위로서 여기에 상 행위에 관한 상법의 규정이 적용된다.

2. 상법의 특칙

가. 상사시효

대법원 2008. 4. 10. 선고 2007다91251 판결(청구이의)[3]
대법원 2005. 5. 27. 선고 2005다7863 판결(채무부존재확인등)[4]

당사자 쌍방에 대하여 모두 상행위가 되는 행위로 인한 채권뿐만 아니라 당사 자 일방에 대하여만 상행위에 해당하는 행위로 인한 채권도 상법 제64조에서 정한 5년의 소멸시효기간이 적용되는 상사채권에 해당하는 것이고, 그 상행위에는 상법 제46조 각 호에 해당하는 기본적 상행위뿐만 아니라 상인이 영업을 위하여 하는 보조적 상행위도 포함된다.[5]

사가 성립하면 상인능력과 상인자격을 취득한다고 보는 것이 타당할 것이다(사견). 그렇다면 발기인이 설립 중의 회사를 위하여 한 차용행위는 장래 설립될 회사에 효력이 미치므로 회사의 보조적 상행위가 될 수 있다. 따라서 만일 상대방인 丙이 甲의 설립중의 회사를 위한 영업의사를 객관적으로 인식할 수 있었다면 차용행 위는 보조적 상행위로서 상법의 규정이 적용된다고 보아야 할 것이다.

3 상인이 사업자금을 조달하기 위하여 계에 가입한 경우, 계주가 위 상인에 대하여 가지는 계불입금채권은 상사채권에 해당하여 5년의 소멸시효기간이 적용된다.

4 원고는 A회사의 총무로서 A회사의 피고회사에 대한 차용금채무를 연대보증하였다. A회사가 피고회사에 대한 차용금을 변제하지 못하게 되자, 원고는 피고회사가 금융기관에 대하여 부담하고 있던 대출금채무를 대신 변제하겠다는 각서를 써주고, 위 각서로써 원고가 A회사의 피고회사에 대한 차용금채무를 변제한 것으 로 하고 대신 대출금채무를 인수한 것으로 약정하였다. 원심은 위 약정을 일반 민사약정이라고 보았으나, 대 법원은 상사채권에 갈음하여 상사채권을 인수하기로 하는 약정은 영업을 위한 행위로 볼 수 있으므로 위 약 정에 따른 채권은 상사채권에 해당하여 상사시효가 적용된다고 하였다.

5 금전채권은 물론이고 그 외의 모든 채권에도 상사시효가 적용된다. 대법원 2000. 5. 12. 선고 98다 23195 판결(소유권이전등기)(매립사업을 목적으로 하는 영리법인과 상인이 아닌 양수인 간의 매립지 양도 약정은 보조적 상행위로 추정되고, 따라서 이에 기한 양수인의 소유권이전등기청구권이 상사채권에 해당하 여 5년의 소멸시효에 걸린다고 한 사례), 대법원 2002. 9. 24. 선고 2002다6760, 6777 판결(특허권전용실 시권등록절차이행·특허권설정등록말소이행)(상인이 제 3 자를 위한 계약의 수익자로서 수익의 의사표시를 하여 발생한 특허권의 전용실시권 설정등록절차 이행청구권은 상법 제64조 소정의 상사채권으로 5년의 소

대법원 1999. 7. 9. 선고 99다12376 판결(채무부존재확인)

면책적 채무인수라 함은 채무의 동일성을 유지하면서 이를 종래의 채무자로부터 제 3 자인 인수인에게 이전하는 것을 목적으로 하는 계약으로서, 채무인수로 인하여 인수인은 종래의 채무자와 지위를 교체하여 새로이 당사자로서 채무관계에 들어서서 종래의 채무자와 동일한 채무를 부담하고 동시에 종래의 채무자는 채무관계에서 탈퇴하여 면책되는 것일 뿐이므로, 인수채무가 원래 5년의 상사시효의 적용을 받던 채무라면 그 후 면책적 채무인수에 따라 그 채무자의 지위가 인수인으로 교체되었다고 하더라도 그 소멸시효의 기간은 여전히 5년의 상사시효의 적용을 받는다 할 것이고, 이는 채무인수행위가 상행위나 보조적 상행위에 해당하지 아니한다고 하여 달리 볼 것이 아니다.

대법원 2008. 3. 14. 선고 2006다2940 판결(양수금)[6]

멸시효기간이 적용된다고 한 사례) 등. 상행위로 인한 채무의 불이행으로 인한 손해배상청구권(대법원 1997. 8. 26. 선고 97다9260 판결), 상행위인 계약의 해제로 인한 원상회복청구권(대법원 1993. 9. 14. 선고 93다21569 판결)도 포함된다. 다만, 불법행위로 인한 손해배상청구권에는 적용되지 않는다(대법원 1985. 5. 28. 선고 84다카966 판결). 한편, 상행위로 인한 급부가 있었으나 그 행위가 무효인 경우의 부당이득반환청구권의 시효와 관련하여, 대법원 2007. 5. 31. 선고 2006다63150 판결(상행위에 해당하는 보증보험계약에 기초한 급부가 이루어짐에 따라 발생한 부당이득반환청구권에 대하여 5년의 상사소멸시효가 적용된다고 한 사례), 대법원 2003. 4. 8. 선고 2002다64957, 64964 판결(상행위에 해당하는 부동산 매매계약의 무효를 이유로 이미 지급한 매매대금 상당액을 부당이득으로서 반환을 구하는 경우, 그 청구권의 소멸시효기간을 10년으로 본 사례)과 대법원 2010. 10. 14. 선고 2010다32276 판결(교통사고 피해자가 가해차량이 가입한 책임보험의 보험자로부터 사고로 인한 보험금을 수령하였음에도 자동차손해배상 보장사업을 위탁받은 보험사업자로부터 또다시 피해보상금을 수령한 것을 원인으로 한 위 보험사업자의 피해자에 대한 부당이득반환청구권에 관하여는 제64조가 적용되지 않고 그 소멸시효기간을 10년이라고 본 사례) 등을 참고하라. 위 판결들은 "당해 채권 발생의 경위나 원인. 원고와 피고의 지위와 관계 등에 비추어 그 법률관계를 상거래 관계와 같은 정도로 신속하게 해결할 필요성이 있는지 여부"를 기준으로 하여 제64조의 적용여부를 판단하였다.

6 피고1은 원고에게 A회사가 발행한 어음을 할인하였는데. A회사의 부도로 위 어음의 지급을 받지 못하였다. 원고는 피고1에 대하여 대출금채권을 가지고 있었는데(피고2가 이에 대하여 연대보증함). 피고1은 위 대출금의 일부로 원고에게 어음할인금을 반환하되 위 어음을 나머지 대출금채무의 담보를 위하여 원고가 계속 보유하기로 하였다. 피고1은 위 대출금 채무의 변제기에 이르러 대출금의 일부를 변제하였다. 원고는 A회사에 대한 회사정리절차에서 어음금채권을 정리채권으로 신고하여 그 중 일부를 몇 차례에 걸쳐 지급받아 피고1에 대한 대출금의 원금의 일부변제에 충당하였다. 이후 원고는 피고들을 상대로 대출금과 이자 및 지연손해금을 구하는 이 사건 소를 제기하였다. 피고들은 위 대출금과 이자 및 지연손해금이 상사소멸시효의 완성으로 소멸하였다고 항변하였다. 원심은 소멸시효항변을 모두 받아들였지만. 대법원은 각 변제된 원금으로부터 발생한 지연손해금 중. 소제기일로부터 역산하여 5년이 경과하기 전날부터 각 해당 원금의 변제일까지의 기간에 발생한 지연손해금은 소멸시효가 완성되었다고 볼 수 없다고 하였다. 참고로, 연대보증채무에 대한 소멸시효가 중단되었다고 하더라도 이로써 주채무에 대한 소멸시효가 중단되는 것은 아니고. 주채무가 소멸시효 완성으로 소멸된 경우에는 연대보증채무도 그 채무 자체의 시효중단에 불구하고 부종성에 따라 당연히

[1] 이자 또는 지연손해금은 주된 채권인 원본의 존재를 전제로 그에 대응하여 일정한 비율로 발생하는 종된 권리인데, 하나의 금전채권의 원금 중 일부가 변제된 후 나머지 원금에 대하여 소멸시효가 완성된 경우, 가분채권인 금전채권의 성질상 변제로 소멸한 원금 부분과 소멸시효 완성으로 소멸한 원금 부분을 구분하는 것이 가능하고, 이 경우 원금에 종속된 권리인 이자 또는 지연손해금 역시 변제로 소멸한 원금 부분에서 발생한 것과 시효완성으로 소멸된 원금 부분에서 발생한 것으로 구분하는 것이 가능하므로, 소멸시효 완성의 효력은 소멸시효가 완성된 원금 부분으로부터 그 완성 전에 발생한 이자 또는 지연손해금에는 미치나, 변제로 소멸한 원금 부분으로부터 그 변제 전에 발생한 이자 또는 지연손해금에는 미치지 않는다.

[2] 은행이 영업행위로서 한 대출금에 대한 변제기 이후의 지연손해금은 그 원본채권과 마찬가지로 상행위로 인한 채권으로서 5년의 소멸시효를 규정한 상법 제64조가 적용된다.

대법원 2010. 9. 9. 선고 2010다28031 판결(근저당권설정등기말소등기청구)

[1] 금전채무에 대한 변제기 이후의 지연손해금은 금전채무의 이행을 지체함으로 인한 손해의 배상으로 지급되는 것이므로, 그 소멸시효기간은 원본채권의 그것과 같다.

[2] 상법 제487조 제1항에 "사채의 상환청구권은 10년간 행사하지 아니하면 소멸시효가 완성한다.", 같은 조 제3항에 "사채의 이자와 전조 제2항의 청구권은 5년간 행사하지 아니하면 소멸시효가 완성한다."고 규정하고 있고, 이미 발생한 이자에 관하여 채무자가 이행을 지체한 경우에는 그 이자에 대한 지연손해금을 청구할 수 있으므로, 사채의 상환청구권에 대한 지연손해금은 사채의 상환청구권과 마찬가지로 10년간 행사하지 아니하면 소멸시효가 완성하고, 사채의 이자에 대한 지연손해금은 사채의 이자와 마찬가지로 5년간 행사하지 아니하면 소멸시효가 완성한다.

대법원 2014. 6. 12. 선고 2011다76105 판결(보증채무금)

보증채무는 주채무와는 별개의 독립한 채무이므로 보증채무와 주채무의 소멸

소멸한다(대법원 2012. 1. 12. 선고 2011다78606 판결). 그리고 동일 당사자 사이에 계속적인 거래관계로 인하여 수개의 금전채무가 있는 경우에 채무자가 전 채무액을 변제하기에 부족한 금액을 채무의 일부로 변제한 때에는 특별한 사정이 없는 한 기존의 수개의 채무 전부에 대하여 승인을 하고 변제한 것으로 보는 것이 상당하므로 시효중단의 효력은 전부에 미친다(대법원 1980. 5. 13. 선고 78다1790 판결).

시효기간은 채무의 성질에 따라 각각 별개로 정해진다. 그리고 주채무자에 대한 확정판결에 의하여 민법 제163조 각 호의 단기소멸시효에 해당하는 주채무의 소멸시효기간이 10년으로 연장된 상태에서 주채무를 보증한 경우, 특별한 사정이 없는 한 보증채무에 대하여는 민법 제163조 각 호의 단기소멸시효가 적용될 여지가 없고, 성질에 따라 보증인에 대한 채권이 민사채권인 경우에는 10년, 상사채권인 경우에는 5년의 소멸시효기간이 적용된다.[7]

나. 상사유치권

대법원 2013. 3. 28. 선고 2012다94285 판결(유치권존재확인)[8]

상사유치권은 민사유치권과 달리 피담보채권이 '목적물에 관하여' 생긴 것일 필요는 없지만 유치권의 대상이 되는 물건은 '채무자 소유'일 것으로 제한되어 있다(상법 제58조, 민법 제320조 제1항 참조). 이와 같이 상사유치권의 대상이 되는 목적물을 '채무자 소유의 물건'에 한정하는 취지는, 상사유치권의 경우에는 목적물과 피담보채권 사이의 견련관계가 완화됨으로써 피담보채권이 목적물에 대한 공익비용적 성질을 가지지 않아도 되므로 피담보채권이 유치권자와 채무자 사이에 발생하는 모든 상사채권으로 무한정 확장될 수 있고, 그로 인하여 이미 제3자가 목적물에 관하여 확보한 권리를 침해할 우려가 있어 상사유치권의 성립범위 또는 상사유치권으로 대항할 수 있는 범위를 제한한 것으로 볼 수 있다. 즉 상사유치권이 채무자 소유의 물건에 대해서만 성립한다는 것은, 상사유치권은 성립 당시 채무자가 목적물에 대하여 보유하고 있는 담보가치만을 대상으로 하는 제한물권이라는 의미를 담고 있다 할 것이고, 따라서 유치권 성립 당시에 이미 목적물에 대하여 제3자가 권리자인 제한물권이 설정되어 있다면, 상사유치권은 그와 같이 제한된 채무자의 소유권에 기초하여 성립할 뿐이고, 기존의 제한물권이 확보하고 있는 담보가치를 사후적으로 침탈하지는 못한다고 보아야 한다. 그러므로 채무자 소유의 부동

---

7 건설자재 등 판매업을 하는 甲이 乙주식회사를 상대로 제기한 물품대금 청구소송에서 甲의 승소판결이 확정된 후 丙이 乙회사의 물품대금채무를 연대보증한 사안에서, 상인인 甲이 상품을 판매한 대금채권에 대하여 丙으로부터 언대보증을 받은 행위는 반증이 없는 한 상행위에 해당하고, 따라서 甲의 丙에 대한 보증채권은 특별한 사정이 없는 한 상사채권으로서 소멸시효기간은 5년이라고 하였다.

8 A주식회사는 2009. 9. 2. 원고에 대한 대출금채무의 담보를 위하여 이 사건 부동산에 근저당권설정등기를 마쳐주었다. 피고는 A회사에 대하여 2009. 1. 1.부터 2010. 5. 31.까지 물품을 공급하고 받지 못한 2억원의 물품대금이 있다. 피고는 2010. 1. 25. A회사로부터 이 사건 부동산 중 1층 부분을 임차하여 공장으로 사용하면서 점유하고 있다. 원고는 A회사가 대출금 채무를 연체하자 위 근저당권에 기하여 임의경매를 신청하였다. 피고는 2010. 7. 26. 위 경매절차에서 이 사건 부동산의 1층 부분에 대한 상사유치권을 신고하였다.

산에 관하여 이미 선행저당권이 설정되어 있는 상태에서 채권자의 상사유치권이 성립한 경우, 상사유치권자는 채무자 및 그 이후 채무자로부터 부동산을 양수하거나 제한물권을 설정받는 자에 대해서는 대항할 수 있지만, 선행저당권자 또는 선행저당권에 기한 임의경매절차에서 부동산을 취득한 매수인에 대한 관계에서는 상사유치권으로 대항할 수 없다(대법원 2013. 3. 28. 선고 2012다94285 판결).

다. 다수채무자의 연대책임

대법원 1987. 6. 23. 선고 86다카633 판결(정리채권확정)

[1] 상법 제57조 제1항의 취의는 상사거래에 있어서의 인적 담보를 강화하여 채무이행을 확실히 하고 거래의 안전을 도모함으로써 상거래의 원활을 기하려는 것으로 민법상 다수당사자간의 채무이행에 있어서의 분할채무 원칙에 대한 특별규정이라 할 것이므로 여기에서 연대채무를 지우게 되는 행위는 수인이 그 1인 또는 전원에게 상행위가 되는 행위로 인하여 채무를 부담하는 경우이어야 한다.

[2] 계열회사들의 효율적인 물품구매 및 경비절감을 위하여 그룹 내에 조달본부를 설치하여 각 계열회사들은 각자 필요한 물품을 물품구매요구서를 첨부하여 위 조달본부에 구매요구하면 조달본부는 그룹회장의 결제를 받아 납품업체와 계약을 체결하고 납품업체는 조달본부장의 요구에 따라 실수요 회사인 각 계열회사에 물품을 인도하고 세금계산서를 발행하여 왔다면 위 조달본부는 법인격 없는 그룹 내의 편의상 기구에 불과한 것으로서 조달본부의 물품구매행위는 동 그룹 내의 각 독립한 법인체인 계열회사들이 조달본부에 그 대행을 위임하거나 이에 관한 대리권수여에 따른 행위로 봄이 타당하고 따라서 각 거래는 계열회사와 물품공급회사 사이에 이루어진 것으로서 그 법률효과는 그 당사자에게만 직접 미치고 유관관계가 없는 다른 계열회사는 아무런 권리의무가 발생하지 아니하는 제3자의 지위에 있음에 불과하다 할 것인즉 조달본부에서 물품을 발주 구입하였다는 사실을 들어 상법 제57조 제1항 소정의 수인이 그 1인 또는 전원에게 상행위로 인하여 부담하는 공동구매라고 할 수 없으므로 위 각 계열회사들 사이에 동 법조에 따른 연대채무관계는 발생할 수 없다 할 것이다.[9]

---

9 이 판례에 대해서는, 계열그룹 소속 회사들 사이에 조달본부를 창설하여 대외거래를 공동으로 하겠다는 합의가 있었다면 이 기구를 통한 대외거래는 그룹 전체의 신용을 이용한 공동의 상행위로 보아야 하며, 상대방의 신뢰를 보호하기 위해서도 상법 제57조를 적용해야 한다는 비판이 있다. 이 사건의 원심판결(서울고법 1986. 2. 3. 선고 85나1257 판결)은 "명성그룹 조달본부는 그룹산하 계열회사가 경비절감과 효율적인 물품구매를 위하여 공동으로 설치한 기구로서, 계열회사들은 각자 필요한 물품을 이 기구를 통하여 구매하고 대

Ⅱ. 상사매매

1. 상법의 특칙[10]

대법원 1995. 5. 26. 선고 93다61543 판결(손해배상(기))

국제해상매매계약에 있어서 이른바 CIF약관이 있는 경우에 매도인은 목적물을 계약 소정의 목적지까지 운송하기 위하여 운송계약을 체결하고 약정된 일자 또는 기간 내에 선적항의 본선상에 물품을 인도하여야 하고, 그 운송에 관한 선하증권 및 보험증권, 상품송장 등의 서류를 매수인(신용장이 개설된 경우에는 신용장개설은행)에게 교부하고 그 대금을 청구할 수 있는 것으로서,[11] 이 경우에 선하증권상의 선적기일은 원칙적으로 계약상의 선적기일과 부합하여야 하는 것이므로, 이러한 CIF 매매계약에 있어서 선적기간의 표기는 불가결하고 중요한 계약요건이 되며, 더욱이 매매의 목적물이 매매 당시 가격변동이 심한 원자재(알루미늄)이고, 매수인은 수출입을 주된 업무로 하는 종합상사로서 전매를 목적으로 하여 매매계약을 체결한 경우에는 보통 수입상은 수입원자재의 재고량, 수요·공급상황, 국제 및 국내의 가격동향, 선적지로부터 양륙지까지의 물품의 항해일수 등을 감안하여 가장 유리한

금을 결재하여 온 것이라면 위 구매행위의 성질은 명성그룹산하 전계열회사가 그룹 조달본부라는 공동기구를 통하여 물품을 공동으로 구매한 것으로 보는 것이 상당하고, 따라서 구매한 물품대금채무에 관하여도 전계열회사는 공동상행위로 인하여 부담한 채무로서 연대하여 변제할 책임이 있다"고 판시하였다.

10 국제상사매매(국제물품매매거래)에 관해서는 국제물품매매계약에 관한 UN협약(United Nations Convention on Contracts for the International Sale of Goods, "CISG")이 적용될 수 있다. CISG는 1980. 4. 10. 채택되어 1988. 1. 1. 발효되었고, 대한민국은 2004. 2. 17. 가입(2005. 3. 1. 발효)하였다. CISG는, 제1편 적용범위(제1조-제6조)와 총칙(제7조-제13조), 제2편 계약의 성립(제14조-제24조), 제3편 계약의 이행에 관한 의무와 불이행에 대한 구제(제25조-제88조), 제4편 협약의 시행과 유보 등에 관한 최종규정(제89조-제101조) 등으로 구성되어 있다. CISG는 체약국에 대하여 별도의 국내입법 없이 바로 적용될 수 있다. 따라서 당사자들이 미리 합의하지 않은 사항에 대해서는 보충적으로 CISG가 적용될 수 있다. 현재 미국, 일본, 중국, 독일 등 주요 무역국가들을 포함하여 80개의 국가가 체약국으로 참여하고 있다.

11 INCOTERMS는 ICC가 19세기부터 영국을 중심으로 사용해 왔던 무역조건에 관한 거래관습을 통일하여 제정한 것이다. INCOTERMS® 2010은 복합운송과 해상 및 내수운송의 두 범주로 나눈 후 거래조건을 11개로 규정하였다. 복합운송조건에는, 출발지인도조건(EXW), 운송비미지급인도조건(FCA), 운송비지급인도조건(CPT와 CIP), 도착지인도조건(DAT, DAP, DDP) 등이 있고, 해상 및 내수 운송조건에는, 운송비미지급인도조건(FAS와 FOB), 운송비지급인도조건(CFR, CIF) 등이 있다. CIF(Cost, Insurance and Freight, 운임보험료 포함 조건)는 선하증권과 정기항로의 발달로 나타난 가장 선호되는 거래조건이다. CIF는 운임이나 보험료가 매매대금에 포함된다(운임이나 보험료가 상승하면 매도인이 손해를 부담하게 됨). 매도인은 스스로 운송계약을 체결하고 계약에 정해진 선적장소에서 선박에 물품을 선적할 의무를 부담한다. 그리고 선적서류가 매수인에게 교부될 때 소유권이 이전되고 계약이 이행된 것으로 간주된다. 위험은 화물이 본선의 선측 난간(ship's rail)을 통과하는 시점에 이전된다. 매도인이 운임과 보험료, 선적비용, 수출통관비용 등을 부담하고, 매수인은 물품이 본선에 인도된 이후에 발생하는 그 밖의 비용과 수입통관비용을 부담한다.

시점에 물품이 수입항에 도착되도록 수출상과 교섭하여 선적기일을 정하는 것이므로 선적기일에 관한 약정은 계약상 특히 중요한 의미를 가지며, 선적이 늦어지는 경우에는 사정에 따라서는 매수인이 손해를 볼 우려가 있으며, 또 매매대금은 매도인을 수익자로 하는 신용장을 개설하는 방법에 의하여 결제하기로 하였으면, 매도인으로서는 계약상 내지 신용장상의 선적기간 내에 목적물이 선적되었다는 기재가 있는 선하증권을 신용장개설은행에 제시하여야만 은행으로부터 그 대금을 지급받을 수 있다는 등의 사정을 종합하여, 원자재매매계약이 그 성질 또는 당사자의 의사표시에 의하여 약정된 선적기간 내에 선적되지 아니하면 계약의 목적을 달성할 수 없는 상법 제68조 소정의 이른바 확정기매매에 해당한다.[12]

대법원 2009. 7. 9. 선고 2009다15565 판결(손해배상(기))

상법 제68조에 정한 상인간의 확정기매매의 경우 당사자의 일방이 이행시기를 경과하면 상대방은 이행의 최고나 해제의 의사표시 없이 바로 해제의 효력을 주장할 수 있는바, 상인간의 확정기매매인지 여부는 매매목적물의 가격 변동성, 매매계약을 체결한 목적 및 그러한 사정을 상대방이 알고 있었는지 여부, 매매대금의 결제 방법 등과 더불어 이른바 CIF 약관과 같이 선적기간의 표기가 불가결하고 중요한 약관이 있는지 여부, 계약 당사자 사이에 종전에 계약이 체결되어 이행된 방식, 당해 매매계약에서의 구체적인 이행 상황 등을 종합하여 판단하여야 한다.[13]

---

12 신용장거래에 관해서는 ICC의 신용장통일규칙("UCP")이 제정되어 있다(UCP600이 2007. 7. 1.부터 시행). 매도인과 매수인이 매매계약을 체결한 후 매수인이 개설은행에 신용장의 개설을 의뢰하면, 개설은행은 신용장을 개설하고 수익자(매도인)에게 신용장 개설을 통지한다. 매도인이 상품을 선적하고 운송인으로부터 선하증권 등 운송증권을 교부받은 후 매입은행에 선적서류의 매입을 의뢰하고, 매입은행은 선적서류가 신용장 조건과 일치하는지 여부를 확인한 후 선적서류를 매입한다. 매입은행은 매입한 선적서류를 개설은행에 송부·제시하여 신용장대금의 지급을 요청한다. 매수인은 개설은행에 신용장대금을 결제하고, 상환으로 선적서류를 인도 받아 운송인에게 선하증권을 제시하고 화물을 인수받을 수 있다. 신용장거래는 원칙적으로 서류에 의한 거래이며(추상성), 그 기본이 되는 매매계약과는 별개의 독립된 거래이다(독립성). 따라서 매입은행은 수익자(매도인)의 매매계약상 채무불이행으로부터 야기되는 항변사유로 매입을 거절할 수 없고, 개설은행도 이를 이유로 매입은행의 상환청구에 대항하지 못하며, 또한 개설의뢰인도 이를 이유로 신용장대금의 상환을 거절할 수 없다(대법원 2003. 10. 9. 선고 2002다2249 판결). 매도인으로서는 신용장이 요구하는 서류만 완벽하면 대금결제를 확실하게 받을 수 있게 된다(비서류적 조건에 관해서는 대법원 2008. 9. 11. 선고 2007다74683 판결 참조). 특히, 은행의 서류검토상의 의무가 자주 쟁점이 되는데, 매입은행은 형식적 심사 의무만 있지만(UCP 14a) 서류의 정규성(定規性)과 상태성(常態性, regularity)에 대한 조사의무도 포함되고(대법원 2002. 5. 28. 선고 2000다50299 판결, 대법원 2002. 10. 11. 선고 2000다60296 판결 등), 엄격일치의 원칙(UCP 14d)을 지켜야 한다(대법원 2006. 5. 12. 선고 2004다34158 판결 등).
13 계약 당사자 사이에 종전에 계약이 체결되어 이행되던 방식(이행기가 경과된 이행에 대해서도 대금이 지급된 적이 있었음), 당해 매매계약에서의 구체적인 이행 상황(당해 거래 중 일부가 이행기 후에 이행되었음에도 대금이 지급되었고 나머지에 대해서 논의가 계속되었음) 등에 비추어 볼 때, 가격변동이 심한 원자재를 계

대법원 2003. 4. 8. 선고 2001다38593 판결(손해배상(기))

[1] 선물환계약이란 장래의 일정기일 또는 기간 내에 일정금액, 일정종류의 외환을 일정환율로써 교부할 것을 약정하는 계약으로서 그에 기한 채권은 금전채권이므로 그 당사자들은 민법 제397조 제 2 항에 의하여 계약불이행에 대하여 과실 없음을 들어 항변할 수 없다.

[2] 상인 사이에 이루어진 선물환계약은 그 약정 결제일에 즈음하여 생길 수 있는 환율변동의 위험(이른바, 환리스크)을 회피하기 위하여 체결되는 것으로서 그 성질상 그 약정 결제일에 이행되지 않으면 계약의 목적을 달성할 수 없는 상법 제68조 소정의 확정기매매라 할 것이고, 그 계약 불이행으로 인한 손해배상액의 산정에 관한 미화 1$당 원화의 환율은, 그 계약이 약정결제일 전에 이미 해제되었다는 등의 특수한 사정이 없는 이상, 원래 약정되었던 결제일 당시의 환율을 기준으로 하여야 한다.

대법원 1993. 6. 11. 선고 93다7174, 7181(반소) 판결(손해배상(기), 물품대금)

매수인에게 즉시 목적물의 검사와 하자통지를 할 의무를 지우고 있는 상법 제69조의 규정은 상인간의 매매에 적용되는 것이며 매수인이 상인인 한 매도인이 상인인지 여부를 불문하고 위 규정이 적용되어야 하는 것은 아니다.[14]

대법원 1987. 7. 21. 선고 86다카2446 판결(약속어음금)[15]

약 목적물로 한 국제중개무역이라는 사유만으로는 상법 제68조에 정한 상인간의 확정기매매에 해당한다고 볼 수 없다고 하였다. 중국으로부터 페로몰리브덴을 수입하는 거래에 관한 사안이었다.

14 피고는 약 5,000평의 사과나무 과수원을 경영하면서 사과를 수확하여 이를 대부분 대도시의 사과판매상인 원고에게 위탁하여 판매해오고 있었는데, 원고는 피고로부터 매수한 사과상자 중 절반 가까운 상자의 사과들의 과심(果心)이 썩은 것을 발견하고 손해배상을 구하였고, 피고는 반소로서 사과대금의 지급을 구한 사례였다. 피고는 원고가 상법 제69조의 목적물 검사와 하자통지의무를 다하지 못했으므로 손해배상의무가 없다고 항변하였는데, 대법원은 피고가 상인이 아니므로 쌍방이 상인임을 전제로 하는 상법 제69조가 적용되지 않는다고 하였다. 위 대법원 판결은 원시생산업자가 자신의 생산물을 파는 것도 일단 매매에 해당함을 전제로 영업성을 판단하였고, 다만 피고가 영업성을 갖추지 못해서 상인이 아니라고 하였다. 한편, 위 판결은 방론으로 사과의 과심이 썩은 하자는 상법 제69조 제 1 항 소정의 "즉시 발견할 수 없는 하자"에 해당한다고 보았다.

15 피고는 코코아맛우유 등을 제조하여 자동포장기계로 1회용 포장지로 만들어 시중에 판매하는 회사이고, 원고는 위와 같은 자동포장지를 제조하여 수요자에게 공급판매하는 회사인데, 원고가 자동포장지를 피고가 제시한 도안과 규격에 따라 제작하여 피고에게 공급판매하기로 약정하였다. 이에 따라 원고가 자동포장지를 제작·공급하였는데 피고는 포장지를 인도받고 즉시 그 하자유무에 관하여 검사하지 아니한 채 보관하다가 2개월이 경과하고서야 자동포장기계로 포장하는 작업을 하였다. 피고는 포장지의 세로규격이 원고의 제작상 잘못으로 각 포장지 마다 피고가 요구한 규격보다 2밀리미터 초과하여 전량이 사용할 수 없게 되었음을 발견하고, 그 무렵 위와 같은 사실을 원고에게 통지였다. 원심은, 위와 같은 하자는 포장지공급당시 쉽게 발

[1] 당사자의 일방이 상대방의 주문에 따라 자기소유의 재료를 사용하여 만든 물건을 공급할 것을 약정하고 이에 대하여 상대방이 대가를 지급하기로 약정하는 이른바 제작물공급계약은 그 제작의 측면에서는 도급의 성질이 있고 공급의 측면에서는 매매의 성질이 있어, 이러한 계약은 대체로 매매와 도급의 성질을 함께 가지고 있는 것으로서 그 적용법률은 계약에 의하여 제작공급하여야 할 물건이 대체물인 경우에는 매매로 보아서 매매에 관한 규정이 적용된다고 할 것이나, 물건이 특정의 주문자의 수요를 만족시키기 위한 불대체물인 경우에는 당해 물건의 공급과 함께 그 제작이 계약의 주목적이 되어 도급의 성질을 강하게 띠고 있다 할 것이므로 이 경우에는 매매에 관한 규정이 당연히 적용된다고 할 수 없다.

[2] 상법 제69조 제1항의 매수인의 목적물의 검사와 하자통지의무에 관한 규정의 취지는 상인간의 매매에 있어 그 계약의 효력을 민법 규정과 같이 오랫동안 불안정한 상태로 방치하는 것은 매도인에 대하여는 인도 당시의 목적물에 대한 하자의 조사를 어렵게 하고 전매의 기회를 잃게 될 뿐만 아니라, 매수인에 대하여는 그 기간 중 유리한 시기를 선택하여 매도인의 위험으로 투기를 할 수 있는 기회를 주게 되는 폐단 등이 있어 이를 막기 위하여 하자를 용이하게 발견할 수 있는 전문적 지식을 가진 매수인에게 신속한 검사와 통지의 의무를 부과함으로써 상거래를 신속하게 결말짓도록 한 것이다.

대법원 1990. 12. 21. 선고 90다카28498, 28504 판결(손해배상(기))

상법 제69조는 상인 간의 매매에 있어서는 매수인의 매매목적물에 대한 검사와 하자통지의무를 매수인이 매도인에 대하여 매매목적물에 관한 하자담보책임을 묻기 위한 전제요건으로 삼고 있음이 분명하므로, 그와 같은 하자담보책임의 전제요건, 즉 매수인이 목적물을 수령한 때에 지체 없이 그 목적물을 검사하여 즉시 매도인에게 그 하자를 통지한 사실, 만약 매매의 목적물에 즉시 발견할 수 없는

견할 수 있는 것이라는 사실을 인정한 다음, 피고가 원고로부터 위 포장지를 수령하고도 지체없이 이를 검사하지 아니하고 약 2개월 후에야 비로소 하자가 있음을 발견하였고, 그 무렵 원고에게 한 통지는 시기에 늦은 통지로서 상법 제69조 제1항의 규정에 따라 위 하자를 이유로 한 매매계약해제권을 더 이상 행사할 수 없게 되었다고 하였다. 이에 대하여 대법원은, "이 사건 포장지는 피고의 주문에 따른 일정한 무늬와 규격으로 인쇄되어 있고 더구나 그 포장지에는 피고회사 이름까지 인쇄되어 있어 피고만이 이를 사용할 수 있고, 원고나 피고로서는 이를 타에 매각처분하기가 곤란하거나 불가능한 사실이 엿보이는 바, 이러한 사정 하에서라면 원고가 공급한 이 사건 포장지는 불대체물에 해당할 것이고, 이러한 경우 상법 제69조 제1항에 따라 그 거래관계를 보다 신속하게 결말지을 필요가 절실히 요구된다고 할 수도 없을 것"이라고 하며, 판시와 같이 원심을 파기하였다.

하자가 있는 경우에는 6월 내에 이를 발견하여 즉시 통지한 사실 등에 관한 입증책임은 매수인에게 있다.[16]

대법원 1999. 1. 29. 선고 98다1584 판결(손해배상(기))

상법 제69조는 상거래의 신속한 처리와 매도인의 보호를 위한 규정인 점에 비추어 볼 때, 상인간의 매매에 있어서 매수인은 목적물을 수령한 때부터 지체 없이 이를 검사하여 하자 또는 수량의 부족을 발견한 경우에는 즉시 매도인에게 그 통지를 발송하여야만 그 하자로 인한 계약해제, 대금감액 또는 손해배상을 청구할 수 있고, 설령 매매의 목적물에 상인에게 통상 요구되는 객관적인 주의의무를 다하여도 즉시 발견할 수 없는 하자가 있는 경우에도 매수인은 6월내에 그 하자를 발견하여 지체 없이 이를 통지하지 아니하면 매수인은 과실의 유무를 불문하고 매도인에게 하자담보책임을 물을 수 없다고 해석함이 상당하다.[17]

---

16 원고는 피고에게 인삼탕을 담아 판매할 300밀리리터들이 유리병을 제조하여 공급하기로 약정하고, 세 차례에 걸쳐 유리병 2만개를 제조하여 피고에게 매도하였는데, 피고는 원고로부터 공급받은 유리병 중 13,000개를 불량품이라는 이유로 원고에게 반환하고, 나머지 유리병 중 5,000개에 인삼탕액을 담아 중국에 수출하였는데, 그 유리병들의 입구표면이 균일하게 가공되어 있지 아니한 하자로 말미암아 병뚜껑과 병입구가 제대로 밀봉되지 아니함으로써, 운송 도중에 유리병에 담겨 있던 인삼탕액이 밖으로 새어나와 모두 변질되었다. 이로 인하여 피고는 수입상으로부터 지급받았던 인삼탕의 수출대금을 모두 반환하여 그 만큼의 손해를 입었다. 원고는 상법 제69조에 따라 매수인인 피고가 유리병을 수령한 때 유리병에 하자가 있는지 여부를 검사하여 하자를 발견하였다면 즉시 매도인인 원고에게 이를 통지하여야 하는데, 그 통지를 하지 않았으므로 손해배상책임을 물을 수 없다고 주장하였다. 원심은 피고가 위 유리병 5,000개를 수령하여 그 하자를 발견하고도 즉시 이를 원고에게 통지하지 아니하였다는 점을 인정할 아무런 증거가 없다는 이유로, 원고의 위 주장을 배척하고 원고의 하자담보책임에 기한 손해배상책임을 인정하였다. 대법원은, 매수인인 피고가 매매의 목적물인 유리병을 수령한 때에 지체없이 유리병에 위와 같은 하자가 있는지의 여부를 검사하여 매도인인 원고에게 즉시 그 통지를 발송하였거나, 혹시 그와 같은 하자가 즉시 발견할 수 없는 것이었다면 6월 내에 하자를 발견하여 즉시 원고에게 그 통지를 발송하였다는 사실에 관한 입증책임은 피고에게 있다고 볼 수밖에 없을 것임에도 불구하고, 원심은 오히려 피고가 위와 같은 하자통지의무를 이행하지 아니한 사실에 관한 입증책임이 원고에게 있는 것으로 오해한 위법이 있다고 하였다.

17 원고가 부동산임대업(개인사업)을 개시할 목적으로 그 준비행위로서 당시 부동산임대업을 하고 있던 상인인 피고로부터 건물을 매수하여 점유를 이전받았다. 우선 위 매수행위는 보조적 상행위로서의 개업준비행위에 해당하므로 위 개업준비행위에 착수하였을 때 원고는 상인 자격을 취득하고 상법 제69조가 적용된다고 보았다. 다만, 6개월이 지나서야 건물의 하자를 발견하고 손해배상을 구한 것이므로 손해배상을 구할 수 없다고 하였다. 결국 6개월 이후에 발견한 하자에 관해서는 비록 그 성질상 점유이전일부터 6월내에 도저히 발견할 수 없었던 것이었다고 하더라도 매도인은 담보책임을 면하게 된다. 이에 대하여 성질상 6개월 내에도 발견할 수 없는 하자는 6개월 후라도 즉시 발견하여 통지하면 하자담보청구권을 잃지 않는다는 견해도 있다.

2. 대 리 상

대법원 1999. 2. 5. 선고 97다26593 판결(손해배상(기))

어떤 자가 제조회사와 대리점 총판 계약이라고 하는 명칭의 계약을 체결하였다고 하여 곧바로 상법 제87조의 대리상으로 되는 것은 아니고, 그 계약 내용을 실질적으로 살펴 대리상인지의 여부를 판단하여야 하는바, 제조회사와 대리점 총판 계약을 체결한 대리점이 위 제조회사로부터 스토어(노래방기기 중 본체)를 매입하여 위 대리점 스스로 10여 종의 주변기기를 부착하여 노래방기기 세트의 판매가격을 결정하여 위 노래방기기 세트를 소비자에게 판매한 경우에는, 위 대리점을 제조회사의 상법상의 대리상으로 볼 수 없고, 또한 제조회사가 신문에 자사 제품의 전문취급점 및 A/S센터 전국총판으로 위 대리점을 기재한 광고를 한 번 실었다고 하더라도, 전문취급점이나 전국총판의 실질적인 법률관계는 대리상인 경우도 있고 특약점인 경우도 있으며 위탁매매업인 경우도 있기 때문에, 위 광고를 곧 제조회사가 제3자에 대하여 위 대리점에게 자사 제품의 판매에 관한 대리권을 수여함을 표시한 것이라고 보기 어렵다.[18]

대법원 2003. 4. 22. 선고 2000다55775, 55782 판결(근저당권설정등기말소·수수료반환)

중장비를 장기간의 할부로 판매하는 경우에는 감가상각의 정도가 심하여 판매된 중장비 자체에 관한 근저당권 설정만으로는 미수채권의 회수가 충분히 담보되지 못하므로, 건설기계 생산자로부터 2억원 이상의 고가 중장비 판매를 위임받은 대리상으로서는 적어도 민법 제681조의 규정 취지에 따라 그 매수인과 연대보증인들의 변제자력을 면밀히 조사하여 계약을 체결함과 동시에 필요한 경우 충분한 담보를 확보함으로써 위임자인 건설기계 생산자의 이익을 해하지 않을 선량한 관리자의 주의의무를 부담한다.[19]

---

18 원고회사는 피고회사로부터 구입한 스토어를 부품으로 사용하여 노래방기기세트를 제작하고 이를 원고 甲에게 판매하였다. 그런데 위 노래방기기가 제대로 작동하지 않아 손해를 입었음을 이유로, 원고 甲과 원고회사는 피고회사를 상대로 제조물책임을 주장하였는데, 제조물자체에 대해서만 발생한 손해라서 제조물책임이 부정되었다. 나아가 원고 甲이 노래방기기를 구입한 원고회사가 아닌 피고회사에 하자담보책임을 주장한 것과 관련하여, 원고회사가 피고회사의 대리상이나 대리인인지 여부가 문제되었다(상법 제87조, 민법 제125조 등 참조).
19 대리상계약의 법적 성질은 위임이며(민법 제680조), 대리상은 선관주의의무를 진다(민법 제681조).

대법원 2013. 2. 14. 선고 2011다28342 판결(영업보상등)

[1] 상법 제87조는 일정한 상인을 위하여 상업사용인이 아니면서 상시 그 영업부류에 속하는 거래의 대리 또는 중개를 영업으로 하는 자를 대리상으로 규정하고 있는데, 어떤 자가 제조자나 공급자와 사이에 대리점계약이라고 하는 명칭의 계약을 체결하였다고 하여 곧바로 상법 제87조의 대리상으로 되는 것은 아니고, 그 계약 내용을 실질적으로 살펴 대리상에 해당하는지 여부를 판단하여야 한다.

[2] 상법 제92조의2 제1항은, 대리상의 활동으로 본인이 새로운 고객을 획득하거나 영업상의 거래가 현저하게 증가하고 이로 인하여 계약의 종료 후에도 본인이 이익을 얻고 있는 경우에는 대리상은 본인에 대하여 상당한 보상을 청구할 수 있다고 규정함으로써, 대리상이 계약 존속 중에 획득하거나 현저히 증가시킨 고객관계로 인하여 계약 종료 후에도 본인은 이익을 얻게 되나 대리상은 더 이상 아무런 이익을 얻지 못하게 되는 상황을 염두에 두고, 형평의 원칙상 대리상의 보호를 위하여 보상청구권을 인정하고 있다.

[3] 대리상의 보상청구권에 관한 위와 같은 입법 취지 및 목적 등을 고려할 때, 제조자나 공급자로부터 제품을 구매하여 그 제품을 자기의 이름과 계산으로 판매하는 영업을 하는 자에게도, ① 예를 들어 특정한 판매구역에서 제품에 관한 독점판매권을 가지면서 제품판매를 촉진할 의무와 더불어 제조자나 공급자의 판매활동에 관한 지침이나 지시에 따를 의무 등을 부담하는 경우처럼 계약을 통하여 사실상 제조자나 공급자의 판매조직에 편입됨으로써 대리상과 동일하거나 유사한 업무를 수행하였고, ② 자신이 획득하거나 거래를 현저히 증가시킨 고객에 관한 정보를 제조자나 공급자가 알 수 있도록 하는 등 고객관계를 이전하여 제조자나 공급자가 계약 종료 후에도 곧바로 그러한 고객관계를 이용할 수 있게 할 계약상 의무를 부담하였으며, ③ 아울러 계약체결 경위, 영업을 위하여 투입한 자본과 그 회수 규모 및 영업 현황 등 제반 사정에 비추어 대리상과 마찬가지의 보호필요성이 인정된다는 요건을 모두 충족하는 때에는, 상법상 대리상이 아니더라도 대리상의 보상청구권에 관한 상법 제92조의2를 유추적용할 수 있다고 보아야 한다.[20]

---

20 대리상과 유사한 역할을 하지만 자기의 이름으로 물건을 판매하는 상인을 통상 '특약점'이라고 하는데, 그 역할이나 지위가 대리상과 차이가 없고 보호의 필요성도 동일하므로, 판시와 같이 일정한 요건을 충족한다면 대리상에 관한 규정을 유추적용하는 것이 타당하다고 본다.

3. 위탁매매업

대법원 2011. 7. 14. 선고 2011다31645 판결(채권양도절차이행등)

[1] 위탁매매란 자기의 명의로 타인의 계산에 의하여 물품을 매수 또는 매도하고 보수를 받는 것으로서 명의와 계산의 분리를 본질로 한다. 그리고 어떠한 계약이 일반의 매매계약인지 위탁매매계약인지는 계약의 명칭 또는 형식적인 문언을 떠나 그 실질을 중시하여 판단하여야 한다. 이는 자기 명의로써, 그러나 타인의 계산으로 매매 아닌 행위를 영업으로 하는 이른바 준위탁매매(상법 제113조)에 있어서도 마찬가지이다.

[2] 위탁매매인이 그가 제3자에 대하여 부담하는 채무를 담보하기 위하여 그 채권자에게 위탁매매로 취득한 채권을 양도한 경우에 위탁매매인은 위탁자에 대한 관계에서는 위탁자에 속하는 채권을 무권리자로서 양도한 것이고, 따라서 그 채권양도는 무권리자의 처분 일반에서와 마찬가지로 양수인이 그 채권을 선의취득하였다는 등의 특별한 사정이 없는 한 위탁자에 대하여 효력이 없다. 이는 채권양수인이 양도의 목적이 된 채권의 귀속 등에 대하여 선의였다거나 그 진정한 귀속을 알지 못하였다는 점에 관하여 과실이 없다는 것만으로 달라지지 아니한다.[21]

대법원 1994. 4. 29. 선고 94다2688 판결(예탁주권등)

증권매매거래의 위탁계약의 성립시기는 위탁금이나 위탁증권을 받을 직무상 권한이 있는 직원이 증권매매거래를 위탁한다는 의사로 이를 위탁하는 고객으로부터 금원이나 주식을 수령하면 곧바로 위탁계약이 성립한다고 할 것이고, 그 이후에 그 직원의 금원수납에 관한 처리는 위 계약의 성립에 영향이 없다.[22]

대법원 2008. 5. 29. 선고 2005다6297 판결(채권양도절차이행)

위탁매매인이 위탁자로부터 받은 물건 또는 유가증권이나 위탁매매로 인하여

---

21 甲주식회사가 국내에서 독점적으로 판권을 보유하고 있는 영화의 국내배급에 관하여 乙주식회사와 체결한 국내배급대행계약이 준위탁매매계약의 성질을 갖는지가 문제된 사안에서, 배급대행계약서의 내용 등 여러 사정에 비추어 乙회사는 위 배급대행계약에 따라 甲회사의 계산에 의해 자신의 명의로 각 극장들과 영화상영계약을 체결하였다고 보아야 하므로, 乙회사는 준위탁매매인의 지위에 있다고 하였다. 乙회사는 위 배급대행계약의 이행으로 극장운영자인 丙주식회사와 영화상영계약을 체결하고 그 계약에 따라 丙회사에 대하여 가지게 된 부금채권을 자신의 채권자인 丁에게 채권 담보를 위해 양도하였다. 법원은, 채권양도가 준위탁매매계약상 위탁자의 지위에 있는 甲회사에게는 효력이 없다고 하였다(제113조, 제103조).

22 따라서 그 이후에 증권회사의 직원이 위탁증거금이나 주식을 횡령하더라도 증권회사와 고객간의 증권매매위탁계약의 효력에는 영향이 없고, 고객은 위탁계약을 근거로 위탁증거금이나 주식의 반환 또는 손해배상을 청구할 수 있다.

취득한 물건, 유가증권 또는 채권은 위탁자와 위탁매매인 또는 위탁매매인의 채권자 간의 관계에서는 이를 위탁자의 소유 또는 채권으로 보므로(상법 제103조),[23] 위탁매매인이 위탁자로부터 물건 또는 유가증권을 받은 후 파산한 경우에는 위탁자는 파산법 제79조(현행 채무자회생및파산에관한법률 제407조)에 의하여 위 물건 또는 유가증권을 환취할 권리가 있고, 위탁매매의 반대급부로 위탁매매인이 취득한 물건, 유가증권 또는 채권에 대하여는 파산법 제83조(현행 제410조) 제 1 항에 의하여 대상적 환취권(대체적 환취권)으로 그 이전을 구할 수 있다.

대법원 1982. 2. 23. 선고 81도2619 판결(횡령)

위탁판매에 있어서는 위탁품의 소유권은 위임자에게 속하고 그 판매대금은 다른 특약이나 특별한 사정이 없는 한 이를 수령함과 동시에 위탁자에 귀속한다 할 것이므로 위탁매매인이 이를 사용, 소비한 때에는 횡령죄가 성립한다.[24]

대법원 1996. 1. 23. 선고 95다39854 판결(물품대금)

위탁자의 위탁상품 공급으로 인한 위탁매매인에 대한 이득상환청구권이나 이행담보책임 이행청구권은 위탁자의 위탁매매인에 대한 상품 공급과 서로 대가관계에 있지 아니하여 등가성이 없으므로 민법 제163조 제 6 호 소정의 '상인이 판매한 상품의 대가'에 해당하지 아니하여 3년의 단기소멸시효의 대상이 아니고, 한편 위탁매매는 상법상 전형적 상행위이며 위탁매매인은 당연한 상인이고 위탁자도 통상 상인일 것이므로, 위탁자의 위탁매매인에 대한 매매 위탁으로 인한 위의 채권은 다른 특별한 사정이 없는 한 통상 상행위로 인하여 발생한 채권이어서 상법 제64조 소정의 5년의 상사소멸시효의 대상이 된다.

---

23 금전은 위탁매매인의 일반재산에 혼용되어 특정할 수 없으므로 제103조의 적용대상에서 제외하였다. 그리고 위탁매매인의 매매상대방, 위탁자의 채권자 등과의 관계에서는 위 규정이 적용되지 않는다. 위탁매매인의 상대방은 위탁매매인에 대하여 권리를 갖고(제102조), 위탁매매인이 매매대금을 지급하지 않으면 위탁매매인에게 인도한 목적물에 대하여 강제집행하거나 계약을 해제하여 그 목적물의 반환을 구할 수 있어야 하는데, 그 목적물을 위탁자의 소유로 보게 되면 불합리한 결과가 생기기 때문이다. 또한 위탁자의 채권자는 위탁자가 위탁매매인에게 갖는 채권에 대하여 집행하거나 채권자대위권을 행사하면 족하기 때문에 제103조의 적용대상이 아니다.
24 목적과 용도를 정하여 위탁한 금전은 정해진 목적과 용도에 사용할 때까지는 이에 대한 소유권이 위탁자에게 유보되어 있다고 보아야 할 것이나, 특별히 그 금전의 특정성이 요구되지 않는 경우 수탁자가 위탁의 취지에 반하지 않고 필요한 시기에 다른 금전으로 대체시킬 수 있는 상태에 있는 한 이를 일시 사용하더라도 횡령죄를 구성한다고 할 수 없고, 수탁자가 그 위탁의 취지에 반하여 다른 용도에 소비할 때 비로소 횡령죄를 구성한다(대법원 2008. 3. 14. 선고 2007도7568 판결).

Ⅲ. 물   류

1. 운송주선업

대법원 2007. 4. 26. 선고 2005다5058 판결(손해배상(기))
대법원 1987. 10. 13. 선고 85다카1080 판결(양수금)

[1] 상법 제46조 제12호, 제114조에 의하여 자기의 명의로 물건운송의 주선을 영업으로 하는 상인을 운송주선인이라고 하고, 여기서 주선이라 함은 자기의 이름으로 타인의 계산 아래 법률행위를 하는 것을 의미하므로, 운송주선계약은 운송주선인이 그 상대방인 위탁자를 위하여 물건운송계약을 체결할 것 등의 위탁을 인수하는 계약으로 민법상의 위임의 일종이기 때문에 운송주선업에 관한 상법의 규정이 적용되는 외에 민법의 위임에 관한 규정이 보충적용된다.

[2] 운송주선인은 자기의 이름으로 주선행위를 하는 것이 원칙이지만, 실제로 주선행위를 하였다면, 하주나 운송인의 대리인, 또는 위탁자의 이름으로 운송계약을 체결하는 경우에도 운송주선인으로서의 지위를 상실하지 않는다.

[3] 운송주선업은 운송의 거리가 육해공 삼면에 걸쳐 길어지고 운송수단도 다양할 뿐만 아니라 공간적 이동이 필요불가피한 화물도 복잡다양화, 대형·다량화되어짐에 따라 송하인과 운송인이 적당한 상대방을 적기에 선택하여 필요한 운송계약을 체결하기 어렵게 되었으므로 송하인과 운송인의 중간에서 가장 확실하고 안전·신속한 운송로와 시기를 선택하여 운송을 주선하기 위한 긴요한 수단으로서 발달하게 된 것이다.

[4] 운송주선인은 위탁자를 위하여 물건운송의 주선을 하는 것이기 때문에 운송인과의 사이에 물건운송계약을 체결했을 때에는 상법 제123조, 제104조에 의하여 그 구체적 내용에 관한 통지를 해야 하고, 이 경우에는 위탁자와의 내부관계에 있어서는 운송주선인이 체결한 운송계약상의 권리의무는 주선인에 의한 양도 등 특별한 이전절차 없이도 위탁자에 귀속되는 것이지만, 위탁자가 그 권리를 운송인에게 주장할 수 있기 위하여는 민법 제450조 내지 제452조에 따른 채권양도의 통지가 필요하고, 다만 지시식이나 무기명식의 선하증권이 발행되어 있을 때에는 민법 제508조, 제523조에 의하여 운송주선인이 이를 위탁자에게 배서 또는 교부함으로써 그러한 절차를 이행하는 것이 된다.[25]

---

[25] 위탁자와 운송주선인은 운송주선계약을 체결하고, 원칙적으로 운송주선인이 송하인이 되어 운송인과 운

[5] 다같이 운송주선인이라 불려지고 있어도 발송지운송주선인의 위탁을 받고 하는 도착지운송주선인이나 중간운송주선인의 행위 등은 특별한 사정이 없는 한 상법상의 운송주선행위가 아니다.[26]

[5] 해상운송주선인 甲이 선적선하증권을 자기의 명의로 발행한 것이 아니고 양륙항에서의 통관 및 육상운송의 편의를 위하여 화주의 부탁을 받고 양륙항의 현지 상인이면서 甲과 상호대리관계에 있는 乙의 대리인자격으로 발행한 것이라면, 甲과 乙 사이에 상호대리관계가 있다하여도 그것만으로는 이 선하증권이 상법 제116조의 개입권행사의 상법조건이 되는 "운송주선인이 작성한 증권"으로 볼 수는 없다.[27]

[6] 운송주선계약으로 운임의 액이 정해진 경우라도 그것을 확정운임운송주선 계약으로 볼 수 있으려면 주선인에게 해상운송인으로서의 기능을 수행하는 것이 가능한 재산적 바탕이 있어야 하고, 또 그 정해진 운임의 액이 순수한 운송수단의 대가 즉 운송부분의 대가만이 아니고 운송품이 위탁자로부터 수하인에게 도달되기 까지의 액수가 정해진 경우라야만 한다.[28]

송계약을 체결한다. 위탁자와 운송인간에는 원칙적으로 아무런 법률관계도 생기지 않는다. 송하인의 지위를 갖는 운송주선인이 운송인에 대한 자신의 권리를 양도하여야 비로소 위탁자가 운송인에 대하여 일정한 권리를 행사할 수 있다. 실제로는 운송주선인은 위탁자나 운송인의 대리인으로서 운송계약을 체결하기도 하고, 위탁자의 이름으로 운송계약을 체결하는 일도 많다. 왜냐하면 위탁자가 송하인이 되어 화물상환증이나 선하증권을 자신의 이름으로 발행받아서 은행으로부터 신용을 얻을 필요가 있기 때문이다.

26 순차운송주선은 제1운송주선인(발송지운송주선인)이 위탁자의 위탁에 따라 최초 구간의 운송주선을 인수하고, 다음 구간에 대해서는 자기의 이름으로 위탁자의 계산으로 제2의 운송주선인(중간운송주선인)에게 운송주선을 위탁하는 형태를 말한다(제117조와 제118조가 적용됨). 발송지운송주선인은 위탁자의 위탁에 의하여 운송물을 수령하여 운송인에게 인도할 때까지의 사무를 맡고, 중계지운송주선인은 운송인들 사이의 운송의 중계를 연락하는 사무를 담당하며, 도착지운송주선인은 목적지에 도착한 운송물을 수령하여 수하인에게 인도할 때까지의 사무를 맡는다. 중계지와 도착지의 운송주선인을 "중간운송주선인"이라고 한다. 제1 운송주선인이 중간운송주선인을 선임하는 것은 복위임에 해당하고(민법 제682조, 제120조, 제121조, 제123조 등 참조), 중간운송주선인은 그의 이행보조자가 아니다. 따라서 제1운송주선인은 중간운송주선인들의 과실에 대하여 직접 책임을 지지 않고, 중간운송주선인들의 선택에 있어서 과실이 있는 경우에만 책임을 진다(제115조). 후자(중간운송주선인)는 전자에 갈음하여 그의 권리(보수·비용청구권, 유치권 등)를 행사할 의무를 부담한다(제117조 제 1 항). 여기서 '전자'란 발송지운송주선인 또는 자기 이전의 중간운송주선인을 말한다. 이러한 의무를 부여한 이유는, 운송주선관계가 순차로 진행됨에 따라 전자가 운송물의 점유를 상실하여 효과적으로 자신의 권리를 행사하는 것이 어려워지기 때문이다. 후자의 권리행사는 전자의 대리인(일종의 법정대리)으로서 하는 것이다. 후자가 전자에 변제를 하였을 때에는 전자의 권리를 취득한다(제117조 제 2 항). 민법상 변제자대위(민법 제481조)의 특칙으로 볼 수 있다. 운송주선인이 (자기 이전 구간의) 운송인에게 변제를 한 때에는 운송인의 권리를 취득한다(제118조). 역시 민법상 변제자대위(민법 제481조)의 특칙으로 볼 수 있다.

27 운송주선인은 다른 약정이 없으면 자신이 운송인이 되어 직접 운송할 수 있다(개입권, 제116조). 운송주선인이 위탁자의 청구에 의하여 자기의 명의로 화물상환증을 작성한 때에는 직접 운송하는 것으로 의제한다(제116조 제 2 항). 그러나 타인의 대리인으로서 발행한 경우는 그렇지 않다는 취지이다.

2. 운송업

가. 운송계약

대법원 2007. 4. 27. 선고 2007다4943 판결(손해배상(기))

[1] 물품운송계약은 당사자의 일방에게 물품을 한 장소로부터 다른 장소로 이동할 것을 약속하고 상대방이 이에 대하여 일정한 보수를 지급할 것을 약속함으로써 성립하는 계약으로서, 운송계약에 따른 권리·의무를 부담하는 운송인은 운송의뢰인에 대한 관계에서 운송을 인수한 자가 누구인지에 따라 확정된다.

[2] 운송주선인이 상법 제116조에 따라 위탁자의 청구에 의하여 화물상환증을 작성하거나 같은 법 제119조 제 2 항에 따라 운송주선계약에서 운임의 액을 정한 경우에는 운송인으로서의 지위도 취득할 수 있지만,[29] 운송주선인이 위 각 조항에 따라 운송인의 지위를 취득하지 않는 한, 운송인의 대리인으로서 운송계약을 체결하였더라도 운송의뢰인에 대한 관계에서는 여전히 운송주선인의 지위에 있다.

[3] 운송주선업자가 운송의뢰인으로부터 운송관련 업무를 의뢰받았다고 하더라도 운송을 의뢰받은 것인지, 운송주선만을 의뢰받은 것인지 여부가 명확하지 않은 경우에는 당사자의 의사를 탐구하여 운송인의 지위를 취득하였는지 여부를 확정하여야 할 것이지만, 당사자의 의사가 명확하지 않은 경우에는 하우스 선하증권의 발행자 명의, 운임의 지급형태 등 제반 사정을 종합적으로 고려하여 논리와 경험칙에 따라 운송주선업자가 운송의뢰인으로부터 운송을 인수하였다고 볼 수 있는지 여부를 확정하여야 한다.

대법원 1996. 2. 9. 선고 94다27144 판결(운임등)

[1] 운임포함조건(C&F)으로 체결된 수출입매매계약에 있어서는, 매도인이 선복을 확보하여 운송인과 운송계약을 체결하고 그 운임을 부담할 의무가 있는 것이

---

28 운송주선인은 운송계약이 성립하여 운송인에게 운송물을 인도한 때에는 즉시 보수를 청구할 수 있다(제119조 제 1 항, 제61조). 다만, 운송주선계약으로 운임의 액을 정한 경우(확정운임운송주선계약)에는 다른 약정이 없으면 따로 보수를 청구하지 못한다(제119조 제 2 항). 확정운임운송주선계약은 위탁자와 운송주선인 사이에 운송계약이 체결된 것으로 본다. 이 경우 운송주선인이 선정한 운송인은 운송주선인의 이행보조자가 되므로 그의 고의·과실에 대하여 운송주선인이 책임을 져야 하고(제135조), 운송주선인은 운송을 완료한 때에 한하여 그의 보수(확정운임)를 청구할 수 있다(민법 제665조).

29 개입권을 행사하면 운송주선인과 위탁자간에 운송계약이 성립되어 운송주선인은 운송인과 동일한 권리의무를 갖는다(제116조 제 1 항 2문). 이 때 운송주선인으로서의 권리의무도 존속하고, 따라서 보수청구권이나 비용상환청구권을 행사할 수 있다.

고 매수인에게는 선복을 확보할 의무가 없으므로, 운송계약의 당사자는 매도인이다.

[2] 본선인도조건(F.O.B.)과 같은 신용장상의 운송조건은 기본적으로는 수출입계약 당사자 사이의 비용 및 위험부담에 관한 약정이지만, 본선인도조건으로 체결된 수출입매매계약에 있어서는 당사자 사이에 특별한 약정이 없는 한 매수인이 용선계약을 체결하거나 기타 선복을 확보하여 화물을 선적할 선박을 매도인에게 통지하여 줄 의무가 있는 것이고 매도인에게는 스스로 선복을 확보하여 화물을 선적할 의무가 없는 것이므로, 매도인과 매수인이 본선인도조건으로 수출입매매계약을 체결하면서도 매수인이 선복을 확보하지 않고 매도인이 수출지에서 선복을 확보하여 운송계약을 체결하되 운임은 후불로 하여 운임후불로 된 선하증권을 발행받아 매수인이 수하인 또는 선하증권의 소지인으로서 화물을 수령할 때 운송인에게 그 운임을 지급하기로 약정하였다면, 이는 매수인이 매도인과의 내부관계에서는 운임을 부담하되 운송인과의 관계에서는 매도인이 매수인의 대리인이 아닌 본인으로서 운송계약을 체결하는 것으로 볼 것이 아니라, 매수인이 매도인에게 자신을 대리하여 운송계약을 체결하는 권한까지 부여하였다고 봄이 상당하다.[30]

대법원 2012. 10. 11.자 2010마122 결정(운송물경매허가신청결정에대한재항고)

매도인과 매수인이 본선인도조건(F.O.B.)으로 수출입매매계약을 체결하면서도 매수인이 선복을 확보하지 않고 매도인이 수출지에서 선복을 확보하여 운송계약을 체결하되, 운임은 후불로 하여 운임후불(Freight Collect)로 된 선하증권을 발행받아, 매수인이 수하인 또는 선하증권의 소지인으로서 화물을 수령할 때 운송인에게 운임을 지급하기로 약정한 경우, 특별한 사정이 없는 한 매수인이 매도인에게 자신을 대리하여 운송계약을 체결하는 권한을 부여하여 운송계약을 체결한 것으로 보아야 하므로 운송계약의 당사자는 해상운송인과 매수인이다.[31]

---

30 FOB는 정기항로가 없고 선하증권이 미비하던 범선시대를 대변하던 거래조건이다. 매수인이나 그의 대리인이 운송인과 운송계약 체결하여 선복을 확보한 후 매도인에게 통지를 하면, 매도인은 해당 물품을 지정된 선박에 적재한다. 매도인은 매수인이 수출화물을 부보할 수 있도록 선적에 관한 상세한 사항을 통지해야 한다. 매도인이 수출허가 및 통관수속을 이행하고, 운임 및 보험료는 매수인이 부담하여 지급하며, 본선에의 적재비용은 매도인이 부담한다. 선박의 난간(ship's rail)을 통과할 때 위험이 이전된다. FCA는 복합운송조건에 속하며, 매도인이 물품을 수출통관하고, 지정된 장소에서 매수인이 지정한 운송인에게 이를 인도하는 거래조건을 말한다(현대의 컨테이너 운송방식에 적합). FAS는 해상 및 내수 인도조건에 속하며, 매도인이 물품을 수출통관하여 선적항에서 본선의 선측(부두 또는 부선)에서 인도하는 거래조건을 말한다(적재하는데 비용이 많이 드는 원목이나 곡물 등 bulk cargo의 거래에 주로 이용됨).
31 따라서 매수인이 운임을 지급할 채무가 있고, 매도인이 아닌 매수인이 운송인에 대하여 운송계약상의 채무불이행책임을 물을 수 있다.

대법원 2003. 8. 22. 선고 2001다65977 판결(손해배상(기))
대법원 2009. 6. 11. 선고 2008도11784 판결(업무상과실일반교통방해)

[1] 정기용선계약은 선박소유자 또는 선체용선자(이하 "선주")가 용선자에게 선원이 승무하고 항해장비를 갖춘 선박을 일정한 기간 동안 항해에 사용하게 할 것을 약정하고 용선자가 이에 대하여 기간으로 정한 용선료를 지급할 것을 약정하는 계약으로서 용선자가 선주에 의해 선임된 선장 및 선원의 행위를 통하여 선주가 제공하는 서비스를 받는 것을 요소로 한다. 이는 선박 자체의 이용이 계약의 목적이 되어 선주로부터 인도받은 선박에 자기의 선장 및 선원을 탑승시켜 마치 그 선박을 자기 소유의 선박과 마찬가지로 이용할 수 있는 지배관리권을 가진 채 운항하는 선체용선계약과는 본질적으로 차이가 있다.[32]

[2] 정기용선계약에 있어서 선박의 점유, 선장 및 선원에 대한 임면권, 그리고 선박에 대한 전반적인 지배관리권은 모두 선주에게 있고, 특히 화물의 선적, 보관 및 양하 등에 관련된 상사적인 사항과 달리 선박의 항행 및 관리에 관련된 해기적인 사항에 관한 한 선장 및 선원들에 대한 객관적인 지휘·감독권은 달리 특별한 사정이 없는 한 오로지 선주에게 있다고 할 것이므로, 정기용선된 선박의 선장이 항행상의 과실로 충돌사고를 일으켜 제3자에게 손해를 가한 경우 용선자가 아니라 선주가 선장의 사용자로서 상법 제878조 또는 제879조에 의한 배상책임을 부담하는 것이고, 따라서 상법 제850조 제1항이 유추적용될 여지는 없으며, 다만 정기용선자에게 민법상의 일반 불법행위책임 내지는 사용자책임을 부담시킬 만한 귀책사유가 인정되는 때에는 정기용선자도 그에 따른 배상책임을 별도로 부담할 수 있다.

대법원 2006. 4. 28. 선고 2005다30184 판결(손해배상(기))

[1] 혼재항공화물운송장(House Air Waybill)이 발행된 경우, 송하인 및 수하인에 대한 관계에서 운송계약에 따른 권리·의무를 부담하는 계약운송인(contracting carrier)

---

32 선박소유자와 선체용선자·정기용선자·항해용선자 등의 용선자는 인적·물적 설비를 갖추고 바다에서 영리행위를 하는 해상기업의 주체이다. 용선자는 해상기업활동을 위해 선박소유자와 용선계약을 체결하고 운송인으로서 화주들과 개품운송계약 또는 항해용선계약을 체결한다. 해상기업의 주체와 선장 등 선박사용인의 책임은 선박의 톤수에 따라 제한된다(제769조, 제770조, 제774조). 해상기업은 운송과 용선 등의 영업활동을 한다. 그 중 운송계약은 항해용선계약과 개품운송계약으로 나눌 수 있다. 선박소유자와 항해용선자가 맺는 항해용선계약은 주운송계약이고, 용선자가 다시 제3자와 운송계약을 체결하여 그의 화물을 운송하는 경우 이는 재운송계약에 해당한다. 이 경우 선박소유자는 항해용선자의 이행이 선장의 직무범위에 속하는 범위 안에서 재운송계약의 상대방에게 책임을 진다(제809조). 정기용선자(선체용선자는 제외)가 체결하는 개품운송계약에 대해서도 제809조가 적용된다. 선체용선자가 주운송계약의 당사자인 경우에도 선주와 동일하게 책임을 진다(제850조, 제809조).

이란, 송하인 또는 그 대리인으로부터 운송을 의뢰받아 실제운송인(actual carrier)에게 그 운송의 전부 또는 일부를 이행하도록 위임하고, 하우스 항공화물운송장을 작성·교부한 자이다.[33]

　[2] 국제항공운송에 관한 법률관계에 대하여는 1955년 헤이그에서 개정된 '국제항공운송에 있어서의 일부규칙의 통일에 관한 협약'이 일반법인 민법이나 상법에 우선하여 적용된다.[34]

　[3] 국내 운송취급인이 운송인으로부터 아무런 지시도 받지 않고 수하인에게는 화물도착의 통지도 하지 아니한 채 수입회사의 청구에 따라 수출회사에 화물을 반송한 경우, 수하인의 화물인도청구권의 침해로 인한 손해배상책임을 진다.[35]

대법원 1993. 3. 12. 선고 92다32906 판결(물품인도)

　[1] 상법 제147조, 제120조 소정의 운송인의 유치권에 관한 규정의 취지는, 운송실행에 의하여 생긴 운송인의 채권을 유치권행사를 통해 확보하도록 하는 동시

---

[33] 항공운송은 하수운송이나 순차운송으로 이루어지는 경우도 많은데, 계약운송인(contractual carrier) 뿐만 아니라 그의 위임을 받아 운송의 전부 또는 일부를 수행하는 실제운송인(actual carrier)도 운송인으로서 연대하여 책임을 진다(상법 제900조). 항공화물운송장은 선하증권과 달리 유가증권이 아닌 증거증권에 불과하다(상법 제923조 내지 제929조 참조). 자신의 운송수단이 없는 계약운송인은 실제운송인에게 운송을 위탁하고 집단(groupage) 항공화물운송장을 교부받고, 다시 송하인에게 하우스(house) 항공화물운송장을 작성·교부한다.

[34] 우리나라는 위 협약을 대체하여 2007년 제정·발효된 몬트리올협약에 가입하였고, 몬트리올협약의 내용을 거의 그대로 수용하여 2011년 개정상법 제6편에 항공운송에 관한 규정을 신설하였다.

[35] 항공운송에서 송하인이 운송인에 대하여 화물처분권(제917조 제1항)을 적법하게 행사하지 않은 이상, 수하인은 화물이 도착지에 도착한 때에는 화물도착의 통지를 받고 수하인용 항공화물운송장의 교부와 화물의 인도를 청구할 권리를 갖게 된다(제918조). 따라서 운송물이 도착지에 도착하면 운송인은 지체없이 수하인에게 통지하고(제918조 제2항), 수하인이 항공화물운송장을 가지고 있는지 여부나 제3자가 항공화물운송장을 가지고 있는지 여부에 상관없이 수하인에게 운송물을 인도해야 한다(동조 제1항). 그런데 위 사건에서 화물운송계약의 국내 운송취급인인 피고가 운송인으로부터 아무런 지시도 받지 않고 수하인인 원고 국민은행에게는 화물도착의 통지를 하지 아니한 채 매수인인 수입회사의 청구에 따라 수출회사에 화물을 반송함으로써 수하인인 원고의 화물인도청구권을 침해하였으므로 그로 인하여 원고가 입은 손해를 배상할 책임이 있다고 하였다. 항공화물운송장의 제2원본은 운송인이 기명날인 또는 서명을 하여 가지고 있다가 운송물이 도착하면 운송물과 함께 수하인에게 교부하며, 제3원본은 운송인이 송하인으로부터 운송물을 수령한 후 기명날인 또는 서명하여 송하인에게 교부한다(제923조 제3항, 제5항). 그리고 송하인은 제3원본을 환어음에 첨부하여 매입은행에 화환어음의 매입을 의뢰한다. 그런데 신용장이 발행되는 경우 항공화물운송장에 신용장개설은행을 수하인으로 기재하고 실제 물건을 수령할 매수인을 통지처(notifying party)로 기재하는 경우가 많다. 이경우 운송인은 통지처인 매수인에게 제2원본을 교부하고, 매수인이 신용장개설은행에 대금을 결제하면서 제2원본을 제시하고 이에 화물의 인도를 지시하는 배서를 받아 운송물을 인수하게 된다. 대법원은 이러한 관행에도 불구하고 운송인이 수하인의 지시 없이 통지처에 수하인용 항공화물운송장을 교부하고 화물을 인도한 경우에는 불법행위로 인한 손해배상책임이 진다고 한 것이다(대법원 1999. 7. 13. 선고 99다8711 판결 참조).

에 송하인과 수하인이 반드시 동일인은 아니므로 수하인이 수령할 운송물과 관계가 없는 운송물에 관하여 생긴 채권 기타 송하인에 대한 그 운송물과는 관계가 없는 채권을 담보하기 위하여 그 운송물이 유치됨으로써 수하인이 뜻밖의 손해를 입지 않도록 하기 위하여 피담보채권의 범위를 제한한 것이다.[36]

[2] 동일한 기회에 동일한 수하인에게 운송하여 줄 것을 의뢰받은 운송인이 운송물의 일부를 유치한 경우 운송물 전체에 대한 운임채권은 동일한 법률관계에서 발생한 채권으로서 유치의 목적물과 견련관계를 인정하여 피담보채권의 범위에 속한다고 할 수 있다.

[3] 운임은 특약 또는 관습이 없는 한 상법이 인정하는 예외적인 경우를 제외하고는 운송을 완료함으로써 청구할 수 있는 것이고, 운송의 완료라 함은 운송물을 현실적으로 인도할 필요는 없으나 운송물을 인도할 수 있는 상태를 갖추면 충분하다.

나. 운송인의 손해배상책임

대법원 2004. 7. 22. 선고 2001다67164 판결(손해배상(기))

바르샤바협약 제18조 제 1 항, 제 2 항(상법 제913조 제 1 항, 제 2 항)에 따른 "항공운송 중"이란 수하물 또는 화물이 비행장 또는 항공기상에서 운송인의 관리 하에 있는 기간을 말하는바,[37] 항공화물이 공항을 벗어나 보세장치장에 반입됨으로써 항공운송은 종료된 것이므로, 보세창고업자들이 화물을 항공화물운송장 원본이나 운송주선업체가 발행하는 화물인도지시서를 받지 아니하고 인도함으로써 수하인이 입게 된 손해는 항공운송중에 발생한 손해라고 볼 수 없다.[38]

---

36 운송인은 운송물에 관하여 받을 보수, 운임 기타 체당금이나 선대금에 관하여 유치권을 행사할 수 있다(제147조, 제120조). 피담보채권은 운임·비용·체당금 등과 같이 운송물과의 관련성을 요하므로, 송하인의 운송물인도의무·운송장교부의무·화물명세서교부의무 등의 위반으로 인한 손해배상채권은 운송인의 유치권에 의해 담보되지 않는다. 운송물의 소유관계는 묻지 않는다.
37 항공물건운송의 경우 운송인은 항공운송 중에 생긴 운송물의 멸실 또는 훼손으로 인하여 생긴 손해에 대하여 일정한 면책사유가 있는 경우를 제외하고는 무과실책임을 진다(제913조). 참고로 제913조 제 1 항의 면책사유는 해상물건운송의 책임에 관한 면책사유인 제796조와 달리 입증책임을 전환하는 것이 아니라 항공물건운송인을 절대적으로 면책시키는 것이다. 운송인은 운송물의 연착으로 인한 손해에 대해서도 과실책임(과실추정)을 진다(제914조).
38 신용장개설은행이자 수하인인 원고(중소기업은행)는 피고 운송주선인인 甲회사와 운송계약을 체결하였고, 피고 乙회사는 피고 甲회사와 운송취급대리점계약을 체결한 운송취급인이다. 乙회사는 도착한 운송물을 보세창고에 보관하였는데, 그 보세창고업자가 정상적인 절차를 거치지 않고 매수인이자 통지처인 丙회사에 화물을 인도하였다. 원고는 신용장개설은행으로서 매입은행에게 신용장대금을 지급하였으나, 신용장 개설 의뢰인인 丙회사가 사실상 도산하여 그 대금을 상환받지 못하였다. 이에 원고는 피고들을 상대로 손해배상

대법원 2006. 10. 13. 선고 2005다3724 판결(손해배상(기)등)

바르샤바협약 제25조에 정한 책임제한 배제사유인 '손해가 생길 개연성이 있음을 인식하면서도 무모하게 한 작위 또는 부작위'는 자신의 행동이 손해를 발생시킬 개연성이 있다는 것을 알면서도 그 결과를 무모하게 무시하면서 하는 의도적인 행위를 말하는 것으로서, 그에 대한 입증책임은 책임제한조항의 적용배제를 구하는 사람에게 있고 그에 대한 증명은 정황증거로써도 가능하지만, 손해발생의 개연성에 대한 인식이 없는 한 아무리 과실이 무겁더라도 무모한 행위로 평가될 수는 없다.[39]

대법원 2006. 10. 26. 선고 2004다27082 판결(구상금)

해상운송인의 책임제한의 배제에 관한 상법 제797조의 문언 및 입법 연혁에 비추어,[40] 단서에서 말하는 '운송인 자신'은 운송인 본인을 말하고 운송인의 피용자

을 구하는 소를 제기하였다. 우선 피고 甲회사에 대한 손해배상청구에는 위 판시와 같이 바르샤바협약(상법 제913조)이 적용되지 않는다고 하였다. 나아가 일반 채무불이행책임 또는 불법행위책임의 성립과 관련하여, 甲회사나 그 대리인인 乙회사에 보세창고업자의 선임과 감독에 과실이 없어 손해배상책임을 지지 않는다고 하였다. 그리고 항공화물이 입고될 영업용 보세창고의 지정에 운송인(甲회사) 및 운송취급인(乙회사)은 관여하지 않고, 세관 혹은 실수입업자에 의하여 보세창고가 지정되며 각 영업용 보세창고업자는 독립적인 사업자로서의 지위에서 자신의 책임과 판단에 따라 화물을 보관하고 인도하는 업무를 수행할 뿐, 일반적으로는 운송인 및 운송취급인으로부터 지휘·감독을 받아 그와 같은 화물의 보관 및 인도 업무를 수행하는 것으로 볼 수 없다고 하였다. 따라서 특별한 사정이 없는 한 甲회사나 乙회사는 민법상 사용자책임을 지지 않는다. 그리고 乙회사에 대한 청구에 관하여, 乙회사는 甲회사의 이행보조자에 불과하여 운송계약상의 채무불이행책임을 지지 않는다고 하였다. 운송인은 반대의 특약이 있는 경우를 제외하고 화물이 도착한 때에는 그 뜻을 수하인에게 통지하여야 하는데(협약 및 상법 제918조 제2항), 이 사건 항공화물운송장 약관에 운송인은 화물이 도착한 경우 "수하인 또는 항공화물운송장에 지정된 사람"에게 통지하도록 규정되어 있으므로, 乙회사가 이 약관에 따라 항공화물운송장의 통지처인 丙회사에게 화물 도착 사실을 통지한 이상, 이와는 별도로 수하인인 원고에게도 화물의 도착을 통지하여야 할 의무가 있다고 볼 수 없어, 불법행위책임도 성립하지 않고, 사용자책임도 성립하지 않는다고 하였다. 이 사안은 甲 또는 乙회사의 관여 없이 보세창고업자가 착오로 통지처인 실제 매수인에게 운송물을 교부한 것이다. 위 대법원 2006. 4. 28. 선고 2005다30184 판결과 비교해보라.

39 항공물건운송인의 책임(제913조, 제914조)은 일정액을 한도로 제한되는데(제915조), 운송인등의 고의 또는 무모한 행위가 있었다고 하더라도 책임제한이 배제되지 않는 것이 특징이다. 이점에서 해상운송 및 항공여객운송에서의 책임제한과 구별된다(제797조 제1항, 제907조 제3항, 제910조 제2항). 몬트리올협약을 받아들인 상법 제915조는 바르샤바협약 제25조와 다르지만, 위 판결의 취지는 상법 제769조, 제797조 제1항, 제910조 제2항 등에서 말하는 '고의로 또는 손해가 생길 염려가 있음을 인식하면서 무모하게'의 의미에 참고할 수 있을 것이다.

40 해상운송인은 자기 또는 선원이나 그 밖의 선박사용인이, 발항당시 감항능력주의의무를 다하였고, 운송물의 수령, 선적, 적부, 운송, 보관, 양륙과 인도에 관하여 주의를 해태하지 않았음을 증명하지 못하면 운송물의 멸실, 훼손 또는 연착으로 인한 손해를 배상해야 한다(상법 제794조, 제795조). 운송인은 감항능력주의의무를 제외한 항해상의 과실 또는 화재로 인하여 생긴 손해를 배상할 책임을 면한다(제795조 제2항, 제796조). 그리고 해상운송인의 이러한 손해배상책임은 포장당 또는 선적단위당 666.67SDR과 1kg 당 2SDR 중

나 대리인 등의 이행보조자를 포함하지 않지만, 법인 운송인의 경우에 그 대표기
관의 고의 또는 무모한 행위만을 법인의 고의 또는 무모한 행위로 한정한다면 법
인의 규모가 클수록 운송에 관한 실질적 권한이 하부의 기관으로 이양된다는 점을
감안할 때 위 단서조항의 배제사유가 사실상 사문화되고 당해 법인이 책임제한의
이익을 부당하게 향유할 염려가 있다. 따라서 법인의 대표기관뿐만 아니라 적어도
법인의 내부적 업무분장에 따라 당해 법인의 관리 업무의 전부 또는 특정 부분에
관하여 대표기관에 갈음하여 사실상 회사의 의사결정 등 모든 권한을 행사하는 사
람은 그가 이사회의 구성원 또는 임원이 아니더라도 그의 행위를 운송인인 회사
자신의 행위로 봄이 상당하다.[41]

대법원 2007. 4. 27. 선고 2007다4943 판결(손해배상(기))

[1] 상법 제798조 제2항에서 정한 운송인의 '사용인 또는 대리인'이란 고용계
약 또는 위임계약 등에 따라 운송인의 지휘·감독을 받아 그 업무를 수행하는 자를
말하고, 그러한 지휘·감독과 관계없이 스스로의 판단에 따라 자기 고유의 사업을
영위하는 독립적인 계약자는 포함되지 않는다.[42]

[2] 선하증권 뒷면에 "운송물에 대한 손해배상 청구가 운송인 이외의 운송관
련자에 대하여 제기된 경우, 그 운송관련자들은 운송인이 주장할 수 있는 책임제
한 등의 항변을 원용할 수 있고, 이와 같이 보호받는 운송관련자들에 하수급인
(Subcontractors), 하역인부, 터미널 운영업자(terminals), 검수업자, 운송과 관련된 육상·
해상·항공 운송인 및 직간접적인 하청업자가 포함되며, 여기에 열거된 자들에 한
정되지 아니한다."는 취지의 이른바 '히말라야 약관(Himalaya Clause)'이 기재되어 있
다면, 그 손해가 고의 또는 운송물의 멸실, 훼손 또는 연착이 생길 염려가 있음을

에서 큰 금액을 한도로 제한할 수 있다(제797조 제1항). 다만, 운송물에 관한 손해가 운송인 자신의 고의 또
는 손해발생의 염려가 있음을 인식하면서 무모하게 한 작위 또는 부작위로 인하여 생긴 것인 때에는 그러하
지 아니하다(동항 단서). 불법행위책임도 제한된다(제798조).
41 수출화물을 원고와의 합의 없이 임의로 갑판에 선적하도록 지시한 피고의 관리직 담당직원들(차장과 대
리)이 대외적으로 대표권을 갖는 대표기관은 아니더라도 운송계약의 체결과 그 이행과정에 있어서 직무분장
에 따라 회사의 의사결정 등 모든 권한을 행사하는 대표기관에 준하는 지위에 있었던 것으로 보아 화물을 갑
판에 선적한 행위는 운송인 자신의 행위에 해당한다고 판단하였다.
42 해상운송인은 감항능력주의의무를 제외한 항해상의 과실 또는 화재로 인하여 생긴 손해를 배상할 책임
을 면한다(제795조 제2항, 제796조). 그리고 운송인의 책임은 일정한 금액을 한도로 제한할 수 있다(제797
조). 불법행위책임도 제한되며(제798조 제1항), 운송인의 사용인 또는 대리인도 그의 직무집행에 관한한 운
송인이 주장할 수 있는 항변과 책임제한을 원용할 수 있다(동조 제2항). 상법 제794조부터 제798조까지의
규정에 반하여 운송인의 의무 또는 책임을 경감 또는 면제하는 당사자 사이의 특약은 효력이 없는데, 다만
항해용선계약과 산 동물 운송, 갑판적의 경우에는 그렇지 않다(제799조, 제841조).

인식하면서 무모하게 한 작위 또는 부작위로 인하여 생긴 것인 때에 해당하지 않는 한, 독립적인 계약자인 터미널 운영업자도 위 약관조항에 따라 운송인이 주장할 수 있는 책임제한을 원용할 수 있다.

[3] 상법 제798조 제2항은 '운송인이 주장할 수 있는 책임제한'을 원용할 수 있는 자를 '운송인의 사용인 또는 대리인'으로 제한하고 있어 운송인의 사용인 또는 대리인 이외의 운송관련자에 대하여는 적용되지 아니한다고 할 것이므로, 당사자 사이에서 운송인의 사용인 또는 대리인 이외의 운송관련자의 경우에도 운송인이 주장할 수 있는 책임제한을 원용할 수 있다고 약정하더라도 이를 가리켜 상법 제798조의 규정에 반하여 운송인의 의무 또는 책임을 경감하는 특약이라고는 할 수 없고, 따라서 상법 제799조 제1항에 따라 그 효력이 없다고는 할 수 없다.[43]

대법원 1992. 2. 25. 선고 91다30026 판결(손해배상(기))

[1] '보증도'의 상관습은 운송인의 정당한 선하증권 소지인에 대한 책임을 면제함을 목적으로 하는 것이 아니고 오히려 '보증도'로 인하여 정당한 선하증권 소지인이 손해를 입게 되는 경우 운송인이 그 손해를 배상하는 것을 전제로 하고 있는 것이므로, 운송인이 '보증도'를 한다고 하여 선하증권과 상환함이 없이 운송물을 인도함으로써 선하증권 소지인의 운송물에 대한 권리를 침해하는 행위가 정당한 행위로 된다거나 운송취급인의 주의의무가 경감 또는 면제된다고 할 수 없고, '보증도'로 인하여 선하증권의 정당한 소지인의 운송물에 대한 권리를 침해하였을 때에는 고의 또는 중대한 과실에 의한 불법행위의 책임을 진다.[44]

---

43 터미널운영자가 운송인으로부터 운송물의 보관을 위탁받아 보관하던 중 운송물이 소훼되었다. 운송주선인인 선박대리점이 운송물에 대한 점유를 이전받기 이전에 실제 운송인 및 터미널운영업자의 과실로 인하여 화물이 소훼된 데에 대하여 불법행위책임을 지지 않고, 또 그가 자기나 그 사용인이 운송물의 수령, 인도, 보관, 운송인이나 다른 운송주선인의 선택 기타 운송에 관하여 주의를 게을리하지 않았음을 증명하였으므로 상법 제115조에 따른 손해배상책임을 지지 않는다고 하였다. 운송인과 터미널운영자의 책임이 인정되었는데, 독립계약자인 터미널운영자도 운송인의 책임제한을 원용할 수 있다는 히말라야약관의 효력에 따라 책임제한이 인정되었다.

44 화물상환증이 발행된 경우, 화물상환증은 운송물인도청구권을 표창하는 유가증권이므로 수하인이 따로 정해져 있더라도 화물상환증소지인에게 인도해야 한다(제129조, 제132조). 화물상환증의 소지인인지 여부는 유가증권의 권리추정력에 따라 판단되어야 할 것이고, 운송인은 악의 또는 중과실이 없는 한 면책된다(제65조, 민법 제513조, 제518조). 그런데 은행 등이 운송인을 위하여 차후에 화물상환증을 상환할 것을 약속하고 손해배상을 담보하는 보증서를 교부하고 화물상환증과 상환 없이 운송물을 인도해주는 상관습을 보증도(保證渡)라고 한다. '보증도'는 선하증권(또는 화물상환증)이 운송물보다 늦게 도착하는 경우 또는 운송물을 전매하여 대금을 마련하지 않으면 선하증권을 취득할 수 없는 경우에 이용된다. 보증도의 경우에도 운송인은 채무불이행책임 또는 불법행위로 인한 손해배상책임을 면하지 못한다. 이 경우 운송물을 인수한 자가 운송물을 선의취득하는 등 사유로 선하증권소지인이 운송물에 대한 소유권을 상실하여야만 운송인의 불법

[2] 운송인이 '보증도'를 하는 경우에는 그 화물선취보증장이 진정하게 성립된 것인지의 여부를 확인할 책임이 있다고 보아야 할 것이고, 이를 게을리 하여 화물선취보증장의 위조사실을 제대로 발견하지 못한 채 선하증권과의 상환 없이 운송물을 인도하고 그로 인하여 정당한 선하증권 소지인이 손해를 입은 것이라면 운송인은 보증장 없이 선하증권과 상환하지 아니하고 화물을 인도한 결과가 되어 특별한 사정이 없는 한 고의 또는 중대한 과실에 따른 책임을 진다.

[3] 위 [2]항의 경우 보증장이 화물선취보증장으로서의 형식과 외관을 갖추고 있었다고 하여 확인을 할 책임이 없다거나 위법성이 조각된다고 할 수 없고, 위 보증장이 신용장 개설은행 명의로 발행된 경우라고 하여도 운송인에게 그 보증장이 진정한 것인지 확인할 책임이 있음은 마찬가지로서 그 위조사실을 발견하지 못하고 운송물을 선하증권의 소지인 아닌 사람에게 인도하였다면 특별한 사정이 없는 한 중대한 과실에 따른 책임을 져야 할 것이다.

[4] '보증도' 등으로 운송물이 멸실된 경우에 채무불이행으로 인한 책임은 물론이고 불법행위로 인한 손해배상청구권도 선하증권에 화체되어 선하증권이 양도됨에 따라 선하증권의 소지인에게 이전되는 것이므로, 운송물이 멸실된 후에 선하증권을 취득하였거나 배서를 받았다 하더라도 그 선하증권의 소지인은 손해배상청구권을 행사할 수 있고, 별도의 채권양도 통지가 필요하지 않다.

대법원 1983. 3. 22. 선고 82다카1533 전원합의체 판결(구상금)

[1] 해상운송인이 운송 도중 운송인이나 그 사용인 등의 고의 또는 과실로 인하여 운송물을 감실·훼손시킨 경우, 선하증권 소지인은 운송인에 대하여 운송계약상의 채무불이행으로 인한 손해배상청구권과 아울러 소유권 침해의 불법행위로 인한 손해배상 청구권을 취득하며 그 중 어느 쪽의 손해배상 청구권이라도 선택적으로 행사할 수 있다.

[2] 운송계약상의 채무불이행책임에 관하여 법률상 면책의 특칙이 있거나 또는 운송계약에 그와 같은 면책특약을 하였다고 하여도 일반적으로 이러한 특칙이나 특약은 이를 불법행위책임에도 적용하기로 하는 명시적 또는 묵시적 합의가 없는 한 불법행위책임에 적용되지 않는 것이나, 운송물의 권리를 양수하여 선하증권을 교부

행위가 성립하는 것이 아니라. 운송인이 선하증권 소지인이 아닌 자에게 운송물을 인도함으로써 선하증권 소지인의 운송물에 대한 권리의 행사가 어렵게 되기만 하였으면 곧바로 불법행위가 성립한다(대법원 2001. 4. 10. 선고 2000다46795 판결). 보증도에 채무불이행책임을 인정한 사례로는 대법원 1990. 2. 13. 선고 88다카23735 판결이 있다.

받아 그 소지인이 된 자는 운송계약상의 권리를 취득함과 동시에 목적물의 점유를 인도받은 것이 되어 운송물의 소유권을 취득하여 운송인에 대하여 채무불이행책임과 불법행위책임을 아울러 추궁할 수 있게 되는 점에 비추어 볼 때 운송인이 선하증권에 기재한 면책약관은 채무불이행책임만을 대상으로 한 것이고 당사자 사이에 불법행위책임은 감수할 의도였다고 볼 수 없으므로 불법행위책임에 적용키로 하는 별도의 명시적·묵시적 합의가 없더라도 당연히 불법행위책임에도 그 효력이 미친다.[45]

[3] 선하증권에 기재된 면책약관이라 할지라도 고의 또는 중대한 과실로 인한 재산권 침해에 대한 불법행위 책임에는 적용되지 않을 뿐만 아니라 이 약관이 상법 제787조 내지 제789조(현행 제794조 내지 제798조)의 규정에 저촉되는 경우에는 불법행위책임에도 적용되지 않는다.

[4] 상법 제790조(현행 제799조)는 면책약관 중 전반적인 책임을 제외하거나 또는 특정손해에 대한 책임을 제외하는 이른바 책임제외 약관과 입증책임을 변경하거나 청구에 조건을 붙이는 책임변경약관 등에 적용되고 책임결과의 일부를 감경하는 배상액제한 약관은 이에 저촉되지 않는다.[46]

대법원 1977. 12. 13. 선고 75다107 판결(손해배상)

운송약관상의 채무불이행 책임과 불법행위로 인한 책임이 병존하는 경우에 상법상 소정의 단기소멸시효나 고가물 불고지에 따른 면책 등의 규정 또는 운송약관 규정은 운송계약상의 채무불이행으로 인한 청구에만 적용되고 불법행위로 인한 손해배상청구에는 그 적용이 없다.[47]

---

45 해상운송인이 발행한 선하증권에 기재된 면책약관은 일반 운송계약상의 면책특약과는 달리 운송계약상의 채무불이행 책임뿐만 아니라 그 운송물의 소유권 침해로 인한 불법행위책임에 대하여도 이를 적용하기로 하는 당사자간의 숨은 합의가 포함되어 있다고 보는 것이다. 그런데, 위 판결 당시의 상법과 달리, 현행 상법 제798조 제 1 항, 제899조 제 1 항은 (해상 및 항공)운송인의 손해배상책임에 관한 상법의 규정이 불법행위책임에도 적용된다고 규정하고, 상법 제799조 제 1 항, 제903조는 상법규정에 반하여 (해상 및 항공)운송인의 책임을 제한하는 특약을 무효로 하였다. 따라서 선하증권의 이러한 면책약관의 효력 자체가 없게 되었다. 그러므로 위 판결은 해상운송에서 예외적으로 면책약관이 유효한 경우(산 동물 운송, 갑판적의 경우, 제799조 제 2 항)나 항해용선계약의 경우(제841조), 그리고 육상운송의 경우에 의미를 가질 수 있다.

46 이후의 판결에서는, 해상운송인의 책임결과의 일부를 감경하는 배상액제한약관은 원칙적으로 상법 제790조(현행 제799조)에 저촉되지 않는다고 할 것이지만 배상책임을 면제하는 것과 다름없다고 할 정도로 적은 액수를 책임한도액으로 정한 배상액제한약관은 실질적으로는 책임제외약관과 다를 바 없는 것이므로 상법 제790조에 저촉되어 무효라고 판시하였다(대법원 1988. 9. 27. 선고 86다카2377 판결). 그런데 위 판결들은 현행 상법 제797조와 같은 책임제한액에 관한 규정이 없었을 때의 판결들이다. 현재에는 제797조보다 낮은 배상액을 약정하는 것은 상법의 규정에 반하여 운송인의 책임을 제한하는 것이므로 제799조에 따라 효력이 없다고 보아야 할 것이다.

47 육상운송에 관한 판결이다(제136조, 제147조, 제121조). 해상운송과 항공운송의 경우에는 운송인의 책임

대법원 2009. 8. 20. 선고 2007다87016 판결(손해배상(기))

복합운송의 경우에는 일반적으로 해상운송을 주로 하여 육상운송이나 항공운송이 결합되어 운송이 이루어지고 있는데, 만일 복합운송에서 발생한 운송인의 손해배상책임에 대하여, 손해발생구간이 명확히 육상운송구간임이 밝혀진 경우에는 별론으로 하더라도 적어도 그 손해발생구간이 어느 구간인지 불분명한 경우에도 불구하고 상법 제146조 제1항이 적용된다고 하면, 실질적으로 손해발생이 해상운송구간에서 발생되었을 가능성이 있음에도 강행규정인 구상법 제800조의2(현행 제804조) 제1항, 제2항의 적용이 배제되어, 수하인으로서는 운송인에게 귀책이 있는 사유로 하자가 발생한 것을 증명하여 운송물이 멸실 또는 훼손 없이 수하인에게 인도되었다는 추정을 번복할 수 있는 기회를 박탈당하고 운송인의 책임을 추궁할 수 없게 되어 불합리하므로, 손해발생구간이 불분명한 경우에는 상법 제146조 제1항은 적용이 되지 않는 것으로 해석하여야 한다.[48]

대법원 2009. 8. 20. 선고 2008다58978 판결(손해배상(기))

해상운송의 경우에는 상법 제814조에서 운송인의 송하인 또는 수하인에 대한 채무는 운송인이 수하인에게 운송물을 인도한 날 등으로부터 1년 내에 재판상 청구가 없으면 소멸하도록 하고 이를 당사자의 합의에 의하여 연장할 수 있으나 단축할 수는 없도록 규정하고 있는 반면에, 육상운송의 경우에는 상법 제147조, 제121조에 따라 운송인의 책임은 수하인이 운송물을 수령한 날로부터 1년을 경과하면 소멸시효가 완성하고 이는 당사자의 합의에 의하여 연장하거나 단축할 수 있다고 볼 것인 점, 복합운송의 손해발생구간이 육상운송구간임이 명백한 경우에도 해상운송에 관한 규정을 적용하면 복합운송인이 그 구간에 대하여 하수급운송인으로 하여금 운송하게 한 경우에 하수급운송인과 복합운송인 사이에는 육상운송에 관한 법률이 적용되는 것과 균형이 맞지 않게 되는 점 등을 고려하면, 복합운송에서 손해발생구간이 육상운송구간임이 명백한 경우에는 복합운송증권에서 정하고 있는 9개월의 제소기간은 강행법규에 저촉되지 아니하는 것으로서 유효하다.[49]

제한 규정은 운송인의 불법행위로 인한 손해배상의 책임에도 적용됨을 분명히 하고 있다(제798조, 제899조).
48 운송물의 일부멸실·훼손에 관한 통지와 관련하여, 육상운송인의 책임에 대해서는 제146조가 적용되고, 해상운송인의 책임에 대해서는 제804조가 적용된다. 다만, 제804조는 강행규정이고(동조 제5항), 제146조는 즉시 발견할 수 없는 훼손 또는 일부멸실의 경우 운송인의 악의를 제외하고는 운송물을 수령한 날로부터 2주간 내에 통지가 없을 때에 소멸함에 반하여, 제804조는 즉시 발견할 수 없는 하자를 3일 내에 통지하지 않으면 운송물이 멸실 또는 훼손 없이 수하인에게 인도된 것으로 추정한다.
49 이렇게 보는 것이 현행 상법이 복합운송인의 책임에 대하여 "운송인이 인수한 운송에 해상 외의 운송구

대법원 2001. 10. 30. 선고 2000다62490 판결(손해배상(기))

해상물건운송계약에 있어 계약운송인과 실제운송인과의 관계와 같이 복수의 주체가 운송물의 멸실·훼손으로 인하여 선하증권소지인에 대하여 연대하여 손해배상책임을 부담하는 경우, 어느 일방이 선하증권소지인에 대하여 먼저 손해액을 배상한 후 다른 일방에 대하여 그 배상금액을 구상하는 경우에는, 운송인의 채권·채무의 소멸을 규정하고 있는 상법 제814조 소정의 단기제척기간에 관한 규정은 적용되지 않는다.[50]

다. 화물상환증(선하증권)

대법원 2001. 3. 27. 선고 99다17890 판결(손해배상(기))

선하증권은 기명식으로 발행된 경우에도 법률상 당연한 지시증권으로서 배서에 의하여 이를 양도할 수 있지만, 배서를 금지하는 뜻이 기재된 경우에는 배서에 의해서는 양도할 수 없고, 그러한 경우에는 일반 지명채권양도의 방법에 의하여서만 이를 양도할 수 있다 할 것이다.[51]

간이 포함된 경우 운송인은 손해가 발생한 운송구간에 적용될 법에 따라 책임을 진다"는 규정을 신설한 취지와도 맞다(제816조 제 1 항).

50 운송주선인이 계약운송인(원운송인)으로 송하인에게 하우스 선하증권(house B/L)을 발행하였다. 원운송인은 다시 실제운송인(재운송인)에게 운송을 의뢰하였고, 재운송인은 원운송인에게 마스터 선하증권(Master B/L)을 발행해 주었다. 그런데 재운송인의 국내대리점인 피고회사는 운송물이 부산항에 도착한 다음 이를 창고업자의 창고에 입고하였으나, 창고업자가 하우스선하증권이나 피고가 발행한 화물인도지시서와 상환하지 아니한 채 임의로 수입업자에게 운송물을 인도함으로써 이를 멸실하였다. 하우스선하증권의 소지인이 원운송인인 원고에게 손해배상청구를 하여 원고가 이를 배상하였고, 원고는 다시 재운송인의 대리인인 피고에 대하여 손해배상을 청구하는 소송을 제기하였다. 대법원은 원고의 청구원인에는 불법행위에 의한 손해배상책임을 구하는 취지뿐만 아니라 선하증권소지인에게 배상한 금액에 관한 구상권 행사의 취지도 포함되어 있다고 보아, 상법 제814조에서 정한 제소기간 도과를 이유로 소를 각하한 원심판결을 파기하였다. 이후 현행 상법 제814조 제 2 항은 "운송인이 인수한 운송을 다시 제 3 자에게 위탁한 경우에 송하인 또는 수하인이 제 1 항의 기간 이내에 운송인과 배상 합의를 하거나 운송인에게 재판상 청구를 하였다면, 그 합의 또는 청구가 있은 날부터 3개월이 경과하기 이전에는 그 제 3 자에 대한 운송인의 채권·채무는 제 1 항에도 불구하고 소멸하지 아니힌다."는 규정을 신설하였다. 그렇다면 위 사안에서 재운송인의 원고에 대한 채무도 청구원인을 불문하고 위 규정의 적용을 받는다고 보아야 할 것이다.

51 선하증권의 배서는 권리이전적 효력과 자격수여적 효력이 있으므로(제65조, 민법 제508조, 제513조), 인적항변이 절단되고(제65조, 민법 제515조), 선의취득이 인정되며(제65조, 민법 제514조), 선의지급으로 인한 면책적 효력(제65조, 제518조)이 인정된다. 다만, 담보적 효력은 인정되지 않는다. 이에 비하여 해상화물운송장(sea waybill)은 유통성이 없어 양도가 의미가 없고 그에 기재된 수하인에게 인도한 때에만 면책이 인정된다(제864조).

대법원 2005. 3. 24. 선고 2003다5535 판결(손해배상(기))
대법원 2008. 2. 14. 선고 2006다47585 판결(손해배상(기))

[1] 선하증권은 운송물의 인도청구권을 표창하는 유가증권인바, 이는 운송계약에 기하여 작성되는 유인증권으로 상법은 운송인이 송하인으로부터 실제로 운송물을 수령 또는 선적하고 있는 것을 유효한 선하증권 성립의 전제조건으로 삼고 있으므로 운송물을 수령 또는 선적하지 아니하였는데도 발행된 선하증권은 원인과 요건을 구비하지 못하여 목적물의 흠결이 있는 것으로서 무효라고 봄이 상당하고, 이러한 경우 선하증권의 소지인은 운송물을 수령하지 않고 선하증권을 발행한 운송인에 대하여 불법행위로 인한 손해배상을 청구할 수 있다.[52]

[2] 운송물의 수령·선적 없이 발행되어 담보로서 가치가 없는 무효인 선하증권을 담보로서 가치가 있는 유효한 것으로 기망을 당한 나머지 그 소지인으로부터 수출환어음과 함께 매입한 은행으로서는, 운송물을 수령하지 않고 선하증권을 발행함으로써 위와 같은 기망행위에 가담한 운송인에 대하여 달리 특별한 사정이 없는 한 수출환어음의 매입대금액 상당의 손해배상을 청구할 수 있다. 설사 함께 매입한 수출환어음의 지급인이 사후에 이를 인수하였다 하더라도 위 불법행위와 그로 인한 손해의 발생 사이의 인과관계가 단절된다고 할 수는 없고, 또한 현실적으로 위 수출환어음의 지급이 이루어지지 아니하는 한 위 불법행위로 인한 은행의 손해가 전보되어 손해배상채권이 소멸하게 되는 것도 아니다.

대법원 1997. 7. 25. 선고 97다19656 판결(부당이득금반환)

선하증권은 해상운송인이 운송물을 수령한 것을 증명하고 지정된 양륙항에서 정당한 소지인에게 운송물을 인도할 채무를 부담하는 유가증권으로서, 운송인과 그

---

52 선하증권은 요인증권이므로 공권(空券)인 선하증권은 무효이고 운송인은 불법행위책임을 부담하는데, 이러한 운송인의 책임에도 책임제한규정이 적용된다(제798조 제 1 항). 한편, 현행 상법은 운송인과 송하인 사이에서는 화물상환증(이하 선하증권도 동일)에 적힌 대로 운송계약이 체결되고 운송물을 수령한 것으로 '추정'하고 있다(제131조 제 1 항, 제854조 제 1 항). 따라서 실제의 운송계약상의 운송물이 화물상환증에 적힌 것과 다르다는 점은 이를 주장하는 자가 입증할 책임이 있다. 그리고 운송인은 화물상환증을 선의로 취득한 소지인에 대하여 화물상환증에 적힌 대로 운송물을 수령한 것으로 보고 화물상환증에 적힌 바에 따라 운송인으로서 책임을 진다(제131조 제 2 항, 제854조 제 2 항). 즉, 운송인이 실제의 운송계약과 운송물이 화물상환증에 적힌 것과 다르다는 점을 입증하더라도, 화물상환증을 선의로 취득한 소지인에게는 화물상환증에 적힌 대로 책임을 져야 한다. 결국 운송인은 화물상환증 소지인이 실제의 운송계약과 운송물이 화물상환증의 기재와 다르다는 점을 알고 취득했다는 점(악의)까지 입증해야 한다. 운송인이 화물상환증소지인의 악의를 입증하지 못하면 결국 채무불이행책임(또는 불법행위책임)을 질 수밖에 없을 것이다. 다만, 운송인의 무능력이나 사기·강박 등 증권작성행위의 하자, 운송계약의 무효·취소, 불가항력으로 인한 운송물의 멸실·훼손 등의 일정한 항변사유나 기타 인적 항변 등은 유가증권의 일반 법리에 따라 대항할 수 있을 것이다.

증권소지인 간에는 증권 기재에 따라 운송계약상의 채권관계가 성립하는 채권적
효력이 발생하고, 운송물을 처분하는 당사자 간에는 운송물에 관한 처분은 증권으
로서 하여야 하며 운송물을 받을 수 있는 자에게 증권을 교부한 때에는 운송물 위
에 행사하는 권리의 취득에 관하여 운송물을 인도한 것과 동일한 물권적 효력이 발
생하므로,[53] 운송물의 권리를 양수한 수하인 또는 그 이후의 자는 선하증권을 교부
받음으로써 그 채권적 효력으로 운송계약상의 권리를 취득함과 동시에 그 물권적 효
력으로 양도 목적물의 점유를 인도받은 것이 되어 그 운송물의 소유권을 취득한다.[54]

대법원 1989. 12. 22. 선고 88다카8668 판결(손해배상(기))

선하증권을 수령한 원고가 그 선하증권의 운송물 전부에 대하여 소유권을 취
득하게 되었으므로, 설사 일부의 운송물이 실제로는 늦게 선적되어 지연운송되었
더라도 이미 소유권을 취득한 원고로서는 연착된 물품을 수령하고 그 가액을 상계
한 손해배상만을 구할 수 있다고 하였다.[55]

---

53 화물상환증(선하증권)에 의하여 운송물을 받을 수 있는 자에게 화물상환증을 교부한 때에는 운송물 위에
행사하는 권리의 취득에 관하여 운송물을 인도한 것과 동일한 효력이 있다(제133조, 제861조). 즉, 운송물의
양도나 담보설정 등을 위하여 화물상환증을 교부하면 운송물의 점유를 이전받은 것과 동일하게 되어 화물상
환증을 교부받은 자가 소유권·질권·양도담보권 등을 취득하게 된다. 이를 화물상환증의 물권적 효력이라고
한다. 물권적 효력은 민법 제450조의 대항요건이 없어도 발생한다. 다만, 민법 제190조와 관련하여 운송인
이 운송물을 점유하여야 하는지에 대하여 견해가 나뉜다. ① 제133조를 민법 제190조와 무관하게 상법이
특별히 인정한 점유취득원인으로 보고 운송인의 점유 여부를 따지지 않는 견해(절대설), ② 민법 제190조에
기초를 둔 특칙으로 보고 운송인의 직접점유를 요구하는 견해(대표설), ③ 제133조는 제190조와 별도로 화
물상환증에 표창된 운송물반환청구권을 유가증권법적으로 양도하는 특별한 방식을 규정한 것으로 설명하는
견해(유가증권적 효력설) 등이 있다. 물권적 효력이 발생하려면 우선 운송인이 운송물을 인도받아 점유하고
있어야 하고 운송물의 인도 없이 발행되거나(空券) 운송물이 멸실된 경우에는 물권적 효력이 생기지 않는다
는 점, 운송물을 제3자가 선의취득한 경우에는 그 선의취득자의 권리가 우선하므로 결과적으로 멸실된 경
우와 같게 되어 물권적 효력이 생기지 않는다는 점, 나아가 화물상환증의 선의취득자에게도 물권적 효력이
발생하나 운송물 자체의 선의취득자가 있는 경우에는 운송물의 선의취득자가 우선하게 된다는 점 등에 관해
서도 어느 견해나 차이가 없다. 문제는 운송물이 존재하지만 도난 등으로 운송인의 점유를 떠난 경우이다. 절
대설은 이 경우에도 물권적 효력을 인정할 수 있지만, 대표설도 운송인의 직접점유를 넓게 해석하여 운송인
이 창고업자에게 운송물을 보관시킨 경우나, 운송인이 일시 점유를 잃더라도 점유회수소권(민법 제204조 제
1 항, 제208조)을 가지고 있는 동안에는 운송인의 점유를 인정한다. 이렇게 보면 각 견해들의 차이가 크지 않
게 된다. 한편, 유가증권적 효력설은 운송인이 운송물을 직접점유하고 있는 이상 자주점유의 경우(예를 들면,
운송인이 운송물을 횡령한 경우)에도 물권적 효력이 인정된다고 설명하는데, 절대설에 의해서도 동일한 결
론을 낼 수 있지만, 대표설에 의하면 설명이 어렵다. 이 경우에도 물권적 효력을 인정하여 제3자가 선의취
득하기 전까지는 화물상환증 소지인이 운송물에 관한 물권을 갖는다고 보아야 할 것이다.
54 수입물품에 대한 동산양도담보는 원고가 물품의 인도를 받은 것과 동일한 효력이 있는 선하증권을 취득
한 날에 성립되고, 이 경우 제3자에게 대항하기 위하여 따로 확정일자에 의한 대항요건을 갖출 필요는 없으
므로 양도담보권자의 물적납세의무는 양도담보권자가 국세의 법정기일 전에 물품에 대한 선하증권을 취득
하였는지를 기준으로 하여 그 성립 여부를 가려야 한다는 판결이었다.

대법원 2001. 2. 9. 선고 98다49074 판결(손해배상(기))

상법 제854조의 규정에 의하면, 운송인은 선하증권에 기재된 대로 운송물을 수령 또는 선적한 것으로 추정되므로, 선하증권에 운송물이 외관상 양호한 상태로 선적되었다는 기재가 있는 무고장선하증권이 발행된 경우에는 특별한 사정이 없는 한 운송인은 그 운송물을 양호한 상태로 수령 또는 선적한 것으로 추정된다 할 것이고,[56] 따라서 무고장선하증권의 소지인이 운송물의 훼손으로 인한 손해를 입증함에 있어서는 운송인으로부터 운송물을 수령할 당시의 화물의 손괴사실만 입증하면 되는 것이고, 나아가 이러한 손해가 항해 중에 발생한 것임을 입증할 필요는 없으나, 선하증권에 기재되어 추정을 받는 '운송물의 외관상태'는 상당한 주의를 기울여 검사하면 발견할 수 있는 외관상의 하자에 대하여서만 적용되는 것이지 상당한 주의를 기울이더라도 발견할 수 없는 운송물의 내부상태에 대하여서는 위 추정규정이 적용될 수 없다.[57]

---

55 원고는 독일의 A유한회사에 적산열량계 1,922개를 독일항에서 선적하는 FOB조건으로 주문하고, 피고에게 신용장의 선적기일 등을 고지하고 독일로부터 수입하는 적산열량계에 대한 해상운송을 의뢰하였다. 서울신탁은행은 원고의 신청에 따라 위 적산열량계의 선적을 피고 회사 소속 선박에 의하도록 한다는 조건하에 A회사를 수혜자로 하여 취소불능신용장을 개설하였다. A회사는 원고로부터 주문받은 적산열량계를 16파렛트로 분할 포장하여 피고로부터 화물인수, 콘테이너적입 및 선적 등의 작업을 위촉받은 함부르크항 보세장치장 운영회사인 B회사에게 인도하여 주고, 피고로부터 위 16파렛트의 열량계에 대한 선하증권을 교부받았다. 그런데 B회사는 착오로 인하여 열량계 16파렛트 전부를 콘테이너에 적입하지 않고 그중 12파렛트만 적입한 채 피고회사 소속선박에 선적하였고, 위 선박의 선적담당자는 B회사가 작성한 부두수취증 및 콘테이너 내 적치표의 기재만 받고 16파렛트 전부에 대한 선하증권을 발행하여 주었다. 선하증권을 취득한 원고는 12파렛트를 인도받고 4파렛트가 부족함을 발견하고 납기를 맞추기 위하여 다른 방법으로 구입하였다. 이후 피고는 4파렛트가 B회사의 보세창고에 보관되어 있음을 파악하고 뒤늦게 운송하여 원고에게 인도하려 하였으나, 원고는 이의 수령을 거부하고 전보배상을 구하였다. 위 4파렛트의 소유권이 원고에게 이전되었는지가 쟁점이었는데, 대법원은 원고가 16파렛트에 관한 선하증권을 취득함으로써 그 전부에 대한 소유권을 취득하였다고 보았다. 이 경우 4파렛트의 운송물도 피고가 B회사를 통하여 간접점유하고 있었으므로 물권적 효력을 인정한 것은 타당하다.

56 선적화물에 외관상 하자가 없을 경우 운송인은 선하증권의 비고란(remarks)에 아무런 기재를 하지 않고 증서상에 "shipped on board in apparent good order and condition"이라는 표기를 하는데, 이를 무고장 선하증권(clean B/L)이라고 한다.

57 송하인측에서 직접 화물을 컨테이너에 적입하여 봉인한 다음 운송인에게 이를 인도하여 선적하는 형태의 컨테이너 운송의 경우, 선하증권의 유통편의를 위하여 부동문자로 "외관상 양호한 상태로 수령하였다."는 문구가 선하증권상에 기재되어 있다고 할지라도, 이와 동시에 "송하인이 적입하고 수량을 셈(Shipper's Load & Count)" 혹은 "……이 들어 있다고 함(Said to Contain……)." 등의 이른바 부지(不知)문구가 선하증권상에 기재되어 있고, 선하증권을 발행할 당시 운송인으로서 그 컨테이너 안의 내용물 상태에 대하여 검사, 확인할 수 있는 합리적이고도 적당한 방법이 없었던 경우에는, 외관상 양호한 상태로 선적되었다는 취지의 기재가 있다 하여 이에 의하여 컨테이너 안의 내용물의 상태에 관해서까지 양호한 상태로 수령 또는 선적된 것으로 추정할 수는 없다고 할 것이므로, 이러한 경우 선하증권 소지인은 송하인이 운송인에게 운송물을 양호한 상태로 인도하였다는 점을 입증하여야 한다.

3. 창 고 업

대법원 2004. 2. 13. 선고 2001다75318 판결(손해배상(기))

[1] 상법 제166조 소정의 창고업자의 책임에 관한 단기소멸시효는 창고업자의 계약상대방인 임치인의 청구에만 적용되며 임치물이 타인 소유의 물건인 경우에 소유권자인 타인의 일반 불법행위를 원인으로 하는 손해배상청구에는 적용되지 아니한다.

[2] 상법 제789조의3(현행 상법 제798조) 제2항 소정의 '사용인 또는 대리인'이란 고용계약 또는 위임계약 등에 따라 운송인의 지휘감독을 받아 그 업무를 수행하는 자를 말하고, 그러한 지휘감독 관계없이 스스로의 판단에 따라 자기 고유의 사업을 영위하는 독립적인 계약자는 포함되지 아니한다.[58]

대법원 2009. 12. 10. 선고 2009다61803, 61810 판결(손해배상(기)·창고료)

약관의 규제에 관한 법률은 제6조 제1항에서 "신의성실의 원칙에 반하여 공정을 잃은 약관조항은 무효이다"라고 규정하고, 제11조에서 "고객의 권익에 관하여 정하고 있는 약관의 내용 중 다음 각 호의 1에 해당되는 내용을 정하고 있는 조항은 이를 무효로 한다."고 규정하면서 그 제1호에 '법률의 규정에 의한 고객의 항변권, 상계권 등의 권리를 상당한 이유 없이 배제 또는 제한하는 조항'을 들고 있다. 따라서 공평의 관점에서 창고업자에게 인정되는 권리인 유치권의 행사를 상당한 이유 없이 배제하는 내용의 약관 조항은 고객에게 부당하게 불리하고 신의성실의 원칙에 반하여 공정을 잃은 것으로서 무효라고 보아야 한다.[59]

---

58 원고회사는 A회사가 수입대행을 의뢰하면 원고 명의로 신용장을 발행하고 대금을 지급하여 물품을 수입한 후 이를 A회사에 매도하는 거래를 해왔다. A회사는 임의로 원고회사 명의로 창고업자인 피고회사와 창고보관계약을 체결하고 운송인에게 위 수입물품을 피고창고에 인도하도록 하여 보관하게 하였다. 피고회사는 운송인이 발행한 화물인도지시서나 원고회사가 소지한 신용장을 상환받지 않고, A회사의 요청에 따라 원고 명의의 수입신고필증만을 확인하고 A회사에게 보관 중이던 화물을 출고하였다. 원고는 피고회사에 불법행위로 인한 손해배상책임을 물었다(민법 제750조). 피고는 상법 제166조의 단기소멸시효의 완성을 항변하였는데, 판시사항 [1]과 같은 사유로 받아들여지지 않았다. 나아가 운송인의 항변을 원용한다는 주장을 하였지만(제798조, 제814조), 독립적인 계약자인 창고업자는 제798조 제2항의 운송인의 '사용인 또는 대리인'에 해당하지 않는다는 이유로 역시 받아들여지지 않았다(판시사항[2]). 참고로 하도지시서(荷渡指示書)는 상법의 규정에 의한 것이 아니라 상거래의 관행상 임치인이 창고업자에게 임치물의 전부 또는 그 일부를 그 증권의 소지인에게 인도할 것을 위탁하는 지시서로서 하도의뢰서·출고지시서 등으로 불리며 면책증권으로서의 성질을 가진다.
59 금융기관인 양도담보권자가 양도담보 목적물을 보관하는 창고업자로부터 '창고주는 양도담보권자가 담보물 임의처분 또는 법적 조치 등 어떠한 방법의 담보물 환가와 채무변제 충당시에도 유치권 등과 관련된 우

IV. 보　　험

1. 교부 · 설명의무

대법원 1992. 3. 10. 선고 91다31883 판결(채무부존재확인)

보험자 및 보험계약의 체결 또는 모집에 종사하는 자는 보험계약의 체결에 있어서 보험계약자 또는 피보험자에게 보험약관에 기재되어 있는 보험상품의 내용, 보험료율의 체계 및 보험청약서상 기재사항의 변동사항 등 보험계약의 중요한 내용에 대하여 구체적이고 상세한 명시 설명의무를 지고 있다고 할 것이어서, 보험자가 이러한 보험약관의 명시 설명의무에 위반하여 보험계약을 체결한 때에는 그 약관의 내용을 보험계약의 내용으로 주장할 수 없다 할 것이므로, 보험계약자나 그 대리인이 그 약관에 규정된 고지의무를 위반하였다 하더라도 이를 이유로 보험계약을 해지할 수는 없다.[60]

대법원 2003. 5. 30. 선고 2003다15556 판결(채무부존재확인)

일반적으로 보험자 및 보험계약의 체결 또는 모집에 종사하는 자는 보험계약의 체결에 있어서 보험계약자 또는 피보험자에게 보험약관에 기재되어 있는 보험상품의 내용, 보험료율의 체계 및 보험청약서상 기재사항의 변동사항 등 보험계약의 중요한 내용에 대하여 구체적이고 상세한 명시 · 설명의무를 지고 있으므로 보험자가 이러한 보험약관의 명시 · 설명의무에 위반하여 보험계약을 체결한 때에는 그 약관의 내용을 보험계약의 내용으로 주장할 수 없다고 할 것이나, 보험자에게 이러한 약관의 명시 · 설명의무가 인정되는 것은 어디까지나 보험계약자가 알지 못하는 가운데 약관에 정하여진 중요한 사항이 계약 내용으로 되어 보험계약자가 예측하지 못한 불이익을 받게 되는 것을 피하고자 하는 데 그 근거가 있다고 할 것이므로, 보험약관에 정하여진 사항이라고 하더라도 거래상 일반적이고 공통된 것이어

선변제권을 행사할 수 없다'는 문구가 부동문자로 인쇄된 확약서를 제출받았다. 이는 창고업자가 보관료 징수 등을 위하여 공평의 관점에서 보유하는 권리인 유치권의 행사를 상당한 이유 없이 배제하고 일방적으로 금융기관인 양도담보권자의 담보권 실행에 유리한 내용의 약관 조항으로서, 고객에게 부당하게 불리하고 신의성실의 원칙에 반하여 공정을 잃은 것이므로 무효라고 하였다. 창고업자의 보관료청구권 등 채권에 대해서는 별도로 유치권이 인정되지 않고, 일반 상사유치권(제58조)이나 민법상의 유치권(제320조)을 행사할 수 있다.

60 원고측에서 신설된 주운전자제도에 관한 구체적이고 상세한 설명을 해주지 않아 보험계약자가 보험계약 체결시 주운전자와 그 운전면허번호를 사실과 다르게 잘못 고지하게 되었다면 위 고지의무 위반을 이유로 한 원고의 보험계약해지는 부적법한 것으로서 그 해지의 효력이 없다고 하였다.

서 보험계약자가 별도의 설명 없이도 충분히 예상할 수 있었던 사항이거나 이미 법령에 의하여 정하여진 것을 되풀이하거나 부연하는 정도에 불과한 사항이라면 그러한 사항에 대하여서까지 보험자에게 명시·설명의무가 인정된다고 할 수 없다.[61]

대법원 2005. 8. 25. 선고 2004다18903 판결(보험금)

보험약관의 중요한 내용에 해당하는 사항이라고 하더라도 보험계약자나 그 대리인이 그 내용을 충분히 잘 알고 있는 경우에는 당해 약관이 바로 계약 내용이 되어 당사자에 대하여 구속력을 갖는 것이므로, 보험자로서는 보험계약자 또는 그 대리인에게 약관의 내용을 따로 설명할 필요가 없다.[62]

2. 고지의무

대법원 2012. 8. 23. 선고 2010다78135 판결(채무부존재확인·보험금)

보험계약자 또는 피보험자는 상법 제651조에서 정한 '중요한 사항'이 있는 경우 이를 보험계약의 성립 시까지 보험자에게 고지하여야 하고,[63] 고지의무 위반 여부는 보험계약 성립 시를 기준으로 하여 판단하여야 한다.[64]

---

61 "계약자 또는 피보험자가 손해의 통지 또는 보험금청구에 관한 서류에 고의로 사실과 다른 것을 기재하였거나 그 서류 또는 증거를 위조하거나 변조한 경우"를 보험금청구권의 상실사유로 정한 보험약관이 설명의무의 대상인지 여부가 문제되었다. 보험계약 당사자의 윤리성이나 선의성을 요구하는 보험계약의 특성 및 상법에 보험의 투기화·도박화를 막고 피보험자에게 실제의 피해 이상의 부당한 이득을 취득하지 못하도록 하기 위하여 고의로 인한 보험사고의 경우에는 보험자의 면책을 인정하고(상법 제659조), 보험계약이 사기로 인한 초과보험인 경우 그 계약 자체를 무효로 규정하고 있는 점(상법 제669조 제 4 항) 등에 비추어 볼 때 이는 거래상 일반인들이 보험자의 설명 없이도 당연히 예상할 수 있던 사항에 해당한다고 보았다.

62 보험계약에 따른 보험금지급의 선행조건으로서 피보험자가 손해를 발견한 후 어떠한 경우라도 30일 이내에 그 사실을 보험자에게 서면으로 통지하여야 하고 피보험자가 이러한 통지를 해태할 경우 보험금을 지급받을 수 없는 불이익을 입게 된다는 약관조항은 설명의무의 대상이 되는 중요한 내용에 해당하고, 최초 보험계약 체결 당시 중요한 내용의 약관에 대한 설명이 없었다면 기간연장만을 위한 갱신계약이라고 하더라도 그 약관에 대한 설명의무가 면제되는 것은 아니나, 최초 보험약관의 내용과 이 사건 보험약관의 내용이 같을 뿐만 아니라 원고는 이 사건 보험계약 체결 직전 보험약관의 내용을 검토하였고, 특히 이 사건 약관조항의 내용에 관하여는 피고에게 별도로 서면질의를 하여 피고로부터 답변을 듣기까지 한 점 등에 비추어, 원고는 이 사건 보험계약 체결 당시 이 사건 약관조항의 내용을 충분히 잘 알고 있었다는 점이 추인된다는 이유로, 보험자인 피고가 이 사건 약관조항의 내용을 따로 설명할 필요는 없었다고 판단하였다.

63 보험계약상의 보험계약자와 피보험자가 고지의무자이고, 인보험에서의 보험수익자는 고지의무자가 아니다. 고지의 상대방은 보험자와 그를 위하여 고지수령권을 가지는 대리인인데, 체약대리권이 있는 보험대리점과 생명보험에서의 보험의는 고지수령권이 있으나, 보험모집인은 고지수령권이 없다(통설·판례).

64 甲이 乙보험주식회사에 피보험자를 丙으로 하는 보험계약을 청약하고 제1회 보험료를 납부하였다. 甲은 보험청약서의 질문표에 丙이 최근 5년 이내에 고혈압 등으로 의사에게서 진찰 또는 검사를 통하여 진단을 받았거나 투약 등을 받은 적이 없다고 기재하여 乙회사에 우송하였는데, 사실은 청약 당일 丙이 의사에게서 고혈압 진단을 받았다. 이에 甲이 제651조에서 정한 중요한 사항에 대한 고지의무를 위반하였는지가 문

대법원 2004. 6. 11. 선고 2003다18494 판결(보험금)

[1] 보험계약자나 피보험자가 보험계약 당시에 보험자에게 고지할 의무를 지는 상법 제651조에서 정한 '중요한 사항'이란 보험자가 보험사고의 발생과 그로 인한 책임부담의 개연율을 측정하여 보험계약의 체결 여부 또는 보험료나 특별한 면책조항의 부가와 같은 보험계약의 내용을 결정하기 위한 표준이 되는 사항으로서, 객관적으로 보험자가 그 사실을 안다면 그 계약을 체결하지 아니하든가 또는 적어도 동일한 조건으로는 계약을 체결하지 아니하리라고 생각되는 사항을 말하고, 어떠한 사실이 이에 해당하는가는 보험의 종류에 따라 달라질 수밖에 없는 사실인정의 문제로서 보험의 기술에 비추어 객관적으로 관찰하여 판단되어야 하는 것이나, 보험자가 서면으로 질문한 사항은 보험계약에 있어서 중요한 사항에 해당하는 것으로 추정되고(상법 제651조의2), 여기의 서면에는 보험청약서도 포함될 수 있으므로, 보험청약서에 일정한 사항에 관하여 답변을 구하는 취지가 포함되어 있다면 그 사항은 상법 제651조에서 말하는 '중요한 사항'으로 추정된다.[65]

[2] 보험자가 다른 보험계약의 존재 여부에 관한 고지의무 위반을 이유로 보험계약을 해지하려면 보험계약자 또는 피보험자가 다른 보험계약의 존재를 알고 있는 외에 그것이 고지를 요하는 중요한 사항에 해당한다는 사실을 알고도, 또는 중대한 과실로 알지 못하여 고지의무를 다하지 아니한 사실을 입증하여야 한다.[66]

제되었다. 고지의무위반 여부는 보험계약성립시를 기준으로 판단하는데, 보험계약은 원칙적으로 보험계약자의 청약에 대하여 보험자가 승낙함으로써 성립하고, 보험자가 보험계약자로부터 보험계약의 청약과 함께 보험료 상당액의 전부 또는 일부의 지급을 받은 때에는 다른 약정이 없으면 30일 내에 상대방에 대하여 낙부의 통지를 발송하여야 하며, 보험자가 기간 내에 낙부의 통지를 해태한 때에는 승낙한 것으로 본다(제638조의2 제1, 2항). 대법원은, 보험계약을 청약한 이후 보험계약이 성립하기 전에 丙이 고혈압 진단을 받았음에도 甲은 청약서의 질문표를 작성하여 乙회사에 우송할 때에 고의 또는 중과실로 그러한 사실이 없다고 기재하는 등 고지의무를 위반하였고, 이를 이유로 한 乙회사의 해지 의사표시에 따라 보험계약이 적법하게 해지되었고 보았다.

65 질문표에서 제외된 사항이라고 하여 당연히 고지사항에서 제외되는 것은 아니다. 암 치료 종료 후 5년이 지나 검사를 실시한 결과 의사로부터 암 재발의 가능성을 고지받고 확진을 위한 재검사 요구를 받은 상태에서 5년 내 암을 앓거나 치료받은 적이 없다고 신고하면서 생명보험계약을 체결한 경우, 이러한 병력 내지 자각증세, 의사의 암 재발 가능성 고지사실 등은 청약서상의 질문사항에 포함되어 있지 않다고 하더라도 중요한 사실로서 고지할 중요 사항에 포함된다고 본 사례가 있다(대법원 1999. 11. 26. 선고 99다37474 판결).
66 원고들의 부친인 망인은 피고보험회사와 사이에 운전자보험계약을 체결하기 이전에 이미 그와 동일하거나 유사한 손해의 보상을 목적으로 하는 21건의 보험에 가입하고 있었고, 그 이후에도 3개의 보험에 가입하였다. 이 사건 보험계약의 청약서에는 보험계약자가 알릴 사항의 하나로서 다른 보험계약의 존재를 기재하도록 하는 별도의 질문표를 마련해 두고 있는데, 망인은 질문란에 다른 보험계약의 존재 사실을 기재하지 않았고, 추가로 보험계약을 체결하였다는 사실을 통지하지도 않았다. 대법원은, 일단 보험청약서의 질문란에 포함된 사항은 중요한 사항으로 추정된다고 보았다(제651조의2). 다만, 망인이 부정한 보험금 취득을 목적으로 다수의 보험계약을 체결하였다고 단정하기 어렵고, 망인이 체결한 보험계약들 중 이 사건 보험계약 외

대법원 2013. 6. 13. 선고 2011다54631 판결(보험금)[67]

　보험계약 당시에 보험계약자 또는 피보험자가 고의 또는 중대한 과실로 인하여 중요한 사항을 고지하지 아니하거나 부실의 고지를 한 때에는 보험자는 일정 기간 안에 그 계약을 해지할 수 있다(상법 제651조). 여기서 중대한 과실이란 현저한 부주의로 중요한 사항의 존재를 몰랐거나 중요성 판단을 잘못하여 그 사실이 고지하여야 할 중요한 사항임을 알지 못한 것을 의미하고, 그와 같은 과실이 있는지는 보험계약의 내용, 고지하여야 할 사실의 중요도, 보험계약의 체결에 이르게 된 경위, 보험자와 피보험자 사이의 관계 등 제반 사정을 참작하여 사회통념에 비추어 개별적·구체적으로 판단하여야 하고, 그에 관한 증명책임은 고지의무 위반을 이유로 보험계약을 해지하고자 하는 보험자에게 있다.[68]

에는 보험청약서에서 다른 보험계약의 존재 여부를 묻고 있지 않았을 뿐만 아니라, 일반적으로 상해보험계약의 체결에 있어서 다른 보험계약들이 존재하는 경우에는 보험계약의 체결이 거절되거나 보험료에 차이가 있다는 사실을 인정할 별다른 자료도 없는 점 등에 비추어, 망인이 피고가 망인의 다른 보험계약 사실을 알았다면 이 사건 보험계약을 체결하지 않았거나 또는 적어도 동일한 조건으로는 계약을 체결하지 않았을 것으로 알았거나 중대한 과실로 이를 알지 못한 것으로 인정하기 어렵다고 하였다. 나아가 상법 제652조 제 1항 소정의 통지의무의 대상으로 규정된 '사고발생의 위험이 현저하게 변경 또는 증가된 사실'이라 함은 그 변경 또는 증가된 위험이 보험계약의 체결 당시에 존재하고 있었다면 보험자가 보험계약을 체결하지 아니하였거나 적어도 그 보험료로는 보험을 인수하지 아니하였을 것으로 인정되는 사실을 말하는 것으로서, 상해보험계약 체결 후 다른 상해보험에 다수 가입하였다는 사정만으로 사고발생의 위험이 현저하게 변경 또는 증가된 경우에 해당한다고 할 수 없다고 하였다.

67 위 사안에서 甲의 어머니인 乙은 보험계약자로서 甲을 피보험자로 하여 보험계약을 체결하였는데, 甲이 그 보름 전에 갑상선결절을 진단받은 사실을 알지는 못하고 고지하지 않았다. 원심은, 乙이 딸인 甲에게 전화 등을 통하여 쉽게 위와 같은 진단사실을 확인할 수 있음에도 이를 확인하지 않았으므로 허위의 고지에 대하여 중대한 과실을 인정할 수 있다고 판단하였다. 그러나 대법원은, 피보험자와 보험계약자가 다른 경우에 피보험자 본인이 아니면 정확하게 알 수 없는 개인적 신상이나 신체상태 등에 관한 사항은, 보험계약자도 이미 그 사실을 알고 있었다거나 피보험자와의 관계 등으로 보아 당연히 알았을 것이라고 보이는 등의 특별한 사정이 없는 한, 보험계약자가 피보험자에게 적극적으로 확인하여 고지하는 등의 조치를 취하지 아니하였다는 것만으로 바로 중대한 과실이 있다고 할 것은 아니라고 하였다. 더구나 보험계약서의 형식이 보험계약자와 피보험자가 각각 별도로 보험자에게 중요사항을 고지하도록 되어 있고, 나아가 피보험자 본인의 신상에 관한 질문에 대하여 '예'와 '아니오' 중에서 택일하는 방식으로 고지하도록 되어 있다면, 그 경우 보험계약자가 '아니오'로 표기하여 답변하였더라도 이는 그러한 사실의 부존재를 확인하는 것이 아니라 사실 여부를 알지 못한다는 의미로 답하였을 가능성도 배제할 수 없으므로, 그러한 표기사실만으로 쉽게 고의 또는 중대한 과실로 고지의무를 위반한 경우에 해당한다고 단정할 것은 아니라고 하였다.

68 대법원 2011. 4. 14. 선고 2009다103349 판결은, 피보험자 甲이 乙보험회사와 보험계약을 체결하면서 갑상선 결절 등의 사실을 고지하지 않은 사안에서, 건강검진결과 통보 내용에 비추어 甲으로서는 어떠한 질병을 확정적으로 진단받은 것으로 인식하였다고 보기 어려운 점, 위 검진 이후 2년여 동안 별다른 건강상의 장애나 이상 증상이 없었으며 갑상선 결절과 관련된 추가적인 검사나 치료도 받지 않았던 점 등에 비추어, 피보험자 甲이 고의 또는 중대한 과실로 인하여 중요한 사실을 고지하지 아니한 것으로 단정하기 어렵다고 보았다.

3. 보험료지급의무

대법원 2008. 8. 21. 선고 2007다76696 판결(보험금)

[1] 상법 제659조 제1항은 보험사고가 보험계약자 또는 피보험자나 보험수익자의 고의 또는 중대한 과실로 인하여 생긴 때에는 보험자는 보험금액을 지급할 책임이 없다고 규정하고, 상법 제732조의2는 사망을 보험사고로 한 보험계약에서 사고가 보험계약자 또는 피보험자나 보험수익자의 중대한 과실로 인하여 생긴 경우에도 보험자는 보험금액을 지급할 책임을 면하지 못한다고 규정하고 있으므로, 위 규정에 따르면 사망을 보험사고로 하는 보험계약에 있어서도 피보험자 등의 고의로 인하여 사고가 생긴 경우에 보험자는 보험금을 지급할 책임이 없다고 할 것인바, 이는 피보험자가 고의에 의하여 보험사고를 일으키는 것은 보험계약상의 신의성실의 원칙에 반할 뿐만 아니라, 그러한 경우에도 보험금이 지급된다고 한다면 보험계약이 보험금 취득 등 부당한 목적에 이용될 가능성이 있기 때문이다.[69]

[2] 상법 제659조 제1항 및 제732조의2의 입법 취지에 비추어 볼 때, 사망을 보험사고로 하는 보험계약에 있어서 자살을 보험자의 면책사유로 규정하고 있는 경우, 그 자살은 사망자가 자기의 생명을 끊는다는 것을 의식하고 그것을 목적으로 의도적으로 자기의 생명을 절단하여 사망의 결과를 발생케 한 행위를 의미하고, 피보험자가 정신질환 등으로 자유로운 의사결정을 할 수 없는 상태에서 사망의 결과를 발생케 한 경우까지 포함하는 것이라고 할 수 없을 뿐만 아니라, 그러한 경우 사망의 결과를 발생케 한 직접적인 원인행위가 외래의 요인에 의한 것이

---

69 자동차보험약관에는 '보험계약자 또는 피보험자의 고의에 의한 손해'를 보험자가 보상하지 않는 사항으로 규정하고 있다. 대법원은, 이러한 면책약관을 엄격히 제한적으로 해석하여, 자동차 운행으로 인한 사고의 경위와 전후 사정 등에 비추어 보험계약자 등이 피해자의 상해에 대하여는 이를 인식·용인하였으나, 피해자의 사망 등 중대한 결과에 대하여는 이를 인식·용인하였다고 볼 수 없는 경우에는, 그 사망 등으로 인한 손해는 위 자동차보험약관에서 정한 '보험계약자 등의 고의에 의한 손해'에 해당하지 아니하고, 면책약관이 적용되지 않는다고 보고 있다(대법원 2010. 11. 11. 선고 2010다62628 판결). 예를 들면, 사람이 승용차 보닛 위에 엎드려 매달리자 그를 차량에서 떨어지게 할 생각으로 승용차를 지그재그로 운전하다가 급히 좌회전하여 위 사람을 승용차에서 떨어뜨려 사망에 이르게 한 사안에서, 여러 사정에 비추어 가해차량 운전자로서는 피해자가 달리던 차에서 떨어지면서 어느 정도의 큰 상해를 입으리라는 것은 인식·용인하였다고 할 것이나, 나아가 피해자가 사망하리라는 것까지를 인식하고 용인하였다고는 볼 수 없으므로, 피해자의 사망으로 인한 손해는 가해차량 운전자의 '고의에 의한 손해'라고 할 수 없어 자동차보험의 면책약관이 적용되지 않는다고 한 사례들이 있다(위 대법원 2010다62628 판결, 대법원 2007. 10. 26. 선고 2006다39898 판결 등). 반면에, 유사하게 출발하려는 승용차 보닛 위에 사람이 매달려 있는 상태에서 승용차를 지그재그로 운행하여 도로에 떨어뜨려 상해를 입게 한 사안에서, 운전자에게 상해 발생에 대해서는 미필적 고의가 있다고 하여 면책을 인정하기도 하였다(대법원 2001. 3. 9. 선고 2000다67020 판결).

라면 그 보험사고는 피보험자의 고의에 의하지 않은 우발적인 사고로서 재해에 해당한다.[70]

대법원 1989. 11. 28. 선고 88다카33367 판결(보험금)

선일자수표는 대부분의 경우 당해 발행일자 이후의 제시기간내의 제시에 따라 결제되는 것이라고 보아야 하므로 선일자수표가 발행 교부된 날에 액면금의 지급효과가 발생된다고 볼 수 없으니, 보험약관상 보험자가 제1회 보험료를 받은 후 보험청약에 대한 승낙이 있기 전에 보험사고가 발생한 때에는 제1회 보험료를 받은 때에 소급하여 그때부터 보험자의 보험금 지급책임이 생긴다고 되어 있는 경우에 있어서, 보험모집인이 청약의 의사표시를 한 보험계약자로부터 제1회 보험료로서 선일자수표를 발행받고 보험료 가수증을 해주었더라도, 그가 선일자수표를 받은 날을 보험자의 책임발생 시점이 되는 제1회 보험료의 수령일로 보아서는 안된다.[71]

---

70 피보험자가 술에 취한 나머지 판단능력이 극히 저하된 상태에서 신병을 비관하는 넋두리를 하고 베란다에서 뛰어내린다는 등의 객기를 부리다가 마침내 음주로 인한 병적인 명정으로 인하여 심신을 상실한 나머지 자유로운 의사결정을 할 수 없는 상태에서 충동적으로 베란다에서 뛰어내려 사망한 사안에서, 이는 우발적인 외래의 사고로서 보험약관에서 재해의 하나로 규정한 '추락'에 해당하여 사망보험금의 지급대상이 된다고 판단한 원심을 수긍하였다. 대법원 2006. 3. 10. 선고 2005다49713 판결도, 부부싸움 중 극도의 흥분되고 불안한 정신적 공황상태에서 베란다 밖으로 몸을 던져 사망한 경우, 위 사고는 자유로운 의사결정이 제한된 상태에서 망인이 추락함으로써 사망의 결과가 발생하게 된 우발적인 사고로서 보험약관상 보험자의 면책사유인 '고의로 자신을 해친 경우'에 해당하지 않는다고 하였다.
71 보험자의 책임은 당사자간에 다른 약정이 없으면 최초의 보험료의 지급을 받은 때로부터 개시한다(제656조). 그리고 보험자가 보험계약자로부터 보험계약의 청약과 함께 보험료 상당액의 전부 또는 일부를 받은 경우에 그 청약을 승낙하기 전에 보험계약에서 정한 보험사고가 생긴 때에는 그 청약을 거절할 사유가 없는 한 보험자는 보험계약상의 책임을 진다(제638조의2 제 3 항). 이 사안에서는, 원고가 선일자수표를 발행하여 피고보험사 소속 보험모집인에게 교부하였고 그 선일자 수표의 발행일이 도래하기 전에 보험사고가 발생하였다. 보험모집인은 소속 보험회사와의 고용계약이나 도급적 요소가 가미된 위임계약에 바탕을 둔 소속 보험회사의 사용인으로서 보험계약의 체결대리권이나 고지수령권이 없는 중개인에 불과하다 하여도 제1회 보험료의 수령권이 있음을 부정할 수는 없다. 그리고 보험료를 은행발행의 자기앞수표나 은행이 지급보증한 당좌수표로 지급한 경우에는 보험료를 지급한 것으로 볼 수 있겠으나, 그 외의 어음·수표로 지급받은 경우에는 원칙적으로 그 결제 전의 보험사고에 대하여 보험금지급채무를 진다고 보기는 어려울 것이다. 선일자수표도 발행일자 이전에 지급을 위한 제시가 있을 때에는 그날에 지급하여야 하지만(수표법 제28조제 2 항), 그 발행자와 수취인 사이에 특별한 합의가 없었더라도 일반적으로 수취인이 그 수표상의 발행일 이전에는 자기나 양수인이 지급을 위한 제시를 하지 않을 것이라는 약속이 이루어져 발행된 것이라고 의사해석함이 합리적이고, 따라서 대부분의 경우 당해 발행일자 이후의 제시기간내의 제시에 따라 결제되는 것이라고 보아야 한다. 따라서 선일자 수표가 발행 교부된 날을 보험자의 책임발생 시점이 되는 제1회 보험료의 수령일로 보아서는 안된다고 하였다.

4. 보험자대위

대법원 1989. 4. 25. 선고 87다카1669 판결(구상금)

보험자대위에 관한 상법 제682조의 규정을 둔 이유는 피보험자가 보험자로부터 보험금액을 지급받은 후에도 제3자에 대한 청구권을 보유, 행사하게 하는 것은 피보험자에게 손해의 전보를 넘어서 오히려 이득을 주는 결과가 되어 손해보험제도의 원칙에 반하고 배상의무자인 제3자가 피보험자의 보험금 수령으로 인하여 그 책임을 면하는 것도 불합리하므로 이를 제거하여 보험자에게 그 이익을 귀속시키려는 데 있다.[72]

대법원 1991. 11. 26. 선고 90다10063 판결(구상금)

상법 제682조 소정의 보험자대위는, 보험사고로 인한 손해가 보험계약자 또는 피보험자 아닌 제3자의 행위로 인하여 생긴 경우에 보험금액을 지급한 보험자가 보험계약자 또는 피보험자의 그 제3자에 대한 권리를 취득하는 제도이므로, 보험계약의 해석상 보험사고를 일으킨 자가 위 법 소정의 "제3자"가 아닌 "피보험자"에 해당될 경우에는 보험자는 그 보험사고자에 대하여 보험자대위권을 행사할 수 없다.[73]

대법원 2002. 9. 6. 선고 2002다32547 판결(구상금)

피보험자의 동거친족에 대하여 피보험자가 배상청구권을 취득한 경우, 통상은

---

72 손해가 제3자의 행위로 인하여 발생한 경우에 보험금을 지급한 보험자는 그 지급한 금액의 한도에서 그 제3자에 대한 보험계약자 또는 피보험자의 권리를 취득한다(제682조 제1항). 이 판결은 위 보험자대위의 규정은 타인을 위한 손해보험계약에도 그 적용이 있고, 타인을 위한 손해보험계약은 타인의 이익을 위한 계약으로서 그 타인(피보험자)의 이익이 보험의 목적이지 여기에 당연히(특약 없이) 보험계약자의 보험이익이 포함되거나 예정되어 있는 것은 아니므로, 피보험이익의 주체가 아닌 보험계약자는 비록 보험자와의 사이에서는 계약당사자이고 약정된 보험료를 지급할 의무자이지만, 그 지위의 성격과 보험자대위 규정의 취지에 비추어 보면 보험자대위에 있어서 보험계약자와 제3자를 구별하여 취급할 법률상의 이유는 없는 것이며, 따라서 타인을 위한 손해보험계약자가 당연히 제3자의 범주에서 제외되는 것은 아니라고 하였다. 그러나 상법 제682조 제1항 및 제2항의 문언으로 볼 때, '보험계약자'가 제3자에 포함될 수 있는지는 의문이다.
73 자동차종합보험의 보통약관에서 보험증권에 기재된 피보험자 이외에 그 "피보험자를 위하여 자동차를 운전 중인 자"도 위의 피보험자의 개념에 포함시키고 있으므로 자동차종합보험에 가입한 차주의 피용운전사는 "피보험자"일 뿐, 상법 제682조에서 말하는 "제3자"에 포함되는 자가 아니라고 하였다. 다른 판결례들을 보면, 통상 약관에 의하여 피보험자에 '피보험자의 승낙을 얻어 자동차를 사용 또는 관리중인 자'와 '피보험자를 위하여 자동차를 운전중인 자'가 포함되므로, 자동차보험에서 사고를 일으킨 자가 "주차관리를 위탁받은 자" 또는 "피보험자로부터 굴삭기를 운전기사와 함께 임차하여 사용 또는 관리중인 자"는 제3자가 아니라고 하였다(대법원 1995. 6. 9 선고 94다4813 판결, 대법원 2001. 11. 27. 선고 2001다44659 판결).

피보험자는 그 청구권을 포기하거나 용서의 의사로 권리를 행사하지 않은 상태로 방치할 것으로 예상되는바, 이러한 경우 피보험자에 의하여 행사되지 않는 권리를 보험자가 대위취득하여 행사하는 것을 허용한다면 사실상 피보험자는 보험금을 지급받지 못한 것과 동일한 결과가 초래되어 보험제도의 효용이 현저히 해하여진다 할 것이므로, 무면허운전 면책약관부 보험계약에서 무면허 운전자가 동거가족인 경우 특별한 사정이 없는 한 상법 제682조 소정의 제3자의 범위에 포함되지 않는다고 봄이 타당하다.[74]

대법원 2012. 8. 30. 선고 2011다100312 판결(구상금)

손해보험에서의 보험자대위권(상법 제682조)은 피보험자의 이중이득을 방지하기 위하여 정책적으로 인정되는 것인 점 등을 고려할 때, 이른바 '일부보험'의 경우 보험자가 대위할 수 있는 피보험자의 제3자에 대한 권리의 범위는 보험약관 등에 이에 관한 명시적인 규정이 있다면 이에 따라야 할 것이나, 그렇지 않다면 약관해석에 관한 일반원칙에 따라 고객에게 유리하게 해석하여, 피보험자가 실제로 입은 손해 이상의 이득을 취하는 것이 아닌 이상, 피보험자의 권리를 해하지 아니하는 범위 내로 제한된다고 봄이 타당하다.[75]

대법원 2014. 1. 29. 선고 2013다65901 판결(구상금)

[1] 공동불법행위자의 1인을 피보험자로 하는 보험계약의 보험자가 보험금을 지급하고 상법 제682조에 의하여 취득하는 피보험자의 다른 공동불법행위자에 대한 구상권은 피보험자의 부담 부분 이상을 변제하여 공동의 면책을 얻게 하였을 때에 다른 공동불법행위자의 부담 부분의 비율에 따른 범위에서 성립한다.[76]

---

74 상법도 보험계약자나 피보험자와 생계를 같이 하는 가족은 제3자에 해당하지 않지만, 손해가 그 가족의 고의로 인하여 발생한 경우에는 그렇지 않다고 규정하였다(제682조 제2항). 위 판결은, 무면허운전이 형사처벌의 대상이 되는 범법행위라 할지라도 무면허운전을 한 사실만을 들어 고의로 사고를 야기하여 손해를 발생시킨 것이라고까지 볼 수는 없다고 하였다.

75 보험자가 보험금을 일부지급한 경우에는 보험계약자 또는 피보험자의 권리를 해치지 않는 범위 내에서만 보험자대위에 의한 권리를 행사할 수 있다(제682조 제1항 단서). 甲이 운영하는 점포에서, 甲의 과실과 위 점포에 액화석유가스를 공급한 乙의 과실이 경합하여 화재가 발생하였는데, 甲과 점포 내 시설 및 집기비품에 대하여 각 보험금액을 달리하여 화재보험계약을 체결한 丙보험회사가 甲에게 보험금을 지급하고, 乙과 가스사고배상책임보험계약 등을 체결한 丁보험회사가 甲을 제외한 피해자들에게 보험금을 지급한 뒤, 丙회사가 丁회사를 상대로 구상금을 청구하였다. 甲은 위 사고로 인한 전체 손해액에서 丙회사로부터 지급 받은 보험금을 공제한 나머지 부분에 관하여 여전히 乙 또는 丁회사에 대하여 자신의 권리를 가지고 있으며, 丙회사는 이러한 甲의 권리를 침해하지 않는 범위, 즉 甲의 전체 손해액 중 乙의 과실비율에 해당하는 금액과 위 나머지 부분의 차액의 범위 내에서만 보험자대위를 할 수 있다고 하였다.

76 다만, 보험약관상 보험자가 면책되는 무면허운전시에 생긴 사고에 대하여 보험금을 지급하였다면, 이는

[2] 공동불법행위자들과 각각 보험계약을 체결한 보험자들은 각자 그 공동불법행위의 피해자에 대한 관계에서 상법 제724조 제2항에 의한 보상책임을 직접 부담하는 것이므로, 이러한 관계에 있는 보험자들 상호 간에는 공동불법행위자 중의 1인과 사이에 보험계약을 체결한 보험자가 그 부담 부분을 넘어 피해자에게 손해배상금을 보험금으로 모두 지급함으로써 공동불법행위자들의 보험자들이 공동면책되었다면, 그 손해배상금을 지급한 보험자는 다른 공동불법행위자들의 보험자들이 부담하여야 할 부분에 대하여 직접 구상권을 행사할 수 있다.[77]

[3] 두 개의 책임보험계약이 보험의 목적, 즉 피보험이익과 보험사고의 내용 및 범위가 전부 공통되지는 않으나 상당 부분 중복되고, 발생한 사고가 그 중복되는 피보험이익에 관련된 보험사고에 해당된다면, 이와 같은 두 개의 책임보험계약에 가입한 것은 피보험자, 피보험이익과 보험사고 및 보험기간이 중복되는 범위 내에서 상법 제725조의2에 정한 중복보험에 해당하고, 이 경우 각 보험자는 상법 제672조 제1항 규정에 따라 각자의 보험금액의 비율에 따른 보상책임을 연대하여 진다.

대법원 1995. 7. 14. 선고 94다36698 판결(구상금)

[1] 자동차손해배상보장법 제9조 제1항에 의한 피해자의 보험자에 대한 직접청구권이 수반되는 경우에는 그 직접청구권의 전제가 되는 자동차손해배상보장법 제3조에 의한 피해자의 운행자에 대한 손해배상청구권은 비록 위 손해배상청구권과 손해배상의무가 상속에 의하여 동일인에게 귀속되더라도 혼동에 의하여 소멸되지 않고, 이러한 법리는 자동차손해배상보장법 제3조에 의한 손해배상의무자가 피해자를 상속한 경우에도 동일하지만, 예외적으로 가해자가 피해자의 상속인이 되는 등 특별한 경우에 한하여 손해배상청구권과 손해배상의무가 혼동으로 소멸하고 그 결과 피해자의 보험자에 대한 직접청구권도 소멸한다.[78]

보험약관을 위배하여 이루어진 것으로 적법하지 아니하므로 구상권을 대위행사할 수 없다(대법원 1994. 4. 12. 선고 94다200 판결).

77 보험자대위에 의하여 다른 공동불법행위자 및 그의 보험자에 대하여 가지는 구상권의 소멸시효 기간은 일반채권과 같이 10년이고, 그 기산점은 구상권이 발생한 시점, 즉 구상권자가 현실로 피해자에게 손해배상금을 지급한 때이다. 그리고 보험자대위에 의하여 피보험자 등의 제3자에 대한 권리는 동일성을 잃지 않고 그대로 보험자에게 이전되는 것이므로, 이때 보험자가 취득하는 채권의 소멸시효기간과 그 기산점은 피보험자 등이 제3자에 대하여 가지는 채권 자체를 기준으로 판단하여야 한다(대법원 1999. 6. 11. 선고 99다3143 판결).

78 대법원 2003. 1. 10. 선고 2000다41653 판결(채무부존재확인·손해배상(자))도 이러한 취지에서, 자동차책임보험에 있어서 보험회사에 대한 직접청구권의 전제가 되는 피해자의 손해배상청구권이 운행자와 가

[2] 자동차 손해배상 책임보험자가 사망한 피해자의 상속인에게 피해자의 사망으로 인하여 발생한 손해 일체에 대한 보상으로 보험금을 지급하였다면, 그로써 보험자는 상법 제682조 소정의 보험자대위 규정에 의하여 피보험자가 다른 공동불법행위자에 대하여 가지는 구상권을 취득하는 한편, 그 상속인은 피해자의 사망으로 인한 공동불법행위자에 대한 손해배상청구권을 보험금을 지급받음으로써 상실하게 되므로, 그 후 공동불법행위자의 대리인이 사망한 피해자의 상속인에게 피해자의 사망으로 인한 손해배상금을 지급하였더라도 이는 변제수령 권한이 없는 자에 대한 변제로서 무효이고, 따라서 보험자가 상법 제682조에 정한 보험자대위 규정에 의하여 취득한 권리에 아무런 영향을 미칠 수 없다.[79]

해자에게 상속된 경우 가해자의 그 상속분에 상응하는 직접청구권의 행사를 부정하고 운행자의 직접청구권의 행사범위를 책임보험의 한도액 중 그 상속지분에 상응하는 금액으로 한정하였다. 다만, 가해자가 피해자의 자신에 대한 손해배상청구권을 상속함으로써 그 손해배상청구권과 보험자에 대한 직접청구권이 소멸하였다고 할지라도 가해자가 적법하게 상속을 포기하면 그 소급효로 인하여 위 손해배상청구권과 직접청구권은 소급하여 소멸하지 않았던 것으로 되어, 위 손해배상청구권과 이를 전제로 하는 직접청구권은 소멸하지 않는다(대법원 2005. 1. 14. 선고 2003다38573 판결).

79 甲은 과속으로 운전하다 중앙선을 넘어온 乙의 차량과 충돌하여 동승하였던 그의 동생인 丙과 함께 사망하였다(甲의 과실 20%, 乙의 과실 80%). 甲의 보험자인 원고회사는 甲과 丙의 부모에게 보험금을 지급하고 乙의 보험자인 피고회사에 甲과 丙의 권리를 대위행사하였다. 그 전제로서 원고가 丙의 사망으로 인한 보험금을 지급할 의무가 있었는지가 문제되었는데, 丙의 甲에 대한 손해배상청구권이 혼동으로 인하여 소멸하였는지 여부가 쟁점이 되었다. 판시와 같이 소멸하지 않으므로 원고는 보험자대위의 법리에 의하여 甲이 공동불법행위자인 乙에 대하여 가지는 구상권을 취득하고, 乙 또는 그의 보험자인 피고에게 구상권을 행사할 수 있다. 나아가 乙의 대리인이 甲에게 손해배상을 하였더라도 판시와 같이 이는 수령할 권한 없는 자에 대한 변제로서 무효이다. 다만, 이 경우 乙의 손해배상이 선의·무과실(예를 들면, 아직도 자신의 손해배상의무가 남아 있다고 믿고 과실없이 손해배상을 한 경우)에 의한 것으로 채권의 준점유자에 대한 변제로서 유효할 수 있는데, 이렇게 유효한 경우에는 원고가 甲(그의 상속인)에게 부당이득반환을 구해야 할 것이다(대법원 1999. 4. 27. 선고 98다61593 판결). 한편, 피보험자의 권리가 대위로 인하여 보험자에게 귀속된 이후에는, 피보험자가 그의 권리를 포기하였다고 하더라도 그 포기는 무권한자의 처분행위로서 효력이 없고, 따라서 보험자는 여전히 피보험자의 권리를 가지고 있으므로 손해가 없어 피보험자를 상대로 부당이득반환청구를 할 수 없다(대법원 1997. 11. 11. 선고 97다37609 판결).

회사의 법정책임

제10장 회사의 법정책임

Ⅰ. 상법상의 책임

1. 상호의 사용으로 인한 책임

가. 유사상호의 사용

(1) 오인가능성

대법원 2002. 2. 26. 선고 2001다73879 판결(손해배상(기))[1]

대법원 1976. 2. 24. 선고 73다1238 판결(등록상표권침해금지등)[2]

---

1 타인의 영업으로 오인할 수 있는 상호는 서로 완전히 동일할 필요는 없고 주요부분이 동일하면 충분하다. 다만, 원고회사는 1995년 설립된 '파워컴 주식회사'로서 전자부품·전자제품·반도체부품의 도소매업 및 수출입업 등을 영위하고 있고, 피고회사(주식회사 파워콤)는 한국전력공사의 자회사로서 1999년 설립되어 전기통신회선설비 임대사업 등을 영위하고 있는바, 피고회사가 원고회사와 동일·유사한 상호를 사용하고 있는 사실은 인정되나, 피고회사와 원고회사의 영업은 각 그 공급하는 재화와 용역이 서로 상이한 점, 원고회사의 주고객이 전자부품·전자제품·반도체부품의 수요자인 전자제품 제조회사 또는 소비자 등인 데 비하여, 피고회사의 주고객은 전기통신회선설비 사용자인 전기통신사업자들로서 그 수요자층이 서로 다른 점, 원고회사의 자본금이 6억 4,000만 원이고 2000년도 매출액이 금 52억 원 상당인 데 비하여, 피고회사는 자본금이 7,500억 원, 2000년도 매출액이 금 2,580억 원으로써 그 사업규모에 있어서 큰 차이가 있는 점 등에 비추어, 피고회사가 원고회사의 상호와 동일·유사한 상호를 사용하더라도 일반 수요자들이 피고회사의 영업을 원고회사의 영업으로 오인할 염려가 없다고 판단하였다. 나아가 원고회사의 '역혼동'으로 인한 손해배상청구(민법 제750조)에 대해서는, "상호를 먼저 사용한 자(선사용자)의 상호와 동일·유사한 상호를 나중에 사용하는 자(후사용자)의 영업규모가 선사용자보다 크고 그 상호가 주지성을 획득한 경우, 후사용자의 상호사용으로 인하여 마치 선사용자가 후사용자의 명성이나 소비자 신용에 편승하여 선사용자의 상품의 출처가 후사용자인 것처럼 소비자를 기망한다는 오해를 받아 선사용자의 신용이 훼손된 때 등에 있어서는 이를 이른바 역혼동에 의한 피해로 보아 후사용자의 선사용자에 대한 손해배상책임을 인정할 여지가 전혀 없지는 않다고 할 것이나, 상호를 보호하는 상법과 부정경쟁방지법의 입법 취지에 비추어, 선사용자의 영업이 후사용자의 영업과 그 종류가 다른 것이거나 영업의 성질이나 내용, 영업방법, 수요자층 등에서 밀접한 관련이 없는 경우 등에 있어서는 위와 같은 역혼동으로 인한 피해를 인정할 수 없다"고 하였다.

2 원고인 보령제약주식회사와 피고가 수원에 개설한 '수원보령약국'은 영업의 종류, 범위, 시설 및 규모 등 그 영업의 양상은 물론 고객도 서로 달리하고 있어서 원고의 고객이 수원에 있는 피고 경영의 약국을 서울에 있는 원고의 영업으로 혼동 오인하게 될 염려는 없다할 것이므로 '보령'이라는 상호가 공통된다 해서 곧 다른 사정도 없이 피고의 위 약국을 원고회사의 영업으로 오인 혼동케 할 염려가 있다고 단정할 수 없다고 보았다.

상법 제23조 제1항은 누구든지 부정한 목적으로 타인의 영업으로 오인할 수 있는 상호를 사용하지 못한다고 규정하고 있는바, 타인의 영업으로 오인할 수 있는 상호는 그 타인의 영업과 동종 영업에 사용되는 상호만을 한정하는 것은 아니라고 할 것이나, 어떤 상호가 일반 수요자들로 하여금 영업주체를 오인·혼동시킬 염려가 있는 것인지를 판단함에 있어서는, 양 상호 전체를 비교 관찰하여 각 영업의 성질이나 내용, 영업방법, 수요자층 등에서 서로 밀접한 관련을 가지고 있는 경우로서 일반 수요자들이 양 업무의 주체가 서로 관련이 있는 것으로 생각하거나 또는 그 타인의 상호가 현저하게 널리 알려져 있어 일반 수요자들로부터 기업의 명성으로 인하여 절대적인 신뢰를 획득한 경우에 해당하는지 여부를 종합적으로 고려하여야 한다.

(2) 부정한 목적
대법원 1993. 7. 13. 선고 92다49492 판결(상호사용금지등가처분이의)[3]
대법원 1995. 9. 29. 선고 94다31365, 31372(반소) 판결(손해배상(기))[4]
대법원 2004. 3. 26. 선고 2001다72081 판결(상호사용폐지)[5]

....

3 신청인 甲은 1959년에 '고려당' 상호를 등기하고 마산에서 제과업을 해왔는데, 1991년 피신청인 乙이 그의 간판에 "SINCE 1945 신용의 양과 서울 고려당 마산분점"이라고 표시하며 제과업을 시작하였다. 乙의 상호인 '서울 고려당'은 그 요부(要部)가 '고려당'에 있고, 간이신속을 존중하는 거래계에서는 간략히 특징적인 부분인 '고려당'으로 호칭될 것이므로 그 경우 신청인의 상호인 '고려당'과 동일하여 양자는 일단 오인·혼동의 우려가 있는 유사한 상호라고 하였다. 동일한 마산시에서 甲이 등기한 상호를 사용한 乙에게는 부정한 목적이 추정된다(제23조 제4항). 다만, 乙이 그의 간판에 서울의 '주식회사 고려당'과의 관계를 나타내기 위하여 위 회사의 상호를 표시한 것이라면, 乙에게 위 상호의 사용과 관련하여 부정경쟁의 목적이 있는가를 판단함에 있어서 乙이 아닌 서울 고려당과 甲의 명성과 신용을 비교해야 한다고 보았다. 그런데 乙은 甲보다 명성이나 신용이 더 큰 '서울 고려당'의 판매대리점 경영자로서 구태여 甲의 명성이나 신용에 편승할 필요가 없었고, 간판에도 고려당과의 관계("마산분점"이라는 표시를 하여 신청인의 상호와 구분되도록 함)를 표시한 점, 甲과 乙의 영업소가 서로 원거리인 다른 구에 있는 점 등을 종합하여 볼 때 乙에게 부정한 목적을 인정할 수 없다고 하였다.

4 피고회사(주식회사 동성종합건설)는 1984년 법인설립 이래 경남 지역에서 시작하여 수도권 지역에까지 일관되게 '동성'이라는 이름을 사용하여 아파트건설업을 해왔다. 반면, 원고회사(주식회사 동성)는 당초 '동성종합건설'로 상호등기를 하였으나 1986년 피혁회사인 '주식회사 동성'과 합병하였고, '동성'과는 전혀 관계 없는 '상아'라는 이름으로 1978년경부터 10년이 넘는 장기간을 아파트 건설업을 해옴으로써 일반인에게 '상아'아파트를 건설하는 회사로서 널리 알려져 오다가, 1990년경부터서야 비로소 아파트 건설에 '동성'이라는 이름을 사용하기 시작하였다. 원고회사가 1990년경부터 아파트에 '동성'이라는 이름을 사용하기 시작한 때까지는 원고회사의 주력 업종은 피혁 부문이었다. 원·피고회사의 건설공사 도급한도액 순위는 피고회사가 서울 등 수도권지역에서 본격적인 건설사업을 벌이기 시작한 1991년도에는 비슷하였으나 그 후부터는 오히려 피고회사가 앞섰다. 대법원은 피고회사에게 원고회사의 명칭과 동일·유사한 명칭을 사용하여 일반인으로 하여금 자기의 영업을 원고회사의 영업으로 오인시키려고 하는 의도가 있었다고 보기는 어렵다 할 것이므로 부정한 목적이 있다는 추정이 깨졌다고 하였다(제23조 제4항 참조).

상법 제23조 제1항, 제4항 소정의 부정한 목적이란 '어느 명칭을 자기의 상호로 사용함으로써 일반인으로 하여금 자기의 영업을 그 명칭에 의하여 표시된 타인의 영업으로 오인시키려고 하는 의도'를 말한다.

나. 등기된 동일상호의 사용

대법원 2004. 3. 26. 선고 2001다72081 판결(상호사용폐지)[6]
대법원 2011. 12. 27. 선고 2010다20754 판결(상호말소등기절차이행)[7]

상법 제22조의 취지는 일정한 지역 범위 내에서 먼저 등기된 상호에 관한 일반 공중의 오인·혼동을 방지하여 이에 대한 신뢰를 보호함과 아울러 상호를 먼저

---

5 피고회사는 원고회사가 서울특별시에서 동종 영업으로 먼저 등기한 상호인 "주식회사 유니텍"과 확연히 구별할 수 없는 상호인 "주식회사 유니텍전자"를 사용하고 있으므로 위 상호를 부정한 목적으로 사용하는 것으로 추정된다(제23조 제4항)고 전제한 다음, 위 상호를 사용함에 있어서 부정한 목적이 없다는 피고회사의 주장에 대하여, 원고회사는 소프트웨어의 개발·판매업에, 피고회사는 컴퓨터 하드웨어의 제조·판매업에 각 영업의 중점을 두고 있기 때문에 원·피고회사가 실제 영위하는 영업의 구체적 내용에 다소 차이가 있지만, 원고회사 역시 전체 매출액의 30% 가량이 피고회사가 영위하는 영업과 같은 컴퓨터 하드웨어의 조립·판매에서 발생하고 있어 원·피고회사의 주 고객층도 명백히 차별화되어 있다고 단정할 수 없으므로, 피고회사가 위 상호를 사용하는 것이 원고회사의 영업에 영향을 미치지 않는다고 볼 수 없고, 한편 "유니텍"이라는 단어가 컴퓨터 관련 업계에서 흔히 사용하는 상호라거나 피고회사의 영업이 신장됨에 따라 현재 자본금 또는 매출액에 있어서 피고회사가 원고회사보다 월등히 많고 피고회사의 주식이 코스닥시장에 등록되었다는 사정만으로는 상법 제23조 제4항의 규정에서 말하는 부정한 목적에 의한 사용에 관한 추정이 번복되었다고 볼 수 없다는 이유로 피고회사의 위 주장을 배척하고 상호의 사용금지를 청구할 수 있다고 하였다.
6 이 사안에는 2009년 개정 전의 상업등기법 제30조가 적용되었다. 원고회사가 등기한 상호인 "주식회사 유니텍"과 그 후에 피고회사가 등기한 상호인 "주식회사 유니텍전자"는 등기된 지역이 모두 서울특별시이고, 그 주요 부분이 "유니텍"으로서 일반인이 확연히 구별할 수 없을 정도로 동일하며, 원고회사와 피고회사의 법인등기부상 설립목적에 컴퓨터 주변기기 제조 및 판매업이나 전자부품·컴퓨터부품 제조 판매업이 포함되어 있고, 원고회사의 전체 매출액의 30% 가량이 피고회사와 같은 컴퓨터 하드웨어의 조립·판매업에서 발생하고 있어, 원고회사의 영업과 피고회사의 영업은 사회통념상 동종 영업에 해당하므로, 피고회사는 원고회사에게 제22조에 따라 피고회사의 위 상호에 관한 말소등기절차를 이행할 의무가 있다고 하였다. 그러나 현행 상업등기법에 따라 상법 제22조의 적용범위가 동일상호에 한정되었으므로 지금은 결론이 달라져야 한다.
7 선등기자인 '동부주택건설 주식회사'가 후등기자인 '동부건설 주식회사', '주식회사 동부', '동부디엔씨 주식회사', '동부부산개발 유한회사'를 상대로 상법 제22조에 의한 상호등기말소청구소송을 제기하였는데, 원심 변론종결 당시의 상법 제22조에 의하여 선등기자가 후등기자를 상대로 상호 등기의 말소를 청구할 수 있는 효력 범위는 먼저 등기된 상호와 동일한 상호에 한정된다고 하였다. 따라서 먼저 등기한 상호인 '동부주택건설 주식회사'와 나중에 등기한 상호인 '동부건설 주식회사', '주식회사 동부', '동부디엔씨 주식회사', '동부부산개발 유한회사'가 동일하지 않음이 외관·호칭에서 명백하므로, 동부주택건설 주식회사에 상법 제22조의 등기말소청구권이 없다고 하였다. 이 사안에서 원고회사는 제23조에 기한 상호폐지를 주장하지 않은 것으로 보인다. 이를 검토해 보면, 우선 상호의 주요부분이 같고 영업의 내용으로 보아 오인가능성이 인정될 수 있고 부정한 목적도 추정될 것이다. 다만, 피고회사들은 그룹의 명칭을 '동부'로 통일하기 위한 목적으로 이미 그룹 계열사들 중 일부가 사용하고 있던 '동부'라는 상호를 사용한 것으로 보이므로 원고회사의 신용에 편승하려는 부정한 목적이 인정될지는 의문이다.

등기한 자가 그 상호를 타인의 상호와 구별하고자 하는 이익을 보호하는 데 있고, 상업등기법 제30조는 먼저 등기된 상호가 상호등기에 관한 절차에서 갖는 효력에 관한 규정을 마련하고 있으므로,[8] 상법 제22조의 규정은 동일한 특별시·광역시·시 또는 군 내에서는 동일한 영업을 위하여 타인이 등기한 상호와 동일한 상호의 등기를 금지하는 효력과 함께, 그와 같은 상호가 등기된 경우에는 선등기자가 후등기자를 상대로 그와 같은 등기의 말소를 소로써 청구할 수 있는 효력도 인정한 규정이라고 봄이 상당하다.

2. 명의대여자의 책임

가. 요 건

(1) 명의의 사용(외관요건)

대법원 1989. 10. 10. 선고 88다카8354 판결(동산인도)

일반거래에 있어서 실질적인 법률관계는 대리상, 특약점 또는 위탁매매업 등이면서도 두루 대리점이란 명칭으로 통용되고 있는데다가, 타인의 상호아래 대리점이란 명칭을 붙인 경우는 그 아래 지점, 영업소, 출장소 등을 붙인 경우와는 달리 타인의 영업을 종속적으로 표시하는 부가부분이라고 보기도 어렵기 때문에 제3자가 자기의 상호아래 대리점이란 명칭을 붙여 사용하는 것을 허락하거나 묵인하였더라도 상법상 명의대여자로서의 책임을 물을 수는 없다.[9]

대법원 1978. 6. 13. 선고 78다236 판결(물품대금)

호텔 영업을 하는 임대인이 그 명의로 영업허가가 난 나이트크럽을 임대함에

---

8 2009년 개정되기 전의 상업등기법 제30조는 "상호의 등기는 동일한 특별시·광역시·시 또는 군 내에서는 동일한 영업을 위하여 타인이 등기한 것과 확연히 구별할 수 있는 것이 아니면 이를 할 수 없다."고 규정하였는데, 현행 상업등기법 제30조는 "동일한" 상호만을 금지하고 있으므로 유사상호는 일단 등기가 가능하다. 즉, 상법 제22조에 의하여 선등기자가 후등기자를 상대로 등기의 말소를 소로써 청구할 수 있는 효력이 미치는 범위는 개정 상업등기법 제30조에 상응하도록 동일한 상호에 한정된다고 보아야 한다(대법원 2011. 12. 27. 선고 2010다20754 판결 등 참조).

9 명의대여자가 명의차용자의 영업을 하고 있는 것과 같은 외관이 존재하려면 우선 그 명의의 동일성이 인정되어야 한다. 우리 대법원은 명의대여자의 명칭에 '지점'이나 '출장소' 등을 부가하더라도 외관의 존재를 인정하고 있다. 예를 들면, 대법원 1976. 9. 28. 선고 76다955 판결(대여금)은, 대한통운주식회사가 甲과 동회사 '신탄진출장소' 운영에 관한 계약을 체결하고 출장소장으로 임명하여 현장에서 자기의 상호를 사용하여 그의 목적사업인 운송업을 하도록 하여왔다면, 위 회사는 특별한 사정이 없는 한 그 사업에 관하여 자기가 책임을 부담할 지위에 있음을 표시한 것이라 볼 수 있으므로, 상법 제24조 소정의 명의대여자의 책임에 따라 위 회사를 영업주로 오인하고 거래한 제3자에 대하여 甲이 부담한 대여금채무를 지급할 의무가 있다고 하였다.

있어 임차인에게 영업허가 명의를 사용하여 다른 사람에게 영업을 하도록 허락한 이상 위 임차인이 위 영업과 관련하여 부담한 채무에 관하여 상법 제24조의 규정에 따라 그 임차인들과 연대하여 제3자에 대하여 변제할 책임이 있다.[10]

(2) 명의사용의 허락(귀책요건)

대법원 1982. 12. 28. 선고 82다카887 판결(물품대금)

묵시적 명의대여자의 책임을 인정하기 위하여는 영업주가 자기의 성명 또는 상호를 타인이 사용하는 것을 알고 이를 저지하지 아니하거나 자기의 성명 또는 상호를 타인이 사용함을 묵인한 사실 및 제3자가 타인의 성명 또는 상호를 사용하는 자를 영업주로 오인하여 거래를 한 사실이 인정되어야 할 것이다.[11]

대법원 2008. 1. 24. 선고 2006다21330 판결(물품대금)

명의자가 타인과 동업계약을 체결하고 공동 명의로 사업자등록을 한 후 타인으로 하여금 사업을 운영하도록 허락하였고, 거래 상대방도 명의자를 위 사업의 공동사업주로 오인하여 거래를 하여온 경우에는, 그 후 명의자가 동업관계에서 탈퇴하고 사업자등록을 타인 단독 명의로 변경하였다 하더라도 이를 거래 상대방에게 알리는 등의 조치를 취하지 아니하여 여전히 공동사업주인 것으로 오인하게 하였다면 명의자는 탈퇴 이후에 타인과 거래 상대방 사이에 이루어진 거래에 대하여도 상법 제24조에 의한 명의대여자로서의 책임을 부담한다.[12]

대법원 1987. 3. 24. 선고 85다카2219 판결(약품대금)

상법 제24조는 금반언의 법리 및 외관주의의 법리에 따라 타인에게 명의를 대여하여 영업을 하게 한 경우 그 명의대여자가 영업주인 줄로 알고 거래한 선의의 제3자를 보호하기 위하여 그 거래로 인하여 발생한 명의차용자의 채무에 대하여

---

10 명의대여자가 영업을 하는 경우에는 명의의 동일성 외에도 영업 외관의 동일성이 인정되어야 한다. 우리 대법원은 이 요건은 완화하여 해석하고 있는 것이다.
11 이 사안에서는 영업주가 자기의 상점, 전화, 창고 등을 타인에게 사용하게 한 사실은 있으나, 그 타인이 원고와의 거래를 위하여 영업주 상호를 사용한 사실이 없는 경우에는 영업주가 자기의 상호를 타인에게 묵시적으로 대여하여 원고가 그 타인을 영업주로 오인하여 거래하였다고 단정하기에 미흡하다고 하였다. 이와 달리 회사가 같은 업종에 종사하는 타인에게 회사의 사무실내에서 같은 사업(자동차정비사업)을 경영할 수 있도록 허용하여 왔다면, 그 타인에게 자신의 자동차정비사업허가와 자신의 상호 밑에서 그 영업을 할 것을 허락하였다고 볼 여지가 있으므로, 거래 상대방이 별개의 업체임을 알면서 거래를 하였다고 인정된 자료가 없는 한 회사는 명의대여자로서의 책임을 면하기 어렵다는 판결례가 있다(대법원 1977. 7. 26. 선고 77다797 판결).
12 동업을 하거나 명의대여를 하였다가 철회한 경우처럼 현출시킨 법외관이 있었다면 이를 완전히 제거해야만 귀책사유로부터 해방될 수 있을 것이다.

는 그 외관을 만드는 데에 원인을 제공한 명의대여자에게도 명의차용자와 같이 변제책임을 지우자는 것으로서 그 명의대여자가 상인이 아니거나, 명의차용자의 영업이 상행위가 아니라 하더라도 위 법리를 적용하는 데에 아무런 영향이 없다.[13]

(3) 거래상대방의 오인(보호요건)

대법원 2001. 4. 13. 선고 2000다10512 판결(매매대금)

상법 제24조의 명의대여자의 책임은 명의자를 영업주로 오인하여 거래한 제3자를 보호하기 위한 것이므로 거래 상대방이 명의대여사실을 알았거나 모른 데 대하여 중대한 과실이 있는 때에는 책임을 지지 않는바, 이때 거래의 상대방이 명의대여사실을 알았거나 모른 데 대한 중대한 과실이 있었는지 여부에 대하여는 면책을 주장하는 명의대여자들이 입증책임을 부담한다.[14]

나. 효 과

대법원 2011. 4. 14. 선고 2010다91886 판결(물품대금)

상법 제24조에 의한 명의대여자와 명의차용자의 책임은 동일한 경제적 목적을 가진 채무로서 서로 중첩되는 부분에 관하여 일방의 채무가 변제 등으로 소멸하면 타방의 채무도 소멸하는 이른바 부진정연대의 관계에 있다. 이와 같은 부진정연대채무에 서는 채무자 1인에 대한 이행청구 또는 채무자 1인이 행한 채무의 승인 등 소멸시효의 중단사유나 시효이익의 포기가 다른 채무자에게 효력을 미치지 아니한다.[15]

---

13 피고 인천직할시가 사단법인 한국병원관리연구소에게 '인천직할시립병원'이라는 이름을 사용하여 병원업을 경영할 것을 승낙한 경우에도 상법 제24조가 적용된다고 하였다. 다만 명의차용자와 거래한 상대방은 상인이어야 할 것이다. 피고는 특단의 사정이 없는 한 위 법리에 따라 위 병원을 피고가 경영하는 것으로 믿고 의약품을 납품한 원고(동화약품)에 대하여 그 대금을 변제할 책임이 있다고 하였다. 다만, 다년간 위 병원과 의약품거래를 하여 온 원고로서는 위 병원의 경영자가 피고가 아니라는 사실을 알았다 할 것이고, 만일 이를 몰랐다면 그 모른 데에 대하여 중대한 과실이 있다고 보지 않을 수 없다고 하여 결국 명의대여자 책임을 부정하였다.

14 이 사안에서는, 피고 甲·乙·丙 3인이 나이트클럽의 공동사업자로 사업자등록이 되어 있었고, 그에 따른 부가가치세 세적관리카드에도 피고들이 각각 40%, 30% 및 30%의 지분을 가지고 있는 것으로 등록되어 있었을 뿐 아니라, 나이트클럽의 신용카드 가맹점에 대한 예금주 명의도 그 중 1인으로 되어 있었다. 그렇다면, 피고 甲·乙·丙이 나이트클럽을 실제로 경영한 사실을 인정할 수 없다고 하더라도 그들의 명의를 사용하게 하여 영업상의 외관을 나타낸 것이라고 하였다. 그리고 피고들이 원고가 명의대여사실을 알았거나 중대한 과실로 알지 못했다는 점을 입증하지 못하였으므로 원고에 대하여 물품대금채무를 부담한다고 하였다.

15 명의대여자를 영업주로 오인하여 명의차용자와 거래한 채권자가 물품대금채권에 관하여 상법 제24조에 의한 명의대여자 책임을 묻자 명의대여자가 그 채권이 3년의 단기소멸시효기간(민법 제163조 제6호)의 경과로 소멸하였다고 항변한 사안에서, 부진정연대채무자의 1인에 불과한 명의차용자가 시효기간 경과 전에 채권 일부를 대물변제하고 잔액을 정산하여 변제를 약속한 사실이 있었더라도, 그 채무 승인 또는 시효이익

대법원 1998. 3. 24. 선고 97다55621 판결(손해배상(기))

상법 제24조 소정의 명의대여자 책임은 명의차용인과 그 상대방의 거래행위에 의하여 생긴 채무에 관하여 명의대여자를 진실한 상대방으로 오인하고 그 신용·명의 등을 신뢰한 제3자를 보호하기 위한 것으로, 불법행위의 경우에는 설령 피해자가 명의대여자를 영업주로 오인하고 있었더라도 그와 같은 오인과 피해의 발생 사이에 아무런 인과관계가 없으므로, 이 경우 신뢰관계를 이유로 명의대여자에게 책임을 지워야 할 이유가 없다.

대법원 1983. 3. 22. 선고 82다카1852 판결(건물명도등)

상법 제24조에 규정된 명의대여자의 책임은 제3자가 명의대여자를 영업주로 오인하고 '그 영업의 범위 내'에서 명의사용자와 거래한 제3자에 대한 책임이므로, 그 영업범위 외의 거래에 관하여 명의대여자에게 책임을 물을 수 없다.[16]

대법원 2008. 10. 23. 선고 2008다46555 판결(공사대금)

건설업 면허를 대여한 자는 자기의 성명 또는 상호를 사용하여 건설업을 할 것을 허락하였다고 할 것인데, 건설업에서는 공정에 따라 하도급거래를 수반하는 것이 일반적이어서 특별한 사정이 없는 한 건설업 면허를 대여받은 자가 그 면허를 사용하여 면허를 대여한 자의 명의로 하도급거래를 하는 것도 허락하였다고 봄이 상당하므로, 면허를 대여한 자를 영업의 주체로 오인한 하수급인에 대하여도 명의대여자로서의 책임을 지고, 면허를 대여받은 자를 대리 또는 대행한 자가 면허를 대여한 자의 명의로 하도급거래를 한 경우에도 마찬가지이다.[17]

포기의 효력은 다른 부진정연대채무자인 명의대여자에게 미치지 않는다고 하였다.
16 정미소 영업의 임차인이 임대인의 상호를 계속 사용하였는데, 임차인이 정미소 부지 내에 있는 창고 및 살림집을 제3자에게 임대한 행위는 설령 명의사용자가 임대행위의 목적이 정미소 창고 건축비용을 조달키 위함이라고 말하였다고 하더라도 위 정미소 영업범위 외의 거래이므로 그에 관하여 명의대여자에게 책임을 물을 수 없다고 하였다.
17 甲은 A회사로부터 리모델링공사를 도급받기로 하였는데, 피고회사의 명의를 사용하기 위하여 乙에게 부탁하여 乙이 피고회사로부터 건설업면허를 대여받고 피고회사 명의의 인감도장 및 통장 2개를 교부받았다. 이후 甲과 乙은 피고의 인감도장을 이용하여 A회사와 공사도급계약을 체결하였다. 甲은 A회사를 위하여 리모델링공사를 시행하였고, 乙로부터 피고회사 명의의 인감도장과 통장 1개를 교부받아 이를 이용하여 원고와 하도급계약을 체결하였다. 대법원은, 피고회사가 乙에게 건설업 면허를 대여하면서 乙이 자신의 이름으로 리모델링 공사를 도급받은 후 공정별로 하도급할 것을 알면서 이를 용인한 것으로 보이고, 乙이 甲으로 하여금 乙을 대리 또는 대행하여 피고회사의 이름으로 원고와 사이에 이 사건 하도급계약을 체결하도록 한 것으로 봄이 상당하므로, 피고회사는 위 하도급계약에 따른 공사대금에 대하여 원고에게 명의대여자로서 책임을 진다고 하였다. 이와 달리, 공사에 관한 명의를 대여하였는데 명의차용인의 피용자가 명의대여자의 사용인인 것처럼 명의대여자의 이름으로 제3자로부터 자금을 차용하였던 사안들에서는, 명의대여자가 명의

대법원 2005. 2. 25. 선고 2003다36133 판결(매매대금)[18]

타인에게 어떤 사업에 관하여 자기의 명의를 사용할 것을 허용한 경우에 그 사업이 내부관계에 있어서는 타인의 사업이고 명의자의 고용인이 아니라 하더라도 외부에 대한 관계에 있어서는 그 사업이 명의자의 사업이고 또 그 타인은 명의자의 종업원임을 표명한 것과 다름이 없으므로, 명의사용을 허용받은 사람이 업무수행을 함에 있어 고의 또는 과실로 다른 사람에게 손해를 끼쳤다면 명의사용을 허용한 사람은 민법 제756조에 의하여 그 손해를 배상할 책임이 있다고 할 것이고, 명의대여관계의 경우 민법 제756조가 규정하고 있는 사용자책임의 요건으로서의 사용관계가 있느냐 여부는 실제적으로 지휘·감독을 하였느냐의 여부에 관계없이 객관적·규범적으로 보아 사용자가 그 불법행위자를 지휘·감독해야 할 지위에 있었느냐의 여부를 기준으로 결정하여야 할 것이다.

대법원 1969. 3. 31. 선고 68다2270 판결(약속어음금)

회사는 제3자에게 부산지사라는 상호를 사용하여 보험가입자와 회사간의 보험계약체결을 알선할 것을 허락하였고 그 제3자가 위 부산지사의 명의로 약속어음을 발행하였다면, 회사는 명의대여자로서 그 외관을 신뢰한 어음소지인에게 상법 제24조에 의한 책임을 져야 한다.[19]

차용인의 피용자에게 그 명칭의 사용을 허락하였고 또 일반적으로 회사의 공사현장에서 위 명칭을 가진 사용인이 공사의 자금조달을 위해 금원을 차용할 권한이 있다는 점 등이 인정되지 아니하는 한, 명의대여자에게 차용금을 변제할 책임이 없다고 하였다(대법원 1989. 9. 12. 선고 88다카26390 판결, 대법원 1987. 11. 24. 선고 87다카1379 판결 등).

18 원고들이 피고회사로부터 리조트 분양에 대한 명의사용을 허락받은 소외인과 사이에 골프회원권 매매계약을 체결하면서, 그 계약이 대단히 이례적이고 이상한 형태의 계약이라는 점을 잘 알고 있었음에도 불구하고, 비자금 조성이라는 불법적 행위에 편승하여 회원권의 시세차익을 노리려는 욕심에서 별다른 주의를 기울이지 않은 채 소외인과 분양계약을 체결한 것은 중과실에 해당한다고 하여 제24조의 책임을 부정하였다. 그리고 사용자책임의 성립여부에 관하여도, 피용자의 행위가 그 직무권한 내에서 적법하게 행하여진 것이 아니라는 사정을 알았거나 중대한 과실로 알지 못했음을 이유로 그 성립을 부정하였다.

19 피고회사는 甲에게 '피고회사 부산지사'라는 상호를 사용하여 보험가입자와 회사간의 보험계약체결을 알선할 것을 허락하였고, 甲은 부산지사 사무실비품대금 조달을 위하여 乙에게 약속어음을 발행하여 원고가 그 소지인이 되었다. 甲이 약속어음을 발행할 때 주소를 피고회사 부산지사라고 표시하고 지사장이라고 기재하지 않았다 해도 그 성명 아래에는 개인도장 외에 피고회사 부산지사장이라는 직인을 찍었으므로 특별한 사정이 없는 한 자신이 피고회사 부산지사장이라는 자격을 표시한 것이라 할 것이고, 乙이 甲의 위 어음발행 행위의 주체를 피고회사로 오인한 데에 중대한 과실이 없으므로 원고에게 어음상의 책임을 져야 한다고 하였다(이에 대하여 반대견해 있음). 한편, 어음행위에 대해서 명의대여가 이루어진 경우에는 명의차용자가 '자신을 나타내기 위하여' 명의대여자의 이름을 사용한 것이므로 원칙적으로 명의차용자의 어음행위로 성립한다고 볼 것이다. 이 경우에도 상법 제24조를 유추적용하여 명의대여자의 책임을 인정하는 것이 타당하다고 본다(반대견해 있음).

3. 상업등기관련 책임

가. 상업등기의 효력

대법원 1996. 10. 29. 선고 96다19321 판결(업무집행정지및업무대행자선임가처분)

상법 제37조 제 1 항에 의하면 등기할 사항은 등기 후가 아니면 선의의 제 3 자에게 대항하지 못하므로,[20] 총사원의 동의로 무한책임사원으로서의 지위를 취득하였다고 하더라도 그에 관한 등기가 마쳐지기 전에는 선의의 제 3 자에게 무한책임사원이라는 사실을 주장할 수 없다.[21]

나. 부실등기의 효력

(1) 사실과 다른 등기(외관요건)

대법원 2004. 2. 27. 선고 2002다19797 판결(부당이득금반환)

[1] 이사 선임의 주주총회결의에 대한 취소판결이 확정된 경우 그 결의에 의하여 이사로 선임된 이사들에 의하여 구성된 이사회에서 선정된 대표이사는 소급하여 그 자격을 상실하고, 그 대표이사가 이사 선임의 주주총회결의에 대한 취소판결이 확정되기 전에 한 행위는 대표권이 없는 자가 한 행위로서 무효가 된다.

[2] 이사 선임의 주주총회결의에 대한 취소판결이 확정되어 그 결의가 소급하여 무효가 된다고 하더라도 그 선임 결의가 취소되는 대표이사와 거래한 상대방은 상법 제39조의 적용 내지 유추적용에 의하여 보호될 수 있으며, 주식회사의 법인

---

20 등기할 사항은 등기하지 않으면 선의의 제 3 자에게 대항하지 못한다(제37조 제 1 항). 지명채권양도의 통지·승낙의 대항력(민법 제450조 제 1 항)과 상호양도의 등기(제25조 제 2 항)는 통지 또는 등기 전에는 악의의 제 3 자에게도 대항할 수 없다는 점과 비교해 보라. 등기할 사항을 등기한 후에는 이를 선의의 제 3 자에게도 대항할 수 있다(제37조 제 2 항). 다만, 이 경우에도 외관법리에 따른 표현재배인(제14조), 표현대표이사(제395조) 및 민법상의 표현대리(제125조, 제126조, 제129조) 등이 성립될 수 있다.

21 합자회사의 무한책임사원으로 甲만이 등재되어 있는 상태에서 총사원의 동의로 乙을 무한책임사원으로 가입시키기로 합의하였으나, 그에 관한 변경등기가 이루어지기 전에 甲이 등기부상의 총사원의 동의를 얻어 제 3 자에게 자신의 지분을 양도하고 사원 및 지분 변경등기까지 마쳤다. 합자회사의 성립 후에 신입사원이 입사하여 사원으로서의 지위를 취득하기 위해서는 정관변경을 요하고, 따라서 총사원의 동의를 얻어야 하지만(제179조, 제204조, 제269조, 제270조), 정관변경은 회사의 내부관계에서는 총사원의 동의만으로 그 효력을 발생하는 것이므로, 신입사원은 총사원의 동의가 있으면 정관인 서면의 경정이나 등기부에의 기재를 기다리지 않고 그 동의가 있는 시점에 곧바로 사원으로서의 지위를 취득한다. 따라서 乙은 사원으로서의 지위를 취득하지만, 이를 등기하지 못하였으므로 등기 당사자인 회사나 乙로서는 선의의 제 3 자에게 乙이 무한책임사원이라는 사실을 주장할 수 없다. 만약 제 3 자가 甲만이 유일한 무한책임사원이라고 믿은 데 대하여 선의라면, 회사나 乙로서는 제 3 자가 乙의 동의를 받지 아니하였음을 주장하여 그 지분양도계약이 효력이 없다고 주장할 수 없다.

등기의 경우 회사는 대표자를 통하여 등기를 신청하지만 등기신청권자는 회사 자체이므로 취소되는 주주총회결의에 의하여 이사로 선임된 대표이사가 마친 이사 선임 등기는 상법 제39조의 부실등기에 해당된다.[22]

(2) 등기신청인의 고의·과실(귀책요건)

대법원 1971. 2. 23. 선고 70다1361, 1362 판결(소유권이전등기등)

합명회사에 있어서는 사실과 상위한 등기를 하였거나, 이를 방치하였다는 것은 회사의 대외적 관계에 있어서의 문제이므로 그 불실등기를 한 사실이나 그를 방치한 사실에 대한 고의 또는 과실의 유무는 어디까지나 그 회사를 대표할 수 있는 업무집행 사원을 표준으로 하여 그 유무를 결정할 것이고 회사를 대표할 수 없는 사원을 표준으로 결정할 것이 아니다.

대법원 2011. 7. 28. 선고 2010다70018 판결(배당이의)[23]

[1] 등기신청권자에게 상법 제39조에 의한 불실등기 책임을 묻기 위해서는, 원칙적으로 등기가 등기신청권자에 의하여 고의·과실로 마쳐진 것임을 요하고, 주식회사의 경우 불실등기에 대한 고의·과실의 유무는 대표이사를 기준으로 판정하여야 하는 것이지만, 등기신청권자가 스스로 등기를 하지 아니하였다 하더라도 그의 책임 있는 사유로 등기가 이루어지는 데에 관여하거나 불실등기의 존재를 알고 있음에도 이를 시정하지 않고 방치하는 등 등기신청권자의 고의·과실로 불실등기를 한 것과 동일시할 수 있는 특별한 사정이 있는 경우에는, 등기신청권자에 대하여 상법 제39조에 의한 불실등기 책임을 물을 수 있다.

[2] 등기신청권자 아닌 자가 주주총회 의사록 및 이사회 의사록 등을 허위로 작성하여 주주총회결의 및 이사회결의 등의 외관을 만들고 이에 터잡아 이사 및 대표이사 선임등기를 마친 경우는 물론이고, 그와 같은 허위의 의사록에 선임된

---

22 그 대표이사와 체결한 근저당권설정계약과 근저당권설정등기 및 이에 터잡은 모든 거래가 유효하다고 보았다. 고의 또는 과실로 인하여 사실과 다른 사항을 등기한 회사는 그 다름을 선의의 제3자에게 대항하지 못한다(제39조). 상업등기는 선언적 효력만 있고 공신력이 인정되지 않으나, 외관이론에 입각하여 제한적으로 공신력을 인정한 것이다. 부실등기의 효력을 인정받기 위해서는 그 효력을 주장하는 자가, ① 사실과 상위한 등기의 존재(외관요건), ② 등기신청인의 고의·과실(귀책요건) 등을 입증해야 한다. 이에 대하여 부실등기와 다른 사실을 주장하는 자가 ③ 제3자의 악의 또는 중과실(보호요건)을 입증해야 한다.

23 원고회사의 주식 50%를 보유한 甲에 의하여 마치 결의가 있었던 것처럼 주주총회의사록이 작성되고, 그 결의를 기초로 선임된 이사들로 구성된 이사회에서 이루어진 이사 및 대표이사 선임결의와 등기를 마쳤던 사안에서, 원고 회사가 위 대표이사 선임등기 과정에서 고의·과실로 불실등기를 한 것과 동일시할 수 있는 특별한 사정이 없다고 보았다.

것으로 기재된 이사 및 대표이사가 기존에 적법하게 선임된 이사 및 대표이사를 배제한 채 과반수에 미달하는 일부 주주에 대하여만 소집통지를 보낸 후 주주총회를 개최하여 일부 주주만의 찬성으로 이사 선임결의를 하고, 거기서 선임된 이사들로 구성된 이사회를 개최하여 새로운 대표이사를 선임한 후 대표이사 선임등기를 마친 경우에는, 비록 외형상 주주총회결의 및 이사회결의가 존재한다고 하더라도 그것이 적법하게 선임된 대표이사와 이사들 및 나머지 주주들의 관여가 배제된 채 이루어진 이상 등기신청권자인 회사가 선임등기가 이루어지는 데에 관여한 것으로 볼 수 없고, 달리 회사의 고의·과실로 불실등기를 한 것과 동일시할 수 있는 특별한 사정이 없는 한 회사에 대하여 상법 제39조에 의한 불실등기 책임을 물을 수 없다. 이 경우 위와 같이 허위의 주주총회결의 등의 외관을 만들어 불실등기를 마친 자가 회사의 상당한 지분을 가진 주주라고 하더라도 그러한 사정만으로는 회사의 고의 또는 과실로 불실등기를 한 것과 동일시할 수는 없다.[24]

대법원 1975. 5. 27. 선고 74다1366 판결(근저당권설정등기말소등)

상법 제39조는 고의나 과실로 스스로 사실과 상위한 내용의 등기신청을 함으로써 부실의 사실을 등기하게 한 자는 그 부실등기임을 내세워 선의의 제3자에게 대항할 수 없다는 취지로서 등기신청권자 아닌 제3자가 문서위조등의 방법으로 등기신청권자의 명의를 도용하여 부실등기를 경료한 것과 같은 경우에는 비록 그 제3자가 명의를 도용하여 등기신청을 함에 있어 등기신청권자에게 과실이 있다 하여도 이로서 곧 등기신청권자 자신이 고의나 과실로 사실과 상위한 등기를 신청한 것과 동일시 할 수는 없는 것이고, 또 이미 경료되어 있는 부실등기를 등기신청권자가 알면서 이를 방치한 것이 아니고 이를 알지 못하여 부실등기 상태가 존

---

24 대법원 2008. 7. 24. 선고 2006다24100 판결(근저당권말소)도 "등기신청권자 아닌 사람이 주주총회의사록 및 이사회의사록 등을 허위로 작성하여 주주총회결의 및 이사회결의 등의 외관을 만들고 이에 터잡아 대표이사 선임등기를 마친 경우에는, 주주총회의 개최와 결의가 존재는 하지만 무효 또는 취소사유가 있는 경우와는 달리, 그 대표이사 선임에 관한 주식회사 내부의 의사결정은 존재하지 아니하여 등기신청권자인 회사가 그 등기가 이루어지는 데 관여할 수 없었을 것이므로, 달리 회사의 적법한 대표이사가 그 불실등기가 이루어지는 것에 협조·묵인하는 등의 방법으로 관여하였다거나 회사가 그 불실등기의 존재를 알고 있음에도 시정하지 않고 방치하는 등 이를 회사의 고의 또는 과실로 불실등기를 한 것과 동일시할 수 있는 특별한 사정이 없는 한, 회사에 대하여 상법 제39조에 의한 불실등기 책임을 물을 수 없고, 이 경우 위와 같이 허위의 주주총회결의 등의 외관을 만들어 불실등기를 마친 사람이 회사의 상당한 지분을 가진 주주라고 하더라도 그러한 사정만으로는 회사의 고의 또는 과실로 불실등기를 한 것과 동일시할 수는 없다"고 보았다. 원고회사의 50% 주주인 갑이 주주총회의사록과 이사회의사록을 위조하여 A를 대표이사로 선임한 후 위 A가 원고회사를 대표하여 피고에게 근저당권을 설정해주고 피고로부터 금원을 대출받았고, 원고회사의 원래 대표이사인 B(지분 50%)가 원고회사를 대표하여 이 사건 근저당권말소청구의 소를 제기하였던 사안이었다.

속된 경우에는 비록 등기신청권자에게 부실등기 상태를 발견하여 이를 시정하지 못한 점에 있어서 과실이 있다 하여도 역시 이로서 곧 스스로 사실과 상위한 등기를 신청한 것과 동일시 할 수 없는 법리라 할 것이므로 등기신청권자 아닌 제3자의 문서위조등의 방법으로 이루어진 부실등기에 있어서는 등기신청권자에게 그 부실등기의 경료 및 존속에 있어서 그 정도가 어떠하건 과실이 있다는 사유만 가지고는 상법 제39조를 적용하여 선의의 제3자에게 대항할 수 없다고 볼 수는 없다.[25]

---

25 회사가 설립 후 폐업상태로 되어 대표이사 甲 등 임직원들이 장기간 출근하지 않는 등 6년간이나 방치되었고, 그 사이에 감사가 회사 사무실에 보관된 법인인감을 도용하여 주주총회의사록과 이사회의사록을 위조하여 乙을 대표이사로 선임하고 변경등기를 하였던 사안이었다. 乙은 회사를 대표하여 제3자와 1년여에 걸쳐 민사소송 등의 쟁송을 하였던 사정이 있었음에도 대표이사 甲은 한 번도 인장보관상태나 법인등기부를 점검한 적이 없었다. 원심인 서울고법 1974. 7. 9. 선고 72나1289 판결은 표현대표이사의 성립을 인정하였다. 이를 파기한 대법원의 결론은 이해하기 어려운 점이 있다. 거의 고의적인 방치에 가까운 사안이므로 귀책요건을 긍정하는 것이 타당하다고 본다.

II. 불법행위책임

1. 회사의 불법행위책임

대법원 2003. 3. 11. 선고 2000다48272 판결(손해배상등)

타인의 실용신안권 침해행위를 결정하고 실행한 대표이사와 그 회사는 공동불법행위책임을 진다.[26]

대법원 2004. 3. 26. 선고 2003다34045 판결(예탁금반환등)

법인의 대표자의 행위가 직무에 관한 행위에 해당하지 아니함을 피해자 자신이 알았거나 또는 중대한 과실로 인하여 알지 못한 경우에는 법인에게 손해배상책임을 물을 수 없고, 여기서 중대한 과실이라 함은 거래의 상대방이 조금만 주의를 기울였더라면 대표자의 행위가 그 직무권한 내에서 적법하게 행하여진 것이 아니라는 사정을 알 수 있었음에도 만연히 이를 직무권한 내의 행위라고 믿음으로써 일반인에게 요구되는 주의의무에 현저히 위반하는 것으로 거의 고의에 가까운 정도의 주의를 결여하고, 공평의 관점에서 상대방을 구태여 보호할 필요가 없다고 봄이 상당하다고 인정되는 상태를 말한다.[27]

2. 사용자책임

대법원 2003. 12. 26. 선고 2003다49542 판결(채무부존재확인)

민법 제756조의 사용자와 피용자의 관계는 반드시 유효한 고용관계가 있는 경

---

26 회사를 대표하는 사원이나 대표이사 등이 그 업무집행으로 인하여 타인에게 손해를 가한 때에는 회사는 그 사원이나 대표이사 등과 연대하여 그 손해를 배상할 책임이 있다(제210조, 제269조, 제287조의20, 제389조 제 3 항, 제567조, 민법 제35조 제 1 항). 대표자의 행위가 대표권한의 범위를 벗어난 행위라 하더라도 외형상으로 대표자의 직무범위 내의 행위로 보이는 경우에도 회사의 불법행위가 성립할 수 있다. 다만, 그 대표자의 행위가 직무에 관한 행위에 해당하지 아니함을 피해자 자신이 알았거나 또는 중대한 과실로 인하여 알지 못한 경우에는 회사가 손해배상책임을 지지 않는다. 법인의 불법행위능력을 인정하여 대표기관의 직무상의 불법행위를 법인의 불법행위로 보는 이상 대표이사 개인의 불법행위책임이 성립할 여지가 없지만, 피해자를 보호하기 위해 대표기관에게 법정책임으로 (부진정)연대책임을 지운 것이다(통설).
27 원고법인(공제조합)의 대표자가 개인적 목적을 위하여 대표권한을 남용하여 피고은행으로부터 예금담보 대출을 받았던 사안에서, 피고은행이 대표권한 남용 사실을 알 수 있었음에도 불구하고 대출을 해주었으므로 대출행위는 원고에 대하여 효력이 없다고 보았다. 다만 원고법인의 대표자의 불법행위로 인한 손해배상책임과 관련하여 피고은행이 원고의 대표자의 행위가 직무에 관한 행위에 해당하지 않음을 피고은행이 알았거나 중대한 과실로 알지 못하였던 것은 아니라는 이유로 원고법인의 불법행위책임을 인정하였다. 위 사안은 민법상 법인이 문제되었던 사안(민법 제35조 제 1 항)이지만 회사에 대해서도 같은 법리가 적용될 수 있을 것이다.

우에 한하는 것이 아니고, 사실상 어떤 사람이 다른 사람을 위하여 그 지휘·감독 아래 그 의사에 따라 사업을 집행하는 관계에 있을 때에도 그 두 사람 사이에 사용자, 피용자의 관계가 있다고 할 수 있으며,[28] 피용자의 불법행위가 외형상 객관적으로 사용자의 사업활동 내지 사무집행행위 또는 그와 관련된 것이라고 보일 때에는 행위자의 주관적 사정을 고려함이 없이 이를 사무집행에 관하여 한 행위로 볼 것이고, 외형상 객관적으로 사용자의 사무집행에 관련된 것인지의 여부는 피용자의 본래 직무와 불법행위와의 관련 정도 및 사용자에게 손해발생에 대한 위험 창출과 방지조치 결여의 책임이 어느 정도 있는지를 고려하여 판단하여야 한다.

대법원 2003. 2. 11. 선고 2002다62029 판결(대여금)

피용자의 불법행위가 외관상 사무집행의 범위 내에 속하는 것으로 보이는 경우에 있어서도, 피용자의 행위가 사용자나 사용자에 갈음하여 그 사무를 감독하는 자의 사무집행 행위에 해당하지 않음을 피해자 자신이 알았거나 또는 중대한 과실로 인하여 알지 못한 경우에는 사용자책임을 물을 수 없고,[29] 사용자책임이 면책되는 피해자의 중대한 과실이라 함은 거래의 상대방이 조금만 주의를 기울였더라면 피용자의 행위가 그 직무권한 내에서 적법하게 행하여진 것이 아니라는 사정을 알 수 있었음에도 만연히 이를 직무권한 내의 행위라고 믿음으로써 일반인에게 요구

---

28 도급인은 도급 또는 지시에 관하여 중대한 과실이 없는 한 수급인이 그 일에 관하여 제3자에게 가한 손해를 배상할 책임이 없으나, 도급인이 수급인의 일의 진행 및 방법에 관하여 구체적인 지휘 감독권을 유보한 경우에는 도급인과 수급인의 관계는 실질적으로 사용자 및 피용자의 관계와 다를 바 없으므로 수급인이 고용한 제3자의 불법행위로 인한 손해에 대하여 도급인은 민법 제756조에 의한 사용자책임을 면할 수 없고, 이러한 이치는 하도급의 경우에도 마찬가지이다(대법원 1993. 5. 27. 선고 92다48109 판결 등). 특히, 도급인이 수급인에 대하여 특정한 행위를 지휘하거나 특정한 사업을 도급시키는 경우와 같은 이른바 노무도급의 경우에는 사용관계를 원칙적으로 인정한다(대법원 2005. 11. 10. 선고 2004다37676 판결). 사업에 관하여 자기의 명의를 사용할 것을 허락한 자는 객관적·규범적으로 보아 명의차용자 및 그의 피용자와 사용관계에 있다고 본다(대법원 2005. 2. 25. 선고 2003다36133 판결).
29 법인이 피해자인 경우 법인의 업무에 관하여 포괄적 대리권을 가진 대리인이 가해자인 피용자의 행위가 사용자의 사무집행행위에 해당하지 않음을 안 때에는 피해자인 법인이 이를 알았다고 보아야 하고, 이러한 법리는 그 대리인이 본인인 법인에 대한 관계에서 이른바 배임적 대리행위를 하는 경우에도 마찬가지이다. 대법원 2007. 9. 20. 선고 2004다43886 판결(손해배상(기))은 증권회사 직원이 피해자 회사의 경리이사와 공모하여 환매조건부채권 예금계좌에 입금한 피해자 회사의 자금으로 임의로 주식거래를 한 사안에서, 위 증권회사 직원의 행위가 증권회사의 사무집행행위에 속하지 않는다는 것을 위 경리이사가 알고 있었으므로 피해자 회사가 이를 알았다고 보아 피해자 회사는 위 증권회사에 대하여 사용자책임을 물을 수 없다고 하였다. 대법원 2005. 12. 23. 선고 2003다30159 판결(예금)은 사용자로부터 위임을 받은 바 없이 행한 피용자의 금원차용행위 및 예금인출행위에 대하여 피해자인 은행의 지점장이 위 피용자의 행위가 사용자의 사무집행행위에 해당하지 않음을 알고도 이에 응한 경우, 위 은행은 그로 인한 손해에 대하여 사용자책임을 물을 수 없다고 하였다.

되는 주의의무에 현저히 위반하는 것으로 거의 고의에 가까운 정도의 주의를 결여하고, 공평의 관점에서 상대방을 구태여 보호할 필요가 없다고 봄이 상당하다고 인정되는 상태를 말한다.

대법원 1998. 5. 15. 선고 97다58538 판결(손해배상(기))[30]

[1] 타인에게 어떤 사업에 관하여 자기의 명의를 사용할 것을 허용한 경우에 그 사업이 내부적으로는 그 타인과 명의자가 이를 공동운영하는 관계로서 그 타인이 명의자의 고용인이 아니라 하더라도 외부적으로는 그 타인이 명의자의 고용인임을 표명한 것과 다름이 없으므로 명의사용을 허가받은 사람이 업무수행을 함에 있어 고의 또는 과실로 다른 사람에게 손해를 끼쳤다면 명의사용을 허가한 사람은 민법 제756조 제1항에 의하여 그 손해를 배상할 책임이 있다.

[2] 민법 제756조 제2항에 정한 '사용자에 갈음하여 사무를 감독하는 자'란 객관적으로 볼 때 사용자에 갈음하여 현실적으로 구체적인 사업을 감독하는 지위에 있는 자를 뜻한다.

대법원 1999. 2. 12. 선고 98다55154 판결(손해배상(기))

위법행위로 타인에게 직접 손해를 가한 피용자 자신의 손해배상의무와 그 사용자의 손해배상의무는 별개의 채무여서 그 양자가 배상하여야 할 손해액의 범위가 각기 달라질 수 있고, 그 경우 피용자 본인이 손해액의 일부를 변제한 때에는 그 변제금 중 사용자의 과실 비율에 상응하는 수액에 한하여 사용자가 배상하여야 할 손해액의 일부로 변제된 것으로 하고, 따라서 사용자의 손해배상책임이 소멸하는 범위도 상응한 그 수액으로 한정되게 함이 불법행위로 인한 손해배상에서의 지도원리인 공평의 원칙과 신의칙에 합당하다.[31]

---

30 피고회사의 대표이사 甲은 乙에게 피고회사의 사장 직함을 사용하게 하면서 피고회사 명의로 고철 관련 사업을 전담하되 사업 경비는 피고회사가 부담하고 이익금은 서로 분배하며 乙에게 급여는 따로 지급하지 않기로 하였다. 乙은 A해운사와 탄자니아 항구에서 고철을 운송하기 위한 용선계약을 체결하였으나 고철이 확보되지 않았음을 이유로 용선계약을 취소당하였다. 이에 乙은 다시 원고해운회사에 마치 고철이 확보된 것처럼 속여 용선계약을 체결하고, 원고로 하여금 탄자니아 항구까지 선박을 운행하게 함으로써 운항비용과 보험료를 지출하게 하였다. 법원은 피고회사는 명의대여자로서 乙과 사용관계에 있다고 보아 피고회사의 사용자책임(민법 제756조 제1항)을 인정하였다. 그리고 甲은 乙로부터 업무에 관하여 보고를 받고 이를 지휘하였고, 대표이사로서 피고회사에 갈음하여 현실적으로 乙을 선임 및 감독하는 지위에 있었던 자이므로, 乙의 불법행위에 대하여 민법 제756조 제2항 소정의 사용자책임이 있다고 하였다.

31 사용자책임이 성립하는 경우에 피용자도 별도로 민법 제750조의 불법행위책임을 지고, 이 두 책임은 부진정연대책임으로 본다. 피고증권회사의 직원인 甲은 횡령한 돈 중 일부를 원고에게 피해변상으로 지급하였다. 원심은 위 금액 전액을 피고의 배상의무액에서 공제하고 잔액만을 인용하였다. 그러나 대법원은 그 변제

대법원 1991. 5. 10. 선고 91다7255 판결(구상금등)

일반적으로 사용자가 피용자의 업무수행과 관련하여 행해진 불법행위로 인하여 직접 손해를 입었거나 그 피해자에게 사용자로서의 손해배상책임을 부담한 결과로 손해를 입게 된 경우에 있어 사용자는 그 사업의 성격과 규모, 시설의 현황, 피용자의 업무내용, 근로조건이나 근무태도, 가해행위의 상황, 가해행위의 예방이나 손실의 분산에 관한 사용자의 배려정도, 기타 제반사정에 비추어 손해의 공평한 분산이라는 견지에서 신의칙상 상당하다고 인정되는 한도 내에서만 피용자에 대하여 위 손해배상이나 그 구상권을 행사할 수 있다고 보아야 한다.[32]

대법원 1992. 6. 23. 선고 91다33070 전원합의체 판결(손해배상(기))

피용자와 제3자가 공동불법행위로 피해자에게 손해를 가하여 그 손해배상채무를 부담하는 경우에 피용자와 제3자는 공동불법행위자로서 서로 부진정연대관계에 있고, 한편 사용자의 손해배상책임은 피용자의 배상책임에 대한 대체적 책임이어서 사용자도 제3자와 부진정연대관계에 있다고 보아야 하고,[33] 사용자가 피

금 중 피고회사의 과실 비율에 상응하는 수액에 한하여 사용자가 배상하여야 할 손해액의 일부로 변제된 것으로 해야 한다고 하였다. 이러한 법리는 피용자와 공동불법행위자인 제3자가 불법행위 성립 후에 피해자에게 손해액 일부를 변제한 경우에도 마찬가지로 적용되고, 피용자 또는 그의 공동불법행위자인 제3자가 명시적으로 손해배상의 일부 변제조로 지급한 것이 아니라 불법행위를 은폐하거나 기망의 수단으로 지급한 경우에도 마찬가지로 적용되어야 한다. 이는 법인의 대표자에 의한 불법행위로 법인의 불법행위책임이 성립하는 경우에도 다를 바가 없다(대법원 2004. 3. 26. 선고 2003다34045 판결). 예를 들면, 피용자(또는 법인의 대표자)가 불법행위를 은폐하기 위해 피해자에게 이미 7억원을 지급하였다면, 회사가 피해자에게 배상할 손해배상의 범위를 산정함에 있어서는, 위 7억원을 모두 공제하면 안 되고 7억원 중 회사의 과실비율에 상응하는 부분만을 공제하여야 한다.

32 렌트카회사의 야간경비원이 업무수행과 관련하여 회사 소유의 렌트카를 운전하다가 일으킨 교통사고로 인하여 회사가 사용자로서 손해배상책임을 부담한 사안이었는데, 피용자인 위 경비원의 가해행위가 지니는 책임성에 비하여 사용자의 가해행위에 대한 기여도 내지 가공도가 지나치게 큰 점 등에 비추어 사용자로서의 피용자의 상속인과 그 신원보증인에 대한 구상권 행사가 신의칙상 부당하다고 보아 청구를 모두 기각하였다.

33 부진정연대채무란 수인의 채무자가 동일한 내용의 급부에 관하여 독립하여 각각 전부급부의무를 부담하고, 그 중 1인의 전부급부가 있으면 모든 채무자의 채무가 소멸하는 다수당사자의 채무관계를 말한다. 부진정연대채무는 채권자가 채무자들 가운데 1인 또는 수인에 대하여 채무의 전부 또는 일부의 이행청구를 할 수 있고 채무자 1인 또는 수인이 하나의 전부 또는 일부의 급부를 하면 모든 채무자의 채무가 그 범위에서 소멸하는 점은 연대채무와 같다. 그러나 이행청구로 인한 시효중단, 채무면제 또는 포기, 소멸시효의 완성 등의 절대적 효력이 인정되지 않는 점은 연대채무와 달라서, 채권자인 피해자를 두텁게 보호하게 된다(대법원 2006. 1. 27. 선고 2005다19378 판결 참조). 예를 들면, 부진정연대채무자 중 1인(甲)이 피해자와 합의하여 채무를 면제받았더라도 이는 다른 채무자(乙)에 대하여 그 효력이 미치지 않으므로, 乙이 甲이 면제받은 채무액까지 자신의 출재로 변제하였다면 甲은 乙에 대하여 그 부담 부분에 따라 구상의무를 부담한다(대법원 2006. 1. 27. 선고 2005다19378 판결). 그리고 공동불법행위자 중 1인의 손해배상채무가 시효로 소멸한 후에 다른 공동불법행위자 1인이 피해자에게 자기의 부담 부분을 넘는 손해를 배상하였을 경우에도, 그 공동불법행위자는 다른 공동불법행위자에게 구상권을 행사할 수 있다(대법원 2010. 12. 23. 선고 2010다52225

용자와 제 3 자의 책임비율에 의하여 정해진 피용자의 부담부분을 초과하여 피해자에게 손해를 배상한 경우에는 사용자는 제 3 자에 대하여도 구상권을 행사할 수 있으며, 그 구상의 범위는 제 3 자의 부담부분에 국한된다고 보는 것이 타당하다.

판결, 대법원 1997. 12. 23. 선고 97다42830 판결).

Ⅲ. 어음·수표법상의 책임

1. 어음의 소지

대법원 1991. 12. 24. 선고 90다카28405 판결(약속어음금등)[34]

[1] 어음금청구사건에 있어 어음의 소지에 대한 입증은 당사자가 변론기일에 어음을 증거로 제출하고 상대방이 이를 확인하고 인정하면 이로써 족하다.

[2] 어음채무자가 어음채무를 지급하는 경우 어음의 상환증권성에 의하여 임의변제의 경우뿐만 아니라 강제집행에 의한 경우에도 그 상환을 필요로 하는 것이므로 채무자에게 이중변제의 위험이 있을 수 없다.

2. 회사의 어음행위

가. 어음행위의 요건[35]

대법원 1994. 10. 11. 선고 94다24626 판결(수표금)

甲회사의 대표이사인 乙이 그 재직기간 중 수표에 배서함에 있어서 회사의 대표이사의 자격으로 "甲주식회사, 乙"이라고만 기재하고, 그 기명 옆에는 "甲주식회사 대표이사"라고 조각된 인장을 날인하였다면 그 수표의 회사 명의의 배서는 乙이 甲회사를 대표한다는 뜻이 표시되어 있다고 판단함이 정당하다.[36]

---

34 어음의 적법한 소지인은 어음상의 권리(발행인·인수인·배서인·무권대리인·보증인 등에 대한 어음금지급청구)나 어음법상의 권리(이득상환청구권, 어음반환청구권 등)를 갖는다. 어음은 상환(相換)증권이므로 (어음법 제39조 제 1 항, 수표법 제34조 제 1 항) 어음의 소지는 권리행사의 요건이 된다. 어음의 소지인이 발행인, 인수인, 지급인, 보증인, 배서인 등의 어음채무자들에게 어음금을 청구하려면, ① 당해 어음채무자가 어음행위를 한 사실, ② 어음상 권리가 자신에게 귀속된 사실을 요건사실로서 주장·입증해야 한다.

35 회사가 어음채무자로서 어음채무를 부담하려면 발행이나 인수 등의 어음행위를 해야 한다. 어음행위는 어음용지에 어음요건을 기재하고, 기명날인 또는 서명을 하는 방식으로 한다. 회사의 경우 대표이사가 대표자격을 표시하고 자신의 기명날인 또는 서명을 하여야 한다. 즉, ① 회사의 표시, ② 대표이사라는 표시, ③ 대표이사의 기명날인 또는 서명의 방식으로 한다. 어음행위는 위와 같은 형식적 요건 이외에도 실질적 요건을 갖추어야 한다. 즉, 어음행위도 다른 법률행위와 같이, ① 어음행위자가 권리능력 및 행위능력이 있어야 하고, ② 어음행위의 목적이 적법·가능·사회적 타당성이 있어야 하고 확정할 수 있어야 하며, ③ 의사표시에 있어서 의사와 표시가 일치하고 하자가 없어야 한다. 특히, 회사의 경우 대표이사의 법률행위에 관한 법리가 적용된다. 예를 들면, 어음행위에 이사회의 결의가 필요한 경우도 있을 것이다(제393조). 위와 같이 어음에 기재사항을 적고 기명날인 또는 서명을 한 후에 상대방에게 어음을 교부하여야 한다.

36 대법원 1969. 9. 23. 선고 69다930 판결도 같은 취지이다. 이와 달리 회사의 명칭을 기재하였으나 대표자격의 표시 없이 대표이사의 기명을 한 후 그의 개인 인장을 찍었다면 어음의 문언증권성으로 보아 원칙적으로 대표이사 개인의 어음행위로 보아야 할 것이다(대법원 1959. 8. 27. 선고 4291민상287 판결). 그리고 회사를 표시하지 않고 단순히 대표이사의 기명만 있다면 설사 대표이사의 직인을 찍었고 거기에 회사의 이름이 나와 있더라도 이를 회사의 어음행위로 볼 수 없고 대표이사 개인의 어음행위로 보아야 한다(대법원

대법원 1970. 8. 31. 선고 70다1360 판결(약속어음금)

법인격이 없는 조합이 어음행위를 하였을 경우에는 그 조합원이 위 어음행위로 인한 권리의 취득 또는 의무의 부담을 하는 것이고 조합자체가 위 어음행위로 인한 권리취득이나 의무부담을 하는 것은 아니다. 조합의 어음행위는 전조합원의 어음상의 서명에 의한 것은 물론 대표조합원이 그 대표자격을 밝히고 조합원 전원을 대리하여 서명하였을 경우에도 유효하다고 하여야 할 것이다. 그리고 조합의 대표조합원이 그 대표자격을 밝히고 어음상의 서명을 하는 경우에는 그 조합의 대표자격을 밝히기만 하면 유효한 것이며 반드시 어음행위의 본인이 되는 전조합원을 구체적으로 표시할 필요는 없다.[37]

대법원 1997. 5. 16. 선고 96다49513 판결(약속어음금)

[1] 사기와 같은 의사표시의 하자를 이유로 어음발행행위를 취소하는 경우에 그 취소의 의사표시는 어음발행행위의 직접 상대방에 대하여 뿐만 아니라 어음발행행위의 직접 상대방으로부터 어음을 취득하여 그 어음금의 지급을 청구하고 있는 소지인에 대하여도 할 수 있지만, 이와 같은 의사표시의 취소는 선의의 제3자에게 대항할 수 없는 것이고, 이때의 제3자라 함은 어음발행행위의 직접 상대방 이외의 자를 가리키는 것이므로, 어음의 발행인이 어음발행행위의 직접 상대방이 아닌 소지인을 상대로 어음발행행위 취소의 의사표시를 할 수 있다 하여 소지인의 선의·악의를 불문하고 취소의 효과를 주장할 수 있게 되는 것은 아니다.

[2] 어음행위에 착오·사기·강박 등 의사표시의 하자가 있다는 항변은 어음행위 상대방에 대한 인적항변에 불과한 것이므로, 어음채무자는 소지인이 채무자를 해할 것을 알고 어음을 취득한 경우가 아닌 한, 소지인이 중대한 과실로 그러한 사실을 몰랐다고 하더라도 종전 소지인에 대한 인적항변으로써 소지인에게 대항할 수 없다.[38]

1979. 3. 27. 선고 78다2477 판결). 그리고 단순히 법인의 명칭만을 기재하고 대표자격이나 대표자 기명이 없이 법인 인감만을 날인한 것은 법인의 유효한 어음행위로 볼 수 없다(대법원 1964. 10. 31. 선고 63다 1168 판결).

37 조합은 법인격이 없으므로 조합 자체가 어음행위를 할 수 없고 원칙적으로 조합원 전원이 기명날인 또는 서명을 해야 한다. 조합의 업무집행조합원은 어음행위를 대리할 권한이 있는 것으로 추정되는데(민법 제709조). 그는 현명주의 원칙에 따라 조합원 전원을 본인으로 기재하고 업무집행조합원(대리인)으로서 기명날인 또는 서명해야 한다. 다만, 위 판결례는 조합대표가 조합의 명칭과 그 대표자격을 표시하고 기명날인 또는 서명한 경우에도 전 조합원을 대리한 어음행위로서 유효하다고 본 것이다.

38 피고는 약속어음을 할인하여 주겠다는 甲의 거짓말에 속아 甲에게 액면 금 5천만원, 지급기일 1995. 1. 20.로 된 약속어음 1장을 발행하여 주었고, 甲은 이 어음의 지급기일을 1995. 4. 20.로 변조한 다음 지급거절증서 작성 의무를 면제하여 원고에게 백지식 배서의 방법으로 양도하였다. 피고는 甲의 사기를 이유로 어

대법원 1999. 11. 26. 선고 99다34307 판결(약속어음금)

어음을 유통시킬 의사로 어음상에 발행인으로 기명날인하여 외관을 갖춘 어음을 작성한 자는 그 어음이 도난·분실 등으로 인하여 그의 의사에 의하지 아니하고 유통되었다고 하더라도, 배서가 연속되어 있는 그 어음을 외관을 신뢰하고 취득한 소지인에 대하여는 그 소지인이 악의 내지 중과실에 의하여 그 어음을 취득하였음을 주장·입증하지 아니하는 한 발행인으로서의 어음상의 채무를 부담한다.[39]

나. 어음행위의 대리[40]

대법원 1973. 12. 26. 선고 73다1436 판결(약속어음금)

법인이 어음행위를 하려면 대표기관이 그 법인을 위하여 하는 것임을 표시하

음발행행위를 취소하였고 원고의 어음금 청구에 응할 수 없다고 하였다. 원심은 피고가 甲의 사기에 의하여 어음을 발행하였다고 하더라도 이는 수취인에 대한 인적항변사유에 지나지 않고, 어음이 그 지급기일 중 '1'이 '4'로 변조된 것에 불과하여 그 변조사실이 외관상 명백하다고 볼 수 없고, 원고가 변조된 어음을 취득할 당시 피고에게 직·간접적으로 피고의 신용 상태, 소외인의 신분, 이 사건 어음이 편취된 것인지 여부 등에 관하여 확인하지 아니하였다 하더라도, 그와 같은 사유만으로는 원고에게 변조된 어음의 취득 당시 중대한 과실이 있었다고 단정하기 미흡하므로, 피고가 원고에게 이를 항변할 수 없다고 판단하였다. 대법원은 원심이 중대한 과실로 사기에 의한 어음행위가 이루어졌음을 알지 못했는지를 판단한 것은 무용한 것이지만, 피고가 원고의 해의를 입증하지 못한 이상 결론에는 영향이 없다고 하였다.

39 대법원 1989. 10. 24. 선고 88다카24776 판결(증서인도)은 "약속어음의 작성자가 어음요건을 갖추어 유통시킬 의사로 그 어음에 자기의 이름을 서명날인하여 상대방에게 교부하는 단독행위를 발행이라 일컫는 것이다."라고 하여 어음행위를 단독행위로 보고 있다. 이 판결은 "상대방에게 교부하는" 단독행위라고 하여 마치 교부행위가 필요한 것처럼 판시하였다. 그러나 이 사건 판결(대법원 99다34307 판결)과 대법원 1987. 4. 14. 선고 85다카1189 판결 등은, 어음행위자가 작성한 어음을 분실하거나 그의 의사에 기하지 않고 유통된 경우에도, 이를 무권리자로부터 어음을 취득한 것으로 보아 선의취득의 요건을 판단하고 있다. 예를 들면, 위 대법원 85다카1189 판결은, 법인이 약속어음에 피배서인을 백지로 한 배서를 하여 보관하고 있던 중 분실하였고 甲이 위 법인의 직원이라고 자칭하는 무권리자로부터 그 약속어음을 단순히 교부받은 사안이었는데, 甲의 위 약속어음의 취득은 어음행위자의 의사에 기하지 아니하고 유통된, 즉 교부행위가 흠결된 어음으로서 무권리자로부터 양도받은 것으로 보아야 하므로, 어음법 제16조에 따라 甲이 그 약속어음을 취득할 당시 악의 또는 중대한 과실이 있었는지를 심리·판단하여야 한다고 하였다. 즉, 어음행위자의 의사에 따른 교부행위가 없었더라도 이미 어음채무가 성립되었음을 전제로 선의취득에 의한 권리귀속의 문제를 따지고 있다. 어음수령자의 수령능력이나 수령의사를 고려하지 않으므로 교부계약설을 취하지 않은 것은 분명하고, 어음행위자의 의사에 따른 교부행위가 없었더라도 어음채무가 성립하였음을 전제로 선의취득을 따지고 있으므로 발행설의 입장도 아닌 것으로 보인다. 결국 어음채무의 성립에 있어서는 창조설을 취하고, 권리귀속의 문제는 교부행위가 있어야 한다고 보는(그렇지 않으면 선의취득의 요건을 갖추어야 함) 교부계약설을 취하고 있는 것으로 보인다.

40 회사의 발행 등의 어음행위가 대리인에 의하여 행해진 경우, ① 대리인이 본인인 어음채무자를 위한 것임을 표시하고 대리인의 이름을 기명날인 또는 서명한 사실, ② 어음채무자가 대리인에게 당해 어음행위에 관한 대리권을 수여한 사실이 있어야 한다. 대리권 수여사실의 입증이 어려운 경우에는 표현대리의 각 요건 사실을 주장·입증할 수도 있고, 어음채무자가 무권대리행위를 추인한 사실을 주장·입증할 수도 있다. 기명날인이 대행의 방식으로 이루어진 경우에도 대리의 경우와 동일하게 취급하면 된다.

고 자기성명을 기재하여야 하는 것은 대표기관 자신이 직접 어음행위를 하는 경우이고 대리인이 어음행위를 하려면 어음상에 대리관계를 표시하여야 하는바, 그 표시방법에 대하여 특별한 규정이 없으므로 어음상에 대리인 자신을 위한 어음행위가 아니고 본인을 위하여 어음행위를 한다는 취지를 인식할 수 있을 정도의 표시가 있으면 된다.[41]

대법원 2002. 12. 10. 선고 2001다58443 판결(약속어음금)

표현대리에 관한 민법 제126조의 규정에서 제3자라 함은 당해 표현대리행위의 직접 상대방이 된 자만을 지칭하는 것이고, 약속어음의 보증은 발행인을 위하여 그 어음금채무를 담보할 목적으로 하는 보증인의 단독행위이므로 그 행위의 구체적, 실질적인 상대방은 어음의 제3취득자가 아니라 발행인이라 할 것이어서 약속어음의 보증 부분이 위조된 경우, 동 약속어음을 배서, 양도받는 제3취득자는 위 보증행위가 민법 제126조 소정의 표현대리행위로서 보증인에게 그 효력이 미친다고 주장할 수 있는 제3자에 해당하지 않는다.[42]

대법원 1991. 6. 11. 선고 91다3994 판결(수표금)

수표발행의 직접 상대방에게 표현대리의 요건이 갖추어져 있는 이상 그로부터 수표를 전전양수한 소지인으로서는 표현대리에 의한 위 수표행위의 효력을 주장할 수 있으므로 본인은 표현대리의 법리에 따라 그 책임을 부담한다.[43]

---

41 "연합실업주식회사 이사 김용식"이라는 표시를 동 회사의 대리관계의 표시로 인정하였다.

42 이 판결은 보증인 본인의 표현대리책임은 부정하였지만 그의 사용자책임의 성립을 인정하였다. 다만 원고의 과실을 참작하여 과실상계를 하는 것이 가능하고 과실상계의 여부나 정도는 사실심의 전권사항이라고 하였다. 이와 달리 표현책임이 성립되는 경우에는 과실상계가 인정되지 않는다. 대법원 1996. 7. 12. 선고 95다49554 판결(표현대리 행위가 성립하는 경우에 그 본인은 표현대리 행위에 의하여 전적인 책임을 져야 하고, 상대방에게 과실이 있다고 하더라도 과실상계의 법리를 유추 적용하여 본인의 책임을 경감할 수 없다) 참조. 한편, 표현대표이사(제395조)나 지배권의 내부적 제한을 넘는 행위(제11조 제3항) 등에서도 상대방이 선의이고 중과실이 없을 것이 요구되는데(통설·판례), 이때의 상대방은 직접상대방에 한하지 않고 그 후의 어음취득자를 포함한다고 하였다(대법원 2003. 9. 26. 선고 2002다65073 판결, 대법원 2003. 9. 26. 선고 2002다65073 판결).

43 피고의 처가 피고 경영의 가스상회에서 경리업무를 보면서 1988년경부터 약 2년간에 걸쳐 피고가 당좌를 개설한 은행으로부터 피고의 수표용지를 수령해 피고가 별도로 경영하는 가스대리점에서 사용하는 인장이나 은행에 신고된 인장을 사용하여 모두 100여장의 피고 명의의 수표 및 어음을 발행하였으며, 피고도 1988. 10경부터 이를 알았으나 방치하였고, 피고가 피사취계를 내기 전까지는 대부분의 어음과 수표가 정상적으로 지급되어왔던 상황에서, 피고의 처가 1989. 9.경 수표할인을 받기 위하여 은행에 신고된 피고의 인감도장을 사용하여 수표를 발행하였다면 피고는 위 수표를 교부받은 자로 하여금 그의 처가 피고 명의의 수표를 발행할 권한이 있다고 믿게 할 만한 외관을 조성하였다 할 것이고, 상대방으로서는 피고의 처에게 피고를 대리하여 피고 명의의 수표를 발행할 권한이 있다고 믿을 만한 충분한 사정이 있었다고 보았다. 그리고

대법원 2001. 2. 23. 선고 2000다45303 판결(약속어음금)

어음행위의 대리 또는 대행권한을 수여받은 자가 그 수권의 범위를 넘어 어음행위를 한 경우에 본인은 그 수권의 범위 내에서는 대리 또는 대행자와 함께 어음상의 채무를 부담한다.[44]

다. 어음의 위조와 변조[45]

대법원 2000. 3. 23. 선고 99다50385 판결(약속어음금)

다른 사람이 본인을 위하여 한다는 대리문구를 어음상에 기재하지 않고 직접 본인 명의로 기명날인을 하여 어음행위를 하는 이른바 기관 방식 또는 서명대리 방식의 이음행위가 권한 없는 자에 의하여 행하여졌다면 이는 어음행위의 무권대리가 아니라 어음의 위조에 해당하는 것이기는 하나, 그 경우에도 제3자가 어음행위를 실제로 한 자에게 그와 같은 어음행위를 할 수 있는 권한이 있다고 믿을 만한 사유가 있고, 본인에게 책임을 질 만한 사유가 있는 때에는 대리방식에 의한 어음행위의 경우와 마찬가지로 민법상의 표현대리 규정을 유추적용하여 본인에게 그 책임을 물을 수 있다.[46]

그로부터 어음을 취득한 소지인인 원고는 위 상대방에 성립한 표현대리의 효과를 주장할 수 있다고 판시하였다.

44 이때 대리인은 전액에 대하여 책임을 진다. 그리고 권한을 초과하는 부분에 대하여 민법 제126조의 표현대리가 성립하는 경우에는 본인이 전액에 대하여 어음상 책임을 진다. 한편, 어음소지인이 본인이나 무권대리인에게 어음상 청구를 하는 것은 대리권의 흠결이 선의취득에 의하여 치유되어 어음소지인이 어음상 권리를 취득하였을 것을 전제로 한다. 이 경우 본인은 무권대리를 이유로 소지인에 대하여 어음을 반환할 것을 청구할 수 없고 결국 무권대리인에 대하여 손해배상청구권만을 할 수 있을 뿐이다(민법 제750조). 만일 어음소지인이 선의취득을 하지 못한 경우에는 본인에게 어음을 반환해야 하고 무권대리인에 대하여 불법행위책임을 물을 수밖에 없을 것이다(민법 제750조). 이때 본인이 무권대리인의 사용자로서 지휘·감독상의 과실이 있으면 본인에게도 불법행위책임을 물을 수 있다(동법 제756조).

45 위조와 무권대리는 그 방식에 있어서 구별된다. 어음채무자가 어음의 위조를 주장하면 어음소지인이 그 어음채무자의 기명날인의 진정성립을 증명해야 한다. 즉, 위조의 주장은 소송상 항변이 아니라 부인에 해당한다. 이 경우 어음소지인은 어음을 서증으로 제출하고 어음에 나타난 인영이 그 어음채무자의 것이라는 점을 입증하면 그 인영이 어음채무자의 의사에 기하여 날인된 것으로 사실상 추정된다. 이에 대하여 어음채무자가 날인이 자신 이외의 자에 의하여 이루어진 사실을 입증하면, 어음의 소지인은 다시 실제 날인한 자가 적법한 대리권을 가지고 있었다는 사실을 입증해야 한다.

46 채무자인 甲이 물상보증인(피고)으로부터 그 채무에 관한 근저당권설정에 관한 대리권만을 위임받는데, 물상보증인의 승낙 없이 채무 전액에 대한 연대보증의 취지로 채권자(원고)에게 물상보증인 명의의 약속어음을 발행해 준 사안에서, 여러 증거들로 보아 원고가 甲에게 위와 같은 어음행위를 할 수 있는 권한이 있다고 믿을 만한 정당한 사유가 없다고 하였다. 이때 위조자인 甲은 자기의 기명날인이나 서명을 한 바 없지만, 제8조를 유추적용하여 甲도 책임을 진다고 볼 것이다(다수설). 나아가 위조자는 불법행위에 의한 손해배상책임을 부담하고(민법 제750조), 유가증권위조죄로 처벌된다(형법 제214조). 한편, 위조어음 위에 기명날인 또는 서명한 자는 어음행위 독립의 원칙(제7조)에 따라 어음소지인에게 어음상의 책임을 부담한다.

대법원 1999. 12. 24. 선고 99다13201 판결(약속어음금)

어음행위의 위조에 관하여도 민법상의 표현대리에 관한 규정이 적용 또는 유추적용되고, 다만 이 때 그 규정의 적용을 주장할 수 있는 자는 어음행위의 직접 상대방에 한한다고 할 것이며, 약속어음의 배서행위의 직접 상대방은 당해 배서의 피배서인만을 가리키고 그 피배서인으로부터 다시 어음을 취득한 자는 위 배서행위의 직접 상대방이 아니라 제3 취득자에 해당하며, 어음의 제3 취득자는 어음행위의 직접 상대방에게 표현대리가 인정되는 경우에 이를 원용하여 피위조자에 대하여 자신의 어음상의 권리를 행사할 수가 있을 뿐이다.[47]

대법원 1994. 11. 8. 선고 93다21514 판결(손해배상(기))

[1] 어음이 위조된 경우에 피위조자는 민법상 표현대리에 관한 규정이 유추적용될 수 있다는 등의 특별한 경우를 제외하고는 원칙적으로 어음상의 책임을 지지 아니하나, 피용자가 어음위조로 인한 불법행위에 관여한 경우에 그것이 사용자의 업무집행과 관련한 위법한 행위로 인하여 이루어졌으면 그 사용자는 민법 제756조에 의한 손해배상책임을 지는 경우가 있고, 이 경우에 사용자가 지는 책임은 어음상의 책임이 아니라 민법상의 불법행위책임이므로 그 책임의 요건과 범위가 어음상의 그것과 일치하는 것이 아니다. 따라서 민법 제756조 소정의 사용자 책임을 논함에 있어서는 어음소지인이 어음법상 소구권을 가지고 있느냐는 등 어음법상의 권리 유무를 따질 필요가 없으므로, 어음소지인이 현실적으로 지급제시를 하여 지급거절을 당하였는지의 여부가 어음배서의 위조로 인한 손해배상책임을 묻기 위하여 필요한 요건이라고 할 수 없고, 어음소지인이 적법한 지급제시기간 내에 지급제시를 하지 아니하여 소구권 보전의 절차를 밟지 않았다고 하더라도 이는 어음소지인이 이미 발생한 위조자의 사용자에 대한 불법행위책임을 묻는 것에 장애가 되는 사유라고 할 수 없다.

[2] 위조된 약속어음을 취득함으로써 입은 손해는 다른 특별한 사정이 없는 한 이를 취득하기 위하여 현실적으로 출연한 할인금 상당액일 뿐, 그 어음이 진정한 것이었다면 어음소지인이 지급받았을 것이라고 인정되는 그 어음액면 상당액이라고는 할 수 없다.

---

47 甲이 자신을 피배서인으로 하여 乙명의의 배서를 위조한 후 다시 자신의 명의로 배서를 하여 丙에게 교부한 경우. 乙명의의 배서의 직접 상대방은 어디까지나 그 피배서인인 甲이고 丙은 甲으로부터 다시 배서양도받아 취득한 자로서 乙명의의 배서에 대하여는 제3 취득자에 해당하므로. 丙이 乙에 대하여 직접 乙명의의 배서에 대한 표현대리책임을 물을 수 없다고 하였다.

대법원 1993. 8. 24. 선고 93다4151 전원합의체 판결(약속어음금)

[1] 어음에 어음채무자로 기재되어 있는 사람이 자신의 기명날인이 위조된 것이라고 주장하는 경우에는 그 사람에 대하여 어음채무의 이행을 청구하는 어음의 소지인이 그 기명날인이 진정한 것임을 증명하지 않으면 안된다.

[2] 피고 명의의 배서란에 찍힌 피고 명의의 인영이 피고의 인장에 의한 것임을 피고가 인정하고 있다면 그 배서부분이 진정한 것으로 추정되지만, 그 인영이 작성명의인인 피고 이외의 사람이 날인한 것으로 밝혀질 때에는 위와 같은 추정은 깨어지는 것이므로, 이와 같은 경우에는 어음을 증거로 제출한 원고가 작성명의인인 피고로부터 날인을 할 권한을 위임받은 사람이 날인을 한 사실까지 입증하여야만 그 배서부분이 진정한 것임이 증명된다.

대법원 2003. 2. 11. 선고 2002다59122 판결(보증채무금)

[1] 사문서에 날인된 작성 명의인의 인영이 그의 인장에 의하여 현출된 것이라면 특단의 사정이 없는 한 그 인영의 진정성립, 즉 날인행위가 작성 명의인의 의사에 기한 것임이 추정되고, 일단 인영의 진정성립이 추정되면 민사소송법 제358조에 의하여 그 문서 전체의 진정성립이 추정된다.

[2] 인영의 진정성립, 즉 날인행위가 작성 명의인의 의사에 기한 것이라는 추정은 사실상의 추정이므로, 인영의 진정성립을 다투는 자가 반증을 들어 인영의 날인행위가 작성 명의인의 의사에 기한 것임에 관하여 법원으로 하여금 의심을 품게 할 수 있는 사정을 입증하면 그 진정성립의 추정은 깨어진다.[48]

대법원 1996. 2. 23. 선고 95다49936 판결(약속어음금)

[1] 약속어음의 문언에 변조가 있는 경우 변조 전에 기명날인 또는 서명한 자는 그 변조에 동의를 하지 아니한 이상 변조 후의 문언에 따른 책임을 지지는 아니한다고 하더라도, 변조 전의 원문언에 따른 책임은 지게 된다.[49]

---

48 피위조자가 기명날인 또는 서명의 위조를 주장하는 것은 항변이 아니라 어음소지인의 주장에 대한 부인이므로 어음소지인이 위조가 아니라는 것을 입증해야 한다. 이때 어음소지인이 어음에 찍힌 피위조자의 인영이 그의 진정한 인장에 의한 것임을 입증하면 그 날인이 그의 의사에 기한 것으로 사실상 추정되고, 날인의 진정이 추정되면 그 어음행위의 진정성립도 추정되므로(민소법 제358조), 피위조자가 타인에 의해 날인이 이루어졌다는 사실을 입증해야 한다.

49 대법원 1981. 10. 13. 선고 81다726 판결(보증채무금)은, 甲이 乙을 수취인으로 기재하여 작성한 약속어음에 피고로부터 발행인을 위한 어음보증을 받은 다음, 피고의 동의 없이 멋대로 수취인란의 기재를 삭제하고 원고에게 이를 교부하여 원고가 그 수취인란에 자신의 이름을 써 넣었던 사안인데, 이와 같은 약속어음의 수취인란 기재변경은 피고에 대한 관계에 있어서 어음의 변조에 해당하고, 위 어음보증의 주된 채무는 발

[2] 약속어음의 최종 소지인이 배서인에 대하여 변조 전의 원문언에 따른 소구의무자로서의 책임을 묻기 위하여서는 소지인이 변조 전의 원문언에 따른 적법한 지급제시를 하였음이 인정되어야 할 것인바, 소지인이 약속어음이 변조된 후에야 비로소 그 어음을 취득하였고 변조 전의 원문언에 따른 지급 제시 기간 내에 그 약속어음을 지급 제시하지 않은 경우, 그 최종소지인의 배서인에 대한 소구권은 요건 흠결로 상실되어 배서인에 대하여 변조 전의 원문언에 따른 책임도 물을 수 없다.[50]

행인 甲의 수취인 乙에 대한 채무이며, 원고에 대한 채무가 아니므로 변조된 수취인 원고에 대하여서까지 어음보증의 책임을 지는 것이 아니라고 하였다.

50 변조되었다는 주장의 입증책임에 관하여. ① 변조의 주장은 권리근거사실에 대한 부인에 해당하므로 입증책임분배의 일반원칙에 따라 어음소지인이 입증책임을 진다고 보는 견해(부인설)가 있고, ② 변조의 사실이 어음면상 식별 가능한지 여부에 따라, 변조사실이 어음면상 명백한 경우에는 어음소지인이 어음채무자가 변조에 동의하였거나 변조 후에 어음행위를 했다는 사실을 입증해야 하고, 변조 사실이 어음면상 명백하지 않은 경우에는 변조를 주장하는 어음채무자가 변조사실을 입증해야 한다고 보는 견해(항변설)가 있다. 어음소지인이 어음의 기재대로 어음상권리를 행사하는 경우, 어음채무자가 변조를 주장하는 것은 부인에 해당하므로 입증책임분배의 일반원칙에 비추어 부인설이 타당하다고 본다. 대법원 판결은 어음의 기재의 변경이 어음면상 명백한 사안에서, 어음채무자가 입증책임을 부담한다고 한 것도 있고(대법원 1985. 11. 12. 선고 85다카131 판결) 어음소지인이 입증책임을 부담한다고 한 것도 있어(대법원 1987. 3. 24. 선고 86다카37 판결, 대법원 1996. 2. 23. 선고 95다49936 판결 등) 그 입장이 분명하지 않다. 부인설에 따르면, 어음소지인이 어음에 기재된 문구대로 어음채무자에게 채무이행을 청구하려면, ① 어음의 기재가 변경되지 않았다거나, ② 변경되었더라도 어음채무자의 기명날인이 그 후에 있었다거나, ③ 어음채무자가 그 변경에 동의하였다는 사실 등을 입증해야 한다. 이는 본증(本證)에 해당한다. 먼저, 변경 사실이 어음의 기재로 보아 명백한 경우(예를 들면, 기재사항을 두 줄로 긋고 다시 쓴 경우)에는 ①의 사실은 입증하기 어려우므로, 어음소지인이 ② 또는 ③의 사실을 증명해야 한다는 데에 항변설과 부인설의 차이가 없다(대법원 1987. 3. 24. 선고 86다카37 판결과 대법원 1996. 2. 23. 선고 95다49936 판결도 같은 취지). 다음으로, 변경 사실이 어음의 기재로 보아 명백하지 않은 경우(변조가 교묘하여 전문가의 감정이 필요한 경우 등)에는 ①의 사실이 사실상 추정될 것이다. 따라서 어음채무자는 반증(反證)으로서 변조전의 문언(즉, 기명날인 당시의 구체적 문언)에 대하여 입증할 부담을 갖는다(대법원 1990. 2. 9. 선고 89다카14165 판결의 취지). 어음채무자가 반증에 성공하지 못하면 결국 변조가 아닌 것으로 추정될 것이다. 따라서 항변설과 부인설은 이 경우에도 결과적으로 큰 차이가 없다. 항변설은 변경사실이 어음면상 분명하지 않은 경우에 한하여 어음거래의 안전을 위해 어음채무자에게 입증책임을 전환하려는 이론인바, 그 취지는 좋으나 입증책임의 법리에 어긋나고, 위에서 본 바와 같이 변조사실이 명백하지 않은 경우에는 변조가 없었던 것으로 사실상 추정되므로 결국 어음채무자가 반증으로서 변조전의 문언을 입증하여 추정을 복멸해야 할 부담을 갖게 되기 때문에 실제로 결과에 있어서 부인설과 차이가 없다.

3. 어음상권리의 적법한 귀속[51]

가. 어음상권리의 이전

대법원 2006. 12. 7. 선고 2004다35397 판결(정리채권확정)

수취인이 백지인 백지어음으로 발행된 기업어음(CP) 또는 백지식배서에 의하여 취득한 기업어음을 매입한 종합금융회사가 이를 고객에게 매도하면서 실물에 갈음하여 그 기업어음의 내용 및 보관의 취지를 기재한 보관통장을 교부하는 경우, 수취인이 백지인 백지어음 또는 백지식배서에 의하여 취득한 어음은 배서에 의하지 않고 어음의 교부만으로 양도할 수 있고, 또한 유가증권의 교부에도 동산의 경우에 인정되는 간이인도, 점유개정, 목적물반환청구권의 양도 등의 관념화된 방법이 인정된다는 점에 비추어, 고객은 점유개정의 방법으로 위 기업어음을 교부받은 것이 되어 어음상의 권리를 취득한다.[52]

대법원 1989. 10. 24. 선고 88다카20774 판결(약속어음금)[53]

[1] 배서금지의 문언을 기재한 약속어음은 양도성 자체까지 없어지는 것이 아니고 지명채권의 양도에 관한 방식에 따라서, 그리고 그 효력으로써 이를 양도할 수 있는 것인데(제11조 제 2 항), 이 경우에는 민법 제450조의 대항요건(통지 또는 승낙)을 구비하는 외에 약속어음을 인도(교부)하여야 하고 지급을 위하여서는 어음을 제

---

51 어음소지인은 어음상 권리가 자신에게 적법하게 귀속된 사실을 입증해야 한다. 이 때 배서의 형식적 연속을 입증하면 적법한 소지자로 법률상 추정된다(어음법 제16조 제 1 항). 이러한 추정을 번복하려면 어음소지인이 승계취득·선의취득 등에 의하여 권리를 취득하지 못했다는 점을 어음채무자가 주장·입증해야 한다. 만일 형식상 배서의 연속이 끊어진 경우에는 어음소지인이 끊어진 부분의 승계취득을 입증하거나 선의취득을 입증해야 할 것이다.

52 배서에 의하여 어음상 권리가 이전된다(제14조 제 1 항). 소지인출급식으로 발행된 수표(수표법 제 5 조, 제20조), 수취인이 백지인 백지어음(제10조), 소지인출급식배서 또는 백지식배서에 의해 취득한 어음(제12조 제 3 항, 제13조 제 2 항)은 배서에 의하지 않고 교부만으로 양도할 수 있다(제14조 제 2 항)(수표법 제15조 제 4 항, 제16조 제 2 항, 제17조). 어음상 권리는 지명채권양도방법으로도 양도될 수 있으며, 이 경우에도 어음의 교부가 있어야 한다(통설·판례).

53 대법원 1987. 4. 28. 선고 86다카2630 판결(어음의 발행인이 어음용지에 부동문자로 인쇄된 지시문자를 말소하지 아니한 채 그 지시문구 다음에 "지시금함"이라고 기재한 지시금지 문구를 병기하였다면 특단의 사정이 없는 한 지시금지문구의 효력이 우선한다), 대법원 1993. 11. 12. 선고 93다39102 판결(약속어음은 원칙적으로 배서에 의하여 양도할 수 있는 것이므로 배서금지어음으로 되기 위하여는 어음면상에 어음법 제11조 제 2 항의 "지시금지"의 문자 또는 동일한 의의가 있는 문언이 기재되어야 하고 어음의 표면에 "보관용" 또는 "견질용"이라고 기재된 것만으로는 어음법 소정의 지시금지어음이라고 볼 수 없다) 등 참조. 배서금지어음은 지명채권양도의 효력으로써만 양도할 수 있으므로 인적항변절단의 효력(제17조)을 갖지 못하고, 선의취득(제16조 제 2 항)을 할 수 없으며, 양도인이 담보책임(제15조 제 1 항)을 부담하지 않는다.

시하여야 하며 또 어음금을 지급할 때에는 이를 환수하게 되는 것이다.

[2] 약속어음의 배서금지는 양도성 자체를 박탈하는 것은 아니므로 다른 의사표시 없이 배서금지의 문언을 기재한 사실만 가지고서 당연히 그 어음상의 권리를 지명채권양도의 방법으로 양도하는 것을 금지하는 특약이 포함되어 있다고 보아야 하는 것은 아니다.

나. 배서의 연속과 적법한 권리자의 추정[54]

대법원 1999. 3. 9. 선고 97다7745 판결(약속어음금)

어음의 배서 연속은 형식상 존재함으로써 족하고 또 형식상 존재함을 요한다 할 것이므로, 그 배서가 배서의 요건을 모두 갖춘 유효한 배서이어야만 그 어음상의 권리가 적법하게 이전되는 것이며, 그 배서가 배서의 요건을 갖추지 못한 경우에는 그 어음상의 권리는 적법하게 이전될 수 없다.[55]

대법원 1995. 9. 15. 선고 95다7024 판결(약속어음금)

어음에 있어서의 배서의 연속은 형식상 존재함으로써 족하고 또 형식상 존재함을 요한다 할 것이나, 소지인이 형식상 배서의 연속이 끊어진 경우에 다른 방법으로 그 중단된 부분에 관하여 실질적 관계 또는 실질적 권리이전이 있었음을 증명하면 그의 어음상의 권리행사는 적법하다.[56]

---

54 배서가 연속되어 있으면 어음소지인이 적법한 권리자로 추정되어 실질적 권리자임을 입증하지 않고도 어음상의 권리를 행사할 수 있다(제16조 제 1 항). 최후의 배서가 백지식인 경우에도 적법한 소지인으로 추정되고(제16조 제 1 항 2문), 백지식 배서의 다음에 다른 배서가 있는 경우에는 그 배서를 한 자는 백지식 배서에 의하여 어음을 취득한 것으로 본다(제16조 제 1 항 4문). 말소된 배서는 그 말소가 권한 있는 자에 의하여 행하여진 것인지 여부나 그 방법 시기에 관계없이 배서의 연속에 관하여는 배서를 하지 않은 것으로 본다(제16조 제 1 항 3문). 배서의 연속사실은 어음소지인에게 입증책임이 있으며, 어음의 외관상 연속되어 있으면 족하고 중간에 위조의 배서 또는 허무인의 배서가 있어도 연속이 흠결되는 것은 아니다.

55 은행의 지점장이 수취인이 은행으로 된 약속어음의 배서인란에 은행 지점의 주소와 지점 명칭이 새겨진 명판을 찍고 기명을 생략한 채 자신의 사인(私印)을 날인하는 방법으로 배서한 경우, 그 배서는 행위자인 대리인의 기명이 누락되어 그 요건을 갖추지 못한 무효의 배서이므로 배서의 연속에 흠결이 있다고 하였다. 대법원 1995. 6. 9. 선고 94다33156 판결(약속어음금)은. 수취인을 "甲"으로 하여 발행된 약속어음의 제1 배서인이 "주식회사 甲 대표이사 乙"이라면 양자의 표시는 형식적으로 동일인이라고 인정함이 상당하고, 따라서 이 약속어음의 배서는 연속되어 있다고 보았다.

56 배서가 연속되어 있지 않고 단절되어 있다면 어음소지인은 단절된 부분의 실질적인 권리승계가 있었음을 입증함으로써 어음상 권리를 행사할 수 있다. 예를 들면, A ⇨ B ⇨ C ⇨ D ☞ E ⇨ F ⇨ G와 같이 배서가 되어 있고 D와 E 사이의 배서가 단절되어 있는 경우에는 어음소지인인 G가 D와 E 사이의 실질적인 권리이전사실을 증명해야 한다. 그 뒤에 이루어진 E와 F의 배서에도 권리이전적 효력이 인정되므로, 어음소지인이 단절된 부분의 실질적인 권리이전 사실, 예를 들면 지명채권양도나 상속·합병 등의 사실만 입증하면 결국 어음소지인의 어음상 권리가 인정될 수 있다(위 대법원 95다7024 판결). 위와 같이 보는 이유는 A부터 D

다. 선의취득[57]

대법원 1995. 2. 10. 선고 94다55217 판결(약속어음금)

어음의 선의취득으로 인하여 치유되는 하자의 범위 즉, 양도인의 범위는 양도인이 무권리자인 경우뿐만 아니라 대리권의 흠결이나 하자 등의 경우도 포함된다.[58]

대법원 1988. 10. 25. 선고 86다카2026 판결(약속어음금)[59]
대법원 1993. 9. 24. 선고 93다32118 판결(약속어음금)[60]
대법원 1995. 8. 22. 선고 95다19980 판결(약속어음반환)[61]

까지의 배서와 E로부터 G까지의 배서는 각각 연속되어 있으므로 자격수여적 효력이 있어 권리승계사실이 각각 추정되기 때문이다. 다만, 위의 경우에 어음채무자는 D에 대한 인적항변사유로 E에 대하여 대항할 수 있다. 그러나 F와 G는 E가 한 적법한 배서에 의하여 권리를 취득하였으므로 어음채무자는 D 또는 E에 대한 인적항변사유로 F나 G에게 대하여 대항할 수 없다. 나아가 D와 E 사이의 실질적인 권리이전사실만 증명하면 배서연속의 흠결이 가교되어 F가 무권리자라도 G가 어음을 선의취득할 수 있는지 여부에 대해서는 견해가 나뉜다. 긍정설은 상속이나 지명채권양도의 경우 권리승계사실을 쉽게 알거나 증명할 수 있는데 F가 권리자라고 믿은 소지인의 선의취득을 인정하지 않으면 어음의 유통성을 해하는 결과로 된다고 주장한다. 부정설은 형식상 배서의 연속이 없는 경우 어음소지인의 신뢰의 근거가 되는 외관 자체가 없으므로 선의취득을 인정할 수 없다고 한다. E와 F의 배서에는 모두 담보적 효력이 있음은 물론이다(어음행위독립의 원칙).

57 어떠한 사유로든 어음의 점유를 잃은 자가 있는 경우에 그 어음의 소지인이 배서의 연속에 의하여 그 권리를 증명할 때에는 그가 악의 또는 중대한 과실로 인하여 어음을 취득한 경우를 제외하고는 그 어음을 반환할 의무가 없다(제16조 제 2 항). 선의취득이 인정되려면, 어음소지인이, ① 무권리자로부터 취득한 사실, ② 배서 등 어음법적 유통방법에 의하여 취득한 사실, ③ 양도인에게 배서연속에 의한 권리외관이 있는 사실을 주장·입증해야 한다. 이에 대하여 어음채무자는 ④ 취득자에게 악의 또는 중과실이 있었다는 항변을 할 수 있다. 어음소지인이 자신의 전자 중 1인이 선의취득의 요건을 갖추었음을 입증하였을 때에는 그 자로부터 자신까지의 승계취득원인을 주장·입증하면 된다. 선의취득은 원시취득이므로 선의취득 이후에 어음을 취득한 자는 당초 선의취득자가 무권리자로부터 어음을 취득한 사실을 알았다고 하더라도 적법하게 권리를 취득한다(엄폐물의 법칙).

58 회사 명의의 배서를 위조한 총무부장으로부터 어음할인의 방법으로 그 어음을 취득한 사안에서 악의 또는 중대한 과실이 없다고 보아 선의취득을 인정하였다. 주권의 선의취득도 양도인이 무권리자인 경우뿐만 아니라 무권대리인인 경우에도 인정된다(대법원 1997. 12. 12. 선고 95다49646 판결). 한편, 무능력자로부터 취득한 경우, 무능력은 물적항변사유로서 무능력자가 어음을 잃을 뿐 어음상 채무를 부담하는 것은 아니어서 무능력자 보호의 취지가 전혀 무시된다고 볼 수는 없는 점을 고려하면 유통성의 보호를 위해 선의취득을 긍정하는 것이 타당하다고 본다(반대설 있음).

59 어음거래 및 할인업무에 정통하고 있는 신용금고가, 그 전의 거래들에 비하여 월등히 큰 액수의 어음을 할인해주면서, 소지인이 물품대금으로 받은 어음이라고 주장하는데도 물품대금영수증사본과 납품확인서가 첨부되어 있지 않았고, 그 어음취득에 관한 원인관계를 확인하는 것이 어렵지 않음에도 불구하고 이를 확인해 보지 않은 것이 중대한 과실에 해당한다고 하였다.

60 회사의 직원이 약속어음에 회사 명의의 배서를 위조함에 있어 날인한 회사의 인장이 그 대표자의 직인이 아니라 그 대표자 개인의 목도장이고, 그 어음금액이 상당히 고액인 점 등에 비추어, 위 약속어음을 할인의 방법으로 취득하면서 배서의 진정 여부를 확인 않은 자에게 중대한 과실을 인정하였다.

61 별다른 재산이 없는 자가 7–8개월 만에 피고의 사무소를 갑자기 찾아와 액면금이 2억 원을 상회하며 그

대법원 1997. 5. 28. 선고 97다7936 판결(약속어음금)[62]
대법원 1996. 10. 11. 선고 94다55163 판결(수표금등)[63]

어음, 수표를 취득함에 있어서 통상적인 거래 기준으로 판단하여 볼 때 양도인이나 그 어음, 수표 자체에 의하여 양도인의 실질적 무권리성을 의심하게 할 만한 사정이 있는데도 불구하고 이와 같이 의심할 만한 사정에 대하여 상당하다고 인정될 만한 조사를 하지 아니하고 만연히 양수한 경우에는 중대한 과실이 있다.[64]

대법원 1987. 6. 9. 선고 86다카2079 판결(약속어음금)

최후의 배서가 백지식으로 된 어음은 단순한 교부만으로 양도가 가능하므로 양수인이 어음할인의 방법으로 이를 취득함에 있어서 그 어음이 잘못된 것이라는 의심이 가거나 양도인의 실질적인 무권리성을 의심하게 될 만한 특별한 사정이 없는 이상 위 어음의 발행인이나 문면상의 최후 배서인에게 반드시 확인한 다음 취득하여야 할 주의의무가 있다 할 수 없다.[65]

매수도 29매에 이르는 어음을 한꺼번에 할인을 요구한 점, 할인율도 통상의 경우보다 고율일 뿐만 아니라 만기를 고려함이 없이 일률적으로 월 3푼으로 한 점 등으로 보아 양도인의 실질적인 무권리성을 의심하게 할 만한 사정이 있었다면, 경찰공무원, 변호사사무소사무장 경력이 있어 어음의 할인거래에 관하여 잘 알고 있는 피고로서는 약속어음들의 발행회사 및 최후배서인 내지 지급은행에 사고유무를 확인하여야 할 것임에도 불구하고 이에 이르지 아니한 채 위 약속어음들을 할인 취득한 것에는 중과실이 있다고 판단하였다.

62 은행이 어음을 담보취득함에 있어, 그 어음이 법인 발행의 어음에 비하여 지급이 불확실한 개인 발행의 어음이고, 발행인이나 배서인이 은행과 아무런 거래실적이 없는 자이며, 지급 은행의 소재지와 다른 곳에 거주하는 배서인이 타지에서 담보제공을 하는 것이었고, 개인이 발행한 어음으로서는 비교적 고액이었으며, 특히 당시 어음의 지급기일 등 어음요건이 대부분 불비되어 있는데다가, 은행이 어음을 취득할 당시에 배서인이 어음을 발행인으로부터 공사대금조로 교부받았다고 하였다면, 경험칙상 발행인이 지급기일조차도 기재하지 않는다는 것은 극히 이례에 속하는 경우인 점에서 그 양도인의 실질적 무권리성을 의심하게 할 만한 사정이 있었다고 보임에도 불구하고, 어음의 발행인에게 그 발행 경위에 관하여 확인하거나 지급 은행에 구체적인 정보조회를 하여 이의 의심을 해소할 만한 상당한 조사를 하여 보지도 아니한 채 이를 취득한 데에는 중대한 과실이 있다고 하였다.

63 피고회사가 상호변경 전에 적법하게 발행하였던 백지수표를 보관하고 있던 甲이 권한 없이 임의로 발행인 란의 기명 부분만을 사선으로 지우고 그 밑에 변경 후의 상호를 써넣었더라도, 변경 전후의 기명이 모두 피고회사를 가리키는 것이므로 이를 수표법상 수표의 위조나 변조에 해당한다고 할 수 없고 피고회사가 원고에게 어음채무를 부담한다고 보았다. 다만, 원고는 피고회사의 직원이 아닌 대표이사의 친인척인 甲으로부터 피고회사 발행의 고액의 백지수표를 담보로 취득하였고, 어음에 기재된 피고회사(발행인)의 구상호가 사선으로 지워지고 신상호로 정정되어 있으나 날인과 정정인은 구상호로 된 인영이 찍혀 있는 등 甲의 무권리성을 의심할 만한 사정이 있었음에도 불구하고 甲이 피고회사를 대리하여 위 백지수표를 교부할 권한이 있는지 여부를 피고회사에게 확인하지 않고 甲의 말만 믿고 위 백지수표를 취득하였다면, 원고에게 중과실이 있다는 이유로 선의취득을 부정하였다.

64 대법원 판결들은 중과실 여부를 판단함에 있어서, 신분의 확실성, 평소의 거래관계, 어음금액의 크기, 어음의 특성(개인 발행 고액어음이나 백지어음인 경우), 어음의 외양(법인대표자의 목도장이 날인되었거나 저질 어음용지인 경우), 취득자의 조사능력(금융기관, 직업, 학력 등), 조사의 난이도, 어음거래조건의 통상성(파격적인 할인율 제시 등) 등의 자료를 검토하여 판단하고 있다.

대법원 1996. 11. 26. 선고 96다30731 판결(약속어음금)

상호신용금고가 상업어음만을 할인하여야 하는 규정에 위반하여 담보용으로 발행된 어음이나 융통어음을 잘못 할인하였다고 하여 곧바로 악의 또는 중대한 과실로 어음을 취득한 때에 해당한다고는 볼 수 없다.[66]

대법원 1994. 10. 11. 선고 94다18614 판결(약속어음금)

약속어음에 관한 제권판결의 효력은 그 판결 이후에 있어서 당해 어음을 무효로 하고 공시최고 신청인에게 어음을 소지함과 동일한 지위를 회복시키는 것에 그치는 것이고, 공시최고 신청인이 실질상의 권리자임을 확정하는 것은 아니나, 취득자가 소지하고 있는 약속어음은 제권판결의 소극적 효과로서 약속어음으로서의 효력이 상실되는 것이므로 약속어음의 소지인은 무효로 된 어음을 유효한 어음이라고 주장하여 어음금을 청구할 수 없다. 어음소지인이 공시최고 전에 선의취득하였다고 하여 위와 같은 이치를 달리 볼 것이 아니다.[67]

---

65 외관상 연속된 배서에 의하여 어음상의 권리를 취득하였고, 어음의 발행인은 누구나 신용을 인정할 만한 회사(삼성전관주식회사)이며, 할인 의뢰인은 취득자와 오랫동안 어음할인거래를 해오던 사이라면, 어음 취득자가 위 어음을 취득함에 있어 발행인 및 배서인 내지 지급은행에 확인조회를 하지 아니하였다 하여 중과실이 있었다고 볼 수는 없다고 하였다. 대법원 1985. 5. 28. 선고 85다카192 판결(약속어음금)도 사채업자인 원고가 최후의 배서가 백지식으로 된 어음을 어음할인의 방법으로 이를 취득함에 있어서 양도인의 실질적인 무권리성을 의심하게 할 만한 특별한 사정이 없는 이상 어음문면상의 최후배서인에게 연락을 취하여 누구에게 양도하였는지를 알아보는 등 그 유통과정을 조사확인하지 아니하였다 하여 이를 가지고 그 어음취득에 있어서 중대한 과실이 있다고 할 수 없다고 하였다.

66 甲회사(피고들 보조참가인)의 직원과 소외 乙회사의 직원이 공모하여 甲이 보관하고 있던 피고들 발행의 4장의 어음을 절취하여 乙회사로의 배서를 위조하였고, 상호신용금고인(원고)이 어음할인을 통하여 위 4장의 어음을 취득하였던 사안이었다. 대법원은, "원고는 상호신용금고업을 하는 회사로서 어음거래 및 할인어음에 정통하고 있으므로 일반인의 경우에 비하여 어음거래 및 할인취득에 더욱 신중하게 대처하여야 할 것인데, 이 사건 어음들의 소지인인 乙회사와 처음으로 어음 거래를 시작하였고 乙회사의 규모에 비하여 월등히 큰 액수의 어음들을 할인하면서 물품대금영수증이나 납품확인서를 첨부하지 아니한 채 할인을 요구한 행위나, 어음의 배서란의 기재와 甲회사의 인영에 문제점이 있었음에 비추어 乙회사의 실질적인 무권리성을 의심하게 할 만한 사정이 있었다고 볼 것이고, 그럼에도 이 사건 어음들의 수취인이자 유일한 배서양도인인 甲회사에 확인하지 않고 발행인인 피고들에게만 발행 여부의 확인전화만 하고 이를 취득한 데에는 중대한 과실이 있다"고 하여 2장의 어음의 선의취득을 부정하였다. 그러나 같은 사건의 다른 2장의 어음은 "배서인으로 기재된 甲회사의 명칭과 대표자의 성명이 명판으로 찍혀 있고 대표이사의 직인도 제대로 날인되어 있으며, 乙회사가 甲회사로부터 외관상 연속된 배서에 따라 위 각 어음을 취득된 것으로 기재되어 있어, 어음 자체에 乙회사의 실질적 무권리성을 의심할 만한 사정이 없었다는 점 등에 비추어 보면, 乙회사가 원고와 처음으로 어음거래를 시작하면서, 그의 규모에 비추어 큰 액수의 어음들을 가지고 와서 물품대금영수증이나 납품확인서를 첨부하지 아니한 채 할인을 요구하였음에도 원고가 배서인인 甲회사에게 달리 확인하지 아니하고 발행인들에게만 발행 여부를 확인하였을 뿐이라는 점 등만으로는 과실이 있다고 인정할 수 있는 사정은 될 수 있지만 중대한 과실에 해당한다고까지는 할 수 없다"고 하였다.

67 선의취득자는 제권판결에 불복하는 소(민소법 제490조)를 제기하여 제권판결을 취소해야 한다. 대법원

4. 상환의무자에 대한 청구[68]

대법원 2000. 1. 28. 선고 99다44250 판결(약속어음금등)

만기후배서가 지급거절증서 작성 전 또는 지급거절증서 작성기간 경과 전에 이루어져 만기 전의 배서와 동일한 효력을 갖는 경우 그 만기후배서의 피배서인이 어음의 최종소지인의 지위에서 어음의 배서인 등 소구의무자에 대한 소구권을 보전하기 위하여는 그에게 만기후배서를 한 배서인이 지급제시를 하였는지 여부와 관계없이 다시 스스로 적법한 지급제시기간 내에 지급제시를 하여야 한다. 이때 만기후배서의 피배서인이 배서인이 지급제시하여 지급거절된 사실을 알고 있었다면, 그 배서인이 지급제시함으로써 보전한 소구권을 지명채권 양도와 같은 효력으로 승계하였음을 주장하여 이를 행사할 수도 있다.[69]

대법원 1998. 8. 21. 선고 98다19448 판결(약속어음금)

백지식 배서에 의하여 어음을 양수한 다음 단순히 교부에 의하여 이를 타인에게 양도한 자가 소지인의 소구에 응하여 상환을 하고 어음을 환수한 경우, 그 전의

1979. 3. 13. 선고 79다4 판결(수표금)도, 제권판결의 신청인이 정당한 소지인을 알고 있었거나 수표금 청구소송을 당하고 있으면서 제권판결 신청을 하였다 할지라도, 일단 제권판결이 선고된 이상 그 판결이 불복의 소에 의하여 취소되지 않는 한 당연무효로 되는 것은 아니라고 하였다. 제권판결이 취소되지 않는 한 제권판결취득자가 제권판결에 의하여 어음상의 권리를 행사하는 경우 어음채무자가 이를 거부할 수 없으므로(민소법 제497조) 일단 어음금을 지급할 수밖에 없을 것이다. 이 경우 어음상 권리는 지급으로 소멸하게 되므로 실질적 권리자인 선의취득자는 나중에라도 불복의 소를 제기하여 제권판결을 취소하고 제권판결취득자에게 부당이득반환 또는 불법행위로 인한 손해배상책임 등을 물을 수밖에 없을 것이다.

68 어음소지인이 배서인 등의 상환의무자에게 어음금의 상환을 청구하려면, ① 상환의무자가 발행, 배서, 보증 등의 어음행위를 한 사실, ② 어음상 권리가 자신에게 귀속된 사실, ③ 적법한 지급제시와 지급거절 사실, ④ 지급거절증서의 작성 또는 작성면제의 특약 사실 등을 주장·입증해야 한다. 즉, 상환의무자에 대해서는 상환청구의 요건으로서 제시기간 내에 어음을 지급제시하였으나 지급을 거절당한 사실(실질적 요건)과 지급거절증서가 작성되었거나 그 작성이 면제된 사실(형식적 요건)을 어음소지인이 주장·입증해야 한다.

69 상환청구의 실질적 요건은, 지급제시기간 내에 적법하게 지급제시를 하였으나 환어음의 지급인(인수인), 약속어음의 발행인 또는 그들의 지급담당자가 지급을 거절하였어야 한다(제43조, 제77조). 이와 관련하여, 지급거절증서의 작성이 면제된 경우에는 제시기간 내에 지급제시한 것으로 추정되므로(제46조 제 2 항, 제77조 제 1 항), 어음소지인이 지급거절증서의 작성면제의 특약이 어음면에 기재된 사실만 주장·입증하면 상환의무자가 항변으로 제시기간 내에 지급제시가 없었다는 사실을 주장·입증해야 한다. 만기에 지급거절된 사실은 지급거절증서에 의해서만 입증해야 한다(제44조 제 1 항, 제77조 제 1 항). 상환청구의 형식적 요건과 관련하여, 실무상 은행도(渡)어음의 어음용지에는 지급거절증서 작성면제의 특약이 인쇄되어 있으므로 거절증서가 작성되는 경우는 드물다. 어음소지인이 지급거절증서작성의 면제를 주장하기 위해서는 발행인 또는 상환청구를 당한 배서인이 이를 면제한 사실을 주장·입증해야 한다(제46조 참조). 참고로 은행도어음이란 특정은행의 어음용지를 사용하여 약정에 따라 그 은행이 어음의 지급담당자로 기재되고 어음금 지급사무를 처리해 주는 어음을 말한다.

배서인에 대하여 당연히 재소구권을 취득하는 것은 아니라고 하더라도, 그 상환을 받은 소지인이 그 전의 배서인에 대하여 가지는 소구권을 민법상의 지명채권 양도의 방법에 따라 취득하여 행사할 수 있는 것으로 보아야 하고, 다만 그 소구의무자는 이에 대하여 양도인에 대한 모든 인적 항변으로 대항할 수 있을 뿐이다.[70]

대법원 1990. 10. 26. 선고 90다카9435 판결(약속어음금)

지급거절증서작성의무를 면제하고 약속어음을 배서양도한 배서인 甲으로서는 어음소지인의 소구에 대하여 거절증서 작성이 없다는 이유로 청구를 거절할 수 없으므로, 甲으로부터 어음을 취득한 乙이 지급거절증서작성의무를 면제하지 아니하고 최후소지인인 丙에게 위 어음을 배서양도하였음에도 丙에 대하여 거절증서작성 유무를 확인하지 아니하고 그 소구청구에 응하였다고 하더라도 그 점을 탓할 수 없을 것이므로 乙의 소구를 거절할 수 없고, 어음의 배서인은 어음소지인의 소구에 응하였거나 기타의 사유로 어음을 회수한 경우에는 자기의 배서를 말소할 수 있고 그렇게 되면 그 배서는 배서의 연속에 관한 한 없는 것으로 보게 되어 있으므로 丙이 적기에 거절증서를 작성하지 아니하였다 하여 甲의 乙에 대한 소구의무에 어떠한 영향을 미친다고 할 수 없다.[71]

5. 어음항변

가. 인적항변[72]

대법원 1997. 5. 16. 선고 96다49513 판결(약속어음금)

어음행위에 착오·사기·강박 등 의사표시의 하자가 있다는 항변은 어음행위 상대방에 대한 인적항변에 불과한 것이므로, 어음채무자는 소지인이 채무자를 해

---

70 상환청구금액에는 인수 또는 지급되지 않은 어음금액과 그 이자 및 연 6%의 이율로 계산한 만기 이후의 법정이자, 상환청구비용 등이 포함된다(제48조). 수인의 상환의무자들은 어음채무자에 대하여 합동으로 책임을 진다(제47조 제 1 항). 합동책임은, ① 어음채무자들의 채무의 발생 원인이 각각 다르고, ② 어음채무자 1인에 대한 이행청구는 그의 후자 또는 다른 어음채무자에 대하여 영향을 미치지 않으며(제47조 제 4 항), ③ 어음채무자 1인의 변제로 인하여 그와 그의 후자의 채무만 소멸되고, ④ 어음채무자 간에 부담부분이 없다는 점에서, 연대채무와 다르다.

71 재상환의무자는 재상환청구권자에게 자신의 인적항변을 주장할 수 있으나, 자신의 재상환청구권자의 후자에 대한 항변은 원용할 수 없기 때문이다.

72 인적항변(원인관계의 부존재·무효·취소·해제의 항변, 사기·강박 등 어음행위를 이루는 의사표시의 하자의 항변, 어음 문면상 나타나지 않는 특약에 기한 항변, 어음에 기재하지 아니한 어음상 권리소멸의 항변)은 원칙적으로 직접 거래당사자 외의 자에 대해서는 주장할 수 없으나(제17조), 해의의 사실을 주장·입증하면 대항할 수 있게 된다.

할 것을 알고 어음을 취득한 경우가 아닌 한, 소지인이 중대한 과실로 그러한 사실을 몰랐다고 하더라도 종전 소지인에 대한 인적항변으로써 소지인에게 대항할 수 없다.[73]

대법원 1996. 5. 28. 선고 96다7120 판결(약속어음금반환)

어음법 제17조 단서에서 규정하는 채무자를 해할 것을 알고 어음을 취득하였을 때라 함은, 단지 항변사유의 존재를 아는 것만으로는 부족하고 자기가 어음을 취득함으로써 항변이 절단되고 채무자가 손해를 입게 될 사정이 객관적으로 존재한다는 사실까지도 충분히 알아야 한다. 그리고 어음소지인이 인적항변사유의 존재를 모른 데 대하여 중과실이 있다는 것만으로는 해의가 인정될 수 없다.[74]

대법원 2001. 4. 24. 선고 2001다5272 판결(정리채권확정)

백지식 배서에 의하여 어음을 양수한 사람은 백지를 보충하지 아니하고 인도에 의하여 어음을 양도하면 배서인으로서의 소구의무를 부담하지 않지만, 현재의 어음소지인의 앞사람으로서 권리를 양도한 어음상의 권리자였다는 지위에는 변함이 없으므로, 그가 어음취득 당시 선의였기 때문에 그에게 대항할 수 없었던 사유

---

73 이와 같이 어음행위 자체가 무효이거나 취소되어 효력이 없다는 항변을 어음법 제17조에서 말하는 '인적관계로 인한 항변'으로 보아 제 3 자에 대항하기 위하여 '해의'를 요구하고 있다. 다만, 이를 제17조에서 말하는 '인적관계로 인한 항변'으로 볼 수 없다는 견해도 많다. 이러한 문제는, ① 어음행위의 의사표시에 하자가 있는 경우뿐만 아니라, ② 교부흠결의 항변(권리외관설), ③ 이사의 자기거래 위반의 항변(상법 제398조, 상대적 무효설), ④ 대리권 또는 대표권의 내부적 제한의 항변(상법 제11조 제 3 항, 제389조, 제209조 제 2 항), ⑤ 대리권 또는 대표권 남용의 항변(권리남용설), ⑥ 백지보충권남용의 항변(제10조) 등의 경우에도 생긴다. 이와 같이 어음행위 자체의 무효나 취소사유가 있는 경우를 제17조에서 말하는 '인적관계로 인한 항변'으로 보기는 어렵다. 따라서 제17조가 적용되지 않고 어음법의 다른 규정이나 상법, 민법 등이 적용되어야 하고, 제 3 자에게 대항하기 위한 '악의의 항변'의 내용도 제17조의 '해의'가 아닌 각각의 적용법조에 따른 특수한 요건을 충족해야 한다고 볼 것이다. 예를 들면, 어음행위의 의사표시에 하자가 있다는 항변은 제17조가 적용되는 인적항변이 아니므로 원칙적으로 절단되지 않고, 다만 민법 제107조 내지 제110조에 따라 제 3 자가 선의인 경우에는 대항할 수 없다고 보게 된다. 이때 '선의'의 의미와 관련하여 과실유무를 불문하고 선의이면 대항할 수 없다는 견해와 중과실이 있는 경우에는 대항할 수 있다는 견해가 있다. 어음의 유통성 보호와 흠 있는 의사표시를 한 어음채무자의 보호의 필요성을 두루 조화시키는 것이 타당할 것이다. 따라서 진의아닌 의사표시나 통정허위표시, 착오 등의 경우에는 어음행위자 측에도 과책사유가 있으므로 제 3 자의 과실 유무를 따지지 않고 '선의'의 제 3 자에게 대항할 수 없다고 보아야 하고, 사기나 강박에 의한 의사표시에서는 어음행위자를 더 보호할 필요가 있으므로 '중과실'이 없는 '선의'여야 한다고 해석하는 것이 타당하다고 본다(사견).

74 그리고 직접 당사자란 실질적인 직접 당사자를 말하는 것이지, 형식적으로 어음수수의 직접 당사자로 기재된 것에 불과한 자를 가리키는 것은 아니다. 예를 들면 수취인 백지인 채로 교부로 양도되다가 최종소지인이 자신을 수취인으로 보충하였다고 하더라도 직접 당사자가 되는 것은 아니다(대법원 1994. 11. 18. 선고 94다23098 판결).

에 대하여는 현재의 어음소지인이 비록 어음취득 당시 그 사유를 알고 있었다고 하여 그것으로써 현재의 어음소지인에게 대항할 수 없다. 이는 현재의 어음소지인이 지급거절증서 작성 후 또는 지급거절증서작성기간 경과 후에 어음을 양도받았다고 하더라도 마찬가지이다.[75]

나. 물적항변

대법원 1994. 11. 8. 선고 93다21514 판결(손해배상(기))

어음이 위조된 경우에 피위조자는 민법상 표현대리에 관한 규정이 유추적용될 수 있다는 등의 특별한 경우를 제외하고는 원칙적으로 어음상의 책임을 지지 아니한다.[76]

다. 백지어음에 관한 항변

대법원 2001. 4. 24. 선고 2001다6718 판결(어음금)

백지약속어음의 경우 발행인이 수취인 또는 그 소지인으로 하여금 백지부분을 보충케 하려는 보충권을 줄 의사로서 발행하였는지의 여부에 관하여는 발행인에게 보충권을 줄 의사로 발행한 것이 아니라는 점, 즉 백지어음이 아니고 불완전어음으로서 무효라는 점에 관한 입증책임이 있다.

대법원 1992. 3. 10. 선고 91다28313 판결(약속어음금)

수취인은 어음요건의 하나로서 그 기재를 결한 어음은 완성된 어음으로서의 효력이 없어 어음상의 권리가 적법하게 성립되지 않으므로, 이러한 미완성 어음으로 지급제시를 하였다고 하여도 적법한 지급제시의 효력이 없어 발행인을 이행지체에 빠뜨릴 수 없다.[77]

---

75 자신의 전자가 선의인 때에는 전자의 전자에 대한 항변의 존재를 알고 있더라도 이미 전자에 의해서 항변이 절단된 권리를 승계한다는 것이다. 유통성 보호를 위한 취지로 이해하지만, 그 결과 어음채무자는 어음소지인의 해의뿐만 아니라 모든 배서인들의 해의가 인정되어야만 악의의 항변을 할 수 있어 사실상 악의의 항변이 어렵게 되는 문제점이 있다.

76 물적항변이란 어음채무자가 모든 소지인에 대하여 주장할 수 있는 항변을 말한다. 어음상 기재된 사항의 항변(어음요건의 흠결, 만기 미도래, 어음면에 기재된 지급·상계·면제, 시효의 완성, 무담보배서 등)이나 어음행위의 효력에 관한 항변(무능력, 위조·변조, 제권판결, 어음금액의 공탁에 의한 어음채무의 소멸, 강행법규위반 등) 등의 물적항변은 모든 어음채무자에 대하여 대항할 수 있다. 그 중 어음요건의 흠결, 어음의 위조 주장, 어음면상 변개 사실이 명백한 경우의 변조 주장 등은 소송상 부인에 해당한다.

77 대법원 1993. 11. 23. 선고 93다27765 판결도, 어음법 제75조 소정의 법정기재사항인 약속어음 발행일란의 보충 없이 지급제시한 경우는 적법한 지급제시가 되지 못하여 소구권을 상실한다고 하였다.

대법원 2010. 5. 20. 선고 2009다48312 전원합의체 판결(약속어음금)

만기는 기재되어 있으나 지급지, 지급을 받을 자 등과 같은 어음요건이 백지인 약속어음의 소지인이 그 백지 부분을 보충하지 않은 상태에서 어음금을 청구하는 것은 어음상의 청구권에 관하여 잠자는 자가 아님을 객관적으로 표명한 것이고 그 청구로써 어음상의 청구권에 관한 소멸시효는 중단된다. 이 경우 백지에 대한 보충권은 그 행사에 의하여 어음상의 청구권을 완성시키는 것에 불과하여 그 보충권이 어음상의 청구권과 별개로 독립하여 시효에 의하여 소멸한다고 볼 것은 아니므로 어음상의 청구권이 시효중단에 의하여 소멸하지 않고 존속하고 있는 한 이를 행사할 수 있다.[78]

대법원 2008. 11. 27. 선고 2008다59230 판결(약속어음금)

약속어음의 소지인이 어음요건의 일부를 흠결한 이른바 백지어음에 기하여 어음금 청구소송(전소)을 제기하였다가, 위 어음요건의 흠결을 이유로 청구기각의 판결을 받고, 위 판결이 확정된 후 위 백지 부분을 보충하여 완성한 어음에 기하여 다시 전소의 피고에 대하여 어음금 청구소송(후소)을 제기한 경우에는, 원고가 전소에서 어음요건의 일부를 오해하거나 그 흠결을 알지 못했다고 하더라도, 전소와 후소는 동일한 권리 또는 법률관계의 존부를 목적으로 하는 것이어서 그 소송물은 동일한 것이라고 보아야 한다. 그리고 확정판결의 기판력은 동일한 당사자 사이의 소송에 있어서 변론종결 전에 당사자가 주장하였거나 주장할 수 있었던 모든 공격 및 방어방법에 미치는 것이므로, 약속어음의 소지인이 전소의 사실심 변론종결일까지 백지보충권을 행사하여 어음금의 지급을 청구할 수 있었음에도 위 변론종결일까지 백지 부분을 보충하지 않아 이를 이유로 패소판결을 받고 그 판결이 확정된 후에 백지보충권을 행사하여 어음이 완성된 것을 이유로 전소 피고를 상대로 다시 동일한 어음금을 청구하는 경우에는, 위 백지보충권 행사의 주장은 특별한 사정이 없는 한 전소판결의 기판력에 의하여 차단되어 허용되지 않는다.[79]

---

78 원고는 피고가 발행한, 지급기일이 2004. 10. 1. 발행지와 지급지 및 수취인이 각 백지인 백지어음을 소지하다가 지급기일로부터 3년이 경과하기 전인 2007. 9. 7. 어음금청구의 소를 제기하였다. 그 후 원고는 제1심 변론종결 후인 2008. 6. 23.경 변론재개 신청을 하면서 위 백지어음의 지급지와 수취인을 보충하고, 변론이 재개된 제1심 제2차 변론기일인 2008. 7. 8. 피고에게 위와 같이 백지보충권을 행사한 약속어음을 지급제시하였다.
79 기판력은 사실심의 변론종결시를 표준시로 하여 그때의 권리관계의 존부에 대한 판단에만 생긴다(시적범위). 따라서 변론종결 후에 발생한 새로운 사유로써는 다시 다툴 수 있다. 다만, 변론종결시까지 존재하였으나 당사자가 제출하지 않은 사실자료나 증거자료로는 다시 다툴 수 없게 된다(실권효·차단효). 이와 같이

대법원 1994. 11. 18. 선고 94다23098 판결(약속어음금)

수취인이 백지인 채로 발행된 어음은 인도에 의하여 어음법적으로 유효하게 양도될 수 있다. 백지어음이 인도에 의하여 양도된 경우 어음법 제17조가 적용되는 것이므로, 어음이 전전양도된 후 그 어음을 인도받은 최종 소지인이 수취인으로서 자기를 보충하였다고 하더라도 그 소지인이 발행인을 해할 것을 알고 취득한 경우가 아니면, 어음문면상의 기재와는 관계없이, 발행인으로부터 원인관계상의 항변 등 인적 항변의 대항을 받지 아니한다.[80]

대법원 2003. 5. 30. 선고 2003다16214 판결(약속어음금)[81]

[1] 만기를 백지로 한 약속어음을 발행한 경우, 그 보충권의 소멸시효는 다른 특별한 사정이 없는 한 그 어음발행의 원인관계에 비추어 어음상의 권리를 행사하는 것이 법률적으로 가능하게 된 때부터 진행하고, 어음금 채권은 만기의 날로부터 3년간 행사하지 아니하면 소멸시효가 완성되는 점 등을 고려하면(어음법 제77조 제1항 제8호, 제70조 제1항, 제78조 제1항), 만기를 백지로 하여 발행된 약속어음의 백지보충권의 소멸시효기간은 백지보충권을 행사할 수 있는 때로부터 3년으로 보아야 한다.

[2] 만기 이외의 어음요건이 백지인 경우 그 백지보충권을 행사할 수 있는 시기는 다른 특별한 사정이 없는 한 만기를 기준으로 한다.

[3] 당사자 사이에 백지를 보충할 수 있는 시기에 관하여 명시적 또는 묵시적 합의가 있는 경우에는 그 합의된 시기부터 백지보충권의 소멸시효가 진행된다고 볼 것이다.

상계권을 제외한 형성권(백지보충권도 형성권이다) 행사는 일반적으로 기판력의 실권효를 받는다고 한다(통설과 판례). 다만, 기판력의 표준시 이후에 형성권을 행사하면 그때 비로소 법률관계가 변동되고, 이는 표준시 이후에 새로 발생한 사정이므로 기판력이 거기까지 미치지 않는다고 보는 견해도 있다.

80 백지어음은 상관습에 의하여 완성어음의 경우와 동일하게 배서 또는 교부로 양도될 수 있고, 선의취득, 인적항변의 절단, 제권판결 등도 인정된다(통설·판례). 대법원 1998. 9. 4. 선고 97다57573 판결(백지어음에 대한 제권판결을 받은 자는 발행인에 대하여 백지보충권과 백지보충을 조건으로 한 어음상의 권리까지를 모두 민사소송법 제468조에 규정된 '증서에 의한 권리'로서 주장할 수 있다고 봄이 상당하고, 따라서 백지어음의 제권판결을 받은 자는 발행인에 대하여 백지 부분에 대하여 어음 외의 의사표시에 의하여 보충권을 행사하고 그 어음금의 지급을 구할 수 있다) 참조. 한편, 백지어음에 만기 전에 한 배서는 만기 후에 백지가 보충된 때에도 기한후 배서가 아니다(대법원 1971. 8. 31. 선고 68다1176 전원합의체판결).

81 백지보충권은 원칙적으로 보충권수여계약에서 정한 기간 내에 행사하여야 하므로 채무자는 위 기간이 경과한 후에 보충한 사실을 항변할 수 있다. 행사기간을 정함이 없고, 만기가 백지(수표의 경우 발행일 백지)인 경우에는 어음발행의 원인관계에 비추어 어음상의 권리를 행사하는 것이 법률적으로 가능하게 된 때로부터 3년(수표의 경우 6개월)이고, 만기가 기재되어 있는 경우에는 만기로부터 3년의 시효가 만료되기 전에 행사해야 하므로, 채무자는 위와 같은 백지보충권의 소멸시효기간이 경과한 후에 백지어음을 보충한 사실을 항변할 수 있다.

대법원 2001. 10. 23. 선고 99다64018 판결(수표금)

[1] 발행일을 백지로 하여 발행된 수표의 백지보충권의 소멸시효는 다른 특별한 사정이 없는 한 그 수표발행의 원인관계에 비추어 발행 당사자 사이에 수표상의 권리를 행사할 수 있는 것이 법률적으로 가능하게 된 때부터 진행하고, 수표의 발행인에 대한 소구권은 제시기간 경과 후 6개월간 행사하지 아니하면 소멸시효가 완성되는 점(수표법 제51조) 등을 고려하면 발행일을 백지로 하여 발행된 수표의 백지보충권의 소멸시효기간은 백지보충권을 행사할 수 있는 때로부터 6개월로 봄이 상당하다.

[3] 발행일 백지인 수표의 취득자가 백지보충권의 소멸시효기간 경과 후에 백지를 보충한 경우에 있어서도 수표법 제13조가 유추적용되어 악의 또는 중대한 과실이 없는 한 백지보충권의 소멸시효 경과 후의 백지보충의 항변으로써 대항받지 아니한다고 해석함이 상당하다고 할 것이나, 이 경우에도 그 수표취득자가 스스로 수표상의 권리를 행사하는 것이 법률적으로 가능하게 된 때로부터 새로이 6개월이 경과할 때까지 발행일을 보충하지 않았다면 그 보충권의 소멸시효는 완성되었다고 보아야 할 것이다.

대법원 1995. 6. 30. 선고 95다10600 판결(약속어음금)[82]

어음법 제77조 제2항, 제10조에서의 "악의 또는 중대한 과실로 어음을 취득한 때"란 소지인이 약속어음의 부당보충사실을 알고 이를 취득할 경우 어음채무자를 해하게 된다는 것을 인식하면서도 어음을 양수하거나, 조금만 주의를 기울였어도 어음의 부당보충사실을 알 수 있었음에도 불구하고 만연히 부당보충된 어음을 취득한 것을 말한다.[83]

대법원 1999. 2. 9. 선고 98다37736 판결(약속어음금)

[1] 어음금액란의 기재는 대단히 중요한 사항이므로 어음금액란을 백지로 하는 어음을 발행하는 경우에 발행인은 통상적으로 그 보충권의 범위를 한정한다고

---

82 어음채무자는 백지어음이 부당 보충된 사실과 어음소지인이 악의 또는 중과실로 인하여 그 어음을 취득한 사실까지 주장·입증하여 백지보충권남용의 항변을 할 수 있다(제10조). 어음소지인이 부당보충된 백지어음을 취득한 경우뿐만 아니라 백지어음을 취득하여 스스로 보충한 경우도 포함한다. 백지어음채무자가 보충권을 수여한 범위에서는 일부인용될 것이다.
83 이 사안에서 은행은 원래 백지어음이었던 사실을 모르고 완성어음을 취득하였다. 대법원은 은행이 상업어음만을 할인하여야 하는 규정에 위반하여 담보용으로 발행된 어음이나 융통어음을 잘못 할인하였다는 사실만으로 곧바로 악의 또는 중대한 과실로 부당보충된 어음을 취득한 때에 해당한다고 볼 수 없다고 하였다.

봄이 상당하다.

[2] 소지인이 악의 또는 중과실로 부당 보충된 어음을 취득한 경우에도 발행인은 자신이 유효하게 보충권을 수여한 범위 안에서는 당연히 어음상의 책임을 진다.[84]

대법원 1978. 3. 14. 선고 77다2020판결(약속어음금)

어음금액이 백지인 어음을 취득하면서 보증권한을 부여받은 자의 지시에 의하여 어음금액란을 보충하는 경우 보충권의 내용에 관하여 어음의 기명날인자에게 직접 조회하지 않았다면 특별한 사정이 없는 한 취득자에게 중대한 과실이 있다.[85]

---

84 원고가 취득한 완성어음이 원래 백지어음이라는 사실을 알고 있었던 사안에서, 원고의 중과실을 인정하였다.

85 백지어음을 취득하면서 양도인으로부터 보충권의 범위를 고지 받은 사안에서, 금액이 백지인 경우 어음의 기명날인자에게 보충권의 내용을 직접 조회하지 않았다면 특별한 사정이 없는 한 취득자에게 중대한 과실이 있다고 하였다(대법원 1995. 8. 22. 선고 95다10945 판결도 같은 취지). 이와 같이 악의 또는 중대한 과실 없이 보충 전의 백지어음을 본래의 보충권의 범위보다 넓은 보충권이 있는 줄 믿고 취득한 자가 스스로 보충하여 어음상의 권리를 행사한 경우에도 어음법 제10조가 적용된다. 다만 이미 부당보충된 완성어음을 취득하는 경우보다 중과실이 인정되기 쉬울 것이다.

판례색인

저자약력

정 응 기

서울대학교 법과대학 졸업
경남대학교 북한대학원 석사(북한정치)
서울대학교 법과대학 박사과정 수료(상법)
Yale Law School 객원연구원
사법연수원 수료
법무법인 세종 변호사
현 충남대학교 법과대학 교수
　　충남대학교 법학전문대학원 교수

주요 저서
회사법사례강의(2014)

회사법판례강의

초판인쇄	2015년 3월 5일
초판발행	2015년 3월 15일
지은이	정응기
펴낸이	안종만
편 집	김선민·이승현
기획/마케팅	임재무
표지디자인	홍실비아
제 작	우인도·고철민
펴낸곳	(주) **박영사**
	서울특별시 종로구 새문안로3길 36, 1601
	등록 1959. 3. 11. 제300-1959-1호(倫)
전 화	02)733-6771
f a x	02)736-4818
e-mail	pys@pybook.co.kr
homepage	www.pybook.co.kr
ISBN	979-11-303-2732-7 93360

copyright©정응기, 2015, Printed in Korea

* 잘못된 책은 바꿔드립니다. 본서의 무단복제행위를 금합니다.
* 저자와 협의하여 인지첩부를 생략합니다.

정 가　　23,000원